中世纪史学史

〔俄〕叶·阿·科斯敏斯基 著

郭守田 等 译

郭守田、胡敦伟 总校

商务印书馆
2011年·北京

Е. А. Косминский
ИСТОРИЯ средних веков
Изд-ва "янги-юль", 1963
根据苏联扬基·尤里出版社 1963 年版译出

目　　录

中译本前言……………………………………………………………… 1
编者的话………………………………………………………………… 3
绪　　论………………………………………………………………… 8
第 一 讲　奥古斯丁的历史观 ………………………………………… 19
第 二 讲　关于中世纪编年史的评述 ………………………………… 30
第 三 讲　意大利人文主义史学一般特征、修辞学派 ……………… 47
第 四 讲　意大利人文主义史学
　　　　　政治学派（马基雅维里和圭恰尔迪尼）………………… 71
第 五 讲　意大利人文主义史学博学派、传记体 …………………… 99
第 六 讲　法国和英国的人文主义史学……………………………… 105
第 七 讲　德国宗教改革和反宗教改革的史学……………………… 114
第 八 讲　十六世纪的政治学说……………………………………… 135
第 九 讲　十七—十八世纪的博学者………………………………… 151
第 十 讲　博绪埃的历史观…………………………………………… 174
第十一讲　十七世纪的"社会物理学"……………………………… 183
第十二讲　英国革命时期的社会学家和政治思想家……………… 197
第十三讲　贝尔、维科………………………………………………… 210
第十四讲　十八世纪启蒙运动史学的一般论述…………………… 225
第十五讲　法国启蒙时代的史学
　　　　　作为历史学家的伏尔泰………………………………… 237
第十六讲　法国启蒙时代的史学
　　　　　孟德斯鸠与马布利………………………………………… 258

—— 1

第十七讲	法国启蒙时代的史学
	卢梭与孔多塞…………………………………… 283
第十八讲	英国启蒙时代的史学…………………………… 303
第十九讲	德国启蒙时代的史学
	启蒙时期史学总论………………………………… 323
第二十讲	尤斯图斯·麦捷尔及西欧史学史中
	反动浪漫主义流派的产生……………………… 333
第二十一讲	十八世纪末至十九世纪初
	西欧各国的反动政论作品……………………… 349
第二十二讲	十九世纪上半期德国的史学
	法的历史学派…………………………………… 369
第二十三讲	十九世纪上半期的德国史学
	自由浪漫主义流派史料学中的批判学派…… 397
第二十四讲	十九世纪前半期德国的史学
	黑格尔的历史观、"老年黑格尔派"和
	"青年黑格尔派"的历史观………………… 406
第二十五讲	十九世纪前半期的德国史学
	利·兰克………………………………………… 419
第二十六讲	十九世纪前半叶的德国史学
	施洛塞尔、齐美尔曼、里特尔的历史地理学派
	中世纪史料的出版 …………………………… 443
第二十七讲	十九世纪前半期的法国史学
	圣·西门的历史观
	奥·梯叶里及复辟时期的资产阶级自由主义学派
	………………………………………………… 462
第二十八讲	十九世纪前半期的法国史学
	弗·基佐、弗·米涅……………………………… 484
第二十九讲	十九世纪前半期法国的史学

小资产阶级急进主义在中世纪学中的代表人物
茹·米什勒
  保守贵族的思潮……………………………………… 509
主要资料和主要文献……………………………………… 529
后记……………………………………………………………… 552

中译本前言

科斯敏斯基院士所著《中世纪史学史》，在苏联国内和国外都受到重视。这不只是因为它能代表一家之言，更主要的还因为它是这位马克思主义史学家的开创性著作。该书所述内容从奥古斯丁起，一直到十九世纪中期；十九世纪后半期到十月革命这部分内容，则另有莫斯科大学古特诺娃的续纂本。书中从文艺复兴时代起才有详细的论述，以前的部分没作为本书的重点。

作者是在马克思主义史学阵地还没牢固建立时，来讲授中世纪史学史的，他所付出的辛勤劳动以及在学术领域内所承担的战斗任务，是可想而知的。尽管当时已有列宁格勒大学瓦因什坦的《中世纪史学史》问世，而作者的开创之功，应该受到尊重。

像其他新生事物一样，本书也存在些不够完备之处。这就要求我们不应满足于接受别人现成的科学研究成果，尤其要努力深入钻研，使本学科继续得到提高和发展，迅速改变我们的落后面貌，并把它逐渐推进到应有的现代水平。

我们和作者所处的时代、国内和国际环境都大不相同。我们是面向世界。从作者逝世（一九五九年）迄今，世界学术发展日新月异，我们所接触的西方各种史学流派，也比作者当时要多得多。这就要求我们提高鉴别能力，吸收其中合理的部分，使之为己所用，以丰富马克思主义的中世纪史学史，而不是未经科学检验，就轻率地接受或否定。取其精华，弃其糟粕，应当成为我们必须遵守的原则。

用今天的标准来衡量，书中明显存在一些不足。例如，在评价兰克中批判的篇幅过多，反之，对其史学中存在的积极意义却没提到，不免失之偏颇。"兰克学派在反对理性主义史学的抽象推理、空疏论证,提倡尊重史实、尊重史料诸方面即有一定的历史合理性"(见《史学史研究》,1985年第2期,第36页,谭英华文)。这对于我们不难起到举一反三的作用。

总之,本书不失为一部马克思主义中世纪史学史的奠基之作,有很高的参考价值。关键在于我们坚持正确对待的态度。

中译本主要由尹曲、陶松云组稿,书中凡未署名的各讲都由我进行过校对。作为定稿人,主观条件不完全具备,由于集体工作的需要,不得不勉为其难。如果学术上出现错误的话,都不应由其他校译者来负责。

郭守田

一九八五.十.十七于长春

编者的话

著名的苏联历史学家叶甫盖尼·阿列克谢耶维奇·科斯敏斯基院士曾任莫斯科大学教授近四十年之久,已于一九五九年逝世。他这部中世纪史学史教程是初次发表。

叶·阿·科斯敏斯基曾用这部教程为莫斯科国立大学历史系中世纪史专业的学生授课多年(从一九三八年到一九四七年,一九四〇年至一九四三年略有中断),当时他正领导莫斯科大学的中世纪史教研室。

中世纪史教研室集体主动承担了这一出版任务,以唯一保存下来的叶·阿·科斯敏斯基的演讲速记记录为基础,这份记录稿使他从一九三八年九月开始、一九四〇年五月暂时中断的该教程第一次讲座得以再现。

发表的这部教程包括西欧中世纪学的历史,从公元五世纪初(它从研究中世纪史学的鼻祖圣奥古斯丁的历史观开始)到十九世纪中叶。不过,作者对于十九世纪前半期的史学,仅得以用法国和德国的材料来研究。此外,从序言中可以看出,叶·阿·科斯敏斯基在着手讲授这部教程的时候,本打算把中世纪学的历史一直讲到二十世纪三十年代末,他还准备用大量篇幅来批判十九世纪末的资产阶级史学,其中包括俄国的资产阶级中世纪学,尤其是在帝国主义时代它的最反动流派,他还打算对马克思主义奠基人的历史著作和苏联中世纪学的成就加以评述——略述马克思主义历史科学在这一领域里的历史。遗憾的是,疾病,接着又是战争,妨碍了叶·阿·科斯敏斯基去完成这一庞大计划。就是在战后的年代里,他也因忙于其他研究,未能认真地继续研究这部教程,甚至连那现成的速记记录下来的部分也未及准备付印。

结果,这部教程在某些章节没有完结,正如作者在序言中所指出的那样,带有草稿的性质。即使如此,这些讲义作为构建一部概括的、系统的中世纪史学史教程的首批成功尝试之一,对于苏联读者仍不失其重大意义。

叶·阿·科敏斯基是苏联中世纪学界研究中世纪史学史的发起人和热心人之一。除本教程外,后来他还撰写了大量关于史学史的重要研究论文,这些论文在很多方面对这部未写完的史学史教程作了补充。在他后来的著作中,叶·阿·科斯敏斯基对十九世纪后半期至二十世纪初的俄国资产阶级中世纪学尤为注意[1],对当代资产阶级史学的最反动流派进行了锐利的批判[2]。同时,他还为年轻的苏联中世纪学做了许多宣传工作。[3]

二十五年前,即一九三八年,当叶·阿·科斯敏斯基着手讲授所发表的这些讲义时,他几乎不得不白手起家,因为当年对史学史几乎没进行过研究,在苏联高等院校里还不曾讲授过这类概括教程。所以,他在很大程度上以自己的研究为基础自建教程,并第一次从马克思主义立场上为自己的听众彻底而系统地讲述了以往的史学。

在第一次讲授这部教程之后的二十年间,许多中世纪史学史的专著和论文使得苏联书籍丰富起来[4]。这些专著和论文在某些方面补充了叶·阿·科斯敏斯基的结论,并使他的定义更准确,有时还对史学史的个别问题提供了不同的解答。一九四〇年,奥·勒·瓦因什坦的中世纪史学史简明纲要问世[5],此书内容写到二十世纪三十年代为止。

但是,因为所发表的苏联伟大历史学家的这些讲义在当时具有研究性质和革新性质,所以直到今天仍保留着它们的科学价值和思想教育价值。它们的特点是,对以往的历史学家的精辟分析、鲜明的独特评论与广泛概括相结合。这部教程以马列主义世界观为基础,对以往史学持批判态度,并将其阶级基础揭露无遗,这部教程并没有把史学的复杂问题简单化,充满了丰富的真实材料,尤以极大的历史可靠性见长,对史学发展中的进步倾向和反动倾向划分得一清二楚。叶·阿·科斯敏斯基从宏观上研究历史科学的历史,不仅以中世纪学为基础,而且多少也以古代世界和近代的史学为基础,而主要是与社会政治思想和哲学思想的发展相联系。在整个教程中,作者对研究方法的发展史(其中包括对史料的评价和处理方法)都给予了注意。

在出版这部教程的时候,莫斯科国立大学中世纪史教研室遵循着要把这部重要著作变成广大历史工作者的共同财产的意愿,教研室集体认为,这部教程是中世纪史学和历史科学的宝贵参考文献,不仅所有的中世纪学学者兼历史学者(其中包括专攻这个领域的大学生)可以使用它,其他专业的历史工作者也可使用它。此外,教研室集体把这次出版工作看作完成编撰一部讲述至今的、完整的马列主义的中世纪史学史教程这一迫切任务的开端,并把在近几年内筹备一部在年代上承接我们发表的这些讲义的、关于十九、二十世纪中世纪学历史的新著,当作自己的责任。

叶·阿·科斯敏斯基这些讲义的付印准备,需要大量的编辑工作。作为此次出版基础的速记记录稿未经作者进行文字加工,仍保留了口头讲授的全部特点。

为使本书具有实践和教学价值并符合当代读者的需要,编委会对讲义进行了文字校正。但是,编辑人的任务不仅是要保留叶·阿·科斯敏斯基的整个思想体系,而且要保留他素有的风格特点。编者所加的按语和补充,一如惯例,并未放在正文里,而是放在脚注里。

编委会不得不对原文加以删节,其中是因为叶·阿·科斯敏斯基出于教学法上的目的,在每一讲的开头总要很详细地重复前一讲的主要结论,作者对史学某一个流派所做的概括,被分散在某讲的不同部分或分散在不同讲里,在编辑时将它们尽可能地集中在一处,力求避免重复。此外,为减少本书篇幅,在某些情况下把个别与讲义主要内容无关的段落略加删节。因为速记稿中各讲之间的划分不都是依据讲授内容而定,却常常随其讲授日程表而定,编委会为使其与内容相符,将该教程重新划分为若干讲,这样,把速记记录稿的三十四讲编成了二十九讲,单独地分出一篇绪论。

在编辑时,补充了本教程速记记录稿中所没有的参考资料。对讲义中所提及的历史学家生卒年月,凡正文中没指明的,一律加进去;如果某些历史学家的传记材料在速记记录稿中没有,则放到注释中去。在注释中对历史著作俄文、外文名称和出版年代也加以校对,凡作者在讲义中曾引用过的书籍及引文都作了核查。

编委会对讲义此次出版加了许多解释性和补充性的注释,这是考虑到在叶·阿·科斯敏斯基讲授本教程之后所发表的中世纪史学史的苏联文献,还加了一个简明书目(供全教程用的和各单元用的)。

参加编辑叶·阿·科斯敏斯基这本教程的除编委会成员外,还有历史科学硕士勒·姆·布拉金娜和克·诺·塔塔丽诺娃。

参加编参考书目的有在中世纪史教研室就读的研究生、大学生及教研室资料员勒·德·别斯帕里柯和斯·勒·普列什柯娃,后面两位还协助做了讲义付印的技术准备工作。

编委会感谢所有参加教研室的这一重要集体工作的同志们。

弗·阿·柯岗—别伦什坦教授曾提供关于本教程的补充手稿资料,为附印叶·阿·科斯敏斯基的教程,她也曾协助编委会做了讲义付印的准备工作,编委会谨在此致以谢意。

编委会

注　　释

① 见他的论文:《英国土地史和俄国的历史学派》,载于《苏联科学院通报》,历史和哲学版,1945 年第 2 卷第 3 期;《西方中世纪史研究(俄国历史学家文集)》,载于《苏联科学院通讯》,1945 年 10—11 期;《特·诺·格拉诺夫斯基的生平和事迹》,载《莫斯科大学学报》,社会科学版,1956 年第 4 期,等。

② 例如,见他的论文:《日耳曼种族主义者所描述的中世纪》,载《反对法西斯主义者的历史伪造》论文集,莫斯科—列宁格勒,1939 年;《阿诺德·汤因比的历史哲学》(载《历史问题》,1957 年,第 1 期);《阿诺德·汤因比的反动历史哲学》,载《反对伪造历史》论文集,莫斯科,1959 年,等。

③ 例如,论文《苏联中世纪研究的总结》,载于《苏联科学院通报》,社会科学

编者的话

版,莫斯科—列宁格勒,1937年第5期;《二十五年间的中世纪史研究》,载于《苏联历史科学的二十五年》一书,莫斯科—列宁格勒,1942年版;《苏联历史科学中的西欧封建主义基本问题》,载于《苏联代表团在罗马召开的第十届国际历史学家年会上的报告》一书,莫斯科,1956年,等。关于叶·阿·科斯敏斯基著作,1956年莫斯科版《中世纪》论文集第8册中他的著作目录有较完备的报道。

④ 所有这些专著与论文在本教程相当篇章所附书目里被予以指出,书目里还指明近年来出版的苏联学者关于哲学史、政治和经济学说史等概括性的集体著作,以及涉及叶·阿·科斯敏斯基讲义所谈时期的历史思想、社会学思想、发展问题的著作。

⑤ 见奥·勒·瓦因什坦:《与中世纪开始到当代的历史思想发展有关的中世纪史学史》,社会经济书籍出版社,莫斯科—列宁格勒,1940年。

(白玉译)

绪　　论

在开始讲授我初次担任的这门中世纪史学史课程时,我深感这一任务的复杂和所肩负责任的重大。

首先,我想就这门课程的任务和范围说几句话。《中世纪史学史》这门课的名称本身,也许就得稍加解释。史学史,这本身就是历史的撰写过程,当我们言及史学史时,就是指对历史学家们在某些问题上的看法加以评论。这门课程应从历史的观点上给我们讲清撰写历史的历史,也就是历史科学的发展史。为此,这门课才如此称呼。但是,《史学史》这一名称对我来说是未免过大了,我看还是把这门课程叫作《中世纪史学史》为好,这样稍欠准确,却更习惯一些。

史学史这门课程向我们提出了一系列新的科学问题和政治问题。

这些问题是很复杂的,我也不敢说能全部解决。我更多只能作一个史学史大纲,而不是一部完美的教程。我把这些讲义当作一部教程初稿,还有待于继续加工。

这门课程的主要任务是,对以前的历史思想体系,首先是资产阶级科学为我们留下的历史遗产,作批判的研究。当然,在本教程的许多篇章里,也将谈到马克思主义的历史科学,但它的主要内容仍然是对资产阶级社会中历史科学的历史给予批判的叙述。

从马克思主义观点来看,史学史是社会思想史的一个部门,它总是涂着政治色调,被各种途径或明或暗的办法装扮起来,我们从这门科学中所摄取的宝贵东西,也难免掺杂上资产阶级思想。因此,批判地对待史学史的材料,便是对这门课所提出的首要要求。我们的首要任务,是揭示曾推动以往的历史学家建立各种思想体系之阶级动机。在这方面,马克思主义的史学史概念与资产阶级是根本不同的。

马克思主义的史学史教程应能揭露某一个历史学家在何等程度上代表资产阶级历史思想某个流派,并从这一观点出发,指出批判他的观点的途径。

每一个时代都建立自己的历史观念和对待过去的态度,其中包括对待中世纪这样的时期。这种态度是由时代的社会条件和政治条件的总合,首先是由显示这个时代特征的阶级斗争所决定的。因此,不仅政治性的攻击文章和政治理论是政治斗争和阶级斗争的武器,就连历史科学也是。

但是,不应把史学史和政治之间的关系理解得太简单化了。当然,每一个时代的统治思想首先是统治阶级的思想,但是统治阶级也不是铁板一块的,在它的内部也在进行着一定的斗争。其中,在资产阶级时代,一方面应考虑到封建主义的残余对资产阶级思想的影响;另一方面应考虑到中间阶层,其中包括小资产阶级阶层的影响,还应考虑到无产阶级的出现,无产阶级已创立了自己新的革命思想体系,还应考虑到资产阶级思想家为了适应自己目的而阉割马克思主义某些原理的企图。总之,我们面临着意识形态影响的复杂局面,它是阶级斗争的反映。此外,不应认为阶级斗争只在历史科学中反映得最清晰、最明显,其实它在政治思想领域和社会学领域或哲学领域里表现得更为完全。时代的伟大斗争,在一个历史学家的脑海里经常被反映得变了样。因此我们不应脱离时代的政治思想和哲学思想的总思潮去研究史学史,纯粹的史学史是对某些历史学家的著作加以评论,如果我们不将它与时代的政治思想和哲学思想的总思潮联系起来,对于批判的方法来说,既得不到什么圆满结果,也得不到足够的材料。当然,当我们谈及中世纪史学史又把它与该时代的社会思想总发展联系起来时,就不可能只恪守在中世纪学的范围之内①。显然,能完整地标志某时代史学史特点的那些最重要流派,不仅在中世纪学学者的著作中,而且在古代史和近代史专家的著作中也反映出来。所以,我想预先申明:在这部教程中,中世

—— 9

纪史学史不能与其他历史时期的史学史毫无联系。再者,我主要还得涉及所研究的一些历史学家的共同观点,他们对整个历史(其中包括对中世纪)的观点;还将涉及他们著作的方法,但是,如果它们与共同问题直接无关,我也未必能研究这些专门问题。这里,我也不想把诸如中世纪庄园史或中世纪城市史,或英国革命史,或尼德兰革命史等专题纳入史学史,因为这都是专题课的任务。

任何时候,我们都不要忘记本教程所面临的批判任务和论战任务,特别是那些距当代愈近便愈复杂化了的任务。史学史教程应对每一个历史学家、每一个历史学派给予评价;它应坚决揭露资产阶级历史观的局限性,揭露资产阶级观念的矛盾,内在的谎言和经常而且公然的无良心。最后,它应指出历史科学中一切最反动的歪曲的赤裸裸的丑行。教程不仅应教会我们从资产阶级科学中摄取所能提供的宝贵东西,更重要的是,它还应该教会我们去其糟粕,揭露蓄有敌意的东西。我们愈往下讲,与敌人打交道的机会便愈多。

但是,如果不分青红皂白地把资产阶级史学史一笔勾销而不顾及它的成就,那当然是件蠢事和不可饶恕的政治错误。史学史的阶级内容和政治思想内容,这仅仅是历史科学的历史的一个方面而已,尽管它是一个很重要的方面。不过,史学史不是只对社会斗争作或多或少的适当反映或纯粹的政论。它同时还有一定的研究方法,依据一定的材料,在一定程度上达到客观地认识以往,尽管它常常浑似反科学的政论,但在这种情况下,它当然会失去自己的价值。对我们来说,更宝贵而重要的是要扩大史学史所引用事实的范围,使方法精益求精,使研究技术发展。这就是可以向前辈历史学家学习的东西。

我应该指出,许多资产阶级史学史的著名代表人物、学者(他们也真不愧学者之称)尽管有方法论上和政治上的局限性,但还是使历史研究方法得到改进,扩大了历史研究的材料基础,积累了新的事实。史学史中的这一方面我们不应忽略。史学史永远是时代的社会思想的反映,我们应该深入研究一下,与史学史平行发展的同时,历史工作方法是怎样精益求精的,历史研究更精确的方法是怎样被采用的,便于研究的史料领域是怎样扩大的,新的材料是如何吸收来的,怎样开始从新的观点来研究史料的。对史料的批判态度随着历史科学发展的程度而加强。新的研究方法(如统计法和分区法等等)被采用了。同时,在研究技术(历史研究的方法)的发展方面,我们不仅要指出它的上升时,还得指出下降时,直到当今它在某些资产阶级国家里(那里的文化正在法西斯主义的土壤上腐朽②)完全蜕化的背景。我们见到,每当资产阶级历史学家要回避不利的问题或为自己的目的而寻求歪曲答案时,他们忘记正确研究方法是何等屡见不鲜。

我们还知道,在这种情况下,科学研究的技术和研究方法论这两个方面往往分道扬镳,这一分歧有时造成科学中悲惨的、啼笑皆非的状况。

因此,研究历史的史料学基础的扩大过程,完善史料的评定方法和完善研究方法也是我们这门史学史课程的重要组成部分和主要任务之一。

历史科学的历史较少从事这方面的工作。这里,在评价每一单独历史家的或每一单独的历史学派的研究方法的同时,我们常常还得完成新的工作。

还必须说明一点,研究如史学史这样的问题,按照某一时代的大历史学家们的指导线索来行事,总是容易多了。但是,这种方法往往不能对历史科学的发展作出完整的图景。大历史学家在最显著地反映整个某一时代的社会思想状况上,并不总"高人一等",就是说那些具体研究、科学方法的制定,积累史实等工作也不只是由大历史学家们包办的,而往往是以小规模的学者们集体工作的形式来完成的。在一个时代的历史杂志和历史论文中占统治地位的情绪,往往绝不是在某一大作家的著作中反映得最清晰。我们这门课讲得离现代愈近,我们便愈多地从许多史学流派的共同气氛中,从期刊和争论中而不是从大历史学家的著作中察觉到历史科学发展的主要动向。

对于较早的时代,我们不管乐意与否,也得循着高大的路标走,这些路标就是大历史著作家。这与其说是一种正常的方法,还不如说是我们教程结构中一个不可避免的缺陷。

现在,我们又面临一个非常困难又非常重要的问题,其实这门史学史课程也正应从这个问题开始。从本质上说,它从下述时间开始是正确的,即:当中世纪史第一次被认识成目前这样的时候,当中世纪史开始与近代史分庭抗礼,中世纪也被给以固定特性的时候,当中世纪作为一个特定时期这一概念出现的时候,文艺复兴即人文主义时代便是这个时代:当时,人文主义作家在奠定早期资产阶级文化的同时,开始把中世纪作为一个区分古代文化与文艺复兴的特殊历史时期来与自己所处的时代对立。菲特就是用这个时代来标明作为一门科学的学科的历史开始年代的,他是一部最认真的史学史著作的作者③。这就是一定的创立。人文主义的史学对后来一切史学都产生了重大影响。人文主义者历史学家对待历史的独特方法和他们的历史思潮在十八世纪法国启蒙历史学家那里,或者说,在意大利,感觉得十分强烈,他们的历史思潮在十九世纪的许多历史学家那里也可感觉到。

但是,文艺复兴时代的思想体系本身和人文主义者历史学家用这个时代来与中世纪(即十四—十五世纪以前的时期)作对比本身,只有我们对这一更早时期史学形成一种概念,才可被理解。为了理解十四—十五世纪那些与更早时代的编年史家相对立的历史作家,必须对这种世界观和在更早时期占统治地位的历史著作有个概念。诚然,在史学史中对这一时代的历史学家们有过轻视态度。在这个意义上,指出伯伦汉及其关于历史方法的著述④或拉什的重要著作《历史的批评的发生和发展》⑤就足以说明问题了。他们二人都否认中世纪历史学家有过什么历史方法。

在他们之前,早就有位博克尔对中世纪历史学家们及其人为的谱系而嘲笑他们,断言似乎批判主义根本不是这些历史学家的固有属性。⑥

这并不十分中肯。以后我会向你们指出,中世纪的历史家是采用过一定的历史批评方法的。如果说这种历史批评很幼稚，很软弱，不足以使我们把他们的著作当作名副其实的科学著作来谈的话，那么这也不能剥夺他们被我们注意和研究的权利。此外，在我们这门史学史教程中，不仅要谈科学的历史，还要谈到反科学的历史，即使我们研究到历史科学的极盛时代也是如此。因此，以上的判断绝不能成为把中世纪历史家真正地排除在史学史课程之外的论据。

另一方面，认为史学史教程一般应从晚于文艺复兴的那个时代开始，这似乎言之有据。因为我们所理解的中世纪，比在人文主义者那里曾有过的、直到当今还在资产阶级科学中占统治地位的理解稍有不同。我们把中世纪时期与封建生产关系在西欧的统治时期联系起来并直到法国资产阶级革命为止⑦。从这一点出发，把我们的教程从十八世纪的史学开始，即从法国资产阶级革命的准备时代开始还是最正确不过的，其时已开始科学地研究历史，其中包括中世纪的历史。但是，如果将我们的教程从启蒙时期、也就是从十八世纪开始，那么不研究前几个时代，即人文主义时代、宗教改革和反宗教改革时代的历史家，就很难理解这一时期的史学。因为历史科学是沿着论战的道路发展的。一切历史巨著都是为了反对某些其他历史观的。

因此，解决关于史学史教程从何处开始的问题，切不可简单从事。

在总结上面针对这个问题所说的一切时，我想还是从中世纪史学史（五—十四世纪）开始这门教程在方法上是最正确的，也就是从这个时代的历史家如何理解和评价他们自己所生活的时代，他们把这个时代摆在世界史中的什么位置上开始。但是，详细研究这一切问题会需要过多的时间，那样我们就未必能在本教程中越出中世纪前半期的范围了。

所以，我想把我们的这门教程作如下安排是比较合适的。我当真从中世纪的头几个世纪开始，但不在这个时期上多纠缠，只是以几个最有代表性的人物为限而概括地评述这一时期的史学；然后，转向更详细地研究人文主义时代的历史家，把主要精力放在较晚的时代，集中到十八到十九世纪和二十世纪。不过,在从中世纪历史家讲起的同时,还得考虑到,他们实质上在颇大程度内依赖于古代作家,是仿照古典的模式而构成自己的学说的。遗憾的是,在本教程中对这方面不能详细提及,我们只能顺便涉及它一下,评定个别历史家,尽管古典史学不仅对中世纪的历史家有影响,而且对当代的历史家有时也继续发生影响。

我们这部史学史教程只谈西方中世纪的历史家,中世纪东方的史学史不在其内,作这么一个限制也是迫不得已。本应该把它包括在内,因为研究西方中世纪的科学的发展也不可能与研究中世纪东方的史学完全脱离,但我是力不从心。我们多少只包括些拜占庭的历史,这本是一门专题课,在教程末尾,我打算离开本题而涉及革命前俄国和苏维埃时代西方中世纪的研究领域。当然,我不能在这部教程里涉及俄罗斯历史的史学史的发展问题,但是我认为,指出革命前俄国史学和苏联历史科学在研究西方中世纪的领域中所取得的伟大成就还是应该的。

这就是我在准备这门史学史教程时所拟大纲的计划。⑧

尽管本教程所承担的任务有这一切限制,但是这些任务也够广泛了,因此我不敢很自信每一章节都能使我的听众十分满意。它们也不能时时使作者本人满意,我常常被迫面对一些很少被研究过以及还全然未被马克思主义科学触及过的问题。前已申明,我是第一次讲授这门课程,从材料涉及的广度和劳动量上说,这门课是特别难,因为准备每一讲时,我都得研究材料。因此,教程中的某些缺陷和疏漏之处在所难免。

必须指出在编撰这部教程时可用的一些共同的参考书目。我们暂时还没有一部公认的马克思主义的中世纪史学史教程。资产阶级史学史中也没有一部公认的教程,那里只有史学史的泛读教程。首先,我要提名的是已提到过的艾·菲特的著作——《近代史学史》。这是一部纲要,里面有十分丰富的材料,历数了一、二流的历史家,并附有他们的传记材料、评论和著作一览表。

应该说,这是一部相当枯燥的著作,很难读,主要可用于查询。尽

绪 论

管菲特试图在历史科学的发展中指出一定的连贯性,把历史学家们分成一系列学派,但是在他的著作中,这些学派的相互关系说得很不明白。菲特划分学派本身常常带有人为的性质。此外,菲特只对十九世纪七十年代之前的史学史作了详尽的表述,而对较后的时期则非常粗略。

人们常常称赞菲特,说他异常公允,说他似乎能超脱任何党派或阶级的好恶。但是,实际上并非如此。菲特的书写得充满自由主义精神,但它根本不是一部马克思主义的书,更确切些说,是一部反马克思主义的书。只就菲特有意识地忽视马克思和恩格斯在历史科学发展中的作用这一点便可看出。他这部书共计785页,谈到马克思和马克思主义学派的总共才七行,还是用小号铅字印的,这且不说,在这几行里还断言,说马克思主义史学根本不存在。菲特写道,马克思主义,这是一种历史理论,但根本没有任何马克思主义的历史和史学史,好像马克思主义者没写过什么历史书籍。即使考虑到菲特这部著作是在第一次世界大战前出版的,他不可能对马克思主义的历史学派有相当的了解;但是,无论怎么说他当时对马克思、恩格斯的历史著作总该是了解得不错的。因此,他对马克思主义史学的忽视,无论如何不是偶然的,怎么也不能证明作者是不偏不倚的。

总之,我认为,菲特这部著作与其说是一部史学史教程,不如说是一本工作中可以使用的参考资料。

古奇《十九世纪的历史和历史学家》一书和菲特的著作相差不远,它主要也是参考性的,况且也未越出十九世纪史学史的范围[⑨]。有一部集体著作《五十年来的历史和历史学家》,对最近五十年间的史学作了概述[⑩]。还应指出一部书,就是里特尔的《从最重要著作来看历史科学的发展》[⑪]。书中对历史观念的发展作了尝试,如作者主要谈到在历史科学中他所认为的几个最大的人物,实质上他是从整体上忽视了这门科学的发展。他的选择一直引起争议。他的观点基本上是保守的,他在称马克思的观点为"片面"的同时,用"最伟大的德国历史学家"——兰克的唯心主义与马克思抗衡。

在俄文的中世纪史学史文献中,可以指出德·诺·叶果罗夫教授的石印讲义,那是他为莫斯科高等女校授课而编的⑫。讲义生动、有趣,试图把史学史与社会思想史科学地联系起来,但这种尝试具有非常表面化的性质。有时,作者还受到近代资产阶级史学反动思想的影响。

我还可以指出一本书,就是勒·尤·维彼尔的《十八、十九世纪的社会学说和史学理论》一书⑬。它提供了重要的材料,但只对中世纪史学史一个部分。它的书提供了许多关于启蒙时代,尤其是十九世纪初欧洲反动时代的宝贵东西。其实,维彼尔只搞了一个中心问题,即进步思想问题,即进步思想在史学中的发展。这本书的论点与马克思主义相差甚远,而且在许多方面是有争议的。在普·格·维诺拉多夫的《中世纪史讲义》教程⑭、还有阿·诺·萨文关于十一—十三世纪和十四—十六世纪历史的石印教程⑮和诺·阿·奥索钦的《中世纪史》教程⑯中,我们会发现,他们对史学史都作过简短的概述。

还可以推荐一本旧的,但非常详尽的著作为参考材料,那就是右派黑格尔学者勃·奇切林的《政治学说史》⑰,其中详尽地讲述了许多历史学家的政治观点和历史观点。

在结尾,我还得再强调一次:以上我列举的所有著作完全是非马克思主义的,在本教程的研究中,它们只能作为事实材料和参考材料来使用⑱。

(白玉译)

注　释

①资产阶级研究家们照例都把历史科学的历史与社会的社会—政治发展割裂开,他们认为历史科学的历史中有一个思想自我发展过程,在这个过程里,某些学派总是不经尖锐斗争和思想冲突而代替另一些学派。因此,资产阶级学者们戴着"客观性"的假面具,忽视各个历史学家和学派的阶级根源问题和著述的思想倾向性问题,并回避提出关于他们世界观的反动性或进步性问题。(编者注)

绪　论

②历史研究技术的没落和对事实及史料的公然伪造,在当今不仅是法西斯主义流派的历史学家的特性,也是目前在美国和西欧国家中泛滥的资产阶级史学史的最反动思潮的共性。(编者注)

③见菲特(E. Fueter):《近代史学史》,慕尼黑和柏林,1936年。有法文译本,巴黎,1914年。

④伯伦汉(E. Bernheim):《史学方法教科书》,莱比锡,1889年。

⑤拉什:(B. Lasch),《历史批评的发生和发展》,柏林,1887年。

⑥亨利·托马斯·博克尔(H. T. Buckle)(1821—1862):著名的英国资产阶级社会学家和历史家,实证主义史学和社会学奠基人之一,《英国文明史》(两卷本,1863年出版)一书的作者,书中对中世纪的编年史作了尖锐的批判。(编者注)

⑦根据1940年之前苏联历史科学中所采用的历史分期方法,近代史时期的开端是1789年的法国资产阶级革命,而不是现行的1640—1660年的英国资产阶级革命。(编者注)

⑧前已指出,作者所拟的这个广泛的大纲,没能全部完成,这是一件憾事。(编者注)

⑨见古奇(G. P. Gooch):《十九世纪的历史和历史学家》,纽约,1913年;第二版,纽约,1952年。

⑩《五十年来的历史和历史学家。1876—1926年历史著作的方法、成果和性质》,法文版,为《史学评论》五十周年而出版的论文集,共两卷,巴黎,1927—1928年。

⑪里特尔(M. Ritter):《从最重要著作来看历史科学的发展》,慕尼黑和柏林,1919年。

⑫见德·诺·叶果罗夫:《中世纪·史学史和史料学》,两分册,根据女听众笔记整理出版于莫斯科,1912—1913学年。

⑬勒·尤·维彼尔:《十八、十九世纪的社会学说和史学理论》,依万诺沃—沃兹涅欣斯克,1925年。

⑭普·格·维诺拉多夫:《中世纪史讲义》,莫斯科,1900年。

⑮见阿·诺·萨文:《十一到十三世纪西欧史》,两分册,莫斯科,1913年;《十四到十六世纪西欧史》,两分册,莫斯科,1912年。

⑯见诺·阿·奥索钦:《中世纪史附中世纪史学史纲要》,喀山,1888年。

⑰勃·奇切林:《政治学说史》,两卷本,莫斯科,1869年。

⑱从叶·阿·科斯敏斯基开始讲授本教程迄今的二十五年间,苏联中世纪学因发表了若干关于中世纪史学的专著和大量论文而丰富起来,这些著作是这一科目的有益参考资料。我们把苏联历史学家的这些著作列于书末的参考书目中。(编者注)

第一讲　奥古斯丁的历史观

我从历史科学在中世纪,在奴隶制社会结构和封建制社会结构之交的初现时讲起。

希波城的主教奥古斯丁的名著《De civitate dei》①(以译为《论天国》②一名为佳)是一部最富有特色的著作,在思想史中尤其人类历史观念中这一转折时刻,在书中得到了反映。

奥古斯丁对我们之所以重要,是因为他是把古代与中世纪划分开的这一转折时期奴隶主阶级思想意识的最鲜明的表达者,这个时期不但对这位教会作家的作品,而且对他的整个一生都起了决定性作用。

在研究史学史时,我们不仅要对一个历史学家的思想,对他的性格也要给予一定的注意,因为他的传记能对他的思想体系给予解释。有许多历史学家的生平充满了戏剧性,以至我们不能不去研究他。

奥古斯丁的一生和他的思想发展史,对我们尤其重要。以他为例,我们见到,一个人由于受到他所目睹的社会关系变革的影响,是如何在他的生活中产生了剧烈的精神危机,产生了一切观点的真正转变。

我们发现,奥古斯丁在很大程度上以正在死亡的古代文化为基础,在非常短的时间内形成了一种全新的世界观的基础,形成了对自然、对人、对历史的新观点。换言之,以他为例,明显地看出,中世纪的世界观是在古代文化的根子上萌生出来的,尽管它是与以前有质的差别的一种思想体系。

在奥古斯丁的著作中,我们找到了中世纪教会世界观和教会的神权政治信条的基础,找到了后来在格利哥里七世或英诺森三世那里明显表现的教皇权思想体系的根源。同时,奥古斯丁的观点往往对各种偏离教会正统信仰的倾向发生过影响。宗教改革派的领袖威克利夫、胡司、路德和卡尔文也都曾向奥古斯丁的思想求教过。此外,在研究十九到二十世纪的史学史时,我们常常与许多历史学家的宗教观点打交道。奥古斯丁的思想,在资产阶级时代那些持宗教观点的作家的著作中也表现出来,尽管是以屈折了的形式。这样一来,认识奥古斯丁的观点,不仅对评定中世纪历史观是重要的,而且对完整地理解迄今为止的史学史的发展也是重要的。我们还经常碰到那种逐字逐句重复奥古斯丁思想的思想和观点。直到目前,奥古斯丁本人还是个不断被研究的对象。关于奥古斯丁的文献甚多,在概述当代史学史时,我们不得不涉及某些历史家对待奥古斯丁的态度。

正是上述这些,使我从奥古斯丁开始来讲我的史学史概述。在某些古代历史家那里已现出了关于人类大一统的思想,即怎样把各地区、各民族和各国家的历史联成世界历史的思想。基督教为了以宗教为基础把全人类联系到一起,竭力要超出各国家和各民族的界限,因此,它是世界史理论继续发展的沃土。

这种以基督教世界观为基础的世界史理论,正是这位顽固地坚持人类大一统观念的奥古斯丁所创立的。

奥古斯丁的历史观,完全建立在他的宗教思想的基础上。当时,他作为基督教会领导人之一,不得不一方面同古代世界观的代表人物,同多神教徒作斗争,另一方面同基督教内部的异端派别作斗争。他的宗教观是在一定的外力作用下,在生活经验的过程中,是在这种斗争当中形成的。

为了把奥古斯丁的宗教观和历史观的渊源弄得更清楚些,我首先要提醒一下他的传记中的某些事实。奥古斯丁生于公元三五四年,卒于公元四三〇年。他曾目睹西哥特人对罗马帝国领土的初期入侵和罗马城在四一〇年为阿拉里克攻陷。这一事件直接推动他去创作他的主要著作《论天国》,这部书是从公元四一二年直到公元四二六年写成的。他死于汪达尔人包围希波城期间,他曾在那里任过主教。这样,奥古斯丁就在某种程度上成了他所处的时代最重大的戏剧般事件的参加者，他的写作受到了五世纪初笼罩着罗马帝国并很快导致它覆亡的那一严重危机的直接影响。但这一危机不仅表现在罗马帝国在蛮族人打击之下的衰落上，也表现在帝国内部人民群众的起义上。在如何对待自己所处时代的第二个重大问题，即如何对待奴隶、隶农和农民起义问题上，奥古斯丁必须采取一定的立场。他同多那图斯派的斗争正好与这个问题紧密相关。

奥古斯丁传记的最重要史料是他自己的回忆录，或叫《忏悔录》(*confessiones*)③。这一史料引起了许多疑义，其中许多内容是为基督教作宣传的。遗憾的是，奥古斯丁的其他著作不能验证被《忏悔录》里引用的那些事实，许多西方的研究家和俄国学者，如盖里叶④、特鲁别茨柯依⑤等人，依据这本《忏悔录》和奥古斯丁的弟子波西迪为他写的辩解性传记，以及他的另一弟子、历史学家奥罗秀斯⑥关于他的辩解材料，把奥古斯丁的人格理想化了，把他描写成一个最忠诚的、为了宗教狂热而忘我献身的人。

对我们来说，对奥古斯丁的人格进行一番伦理道德上的评价并不多么重要。要肯定的只是：奥古斯丁是当时知识广博、多方面受过教育的一个人。随便读他哪一篇著作，你都会深信他是个精通古代文学、哲学的人。我们所见到的奥古斯丁，是个集古代文明之大成于其一身的人。

奥古斯丁生于罗马行省阿非利加的塔加斯特，生于一个小康市民之家。他父亲是个多神教徒，但母亲是个基督教徒。奥古斯丁受到良好教育，主要是雄辩术教育。

奥古斯丁诞生并就学的罗马的阿非利加，四世纪后半期是罗马帝国中最文明、最罗马化的行省之一。但是，罗马文化只波及当地社会的上层，而包括腓尼基人和努米底亚人在内的广大人民阶层，则仍保留着自己的语言、文化和自己的宗教。

基督教在阿非利加出现的日期很难确定。一开始，它在这里是社会下层阶级思想意识,后来也开始在上层中传播。在中等市民阶层里和人民群众中从四世纪初则开始流行各种异端,尤其是多那图斯派和亚哥尼斯特两种异端。

占统治地位的教会和国家同异端的斗争,成为奥古斯丁生活时代阿非利加省的特点。他内心世界的发展和思想体系的形成,大大受到这一斗争的影响。

让我们再回到奥古斯丁的传记上来。奥古斯丁在他的《忏悔录》中写道,他青年时代曾过着放荡不羁的欢快生活;但是,这未免有些夸张。可能出于醒世说教的目的,后来他的禁欲主义心情逼迫他夸大了自己生活方式上的放荡。早在他青年时代,科学和哲学已成了他生活中最大的乐趣。少年时代,他受到了西塞罗著作的很大影响。西塞罗是把希腊哲学向罗马社会介绍的最著名中介人之一,奥古斯丁在他的影响下开始钻研哲学。但我们看到,与此同时,他对宗教—伦理还有一定的追求。古代哲学思想认为,一个智者不仅要本人发挥智慧的力量,还要发挥道德的本质。最高知识只有在一定的道德完美化的条件下才可能实现——这种思想当时是左右了奥古斯丁的。

奥古斯丁在结束学业以后,先是在塔加斯特任语法教师,接着又在迦太基教授修辞学。在这个时期,奥古斯丁迷上了新柏拉图主义哲学,同时,初次接触到基督教。但是,基督教在这个时期使他这个受古代哲学培育的人感到厌烦,因为他感到它过于简陋和如儿戏般的粗鲁。《圣经》对他来说,好比一部寓言集。尤其令他不能信服的是:基督教学说不待证实便令人去相信,它的信条具有无须理智验证的命令性质。

在作宗教追求时,奥古斯丁曾一度迷恋于摩尼教。根据这种起源于拜火教的二元论理论,世界是黑暗侵犯了光明所造成的结果,世界的目的是解脱这一黑暗再还原为原始的光明。这种思想曾一度左右过奥古斯丁,但是,如果相信他的《忏悔录》,这种思想很快不再使他满足了。

公元三八三年,奥古斯丁来到了罗马。可以想象,他到此不只是为了寻求真理,还为了来谋求前程。不管怎么说他很快获得了米兰一所高等学校的修辞学教席,这对于一个外省教员来说,真是一步登天。在他留居罗马期间和留居米兰的初期,他抛弃了种种神秘论宗教学说,甚至把新柏拉图主义的观点都抛弃了,开始赞同那些鼓吹纯不可知论,怀疑一切和讲只能大概知晓的哲学家们的观点。

但是,很快他就对不可知论感到失望,重又开始对基督教感兴趣。此时,在他眼里的基督教比青年时代要有吸引力多了。他那著名的《呼吁》便是这一时期的著作,三八七年他加入了基督教。

奥古斯丁自己在《忏悔录》中所叙述的这一转变,是一种内心悲剧,它肯定是在某些外部影响和作用之下才成熟的。

加入基督教以后,奥古斯丁不再在米兰的高等学校任教,返回阿非利加,先是做神甫(三九一年),后来当了希波的主教。在那里,他不得不为加强教会这种拥有规定宗教"真理"的绝对权的组织权威而战,他宣布一切不合乎宗教"真理"的都是异端。关于教会有权在必要时用暴力强制人们去理解这些真理的问题,愈来愈控制着他的意识,主宰着他的行动。

这条"权威的路",现在已决定了奥古斯丁的整个世界观。神学和哲学对他来说,已不是自由地去研究和认识神,而恰恰是接受无须证实的东西,如同去服从权威。

奥古斯丁以主教的身份与各种异端作了坚决的斗争,这些异端反映了当时发生在阿非利加的各种社会运动,其中包括他对多那图斯派的斗争。我们已指出,多那图斯派曾与下层人民的运动有关联。在与多那图斯派的斗争中,奥古斯丁发展了不在教之人不能得救的学说,成为他的"天国"思想的基础。[7]

奥古斯丁不得不与之斗争的另一异端是佩拉究斯教派[8]。在与佩拉究斯教派的斗争中,奥古斯丁提出了神恩学说和命运前定学说,他认为,正统的罗马教会是神恩的唯一体现者。这两个学说,与他的名声关系最大。

奥古斯丁的神恩学说与原罪思想有关联。奥古斯丁主张"原罪",

(也就是最早的人违背了对上帝的誓言)是一种自由意志的行为。自从人们犯了这个罪,人类的自由便永世与这个罪分不开了。人们只有靠上帝的神恩,只有靠超自然的力量才能得救,这种力量是上帝给予的,是在圣经的历史进程中揭示出来的,它在基督的赎罪牺牲中得到了最圆满的表现。这样,免罪是"神恩",神恩又是无偿赐给的,是与任何功劳无关的,但又不普及于一切人。奥古斯丁关于命运前定的学说就出现了。一些人命中注定要得救,另一些人则命中注定要死亡。而且,那些命中注定来生享福的人为数最少,而绝大多数人预先注定被判罪。

奥古斯丁《论天国》一书中所阐述的他的历史哲学,是以他关于意志自由,关于罪过和命运前定这一学说为依据的。这本书是在罗马城被阿拉里克攻陷的影响下写成的。多神教信徒们断言,罗马于四一〇年陷落,是因为它背离了神们的古老宗教。神们一度造就了罗马的宏伟并保卫了罗马。这样,基督教在帝国的传播被解释成为罗马陷落的原因。奥古斯丁在《论天国》一书中,试图反驳这种非难,并阐述了他对人类命运,罗马的命运和历史的未来进程的观点与之对立。

奥古斯丁在他书中所谈到的那个"天国",在某些情况下,被他当作一个组织与教会混为一谈,但在大多数情况下被他作为一个广义的概念来表达。这个王国,或上帝选民的团体,从人类历史最初开始,从圣经的第一批族长开始,一直存在到基督降世。基督,他的学说和基督教会,是上帝的这个王国继续昌盛的新基础,属于这个王国的只是选民,就是被上帝注定要得救的人。当世界的末日来临时,一切罪人都将受审,而这些选民们在永恒的极乐中,在永恒的"天国"中与上帝永世地团结。

照奥古斯丁看来,世界史就是实现预先命定的神的计划,这个计划的目的是要逐步发展和完善这个"天国"——上帝选民的王国。

这样一来,从奥古斯丁的观点看,上帝是历史中主要的定性力量;一切都服从上帝的意志,上帝已不是作为新柏拉图哲学所描绘的那种抽象实质出现，而是以基督教的创世主和圣哲出现，上帝用它的意志决定着人类的全部发展。在奥古斯丁那里，关于"奇迹"的概念与此有关。他证明说，没有上帝所不能违背的自然规律和历史规律，并指出，这种违背是时时在发生着的。后来，天主教的和新教的中世纪史学完全盲目相信奇迹，这种盲目信仰是以神的预先注定和上帝万能的思想为依据的。

奥古斯丁还认为，世上是恶在统治着，尽管这个恶对奥古斯丁并未表现为某种独立力量，却是远离上帝，尘世对他来说仍然是罪恶的世界，悲惨的命运。奥古斯丁不惜笔墨地去描绘在一个人生活道路上步步等待着一切意外事变。对世界的悲观主义观点统治着他。在奥古斯丁那里，"天国"的思想有时以遁世的思想出现。这就是那种以修士生活为基础的情绪。

在这种对世界、对人生的悲观主义观点中，反映出当时西方世界所经受的重大危机。但是，根据奥古斯丁的学说，统治世界上的恶和罪，可以被神恩所战胜，神恩在人类历史上是以"神启"的形式被逐渐发现的。"神启"开始由上帝通过犹太人的族长们，通过摩西和先知来转交。最后，基督的赎罪是这一神恩的终结行动。

奥古斯丁把整个历史描绘成统一的过程。这种思想是奥古斯丁的主导思想。他主张，人类种族统一，这种统一是以圣经历史与多神教各国历史合流的形式表现出来的。

但是，在奥古斯丁那里，"上帝的选民"和弃民在历史中起不同的作用：弃民与其说是"天国"建立的参加者，莫如说是上帝用来惩罚那个违背"上帝旨意"的，"被选定的"犹太民族的一种"神的工具"。

实现历史中神的这一计划，被奥古斯丁描绘成一种独特的进步的过程。但是，奥古斯丁只把这一"进步"归功于"天国"；至于涉及人类之大部分所隶属的那个人间王国，则被他描绘成完全是另外一种景象。在这方面，《论天国》一书中专谈尘世国家历史的第十八册意义重大。奥古斯丁给历史作了几种不同的分期。一种分期法是按君主制，虽然他只提出了两种君主制:亚述—巴比伦君主制和罗马君主制。

第二种分期法,是把历史分为基督诞生之前和基督诞生之后两个时期。

此外,他还采用了按年龄分期法,这种方法在中世纪历史家的理论中常见,西塞罗也用过这一分期法,他认定人类有四种年龄。

奥古斯丁计算人类有六种年龄:婴儿期、少年期、青年期、壮年期、半老期,最后是老年期,老年期的特征是虚弱无力、多病患,行将死亡。死后开始了第七种年龄这就是选民们在"天国"里新生和享受幸福生活。

有趣的是,奥古斯丁认为第六种年龄是从基督教产生开始的。他认为基督教的产生是人类的老年期,这一时期是尘世毁灭之前的那个时期。这种关于人类已在死亡的概念,关于古代世界老朽的概念,在奥古斯丁那里是很自然的,因为他是这个世界临近毁灭的目击者。

但是,对于他来说,却恰恰相反,基督教会的出现应标志着人类的再生。奥古斯丁用这种办法摆脱了这一矛盾,他说,一个古老的肉体的人的衰朽伴随着一个新的、精神的人的诞生。对他来说,人类的发展是神授真理被揭示的过程,是培养人类去理解这一真理。

那么,他的"天国"与人间的国家又是什么关系呢?奥古斯丁发挥了他在罗马国家处于衰亡状况那个时代的观点。因此,当他谈到尘世的国家时,他就用了与谈"天国"时截然不同的调门,他提出了十分现实主义的历史哲学。其中,他谈到国家产生于暴力。

他认为,人类社会中永远是使弱者服从强者的斗争统治着。他们宁愿服从斗争和混乱的永恒的状态。于是就产生了国家。

照奥古斯丁看来,国家就是一伙强盗。他认为,罗马是一伙由各种罪犯组成的强盗建立的。罗马的历史是从犯罪开始的,即从罗慕洛杀害莱缪斯开始。照《圣经》的同样准确说法,罗马城的第一个建设者是弑兄弟者该隐。

奥古斯丁极端鄙视那些似乎巩固了罗马统治的公民美德。照他看来，所有这些公民美德都归结为对统治的追求。同样，奥古斯丁也反对多神教那种上帝创造了罗马统治地位的主张，嘲笑罗马神。奥古斯丁证明，相信这些神就是一条最愚蠢的迷信的锁链。与此同时，他自己多少也相信它们的存在，把它们视作魔鬼。他把基督教关于魔鬼的学说，转用于罗马神话上去。他认为，在多神教的一切奇迹后面都有黑暗的力量。

在谈到罗马时，奥古斯丁断言，上帝以其目的为工具缔造了这个国家。在罗马帝国中已完成了全世界的联合，这就为基督教的传播创造了前提条件。

这样，从奥古斯丁的观点看来，在对选民无形的精神联盟——"天国"的关系上，世俗国家应起辅助作用。尽管这"天国"是无形的、在地上没有确定位置，它总还是被包括在能以自己的神秘拯救人的教会之内，世俗国家实际上应为教会服务。这种对世俗国家作用的观点完全是由于四—五世纪西罗马帝国中国家组织的总崩溃。照奥古斯丁的意见，教会作为一种新力量，应该承担起世俗国家从前行使过的那些职能。⑨

照他看来，教会和他所认为的教会为之服务的国家应保护什么样的社会制度呢？其中，奥古斯丁是怎样对待奴隶占有制，对待剥削、对待劳动阶级的不自由呢？

奥古斯丁本人当然没有提出这种问题来，也没有提出这种问题的任何愿望。但在他的书的字里行间倒可以猜想出来对这些问题的答案。

奥古斯丁说，上帝把人造成自由的，但奴隶制是罪恶的必然产物。当奴隶，是罪人的命运。在这种主张中包含着为奴隶制作道德上的辩护的内容。这样一来，奥古斯丁从他那"天国"的观点出发，并不反对现存的社会制度，而是相反，采取了保护这种制度的立场。他在把历史发展的重心移到好像是"天国"的同时，实际上却把整个教会组织置于为现存的"人间"制度服务的地位上了。

这样,我们就发现,在奥古斯丁的理论中,关于应与"天国"有关的任何社会变革问题,全被回避了。这里,奥古斯丁完全站在占统治地位的社会关系的观点上讲话。在他那贵族式的理论中,在"选民"论、"命运前定"论中,他证明了自己距离向下层民众的渴求作任何让步是何等遥远。⑩上述奥古斯丁与多那图斯派的斗争便是这一明显的标志。奥古斯丁的历史哲学,原来是与他所处时代的最重要的政治问题、社会问题紧密相关的。这一哲学,后来成为中世纪里占统治地位的历史哲学的基础。奥古斯丁的观点,他那神学的、充满反动神权政治精神的人类历史的构想,长久地注定了中世纪历史思想的发展。

(白玉译)

注　释

①奥里略·奥古斯丁(Aurelius Augustinus):《论天国》,拉丁文版,二十二卷,莱比锡,1909年。俄译本见《圣奥古斯丁文集》,基辅,1901年。

②某些历史学家和哲学家则另有它译——《论上帝之城》。但是,如叶·阿·科斯敏斯基在下述中所指出的,civitas在奥古斯丁本人赋予它的涵义上是个多义词,最好译为"国家"。(编者注)

③奥里略·奥古斯丁:《忏悔录》,拉丁文版,慕尼黑,1955年。

④见 В.И.盖里叶:《圣奥古斯丁》,莫斯科,1910年。

⑤见 Е.Н.特鲁别茨柯依:《五世纪西方基督教的宗教社会的理想》,莫斯科,1892年。

⑥奥罗秀斯(Orosius):《保罗·奥罗秀斯的历史上最博学的人们开始到奥里略·奥古斯丁》,威尼斯,拉丁文版,1500年。

⑦关于奥古斯丁的这一思想,详见下文。(编者注)

⑧根据佩拉究斯(Pelagius)的学说,人有意志自由和选择善恶的自由,因此,他可用自己的行动来求得上帝以"神恩"形式所给予的恩惠,并以此进入那些被注定得救的"选民"之列。佩拉究斯教派反映了帝国更广大的居民阶层的心情和期望,它对意志自由问题的解释与官方教会学说针锋相对,而奥古斯丁是支持并发展了后者的。叶·阿·科斯敏斯基在下边要讲到这一学说。(编者注)

⑨奥古斯丁的这一原理,后来成了教皇的神权政治思想的基础和教会高于国家的依据,它在中世纪里的社会政治斗争和思想斗争中起了十分重要而又反动的

作用。

⑩在这方面不能不指出，奥古斯丁在承认适于"天国"发展的进步的同时（这是广义上的、接近上帝的以及"选民"的永世幸福之义的"天国"），又否认历史上尘世间国家的任何进步，而人类的大部分是隶属于尘世国家的。这一人间世界的历史，从头至尾都被他用同样阴暗的笔调所描绘。（编者注）

第二讲 关于中世纪编年史的评述

本讲并不想对人文主义世界观产生之前的中世纪史学史进行全面的评鉴。那是一件十分繁重的任务。我这里想描述的仅仅是该时期中世纪编年史的某些共同的最重要的特征。以求对史学史今后发展的评价获得一个出发点,并逐步使之成为一门科学的课程。

因此,我们不准备讲到早期中世纪的史学家。对中世纪编年史特征总的评述,准备从研究十二世纪最著名的编年史家之一弗列辛根的主教奥托(一一一一——一一五八)的著作开始。

弗列辛根的奥托出身于很显赫的家族,是皇帝亨利四世的外孙,还是另一德皇——红胡子弗里德里希一世的叔父。弗列辛根的奥托在巴黎就学并接受了在当时看来是很好的教育。他曾参加过西托派修士团,是明朗谷的伯尔纳的热衷的崇拜者,不过他并不完全同意后者的观点。作为弗列辛根(在巴伐利亚)的主教,他不得不处于当时社会政治斗争的中心。他执行过皇帝的许多委托,熟悉当时政治和宗教的全部情况。因此,我们感到十分幸运的是,这位洞悉当时时务的人为我们留下的不是普通的记事,而是他的历史哲学——著作。据此我们可以判断,当时一些杰出的活动家是如何看待自己的时代的。这部著作便是弗列辛根的奥托的著名编年史,名为《论两个国家的历史》①。

弗列辛根的奥托的八卷本著作的主线是两个帝国,即"上帝的王国"与地上王国的对立。奥古斯丁前此建立的历史观念是这种对立的基础。

弗列辛根的奥托一贯强调尘世的事务从来是变幻无常的。在写给红胡子弗里德里希的信中他把自己的作品称为《论命运无常的书》

(*Liber de mutaione rerum*)。在他看来,智者应脱离尘世的事务,而把视线转移到永恒不变"神的王国"。因为存在着两个王国:一个是暂时的,另一个是永久的;一个是尘世的,另一个是天上的;一个是魔鬼的王国,而另一个是基督的王国。

在弗列辛根的奥托的前七卷中,叙述人类由于亚当而遭受的不幸,它将延续到世界末日。在第八卷中我们意外地读到说明人类未来的命运,即先是基督之敌和世界末日的到来,继之出现忠实信徒永恒的幸福,他把这幸福与地上的悲哀浊世相对立。

无论是所受教育的范围还是思想的广度,弗列辛根的奥托都远不能与奥古斯丁相比拟。奥古斯丁真正地吸收了古代的文化和哲学。而弗列辛根的奥托则对古代了解甚少。他的著作遵循着一定的道德上的目的——教诲别人鄙弃人世的欢乐。从他的身上我们发现了奥古斯丁关于基督教国家——作为教会保卫者的罗马帝国——的意义的继承与发展。"神之王国"和尘世之国的理想的构图,在这里具有更明确更具体的轮廓,一方是罗马天主教会,另一方是"神圣罗马帝国"。弗列辛根的奥托把奥古斯丁的理想中无形的"神之王国"转化为信仰基督,接受洗礼和其他圣礼的总和,即转化为表现于一切历史实际中的罗马天主教会。他正是把这种教会按照旧例称为"天国"。但有时他的教会意味着更狭隘的含义:是教士们,更确切说是按等级组织起来的教士们的总和。正是在这个意义上,他把教会与世俗的基督教国家根本对立起来。

作为中世纪一位著名的历史家,弗列辛根的奥托是怎样认识自己的时代,怎样感觉并描述出这个"中世纪"的呢?

弗列辛根的奥托没有中世纪开始这个概念。他不了解后世所认识的古代历史与中世纪的任何间隙,我们在他的著作中读到了像蛮族入侵这类事件。但在他的历史概念中这个事实并不比某些行省总督的暴动占更重要的地位。从罗马帝国开始到红胡子弗里德里希的历史在他的叙述中是连着的。

但他是如何来说明,例如当帝国在西部终止时,在四七六年罗马帝国遭到覆灭这类事实呢？弗列辛根的奥托提出罗马帝国"迁移"的理论为此作解释。他断言,帝国在西部终止后,它被迁移到东方。

以他的编年史第七卷为例,这里列举了罗马一切帝王的名字,与此并举了教皇的名字。我不准备对这些名字进行历史的评价。这里存在许多可疑之处,但意图本身却是有意义的。在名字中先是神话中的国王——神祇雅努斯,萨特恩,继之是历史人物——高傲的塔尔昆尼等,然后是从屋大维·奥古斯都开始的皇帝们。在狄奥多西之后还提到了两个皇帝:阿卡第乌斯和霍诺留斯。然后就谈到往拜占庭的"迁移"。帝王名单一直写到八世纪。自那时起,开始了并列的法兰克诸国王。帝国依然如故,不过已转移到法兰克。弗列辛根的奥托接着说,帝国不过只在名义上(solon nomine)保留罗马(由于城市的古代名称),依这位编年史家所见,帝国先是由罗马迁移到君士坦丁堡;然后从君士坦丁堡又转移到法兰克。诚然,法兰克国家继而走向了衰落和纷乱,但后来帝国又在操"条顿语"的人所在的法兰克国家东部获得了恢复,从前的罗马世俗政权又转移到这里。弗列辛根的奥托以此竭力证明,罗马皇帝的称号经由君士坦丁堡和法兰克人转移到"日耳曼民族的神圣罗马帝国"。所以,在他看来,罗马陷落之后和他所生活的整个时代,是罗马帝国的继续。固然,他承认,这个新的罗马帝国与旧的有着某种区别。作为教会代表者的弗列辛根的奥托认为帝国的统治现在已相当衰弱,其原因是自"君士坦丁赠赐"之后,罗马的世俗政权归教皇所有,据他所见,帝国由罗马迁往君士坦丁堡是与"君士坦丁赠赐"相联系着的,正是在君士坦丁把首都迁到君士坦丁堡时,他把帝国的西部让给教皇。这样一来,罗马皇帝把罗马的世俗政权让给教皇,而教皇则多年来享有罗马城的全部世俗政权。与此同时,从前曾是国家首都的罗马城现在成了教会的中心。

由此看来,弗列辛根的奥托不承认中世纪与古代史之间的界限,他认为罗马的历史与直到他生活时期的中世纪历史,共同构成人类发展的最近一段时期,即罗马帝国时期。

在他看来，历史的核心问题是教会与国家的关系，只要我们回忆一下弗列辛根的奥托生存和活动的时代及其历史环境，这是容易理解的。展示在他眼前的历史发展这一阶段的教会与国家的关系，是罗马国家的逐步削弱和教会势力的不断增长。他认为罗马国家的衰弱从尼禄时期便已经开始，谈到教会创始者的殉难时，他认为，殉难是教会日后强大的基础，在时间上，这种强大与罗马帝国外部的失败是相吻合的。弗列辛根的奥托认为，对帝国实力最大的打击，相反，成为教会上升契机的正是"君士坦丁的赠赐"。为了证明教会权威的增长，他特别强调下一情况，仿佛是教皇斯提芬废黜了墨洛温王朝并把丕平推上了王位。——而在我们看来，这未必证明教会在八世纪具有特别巨大的作用。我们知道，教皇斯提芬当时极需要丕平的帮助。可是弗列辛根的奥托却认为，这个并非十分重大的事件是加强了教皇的权力，使其能废立国王。与此相联系，他特别强调，格利哥里七世革除并废黜亨利四世的事实。他认为，教皇有高于国王的权力，教皇可以审判国王。而国王由于把土地和权力的相当大部分转让给教会后，现在软弱无力了。这明确地表现出与弗列辛根的奥托无疑地倾向于神权政治相联系的、罗马帝国逐步衰落的思想。

他是如何来描述人类将来的发展历史的最后一章呢？

在他看来，罗马帝国走向末日，大概也就是尘世正在走向末日。因为罗马帝国是世上最后一个世俗政权。罗马帝国的结束会是尘世的结束。这种尘世临近末日的思想是弗列辛根的奥托很有代表性的思想。他的观点是世界太衰老了。其后的历史家在谈到中世纪时都反复地说，这是"人间正当年轻的时代"。而以弗列辛根的奥托为代表的中世纪的人却认为自己的世界是衰老的、颓败的，正接近末日。

他的编年史第八卷是论述世界的末日及其再生的问题。这种再生被弗列辛根的奥托设想为"神的王国"即天国的降临。弗列辛根的奥托无疑是封建统治阶级尤其是天主教等级制观点的代表者，他的明显反动的封建教会思想体系基本如此。因此，毫不奇怪，这种把罗马帝国作为人类历史最后阶段的分期法,在某些反映较民主的社会阶层的希望与夙愿的宗教历史思想流派中,遭到十分激烈的反对。我们指的特别是关于虔诚信徒的新的地上王国应取代罗马帝国的千年王国的思想。全部这个构想形式上的依据是《启示录》的一段经文(第二十章)。根据经文,在信仰上经过考验的一切人将上千年同基督一道统治。

在十二世纪,千年王国的思想产生于意大利修士弗洛尔的约阿希姆(卒于一二〇二年)②的学说。他在自己的著作(《新约与旧约之协调》、《启示录序论》等)中断言,经过一系列王国或"情况"的循序更迭之后,尘世将出现基督的千年王国。

尘世的王国——罗马帝国将让位于"上帝的王国"。与约阿希姆这种观念相联系的后来还有"使徒教友"派的领袖——谢加列里和多里奇诺的学说,以及当宗教改革时提出的某些观点。因此,与把罗马帝国视为尘世发展最终阶段的正统教会观点相对立的是,由"千年王国"思想拥护者的关于千年王国的学说。当古代的恶魔——撒旦被缚住并封入深渊中时,这个王国将要降临。它不仅被描绘成虔诚的"选民"的教会,并且是一个社会公平的王国。

我曾试图说明可称为中世纪占统治地位的历史哲学,说明作为人类历史观念基础的封建教会世界观。因为这个观念至少基本上反映在中世纪历史学家的著作中。首先是奥古斯丁和弗列辛根的奥托的著作中。当然,这种一般的说明始终有一个缺点,那就是过于概括。它不能考虑到每个历史学家个人形形色色的特点,同样也不能考虑到在这个时代的历史学家中我们可以确认的各种流派。

例如,像瓦滕巴赫③这样的中世纪史料学专家,仅在德国一国里,就不仅按照各地区,甚至按照各寺院分出一系列流派。不过,倘若我们从总体上谈中世纪编年史家,那么他们之间的共同点还是多于不同之处的。他们彼此在语言表现方法上都是近似的,更主要的是他们共同的教会封建世界观④。

现在,我准备触及问题的另一方面,即提出关于中世纪的研究方法,关于对实际材料的叙述和分析手段,关于这里所受到的影响的问题。中世纪编年史家历史著作的方法问题对我们是十分有意义的。他们是如何工作的,他们使用了哪些资料,他们掌握哪些研究手段,如何能分辨出这些中世纪历史学家的著作与我们今天所理解的史学方法相区别的主要特点?

尤为重要的,编年史家对史料批判的态度,善于从一定的历史事实中作出这样或那样结论的问题。我们准备以这个弗列辛根的奥托以及其他一些作者的著作为材料来研究这些问题。

首先提出的是,关于十四世纪初以前中世纪史学的方法在什么影响下形成的问题。这里我们必须提出,对中世纪史文化普遍发生的两种主要影响:这首先是古代的影响;其次是基督教的影响。

古代对中世纪的影响很大,虽然我们看到罗马帝国灭亡之后,古代的文化急剧衰落,但中世纪文化从古代的传统中借用了某些东西,只要这一传统并没有损害占统治地位的基督教世界观。早期中世纪的许多文件,包含着不少罗马法中特有的但更被简化了的公式术语和概念,只是以明显的蛮族化了的形式出现。

众所周知,中世纪的学校是在古代的某些影响下建立的。早在罗马帝国时代制定出的学校的陈规及其著名的自由七艺分为"三学"与"四科",都再现于查理大帝的学校以及后来几世纪的修道院与主教的学校里。固然中世纪作家们自己经常说,他们丧失了古代的传统,不会用拉丁文写作与讲话了。你记得,都尔的格利哥里曾在著名的《法兰克人史》⑤开端中抱歉地对读者说,他已经不能用拉丁文说话与写文章了。事实上,他的全部著作都说明他受了古代模式的影响,如果不考虑人所共知的发音的特点,那么他还是用不错的拉丁文撰写的。

这更多地表现在查理大帝时代的历史学家们的身上。大家都清楚,在查理大帝时期开始了所谓的"加洛林文艺复兴",它立足于对古代形式的表面模仿,不过常是微弱无力,几乎是可笑的。恢复古代文化表现在能够地道地用拉丁文表达,整句引用古代作品中的摘录。艾因哈德的《查理大帝传》⑥一书可谓加洛林时期史学的典范,这部著作是斯维托纽斯的《十二帝王传》⑦一书的仿制,抄袭的不仅是中世纪这位著作家摘自这部书的句子和成语,并且还包括结构与表现的手法。艾因哈德给予查理大帝的评价就是斯维托纽斯给奥古斯都、维斯巴西安、提图斯以及部分给提比略的评述模仿。当然,艾因哈德书中有许多关于查理大帝生平的实际具体材料,不过它们通过古代作品的范例而有所改变。看来,艾因哈德并没想使这部书成为一部历史著作,而是让它更近似于文学作品。我们在该书的年代、人名以及事件中发现了许多混乱之处。虽然这部传记是在查理大帝逝世不久而记忆犹新时写出来的,但书中它的文学手法压倒了历史分析。艾因哈德的著作在欧洲中世纪享有非同寻常的声誉,许多编年史家引用过它。我们所知艾因哈德这书的手抄本有八十多种,对于这遥远时期的文学作品来说,这是巨大的数字。

古代文化对中世纪文化的某些影响在以后的几百年里依然继续着。罗马的著名作家,尤其是史学家在中世纪的学校或大学里都被研究过。这些人,尤其是提图·李维被许多历史家所模仿,通常认为这位著作家的影响对文艺复兴时期有代表意义,殊不知他也是某些中世纪编年史家的样板。整个说来,古代传统对中世纪文化,尤其是对史学的影响仍然不显著,并且有很肤浅、表面的性质。

对于中世纪的文化和思想体系有更强烈的另一影响是"圣书"特别是圣经。"圣书"是中世纪全部教育的真正基础,既然这个时期教会垄断了全部社会的精神生活。教学的第一步是学习"圣书"。学习它甚至先于教识字:首先背诵祷文和赞美诗,然后再学习读书写字。《圣经》(旧约和新约)中的许多篇幅要整页地背熟。这在中世纪无论教士还是俗人都是主要的教材。关于只有教士们才能得到"圣书",而非神职人员禁止阅读的说法是不太可信的。阅读拉丁文的"圣书"在中世纪的一切识字人当中是普及的。当然,其实识字人为数不多,并且绝大多数是教士。

"圣书"对中世纪每个历史家的影响很显著。其意义绝不可低估。"圣书"的引文已经成为证明、论据,"圣书"的权威是绝对的,从其中引证不仅解决教会的问题,甚至也解决历史本身问题。对历史家来说,受的影响主要来自《旧约》。《新约》、《福音书》、《使徒书》和《启示录》——这是特殊一类的书,主要是教诲性质的书,这些书所包含的历史内容并不多。《新旧约》则包括一系列历史书。因此《新旧约》是中世纪历史家们经常的范本,它是历史事例的百科全书。《新旧约》是在象征意义中被理解的;《旧约》的各种事件被看成是原型,一种象征,后来部分地在《新约》,再后部分地在人类以后历史中得到展开。因此,把当时的事件竭力与《新旧约》相比拟,而对《新旧约》的材料则作寓意的解释。

中世纪作家们的语言本身就是古典拉丁语与教会语言的混合体。后者可能还占多数。为了精通中世纪的历史文献,必须学习拉丁文,与其按照凯撒,也许不如按照"圣书"的拉丁文译本。《圣经》对中世纪作家是历史书的典范,世界史全部进程的观念都常常追溯到圣经史。

中世纪史学家从罗马的史学和新旧约的传统继承了对修辞和说教的偏好,即历史学家应当教导的观点。这种教导的手段,也是从罗马史学家假借来的,诸如,通过行动的戏剧化、插入的语言等方式。我们在中世纪作家中常见的夸张与这些手段多少有关系。中世纪的各种"统计",尤其令人难以置信。中世纪作者引用的数字往往是夸大了的。例如,中世纪作者认为第一次十字军远征参加者至少有三十万人。然而后来的作者们,尤其是从事军事史研究的捷里布留科⑧根据战役和行军的分析,认为这个数字应当缩小许多倍。这次远征参加者,起码骑士最多不过几万人。

另举一例,即海尔摩尔德⑨研究德国十二世纪在易北河流域斯拉夫人土地的征服与殖民历史的《斯拉夫编年史》。其中记载着一次战役中杀死了十万多异教徒,而基督教徒只损失一人。类似的明显夸张与拙笨,在中世纪编年史中屡见不鲜。海尔摩尔德的书中曾提及"人数众多";而同书另外一处又承认所谓众多"不过是七十人"。

—— 37

这种夸张完全出于追求雄辩效果的文风。为此,作者只关心文章产生的感人效果,而忽视了表达的准确性。总之,在数量的确定,即数字的引用上尤其令人感到夸张失实。这一方面是来自圣经文体的影响,另一方面是受罗马雄辩术的影响。

　　中世纪作者们借用《圣经》文字常常是无意识的。他们的笔下很容易写出十分熟悉并能背诵的圣经中的词句。我们记得,中世纪的编年史家使用的毕竟不是本民族的土语,写在羊皮纸上的是记熟了的词句和熟透了的手法。

　　例如:专攻中世纪拉丁语言学的专家之一,著名的德国历史家特劳贝⑩引用了一些有趣的资料。他指出编年史撰写者们常常犯同样的错误,当他们抄录古典作家的作品时便不由自主地塞进了《圣经》中的话。比如古典作家的"诸神们"被他们写成"上帝"。这都是由于基督观念的影响。另如,"圣妇所生的后代",被他们改写成圣母生的后代,高卢被改写成加利利。

　　我们在中世纪著作家那里经常发现从《圣经》或古代作家借用来的重量、长度等单位。比如用斯塔迪亚计算距离,有时则令人难以确定多少。另外,还有许多抄自《圣经》的讨厌的模式永远被中世纪编年史家们所重复。比如,叛徒永远是犹大。善者总是被比作约伯或托比(Tobit),如此等等。中世纪编年史家从《圣经》中借用了大量词汇、措辞、形容语,这与中世纪编年史家异常精细的记忆有关。因为当时的教学要求特别紧张的记忆。我们发现,这种精细的记忆常常为中世纪编年史家帮了倒忙,即需要精确研究,而不是求助于生记硬背的时候。总而言之,对圣经有意或无意的模仿导致了一系列的歪曲。

　　为此必须指出,鉴于中世纪各个作家都从共同的来源即同样的《圣经》中辗转借用,根据他们的语言进行任何对比是十分危险的。由于这种情况,对中世纪编年史做历史评价就遇到了极大的麻烦。

　　顾及编年史的这一切特殊性,不能不提出这样的问题:中世纪的编年史家表达事实准确到何等程度,我们从已经援引的一些事例来看,它们远非总是准确的。为了说明这一点,我们还列举一些材料。

里特尔的《从一些最重要著作看历史科学的发展》一书,分析了中世纪一些同样的历史事件是怎样被不同的中世纪编年史家所记叙。他举出格利哥里七世反对世俗授爵权的斗争为例。关于这次斗争格利哥里七世在一○七五年、一○七八年和一○八○年颁布了三次法令。里特尔指出,日耳曼的编年史家们对第一次法令根本没提,对第二次法令只提及其中的两项,而对最重要并且最完备的第三次法令仍然仅仅提及其中的一项,并且年代为一○七四年的,而不是一○八○年。尤其是弗列辛根的奥托本人直接参与了争夺授爵权斗争的最后阶段,仅仅是轻描淡写地说,教皇与皇帝之间曾因为授爵权而发生了争执,而对格利哥里七世关于此事的法令则只字未提。

我们举里特尔的第二个事例是《沃姆斯协定》,据他统计,论及此条约的有十位编年史家。但是只有两人逐字逐句地记叙了原文,其余八人用自己的话转述,其中只有两人的叙述内容准确,然而又远非充实。其余六人则遗漏、错误很多。对于《沃姆斯协定》弗列辛根的奥托似乎应该了解得更明确。但他记叙签订沃姆斯协定的历史不充分,个别地方甚至完全不足凭信。

由此看来,即使在确定一件事实,或叙述一份文件这种简单的情况下,我们发现记叙极不精确。如果有复杂的因果关系的更复杂的历史事件,则情况如何自不待言。

编年史家们笔下的许多重要史实,尚若没有第一手文献资料,我们不可能得出某种准确的概念。例如,许多编年史家谈到了十一一十二世纪的皇帝选举是如何进行的。但是据此判断选举的法律程序——选举究竟由谁负责,选举由哪些法令组成——却毫无可能。中世纪的著作家并未定下准确地搞清事实及因果关系的任务。而主要只是力图以一定的宗教伦理或者政治公式的精神来说明记叙的事实。当然历史批判在中世纪编年史家那里只占很次要的地位。[11]

因此应指出中世纪编年史家的一个有代表性的特点,即德国学者们所谓的"单一史料的原则"(Einquellenprinzip)。这就是说,中世纪编年史家在描写事件时(他们并非事件的当时人)往往力求限于一种史料,以免在矛盾中混乱。因为,他们对于史料的批判并不感兴趣,也一无所知。通常,他们只使用主要的史料;即令使用了另外的史料,也只是部分地摘录,只是作为某种补充。同时应注意到,这种单一基本史料的转述逐渐变得越来越简短。史料经常被逐字逐句地引用,有时加以或详或略的说明,有时则从其他史料中摘录拼凑起来作为一种补充。

不过,当编年史家是他所记叙事件的目击者时,叙述具有些不同的性质。例如,上述弗列辛根的奥托的编年史与他的《皇帝弗里德里希一世的武功》⑫一书之间就存在着很大差距。书中他描述的事件有的是他亲眼所见,有的主要根据事件直接见证者的讲述。故而语言和风格多变,整个叙述更栩栩如生。但是在这种情况下,正像弗列辛根的奥托一样,编年史作者自身与其说作为史学家,不如说是作为回忆录作者而出现。

然而不能说中世纪著作家对史料完全不作批判。他们有时试图在几种史料之间进行选择,有时指出某种提法可信程度很小。有时还让读者在所叙事件的过程的几种异说中进行选择。但是中世纪编年史家对历史的批判仅仅如此而已。促使这种简单批判的原因是在很大程度上欧洲中世纪曾盛行过大量的伪造。据我们所知,有许多赝品包括在历史里。弗列辛根的奥托与其他编年史家提到过并被其中许多人认为真实无疑的《君士坦丁的赠与》便是一例。另如,著名的八五〇年左右在法兰西北部某地制定的《伪称伊西多尔的教皇法令》以及对史学起了不小影响的其他不少伪造品也是如此。

寺院经常炮制一些文书,并且使之具有真正文书的形式。有时这是由于他们深信这种文书曾存在过,有必要把它们复制出来。例如,英国政府在对寺院和个人的某些土地所有权和豁免权进行频繁的检查时期,便出现了无疑是伪造的文书。这都是当地修士们所为。有时对这种文书的曾经存在确信无疑。在另外情况下事情则简单多了。虽然十

第二讲 关于中世纪编年史的评述

分清楚不曾有过这种文件，但为了维护一定的财产利益仍然把它制造出来。法庭面对这些伪造品经常是一筹莫展。当时还没有办法来辨析陈旧的文体，因此要证明一份文书是伪造并非易事。

某些研究者认为，《伪称伊西多尔的教皇法令》的杜撰与其说出于有意识的伪造，不如说是一种历史的臆想。该法令的炮制者曾伪造出六十封教皇的书信（从克立门到米尔恰迪斯），虽然实际上当时教皇的书信连一封也不曾遗留下来。他还在此后时期炮制出三十五封教皇的书信。这一切在很大程度上都与作者的世界观有联系。作者对于教会的最高权力、教会等级、对国家的独立性、教皇任免主教的权力都是坚信不移的。他还相信，这些权力历来如此，因而它们应从历史上得到确认。他完全相信，这一切本身都理应实现，所以他伪造这些书信。从历史家角度看来，这种手段是不允许的。它们明显地说明，为了适应政治其中包括神权政治的倾向性，中世纪的作者包括教会的代表者，毫无顾忌地以"笃信宗教的谎言"来伪造历史。

这不仅是对《伪称伊西多尔的教皇法令》的作者而言，我们在历史中可以找出许多类似的伪造品。例如，托玛斯·阿奎那曾采用了以希腊宗教会议的法令集和证明教皇绝对权力的希腊教会之父们的作品中的引文，并使其流传，可能他并不知道这些引文是伪造品，并不知道它们是由某个拥护教皇权力并企图以此支持这教皇权的人所为。借助托玛斯·阿奎那的权威，这些引文后来竟作为真实的文件被广泛地使用着。

此外，中世纪还产生了大量小型的伪造品，它们是由于某一寺院、主教区或其他集团的利益而被杜撰出来的。这使历史的记述中不断掺入伪造。一些历史的伪造具有劝善性质，然后是如诗的想象性质。前者我们主要指的是所谓言行录之类的作品。圣徒言行录在当时是一种受欢迎的读物。整个说来，它对史学产生的影响是最有害的。圣徒传著作遵循一定的目标——强化对教会的热忱；号召效法圣徒们的榜样。另外，可能其中有的希望颂扬某个地方性的圣者、某座寺院或主教区的

—— 41

庇护者,给这一圣者加上神奇的力量,讲述医愈的奇迹,借以使人们更多地向这一教会施舍,提高本寺院或主教区等的威望。已如上述,与编年史相反,越到后来历史部分越缩减,我们发现离开历史本题的却越增多。越到后来围绕每个圣徒的神话也越多了。

有时编年史中历史文件不真实的记述,是由于不加批判地使用像《罗兰之歌》之类诗歌作品所造成的。这部著名的史诗虽然根据一定的历史情节,即法兰克人反对西班牙的阿拉伯人的远征,但众所周知,所描写的这次远征有些改变了原来的事实。十二世纪以前这一作品只被看做诗歌之作,然而在十三世纪《罗兰之歌》中的情节开始进入编年史之中,以诗歌特有的那种不准确性来叙述所记载的那些事件。

各种伪造品与伪造的存在,使一些最有良心的编年史家们注意精选最可靠的事实和文件。一部分中世纪的史学家曾试图批判地对待历史资料。

我们在中世纪所看到的政治和社会的冲突,在批判精神的发展中起到了很大的作用。既然教会世界观的代表者,教皇权力的拥护者,依赖着某些事实和文件,他们的反对者就企图诋毁这些文件,对它们提出疑问。例如,围绕着皇帝们和教皇们争夺授爵权的斗争就导致涌现出一批抨击性文章。文章的作者们引用历史事实,或者以教皇权力是自古有之的观点,或者以教皇权力是篡夺性质的观点,试图说明历史。弗列辛根的奥托在他所著的世界编年史第四册第三章——《论两个国家的书》中援引了许多人的观点,这些人在他所生活的时代,即在《君士坦丁的赠与》被罗伦佐·瓦拉揭穿之前很久的十二世纪,就使这个文件的可靠性遭受怀疑。他甚至讲述自己反对者的证据:根据《君士坦丁的赠与》,原来君士坦丁把整个西部帝国的政权让给了教皇,而自己到君士坦丁堡(帝国的东部)去,以免在西部造成两重政权。批评者们指出,君士坦丁把帝国分给了自己的两个儿子:阿卡第乌斯得到了东半部,霍诺留斯得到了西半部。如果说,在此之前把西部已经赐给教皇,那么为什么他还能把西部赐给霍诺留斯呢?然后,批评者又引用这样的情况:包

第二讲　关于中世纪编年史的评述

括狄奥多西在内的其他一些皇帝——有异教徒也有完全信教者——曾在西方统治过。如果说,西方早已被皇帝君士坦丁赐给教皇,那么狄奥多西如何能在西方成为皇帝呢?

弗列辛根的奥托面对这些异议有些困惑,他无法反驳,因此在该章的结尾声明,他并不打算分析这个问题。这样一来,他似乎承认被他直称为皇帝政权拥护者的《君士坦丁的赠与》的批判者们的异议有一定的正确性。

对《君士坦丁的赠与》以及《伪称的伊西多尔的教皇法令》真实性的怀疑,在教会权力与世俗政权冲突的时期,尤其是十四世纪末到十五世纪初的宗教会议运动时期,曾不止一次地提出来。宗教会议权力高于教皇权的拥护者们怀疑这些文件的真实性,虽则他们还拿不出有力的证据来说明自己的观点。

作为中世纪编年史家有批判情绪或批判才能的代表,著名的编年史家诺让的修道院院长,琅城公社历史著名作者——吉贝尔⑬常被人们提及。当谈到中世纪城市时,琅城公社历史不免被引为最明显事例来说明城市与领主的斗争。的确,吉贝尔的余述是这一斗争最详细可信的描写之一。此外,诺让的吉贝尔还以第一次十字军远征史的作者而著名。他被认作对中世纪史学中的资料最富于批判精神的代表者。实际上,他是以对一系列材料的可靠性的质疑来开始描述十字军远征的。他谈到了历史家们关于若干事件的不同意见。他特别强调后来以专书论及的一种因素,即历史上奇迹的因素。他说,十字军远征的开始是与大量的各种奇迹有关。他认为要分清其中真的奇迹和假的奇迹。由此可见,诺让的吉贝尔并不是一般地否定奇迹。与其说他对历史中奇迹部分持批判的态度,不如说他作为教会忠实的信徒,为了使教会避免因虚构奇迹而被指责,就区别出"真"奇迹和"假"奇迹。因此,一方面他非常讥讽地谈到亚眠的彼得,谈到围绕他的骡子的人们怎样崇拜,拔下这个牲畜身上的毛来作为护符;而另一方面,却十分笃信地对待在围攻安条克时出现的神矛,似乎在十字架上的耶稣基督曾经被它刺穿,而

—— 43

十字军人则由于靠它而袭击成功。虽然其他某些编年史家都对长矛奇迹的出现表示怀疑。但诺让的吉贝尔在自己全部的批判主义中却仍然完全同意此种说法。

诺让的吉贝尔的《论圣徒之遗物》一书是对奇迹问题的专论。书中他证实,保存在寺院中的许多圣物是拙劣的伪造品,对教会的威信极为有害。

例如,诺让修道院所在的琅城教区的一所寺院中,出现一件十分名贵的圣物——耶稣基督的牙齿。诺让的吉贝尔对这枚牙齿抱批判的态度。他议论道,既然耶稣基督在天上复活,他还能在人间留下什么遗物吗?他得出的结论是,什么也不能留下。

在怀疑另一些圣物时,吉贝尔极力强调,在一定场合下发生的圣物奇迹不能证明神圣性,他认为,虽然路易六世能够治愈瘰疬患者,但这并不意味着他是圣徒。[14]

当然,诺让的吉贝尔的历史批判精神具有特别原始的性质。原则上他并不否认奇迹的可能性,仅仅批判其中一部分实例的可靠性而已,在其他情形下我们还发现,在我们看来完全是荒诞不经的现象他竟然笃信不疑。

综上所述,可以看出在我们所研究的时期内,只能谈到历史批判的一定萌芽。当时的历史研究还远远没有成为科学。[15]

(尚祖琦译)

注　释

①弗列辛根的奥托(Otto Freising):《弗列辛根主教奥托的编年史或论两个国家的历史》,拉丁文版,汉诺威及莱比锡,1912年。

②约阿希姆·弗罗尔(Joachim of Floris)认为尘世的基督的这个千年王国应在1260年降临。这是人类历史的第三种"状态",然后它将延续到世界的末日。在它之前是另外两种状态;第一是从亚当到耶稣降生。这时人们作为上帝驯服的奴仆而过着"肉体"生活。第二种是从耶稣降生到十二世纪末。这时人们作为上

帝的驯服之子半过着"肉体"的生活,半过着"精神"的生活。在第三种状态的阶段,他们将只过着精神生活,享有充分的精神自由,生活在相爱之中,沐浴着上帝的赐福。因此,根据约阿希姆的学说,一切现存的国家都应迅速让位于尘世的而不是天上的"神的王国"。那里没有强力,因而当时形式的教会和国家也将消灭。约阿希姆·弗罗尔的学说肯定了人类世俗历史的进步性,反驳了被大多数中世纪历史学家所接受的对它的过去和将来作悲观的判断,它是与正统的教会学说相对立的。由于教会看到这个学说对教会以及现存制度的危害性,曾在三次宗教会议上对它进行谴责。(编者注)

③见威廉·瓦滕巴赫(W·Wattenbach):《中世纪德国历史资料》,德文版,一至四卷,柏林,1938—1943年。

④这种世界观的共同性取决于中世纪史学共同的阶级性和封建性。十三世纪至十四世纪以前,在一般情形下中世纪的编年史绝大多数是封建主阶级代言人为维护本阶级利益而编纂的,尽管各个编年史家在政治方向上有所不同。他们对普通人民的生活不感兴趣,对人民运动漠然处之,或者以毫不掩饰的仇恨常常进行歪曲的记述。中世纪编年史是用广大群众所不熟悉的拉丁文写出来的,因而首先考虑到的是属于统治阶级的读者。

⑤都尔的格利哥里(Gregorius de Tours):《法兰克教会史十卷》,拉丁文版,巴黎,1879年。

⑥艾因哈德(Einhard):《查理大帝传》,拉丁文版,汉诺威,1927年。

⑦斯维托纽斯·特兰科维鲁(Suetonius Tranquillus):《十二帝王传》,俄译本,莫斯科,1933年。

⑧参看捷里布留科著《政治史领域内的军事艺术史》,第三卷,国家军事出版局,莫斯科,1933年,第122—125页。

⑨海尔摩尔德卒于1177年,霍尔斯坦的天主教会的传教士。长期生活在波罗的海沿岸斯拉夫人当中并通晓斯拉夫语言。他根据亲身观察以及其他目睹者的见闻,1172年前后写出《斯拉夫编年史》一书。(编者注)

⑩特劳贝(L. Traube):《关于古文字学与古字辨认学》,慕尼黑,1909年;特劳贝,《中世纪拉丁语言学导论》,慕尼黑,1911年。

⑪这一方面是由于他们接受的神学历史观念根本承认那些最荒谬事件的可能性;另一方面也由于当时历史知识极不发达和研究技术水平的低下。(编者注)

⑫弗列辛根的奥托:《皇帝弗里德里希一世的武功》,拉丁文版,汉诺威及莱比锡,1912年。

⑬吉贝尔·诺让(1053—1124)是著名的中世纪编年史家,出身法国封建贵族家庭。他的最重要著作有《我的生平》,这是一部自传,内容包括法国中世纪的日常生活,当时的重要事件尤其是琅城公社与主教戈德里斗争的生动叙述;专题论文《论圣徒之遗物》;在编年史《由法兰克人实现的上帝的事业》中,他阐述了第一

次十字军远征的历史。(编者注)

⑭应该指出,用"手按"的方法来"治愈"瘰疬患者的能力是法国和英国国王们的特权。甚至在法国资产阶级革命之后的十九世纪,路易十八世仍然对瘰疬患者进行"手按"治疗。吉贝尔·诺让认为,法国国王们的这一本领是无可怀疑的。他只是强调,这本领不能使国王们因此成为圣徒。

⑮关于这一点可以由该时期历史研究方法贫乏上得到证实。这种贫乏是由于整个历史知识发展水平极端低下,更主要是由于当时历史概念建立在空想和神学历史观的基础上,这一观念把历史的进程设想为神秘化了的形式。在中世纪史学正如当时知识的一切分科一样,并没有抱定科学的目的,而只是为神学服务而已。(编者注)

第三讲　意大利人文主义史学一般特征、修辞学派

当我们转向探讨称为中世纪文化史上重要转折关头的"文艺复兴"时代时①，我们还无权声称已进入科学历史的时代。不只是历史作为一门科学，历史从叙述准确的意义上说，那时也未进入叙述十分清楚的时期。但是，我们在这方面已发现了比中世纪较早时期叙述历史的新方法、新任务及新观点。文艺复兴时代和人文主义的历史叙述不同于过去时代的编年史。在某种情况下它则前进了一步，但在许多情况下人文主义把某些停滞不前的因素带入历史科学发展中，这些因素长期以来对于历史科学产生了不良的影响。

叙述意大利人文主义史学，可从人文主义的奠基者——佩特拉克和薄伽丘开始，因为他俩不仅是诗人和作家，而且还是历史学家。我们从佩特拉克可看出他试图在传记中提供一部罗马史。在他用拉丁文写成的著作《名人传》②一书中，佩特拉克提供了二十一位伟大的罗马人——从罗慕洛到凯撒的传记，以及皮鲁斯、马其顿王亚历山大和汉尼拔的传记。

佩特拉克从事这项非其特长的历史学家的工作，其动机是什么呢？应该说，他很少关心历史本身。为宽慰自己而写的这本书，其中可看出他试图把十四世纪意大利可怜的政治地位与其过去的伟大功绩相比较，试图把外族入侵、内战、内部纷争和分裂的状况，与从罗慕洛到凯撒以前强大的罗马帝国相比较。佩特拉克，这位智慧的抒情诗人，善于表达自己的感受，显示自己的天才，而在反映历史事实和古代英雄时，则完全是无能为力的。这是依据提图·李维著作而创作的许多理想式的

无生气的形象，而且在提图·李维的著作中显示主人公弱点或消极性格的一切情节，在佩特拉克作品中是完全看不到的。

当然，在佩特拉克这部著作中与早期中世纪史学相比较，确有人所共知的批判因素和某种新的东西。佩特拉克摒弃了许多古代英雄，其中包括马其顿的亚历山大的中世纪传说。然而佩特拉克的批判是很肤浅的，因为他盲目相信古代史料。

我们深知薄伽丘也试图编写历史论著。假如佩特拉克的这一尝试是受了个人某些情绪的影响，而薄伽丘却完全把它当作文学的任务。这从他的一部著作——《名媛传》③的名称中便可一目了然。

该书汇集了从古代作家那儿借用来的、毫无任何历史价值的轶闻材料。薄伽丘非常了解古代作家，并专门研究过他们。然而他在该书中只援引道德说教的历史。他的著作《但丁传》④要有趣得多。他用意大利文撰写该著作的事实，足以说明是对他所处的时代过分迷恋古典主义的一种抗议。这部著作具有完全独立的风格。但是该书中也有很多动听的空谈和说教以及关于论证诗歌的意见。但丁生活的描述很片面，但丁在书中仅作为一位作家，而他的政治观点及其在佛罗伦萨政治生活中的作用均被弃置不顾。

薄伽丘这部著作对文艺复兴时代的传记文学具有很大影响，它是这一时期历史文献最重要的部分之一。

我在这里对佩特拉克和薄伽丘并不是作为历史学家予以论述的，而是作为对历史学并不陌生的杰出人文主义者加以评述的。他们的史学著作，如称为真正的历史文学，倒不如称为道德说教的或引人入胜的文学。

人文主义思潮的历史文学从十四世纪末开始在佛罗伦萨发展起来。我们可以称列奥那多·布鲁尼为它的杰出代表⑤。他的主要著作是十二卷本的《佛罗伦萨人民史》⑥（至一四〇四年为止，用拉丁文写成）。有趣的是书名中"编年史"一字已取消，而以新的术语"historia"代之。布鲁尼不仅是佛罗伦萨的，还是意大利其他城市的人文主义史学家的创始者。欧洲史学发展的新时期是从他们开始的。那么这一新型史学的共同的突出的特点是什么呢？

文艺复兴时代史学的新的和最本质的特征是坚决同宗教的世界观决裂。事实上，我们未见到意大利人文主义者当中的科学与宗教世界观之间的公开冲突。意大利的人文主义者史学家摈弃神命作为决定历史全部过程的力量，即上帝的概念，并从历史消除奇迹的因素，均是与宗教世界观的代表者没展开公开辩论而得以实现的。其所以如此，部分原因是他们自身的历史著作远远不是真正的科学，部分也由于缺乏科学和宗教世界观间进行剧烈斗争的基础（即正确的科学知识创建的基础⑦）而产生的。

但是在这一切条件下，我们看到人文主义史学中的历史已世俗化和失去原有的纯净，历史已不再被看成是实现上帝的某种旨意了。

在论述中世纪史的著作中，人文主义者对教会问题总是粗略地予以解释，而且与中世纪早期的编年史家不同，认为教皇国不过是意大利诸国之一，而未视其为世界意义的力量。这部分地是同当时天主教教会正处于衰落时期有关。但是对这样解释历史产生一定影响的还有古代古典的历史著作的典范，那里根本没有谈到教会。

"神圣罗马帝国"在人文主义史学中，同样没起到它在中世纪作家笔下那样的作用。自然，这是与从十四世纪开始的"神圣罗马帝国"的衰落相联系的。

由于拒不接受历史发展的神学概念，人文主义者对历史作了全新的分期。四君主国的理论是中世纪编年史的世界史分期的基础。而且经过君士坦丁、查理大帝和奥托的帝国，罗马君主国被他们继续使用于整个中世纪。由此就否定了古代与中世纪之间存在的断限，也没有把中世纪作为一个新时期的概念。然而，我们已在佩特拉克那儿，特别是在以后的人文主义作家那儿看到有关"中间时期"（Medium aevum）的概念，即"中世纪"概念，是作为一个与古典时期不同的新时期。当然，为了创造出"中间时期"这一概念，不但必须把中世纪与古代相区别，而

—— 49

且还要同现代相区别。正是古典文化的复兴,人文主义时期的某些文化与古典时期的相似,就把中世纪时期——"中间时期"作为人类历史上一个独特的时期划分出来。于是,人文主义者史学家就成为"古代"、"中世纪"、"近代"三阶段历史划分的创始者,这一划分后来在史学中得到了有力的确认。

人文主义史学的特点,是对各个国家与民族历史均感兴趣。因此,历史著作的性质也发生了显著的变化。中世纪编年史通常把本地区、本国或本城市的历史与世界的一般历史合并在一起,现在则主要是写某一些国家或某一些城市共和国(在意大利内)的历史。史学著作性质的这一转折首先是与皇权的衰落紧密相关的,皇权表面上把中世纪史与过去多少世纪的历史,与罗马帝国的历史联系在一起。此外,这样一些因素,如十四—十六世纪欧洲各个民族国家开始产生,以及当时发生在意大利城市国家中的尖锐的社会斗争,也都有一定的影响。结果是历史具有地方性。而可作为中世纪编年史特征的世界史就退居到次要地位了。

人文主义史学的重要特点之一是模仿古典形式。在中世纪早期的史家中,这种模仿在某种程度上因受《圣经》的影响而平衡和抵消了。当时,只有罗马的形式是起决定作用的形式,而提图·李维是主要的模式。叙述的浮夸和戏剧性是文艺复兴时代史学家们极力追求的主要之点,这比我们在早期史学家那儿所看到的尤甚,虽然他们也具有某些个别的修辞学和戏剧性的因素。因此,选择材料则稍有不同。人文主义作家在多数情况下很少谈到这些或那些国家和民族的内部生活,引起他们注意的主要模式是古典时代作家们感兴趣的那些东西,即首先是战争史和政治变革史。

文艺复兴时代的作家们试图尽可能使拉丁语更纯洁是与其模仿古典文化相联系的,这就是所谓的"拉丁语净化主义"。这一尝试使人文主义者史学家不能不抛弃很多中世纪编年史家们创立的适应中世纪生活关系的术语。这就是"拉丁语净化主义"。这种纯拉丁化的尝试对人

第三讲 意大利人文主义史学一般特征、修辞学派

文主义者史学家的著作产生了独特的影响,但有时也妨碍了现实主义地反映所描述的各类事件。⑧

然而,现实主义虽然有时被雄辩术搅得模糊不清,但总的说来清醒的现实主义毕竟还是人文主义史学的特点。同时与此相关的人文主义史学还有另一特征,即它的许多代表都具有历史批判的因素,这是史学发展中的新事物,尽管这种批判是原始的、粗糙的,有时还是幼稚的,但它毕竟是科学的历史研究方法发展道路上重要的一步。

最后,在对人文主义史学进行一般评述时,还应指出一个重要方面,即人文主义者们都是古人的手稿和文献资料孜孜不倦的搜寻者。其中许多人耗费自己的储金在搜寻新的手稿,然后将其补充现有的材料。许多手稿,不仅有古代的,而且还有中世纪的,都被人文主义者找到了。与此同时,他们还酷爱积累资料,并把它们系统化和加工整理出来。人文主义者史学家留给后代史学家丰富的史实和文献材料,这在以前常常是完全不为人知的。

* * *

我们再来探讨一下意大利人文主义史学的具体历史。

从十五世纪开始,几乎在意大利的所有各国里都出现了以人文主义风格撰写的本地区史,其目的是赞美自己的城市或国家。它们不只为了激起居民们的爱国主义情绪,更是为了提高本城市或本国在国际政治舞台上的威望。这些地方历史的作者们力图论证本国一些政治的和领土的要求,促进巩固某一独裁者的政权,有时也为其篡夺行为而辩护。

这样的地方史首先在佛罗伦萨出现,是与其社会和政治发展的特殊条件相联系的——早期资本主义类型的工场手工业在那里最早发展,因此在十四世纪那里阶级斗争已尖锐化,以及那里较长期地保存了共和国的统治形式。这一政体有较多的言论自由。

我还想谈一下上述列奥那多·布鲁尼所著的十二卷本的《佛罗伦萨人民史》,他因这部著作而获得了佛罗伦萨荣誉公民的称号。布鲁尼的著作是人文主义史学中修辞学派著作的最鲜明的例证之一。

布鲁尼在《佛罗伦萨人民史》一书中,应用了在他之前的一些史家所著的佛罗伦萨编年史,特别是应用了乔瓦尼·维兰尼⑨的编年史(至一三四八年为止)。他相当广泛地从这部编年史中获得了大量史实资料,而且删除了全部奇迹,全部宗教迷信的章节以及编年史的整个第一部分,直接从佛罗伦萨创建时起开始叙述。布鲁尼还采用了提图·李维、奥罗秀斯、副主祭保罗(用于研究伦巴德人的历史)和其他一些史料。布鲁尼的修辞学掩盖了一切。他所描述的佛罗伦萨史仿佛像正在上演的戏剧。例如布鲁尼对一二九三年佛罗伦萨政治变革和当时《正义法规》被通过,完全是按照提图·李维的风格描写的。这里事情被描述为好像是贵族与平民的斗争。同时,一切事情都被加到反对贵族压迫的人民起义领袖吉安诺·德拉·贝拉(布鲁尼称他为 Janus Labellus)的权威上。在威兰尼著的编年史中,吉安诺·德拉·贝拉被称为高贵的人和出身于市民家庭的富人。他在布鲁尼著的书中,虽说是出身贵族,但却作为一位富裕的中产阶级人物赢得了人民的爱戴。

布鲁尼不打算说明佛罗伦萨这一场尖锐斗争的一般原因,却叙述了吉安诺·德拉·贝拉是怎样把大多数人民聚集在一起以后发表了长篇讲话。讲话长达两页书的篇幅,全部从头到尾是想象出来的。吉安诺决没说这样的话,也很难想象他能发表这样一篇讲话。吉安诺·德拉·贝拉发表反对贵族对市民的暴力压迫的讲话以后,国民议会立即实行了政变。吉安诺的讲话激动了人民,新宪法立即被通过了。

布鲁尼对梳毛工人起义(一三七八)的描写也具有这一特点。他是在其《历史》第九卷中描述该起义的。当然,这一描述是更具体的。要想知道人民中哪些阶层参加了这次起义,或是说明此次起义的总原因,我们在布鲁尼书中都是找不到的。实质上,所有的描写仅归结为有如提图·李维描述贵族和平民斗争时共同的表达方式。诚然,叙述梳毛工人起义历史时没有具体的言词(虽然该起义在当时人民中还记忆犹新),而是仅从外因方面来描写事件,并且这些事件只是作者用作戏剧性描绘的对象而已。

第三讲 意大利人文主义史学一般特征、修辞学派

还必须指出布鲁尼在叙述时的这样一些特点,如他的拉丁语净化主义。他全力避免在自己的叙述中加进任何取自当时佛罗伦萨政治生活中的术语。有时令人费解的是,当布鲁尼在其著作中谈到某种会议和某派别时,他经常使用"政治派别"和反对派术语以代替"教皇党"和"皇帝党"的两术语。同时,一些来自佛罗伦萨政治术语的标志或多或少都加以译成拉丁语。例如,布鲁尼把"正义旗手"译为"vexillifer justitiae"。然而,在大多数情况下,为布鲁尼同时代的社会集团尤其是党派的更确切的名称,在他的著作中被意义不明确的拉丁文术语所代替。所以,可以说布鲁尼是人文主义时期史学中修辞学派的最典型的代表。

布鲁尼的一位年轻的同时代人——著名的人文主义者波吉奥·布拉乔利尼[⑩]不是重要历史学家,而是个更热衷于修辞学的人。他也著有一部八卷本的佛罗伦萨史——《佛罗伦萨人民史》。[⑪]但这不是像布鲁尼的书那样从佛罗伦萨建立时开始写,而仅是十四世纪末—十五世纪初佛罗伦萨与米兰公爵们之间的战争史。波吉奥·布拉乔利尼的这部著作是修辞派史学的最明显的例证之一。如果布鲁尼主要还是一位史学家,而波吉奥在这里更是一位文学家。波吉奥对佛罗伦萨的内部事务根本不感兴趣,如果他提到这些时,也只是以极刻板的词句来谈。他感兴趣的东西主要是国外历史事件的戏剧性。在波吉奥的《佛罗伦萨人民史》中记述了梳毛工人的起义,它是以人文主义者对待社会历史事件的态度而描述得有趣。波吉奥写道,佛罗伦萨国家虽因摆脱对外战争而得以安静,但和平却被国内的纷争破坏殆尽,内战冲突开始动摇了国家。这一灾难比对外战争更为危险,因为它能导致共和国的覆亡,使城市的独立地位衰落。波吉奥指出,许多人都说这是上帝对教皇的敌人和非正义战争的罪魁祸首即本国的惩罚;某些人既指出了经常受国内动乱所震撼的共和国自然的特点,又说,决不应为佛罗伦萨现在被迫遭受某些强大的共和国以前遭遇过的那些事而惊讶[⑫]。

这就是波吉奥关于梳毛工人起义所要论述的一切。我们在其中所见到的仅是一般道德说教词句。

—— 53

在意大利的其他城市国家也出现了按布鲁尼和波吉奥的人文主义历史的楷模所写的历史。每个国家都竭力赞颂其政治,政府及其执政的朝代,并且这些赞美往往更具有修辞的特点。这些地方史几乎只把中世纪时期包括在内,只是与城市产生有联系的问题才提到古典时期。

威尼斯赋予这类史学以特殊的意义。史学对于威尼斯具有与其外交同样的涵义和意义。众所周知,威尼斯是第一个与其他国家建立外交关系的国家,它首先在外国朝廷设置了常驻使馆,也是最先建立驻外使节并经常通信联系的国家。

具有单独特点的威尼斯史学是对它的外交产生影响的方法之一。佛罗伦萨有比较多的政治自由,它使得史学家有可能熟悉佛罗伦萨的国内制度及其生活。如果说史学家们未能充分运用这一可能性,那只是因为史学家们另有其他什么目的。至于威尼斯,它当时的政权则是一个不大的贵族集团的特权,它掌握国内外政策的全部命脉,而政府则秘密进行活动。威尼斯的贵族统治集团的代表们向来不从事撰写历史著作。这些工作多半由获得高酬的专门为此目的而被邀到威尼斯的外国人来承担。

这些史学家通常以修辞学派的风格完成自己的使命。他们企图不涉及威尼斯政策的秘密动机(当然,它多半是指定撰史的雇主的过错),而且大概他们对此也不够洞悉。关于国内政策,他们写的仅仅是命令他们写的那些。因此,这些按旨意撰写的历史完全没有内容,并且都一味歌颂威尼斯的政治。但应该指出的是,由于威尼斯政治制度的特点,比意大利的其他城市国家只保存少量的编年史。因此威尼斯史家仅有少量的史料。同时,他们能从中获得自己所需材料的那些档案以及驻外使节提供的情报,他们均难于接触到。

威尼斯史学家中首先可指出的为沙别里科[13]。这是他的拉丁文名字,他的真实姓名是马克·安托尼奥·科乔。这个人文主义者史学家历史的素养贫乏,对威尼斯的历史懂得很少。所以他著的三十三卷本

《从建城起始的威尼斯历史》[14]（至一四八六年止）基本上只是修辞学的练习。

威尼斯的另一突出的史学家是著名的人文主义者、红衣主教别木博[15]。他著有十二卷本的《威尼斯史》[16]。

虽然别木博有资格查阅威尼斯的文献资料，但他完全没有使用它。在别木博的著作中表现出人文主义修辞术的最消极方面——矫揉造作，不流畅的修辞体拉丁语，不善于把主次二者区别开，对威尼斯史内部事务的动因完全缺乏认识。他的著作唯一目的是用修辞术来赞扬威尼斯。

意大利其他城市国家的史学也有同样的特点。但可指出唯一的例外，这是和一位从事地区历史的作者的特殊才干分不开的。这个例外代表是那不勒斯国家的史学。当时在位的是阿拉冈王朝。

可以说，著名的人文主义者罗伦佐·瓦拉（一四〇七——一四五七）不仅是十五世纪上半叶那不勒斯国家最杰出的史学家，也是意大利最著名的史学家。青年时代，瓦拉曾多次漫游意大利全境，他曾多年担任那不勒斯国王阿丰索的秘书。根据国王的专门旨意，瓦拉写了三卷本的《阿拉冈朝国王斐迪南历史》[17]。

这与其说是一部政治史，不如说是部专为宣扬某一特定人物——斐迪南国王（阿丰索之父）而写的历史。瓦拉在书中热衷于谈那些丑闻。虽然这部著作是被授意写的，并且很粗糙，但还是表现了该书作者很高的天才。书中表现出瓦拉对史料的批判态度，在语言上的很高的鉴别力。和过分纯洁拉丁语分不开的各种不确切与瓦拉的语言是格格不入的。

但是，罗伦佐·瓦拉的盛誉不应该归功于这部历史。罗伦佐·瓦拉在其另一著作中，虽然可能还不完美，还夹杂着很多错误和不确切的地方，但仍为后来的历史和古文书批判[18]——史料批判和文献批判奠定了基础。我所指的是他那部包括批判《君士坦丁的赠与》一书的名著。这部著作的全称是《论伪造君士坦丁的赠与》[19]。它写成于一四四〇年，

—— 55

但在罗伦佐·瓦拉生前没有发表,因为其中含有对教廷非常有害的材料。像《国王斐迪南史》一样,这部书是为阿拉冈王朝和那不勒斯宫廷的利益而写的。

众所周知,著名的伪造文件——《君士坦丁的赠与》是中世纪教皇对世俗政权提出要求的理由之一,瓦拉对这一文件的批判是从十五世纪那不勒斯的政治观点进行的。问题在于两西西里王国后来成了那不勒斯王国,它从诺曼人的时代特别是在霍恩斯陶芬的弗里德里希二世的幼年时期就依附于教皇而成为附庸,教皇们甚至在十五世纪从未忘记要求干预那不勒斯国家的事务。批判作为教皇要求干预西欧和意大利世俗政权依据的文件,在瓦拉的论文中发展成为对教皇保持世俗政权依据的总批判。显而易见,出版这样的著作会威胁罗伦佐·瓦拉的人身安全。

罗伦佐·瓦拉在世时,他的这部著作以相当少量的抄本传播于外,但他还是受到教廷的威胁。瓦拉在罗马期间遭到了迫害,勉强脱身,后逃到西班牙。但后来他同教皇们和解了,他在晚年甚至在教廷服务。

我想稍详细地谈一谈罗伦佐·瓦拉的这部著作和作为其依据的文件,首先是因为瓦拉的著作可说是那个时代人文主义史学最突出的著作。其次是因为罗伦佐·瓦拉的批判乃是历史和外交批判的第一步。其实正如我已说过的,在瓦拉之前,怀疑《君士坦丁的赠与》一书伪造的说法就已出现了。在瓦拉前不久,教皇约翰二十二世开除了否定《君士坦丁的赠与》一书真实性的帕杜瓦的马西略的教籍,并宣布任何怀疑其可靠性都是邪说异端。当时的许多法学家与其说怀疑这一赠与的真实性,还不如说怀疑其法律上的重要性。他们说,这个赠与早就失掉了它自身的法律效力。虽然伪造的粗糙,但总地说人们还相信它,例如,但丁甚至对教皇政权完全持批判态度,而且还把一些教皇送进了地狱,但仍然相信《君士坦丁的赠与》的真实性,而且还痛惜这一文件对教会的悲惨结果。

只有瓦拉才首次明确地提出了《君士坦丁的赠与》的真实性问题,并

第三讲 意大利人文主义史学一般特征、修辞学派

从头至尾对这一文件给予了批判。

关于成为罗伦佐·瓦拉批判对象的那个文件简述如下:它称为《Donatio Constantini》(拉丁文《君士坦丁的赠与》)。这是八世纪在教皇宫廷编造的赝品,很可能是斯提芬二世时的。这个文件不仅应该论证教皇对当时因法兰克人和伦巴德人之间战争结果而形成的所谓教皇国的世俗政权的要求,还论证了教皇对西方最高权力更广泛的要求。八世纪时教皇完全依附于法兰克国王,这些要求还具有极少的现实性。但是随着时间的推移,这一文件成了教皇要求的依据,而常常被引用,它被收入官方的法令集,教皇们极力维护其真实性。

教会为论证自己的权利而选用君士坦丁的名义,其理由有二:第一,相传他曾是(虽说不完全准确)在罗马帝国建立基督教的第一个皇帝(君士坦丁只容许宗教的平等);另一因素是君士坦丁离开西方帝国后便把首都迁到拜占庭,即君士坦丁堡。围绕上述理由而产生了一系列的传说。众所周知,君士坦丁直到晚年也未接纳基督教。他仅在逝世前几天才皈依了基督教。这是当时普遍的现象,其原因是洗礼被赋予特殊意义,它应使人洗净全部罪孽,直接使人升入天堂。所以人们宁愿在身处多神教时作恶而在临死前接受洗礼。君士坦丁就是这样做的。此外,政治动机也可影响他的行动。他不愿最后使帝国居民中相当一部分反对他自己,因为当时基督教在帝国内还远未彻底取得胜利。当然,他是个多神教徒一事并不妨碍君士坦丁对东正教的问题表示意见和迫害异教徒。

基督教作家对这种情况早已不感兴趣,远在八世纪就开始积累了有关君士坦丁更早受洗的传说。最初,这一施洗礼被加到教皇米尔赫亚德身上,似乎他于公元三一三年给君士坦丁施洗礼。八世纪产生了教皇米尔赫亚德的一封信,其中提到了尼西亚宗教会议,事实上这是米尔赫亚德死后十一年举行的。

后来又出现教皇西尔维士特于公元三二三—三二四年给君士坦丁施洗礼的传说。这一传说曾载入教皇西尔维士特的传记,随后关于《君

士坦丁的赠与》的伪造文件与这一传说联系在一起。必须指出,《君士坦丁的赠与》是一份冗长得绝无仅有的文件。它是从漫长的历史起始的,而瓦拉对此历史一无所知。问题在于,在官方文件中,特别是在一一五〇年左右公布的《格拉奇安法》中(这是一部最权威的、完整的教皇通信、命令、法律和法令的汇编,它是教会法的基础),罗伦佐·瓦拉把它作为史料来用。这个在当时显然已是极不足信的引言被略去。自然,熟悉这一引言会极大地便于罗伦佐·瓦拉对《君士坦丁的赠与》的批判。

这个引言详尽地述叙了君士坦丁如何患麻风病,如何采取各种医疗手段为他治病;以及后来他又如何去请求朱匹特神殿的祭司。为此祭司们向他建议最有效的办法,即用童男童女的血给他洗澡;如何集中了几百名罗马上等家庭的孩子并已经准备好要杀他们;但君士坦丁对他们起了怜悯之心,尔后又用自己的马车把孩子们送回家中。为了奖赏他这一善良行为,神圣的使徒彼得和保罗在他的梦中显灵,劝他向教皇西尔维士特求援,他可用施洗礼的办法使他痊愈。于是君士坦丁前往教会找西尔维士特,教皇把彼得和保罗的画像给他看。使君士坦丁吃惊的是,他在那儿认得了梦中在他面前显灵的人。然后他接受了洗礼。他离开圣水盘时,病体已痊愈,皮肤犹如白雪。

然后,君士坦丁下令挖出彼得和保罗的遗骸。他亲自把遗骸装入珍贵的琥珀圣龛内,又亲自用金锁钥把它锁上,尔后下令在圣龛之上建立一座教堂,而在教堂奠基时他又亲自按十二使徒之数运来十二袋土。前已指出,文件的这一部分是瓦拉所不知道的。

接着,文件的作者们又使君士坦丁发表一系列宗教信条。如关于创世、原罪;人们的罪堕、三位一体的第二位;魔鬼、地狱、最后的审判等神学的各种奥秘。在这篇文章中,教皇曾三十次被称为"最高的神圣权力"。当时只有皇帝君士坦丁自己才有这一称号。

全部序言似乎都叙述作为使君士坦丁给教皇赠礼的那些动机。然后涉及的是赠赐的文件本身内容。这里首先说明君士坦丁赐与罗马主教在全世界主教中的最高地位。值得注意的是,君士坦丁堡的主教也在全部所举出的主教之列。以下是君士坦丁宣布,他将离开罗马和意大利,将这里给教皇来统辖。"我们认为把我们的帝国和皇权迁到东部是合适的(请注意用语。术语"regius"——皇帝的——对罗马皇帝从来未用过。——作者注)。因此,我们决定在拜占庭省最好的地方建立一座以我们的名字命名的城市,并在那里创建我们的帝国。由于天上的王国令基督教的神甫和首脑在那里统治,那儿就不应有世俗皇帝掌权。"[20]

这就是把帝国首都东迁的理由。此外,在文件中还列举了对教会大量的各种赐赠,这在当时的罗马是不可能的。赠与教皇的有皇帝的绛服和三角冠,这是他的权利和尊号的标志。《君士坦丁的赠与》内容大体上就是这样。已经指出,这个文件被教皇承认为真实的,并渗透到教会法和《格拉奇安法》,它享有无上的权威,反对它是危险的。

罗伦佐·瓦拉于一四四〇年在阿拉冈的阿丰索的朝廷开始著书。他是在复杂的政治形势下撰写的。这是天主教会分裂的时代,巴塞尔宗教会议力图提高宗教会议的地位以限制教皇,并广泛地提出教皇对世俗政权的要求问题。与此有关的是不仅瓦拉,而且当时的很多教会活动家也特别关注《君士坦丁的赠与》是否真实的问题。

瓦拉的著作只是在他死后才开始以抄本形式广为传播。一五一七年才出刊了印刷第一版。它是由乌尔利希·封·胡登在秘密印刷所出版的。乌尔利希·封·胡登在书中对教皇利奥十世进行了讽刺。书中写道,当时对教皇还可以说真话,所以他才把这一出版物献给教皇。他又写道,希望找到另外一部这类作品,那时再赠给利奥十世一份这样的礼品[21]。

令人感兴趣的是,利奥十世怎样回敬这份进献的。他命令拉斐尔完成两面大型壁画。其中之一应该描绘教皇西尔维士特给君士坦丁施洗礼;另一幅是君士坦丁把罗马交给教皇的情景。两面壁画完成于梵蒂冈。固然拉斐尔在壁画完成以前已逝世,所以壁画不得不由他的弟子们来完成。在这面壁画上,君士坦丁和帝国的四巨头被描绘成跪在教皇面前，君士坦丁把一座象征统治罗马权力的小雕像送给教皇。

教廷为回击瓦拉的著作出版问世，编写了一篇学术性的反驳文章——论《罗伦佐·瓦拉对抗君士坦丁的赠与》。

这篇反驳文章显得非常无力。它似乎以被发现的希腊文本《君士坦丁的赠与》为根据，断定它为原本。这样，罗伦佐·瓦拉依据拉丁文本分析而提出的一切批评就一文不值了，因为在希腊文本中没有瓦拉用来批判的那些词句。

为答复这篇反驳，应该指出《君士坦丁的赠与》翻译成希腊文仅仅是在十一世纪出现的，而且又是以相应的方法"加工成"的。

现在让我们来谈一谈瓦拉的著作本身，我们看一看瓦拉是如何批驳《君士坦丁的赠与》的真实性的。

以纯粹的人文主义拉丁文写成的这篇著作的开端是很有趣的，不像布鲁尼和波吉奥那样，它没有特殊风格的美和修辞的华丽。瓦拉是从许多讽刺大人物们和他们的权威的意见开头的，就是现在他仍在触犯如教皇之类的崇高权威。这权威是用教会之剑和世俗之剑武装的。任何一个国王之盾，都无力从教会之剑下得救，因为他可以用开除教籍、诅咒和咒骂的方式使之生效。然而瓦拉以人文主义者具有的特殊风格声明，如果"多数人决定为保卫地上的祖国而献身，那么我就决定为天国也这样做。继承天国的是上帝所需要的人，而不是人类所需要的人。难道我害怕死亡的降临吗？这样，各种恐惧会烟消云散，动摇和怀疑就会一去不复返了，我将坚信不移，满怀信心地捍卫真理的事业、正义的事业和上帝的事业"。[22]

然后瓦拉又列举一系列论据，说明君士坦丁为什么不可能做这种"赠与"。他断言，任何一个理智清醒和记忆健全的人都不会把自己的遗产——罗马——赠给别人。如果确有这样的人，他的子女们和近亲也该制止他。瓦拉在证实君士坦丁不可能把自己的领地给教皇时，让君士坦丁的子女和近亲们发表讲话——这是古典作家及向他们仿效的人文主义者所特有的手法。

子女们问君士坦丁道:"你怎么可以剥夺自己心爱的子女和近亲们的遗产并且抛弃他们呢?"㉓然后,"罗马人民元老院"表态,它也发表讲话,不管听起来如何令人奇怪,但它却是来自机关的一篇讲话。元老院说:"凯撒,如果你忘记了自己的权利、自己的子女和近亲们的权利,那么你却不该忘记罗马人民和元老院的权利。"㉔元老院和罗马人民以一系列的历史引证确定自己的权利,这种权力甚至连皇帝的权力也不能将其转让。元老院和罗马人民声称:"我们将奋起保卫国家的领土和我们自己的尊严。"㉕

瓦拉以元老院的名义发表了长篇讲话,指出这篇讲话感动所有的人,当然也包括君士坦丁,如果不认为他是木石的话。

最后,这篇光辉的讲话也连上教皇西尔维士特。教皇发表了长篇讲话,他在讲话中证实,他无论如何也未能接受这一赠礼。这会成为对所有上帝法和人类法的侵犯。

这篇讲话写得才气横溢。假如在元老院的讲话中瓦拉从古典史学家那里摘引素材,那么他在这里以《圣经》为根据,并使教皇发表一篇特别滑稽的说教。教皇证实,君士坦丁想给他的那份赠礼,事实上对教会是极大的不幸,因为它将使该教皇和他的继任者们背离真正的道路,导致玷污整个罗马教会。于是瓦拉从《圣经》中摘录了一系列引文。他说:"基督曾对自己的使徒们说,你们要把病人治好,使死者复活,清除麻风病人,驱逐污浊的魔鬼。你们接受这份礼品是无代价的,献出它也是无代价的。"㉖这样,《圣经》的话直接反对奖励治愈麻风病,《君士坦丁的赠与》一文中谈及这点。

往下我们讲:"切莫收集这个地球上的财富,不要占有金银,在你们的腰带里不要有钱。富人难于进入天国,进入天堂比骆驼穿针孔还困难。"㉗

一句话,瓦拉从《圣经》中摘引了一些引文,企图以此证明,君士坦丁的"赠与"是与全部教会法相矛盾的,而且对于教会将是个侮辱、不幸和诅咒。

教皇讲话结束时,瓦拉引用了在荒漠中被魔鬼诱惑的耶稣基督的著名故事。

魔鬼对基督说:"假如你崇拜我,我将把世界上整个王国给你。"基督激动地大声说:"皇帝,你为什么想在你我关系中起魔鬼的作用?"并以"帝王的仍归帝王,上帝的仍归上帝"这句话结束了他的话。㉓

这篇讲话的技巧非常高超。但它的内容与其说是怀疑君士坦丁"赠赐"的真实性,不如说是道德上批驳它。瓦拉以道德论据为基础,证明根本没有"赠与",也根本没有西尔维士特的帝国。

然后他转向寻找历史的论据。他说有足够的有关古代史的资料。瓦拉指出,我们从历史中得知有过各种王国。然而,谁听说有过西尔维士特王国之事,谁又听说过什么时候教皇做皇帝?他引用了攸特洛庇乌斯的证明材料。证实了君士坦丁的权利曾转交给了他的儿子们。他还说,当时有大量的钱币,但没有一个钱币有教皇的名字或某教皇标志的形象。最后,瓦拉允许对君士坦丁"赠与"给与"最后一次致命的打击"。但这里我们正好看到他的批评最弱的部分。他证实,君士坦丁不能由教皇西尔维士特施洗礼,因为早先曾受到教皇米尔赫亚德的洗礼。我已说过,君士坦丁接受教皇米尔赫亚德洗礼的历史也是个传说。这样,瓦拉是用一个传说来驳斥另一个传说。

以后便对有关君士坦丁的"赠与"文献展开了批判。尽管瓦拉在批判中有很多幼稚和错误,但这一部分对我们还是有特别兴趣的。瓦拉查阅了《格拉奇安法》,该法对他是基本史料。虽然他对《格拉奇安法》未表示怀疑,但却以嘲笑的态度来抨击在其中某些文献上加的题词——"更古的"(palea),palea是什么意思?瓦拉并没解决这问题,但认为用这个字标志的全部文件都是欺诈、伪造。又认为这是作最后文句增补的人的名字。在《格拉奇安法》的最早的题词中没有这个字。瓦拉玩弄稻草(palea)和家畜(bellua)两字谐音,指出这里有的全部标题完全经不起批判。这里摆在我们面前的已经是现代古文书学的批判方法。顺便说说,瓦拉指出在《君士坦丁的赠与》中有君士坦丁发表的这样一句话:"我们同我们的总督们以及整个元老院在一起。"㉙瓦拉质问:在哪一历史文件中把罗马的官员称作总督?他说这是最笨拙的伪造(这个实例对评价人文主义的论战方法是有趣的)。然后他又说:"你如何想把总督插到这里的?你这个木头,你这棵白菜!"㉚瓦拉还指出,在《君士坦丁的赠与》中有引自基督教史料的字句,君士坦丁当时是个多神教徒,是不可能知道这些字句的。他把《君士坦丁的赠与》中的某些言词同《启示录》中的言词进行了比较,并指出,有些整句是从其中引用来的。

然后,瓦拉全力抨击"君士坦丁堡"之名。须知,君士坦丁在拟将《君士坦丁的赠与》送给他人期间,还没有把自己的居邸搬到那儿去,要知道"君士坦丁堡"之名当时尚不存在,更不存在君士坦丁堡的总主教管辖的教会。同时在《君士坦丁的赠与》中所指君士坦丁堡大主教,则包括在教皇之下的那些主教之中。由此瓦拉作出这样的结论:编这部文件的人生于君士坦丁之后多年,这难道还不清楚吗?在他的全部论据之后得出的这个结论,是完全有说服力的。

瓦拉是从语言学的观点来批判《君士坦丁的赠与》的;例如像旗帜(banna)这样一个根本不是古典拉丁语的术语就使他愤慨。瓦拉感叹说:"这是什么言词结构!"㉛最后,他在《君士坦丁的赠与》中发现了许多语法上的大错误。

瓦拉质问:在拉丁文繁荣时期怎么能用这种语言写作?他对于那些如此歪曲古典拉丁文的人,不惜给予严词批评。他感叹说:"让上帝毁灭你吧——你是人类中最卑鄙的一个人,对这个学术时代竟能写出野蛮人的言词!"㉜

我不想详细地从语言学上分析他,只是着重指出这正是瓦拉的强项。他指出,这一个文件不可能是在古典拉丁文兴盛时代编写成的。瓦拉从语法上分析了某些词句,发现了《君士坦丁的赠与》中拉丁文的蛮族言词的特点。他怀疑一些支持《君士坦丁的赠与》的说法那些文件,特别对西尔维士特的传记表示怀疑,他指出这是由一个原籍希腊人、名叫

—— 63

攸西庇阿斯编写的。他认为希腊人当时都是说谎的人。他引用了朱文那尔的一段诗："爱撒谎的希腊在历史上还有什么不敢的。"㉝这个不十分有力的论据对于他倒好像有足够的说服力。瓦拉怀着极大的愤恨对待西尔维士特传记中所说的奇迹。他辛辣地嘲笑关于龙和龙被驯服的传说。

接着，瓦拉又证实，只有最坏的教皇，首先是教皇卜尼法斯八世，才企图利用《君士坦丁的赠与》，瓦拉立即宣布，他是个恶棍，整死了自己的前任西莱斯廷，在墙里安装了喇叭，随后发表了一大堆好似来自上帝的各种可怕的语言。

从他的观点来看，只有这样的教皇才会利用《君士坦丁的赠与》。

随后是长篇的诟詈，都是反对教皇政权的，特别是反对教皇的审判权。

瓦拉在结论中说，如果不用暴力，至少也应用劝说迫使教皇拒绝接受世俗政权。不应让"教会党或反教会党"㉞这些话流传，致使"教会同佩鲁基以及同博洛尼亚作斗争。"㉟无论是教会还是教皇都不应该反基督徒，如果可以进行战斗，也只能用精神武器。因此教皇应该拒绝接受所有的世俗权力，只有到那时教皇才会成为圣父，即所有人之父。那时他不但不会挑起基督徒之间的战争，而且会用使徒的判决和教皇的伟大去制止其他人挑起的战争。

大体上这就是瓦拉这篇著名论文的内容。如我们所看到的，这里有相当独特的风格：纯人文主义修辞的批评以长篇讲话的形式与非常精细和正确的意见相结合。这些意见事实上使该文件的伪造不留任何的怀疑。当然，教廷所提出的任何论据都不能反驳瓦拉引证的事实。尽管瓦拉的某些方法有一些幼稚性，但真正的历史和古文书批评的方法在一定程度上是由他建立的。但是在瓦拉能证实《君士坦丁的赠与》的虚假以后，既不能阐明它产生的时间，又不能阐明编造这一文件的真实动机。

瓦拉的著作毕竟是早期历史批判中的巨著。作为史学家，罗伦

第三讲 意大利人文主义史学一般特征、修辞学派

佐·瓦拉根据这一方面已经在其他人文主义作家中享有些独特的地位,这些人仅仅是按旨意或为报酬给某些国家或君主写颂词。所有后来对《君士坦丁的赠与》的评论,在某种程度上都是以瓦拉的著作为出发点的。

如果谈及那不勒斯王国的历史学家,可以说比罗伦佐·瓦拉更为典型的人是巴托罗缪·法齐欧(卒于一四五七年)。他的十卷本《那不勒斯王阿丰索一世的伟业》㊱一书是纯修辞学的传记,或更恰当地说,是对这位国王的颂扬。法齐欧为此得到了一笔可观的奖酬。阿丰索被按古代的风格描绘成善良的统治者。

法齐欧的著作语言优美,他的文章是人文主义修辞学派最典型的范例之一。

同类的史学在米兰,特别是在政权转到僭主——佣兵队队长弗朗西斯科·斯福查——手中的政变之后,得到了发展。在这个时期,米兰也出现一批按统治者旨意从事编著的历史学家。

首先应该提到的是乔凡尼·西蒙尼塔献给弗朗西斯科·斯福查的书㊲,即三十一卷本《米兰公爵弗朗西斯科·斯福查的伟业》。㊳

西蒙尼塔在宫廷史家之中大概是最有名的一个。与其说他从事斯福查个人传记的写作,不如说从事这些《事件》,即弗朗西斯科·斯福查曾直接参加的历史事件的写作。应该说,作为人文主义史学所特有的歌颂成分,在这里比在其他历史著作家那儿更少遇到。这种颂扬是完全冷静的,但弗朗西斯科·斯福查在意大利和整个欧洲政治中的作用毕竟被过分夸大。在西蒙尼塔的著作中斯福查总是作为全世界政治事件的最高仲裁人(arbiter mundi)。

米兰的宫廷史家中还应提到米汝拉㊴,他曾撰写了米兰僭主威斯康提家历史。㊵尽管威斯康提家曾被斯福查王朝排挤出政治舞台,但后者全力夸耀自己是威斯康提家的继承者。所以,颂扬威斯康提家应是一般地为称颂米兰公爵政权,特别是为斯福查政权效劳的。

这种颂扬乃是典型的奉命撰写的历史,其中称颂了威斯康提家和

—— 65

仿佛他们所制出的伦巴德国王。这部著作并没有什么东西令人特别感兴趣。

教皇国家也有遵循一定政治目的的史学。在这类著作中具有突出特点的是《基督和所有教皇史传》[41]一书。这部著作包括了从基督教的产生到十五世纪中叶这个时期，它的作者是巴托罗缪·沙克奇，他一般用拉丁文笔名普拉蒂那[42]著书。普拉蒂那的著作有某些特点与其著作题材紧密相联。首先是叙述了各个教皇的传记。从书中的典型形象来看，明显地看出斯维托纽斯及其所著的《十二帝王传》的影响比提图·李维更有力得多，后者对其他人文主义者是主要的范例。以后题材自身使普拉蒂那比大多数人文主义者著作家解释历史稍有不同，他们一般避免谈论教会，如果不公开反对它，则在所有情形下忽视这一题材。他们谈论古代世界中所发生的奇迹和预言甚于中世纪的奇迹。然而像普拉蒂那这样的教皇的官方史学家必定要叙述奇迹，并不以加入虔信的虚构为耻。在普拉蒂那的著作中主要的是人文主义的世俗成分被夹杂于基督教和教皇的历史，被夹杂于纯教会的历史中。

但是需要指出，普拉蒂那编著的各教皇传记本身是非常平淡的。著名的教皇格利哥里七世的传记，就是这一无味评述的适例。在这里他与其他教皇相比毫不引人特别注意。当然，随着接近普拉蒂那的时代，教皇的传记就更有趣和生动得多。

当论述十五世纪末意大利的史学时，必须指出有些雇佣著作者根据国家和君主们的旨意以修辞风格来编撰历史，他们可以列入这同一"学派"。我指的是保罗·乔威欧（一四八三——一五五二）。甚至在人文主义时期卖身投靠的文人中他也代表特殊的现象。乔威欧是个宗教界人物，但更多地以史学为幌子进行勒索。他懂得，零售自己的天才要比批发有利得多，而每次要重新再卖给出大价钱的人。乔威欧向自己的定购人表示，要把他们载入历史，为了奖赏此事，他应获得金钱；如果拒绝给他钱，那么他在自己的著作中或是轻视该人或该国的作用，或是企图尽可能更坏地形容他，甚至不以使用诬蔑和谩骂为耻。他做这些事情是不择手段的。因此,乔威欧几乎专门从事他同时代的历史。他的主要著作是四十五卷本的《我们时代的历史》。㊸这部四十五卷本的书没有写全,并且在这部著作中漏掉了整整几大段的历史。乔威欧有个习惯,就是预先刊登他尚未写完的部分的详细目录,其目的是为了威吓,引起没有向他付钱的人的恐惧。

除了这部主要的著作外,好多按旨意写的附有肖像的传记也是乔威欧编著的,而且某些肖像与他在传记中所写的人毫无共同之处。

乔威欧是人文主义者史学家中一个有趣的人物。毫无疑问,他具有政论家的雄才。他有很多从意大利各地和其他国家写信给他的通信报道。他总是洞悉最新的事件,深知此时对谁勒索最为合适。他活动的领域是很广的,政治活动家们对他必须重视。值得注意的是乔威欧的风格总是高的和教训人的。虽然他自己也常常满口秽语,但他还从高尚的道德观点来指责他的反对者。例如他因马基雅维里的政治上软弱,因他的爱国主义情感有损于真理,而攻击他。乔威欧从佛罗伦萨共和国没有得到一文钱。所以恶意地论述该共和国。

评论他的著作的历史意义是困难的,因为他的书中没有任何批判观点,收集事实极其随心所欲。不如作为政论文章来估价这些书,它们有时含有一些非常有趣和活生生的详细情节,但它们的可靠性常常是令人怀疑的。

(吕宁思译　陶松云、严源校)

注　释

①像所有后来叙述人文主义史学的历史一样,叶·阿·科斯敏斯基在谈到作为中世纪文化发展中"最重要的转折关头"的文艺复兴时期时,注意到这个时期的早期资产阶级世界观是在敌对的、更早时期统治西欧的教会封建主义思想的基础上产生的。这个新的世界观是在资本主义关系在封建社会内部萌芽并在此基础上形成新的阶级——资产阶级的时期中产生的。与这些新的社会现象相联系的,在封建社会里社会斗争的普遍尖锐化(包括产生中的资产阶级分子同仍然占统治

地位的封建主阶级之间的斗争)在思想领域内也反映出来。年轻的资产阶级思想家们试图使新的更进步的观念体系——人文主义对抗封建天主教的世界观。众所周知,人文主义世界观基本上具有世俗的、反宗教的特征;对人的本性给以新的解释,信赖人的智慧和人的个性的无限可能性,明显地表现出的个人主义对古代文化的浓厚兴趣和一定的崇拜。在这一早期资产阶级世界观的形成基础上得到反映的是,这一时期开始的、在人文主义者思想家那里,激起对自己民族的过去及其语言等特殊兴趣的、资产阶级民族和民族国家建立的过程(通常是以绝对君主制的形式)。人文主义史学在这一广阔的思潮中得到了发展。叶·阿·科斯敏斯基写的本讲和下面三讲就是讲人文主义史学的。

②弗·佩特拉克(F. Petrarchae):《名人传》,拉丁文版,博洛尼亚,1874年。

③乔·薄伽丘(G. Boccaccio):《名媛传》,莱比锡,1924年。

④乔·薄伽丘:《但丁传》,柏林,1920年。

⑤列奥那多·布鲁尼,绰号阿列提诺(约1374—1444),著名的意大利人文主义者,1405年到1415年布鲁尼曾任教廷的秘书。1415年布鲁尼迁居于佛罗伦萨。从1427年直到逝世,任佛罗伦萨共和国的国务秘书。(编者注)

⑥列奥那多·布鲁尼(Leonardo Bruni):《佛罗伦萨人民史》十二卷,拉丁文版,卡斯太洛城,1927年。

⑦这种避免同教会公开冲突的企图显然以下列观点为基础,即这个时期意大利的资产阶级还刚刚产生,并且它同封建世界的思想斗争还不能具有像它在晚期(如十七世纪在英国,特别是十八世纪在法国)那样尖锐的、不可调和的特点。到那时资产阶级已经作为革命阶级,公开主张消灭封建主义及其全部机构,包括天主教会。(编者注)

⑧拉丁文的净化主义使很多人文主义者史学家具有相当多的弱点。力图仿效古代史学家,有时使他们在其他方面受到一些消极的影响。因为对于人文主义者来说,古代史学家是不容怀疑的权威,他们甚至不敢推翻古代作家的难以令人置信的叙述。所以在完全抛弃中世纪编年史写到的奇迹时,他们常常在自己的著作中重复古代作家这种幻想的虚构,徒然地试图在表面上赋予其合理的性质。

⑨乔·维兰尼(G. Villani):《乔瓦尼·维兰尼编年史》,意大利文版,威尼斯,1833年。

⑩波吉奥·布拉乔利尼(1380—1459),五十岁左右时,在教廷中做过秘书;1453—1458年曾任佛罗伦萨的国务秘书。(编者注)

⑪波吉奥·布拉乔利尼(Poggio Bracciolini):《佛罗伦萨人民史》八卷,拉丁文版,威尼斯,1715年。

⑫见波吉奥·布拉乔利尼,前揭书,第78页。

⑬沙别里科(1436—1506)于1468—1477年在乌迪诺城讲授演说术;1484年至逝世止在威尼斯讲授历史。因为写了《威尼斯历史》一书,他从威尼斯共和国得

第三讲　意大利人文主义史学一般特征、修辞学派

到终身养老金及圣马可图书馆馆长的称号。（编者注）

⑭沙别里科·马克·安托尼奥（Sabellicus, Marcus Antonius）:《从建城起始的威尼斯历史》,拉丁文版,三十三卷,巴塞尔,1670年。

⑮彼得罗·别木博（1470—1547）,年轻时进入宗教界。1513—1521年曾任教皇利奥十世的秘书。1529年别木博任威尼斯共和国编史官。1539年教皇保罗三世赏赐别木博以红衣主教的称号、古比奥主教职,并且很快又被赐与伯加莫主教职。（编者注）

⑯彼得罗·别木博（Pietro Bembo）:《威尼斯史》,十二卷,巴塞尔,1567年。

⑰罗·瓦拉（L. Valla）:《阿拉冈朝国王斐迪南历史》三卷,巴黎,1521年。

⑱在中世纪的史料学中把查明编成文书的时间及其语言的准确性、其中使用的措词、书信的结构和特点进行批评,称为"古文书的批评"（由中世纪时表示官方文件的"diploma"一词而来）。

⑲罗伦佐·瓦拉:《论伪造君士坦丁的赠与》,拉丁文版,莱比锡,1928年。

⑳罗伦佐·瓦拉,前揭书,第54页。

㉑我们顺便指出,路德是根据胡登刊出的版本知道《君士坦丁的赠与》的。他以坚定的语言谈论这一污秽的、厚颜无耻的伪造文件,并对于它竟能存在几百年表示惊讶。他说:"仁慈的上帝哟,这些罗马人多么卑鄙和愚昧!"

㉒罗伦佐·瓦拉,前揭书,第2页。

㉓同上,第10页。

㉔同上,第11页。

㉕同上,第14页。

㉖同上,第16页。

㉗同上,第17页。

㉘罗伦佐·瓦拉,前揭书,第21页。

㉙同上,第34—35页。

㉚同上,第30页。

㉛罗伦佐·瓦拉,前揭书,第46页。

㉜同上,第47页。

㉝同上,第63页。

㉞罗伦佐·瓦拉,前揭书,第82页。

㉟同上

㊱巴托罗缪·法齐欧（Bartholomaei Facci）:《那不勒斯国王阿丰索一世的伟业》十卷,拉丁文版,那不勒斯,1769年。

㊲西莫尼塔的确切生年不详,约卒于1491年。1444年到1480年他在弗朗西斯科·斯福查那儿做秘书。（编者注）

㊳西莫尼塔（G. Simonetta）:《米兰公爵弗朗西斯科·斯福查的伟业》三十一

—— 69

㉞卷,拉丁文版,米兰,1486年。

㊴米汝拉(1430—1494)于1454—1460年在米兰的一所私人学校,后在威尼斯讲授修辞学。于1485—1494年在米兰大学任教授。(编者注)

㊵米汝拉(G. Merula):《维斯康提世家》,拉丁文版,米兰,1630年。

㊶普拉蒂那,巴托罗缪·沙克奇(platina Bartolomeo de sacchi):《基督和所有教皇史传》,拉丁文版,卡斯太洛城,1932年。

㊷普拉蒂那(1421—1481),曾做过红衣主教弗兰西斯科·冈查加的秘书。后来在教廷做过几年秘书。他属于人文主义者的罗马学院的成员。从1471年起普拉蒂那受教皇西克斯脱四世的庇护,后者指派他为梵蒂冈图书馆馆长。(编者注)

㊸保罗·乔威欧(Paolo Giovio):《我们时代的历史》四十五卷,拉丁文版,佛罗伦萨,1550—1552年。

第四讲　意大利人文主义史学政治学派(马基雅维里和圭恰尔迪尼)

在研究修辞学派时,我们就已指出其代表人物的政治倾向了。从十六世纪初期起,史学中分出一个学派,主要地可称之为政治家学派。文艺复兴的史学中最杰出的代表,职业政治家们,都属于该学派。他们首先从政治观点出发研究历史,其目的不仅在于从其中找寻出达到一定政治目标的手段,而且还在于研究历史对他们来说是一种政治学校。他们力图从历史中得出某些政治教训。这样,就往往导致,史学家在历史中贯彻某种预先制定好的政治意图。力图把研究历史作为政治经验的训练,这在史学史中已屡见不鲜了。此种对待历史的态度恰是修昔底德、亚里士多德、波里比阿和其他许多古代史学家的特点。不同的是,此种方法现在已用到中世纪史上面了。政治学派的人文主义者史学家们对古代史学家进行了认真的研究,古代历史的经验教训被他们应用到中世纪的研究中去。意大利文艺复兴时代两位最杰出的史学家——马基雅维里和圭恰尔迪尼,也属于这个政治家史学流派,他们对后来的史学有重要的影响。

需要简单谈谈使这些史学家奋笔写作的当时历史形势以及他们的政治观点。

马基雅维里创作的繁荣时期是在一五一三——一五二五年间,即佛罗伦萨共和国衰亡和美第奇家族复位以后的这个时期。这是意大利已明显衰落的时期。它当然能对马基雅维里的政治观点有所影响。

影响意大利经济发展的,是由于地理大发现而从十五世纪末开始的商路转移。从十五世纪末开始连续不断发生在意大利领土上的战争也破坏了国家的经济。商业和工业逐渐停滞,高利贷却大大发展,资本日益投放于购买土地。意大利资产阶级上层具有一种独特的封建化的色彩。

所有这些不能不对意大利文艺复兴时的政治思想和历史思想产生一定的影响,佛罗伦萨是产生这些思想的最适宜的土壤。如果我们仔细考察一下从十三世纪开始的佛罗伦萨史,我们就会看到,意大利各地都不像佛罗伦萨那样大量更改宪法,有残酷的社会斗争和政治斗争,并提出许多为拯救祖国的毫无成果的方案。可以说佛罗伦萨本身就是一个庞大的政治经验实验场所,它就像我们在古希腊的民主城邦中所看到的那样。

在佛罗伦萨,关于政体的问题不只是个理论问题,而且更是个实际问题。这里极为迫切而明确地要求从历史中找出一个政治教训。从我们的观点来看,佛罗伦萨的政治思想的代表们常常是些很糟糕的历史学家,从他们不能批判地运用史料这方面看,他们对史料鉴定是不够的,有时对它过分地轻信,但同时他们却有一个很大的优点(这使他们同大多数的修辞派史学家截然区别开来),就是有健康的政治嗅觉,这是他们非常敏锐的现实感,因为他们直接参加了自己共和国和全意大利的政治生活。

应着重指出,十六世纪的历史从单纯地方性的、歌颂个别城市国家的历史,已转变为民族的、整个意大利的历史。

还应该强调指出的是,在意大利人文主义史学的这一更晚的时期中很少使用拉丁语。马基雅维里和圭恰尔迪尼的著作是用意大利文写的,它使他们的著作能更准确地使用历史术语。而修辞学派的著作家们使用历史术语却是不够的。如果说政治学派的代表人物完全没有修辞学,而在表达方式上模仿古代,那会是错误的。例如在马基雅维里的著作中我们也看到,他的大量讲话是对于某一政党的政策表明自己的观点,但他是借这些政党领袖之口说出的。这样,他的这些观点的作用就不像在修辞学派著作中那么大了。

第四讲　意大利人文主义史学政治学派（马基雅维里和圭恰尔迪尼）

让我们仔细地研究这个学派中最著名的代表尼可罗·马基雅维里。马基雅维里是个很难列入某一固定类型的作家。他也不是那种全力宣扬某一些思想并不断地把这些思想发展成一种政治体系的作家。如有时人们所想的那样，马基雅维里本人政治上的摇摆性可能在这方面起了作用。但其原因可能是这个时期佛罗伦萨资产阶级自身处于危机之中，并常常被迫同封建主义妥协，而马基雅维里则是佛罗伦萨资产阶级思想意识的代言人。因此，我认为应该把马基雅维里的政治理想与其解决当时佛罗伦萨和意大利政治的实际任务所提出的措施区别开来。

还必须指出，仅仅根据马基雅维里有名的著作《君主论》来判断他的政治观点是不对的。此外，为了判断其政治观点还必须重视《论提图·李维的罗马史前十书》，该书表达了马基雅维里的政治观点，它虽不如《君主论》那样有条理，却更为完整。最后，马基雅维里的主要历史著作《佛罗伦萨史》对于判断他的一般政治观点也提供了丰富的材料。

现在我们简要介绍一下马基雅维里（一四六九——一五二七）的生平。有一些人，如马基雅维里，在其著作中都要打上某些不仅是本阶级的和时代的、还有其自身特点的烙印。尽管这些个人特点总不免是这个阶级和时代生活的反映。但也有很多独特的、个人的东西。他是渊博的法学家之子，属于文艺复兴时期产生在佛罗伦萨和其他意大利城市并首先为资产阶级服务的那个知识分子的阶层。马基雅维里在一四九八——一五一二年间曾任佛罗伦萨十人会议的秘书长，执行佛罗伦萨共和国对外国宫廷的外交事务，直接参与领导佛罗伦萨对比萨的战争[①]。

马基雅维里的主要著作[②]有《论提图·李维的罗马史前十书》（一五一九）、政论著作《君主论》（一五一三）、《卢卡的卡斯特鲁丘·卡斯特拉坎尼的一生》（一五二〇）、八卷本《佛罗伦萨史》（写于一五二〇——一五二五年间）。

关于马基雅维里所受过的教育，我们知道的甚少。迄今为止人们

—— 73

还在争论马基雅维里懂不懂希腊文,或者他只是用拉丁文译本来研究希腊作家。马基雅维里从来不是该时期意大利所理解的那种杰出的人文主义者。他也不能被称为一位净化拉丁文的拥护者、语言学家和有风格的作家。他虽精通拉丁语,但很喜欢用意大利文写作,这就极大地促使他摆脱了成为大多数人文主义者史学家特点的对古代作家风格盲目的模仿。

马基雅维里广泛地熟知古代著作特别是历史著作,但我们却从他身上看不出其对古代思想的直接模仿。某些古代作家对马基雅维里特别强有力的影响仅仅在于,他们唤醒了他个人的思想。他的著名的《论提图·李维的罗马史前十书》证明了某些事实,某些古代作家的思想是如何促使他进行个人政治思维的。有时这一反应看来是混乱和匆促的,可能这就是马基雅维里真正的特点。我们在他的个性和他的著作中可看到独具一格的丰富的生动性。这正如他的一位朋友所说的,他有个"追求题外话和离题的大脑"。

马基雅维里叙述方法的另一特点是酷爱总结。每一个事实只有在它能够成为概括或作结论的材料时他才感兴趣。这一点可从他的著作《佛罗伦萨史》中明显看出——在叙述那些不能从中得出政治结论的事实时都是乏味的、无生气的。只有能得出政治结论之处,叙述才具有鲜明和生动的特点,并匆忙作出结论。马基雅维里时常指责许多事实是不真实的和被歪曲了的。这是否有意识地歪曲事实呢?这难道不是同马基雅维里的气质相联系的过度敏感性的结果吗?他对于史料的批评的确是无力的,他对古代作家竟轻信到对公然臆造和公开的谎言也确信无疑的地步。例如埃尼亚斯对他来说是个历史的人物。轻信、对材料的过度迷恋(这使他不去考虑进行批判),力图进行总结和作出结论——所有这些都是马基雅维里的特点。

作为一个热情的理论家,马基雅维里面对其立论中的极端结论从未止步不前,但同时,他在政治上是个极端软弱的实践家。不能说他智慧贫乏和观察能力弱。他的有关各种外交事务的报告都充满正常的政

第四讲 意大利人文主义史学政治学派（马基雅维里和圭恰尔迪尼）

治思想和观察能力，而他在生活中从未善于应用其可靠的观察材料和设想。这方面有意志和性格上的某些独特的弱点。他缺少坚定性，没有使人们敬仰其具有首领的作用。在性格上马基雅维里不是个残酷无情的人，也不是个伪君子，他却是个伪装和冷酷的理论家。从各方面均可看到他在理论和实际之间的差距极大。

他在其政论著作《君主论》中，第七章是专门讲述文艺复兴时期最无耻的政治家之一凯撒·波尔查的，但当他面对自己的这一理想时，就沉不住气了——他默默无言。这是两种相互对立的本性——纯理论家和纯实践家的本性的体现，马基雅维里没有捍卫自己信念的坚定性，未能为了实现它而牺牲生命。他在任佛罗伦萨共和国秘书长时，为反对美第奇家族的复辟曾进行过斗争。当美第奇家族重新掌权后，他被指控阴谋反对美第奇家族而被投入监狱，遭受刑讯。后来，他在给一位朋友的信中写到，他本人都深感惊奇，他以何等的毅力经受了这一刑讯。但是这一勇气很快就消散了。他把自己的论著《君主论》献给罗伦佐·美第奇的孙子——也叫罗伦佐，是个根本不值一提的小人——并极力要维护其为美第奇家族服务的地位。

马基雅维里的政治理论是什么呢？那个作为"马基雅维里主义"而时常表现的东西，即在他的《君主论》中所叙述的政治伦理学说与这一政治理论的关系如何？

对马基雅维里的政治观点作出概括的评述不是很容易的，这不仅因为其摇摆不定和易变，而更是因其不系统性和不一致性。在他几乎同时论述的许多问题中，他的观点在体系上并不是严整的。这并不全是与马基雅维里的个性有关，也并不与他作为一个著作家和思想家的气质有关。他的政治观点的这些特征更可解释为，当时意大利特别是佛罗伦萨资产阶级所处的复杂的地位。当时佛罗伦萨，如整个意大利一样，处于衰落时期，作为佛罗伦萨资产阶级思想家的马基雅维里被迫作了各种政治妥协，这种妥协可能完全不符合他本人的政治理想，但这在当时对于他又是政治上所必需的。

马基雅维里是一个牢牢的君主制拥护者,而且有以"政治目的胜过一切手段"这一原理为指导的君主制拥护者的声誉。如果我们谈一谈他的《论提图·李维的罗马史前十书》,就会从中经常看到把自由作为某种政治原则来歌颂。类似的思想在他的《佛罗伦萨史》里也层出不穷。在马基雅维里献给美第奇家族的代表、教皇克力门七世的这部书中,常有赞美自由的词句,它有时是与十五世纪美第奇家族特别是柯西莫·美第奇在佛罗伦萨推行的僭主政治相对立。例如马基雅维里在描述热那亚反对米兰统治的起义时,他说看到公民,即在"自由"口号之下团结在一起的人民是多么好。马基雅维里写道,美第奇家族的财富和计谋使得人民不敢出声,在这种情况下,自由对于佛罗伦萨来说已经是无人知晓了。这就是说马基雅维里对于自由的原则未持否定态度。在马基雅维里的一些主张中,特别是在《论提图·李维的罗马史前十书》中,透露出一些民主的观点。这部著作一些章节的题目就很有趣,如:"普通人要比国王聪明和坚定"(卷一第五十八章)。马基雅维里在这里举了许多例子证明,人民永远比君主聪慧和坚定,人民能更好地保护现存的制度。按照马基雅维里的看法,某些不能让出的权力,如监察行政的权力、审判权、分配人们某些职务的权力都应该属于人民。

马基雅维里当然熟知僭主政治是什么,僭主是什么,在《佛罗伦萨史》中他经常叙述公爵们的卑鄙和维斯康提家见不得人的行为。但是,公爵中最坏的一个凯撒·波尔查却受到他的赞扬,把此人树为统治者的典范。

这就是马基雅维里思想中似乎互相抵触的矛盾。必须弄清楚的是他的理论是什么,他赞扬狡猾、残忍、奸诈的君主有什么政治意义。

如果我们对马基雅维里的政治理论加以探讨,那么我们会觉察到,他重复了古代作家亚里士多德与波里比阿的老生常谈。这是关于三种政体的学说:君主制、贵族制和民主制。对这一学说马基雅维里补充说,优秀的、最有远见的作家描绘的不是三种,而是六种政体,即除了君主制外还有君主专制;除贵族制外还有寡头政体;除民主制外还有无政

第四讲 意大利人文主义史学政治学派(马基雅维里和圭恰尔迪尼)

府状态作为自身的对立面。他追随波里比阿比以如下方式描写这些政权形式的更替:君主制逐渐蜕化为暴政,然后它被推翻而建立贵族的统治;贵族制蜕化为寡头政体,然后人民摆脱了寡头政体而建立民主制,随后照样蜕化为无政府状态。如果国家不再复兴,此后它就要灭亡。他认为这种复兴是通过某一强有力的个人,坚强的立法者(如:摩西、莱库古、梭伦)以挽救国家形式出现的。他们这些人在动荡的社会中建立了秩序并恢复了秩序。上述的一些政体中马基雅维里认为哪一种是最好的呢?

马基雅维里所设想的是一种混合政体,在其中一定的权力要属于人民——选举官职权、监督行政权和审判权。他在管理机构中也为贵族分配了一定的职位,应该说,马基雅维里对于贵族,特别是封建贵族是极其厌恶的,他在论述依靠地租生活的封建主时,就像论述那些应受极度蔑视的人一样,他们是国家、秩序和自由的敌人。贵族是各种暴政的支柱。但他承认城市贵族是城市居民中最富有的,同时又是最有教养而最开明的部分。马基雅维里认为,正是城市贵族的代表应该占据高级职位,献身于国家的最终目标,把国家生活引上正确轨道,而人民则应该监督他们。这种理想体制是他从罗马共和国中看到的。至于国家的首脑,马基雅维里则认为,应该像在佛罗伦萨被称为"正义旗手"那样是整个国家的代表。

在分析马基雅维里的政治观点时,产生了一个问题:他是如何理解"人民"这个术语的?[3]同马基雅维里从中引用较多具体材料的十三—十四世纪佛罗伦萨史相适合,他通常称贵族为 nobile,称人民为 popolo。可是当时佛罗伦萨还有一个居民集团称为庶民——平民(plebe),即广义上的人民本身,关于平民,马基雅维里却只字没提。因此在他论述"人民"时,显然是指市民中富裕的阶层,就像我们通常表达用恩格斯所使用的术语那样,是指的市民,但这不是广义上的人民,劳苦大众。当时在佛罗伦萨通常用"plebe"这个术语来指他们。当我们论述马基雅维里的民主思想时必须加这个限定语。[4]

总之，马基雅维里比较喜欢由富裕市民来监督的、以城市贵族的代表为首的共和国形式这种混合政体。

他是在罗马共和国中看到这种国家理想的。有意思的是，马基雅维里的这个混合政体的概念是与他的社会发展的一般政治概念相联系的。他并不是没有想创建某种稳定的社会制度。相反，在党派的斗争中他看到了政治生活的基本原则。对他来说，古代罗马的贵族和平民的斗争是正常的政治生活。他认为，某些政党之间的斗争是为了某种物质利益。当然，在分析这些利益时他并未深入研究。然而，不能以此为依据，认为马基雅维里理解了党派斗争的真正原因。他认为，贵族力求掌握过多的权力，而人民则渴望保证自己的自由。他认为，在人民与贵族的这场斗争中应该造成某种平衡。此种平衡是怎样造成的呢？它是依靠国家生存的原则创立的，这是马基雅维里政治思想学说的基础。国家高于一切，高于所有的个人利益和政党的利益。社会的所有成员把国家利益作为一个整体来理解，为了国家而能牺牲个人和个人利益或党派利益——这就是力量之源，给社会生命和稳定。

所以对马基雅维里来说，理想不是某个政党或集团对另一个政党和集团的彻底胜利，而是一定的平衡，尽管这个平衡是靠斗争保持的。按照他的意见，这样的斗争可能由某种新因素表现出来，使宪法本身得以存在和发展并最终显示出对国家是有利的。这个理想是马基雅维里以罗马史和佛罗伦萨史的例子描绘出来的。但马基雅维里认为，佛罗伦萨史中党派的斗争并不是像想象那样进行的。这里国家生存的精神为政党的精神所取代。每个政党在夺取政权后都企图消灭其他政党，而从不考虑国家的利益。所以马基雅维里认为，佛罗伦萨的全部历史就是各个政党夺取政权后力图消灭其政敌的历史。

马基雅维里还指出了另外一个因素：由于某一政党在佛罗伦萨夺取政权，执政党内一般地便产生分裂，因为参加各集团的人们和个人追求自己的私利并因此使斗争复杂化，完全掩盖了共同的国家原则。结果在佛罗伦萨不仅没有建立起一般"混合政体"具有的理想秩序，相反，

第四讲　意大利人文主义史学政治学派（马基雅维里和圭恰尔迪尼）

这种斗争加剧了政党之间的敌对。马基雅维里认为，统一（unita）不仅对于佛罗伦萨，而且对整个意大利都是个理想。但是意大利历史上的一些特点，首先是其政治上的分裂，阻碍达到这种统一。他把分裂的罪责特别归于教皇权。关于教皇权的作用，马基雅维里在《佛罗伦萨史》中载有非常辛酸的篇幅。

马基雅维里认为，意大利的分裂，由于西班牙人和法兰西人入侵造成的从属地位，就使当时意大利的迫切任务是国家的政治统一、意大利民族的统一。

当时马基雅维里虽然表达得不够明确，但他已具有民族的概念。他认为，领土的统一和语言的统一在很多情况下导致政治统一。但是在意大利由于种种原因，其中也包括教皇权的政策对统一的仇视，没有出现在西班牙和法兰西发生的那种统一。为了抗击外国的入侵，在意大利必须建立巩固的政治统一并有自己的武装力量。

马基雅维里在其著作中给军事史以很重要的地位。他激烈地谴责佣兵队长制，在这样的制度下军事大权委托给那些专门牟取私利而不关心国家军备实力的外国人。这就使得敌对双方常常预先协商好，"表演"一场战争。通常是按预先协定，某一方承认自己是战败者。

马基雅维里认为，这种组织武装力量的原则是意大利军力软弱的原因之一，这样，它就无力抗击较强大的中央集权国家（如西班牙和法国）。马基雅维里认为，摆脱当时意大利所处险境的唯一出路在于，运用一切手段来强制国家统一并建立一个强有力的军事政权。马基雅维里的这些政治理想在《君主论》中得到了发展。他认为，他在该书表述的是意大利当时所面临的一项任务。

这样我们通过马基雅维里的实例可看到，当时意大利资产阶级情愿与封建僭主政治作任何妥协，甚至用放弃混合政体理想为代价，以求实现主要的政治任务——维护意大利的独立。如果为了意大利统一必须使用暴力、残酷行为、杀人，那也可以这样做。为了使国家避免更多的恶行，不要怕犯下少量的恶行——马基雅维里这样说，他认为只有明

—— 79

智的、残暴而奸诈的政治家才能够担负起这一基本的政治任务。所以，当时的意大利最需要这样的人物。至于这是不是马基雅维里心目中理想的统治者，那是另一个问题。

在论述君主制政权时，马基雅维里指出各种类型的君主制，对他来说远非一切都是理想的。例如在《君主论》第八章中他只用不好的特征来描述君主——这是典型的专制君主、人民的压迫者，他的行为对国家没有任何好处。同时他创造了独裁者的另一种形象——他想象的凯撒·波尔查之类的组织家君主。他指出，波尔查靠狡猾、奸诈、不择手段达到自己的目的。但这没有使马基雅维里感到不安，因为波尔查在罗曼尼亚同小独裁者们进行了斗争，首先在教皇领土上消灭了封建割据，并抱定更远大的目标，即清除全意大利的割据状态。在马基雅维里看来，这个最重要的目标甚至允许为其政论家的卑鄙手段辩护。

马基雅维里是意大利资产阶级集团中那些认为只能用君主专制拯救意大利的思想家。他指出，像凯撒·波尔查这样的暴君在他所占据的地区会确立政治秩序，建立了小暴君们统治下所没有的司法。但这并不意味波尔查是马基雅维里理想中的统治者。他认为像图拉真、马可·奥里略这样一些罗马皇帝和梭伦、莱库古那样的古代立法者是他理想的统治者。可是马基雅维里又非常明白，这些统治者在当时的意大利是没有基础的，并且这种理想在意大利的政治实际中是无法实现的。

当然，在马基雅维里看来，如果凯撒·波尔查类型的组织家统治者确立了秩序和解放了国家后，把政权交给"人民"（当然是马基雅维里概念中的人民）并建立混合政体，那就会好得多，然而他认为这一方案几乎是不可能的。尽管从马基雅维里的观点看，拥戴这样的暴君并不是解决问题的理想办法，但除这个独裁者外，他想不出其他办法能够拯救当时情况下的意大利。

马基雅维里政治思想的范畴和我们先前谈过的他的政治观点矛盾的根源约略就是这样。

第四讲　意大利人文主义史学政治学派（马基雅维里和圭恰尔迪尼）

现在我们转而探讨马基雅维里本身的历史著作。

关于他的《论提图·李维的罗马史前十书》与其说是历史著作，不如说是政论著作。《卢卡的卡斯特鲁丘·卡斯特拉坎尼的生平》从准确的含义说，也不能称为历史著作。它是一个靠自己的勇敢创立了国家的英雄的传记（顺便我们要注意"勇敢"这个术语 Virtu——在马基雅维里的全部政治体系中有重大影响）。卡斯特鲁丘·卡斯特拉坎尼，这个十四世纪初在卢卡并不闻名的独裁者，他的形象在马基雅维里的笔下成了国家的理想奠基者。他用普鲁塔克所写的政治活动家传记中的事实来撰写这个独裁者，并且杜撰了一些战役，似乎这些战役是卡斯特鲁丘·卡斯特拉坎尼按照作战艺术的各种规程所赢得的，然而马基雅维里本人在《佛罗伦萨史》中谈到这些战役时则完全不一样。所以在《卡斯特鲁丘·卡斯特拉坎尼的生平》一书中可以发现，与其说是描写真实的历史事件，不如说是部历史小说。

马基雅维里的八卷本《佛罗伦萨史》名实相符地是部历史著作。这不仅是一个佛罗伦萨的历史，像根据书名判断所想的那样。这部著作的第一卷涉及整个意大利的历史，从蛮族入侵开始。下面的三卷是写一四三四年以前佛罗伦萨内部的历史，即到美第奇政权建立时止。最后四卷书不仅很详尽地叙述了至一四九二年止的佛罗伦萨史。同时也对意大利各国的外交史给予了较多的重视。

马基雅维里原打算继续他的《佛罗伦萨史》的撰写，但第九卷只残存了早先写的梗概和片断。

正如已指出的，马基雅维里认为佛罗伦萨的政治制度是其内部发生的斗争的结果。当然在他的概念里，这并非是社会斗争，而是政党之间的斗争，而他认为政党是以一定社会特点出现的，他使用的一些政党的名称，如"贵族"、"人民"和"平民"就可以证明这一点。马基雅维里多少想象到作为这一斗争基础的经济利益。但他并未重视这些利益。各种社会集团之所以使他感兴趣，仅仅因为它们是作为一种政治力量。每一个政治集团是如何产生的，他却漠不关心。只有当政党以一定的政治纲领出现于政治斗争的舞台上时，才开始引起他的注意。马基雅维里仅从政治斗争和由斗争引起的政治制度变更的观点出发，来观察整个佛罗伦萨的历史。

《佛罗伦萨史》是马基雅维里在美第奇家族复位时期由红衣主教美第奇的授意而写成的。当《佛罗伦萨史》写完的时候，红衣主教正好做了教皇，而马基雅维里已经把自己这部书献给了教皇克力门七世。可能会料想，马基雅维里因此而在《佛罗伦萨史》中向美第奇家族作重大的让步，放弃了他在《论提图·李维的罗马史前十书》中所提出的共和国思想。但是《佛罗伦萨史》是用相当不拘束的语气写的，马基雅维里即使对于美第奇家族，也远不是一味称赞的。

不过，马基雅维里显然企图回避一些尖锐的问题。《佛罗伦萨史》的年代范围在很大程度上可能由于马基雅维里不愿意触及美第奇家族的政策而确定的。佛罗伦萨内部的历史只写到美第奇家的专政（他已经用官方语气来描写）的建立为止。

以后，叙述的重心转到描写意大利诸国的外交政策上。

《佛罗伦萨史》是从最卑贱的奴仆尼科洛·马基雅维里献给教皇克力门七世开始的。正如可以从这一献礼中得出结论那样，马基雅维里曾受委托来撰写美等奇家族的伟大业绩，其实他对这一委托并没像他们所期待他那样去完成。他在前言中说，他完成了这件事而没有加以奉承，并事先确信谁都不会满意他的著作。但是，克力门七世是个圆滑的人，竟没表现出一点不满，反倒为这部书而奖励了马基雅维里。在本书前言中马基雅维里说，原来他打算从一四三四年，即从美第奇家族取得佛罗伦萨政权之时开始叙述，认为使读者了解以前的佛罗伦萨史而向他们介绍里奥那多·布鲁尼和波吉奥·布拉乔利尼等人的著作。但是他自己却从不满意他们的著作，因为他们只写了佛罗伦萨的外交史而完全没有涉及内部斗争史。于是他得出结论，认为他们的著作不会使读者得益和满意，因为对他的著作的主要读者——国务活动家来说，重要的是详细讲述国家的内部冲突。这是必要的，为的是使国务活动

第四讲　意大利人文主义史学政治学派（马基雅维里和圭恰尔迪尼）

家从过去的历史取得教训，保持国家内部的协调统一。协调和统一是马基雅维里的基本思想之一。

在《佛罗伦萨史》前言中，马基雅维里指出他面临的一些具有政治和史学性质的一般任务，他把这些任务主要概括为描述内部斗争。

详细分析这八卷《佛罗伦萨史》是不可能的，所以我们仅仅限于分析我们特别感兴趣的部分。

从我们的观点来看，前几卷书是很吸引人的，它描述了中世纪之始。马基雅维里指出，罗马帝国是被蛮族摧毁的，他们进入气候良好的国家以后，便开始很快增殖人口，结果必须迁居各地。皇帝将首都从罗马迁至君士坦丁堡，这样似乎把帝国的一部分留给蛮族，在一定程度上对蛮族的发展起了促进作用。马基雅维里认为蛮族入侵的历史是从辛布里人开始，然后转向西哥特人等等。他引用了许多传说材料，但他的事实顺序一般是相当可靠的，排除马基雅维里的全部错误和不准确的成分以后，我们就可以采用他所拟定的中世纪史的纲要了。他已经完全结束了旧的中世纪史的格式，即四君主国的公式，即结束了仿佛整个中世纪仍继续存在的罗马帝国的情形。按照马基雅维里的意见，西罗马帝国早在四世纪就已消失了。对于他来说，产生某种新帝国（如查理大帝帝国）的情形并不重要。他不认为查理大帝帝国同罗马的历史有什么联系。这样，我们从马基雅维里处就可看到，对待中世纪史初期的态度比中世纪编年史家更加现实。对于马基雅维里来说，不存在中世纪对于罗马史的直接继承性。他认为罗马国的覆亡乃是一个全新时期的开始。

马基雅维里指出，蛮族的领袖们在意大利没有长期停留过。他们仅仅是路过那里，抢劫了这个国家。第一批停留在意大利的蛮族是鄂多亚克和狄奥多里。由于自己的统一意大利的看法，马基雅维里把这些人特别是狄奥多里的活动提得很高。他认为，他们是意大利的"统一者"。

他过分地称颂了狄奥多里，认为狄奥多里给东哥特人和罗马国家带来很多益处，如建设城市、要塞等。罗马和意大利在他统治下向前发展了，建立了良好的秩序，人民就如马基雅维里所写的那样，是"相当幸福"的。

处于罗马帝国覆亡的初期和狄奥多里时期中间，即当蛮族相继很快地侵入意大利时，意大利的命运唤醒马基雅维里从政治上考虑，认为政权经常更迭对国家是有害的。

马基雅维里对于基督教的态度是很有趣的。他说基督教在罗马帝国覆亡和蛮族国家兴起这一时期中起的作用是恶劣的。原因是它给帝国带来了新的骚乱，使那里已经发生的新旧宗教之间的政治冲突更尖锐化了，因而便于蛮族征服帝国。

马基雅维里对于基督教一般更是持否定态度。他认为古代宗教培养人们具有公民忠勇的献身精神，而基督教却削弱公民的风习，从而瓦解了帝国的实力。

马基雅维里认为，基督教本身不统一并分裂为各种教派的这一事实更是不好。例如他指出阿里乌斯教派同天主教会的斗争所导致的破坏并不比蛮族少。

在论述伦巴德人的历史时，马基雅维里着重指出，由于伦巴德国王克莱菲斯的残暴，王权被废除了，而公爵们成了国家的最高统治者。这一事件对于他也成为更一般的政治结论的借口。他指出：缺乏王权导致伦巴德人政治削弱和战斗精神的低落，因此他们就未能在意大利确立自己的政权。到意大利王权恢复时期，伦巴德的统治者已经习惯于专横，而这又导致骚乱。停止征服新的领土。最后，伦巴德人臣服于法兰克人。

在这里马基雅维里涉及教皇政权的产生问题。他对教皇权完全持否定态度。即使书是呈献给教皇的也丝毫不妨碍这一点。马基雅维里没有直接谈到《君士坦丁的赠与》的问题，但是在字里行间不难读出他不承认这一事实的可靠性。他断言，西方的教皇们仅仅拥有人们爱戴其美德和学说而赋予他们的权力，换言之，教皇们是没有世俗权力的。马

第四讲　意大利人文主义史学政治学派（马基雅维里和圭恰尔迪尼）

基雅维里指出，教皇的力量只是在罗马帝国覆亡以后才增长的。初期，教皇周旋于伦巴德人和东罗马帝国之间，尔后求助于法兰克人。马基雅维里指责教皇说，他们把法兰克人引进意大利，他们总是把蛮族引进来，这一直继续到今天并成为意大利政治分裂的主要原因之一。如已指出的，马基雅维里对于查理大帝建立帝国并未赋予什么特殊意义，而且不认为这是罗马帝国的复兴，相反，他把教皇为查理大帝加冕看作是教皇的胜利。有关诸如奥托在位时建立神圣罗马帝国的事件他甚至连提都没提到。

当然，详细地探讨一下马基雅维里是如何评价中世纪史中的某些事件会更有趣。由于时间不够，我们就得仅限于研究某些个别事例。应该指出，在很多情况下，马基雅维里作了许多相当幼稚的解释，同时，还可以看到他对许多事实与事件所持的现实主义的立场。他对在他以前的史学中确立的传统是不相信的。

例如，他认为十字军远征的原因是，教皇乌尔班二世激起了意大利普遍仇恨他自己，因此被迫从意大利到了法兰西。为了提高自己的权威，他开始鼓吹十字军远征。马基雅维里从亨利四世和格利哥里七世的争论中，找出了教皇党和皇帝党斗争的起源。

马基雅维里把意大利史写到一四三四年，而越是往后他的叙述就越全面。然后他就转向佛罗伦萨史。

叙述是从佛罗伦萨的建立开始的。马基雅维里指出，佛罗伦萨的历史是在"坏的影响"下发展起来的：开始，在罗马人的政权下处于受奴役的地位，然后则是某些暴君的政权。但在十三世纪城市达到了高度繁荣，特别是在皇帝弗里德里希二世死后，当时的公民法规巩固了佛罗伦萨"人民"的自由。十三世纪末，即贵族和市民之间的政权建立平衡的时期，马基雅维里认为这是佛罗伦萨最兴盛的时期（我们已经看到，马基雅维里把"人民"这个词只是作为佛罗伦萨城市资产阶级的上层来理解）。

十三世纪末期已经趋于某种平衡的斗争在十四世纪又恢复了，在一三四三年前后斗争以彻底推翻贵族统治而告终。马基雅维里指出，当时"市民"本身又产生了矛盾，即大行会和小行会之间的矛盾。这些矛盾不断尖锐化。过了一段时间斗争舞台上出现了雇佣工人和平民。在马基雅维里看来，这些阶级中的每一个阶级都意识到本身的利益，因而参加了争夺政权的斗争，企图对宪法作些相应的改变。

马基雅维里根本没有论及这些阶级的产生，没有指出其经济特征，而只限于指出各政党的特征。他遗憾地指出，党派的斗争消耗了佛罗伦萨的实力。他承认，在共和国中分为这些政党是不可避免的；并认为这种政党之分本身并非不幸。分为政党只有在每党的私利被置于国家利益之上的时候才是不幸的。国家生存的原理则在罗马是如此强有力，而在佛罗伦萨却是非常弱的，在佛罗伦萨，个体利益总是超越于共同的利益，每个党都分为一些更小的派别，而某些个别家族之间又相互敌视。所以在一三四三年市民推翻了贵族以后，它本身也分裂成为互相敌对的、分别拥护里奇家和阿尔比济家的政党。这场斗争的结果就是风尚的深刻腐化和出卖灵魂；佛罗伦萨的战斗精神衰亡了，出现了组织军队的佣兵队长制，这就成了意大利衰亡的原因。所有公民都准备出卖共和国，而收买者正是以科西莫·美第奇为代表。马基雅维里指出，风尚的败坏在美第奇统治时期已存在。可是与其说他把这归于美第奇家族本身，不如说归于参加他们的政党的人们。

马基雅维里在《佛罗伦萨史》中的伦理和政治特点，是以古代—人文主义精神的语言来着重指出的。但是与其说这些讲话表现了演说家的个性，不如说表现了佛罗伦萨个别政党的性质。

为了给这些讲话的一般性质以一个概念，我在这里仅举似乎是一位梳毛工的领袖对集合的平民和羊毛行会一些工人的讲话为例。由于在梳毛工反对派阵营中开始了准备，而讨论是否应该继续起义或者停止斗争的问题。为此，一位起义领袖说了下面的一些话："如果我们应该讨论的问题是，我们是否需要拿起武器，洗劫市民的家宅，抢劫教会，那么，我认为应认真考虑，可能我认为和平的贫穷胜过危险的获得。

第四讲　意大利人文主义史学政治学派（马基雅维里和圭恰尔迪尼）

但因武器在我们的手中和已造成莫大的暴行（mali），所以我们现在应该考虑，我们如何保持武器并如何保护自己免遭所犯暴行的后果……。你们看到整个城市对我们燃起敌视和仇恨的火焰……我们应该考虑两件事：第一，如何逃脱对最近一个时期所干的事情的惩罚；第二，怎样生活才比过去的年代更自由和幸福。我认为，为了取得对我们旧的罪恶的饶恕，我们就应做许多新的，加倍干暴行（mali），到处抢劫和放火，扩大我们的同谋者的队伍。当罪人太多的时候，就不能去惩办任何人。人们去惩罚一般的罪行时，而对罪行多的还给予奖赏。当大家痛苦的时候，少数人在寻找报复，因为共同的贫困要比部分人受欺侮好忍受些……我觉得，我们正在走向真正的胜利，因为那些可能反对我们计划的人是富裕而不团结的人。他们的分裂给了我们胜利；当我们占有了这些财富，就能帮助我们保持胜利，但愿他们血统的古老不使你们产生这样一种印象，即他们想从血统中找到武器来反对我们。所有的人们是一个来源，也一样古老，大自然按同一模式创造了我们。脱去大家的衣服，大家都一样。如果我们穿上他们的衣服，而给他们穿上我们的衣服，毫无疑问，我们就像贵族而他们就是人民了，因为只是贫富制造了我们之间的不同……你们既不要怕良心的谴责，也不要怕耻辱，因为对于胜利者，不管他们以什么方式得胜，任何时候都不会有耻辱。良心谴责吗？不需要再计较那些。像在我们那儿一样，到处都是饥饿和监狱的恐惧，不用也不应怕地狱。如果你仔细了解每个人的事业，那将会看到所有获得大量财富或很多权力的人都是仅仅依靠强力与狡诈才得到的。然后他们对于靠欺诈或暴力得到的东西又用已获得的虚假的爵位来认真地掩饰，以便遮盖其卑鄙的来源。那些由于智慧太少或过于愚蠢而不敢使用这些手段的人，日益陷入受奴役和贫穷，因为忠诚的仆人仍然是奴隶，而善良的人又总是贫穷。只有不忠实并且勇敢的人才能砸碎自己身上的锁链，只有窃贼和骗子方能摆脱贫穷的境地。上帝和大自然把财富赐给全人类，但是抢劫的命运要比勤劳的命运富得多，不诚实的行为比诚实的劳动富得多，这就是为什么人们要互相毁灭，为什么穷人的命运日益变坏。因此,我们要在情况许可的地方使用武力,而命运不可能给我们以更有利的机会。市民们还没团结,市政厅正处于犹豫不决,市政官们手足失措。在他们尚未团结起来并作出任何安排之前,就会更容易地击溃他们。所以,我们要么成为城市的绝对统治者,要么在管理机构中得到这样大的权力,即不仅宽恕我们过去的罪,而且我们还能用新的灾难来威胁我们的敌人……我多次听说,你们怎样控诉你们主人的贪欲和你们市政官员的不公正……你们看你们的敌人已有所准备。我们对他们的打算要先发制人。谁先拿起武器,毫无疑问,谁就是胜利者,消灭敌人并提高自己。这就给我们中间的多数人带来荣誉并给全体人带来安宁。"⑤(着重点叶·阿·科斯敏斯基加的。——编者注)

正如我们所看到的,这里从下层阶级的观点来分析贫富的根源。马基雅维里如果不明白,那也应探索出在佛罗伦萨各政党的社会基础。可是令人奇怪的是,为此他好像被迫站到下层阶级的观点一边。⑥

假如提出这样一个问题,马基雅维里的《佛罗伦萨史》在什么程度上可以称为科学的著作,那是不大好回答的。第一,我们在马基雅维里的书中没有看到对史料给予一些严肃的批判,他常常歪曲事实、数字和名字,然而,需要考虑到这部包括从民族迁移到一四九二年的意大利全部历史的巨著,是他在较短期间里完成的。因此马基雅维里只好像中世纪编年史家在通常情况下那样去写,即取某一种文献而从中获得基本史料。他主要是使用庇安多⑦的著作,并且在许多情况下不加批判地重复庇安多说过的一些话。此外,像我们知道的那样,对历史,马基雅维里只热衷于用资料来为他自己的理论体系服务,所以他有时不惜歪曲事实。

这样,如果从研究方法方面去研究马基雅维里的《佛罗伦萨史》,那么这部著作未必能称为科学著作。这部书的偏见很明显。但同时这部著作从头至尾都贯穿着了解并搞清楚斗争(如果不是阶级之间也是政党之间)的意图,毫无疑问,这是与史学中一个新现象相联系的。

第四讲 意大利人文主义史学政治学派（马基雅维里和圭恰尔迪尼）

从上述引文中，可以看到马基雅维里在一定程度上如果不是明白，也是感觉到了十四世纪佛罗伦萨党派斗争的社会基础。因此，尽管有好多错讹和一些失误，我们还是从他那儿看到即使不是科学意义的历史，无论如何也是最早从政治斗争观点来解释历史的一种尝试。为此他有时直觉地感受并探讨阶级斗争，不管马基雅维里在方法论上和事实上有多大的失误，而这一特点使他的著作令人很感兴趣。

马基雅维里的政治倾向性还是很明显的，这一政治倾向是同佛罗伦萨工商业集团统治时期相联系的。他对美第奇家族并非一向有好感。在他们的统治下这些工商界既不能指望确立佛罗伦萨的政治独立，更不能指望抗击外部敌人——法兰西人和西班牙人。对于由马基雅维里来表达利益的社会集团来说，主要的政治任务是不惜用任何方式，哪怕是以建立封建君主制的方式也好，来使意大利统一。

然而马基雅维里自己又是怎样描绘以后的事变进程，就不十分清楚了。可以这样认为，他想象将来会有个君主像古代伟大的半神话的立法者一样，能够把侵略者从意大利赶出去并统一它，然后他把政权交给那个被马基雅维里称为"人民"的公民阶层。但是可能马基雅维里的这一现实的计划在美第奇复位时期不能再实行。无论怎样，在他的史学概念中，以及在他的具有乐观主义的政治思想中，都反映出某些悲观的调子。他在强有力的、良心不感到内疚的君主政权下统一意大利当中看到了出路。实际上马基雅维里没有把这一思想发展到逻辑的终点，这显然是因为，在十六世纪初佛罗伦萨的资产阶级和佛罗伦萨的衰落，在整体上还没有像十六世纪末那样明显，到那时封建反动势力在意大利最后取得了胜利。

在马基雅维里同时代的年轻人佛朗西斯科·圭恰尔迪尼（一四八三——五四〇）那时，已经可以看到十六世纪开始并日益加强的佛罗伦萨这一封建反动势力的表现。

圭恰尔迪尼比马基雅维里代表的是另外一些社会集团。从十五世纪末开始就已经能在佛罗伦萨看到封建反动势力的一些个别征兆，这

—— 89

些封建反动势力只是在十六世纪才明显地表现出来。从十五世纪中期领导佛罗伦萨的一些政治集团是高利贷资本的代表。正是从这个时期开始，资本在佛罗伦萨愈益大规模地投入了土地。美第奇家族本身就是最大的土地所有者。土地连同在意大利农村中还没有被消灭的封建法权一起被购买。圭恰尔迪尼家族是佛罗伦萨最富裕和最知名的家族之一，当时也参加了大规模的土地购买。圭恰尔迪尼本人也是佛罗伦萨一个最富的土地领有者。所以，圭恰尔迪尼世界观的阶级基础就与马基雅维里有些不同。他是佛罗伦萨资产阶级中同高利贷资本和土地占有联系较多并在十六世纪相当程度上已经封建化的那些集团的代表。

因此两个历史学家的政治观点中就有本质的分歧。马基雅维里认为，建立在各阶层的某种统一（unita）之上的制度是最正常的政治制度，尽管他认为这种统一不是作为世界的停滞状态，而是经常斗争中的平衡。

圭恰尔迪尼的政治思想则完全是另一种。他不容怀疑国家应当由最显贵、最富裕的——像他认为那样——最有才能和有教养的人们来统治。他所说的这些富裕和著名的人们，正是指他自己所处的社会集团的人们，即高利贷资本和地产的代表，在评价圭恰尔迪尼时，也应该考虑到他是马基雅维里同时代的年轻人。马基雅维里于一五二七年去世，当时美第奇家族被驱逐出佛罗伦萨，并且恢复了共和国。可是一五三〇年发生了美第奇家族在西班牙军队帮助下的重新复位。美第奇家族依靠外国的力量建立了彻底的公爵专制即暴政。在这样的统治下甚至一些最著名的家族都被赶出政权机构。在这些军队内战的时期佛罗伦萨彻底遭到了破坏，它的工业完全衰落了。

所有这些新的因素在圭恰尔迪尼的史学著作和政治观点中都有明显的反映。

一五一一年，佛朗西斯科·圭恰尔迪尼被任命为佛罗伦萨的使节（"发言人"）。他在寄给佛罗伦萨市政厅的《自西班牙的书简》[8]中对西

第四讲 意大利人文主义史学政治学派(马基雅维里和圭恰尔迪尼)

班牙朝廷内发生的事件作了详细叙述。后来他从一五一六年起,以摩德纳统治者的资格在美第奇家族的教皇利奥十世身边服务。他在克力门七世的手下得到了高级的职位——成为罗曼尼亚的长官。一五三〇年美第奇政权第二次恢复以后,圭恰尔迪尼回到了佛罗伦萨。在美第奇家族的亚历山德罗和科西莫一世统治时期他又担任了公职,但已经是次要的职位了。圭恰尔迪尼有极为丰富的政治经验,这些经验是他在佛罗伦萨市政厅任职时、在教皇那儿、在外国朝廷,特别是在西班牙国王天主教徒斐迪南朝廷里取得的,此人是当时最狡猾、最诡诈的政治家,对于圭恰尔迪尼的观点有重要的影响。他从西班牙的斐迪南身上看到一个理想的智慧统治者,而且特别重视他所创立的军事组织。

圭恰尔迪尼在一五〇八年到一五〇九年写的、包括一三七八年到一五〇九年这一时期的《佛罗伦萨史》⑨是他的第一部史著。在前几章中圭恰尔迪尼叙述得粗略,而从大罗伦佐开始统治起,特别是从一四九二年起叙述就比较详细了。这部著作还没有写完。圭恰尔迪尼写这部书并不是为了出版,而是为了个人,以阐明本人的政治路线为目的。⑩这种情况使这部书具有独到的特点。著作的手稿曾经遗失,只是在十九世纪才被重新发现,并在一八五九年首次出版。

圭恰尔迪尼的《佛罗伦萨史》明显地不同于按照甚至马基雅维里也为之作出重要贡献的人文主义、修辞学派的传统而撰述的著作。这部书完全是用另外的、更粗俗的语言写的,没有引用的言论和其他修辞的装饰。在内容方面,它比马基雅维里的《佛罗伦萨史》狭窄一些,因为圭恰尔迪尼所从事的通常不是意大利史,而是佛罗伦萨史,主要是内部的历史。他感兴趣的首先是这样一些问题——佛罗伦萨是怎样保持自己的独立,它的政治制度的特点及其政党间的斗争。他自己所属的那个社会阶层的人们回忆就是他的资料。叙述具有连贯性、合乎逻辑和集中目标的特点。书中人物和事件有清晰而确实的特点。圭恰尔迪尼这部书的基本主旨是,力图证明保存佛罗伦萨的共和国和独立的条件是贵族的统治。他的理想是威尼斯,他全力赞美它的政治制度。

—— 91

圭恰尔迪尼这部书是在佛罗伦萨暂时恢复共和国的时期写的，当时领导这个国家的是正义旗手彼得罗·苏德里尼，他是个持温和派观点的人物。由于佛罗伦萨政治制度时常的变动，圭恰尔迪尼面临的问题是，什么样的政体对佛罗伦萨是最合适的：是温和而又受限制的民主制，还是以美第奇家族为首的贵族政治最为合适？圭恰尔迪尼的这个问题在那些年代所作的解答是这样的：佛罗伦萨唯一正确的政体是严格的贵族政体。我们在马基雅维里那里看到的哪怕是有限的民主特点，而在圭恰尔迪尼那里却一点痕迹都没有了。他用最轻蔑的语言来谈论人民，相信只是具有丰富政治经验的世家的成员才能够治国。在他看来，政权应该属于一定的家族集团，问题只是在于这些家族集团怎样才能保持住政权，他在任何一些政治活动家的行为动机中看到的，总是狭隘的、厚颜无耻的利己主义。他对于超出小规模的政治倾轧范围的那些人物或集团的活动和目的都是难以理解的。

他以罗伦佐的统治为例，谴责了美第奇的国家制度，而且根据罗伦佐把贵族排挤到次要地位并提拔新人的事实，而反对他的复辟。他也激烈地给彼德罗·美第奇以否定的评论。同时把美第奇被逐后的"人民政权"同美第奇政权时相比较，圭恰尔迪尼坚决地反对民主制。特别是写萨伏那洛拉的一章表现了这方面的特征。圭恰尔迪尼对萨伏那洛拉非常敌视。虽然他也承认自己完全不了解他，而且无法评价他。他也深深仇恨苏德里尼的共和政体，他认为这种政体是民主倾向和暴政手段的结合。

圭恰尔迪尼认为，梳毛工人起义是某些政治集团的灵活手腕的一步，他们鼓动人民起义与自身有着利害关系。这样在圭恰尔迪尼的全部著作中明显地表现出狭隘阶级的甚至狭隘政党的观点。

有意思的是，圭恰尔迪尼在十九世纪初的"青年意大利"活动家中引起了异常的仇恨，他们管他叫恶棍，对他不惜使用严酷的形容词。相反，保守分子特别是法西斯分子却全力颂扬他，他们在圭恰尔迪尼轻蔑人民群众中，在少数贵族集团完全统治的要求中，在为达到自己的目的

第四讲　意大利人文主义史学政治学派(马基雅维里和圭恰尔迪尼)

而选择手段时可不择手段的鼓吹中(我要说,这个鼓吹比马基雅维里还要无耻得多)找到为自己真实思想和政策作辩护的理由。

圭恰尔迪尼的政治观点在他的政治文章中明显反映出来。

这些论文之一是《写于罗格罗尼欧之论文》[11],写于一五一二年。圭恰尔迪尼在书中提出了一种相当妥协的政体。他认为佛罗伦萨的共和秩序是可以保持的,但必须有一些改变。他以为,与终身正义旗手和被他认为是民主机关的大议会并存的,还必须有一特殊的贵族会议——由"最好的人",贵族家族的代表,组成的参议院。它应该拥有最重要的政治职能,同外国发生联系和分派捐税,照圭恰尔迪尼看来,由于大议会民主的成分会不正确地分派捐税,只会征收富人的税。他说,这是不公平甚至是不上算的;应该保护富人,因为他们是国家的精华和荣誉,他们总是能使国家在困难中得到帮助。

在这篇论文中,佛罗伦萨被描绘为在暴政和民主之间的斗争中,在新的蛮族入侵意大利的形势中衰亡的国家。照圭恰尔迪尼的意思,唯一的,虽然只是暂时的出路,应该是政治妥协——建立贵族共和国。这篇论文充满了悲观的情绪。

在另一部著作《关于佛罗伦萨政制的对话和论述》[12](写于一五二六年前后)中,圭恰尔迪尼企图提出适应当时需要的实际可行的政治见解。他写道,任何一种政治形式都不应该按其自身来评价,而要在分配社会收入和授予荣誉方面、在审判方面、在保卫领土中依靠其所取得实际成果来决定。这篇论文也充满了悲观主义。根据圭恰尔迪尼的观点,无论是存在于佛罗伦萨的任何一种政体,还是通常一切可能的政体,都不能从危机的形势中拯救这个国家,不能预防共和制和自由的衰落。

他甚至继续发展了其在《写于罗格罗尼欧之论文》中提出的观点时指出,威尼斯的政治体制无论在什么时候都是最好的。而且唯一能够拯救佛罗伦萨的希望在于,要在那里实行威尼斯式的制度。为此他赞同使用最残酷而强制的手段,特别是灭绝美第奇家族所有的人,在这方面他并不比马基雅维里差。在书中圭恰尔迪尼坚决强调,所有的国家

—— 93

从它产生的时候起,总是建立在强权的基础上的。他在这篇论文中比起马基雅维里本人来,并不是作为一个小"马基雅维里主义者"出现的。

在紧接着《论佛罗伦萨的政体》而写于一五三〇年的《对马基雅维里〈论提图·李维的罗马史前十书〉的议论》[13]中,他甚至对马基雅维里理想的最有限的民主方式都持尖锐的否定态度,对意大利民族统一的思想全然冷漠,而这种统一的思想正是马基雅维里所捍卫的。

在第二次驱逐美第奇家族并建立佛罗伦萨新共和国(一五二七——一五三〇)以后。圭恰尔迪尼先是仅失去全部职务并被迫到自己的领地去,可是后来当共和国政权落到更激进的人手中时,他的领地就都被没收了,而且他不得不逃出佛罗伦萨。这时他就成了美第奇家族公开的拥护者,他写了新的政论文章,在文中他力图证明美第奇家族应该依靠城市贵族。可是美第奇家族决定依靠外国军队来支撑自己要方便得多时,就另作考虑了。随着一五三〇年美第奇家族重新掌权,圭恰尔迪尼也被发还自己的一切领地。可是不管是他本人,还是他的拥护者们都不许参加管理国家。美第奇家族只是允许他们对共和派进行残酷的镇压,然后就解除了他们全部的职务。圭恰尔迪尼不得不在自己的领地上度过余生,在那儿他从事撰写自己的主要史著《意大利史》[14],其中包括从一四九〇年到一五三二年这一时期。

如果说《佛罗伦萨史》是圭恰尔迪尼青年时的第一部著作(在书中他根据佛罗伦萨的历史想确定对他来说在生活中应坚持什么样一条政治路线),那么在《意大利史》中他似乎为自己政治生活的全部经验作出总结。与《佛罗伦萨史》不同,《意大利史》是供出版用的,他应该部分地顾及读者的口味,因此这部著作完全是另一种风格。圭恰尔迪尼回到了人文主义风格中,使用了他在《佛罗伦萨史》中避开的那些话。但是他的这些话不像在布鲁尼和另一些修辞学派代表的著作中那样,成为确定历史事件的因素。除了这些讲话外,他还引用了激起国务活动家们某些决心的真正动机。但是这部书的最显著的特征大概是,整个《意大利史》都充满了玩世不恭的悲观主义。生活迫使圭恰尔迪尼对全部

第四讲 意大利人文主义史学政治学派(马基雅维里和圭恰尔迪尼)

国家制度感到绝望。他在共和国制度下遭遇了许多灾难,然后利用他和他的集团的美第奇家族也不许他进入政府。所以圭恰尔迪尼对他同时代的任何政治活动家,都看不到一点善良和崇高的动机。正因如此,他很不理解地在某些现象前面停住了。

圭恰尔迪尼主要是现实主义者史学家。他描写事件比马基雅维里准确、明晰而且可靠得多,在后者那里则往往热衷于一些政治议论。但是在自己所有的现实主义之下,圭恰尔迪尼由于自己的阶级局限性还是不能了解许多事情,例如,他不理解佛罗伦萨共和国怎么能在长时间里抵抗强大敌人的联军。面对这一事实他就像面对什么完全莫名其妙的东西般困惑不解了。

圭恰尔迪尼的道德与马基雅维里所号召的思想截然不同。首先关于"公益"思想、国家的思想(在马基雅维里那儿这一思想掩盖一切)。而圭恰尔迪尼以其不大的政治集团的利益代表国家利益。所以,照圭恰尔迪尼的意思,意大利的统一与其说是幸运,不如说是一种不幸。诚然,他想把野蛮人——外族人赶出意大利,可是国家的政治统一对他来说根本不是什么理想。在他的《关于政治和公民事务的札记》[15]中,他这样谈到祖国:"所有的城市、所有的国家、所有的王国都是要灭亡的……所以当公民生活在自己祖国的末日时,他与其说为祖国的不幸而悲伤并惋惜它的命运,不如说为自己而悲伤,因为祖国发生的事情只是不可避免的,而灾难是进攻那些不能不生在这种不幸时期的人"[16]。毫无疑问,这样的哲学证明衰亡阶级的道德堕落。同这类哲学相联系的是,在圭恰尔迪尼的书中有些处暗示出不问政治的倾向,它归结于本性非常低劣的庸俗道德。

在这方面特别有趣的是,他的《关于政治和公民事务的札记》约有四百条格言,证明作者认识到在民主和暴政之间处于衰亡的资产阶级贵族的处境根本无可挽救。

在这些《札记》中,圭恰尔迪尼谴责了民主制。在他对于人民的态度中我们时而看到公开的蔑视,时而又看到隐蔽的恐惧。他的格言之一是:"谁谈论'人民',谁实际上要想说的是疯狂的野兽,其中全是谎言和骚乱,没有鉴别力,没有感化力,也没有稳定性。"⑰可是他对暴政(即使资产阶级的上层也完全被拒绝进入政权)又不热衷,虽然他对暴政的态度更折中一些。在这样政治观点基础上,就产生了圭恰尔迪尼的小利己主义,庸俗的功利主义的道德观。在他看来,人与人之间的全部关系都应该只由利益来决定。

他的《关于政治和公民事务札记》是一部货真价实的虚伪的教义问答。例如他对宗教的态度就是这样。曾经为教皇服务的圭恰尔迪尼说道:"任何时候都不要同宗教斗争,总之不要和那些看来是和上帝有关的事物作斗争,因为上帝这个词的权力对蠢人的头脑是非常强大的。"⑱关于罗马教廷,他说,这是一群罪犯。

在一则格言中他推断公爵们和他们的使节间的关系应该是什么样,认为它是无耻的谎言政治的模式。⑲

再例如格言十七"不要相信说他们愿意由于爱好安静,而放弃事业和尘世的华美,人们因为这几乎总是由于他们的轻率和必要性而发生的。从经验上看,几乎所有这些人稍有迹象一旦有可能恢复以前的生活,就会放弃所宣扬的宁静,以消灭无聊的和被灰尘封住的事物之火焰般的狂热冲向前方"⑳。

你们要记得,马基雅维里政治上一个如此勇敢的理论家,在实际中却完全像个黄口小儿。这就是圭恰尔迪尼说的。"脱离理论的实际多么好!许多聪明的人们不是忘记了,就是不会在行动中运用自己的知识!对于这样的人们,他们的智慧没有用处;就完全像箱子里有珍宝,但什么时候都不拿出来一样。"㉑

他的另一则格言是:"请永远否定你认为不该知道的事,并肯定你认为人们应该相信的事;让许多事来揭穿你,让几乎准确的事来反对你吧,但大胆的肯定或否定经常会把听者的头脑引同你的方面。"㉒

虚伪和庸俗的利己主义的道德,就是圭恰尔迪尼在他的《札记》中所鼓吹的东西。

第四讲　意大利人文主义史学政治学派(马基雅维里和圭恰尔迪尼)

可是在历史学家圭恰尔迪尼那里,在他的一切偏见中,在阶级和道德的局限中,有个值得肯定的特点——很现实的敏感,特别是在各种政治和外交阴谋中有很厉害的洞察力,能通晓推动个别政治活动家的政策,特别是行动背后的隐蔽动机。

如果马基雅维里是抽象的理论家、思想家,那么圭恰尔迪尼就是现实主义者史学家,但他缺乏广泛的概括能力,不能理解超出狭隘的、虚假的和利己主义的阶级道德以外的任何东西。

(吕宁思译　陶松云、严源校)

注　释

①美第奇家的专政恢复以后,1512年,马基雅维里曾由于被怀疑搞阴谋而被捕,后来被逐出佛罗伦萨。马基雅维里的余生几乎是连续地在自己的领地桑·卡沙诺度过的。(编者注)

②尼·马基雅维里(N. Machiavelli):《尼科罗·马基雅维里文集》,意大利文版,朱塞普·齐拉尔迪尼选(《论提图·李维的罗马史前十书》、《君主论》、《卢卡的卡斯特鲁丘·卡斯特拉坎尼的生平》、《佛罗伦萨史》),巴黎,1851年。《君主论》和《卡斯特鲁丘·卡斯特拉坎尼的一生》的俄译本,见尼·马基雅维里:《学术文集》,莫斯科—列宁格勒,1934年。

③马基雅维里的研究很少涉及这一最重要的问题。(作者注)

④所以,在断定马基雅维里的政治理想是共和国的时候,必须时时注意到,他距离真正的民主制还相差很远。他的民主主义非常有限,并且是令人怀疑的,因为他并没有超出承认城市居民中富裕阶层代表们的某些政治权利。(编者注)

⑤《尼科罗·马基雅维里全集》,卷三,巴黎,1851年,第77—79页。

⑥这当然不是说,马基雅维里在某种程度上同情起义者。作为佛罗伦萨资产阶级的代表,他谴责起义并且甚至在这一讲话中,还强调指出似乎是起义的恶毒性质。但是作为历史学家在力图阐明梳毛工人起义的原因时,就不得不暂时保持后者的观点,这才能使他足够现实地对待有关梳毛工不满情绪的社会背景的问题。(编者注)

⑦见第五讲。(编者注)

⑧弗·圭恰尔迪尼(F. Guicciardini):《自西班牙的书简》,比萨,1825年。

⑨弗·圭恰尔迪尼:《一三七八至一五〇〇年的佛罗伦萨史》,意大利文版,巴里,1931年。

⑩除《意大利史》(见下面)之外,弗·圭恰尔迪尼的全部著作都不是为出版而写的。只有《意大利史》在他死后不久就发表了,并且为他的名字带来了极大的荣誉。(编者注)

⑪这篇论文的全名称为《论在曼都亚会议上帝国的代表、西班牙人和教皇决定使美第奇回到佛罗伦萨以后,维护以"大议会"为首的人民统治的方式》。这篇文章写于罗格罗尼欧城,由此通常简名为《写于罗格罗尼欧的论文》,见弗·圭恰尔迪尼,《未发表的著作》,卷二,佛罗伦萨,1858年。(编者注)

⑫弗·圭恰尔迪尼:《关于佛罗伦萨政制的对话和论述》,意大利文版,两卷本,巴里,1932年。

⑬弗·圭恰尔迪尼:《对马基雅维里〈论提图·李维罗马史前十书〉的议论》,《未发表的著作》,意大利文版,卷一,佛罗伦萨,1857年。

⑭弗·圭恰尔迪尼:《意大利史》,意大利文版,米兰,1899年。

⑮弗·圭恰尔迪尼:《关于政治和公民事务的札记》,意大利文版,都灵,1921年。

⑯弗·圭恰尔迪尼:《学术文集》,莫斯科—列宁格勒,1934年,第167页。

⑰同上,第151、210页。

⑱弗·圭恰尔迪尼:《学术文集》,莫斯科—列宁格勒,1934年,第185页。

⑲同上,第108页。

⑳同上,第115页。

㉑同上,第123页。

㉒同上。

第五讲　意大利人文主义史学 博学派、传记体

在前几讲中我们分析研究了意大利人文主义史学中的两个基本派别,即修辞学派和政治学派。

但是应当指出,我们在探讨这两个派别的时候,与其说所指的是,史学发展中的阶段,不如说指的是历史学家的类型。

现在须简要地谈谈那些远不如布鲁尼或马基雅维里那样出名,但却给史学提供了一些新的研究方法的人文主义历史学家,他们的研究方法在十六世纪末和十七世纪初对历史科学的普遍发展产生了重大影响。

我指的是那些细致耐心的收藏家们,他们在考古资料堆里翻寻,从事历史资料的收集和核对,并在这些史料的基础上编写中世纪史。在特定条件下,可称他们为意大利人文主义史学中博学派的代表。

弗拉维奥·庇安多(一三九二——一四六三,或按拉丁文他自称为弗拉维依·勃伦杜斯)是这个人数众多的历史学派典型的、最著名的代表人物。

庇安多在罗马教廷职位并不显要,因而在意大利的政治生活中未起很大作用。他是一个诚挚的官员和关门读书的学者。他的许多著作都是专讲考古学的。[①]庇安多的主要著作《复兴了的罗马》(一四四六)是一部涉及古代罗马和部分中世纪罗马地志学的精细的学术著作。他的著作《意大利各省区详述》(一四五三)是一部不包括南意大利和西西里的意大利历史地理百科全书。他的《考古研究指南》同样也具有考古地志学的性质。

历史巨著《罗马帝国灭亡后的编年史》②是他自一四四〇年至一四五二年年底写成的。值得指出的是，在这部巨著中他是从四一二年，即从近似现代习惯上称之为罗马帝国灭亡时开始写的。庇安多一直把意大利的历史写到一四四〇年。

《……编年史》全书共三十一册：前二十册写了从四一二年到一四〇〇年这个时期的历史，而后十一册写了十五世纪中的四十年历史。书中主要讲述了意大利的历史，但同时庇安多也部分谈到了其他国家的历史。这部著作是在庇安多去世后的一四八三年出版的。

庇安多的这部著作与修辞学派和政治学派的人文主义史学有明显区别。他的这部著作极少谈到修辞，同时也极少涉及政治。我们面前出现的这位既不是人文主义者所理解的思想家，也不是作家，而只是一个诚挚的史实的搜集者。研究庇安多这部著作之后会形成一种概念：他的思想平庸，学识浅薄，但却非常勤奋和博学。看来，这是一部预备性的著作，是收集了从未加工整理过的资料集。然而恰恰是这部预备性的著作在当时起了不小的作用。如果回顾一下对史料采取不予批判的态度是中世纪的所有史学，部分地由人文主义史学家修辞学派和政治学派所继承的特点（他们对史料很少进行鉴别），那么，精心收集资料，并对它进行哪怕形式上某种批判的尝试已经是一个重大进步，向未来科学历史学的建立前进了一步。所以，如果作为一个史学家，庇安多是个极微不足道的人物，但作为一个资料收集者而且在一定程度上作为史料批判家，毫无疑问，他标志了历史科学发展的一定阶段。

从庇安多的考古学著作中，也可以清楚地看出他极注意而精心收集资料，但同时也可以看出他在对这些资料分类时缺乏某种历史眼光。他经常把几个完全互不相干时代所收集到的资料聚积在一起。庇安多的《……编年史》中的史料是按时间的先后顺序编排的，但这些资料却既不被一定的布局所统一，也不被一定的结构所联结。他的叙述显得呆板而无生气，只有当它转到所喜爱的考古学题材时，叙述才显得生动起来。

第五讲 意大利人文主义史学博学派、传记体

如果研究一下庇安多的政治思想体系,结果它却是极其幼稚、极其简单的。他对当政者的评价仅以能否创造一种促进和平的学术研究的太平盛世的生活为准绳。他对经常吸引着各派人文主义者关注的题材,如军事历史、政治制度、国民道德完全不感兴趣。他极其赞颂罗马帝国,其主要原因只是因为罗马帝国创立了和平宁静(Pax romana),他认为,在这种和平宁静中文化才可以得到自由的发展。

庇安多对史料的批判表现在哪里呢?他的批判相当肤浅、相当草率,但其中也有某些合理的内核:庇安多力求对每个问题区分出它最原始的、最接近所描述事件的史料,同时还认为,后来的史料总是失真的。他经常借助最原始的史料验证较晚的史料。显然,这种对史料的批判方法是很不完善的。须知,现有的古代史料不一定都是最原始的史料,而较晚的史料可能是以没保存下来的古代史料为依据的。尽管这种历史批判方法很简单,但它还是使庇安多推翻了许多中世纪历史学中习惯上的传说,例如查理大帝的十字军远征的传说。根据时间最近的一些材料证实,他还推翻了当时一直争论不决的有关隐修士彼得首先发起第一次十字军远征的观点。

庇安多为了认识古代和中世纪而做了很多工作。无论谁的著作也没有像庇安多的著作这样得到人文主义历史学家的广泛运用,尽管这些历史学家经常在自己的著作中连提都不提他。庇安多本人也常受一些同时代人的鄙视,原因是他的著作政治思想不新颖,并且不是用受过人文主义教育的人所关注的、人文主义的华丽的拉丁文所写成的。

人文主义史学除欧洲通史、意大利史和个别国家的历史形式外,还有一种历史著作,例如传记。传记是在把人的个性提到首位的人文主义时代得到特殊发展的一种文艺体裁。当然,人文主义者在当时并不是始创者。许多古代的传记作家是众所周知的。如普鲁塔克、科尔涅略斯·涅波斯,特别是斯维托纽斯和他的《十二帝王传》不仅对于中世纪早期的作家,而且对于文艺复兴时代的人文主义历史学家都是一个榜样。

许多传记著作给历史文献增添了新的资料。我们上面指出,意大利人文主义者在历史著作本身中有意地回避了所有涉及宗教事务的问题。文化的问题也是一样。而在许多传记中这些因素经常被提到首位,因为在那个时期所创作的一些传记,不仅有世俗的政治活动家的,而且也有教皇及各派的艺术家和诗人的传记。这个时代最著名的传记集是一五五〇年出版的乔吉奥·瓦萨里的《最著名画家、雕刻家和建筑师的生平》一书③,该书在叙述奇马布埃至提香这一期间的著名意大利艺术家的传记之前,首先简要地概述了较早时代的艺术史。这样对意大利艺术史作合理分期的某种尝试是明显的。瓦萨里的目的是尽可能多地收集有关某些造型艺术代表人物生平和创作的有趣的详细情节。

瓦萨里本人就是一个艺术家并且与艺术界关系甚密。他所著的这些传记部分地根据在艺术界流行的传闻写成的,部分是根据一些回忆写成的。看来,他为了叙述更加生动,有些东西完全是杜撰出来的,所以对他写的传记不能一概相信。

同传记一起也应该注意到当时意大利作家和艺术家之中常出现的自传,或回忆录。例如,著名雕刻家宾文努托·切里尼的自传就是一例,自传不仅极其鲜明地、非常有趣地描述了作者本人,而且有作者自己的轰轰烈烈的一生所度过的社会的、政治的和风俗的情况。④

那么,对意大利人文主义史学应作怎样的总评论呢?

Д. Н. 叶果罗夫教授在其史学史讲义中,用历史科学总发展的观点分析意大利人文主义史学时,一般地给了它否定的评价。他认为,意大利文艺复兴就其本质来说是反历史的。他看到这一反历史性首先表现为,在这个时代好像整个中世纪和由中世纪历史学家所积累的一切丰富历史资料都被不加任何批判、任何研究地、"白白地"抛弃了。按叶果罗夫的看法,毫无历史主义的文艺复兴时代的历史学家一方面在罗慕洛和努马时代之间没加任何区别,另一方面和凯撒·波尔查的时代之间也没加任何区别(这当然是暗指马基雅维里)。叶果罗夫特别强调指出:文艺复兴时代作家们的某种偏见,只能解释为他们是受某些国家和君主的雇佣和操纵而写作的。⑤

这种评价未免使人感到过分严厉,尤其在还是那位 Д. Н. 叶果罗夫对较为早些时候的史学家作出高度评价之后更感突然,叶果罗夫从中世纪作家,特别是从诺让的吉贝尔那里找到历史批判的全部手法。这里我们不再评述中世纪的编年史。我们仅仅提示一下,"历史批判"这个术语我们未必能用之于对其他作家和诺让的吉贝尔拥有的史料的个别批评意见上。⑥

在开始分析意大利人文主义史学时,我曾指出过,这种史学不一定是科学的。但是显然,它也给史学增添了许多新的东西,特别是培育了学术研究早期的、可以说是微弱的萌芽,并是史学发展中的转折点。

文艺复兴时代的史学创立了全新的世俗的历史学概念和新的更接近科学的历史分期,而它以稍加改变的形式保存至现在。毫无疑问,人文主义史学创立的这些新概念与较早期的中世纪史学相比较,是一个很大的进步。人文主义史学代表人物在对待历史的态度上已具有一定的现实主义。

可能有人会反驳我,即难以说布鲁尼现实主义地反映了历史,他总是使自己的叙述符合于修辞上的需求,而我们在某些编年史家,如维拉尼的著作,却找得到对各种事件更为现实主义的描写。对此不能不同意。但是同时,我们从文艺复兴时代很多历史学家那里,特别是从圭恰尔迪尼、马基雅维里那里,从这个时代的许多传记中,可以看到一些中世纪作家所少有的现实主义描写历史的明显例证。

我们早已注意到,人文主义史学在发展历史批判手法方面前进了重要一步。如罗·瓦拉、弗·庞安多和许多较小的博学派收集家的代表人物,为进一步发展作为科学知识一个领域的史学作出了很大贡献。当然,这也是与作为中世纪手稿、货币和考古资料收集者和系统整理者的人文主义历史学家们的工作分不开的。⑦

如 Д. Н. 叶果罗夫所做的,仅根据这一点就责备人文主义历史学家们对中世纪不加分析和研究,就随便忽略这一时代,这是不公正的。

恰恰相反，我们看到，是他们首先开始把中世纪作为一个专门的历史时期来研究，他们历史著作的大部分就用在中世纪。他们中的很多人（例如瓦拉、庇安多）都详细地研究过中世纪的史料。

另一问题是十五—十六世纪的历史学家，如人文主义者一样，他们过于明显地把自己所处的时代与他们认为是文化衰落和迷信统治时代的中世纪对立起来，诚然，他们以黑暗的历史时期的观点来否定这个历史时期的积极意义，和无条件地夸耀自己所处的时代，这不免有一定的夸大。但这根本意味着他们不重视中世纪历史的研究和不了解这个时代。

可以说，意大利人文主义文化从十六世纪后半期开始逐渐衰落和停滞，但正是从这个时期起，人文主义在欧洲其他国家开始了胜利的行进。

（卢增光译　严源、陶松云校）

注　释

①弗拉维依·勃伦杜斯(Flavii Blondi 即庇安多 Biondo)：《复兴了的罗马》、《意大利志》；弗·勃伦杜斯：《关于胜利的罗马》，拉丁文版，一至二卷，巴塞尔，1531年。

②弗拉维依·勃伦杜斯：《罗马帝国灭亡后的编年史》，拉丁文版，那姆堡，1881年。

③乔·瓦萨里(G. vasari)：《最著名画家、雕刻家和建筑师的生平》，意大利文版，佛罗伦萨，1906年；俄译本，莫斯科，1956年。

④《佛罗伦萨人音乐大师乔凡尼·切里尼之子宾文努托的生平，宾文努托本人作于佛罗伦萨》，俄译本，国家文艺书籍出版社，莫斯科，1958年。

⑤参阅 Д. Н. 叶果罗夫：《中世纪史学史和史料学》，第一册，莫斯科，1912—1913年，第45页。

⑥无论如何，这个术语要适合于罗·瓦拉和庇安多的著作。（编者注）

⑦完全有根据可以把人文主义历史学家看作是一些历史的辅助学科（其中包括史料学）的创始者。（编者注）

第六讲 法国和英国的人文主义史学

正是决定人文主义史学在意大利出现和发展的那些原因,在欧洲其他一些国家也发生了作用。但这一情况是比较复杂的。因为,在这些国家里有着自身地方史学的传统,有时同当时意大利的史学所创立的方法正相反。像一些意大利的执政者为了给自己的政治增添更多的光彩并期望在国外引起更强烈的印象而令人撰写历史一样,在欧洲的其他国家也出现了一系列为了同样目的而写的历史著作。

而且,在西欧的许多国家中最初的人文主义历史学家均是意大利人。人文主义史学的传播在新的土壤上很容易实现。无论哪一个统治者为了重修自己国家的历史都雇佣了意大利的人文主义者,比如,修法国或英国的历史。只是在此之后,开始发展了本民族人文主义史学,这种史学经常引起和意大利人文主义历史家及其早已形成的对欧洲历史的一般观点之间的争论,这些争论在意大利以外人文主义史学中占有很重要的地位。

十六世纪,不仅在意大利而且在其他一些国家中民族语言迅速取代了历史著作中的拉丁语。与此同时,各地区人文主义史学的发展在十六世纪下半叶到十七世纪初表现得尤为突出。古代历史学家和意大利人文主义历史学家的著作大量地被译成了民族语言。

在法国和英国,最早的人文主义历史编纂者是意大利人。法国在远征意大利时熟悉了意大利及其艺术珍品,并且掌握意大利文化成为风尚。诚然,这些文化的影响往往是肤浅的,主要局限于吸取了意大利的时髦式样和意大利式的装饰,限于来自意大利的艺术家和艺术作品。

这样，许多人从意大利被邀请来了，其中，也有历史学家。

但应该指出的是，在法国，意大利的人文主义历史学家遇到了他们不得不考虑的已有的史学传统。这些传统给予以后法国人文主义史学发展的影响，可能比邀请到法国的意大利人文主义历史学家的著作更深远。这些民族传统首先是同路易十一时期编纂、路易十二时期重新修订的官方编年史——《大法兰西编年史》联在一起的。在这部年鉴中，贯穿着官方的观点，为法国王权的施政方针歌功颂德。著名的菲利普·德·科曼（一四四一——一五一一）也给予法国史学以巨大影响。

菲利普·德·科曼最初服务于夏罗莱伯爵——勃艮第公爵的继承者，后来的勇者查理，以后他转而为法国国王路易十一效劳，并从路易十一那里获得了一系列的领地。除此之外，路易还安排了对科曼十分有利的婚事，使他获得贵族封号和阿尔让通的封建领地。但在路易十一死后，参与前王政治机密的科曼卷入了王位继承权问题的斗争漩涡里，被关进了监狱。他在狱里度过了十一年，当意大利和法国之间战争开始时，鉴于外交关系上需要灵活的人物，他被释放了。一度又从事了政治活动，但在晚年又被免职，从此开始从事撰写自己的回忆录。一五二四年首先出版了他的现名《历史年鉴——一四六四至一四九八年路易十一和查理八世在位时期大事记》一书[①]。

德·科曼的这部回忆录反映了什么呢？这是一部很接近路易十一，并洞察这个国王思想的人写的回忆录，但我想他未必全了解。德·科曼是法国应统一在王权之下思想的捍卫者。但在当时，他并不是君主专制政权的信徒。例如，他奉行这样的政策，即课税只有在征得纳税者的同意时才能征收，这恰恰是等级代表制拥护者的观点，他对议会制度表示了欣赏，这种形式的制度在英国已经确立起来。他看出，法国的主要祸害是政治、经济上的分散，主要敌人是那些为维护自己的政治独立而割据的大封建主。在许多方面，他反映了那些上层市民的利益，法国君主制必须依靠他们来集中政权。但这些也并不妨碍他以作为贵族而自豪。虽然，他成为贵族仅是靠路易十一的恩赐以及其本身的婚事。

对中等阶级,科曼则采取了鄙视的态度。

科曼是个毫不谦虚的作家,这点他很像圭恰尔迪尼。这并不是说,圭恰尔迪尼影响了他,因为圭恰尔迪尼撰写迟于科曼,因此,还不如说圭恰尔迪尼受了科曼一定的影响——圭恰尔迪尼甚至提到了他。但在揭露各种外交和政治事件秘密动机的手法上,在披露谁怎样受贿,怎样进行暗中交易——对于这些,科曼全部了解——使他和圭恰尔迪尼很相似。在这里应该指出,科曼很灵活地回避了那些牵连自己并可能使他棘手的一切事件。为什么他由给勇者查理服务转到为路易十一服务——他并不解释这些,一般地说由于他本身所处的地位,他是一些事件当事人的角色被巧妙地掩盖了。

清醒的头脑、敏锐的政治洞察力、对人的了解和看待他们的悲观观点,使回忆录作者历史学家的他与众不同。所有的人在他的笔下表现为在卑鄙动机和自私利益的影响下行动。路易十一对于他来说,作为当权者的典型就像凯撒·波尔查作为马基雅维里的典型一样。以查理八世为例,他力图证明,查理不应是个什么样的统治者,那些错误他应该避免。虽然路易十一作为他的典型,但在评价他的个性和行为时,科曼是十分清醒的,没有任何理想化。他对路易十一的评价被纳入教科书,在一定程度上成为公论,这是科曼观察的结果。在这一评价上不存在任何浪漫的夸大之词。他说,在他所知的一切国王中,路易十一的缺点是最少的。如果说路易十一的毛病是最少的话,那就可想而知,科曼知道的其他国王会是怎么样了。他精辟地分析路易十一的政策,活灵活现地描绘了路易、勇者查理和路易周围的人物的面目。与此同时,科曼对政治倾轧十分了解,他对任何政治手段的运用,都持异常怀疑的态度,无非他们有实力的支持和诡计。他对于任何一般的政治原则根本不感兴趣。不管怎样,不能把他和马基雅维里等量齐观,虽然他们在风格上,他们对待人和政治事件的态度上似乎有许多共同之点。科曼的历史工作没有像马基雅维里那样变成政治理论,变成政治的概括。他认为,历史应提供教训,但认为最好能学习他在其回忆录中极力报道的一定具体事件。

　　这可能是因为意大利包括佛罗伦萨一方，与另一方法国之间存在区别。在佛罗伦萨经常更换执政者，对未来没有把握，常常需要制订某种新的政治主张——这一切为政治思想提供了土壤，这思想一直引发到要重新考虑国家政治生存的本身基础。在法国我们看到当时牢固地建立了合法的君主制。理论化的动机在这里是不多的。如果必须讲什么的话，那么只得讲这种君主制的建立，讲在法国统一的实现。

　　如果我们拿科曼的宗教观点来评价，那么我们会看到，他的立足点并不高于他自己所处的时代，像路易十一一样，把政治权术及厚颜无耻与盲目信仰上帝结合在一起。路易十一信仰上帝而且深信不疑。他由于自己的权术和叛卖行为，而伤害了自己的灵魂。但这并不妨碍他一而再地作出背信和叛卖行为。从科曼那里我们看到异常的宗教结合：他确信上帝无条件地主宰一切，历史的最终结局取决于上帝，但又往往是更强大、更狡猾的人取胜。这样一来，上帝是一回事，而实力和权术本身又是另一回事；按照科曼的观点，他们是历史的决定因素，历史在他的描述下是一部外交和政治的阴谋史。确切地说，科曼不是个历史家而只是个传记作者，他不会研究，不会鉴定，而只依靠自己的记忆来叙述。因此，从他的著作里会遇到很大的错误，特别是年代的错误。

　　科曼的回忆录是用有力的法文写的。人们常责难他的法语不够准确，缺少严整，不能自如地摆脱粗鄙（vulgarism）和错误，但他的词藻异常华丽，富于表达力而且生动，尽管有些粗糙。

　　与人文主义著作家们相比，科曼对法国史学进一步的发展给予了重大的影响。

　　大约一四九九年，路易十二从维罗纳请来了人文主义者保罗·埃密略（或者如法国人称他为：保罗·埃密尔），并委托他用拉丁文撰写法国史。在一五一六年到一五三九年期间，保罗·埃密略写完了《法兰克人的业绩》十卷，[②]叙述到一四八八年。

　　保罗·埃密略在编纂其著作时不得不考虑一系列的传统，而首先

第六讲　法国和英国的人文主义史学

是业已存在的以颂扬法国君主制为目的的法国官方的编年史。这些《大编年史》依靠的是纯粹中世纪的传统,并把大量宗教方面的奇迹及完全令人难以置信的神话信以为真。鉴于它们的官方性质,保罗·埃密略为了回避那些不可置信的地方,不得不费不少功夫。他竭力或者根本不提有些特别离奇的、神话般的事件,或者在叙述它们时,就像由其他人发表的意见或推测。例如,在《大编年史》中提到,法兰克人起源于特洛耶人,这很难令这位人文主义著作家相信,因此,他说,法兰克人断言,他们起源于特洛耶人。又如从十三世纪起,罗兰的历史作为实事被载入了法兰西编年史,从史诗文学转载于此,他就完全删掉。后来,凡是他不能作某种合理解释的,他就力求尽可能地排除一切光怪陆离的说法。

但他提供的新材料非常有限。所有他修订的编年史在于,他运用精练的拉丁语完成了自己的撰述,同时,对这部编年史的内容作了十分肤浅的人文主义的评论。

应该指出的是,这一著作在法国史学中长期处于相当受冷落的地位。在法国《大编年史》比这部以人文主义精神修订的本子有着更广泛的传播和影响。

在法国人文主义历史学家的著作中,还应该指出的是雅克—奥古斯都·德·图(一五五三——一六一七),或称雅克布斯—奥古斯都·图阿努斯(他按拉丁语这样自称)的从一五四六年到一六〇七年法国历史的著作。他从一五九三年到一六一七年撰写这一著作,然而未及将它写完。他的著作名为《我们时代的历史》[③],这是和意大利人文主义史学直接相联系的,并打算把它作为保罗·乔维奥的《我们时代的历史》的继续。像乔维奥一样,德·图把自己的著作写成世界的历史,而实际上不如说这是法兰西民族史。

德·图完全站在人文主义史学的传统立场上,不仅全部术语,而且全部原来的名字都被译成拉丁语。因此,在一六三四年需要出版《德·图历史指南》的一部专门词典,因为他的拉丁文形式的个人名字常常是难以识辨。德·图不仅摹仿乔维奥,也摹仿圭恰尔迪尼,并对圭恰尔迪尼备加赞扬。

德·图的著作是在宗教战争的印象下写成的。德·图本身处于为国王服务的地位,执行外交性质的任务,并参与起草《南特敕令》。因此他的基本倾向是,力图用立法的手段调和法国新教徒与天主教会的对立,而不使之付诸暴力。他的理想就是亨利四世的政策和南特敕令。

在试图完全模仿圭恰尔迪尼时,即对他全面崇拜时,德·图缺乏那位意大利历史家著作所渗透的清醒的头脑和怀疑态度。他的总的世界观是素朴宗教的。他认为,全部历史被上帝的公道导向上帝所预定的良好目标。因此,他不仅仅局限于叙述政治事件,而且也讲到教会问题和立法措施。

如果要整个地谈论十六世纪法国的史学的话,那么应该承认,给予它以根本影响的不是意大利的人文主义者,而是法国的历史学家,他们在很大程度上是同中世纪的传统,同《大编年史》、同十五世纪回忆录式的文学作品联系在一起的。总而言之,如果把在意大利完全取得统治形式的人文主义史学同十六世纪其他国家里这种史学所起的作用相比的话,那么应该承认,在阿尔卑斯山以北的国家里史学中有着更强烈的教会的和中世纪的传统。

在英国,人文主义史学也是伴随邀请意大利人开始的。和保罗·埃密略在法国所扮演的角色一样,在英国是创立英国人文主义史学的奠基人波利多尔·弗吉尔(约一四七〇——五五五)。他在一五〇一年以圣彼得的迪那里征收者助手的资格被教皇亚历山大六世派往英国。一五〇七年亨利七世委托他撰写英国历史。为了这一著作,他获得了一系列教会领地的所有权。波利多尔·弗吉尔晚年返回了意大利。

他的著作《英国历史》二十七卷(一五五五)[④]从远古开始一直写到一五三八年。在某些方面波利多尔·弗吉尔比保罗·埃密略更自由些,因为在英国不存在他必须重视的一些权威性编年史,但他从另一方面受到了限制：他的委托者开始是亨利七世,尔后是亨利八世。遇到这样的委托者是很难的任务。他需要很谨慎小心。

波利多尔·弗吉尔多少不同于通常一些布鲁尼式的修辞派作家；确切地说,他作为材料收集家酷似庇安多。他在二十六年中撰写了自己的比较不长的历史,为它精细地收集材料,并不仅限于政治史,而且收集有关法制、科学及教会历史的材料。在这种情况下他避免任何华丽而空洞的装饰。和庇安多一样,他尽可能依靠最古的原始资料,当作更可靠的。他的功绩在于,他发现了一些盎格鲁-撒克逊时期历史的原本,比如,吉尔达斯⑤的著作。但是,他必须更加重视包括亨利七世在内的都铎王朝的口味,因此,他不得不把某些颂扬古代英国国王的神话般的历史载入自己的著作。这样他就不能够排除关于国王阿瑟的神话传说,但是,在其叙述中出现这个人物时是很慎重的。波利多尔·弗吉尔很忠实地描写了亨利七世,但在处理亨利八世时他不敢这样做。总的说来,波利多尔·弗吉尔是个软弱的历史家。他在确定历史事件之间的联系方面是很差的。在他那里概括综合代之以道义上的评论。他唯恐得罪教会,因为亨利八世当时是天主教徒,并从教皇那里取得了"宗教捍卫者"(defensor fidei)的头衔。因此,波利多尔·弗吉尔在自己的著作中也常常必须默认奇迹,并讲述奇异的事。他断言,英国人是世界上最信教的民族。

十六世纪末到十七世纪初,属于庇安多学派的还有一个历史学家是和伊丽莎白以及詹姆士一世朝廷有关系的英国人威廉·卡姆登(一五五一——一六二三)。他写的《伊丽莎白统治时代英吉利和爱尔兰的编年史》⑥于一六一五年至一六二五年全部发表。卡姆登是一个枯燥的史料收集家。他力求依据官方的文件,同时显示巨大的忠诚,但他的著作与其说是历史,不如说是事实资料集。他以忠心耿耿的臣民的态度去叙述事件。我们在他那里没遇上政治性的见解。应当指出,卡姆登违反人文主义传统,把很多关于教会事务的资料记入自己的著作中,并试图确定政治历史和教会历史间的联系。显而易见,这是和伊丽莎白时代宗教改革及玛丽的反宗教改革以后,教会问题是英国政治中最重要的问题之一的情况分不开的。

但在十六世纪到十七世纪英国史学中除去庇安多的追随者外,还有马基雅维里和圭恰尔迪尼的继承者。他们之中最出色的是著名哲学家弗朗西斯·培根(一五六一——一六二六)。

培根首先是个政治家、历史学家。他对任何历史材料总是概括出其政治动机。培根设想过都铎王朝时代的历史巨著,但他仅仅写完这一著作的第一部分——于1622年用英文发表的亨利七世的历史,其后作者本人又将其转译成拉丁文。并把这本《国王亨利七世统治时代》⑦加上《主要是政治史》(opus vere politicum)的副标题,这就足以说明它的内容的特点了。培根写这本书的时候,他已经离职,政治升迁已无望⑧,正像圭恰尔迪尼过去撰写《意大利史》时一样。培根叙事的口吻很多地方和圭恰尔迪尼相同,其中没有任何仁义道德的高调,而是纯粹的政治。培根在这本书中表现为专制制度的思想家,就其实质讲本书不仅仅是献给亨利七世的,而是一般地对专制制度创立者来讲的。如果培根把亨利看成是都铎王朝专制制度的创立者的话,那么他颂扬另外两个国王——路易十一和天主教徒斐迪南也不下于此。我们饶有兴趣地发现,后两人作为法国和西班牙强有力的君主制度的建立者,同样成了马基雅维里和圭恰尔迪尼所颂扬的对象。

就弗朗西斯·培根这部书的内容来说,主要限于圭恰尔迪尼所解释的政治问题,也就是外交问题和推动政治事件的隐蔽的动机。但有时按培根自己的眼光则比圭恰尔迪尼更宽阔:他涉及立法的历史,收集了经济史料,虽然他只是用政治眼光看待经济问题。

培根这一著作的风格很接近人文主义的形式。培根引用许多演说,但在书中缺乏郑重的表达方法。它是用简单、有力、刚毅,有时近于粗俗,但又很有特色的语言来叙述的。在书中,我们感受到作者的个性,他那尖锐的、富于观察力的眼光。但应该提出一条很重要的保留意见。培根作为唯物主义世界观的创造者之一,在其哲学结构上回避了

第六讲　法国和英国的人文主义史学

任何可能触犯教会的问题(与其说出于尊敬,不如说出于个人安全的理由),在这部历史著作中他也按同样的方式处理问题。当事情涉及宗教时,那么他的鲜明的判断和个人对事物的看法常常起了变化,对于宗教,在他那里,只有充分尊敬的词句。

在对待史料的态度上,他也像马基雅维里和圭恰尔迪尼一样随便。他对史料的使用只是要证实他的某些原理。这样一来,我们对待他所解释的史料应该很慎重。

在英国人文主义史学中最出色的代表人物就是这样。

(陶松云译)

注　释

①菲·科曼(Ph. Commines):《历史年鉴……国王路易十一时期大事记》,法文版,巴黎,1549年。

②保罗·埃密略(Paulus Emilius):《法兰克人的业绩》十卷,拉丁文版,巴黎,1516—1539年。

③德·图(J. A. de Thou):《我们时代的历史》,拉丁文版,一至七卷,巴黎,1604年。

④波利多鲁斯主维吉略斯(Polydorus Vergilius):《波利多尔·弗吉尔的英国历史》,海登尼(D. Hay)编并附英译,伦敦,1950年。

⑤吉尔达斯(Gildas):(约516—570)是不列颠最早的历史家,《不列颠被破坏并征服的历史》(拉丁文版,伦敦,1901年)的作者,该书是不列颠的克尔特人历史和盎格鲁-撒克逊人征服不列颠历史的原始资料。(编者注)

⑥威·卡姆登(W. Camden):《伊丽莎白统治时代英吉利和爱尔兰的编年史》,拉丁文版,伦敦,1615年。

⑦弗·培根(F. Bacon):《国王亨利七世统治时代》,英文版,剑桥,1889年。

⑧弗·培根由1618到1621年任英国财政大臣职。1621年他在詹姆士一世身旁遭受失宠,被控以财政上舞弊行为,此后脱离了政治活动。(编者注)

第七讲　德国宗教改革和反宗教改革的史学

现在当我们转向德国的时候,我们势必提到许多识别德国人文主义史学的特点,从开始就非常浓厚地被染上宗教的和民族的色彩。如果说意大利人文主义彻底给历史带来了世俗化,那么十六世纪德国史学却更加明显地受宗教世界观的影响。

如果把德国的人文主义和意大利的,甚至和法国的人文主义作一比较,那么可以看出在德国新的世界观和封建制度最发展的时期有机地联系在一起。在德国没有像意大利人文主义的特点那样和过去决裂。即使我们拿这时期造型艺术方面作例子也好。意大利中世纪艺术家和文艺复兴时期的艺术家之间有着多么显著的差别啊!如果你们拿德国文艺复兴时期的艺术家,如克拉纳克和杜勒作例子,那么,他们的作品显然不是和古代,而是和封建时代的艺术相联系。

十五世纪末至十六世纪初,德国大规模的社会宗教性质的运动已经成熟。也在那时,德国人文主义开始发展的时候,宗教改革也开始了,宗教改革在意识形态方面把宗教问题提到首位后,对于作为基石之一的科学世俗化,即科学摆脱教会影响这种思潮,不可能有好感。因此,在德国人文主义史学迅速发展为宗教改革和反宗教改革的史学。

这甚至影响到这样一些德国人文主义最著名的代表,如鹿特丹的伊拉斯莫、雷希林、乌尔利希·冯·胡登。为了他们的人文主义者的利益,在宗教改革的准备问题上他们起了一定的作用。尽管他们本身并不是历史学家,但这些德国伟大的人文主义者在史学中还是起了重要的作用。鹿特丹的伊拉斯莫或雷希林对古文所作的那些研究,他们所

第七讲　德国宗教改革和反宗教改革的史学

用的批判历史和语言学的一切初步的方法、所有对准确的文字版本的出版工作,都是他们对科学的巨大贡献。

例如,乌尔利希·冯·胡登于一五一七年在德国出版了罗伦佐·瓦拉关于《君士坦丁的赠与》的著作,尽管在此情形下,指导他的与其说是科学人文主义性质的动机,不如说力图使教皇不快并支持宗教改革的思潮。一五二〇年他出版了皇帝和教皇斗争时代反教皇的抨击性文章。他作为真正的人文主义者,在前言中为这些文章糟糕的文风而表示歉意。

在伟大的人文主义者同时也是历史学家当中,可以指出贝阿特·勒南(一四八六——一五四七),他是伊拉斯莫的朋友,是德国最著名人文主义者之一、出色的语言学家,有极严格的语言学素养,是文献资料出版和评论方面的能手。他有历史著作《德国史》三卷[①]是仿庇安多的风格撰写的,于一五三一年出版。他求助于原始资料,主要是德国史的古代原始资料。很好地引用了这些资料,以极大的鉴别力了解到中世纪德国编年史中所引用的大量伪造和无根据的材料。但毕竟,与其说他是位历史学家,不如说是资料收集者和专家,因为他没有作出归纳。

由于十六世纪德国社会政治发展的特点,人文主义在德国受到宗教改革新的神学世界观的压制,这种神学世界观使得在奥古斯丁时已建立起来的神学统治历史的观点得以巩固。我们看到这时期许多德国著作中与意大利不同,与其说它们和中世纪世界观决裂,不如说是奥古斯丁的、中世纪的世界观的继续。在德国没有历史的世俗化和现代化,因此,在这里中世纪编年史的类型在十六世纪还继续发展,促成这一情形的还有另一些情况,即中世纪德意志帝国传统在德国的生命力,而这些传统在意大利已失去任何意义和作用。德国的历史学家还力图维护这种传统。因此世界史的形式,君主国思想,其中有第四(罗马)帝国思想一直继续到人文主义历史家撰写时,而当时在其他一些国家史著的这些形式和思想都在被根除,在德国却还保存着。

还应指出一个因素在德国特别尖锐,就是民族的因素。德国与意

—— 115

大利对抗(主要是与罗马教皇对抗)比法、英还更顽强。在这方面德国开始出现民族运动,宗教改革始终伴随着民族运动,并在市民、骑士和农民反对派各集团内与民族自觉的兴起相联系。

最后应该注意到,德国在十五世纪末至十六世纪初经历了一个政治危机时期。十五世纪德意志帝国极大地被削弱。帝国的许多地区成为强邻的战利品。查理五世时期也标志着一系列的内争,他在位之末帝国真正分裂了,这一切引起了被凌辱了的民族自豪感,这也在史学中加强了民族主义的因素。

可以引雅可布·温费林②的《直到我们时代的德国简史》③(一五〇五)一书为例。

温费林的书是一部主要反对法国的民族主义的历史。因为,特别是从路易十一世时期加强了的法兰西君主国力图夺占帝国西部的土地,于是温费林想要证明法国人没有任何权利觊觎这些土地。因此,他证明查理大帝是德国人。他在这一问题上的论证是纯粹幼稚的,例如他说,查理大帝出生在哪里都无关,但在任何情况下他总是德国人,因为他用德语写书。这一切纯属荒谬。我们知道,查理勉强会写写字,连自己的名字还写不好,当然不可能写书,更不能用德语写书了。某些材料由著者取自艾因哈德。他说,查理用德国名称呼十二个月。可是,最主要的是(按温费林的说法)查理没用法语给自己的子女取名,而是用德国的名。例如阿德尔海达等。后来查理常住在莱因河东岸,在那里建了城堡。难道法国人会扩大德国的领土吗!他的所有论据就是这样的性质。温费林引用塔西佗和其他古代作家来指出,日耳曼部落特利博契人曾沿莱茵河和易北河居住,他们是斯特拉斯堡居民的祖先。他企图反驳凯撒的材料,还断言阿尔萨斯从来没包括在高卢以内,而且自古以来就是德国的领土。这样一来,在德国具有人文主义形式的民族主义史学产生了。

我再举一个德国人文主义史学发生变化的更明显的例子。这就是著名的新教神学家、马丁·路德的信徒菲利普·梅兰希顿(一四九七—

一五六〇)撰写的《世界史》,他被认为是德国人文主义史学最有名的代表之一。但是他的《世界史》被宗教色彩渲染到这样地步,以致不说它的表面形式——即撰写所用的较好的人文主义的拉丁文,在原文中增添了的许多希腊字眼,以及广泛使用古代历史家的著作,那就难以承认它是人文主义的。

这部《世界史》刊载于《宗教改革家全集》,即刊载于从一八三四年由勃莱茨奈德等出版的大部头文集以内(梅兰希顿的文集占这套书的二十八卷)。编年史加上这样的书名:《用拉丁文叙述并增补的卡里昂编年史》④。梅兰希顿的这部著作首先发表于一五五八——一五六〇年,依据另一部较早的由某约翰·卡里昂(一四九九——一五三八)撰写的编年史。

卡里昂用德语撰写从创世起到一五三二年的四君主国的编年史,并把编年史送给梅兰希顿修改。他把编年史加以修订并用这个卡里昂的名义出版。编年史经过几次刊印,然后译成拉丁语,并以拉丁文本再版达十多次。

此后,梅兰希顿着手独自修改这部编年史,并为它增补了许多新资料,他以修订了的形式把卡里昂的编年史仅进行到查理大帝的时代。

卡里昂的著作是完全按中世纪编年体裁撰写的。这里事情是从创世开始的。主要是叙述犹太民族的历史,在史书中集中叙述人类整个命运,并证明在历史进程中是如何逐渐揭示上帝的真正教义的。以下的四君主国的叙述具有同样的性质。这里几乎没有任何批判。整个历史服从于神学教育的目的。这部编年史的目的是证明反映在路德教派的福音教义的古老原理。应该说,路德本人认为历史是宗教宣传的强大武器。路德在晚年写道,他年轻时对历史不够精通,他攻击教权只根据圣经,似乎演绎地,而后来教皇权遭到攻击则是归纳地——根据历史。同时,由于历史材料在这方面证实了圣经,他感到欣慰。

每个新教历史学家为了捍卫自己的宗教政治目标,应该执行包括在路德这些言论中的纲领。梅兰希顿《历史》的主要内容服从于这个纲领，对他来说，历史是宗教改革活动家政策的工具。

梅兰希顿的观点——这是怯弱的资产者的观点，对一切政权都崇拜（对路德教派来说一般都有此特点），梅兰希顿自己就说，他喜欢中庸之道，根据他的看法，历史应该把和平与公正的政策教导从政的人员。他像中世纪编年史家一样，在历史中看出上帝指明的方向，在梅兰希顿的著作中到处都表现出这种讨厌的顽固的上帝指示。

编年史从导言开始，其中谈到研究历史可以带来各种益处。历史能给教会带来重大的利益。梅兰希顿说历史是合于神意的事业，因为上帝本身希望人们了解人类的开始是怎样，教会是怎样建立的，基督教的信仰是怎样普及的。上帝本身希望人们了解，真正的教会和各种教派之间的区别，各个时期的教会是怎样的。因此他认为，撰写历史本身是执行上帝的意志。梅兰希顿根据四君主国来阐述历史，就像旧的中世纪编年史叙述它一样。

这和他的思想相关联，在历史上常常实现被预言家所预言的事，其中有实现但以理的四君主国的著名预言。这些预言家的学说是上帝真正的学说，人们应懂得这种学说。但是他们也应了解，在历史上也有谬误和异端，以及怎样对它们进行斗争的。特别是他想证明，例如教皇权和天主教机构的产生就像修道院生活一样是个谬误。

他把教皇权和修士的产生，和由于哥特人、汪达尔人和匈奴人而使罗马帝国解体后开始的文化衰落相联系，其结果是新的教义形式出现，许多迷信被固定下来。

其次，作为使他写历史的更进一步原因是，梅兰希顿指出，多神教徒和基督教徒的历史的对比显示多神教和基督教的区别，同时，像在多神教民族的历史上能看到的只是起惩罚作用的上帝一样，在基督教民族的历史上出现的也是上帝的仁慈和上帝的恩惠。

梅兰希顿列举了在他以前采用的历史分期的一切方法，但他主要谈的是按四君主国的划分。四君主国之后应临近世界的末日，他的关于四君主国的论述是非常奇特的。

第七讲　德国宗教改革和反宗教改革的史学

梅兰希顿声称,在但以理的预言中谈到巨像,它有金头、银胸、铜腹,而脚则是半铁半泥的。梅兰希顿说有些人理解为,土耳其人在铁脚下,但他指出预言与土耳其人无关,认为半铁、半泥的脚意味着德国皇帝们,其中一些不愧是戴皇冠的,而另一些则是蠢货。土耳其帝国不包括在四君主国以内;这是另外一回事。这是预言家以西结所谈的歌革和马戈。

梅兰希顿关于世界暮年的概念很奇怪,我们指出过弗列辛根的奥托具有这种概念。梅兰希顿把当时充满着内讧、骚动和帝国的衰落描述为世界暮年。他把土耳其人的入侵和这个关于世界暮年的概念联在一起。

梅兰希顿提供的历史开始于创世,把各个枝节收入罗马、马其顿、波斯、叙利亚以及亚历山大的继业者的历史,显示出熟悉古代著作家的渊博知识,他涉及日耳曼人的历史时,以某种感人的热情来谈阿尔米尼和罗马的斗争。当然,这里有意义的是,宗教改革时代德国和罗马教皇的斗争。他仿效瓦拉,完全否定了《君士坦丁的赠与》的真实性。他指出,在丕平之前教皇根本没有任何世俗国家。他在其叙述结尾中转向伊斯兰教的产生及其传播的问题,并把它叙述得很荒诞,对这个问题的兴趣是被十六世纪土耳其帝国取得的胜利引起的。

梅兰希顿的《世界史》以其语言和使用相当广泛的古代著作家的书而论,与人文主义者的著作近似。但这部著作的世界观本身和中世纪编年史更近似得多,尽管它"不是为了颂扬教皇",但它却是"为了颂扬宗教改革"而撰写的,正是同样的倾向:它是按神学的精神撰写的。

梅兰希顿作为路德教派神学家,是为了使天主教出丑而撰写历史的。我们也知道,他如何迫害宗教改革中的民主派,他散布卑鄙地诽谤闵采尔的小册子是相当有名的,许多历史家跟着他重复这一诽谤。在梅兰希顿的小册子《图林根的罪魁祸首托马斯·闵采尔的很有教益的历史》⑤中,闵采尔被诽谤,显然是在农民战争事件之后不久写的。

以同一路德派精神写成的著作,并经多次再版,直到十八世纪仍然是学校教材的,正是约·斯莱丹(一五〇六——一五五六)的"为了青年的利益而编写的书"。该书于一五五六年出版,书名是《论四个最高的君主国》⑥,其中叙述到查理五世统治时期。它类似梅兰希顿的著作,但编得更为简单,全书服从于一个主要的思想:历史直接受上帝的命令指导,按四君主国的公式来展开。该书以悲观的调子结尾。斯莱丹在解释但以理关于巨像有半铁半泥的脚的预言时,认为要这样来理解,即两脚终止于脚掌(脚掌分成为脚趾),而脚掌之分为脚趾象征着德意志帝国的瓦解。按照著者的意见,这标志着世界历史已告终结。

斯莱丹的书作为给青年用的简明历史教材,在新教诸国中长时间享有特别的声誉。他的《论教会和国家的地位》(一五五五)⑦也有不小影响,它是谈一五一七——一五五五年之间德国宗教和政治斗争历史的。受法学家教育的斯莱丹曾在法国求学,做过红衣主教德贝莱的秘书,曾受他的委托和士马尔卡登同盟进行过谈判。在回德国时为了捍卫新教诸侯的利益,从赫森伯爵得到写宗教改革史的任务。斯莱丹的书写得很委婉,他在维护新教诸侯利益时,避免过分表示这种倾向,宁愿隐藏在似乎公正地叙述事实之中,常常出示真正的文献材料,但他相应地作了选择和稍加改变。斯莱丹用很温和与审慎的口吻进行辩论(这全然不是人文主义和宗教改革时代的特点)。这一切给他的叙述增加了无偏见的外表,因而促成他达到目的。斯莱丹的叙述简单明了,但不深刻。他的著作的主要内容是在宗教改革的基础上展开政治斗争。他常常局限于事实和文献的混合式转述,但事件之间互无联系。他总是不善于区别本质的和次要的东西。斯莱丹的书主要优点是文献资料丰富,尽管不常准确。到十九世纪,当时档案被公布于历史学家,斯莱丹被认为是宗教改革历史的权威。不过,应当说,他重复了梅兰希顿对闵采尔的所有诽谤。

你们看到,这种宗教改革的史学按其自身的精神和性质,是如何不同于意大利人文主义的史学。人文主义史学的主要成就——历史的世俗化,即它的还俗,它力图用自然的原因来阐明历史的进程,排除上帝

第七讲 德国宗教改革和反宗教改革的史学

对历史的一切干涉都在哪里呢？所有这些都不见了。历史学再次成为神学的婢女，但已经是新的、改革派的神学，宗教改革的婢女。像我们所看到的，历史也立即成为反宗教改革的婢女。

在塞巴斯梯安·弗兰克（一四九九——一五四二）的著作中反映了宗教改革中的民主派思潮。他把一生都献给了人民的事业。他不断地遭到皇帝、教皇、诸侯、贵族、城市政权、路德派宗教改革家和人文主义者的迫害。

弗兰克受过极好的人文主义教育，懂拉丁、希腊和古希伯来语言，他在中世纪和他当代的哲学和历史文献方面有渊博的学识。在二十年代，他参加了路德教派的运动，但后来反对路德派这种情形，即路德派否定天主教忠于《圣经》的教义，二者本质上原是一样的，但形式稍有不同。他为之抱很大期望的这个被改革了的教会在巧妙的教义和解释的背后，忘记了道德教育。道德的复兴和社会的公正——这就是弗兰克所期待于新教的，但他得到的却是旧的神学，只是新形式而已。他说："他们再一次离开基督而回到摩西那里。"同时路德教派对待人民群众的态度，它对待富人和当局的奴颜婢膝行为都使他愤怒。

弗兰克是否参加过任何农民战争，他是否和农民领袖尤其和闵采尔有怎样联系，问题还没完全弄清楚。毫无疑问，农民战争的事件和思想对他的观点无论如何都有相当影响。

弗兰克和正统的路德教派断绝了关系，在他一五二八年发表的《论酗酒的恶习》⑧的著作中，他反对用信仰来证明教义正确。他在同一书中反对路德派教义的狭隘性，他说路德教派使信徒的道德教育处于受轻视的地位。这一著作全部是用异常有力的语言撰写的，充满了对诸侯、贵族、富人和教士的仇恨。

弗兰克不得不迁居到纽伦堡，这里这时是宗教激进主义中心之一。可是在那里宗教迫害使他不得不于一五二九年迁往斯特拉斯堡。这里有许多再洗礼派教徒和反三位一体派信徒。他同他们过从密切。在斯特拉斯堡他撰写了自己的主要历史著作《从创世到1531年的编年史、年代记和历史典籍》[9]，书中不仅叙述世界历史，而且有未来社会的轮廓。他激烈地反对激进教派分子在德国遭到迫害，并把所有迫害他们的诸侯、皇帝和神学家列入邪教徒以内。由于告密使弗兰克被逐出斯特拉斯堡，他在多次流浪之后定居于乌尔姆，在那里他创办了印刷所，虽然受到不断的迫害，但他还是出版了许多新的著作。后来他又被迫离开乌尔姆，迁往巴塞尔。但是在这里敌人还是不让他安静，他不得不再改变住处。人们认为他死在荷兰，根据某些材料看，他是被其敌人勒死的。

弗兰克是十六世纪最重要而又很少被研究的思想家之一。资产阶级研究家们对他作了不正确的描述。

塞巴斯梯安·弗兰克最主要的著作，除上述的《编年史、年代记和历史典籍》外，还有《论宇宙的书》（一五三四）、《二百八十个奇论》（一五三五）、《德国编年史》（一五三八）、《聪明而又动听的谚语》[10]和许多其他著作。弗兰克还做了许多翻译工作，其中包括把鹿特丹的伊拉斯莫的《愚颂》译成德语。

塞巴斯梯安·弗兰克不仅作为一个历史学家，而且作为深邃的哲学家出现在我们面前。具有在当时来说罕见的辩证法和历史主义的因素，当然，尽管他还是完全站在唯心主义的立场上。在他看来，思想（或"本质"）的真实世界是现实世界的反映。他把实质同理想和自由等同起来，经常有所改进，以摧毁陈旧的形式。一切陈旧了的形式使内容被扼杀，而应该遭受抛弃。人按其本性来说是积极的，并根据理智负有永远改造世界的使命。因此，应该消灭陈旧的政治形式，即教会和封建剥削。按照弗兰克的说法，形式即文字——是"恶魔的堡垒"。他从这一观点出发，抨击路德教派及其专心于圣经的文字。

弗兰克整个世界观的根源是把进步的思想建立在理性和自由的基础上。理性是历史的真正动力。弗兰克的历史哲学是以发展和进步的学说为基础的。他认为自然界和社会的一切按照一定的合理的规律在不断变化着。弗兰克抛弃了关于超自然力量干涉历史的思想。历史的

第七讲　德国宗教改革和反宗教改革的史学

本质在于社会形式经常接近真正的理性,弗兰克想象到,历史作为理性前进运动的许多阶段。他从这一观点出发想重新看待过去的一切。

弗兰克不是独创性的研究者,他取来其他历史学家的材料,但对它加以自己的阐释,力求明确现象的因果关系。

马克思指出弗兰克行动的重要历史意义,在谈到农民战争前的历史时,他在其《编年摘要》中指出,"伟大的塞巴斯梯安·弗兰克"这时崭露头角,他的著作"增加到好多版"[11]。马克思从弗兰克的著作中指出了《奇论》和"被市民与农民看成德国圣经来读"[12]的《德国谚语选》、《编年史、年代记和历史典籍》以及《德国编年史》。马克思强调指出,弗兰克认为基督只是一个宗教改革家式的英雄人物,并且对所有宗教和教派一视同仁。

弗兰克完全没有当时温费林和其他德国史家的民族主义偏见,他断言,查理·马特、矮子丕平和查理大帝不是德国人,而是法国人,奥托的帝国和真正的帝国毫无共同之处,德国的基督教和真正的基督教毫无共同之处。

对弗兰克来说,世界的理性真正的体现者,从而历史的最高目的的真正体现者,并不是社会的上层,而是最穷的阶层。全部历史都充满了穷人和富人之间不断的斗争。因此从弗兰克的观点看,撰写历史意味着揭露诸侯、教士和贵族,以及姑息他们的那些历史家。历史的教育意义也在于此。

我们在弗兰克那里找到对史料相当公正的批判。他指出,中世纪编年史的不公正。大多数姑息了统治者或是由外行人和糊涂的教士所编写。编年史总是相互矛盾。弗兰克高度评价古代著作家,但认为,随着中世纪(弗兰克没有这个名词本身)的到来,就被愚昧和野蛮所笼罩。编年史成为不足信和不公正的。为了首先力求达到一定的道义性质的结论,并且在其文献资料中不总是找到为此目的的实际材料,弗兰克有时就用纯理性主义的方法制造假设。

同时,尽管有这种批判精神,他不是总能摆脱当时历史著作中根深蒂固的观念，例如关于征兆，关于有狗头、眼在鼻下或在胸上等荒诞的半人半妖等。

我们看，弗兰克是如何描绘世界历史进程的。他把社会的发展划分为三个阶段。第一阶段是原始的阶段，还不知道暴政和一切压迫形式；第二阶段的特征是产生了财产、国家、等级制、农奴制度；第三阶段是由古代哲人和基督所宣告的、但还没实现的自由阶段。获得它的途径是，在哲学思想中和人民运动中所表现的理性原则不断对暴政、对封建和教会压迫进行的斗争。

弗兰克根据圣经的历史给原始社会的历史以纯理性主义的体系。人类被逐出天堂以后，像野兽一样开始生活在野外和森林中，但不久他们由于自然的推动，开始过着和睦的共同居住、善邻关系的生活，既不知道堡垒和武装，也不知道政府和财产。起初，在两千多年期间没有国家。但是后来一些人开始破坏这样和平的关系，开始杀掠。当时所有的人只关心自己的利益，他们尽量为自己夺占一切。这就造成选举君主的必要性。他们会维护和平并捍卫弱者免于遭受暴行。武器、战争、一切灾难都出现了。人们日益沿着毁灭的道路走下去，直到被世界洪水所毁灭。洪水以后尼禄建立了新的王国。在发展财产和等级制的基础上产生了暴政，暴君和贵族是作为惩罚人类犯罪而出现的。国王和贵族的主要职能是掠夺臣民。这些最初选举的政权逐渐地奴役人们。弗兰克从这一立场出发，进一步观察四君主国的历史，遵循中世纪编年史传统的分期。此外，他特别叙述了犹太民族的历史。有趣的是，他主要注意于文化史的问题。在犹太人历史上，关于宗教仪式发展的问题吸引了他。在希腊历史中，吸引他的是希腊哲学，弗兰克对此给以很高的评价。他认为，基督教在其最初的形式阶段完成了希腊哲学的发展。弗兰克叙述罗马帝国历史时，谈到《君士坦丁赠与》问题，并对它作了详细的批驳。

弗兰克提出罗马帝国崩溃原因的问题时说，它的倾覆是因为，它成了暴君的国家，像所有帝国一样应该倾覆。他认为，这是所有国家的命

第七讲 德国宗教改革和反宗教改革的史学

运:随着繁荣和强盛之后,不可避免地要衰落,骚乱和蛮族入侵使罗马帝国灭亡。弗兰克重复了尽人皆知的日耳曼人起源于诺亚之子迪乌斯克、古代日耳曼君主的传说,顺便说说,其中举出赫丘利斯。但他同时很准确地叙述了凯撒和塔西佗所报道的关于日耳曼人的情况,强调指出日耳曼人的平等以及他们没有私有财产。弗兰克清晰地想象出,由于蛮族的征服使罗马帝国灭亡,和早期基督公社的衰败,都引起他认为的希腊哲学和早期基督教中达到高度发展的文化普遍衰落。理性让位于无知,人们开始再次向有形的事物祈祷,神化教皇和皇帝,建立了教会和寺院。他认为,异族的统治和农奴制是这一野蛮时代的特点,他以鄙视的态度对待德国的皇帝们,认为他们是"教皇的奴仆"。在德国人中出现帝国是由于教皇的坏主意。弗兰克认为,皇帝们是魔鬼、是暴君、是杀人犯。

弗兰克特别重视教会的历史,不论是天主教会的,还是被改革了的新教的(在《编年史和年代记》中)。他以为,教皇的教会是粗野的迷信和野蛮的根源。

根据弗兰克的看法,异端运动是中世纪历史中进步的起点,异端运动引起了反暴政和反无知的不断斗争。弗兰克详细地谈到中世纪异端(或更准确地说是异端分子,按字母顺序排列了他们的名字)的历史。他说,从耶稣降生时起在一千五百年间,凡是拥护正义和美德的人都遭受教会谴责,凡是懂得真理后,希望遵循使徒榜样的人都被教会消灭。

特别有趣的是,弗兰克阐明德国农民战争的原因,他是接近该事件的。他把农民战争描绘为以前的人民运动(其中包括胡斯派战争以及时间更近的"鞋会"、"穷康拉德"等运动)的继续。据弗兰克的意见,农民暴动原因是捐税的压榨、地主的勒索和徭役,特别是教会什一税是非法的,他断然说,关于什一税他坚定地说真弄不明白"它是怎么会冒出来的。"尽管弗兰克不得不掩盖自己的思想,但有时能够这样解释它们,即他认为,在农民战争期间农民的要求过分温和,他考虑到,为了使农民摆脱压迫,只能以更激进的纲领举行新的起义。⑬

用还保存下来很多的中世纪编年史的遗产，弗兰克使自己的叙述服从唯一的历史哲学观点，给人类历史发展以广泛综合的图景，使自己的历史著作中贯穿着对劳动阶级的热烈同情，强调他们在人类未来的解放事业中的作用。他强烈地感到自己的材料的阶级局限性，并确定按实质批判文献资料的原则。他在其对遥远时代的叙述中，往往停留在理性主义的假设的道路上。但描绘近期时，则给以完全现实主义的历史。毫无疑问，他完全无愧于马克思给予他的"伟大的"称号，并可以承认他是宗教改革时代最伟大的历史学家之一。

塞巴斯梯安·弗兰克不再参加当时分裂德国的宗教纠纷，站在完全独立的立场上，对他来说，基督处在一切教会之外。创立特殊教会的企图是一切纠纷的根源。他认为，所有教会和教派的独树一帜，都来源于魔鬼。

弗兰克的历史著作充满了深刻的民主精神，在十六世纪的德国享有异常的声望，并多次再版。但是它们处在当时居统治地位的史学流派之外，使自己成为绝无仅有。

我们已经看到，在德国当时无论是路德派，还是天主教，都把历史学作为神学的婢女。宗教改革为史学增添了新的成分。史学服从于宗教论战的目的。路德派教徒企图指出，他们恢复古代历来的基督教，天主教会全部的历史都是歪曲真正的基督教的历史，逐渐偏离了它。天主教徒则企图证明，天主教会的学说是真正的基督教学说，教皇的首脑地位是基督教会自古以来的机构。为了证明自己立场的正确性，他们不得不求教于教会的历史，现在教会史在史学中开始居于中心地位，并具有极端的偏颇性，因为各方都力图利用它来达到自己的目的。

《马格德堡的诸世纪》是这一大教会史的最有名著作。这部著作出于路德派神学家的笔下，他们在马格德堡建立了完整的学术团体，其中职责各有分工。一些人被委托查找文献资料，既然文献主要是在天主教寺院内，那么，势必秘密地在那里寻找文献。另一些人被委托加工这些文献资料，第三批人则是编辑。这一大部历史的每一部分由所谓

gubernatores(主管)来主持,这一切事情由马提亚·弗兰西奇(拉丁化名字是弗雷秀斯,一五二〇——一五七五)来领导,他是克罗地亚人,就信仰来说是路德派教徒。他最初是威登堡大学教授,但后来他和梅兰希顿发生争论,并迁往马格德堡。

《马格德堡的诸世纪》的全名是《按每个世纪明确的顺序包括基督教会全部思想的教会史》⑭。这部著作的出版开始于一五五九年,延至好多年。全部著作按世纪划分,写成了前十三世纪。每个世纪各有专章。

这部教会史写到十三世纪,只是到一五七四年才出版完毕。

弗拉西奇还有许多其他论战性的著作。《真理的见证者一览》⑮提供四百四十三名中世纪反对教皇权的宗教改革先驱者的传记。他认为使徒彼得是其中第一人,正是天主教徒们目之为第一任教皇的。他引证中世纪异教的一些学说作为各个时期正直的人奋起反对教皇的榜样。弗拉西奇写来已经没有任何德国的爱国主义,他是斯拉夫人,可能对捷克有一定同情心。例如,他谈到胡斯被处火刑,认为胡斯就是这样的"真理的见证人"之一,以及"随这一不公正的杀害之后的布拉格的耶罗尼姆(他称之为胡斯和耶罗尼姆的火刑),因为教皇要以暴力使捷克人归附于自己的不信上帝,开始了和德国的致命的大战,在镇压捷克教会中德国被变成反基督的婢女"。⑯

但是弗拉西奇的主要著作是这一《马格德堡的诸世纪》,这里吸收了很多按路德派观点选择的资料。有某些关于非基督宗教的叙述。

弗拉西奇本人对于自己的著作评价很高,他说:"这是最优秀的著作,当得起不朽!""从创造世界起没有过这样必需的和有益的书。"顺便说说,对当时很多著作家来说,这样不谦虚的作者已成为一个特点。

正如他所说的,他写书的目的是,要证明自古以来教会不存在教皇反基督的关于信仰的学说,而是有福音的学说;指出反基督(即教皇)的起源、发展和卑鄙行为。老实说,这是许多世纪以来系统选择并阐明了的供新教派信徒辩论的材料。这里批判是肤浅的,批判专为服从辩论的利益。不管怎样,凡是为新教的利益而可以利用的,就毫无批判地接受,而和这一利益相矛盾的,则受到极严格的批判。例如,对使徒保罗和罗马哲学家塞内加通信传说的真实性没提出任何疑问,尽管鹿特丹的伊拉斯莫证明这一通讯是伪造品。基督和埃德萨王阿勃加尔的通讯也没受到怀疑。然而一切触犯新教精神的都被批判。如果说,在《诸世纪》中《伊西多尔法令》的伪造被指出来,那么,把女教皇若安娜(似乎坐过教皇之位的妇女)的神话,以及教皇西尔维斯特和魔鬼的契约却都信以为真。

至于奇迹,则弗拉西奇不管怎样,其中那些能为新教胜利而使用的,就当成可信的来采用。总之,在这部著作中在使用史料方面可以说,任何史料只要它是敌视教皇权的,就是合适的和好的。这里数量往往代替了质量,教皇始终被描绘成凶恶、滑稽的形象。例如,格利哥里七世被描绘成弑父者和下毒药的人,关于他好像说得无以复加了。

在《诸世纪》中,上帝的指示到处起作用。一切异端,除去被他们看作路德派的预言家以外(教皇权也一样),都是魔鬼嗾使的。对《诸世纪》的作者来说,教皇权的产生只是魔鬼的煽惑和教皇们自身阴谋的结果。在这些或那些事件中,这些阴谋的作用和意义一般说往往过分夸大。

很难说,这是否有意识的欺诈或深信自己的正确。大概两者都有。

路德派的观点在《诸世纪》中也表现在政治史方面。在世俗政权和教会的斗争中,他们总是站在世俗政权方面。君主总是笃信宗教的,教士总是狡猾和傲慢的。

《诸世纪》对全欧洲教会史学给予巨大的影响。十六世纪初在英国出现了由主教贝略斯撰写的教会的反教皇史[17]。匈牙利的宗教改革家赛格德的斯特凡以贝略斯的历史为基础,很快写出了极其有趣的书——《罗马教皇之镜》(该书于一五八六年出版)[18]。作者在这部书中证明教皇和宗教会议总是相互矛盾。他把各个教皇的主张作了对比,并且说,他们的教义学是很不明确的。然后他引用了教皇的许多格言,并证明教皇们始终是不信神者和渎神者。事情达到非常可笑的程度,例如

第七讲 德国宗教改革和反宗教改革的史学

他谈到教皇本笃九世,仿佛他被某隐者遇上时样子特别可怕:他的身体像熊,头尾像驴。在回答隐者问为什么他受到这样的变形时,本笃似乎说,以这样的外形游荡是为了在自己的教皇任内度过没理智并没上帝,多次陷入罪行的生活。

赛格德的斯特凡编撰的教皇一览,不是按年代顺序,而是按他们犯罪的类型编排的。教皇们有的是窝娼者、淫荡者、目无上帝者、吸血鬼、叛徒和酒鬼等等。

《诸世纪》不仅对新教徒,而且对天主教徒也产生强烈的影响。天主教会和天主教神学家对这部学术巨著,不能立刻作出任何反击,但后来他们准备了同样有分量的著作作为回敬,这就是有名的巴罗尼奥的《教会年代记》[19]。

凯撒·巴罗尼奥(一五三八——一六〇七)——天主教修士、神学家,受教皇和许多反宗教改革活动家,特别是红衣主教卡拉法的委托,以十二厚册的巨著来回答《马格德堡的诸世纪》,这一著作是由他一人完成的。《教会年代记》直写到一一九八年,该著作从一五八八年到一六〇七年在罗马印行。应该指出,就其丰富程度而言,巴罗尼奥完全掌握了很不寻常的资料。而《马格德堡的诸世纪》的编纂者们远没有掌握这些资料。后者多少以偶然收录的资料为依据,而且具有荒杂的性质。巴罗尼奥利用了最大的书库——梵蒂冈图书馆。他从这个图书馆获取了大量资料。因此,直至今日巴罗尼奥的《年代记》还是重要的历史资料,并且教会史家没有这部著作就不行,因为巴罗尼奥使用过的许多文献史料后来丧失了。

巴罗尼奥熟悉史料比《马格德堡的诸世纪》著作者们更广泛。但是,他的著作的偏见同样清楚而又明显。他说:"我的任务是证明,在许多世纪内由基督建立的天主教会明显的领导作用被承认和被保持到何种程度,这一领导作用是由基督、圣彼得所建立的,要被保持得牢不可破,无论何时也不被其合法继承者——罗马主教所破坏。"[20]巴罗尼奥极力要证明,天主教会的所有教义在福音书中已经有了。

—— 129

巴罗尼奥叙述的方法比《诸世纪》更糟。这部年代记(即编年史)是按年代编撰的教会史。同时这些或那些事件的叙述往往无联系。诚然，他自己写道，不要把注意力放到叙述方法上，他在页边对事件给予特别的编号，并引用这一编号，而不引用年代。但是他的叙述方法读起来毕竟极其困难。

巴罗尼奥的批判有偏见，不下于《诸世纪》作者们批判的偏见。但他只是更狡猾更谨慎而已。当他认为问题困难时，他尽力使之混乱或绕过它。他承认很多教会的传说，例如使徒彼得在二十五年中间任过罗马的主教、教皇。

有趣的是，巴罗尼奥如何摆脱与《君士坦丁的赠与》有关问题困境，这在他的时代由于人文主义者的批评而败坏了名声。这里巴罗尼奥持教廷反对瓦拉的观点，即《君士坦丁的赠与》存在于希腊文原本的观点。他同意保存下来的是伪造，却说，文件不是被教皇们，而是被希腊人伪造的。然而据他说，这不是主要的。然后，巴罗尼奥问道，皇帝需要把这样属于教皇的东西交给教皇吗？巴罗尼奥认为，这样统治全世界的世俗政权本来就属于教皇，像属于圣彼得的代理人一样。对他来说，根本无须怀疑《伊西多尔的法令》。对于许多争论的问题，他喜欢避而不谈。

巴罗尼奥的《年代记》被译成多种外语，其中有德语和波兰语。一六八七年根据梁赞和穆罗姆的主教约瑟夫的命令，由某修士伊格那提从波兰文译成教会斯拉夫语，书名为《新译自巴罗尼乌斯的最需要的著作，起自上帝和我们的救世主耶稣基督诞生的教会大事年代记》。巴罗尼奥在分裂分子中享有盛誉。他们利用他来和东正教会进行论战，这使东正教会出版自己的巴罗尼奥著作。彼得在位时，一七一九年用教会斯拉夫语出版了巴罗尼奥的书，书名为《教会和民政的事业》，在该书中对东正教不利的地方都被取消。

某些历史家，尤其是拜占庭史学家，认为巴罗尼奥的著作是很重要的史料。因为对拜占庭历史来说，他也使用了保存在梵蒂冈图书馆而后来丧失的许多文件。但是，在《年代记》中除了这些最珍贵的文献资料外,还大量地见到各种故事,用某些圣徒或遗骨编造出的奇迹,尽管巴罗尼奥没有过分滥用这些资料。

他在再版中作了一系列的序言,其中有致读者,一般地对读者而不是特别对天主教徒的。在致读者的话中,巴罗尼奥力图强调自己的十分公正,他绝对不想玷辱那些没投入天主教怀抱的人,对这一"公正"的价值,正像同时被追求的目标一样,不难判断。

由于当时所进行的宗教斗争,应当把注意力放在耶稣会士的史学上,他们提供了很独特的历史著作。他们按照自己采取的政策,不公开表示自己的倾向性,但是只给以一定的说明,这种说明逐渐把读者本身引向他们所希望得出的结论上去,他们不把自己的观点拙笨地强加于人,但却极力细心地、曲意而谨慎地引导他们,尽可能依靠文献,尽可能少表现自己的好恶。因此他们的著作就截然不同于巴罗尼奥的露骨的天主教偏见。

耶稣会的著作家们为了适应有教养社会的口味,他们在人文主义史学的旗帜下,用非常熟练的拉丁文撰写出很精巧的赝品。这里人文主义是为教会服务的。他们抛开一切拙笨的奇迹和传说,不想吓跑有怀疑情绪的读者。但是耶稣会士有与人文主义根本不同的基本倾向。人文主义远离宗教问题,力图回避它们,而在耶稣会士那里,则这一宗教倾向性统治一切。他们谈到仿佛是奇迹的现象,但实际上却是自然现象,以便同时激起宗教狂热。例如,他们讲到关于耶稣会创始人的功绩、耶稣会士在其他国家所达到的惊人号召力,不用难以置信的奇迹,而用某种突然的精神上变化,来证明内在的说服力和天主教学说的真理。这是伊格那提·罗耀拉所规定的心理作用的方法,他的信徒对此已达到巧妙的地步。耶稣会著作家们在描述宗教热情和仿佛笼罩于各个人和群众的心醉神迷方面,堪称为能手。

教团的创始人伊格那提·罗耀拉可以被认为耶稣会著作家中的首要者。罗耀拉的自传是上述耶稣会文献突出的实例,他用西班牙语口授给自己的弟子冈萨雷斯,然后自传被译成拉丁文。这是一部清醒的、初看起来是枯燥而严肃的叙述,没有任何超自然的现象,但它提供了一个人内心蜕化的心理图景。完全可以怀疑它的真挚性,但作为耶稣会仿效人文主义自传的样板,它应该受到特别的注意。

奥尔兰迪尼撰写的《耶稣会历史》也享有盛誉。从一五九九年开始他是该教团的编史家。

这部书仍然是仿照人文主义史学的很好的赝品的样板。你们在《耶稣会历史》中也没看见任何超自然,任何拙劣的物质奇迹。该书内容主要是描述同异教徒作斗争——耶稣会士对内和对外的使命——的历史。奥尔兰迪尼用很大热情谈到该团奇迹般的成功。全书目的是号召仿效教团创立者们,著者把他们描绘为伟大人物。

应该说,奥尔兰迪尼在其教团历史中,在某些方面比人文主义走得更远,并作了更加现实主义的叙述。特别是在其叙述中,他完全摆脱引用任何杜撰的言辞和追求任何表面的戏剧性效果。总之,书写得特别清醒,同时深刻地渗透着一定的倾向性。这是写得非常巧妙的一部书。

耶稣会不只撰写教团的历史,他们也从事一般政治史,例如,我们拿当时耶稣会士斯特拉达[21]的著名尼德兰革命史的书《比利时战争二十年》[22]来说。前《十年》于一六三三年在罗马出版,后《十年》于一六四七年出版。受西班牙驻尼德兰总督亚历山大·法内塞的委托而撰写的这部著作,包括一五五五到一五九〇年期间的历史,具有一定受雇佣的痕迹。在斯特拉达的历史中把亚历山大·法内塞及其母帕尔马的马加丽特的行动当作颂词来叙述,并占重要的地位。该书提供了异常巧妙的倾向性,并保持表面公正的典型。当需要论战时,斯特拉达就引用文献。书中有大量文献材料,但是他选择得片面并有倾向性,具有敌视尼德兰并歪曲革命事件的精神。斯特拉达的著作是用非常优美的语言,不全是古典式的,却异常生动,用适合时代的拉丁文写成的。

耶稣会的史学一般地异常灵活地使用人文主义史学的外表形式和方法,来适应自己的目的。同样,耶稣会的科学也极力要控制科学的一切学科,不但人文学的,而且精密学科的,以便吸收这些科学的外表成就,使之为宗教服务,尤其是为自己的教团服务。

总之,当我们从研究人文主义史学转向宗教改革和反宗教改革史学时,我们就产生思想倒退的印象。再次恢复四君主国的思想,再次把被人文主义抛弃了的许多奇迹和传说信以为真,尽管有某些史料批判和史学批判,但只是在需要批判敌人时才批判。那些说出有利于作者思想的论据,就不受批判。甚至在利用人文主义史学形式的地方(这情形在耶稣会士的著作中都有),它也只是被用来作为反动神学历史观的掩饰。

(吴泽义译)

注 释

①贝阿特·勒南(Beatus Rhenanus):《德国史》三卷,巴塞尔,1531年。
②雅可布·温费林(1450—1528),在海德尔堡,后来在斯特拉斯堡任神学教授。
③雅·温费林(J. Wimpheljng):《直到我们时代的德国简史》,1673年。
④菲·梅兰希顿(Ph. Melanchtonis):《从创世到查理大帝的编年史》,巴塞尔,1560年。
⑤现在大多数历史专家怀疑这篇小册子的作者是梅兰希顿,并看出其中所叙述的农民战争事件是明显的伪造。不过直到今天小册子原作者是谁尚无定论。因为直至十九世纪末小册子被加到梅兰希顿身上。它被发表在梅兰希顿文集中(《菲·梅兰希顿文集》,卷一,莱比锡,1829年)。更详细论述这一《托马斯·闵采尔的历史》的,见M. M. 斯米林著《托马斯闵采尔的人民宗教改革和伟大的德国农民战争》,苏联科学院出版社,第二版,莫斯科,1955年,第480—481页。(编者注)
⑥斯莱丹(J. sleidanus):《论四个最高的君主国》,三卷,里昂,1631年。
⑦斯莱丹:《论教会和国家的地位》,斯特拉斯堡,1555年。
⑧塞·弗兰克(S. Frank):《论酗酒的恶习》,乌尔姆(?),1531年(?)。
⑨塞·弗兰克:《从创世到1531年的编年史、年代记和历史典籍》,斯特拉斯堡,1531年。
⑩塞·弗兰克:《论宇宙的书》,蒂宾根,1534年;塞·弗兰克:《奇论》,耶拿,1909年;塞·弗兰克:《德国编年史》,法兰克福,1538年;塞·弗兰克:《聪明而动听的谚语》,法兰克福,1575年。

⑪《马克思恩格斯文库》,俄文版,第七卷,第 179 页。

⑫前揭书。

⑬弗兰克阐释农民战争的观点实际上使他处于托·闵采尔的彻底同道者的地位,这是和弗兰克谴责 1524—1525 年起义中农民行动的暴力性质,特别是托·闵采尔本人行动的某些言论相矛盾的。虽然他强调,这次起义是农民被自己的压迫者弄到绝望的结果,但同时又认为,这次起义本身破坏了真正基督教的教训,对全人类,其中包括普通人民,是一场灾难和惩罚。他以为,农民战争之所以吸引他的注意,主要是因为它揭露了统治阶级的政策;他引证这场灾难,呼吁他们改变这一政策。塞·弗兰克的政治和历史观点是很复杂而又矛盾的。直至今天在苏维埃中世纪学中这些还研究得不够,这就使叶·阿·科斯敏斯基不能对这些作出明确的和多方面的评价。只有以马克思主义—列宁主义的立场更详细地专门研究他的科学遗产之后,对这一卓越的中世纪思想家的观点作全面而明确的评价,才是可能的。(编者注)

⑭马·弗雷秀斯(M. Flacius):《按每个世纪明确的顺序包括基督教会全部思想的教会史》,巴塞尔,1562—1574 年;马·弗雷秀斯:《马格德堡的诸世纪或教会的历史》,纽伦堡,1757—1765 年。

⑮依利里肯的马提亚·弗雷秀斯(Mathjae Flacii Illirici):《真理的见证者一览》,法兰克福,1666 年。

⑯前揭书,727 页。

⑰约翰·贝略斯(John Bale):《从基督的使徒传教到保罗四世时罗马教皇的事迹》,巴塞尔,1558 年。

⑱斯特凡·塞格丁(Stephanus szegedinus):《罗马教皇之镜》,巴塞尔,1586 年。

⑲凯撒·巴罗尼奥(Caesare Baronio):《教会年代记》,卷一至十二,美因兹,1601 年。

⑳前揭书,卷一,第 3 页。

㉑法米安诺·斯特拉达(1572—1646),从 1591 年起为耶稣会成员,罗马学院雄辩术教授。(编者注)

㉒法·斯特拉达(F. Strada):《比利时战争的前十年和后十年》,法兰克福,1651 年。

第八讲 十六世纪的政治学说

当我们论及宗教改革和反宗教改革活动家的历史著作时,我们指的是狭义的史学。可是,也有许多著作按字义不是历史的却同历史密切相关,并对史学思想的进一步发展有过不小影响。我们谈的是一些政治论文,它们产生于宗教斗争时期的新教界和天主教界。很难对这些论文加以全面的评论,这也并非本书的任务。本教程提及政治学史,只是在它们与史学问题有直接关系的时候。既然存在这种联系,就得对那些主要的政治问题加以概述,这不仅是历史学家而且也是政治学家所面临的问题。政治学家经常在他们的论文中引用历史实例为据来论证自己的理论,他们的政治主张对其历史观也发生过影响。

路德派教徒、卡尔文派教徒、宗教改革家及以闵采尔为代表的宗教改革左翼的民主派,都面临着一些重大的实际问题。首先就是最佳政治结构的问题。有时候,这个问题表现为乌托邦,遥远的未来和可能是难以实现的理想;但在许多情况下,它又被认为是一项既定的、势在必行的政治任务。

专制制度的问题,即正在发展着和强化着的国王权力的问题,是十六世纪政治生活中最迫切的问题。

初期,宗教改革以宣布宗教范围内的自由原则作为反对以前天主教不宽容的革命口号。但是,这一原则很快就走上了自己的反面。一起始,它就同另外一种思想,即否认意志自由的思想相结合。这一否认在路德教徒中反映在"用信仰证明正确"的信条中、在卡尔文论述中反映在绝对前定命运的学说中,这比在奥古斯丁的著作里表现得更彻底。

不同宗教改革家所代表的那些集团的利益,决定了他们对国家权力的一定态度。路德宣布个性自由之后不久便向国家权力完全低头，创立了新的神学，给人类理性套上了新枷锁。现在，路德视理性为魔鬼的"荡妇"，因为理性只会侮辱上帝的一切言行。路德认为，对圣经不应评论，也不许私自注疏。路德派的学说提高为宗教信条，成了未颁布的宗教法。

初期，当以推翻旧的宗教权威为路德教的任务时，路德曾经主张过宗教宽容，反对惩罚异教徒。他写道："要像古时的神父那样，用圣经去战胜异教徒，而不是用火刑。如果用火去战胜异教徒算是一种技能，那么刽子手就成了世上妙手回春的神医了！我辈也会无师自通：谁想用暴力去战胜他人，只要烧死人家即可。"①

但是，反动旋即开始。路德开始请求当局干预宗教事务，他坚决主张国家为了信仰，应惩罚：一、如果有人宣扬不服从当局，主张人间一切东西公有的"煽动性学说"；二、当人们公认的、以圣经为基础的教义遭到否认时，罪犯应被当作渎神者来惩罚；三、发生宗教纠纷时，如果这种纠纷危及国家的生存，国王就应该干预并取消无理一方的发言权。路德主张对再浸礼教徒应处以死刑。卡尔文则走得更远，他烧死了塞尔维特，而他的弟子贝扎为了替这一行为辩解，还特地写了一篇抨击性的文章。

路德教就是这样从宣传宗教自由走向宣扬宗教专制和国家干预宗教事务的。

路德从否认教俗身份的差别出发，谈到自由民主地选举牧师。但这一切都在以民主运动和农民战争为主的影响之下发生了变化。路德教会的牧师不是由人民选出来，而是君主任命的。路德派教会变成了诸侯管辖的宗教机关。路德由他活动初期提出的以信仰证明无罪的学说倒退到神赐的学说，后者把个人选择压到最低限度，使个性服从教会。意志自由的理论使路德狂怒。他称伦理学为天惠的大敌，依他之见，这正是有形的恶魔，学校中以取缔这一学科为宜。

在理论上，路德认为国家是下面的机关，它不以基督教为基础，而是建立在人性"罪孽深重"的基础上。路德说:"人,一造就下来便不好,他只想做恶事。"国家,便是人类本性恶的结果。真正的基督徒没有国家也行。既然真正的基督徒为数甚少,其他的人除了弱者,便是罪人,那么国家政权对他们就是必不可少的。因此,路德实际上终于承认了国家高于教会,国家委派牧师并干预教徒的生活。

梅兰希顿在意志自由问题上较之路德要更为自由一些。他所承认的意志自由仅在公民的生活当中,而不在宗教范围之内。同时,梅兰希顿处理国家与臣民相互关系的妙方,就是要服从当权者。这一论断,是既反对总是要求国家服从教会的天主教,又反对否认国家权力的再浸礼教徒。

路德尽管对国家很崇拜(他在理论上将国家置于教会之下,实际上却是置于教会之上),但对过去的国家政权却不是常常很尊重的。他的关于德意志皇帝权力起源的历史理论极为有趣。他对皇权的态度是由于他在此问题上赞同路德派的德国诸侯的观点。他在《致德意志民族基督教贵族书》中写道:"教皇用暴行和不义占领了罗马帝国,或者说夺取了罗马帝国的尊号,把它从合法皇帝的手中夺过来并赐给了我们德国人……但是,不幸的是,由于教皇的阴谋诡计,我们为此帝国付出了过于高昂的代价:我们的自由被压制,我们的财产全被掠夺,血流成河……我们本想当主人,不料却成了最狡诈的暴君的奴隶。教皇在我们这里攫取了皇位的声誉、封号和徽章,夺去了珍宝、权力、法权和自由。这样一来,教皇吃米,而我们吃糠还欣慰得很。"[②]

路德所提出的这一帝国起源说,显然与中世纪天主教关于第四罗马君主国的理论针锋相对。在路德看来,"德意志民族的神圣罗马帝国"不是罗马帝国的继续,而是教会方面僭夺的结果,这一僭夺导致了教皇权力的建立和德意志人民被奴役。当然,这一起源说还远非什么推翻帝国的号召。路德充其量只不过是承认消极抵抗那些侵害宗教的昏君而已。

梅兰希顿在他的主要著作《神学的共同地位》[③]中的"论公民权利

与政务的尊严"一章里说，尽管国家秩序源于上帝，但并非当权者自己也永远源于上帝，如尼禄、卡里古拉之流。暴君是魔鬼的使者，同时又是上帝的工具，因为上帝通过他们来惩罚罪人。世俗权力应干预宗教，禁止伪造教义，特别要惩罚无神论者。

路德和梅兰希顿从他们的宗教学说出发，得出了上述政治结论。路德的政治学说与当时德国市民阶级的思想完全吻合。该阶级由于德国经济政治普遍衰退，从十六世纪中叶起便唯封建诸侯之命是从。

卡尔文教徒的思想反映了十六世纪资产阶级中最勇敢分子的思想，从中我们已经看出若干不同政治思想观念。他们反对封建专制制度的声明极其尖锐。而对于否认意志自由、命运前定说，卡尔文教派比路德派还要有过之而无不及，简直达到了登峰造极的程度。按照这一学说，命中注定得救的人，只是那些被精选出来充任上帝在人间的"特殊工具"的人。

由于自我标榜是入选的"上帝在人间的工具"，卡尔文教徒将他们的教会和教会组织置于现行政治机之构上，企图以其教会组织去取代现行的政治形式。

法国宗教战争时期，在法国胡格诺派和天主教徒的斗争中，胡格诺派反专制制度的反对派思想特别鲜明地表现在反暴君战士、反君主专制派作家的学说中。

反君主专制派作家的著作，当以一五七三年在日内瓦问世的弗朗索瓦·奥特芒所著《法兰克—高卢》一书为先④。它不仅是一部理论性著作，而且还是一部历史性质的著作，因为作者试图以史例来论证他关于王权的学说。奥特芒谈到，高卢人在被罗马人征服之前，曾有过自由机构，他们能立也能废国王。法兰克人的国王不是暴君，而是人民的保护者。奥特芒又力图证明：从古时起，法兰克—高卢就有三级会议的制度。这里，他想证明，共同参加的政权形式的优越性；依他之见，受三级会议约束的君主制就是那种共同参加的政体。他在书中援引古代传统、历史上的人民权利来为人民参加管理的权利辩护⑤。在他看来，法国自古就由三级会议来管理，如果说这一会议曾经衰落过的话，那也是受过罗马法律教育的法学家们的罪过。除土耳其外，各处的公民皆可在代表会议里有一定的自由，哪怕是象征性的自由。奥特芒声称："人民的福利即最高的法律。"

在一篇笔名叫尤尼乌斯·布鲁图斯的作者所写的《对暴君的控诉》⑥一文里，表现出卡尔文派更为坚决的反君主专制倾向。这个笔名可能是法国杰出的国务活动家迪普利西·莫尔内的化名。这与其说是一篇历史论文，不如说是一篇政论文。文中特别强调的是保护贵族封建特权的封建主义思想。他经常为各省的野心、城市的要求及特权而发出呼吁。同弗朗索瓦·奥特芒一样，《对暴君的控诉》的作者声称：最高权力属于人民，国君应与等级代表机关一起共同决定战争与和平、制定税收问题。他极其鲜明地发展了消灭暴君的思想。迪普利西·莫尔内问道："那种颁发反对上帝法律的命令的国君，臣民也得服从吗？对破坏上帝法律，危害国家的国君，可否反抗呢？"对这些问题，他回答如下：他认为不是人人都能反抗国君。能抗拒国君的只有政府里的高官大吏，如果这些高官背信弃义，那就由某些团体、地区和某些城市各自抗拒。对个人只承认一种权利，即逃往国外的权利。我们看到，在这些理论观点中何等明显地反映出法国宗教战争中所建立的关系。按照迪普利西·莫尔内的理论，国君是人民选出来的，是人民公仆、人民高于国君。

我们在谈到卡尔文主义理论家时，一定要明白，他们通常在一个固定的、但绝不是民主涵义上使用"人民"这一概念。他们通常所指的人民是贵族、宗教界人士、城市阶级的上层这些在三级会议里有代表的等级，而决不是指广大人民群众。

按照迪普利西·莫尔内的见解，权力在古代是属于全体公民会议的。但随着国家的扩大，召开全体公民会议成了难事，于是权力发生了转移。一方面，权力转到了代表"人民"的高官大吏手中（大官的总数超过国君）；另一方面，权力转到广泛的代表会议，"人民"通过代表来行使管理权并可推翻暴君。

没有因时效而反人民的权利,而人民可以随时收回自己的权利。人的本性是自由的。设置国君的权力仅仅是为了人民的利益:对内为了保护司法,对外防御侵略。如果国君不这样做,他就不是明君而是暴君。国君与人民之间的关系是由双边契约商定的,如果不是公开的契约,那么至少是默认的契约。在国君破坏了这一契约时,可以不服从,可以抗拒。

在苏格兰反君主专制作家乔治·布查南⑦的一篇论文中,所有这些问题提得更为果决。

他不仅是一位政治理论家,而且是反专制君主理论的创始人,也是一位较为名副其实的历史学家。迄一五七一年的《苏格兰史》⑧(一五八二)一书出于他的手笔。这部书在形式上出色地模仿提图·李维,在内容上甚至连其他人文主义史学的代表作中具有的批判成分都没有。这是一部反英的爱国主义作品,里面记述了许多轶事。布查南本来想给这些轶事以唯理论的解释,但此举却只是引起了混乱。

有趣的是,这位卡尔文主义作家在他的历史著作中以纯人文主义的立场去对待宗教问题,几乎不涉及这些问题。

他的主要著作为《论苏格兰人国家统治的法权》一书(一五七九年出版)⑨。这部书也贯穿着人文主义精神,书中很少神学,很少摘引宗教权威的著述,却有不少是引自古典作家,特别是亚里士多德的作品。这部书是以民治思想的保护人同其反对者对话的形式写成的。书中,布查南对国家政权的起源与发展给予了历史性论述。他谈到形成社会以前的状态,当时人住在山洞里,并且不用服从什么法律。在这社会前状态之后开始了社会状态。人开始组成社会,既是为了共同的利益,又是基于一种特殊的自然法则——人们自然地要求与自己的同类交往,根据这一自然法则,人就应该像爱自己一样去爱自己的近亲。这一天然要求和自然法则是由上帝赋予人间的,因此上帝就是人类共同生活的奠基人。因为人类社会中可能出现种种冲突,那么这个社会中就要有个国君。国君的职能是用理智的力量使人们各种对立的要求达到和解。因此,权力应属于堪为民众之楷模的明君。由于国君可能滥用职权,才有必要由人民立法。这样就出现了有一定范围的权力限制。权力不是受到全民的限制,而是受到各等级选出来的人的限制。但是,布查南认为,这些代表们作出的决定应当由全民批准。同样地,国君无权过问司法事务,特别是司法团体的事务。如果国君总是明智善良的话,那么暴君只是名义上的君主,实际上是个玷辱了君主的职务而又滥用职权的人。可以随时用暴力反对那种成为暴君的君主。人民高于法律,高于国君,因为他是以人民的名义被安排的。正如法国反君主专制的作家所教导的那样,不仅某些团体,就是个别人物也可以杀死违背自己对人民应尽义务的国君。⑩

有趣的是,在天主教反动势力反对新教的斗争中,在企图使世俗政权服从教权并企图控制某些国家的政治方向时,恰恰也站在反暴君战士的立场上。特别是耶稣会士增加了以政治为题目的蛊惑性文章。这里要指出的是,诸如白拉明的《论天主教与当代异教徒的对立》(一五八六)和《论罗马祭司长》⑪等著作。白拉明仍然采用自然法与"民治"的观点,并且借用了胡格诺教徒奥特芒的许多思想。他说,教会权与世俗政权不同。教会权为上帝亲自建立。至于世俗政权则为上帝通过人民间接建立的。依据自然法,白拉明主张权力属于人民,而人民把它交给一个特定的人。也就是,只有人民的权力直接得自上帝。

这个闻名中世纪的学说借鉴于古代的文化。关于世俗权力起源的问题,在皇帝们与教皇们斗争时就提出来了。皇帝们的拥护者提出了世俗权力直接来自上帝说,而教皇们的拥护者则提出了世俗权力来自人民并通过人民说。在特棱特宗教大会上,白拉明的这一学说被采纳为耶稣会的正式学说。这一学说与民主的差距太远,施行起来也与民治思想很少有共同之处。耶稣会士只在他们为了可以作为反君主专制权力(如果这一权力实行反天主教会的政策的话)的理论依据时,才需要这一学说。

白拉明认为,君主专制政体是现行政体中之最佳者,因为(照他看来)君主专制政体能建立最良好的秩序,也就是,能使下等阶级对上等阶级俯首听命并使国家统一、巩固。但他又指出,君主专制能导致滥用权力并转化为暴政。因此,君主专制应受到包括贵族在内的其他分子的限制。君主的议事会应由贵族所组成。君主应委任他们去管理某些部门的事务。对于白拉明来说,君主专制之所以高于其他统治形式,还因为君主专制体制模制了一个以教皇为首的天主教会的机构。

在关于教皇问题与对世俗权力的态度问题上,白拉明与耶稣会士有一套"狡猾"理论。白拉明声称,教皇没有在国君之上的直接权力。实际上,相反的说法就会引起十分激烈的回击。教皇权力不是世俗权力;"我之王国并非来自这个世界"。不过,教皇以宗教首脑的身份而有间接的权力。因此,在一定问题上世俗权力应屈从于宗教权力,因为宗教的利益要求这样做。

因为世俗权力与宗教事务混在一起,甚至没有一个政治问题与宗教无关,那么教皇最终就能废掉王公,干预法庭,废除法律(如果这一切是由教徒们的精神需要而引起的)。因为教皇有间接统治和间接干预的权力,他就应该拥有相应的财源和机构。

耶稣会的主要理论家为苏亚雷斯。他的《论法律及立法者上帝》[12]一书于十七世纪初问世。苏亚雷斯说,一切法律来自上帝,法律的目的是指出一条通向永远得救的道路。人类行为的所有准则,都来源于基督教神学的准则。社会权力来自上帝之法,一开始属于人民,人民可以将它转交给某些人。有多种统治形式,但以君主专制政体为最佳。但是,基督教徒不应服从那些反宗教的法律。不公正的法不能对基督教徒强加任何义务。因之论述反对昏君的政权和反抗不公正的法律为合法的学说就来源于此。

这种关于反抗政府和不向错误法律屈服的理论,在法国天主教联盟的主要思想家之一布歇的著作中反映得特别明显。他写有两篇文章,即《论1593年7月25日,星期天,法国圣丹尼宽恕波旁家亨利,即贝阿伦亲王,虚伪的改教与所谓赦罪之无效》和《论背弃亨利三世的正义性》⑬两本小册子。他的著作得到了神学院的赞赏并且在天主教联盟成员中有异常的成效。布歇表达了这样的思想,即教皇和人民双方都有权废黜国王。教皇及其全权代表可以改变政权和取消王国的法律。教皇也有权解除臣民对国王的宣誓并把他们转交给更好的统治者。

布歇对那些主张王权源自上帝的人持鄙视态度。他认为国君为人民所立,人民便有权废之。人民的这一权利不容废除并高于一切。君主政体只是民与君之间的一个双边契约罢了。如果国王不遵守这一契约,人民就可以解除对他的服从。由此,三级会议或其他人民代表根据自然法有权审判国君。人民及其代表甚至握有对国王的生杀大权。

布歇又分析了弑君问题。他认为,对那些非法夺权的暴君,人人得而诛之。滥用权力的暴君,不可由个别人去杀死;但是,人民的权力可以宣布他为社会公敌,那时人人皆可杀之。

布歇热烈拥护雅克·克勒芒杀死亨利三世。布歇将克勒芒与杀死霍洛芬尼斯的犹滴和战胜歌利亚的大卫相比拟。他说,克勒芒的行为应受到大家称赞和感激,因为他虽然只是实践了一种广为流传的理论,其中却表现出极大的勇气,因为他冒了很大风险。

这里,须提及一篇涉及同一主题的文章,即耶稣会士马里安那所著《论国家与君主的教养》⑭一书(一五九九)。马里安那的主要思想是天主教阵营的思想。这里,他发展了政权起源的理论,根据这一理论,人们远古生活的原始野蛮蒙昧状态使得必须建立国家政权。优秀人物开始被选出来,旨在保护人民和行使审判权。然后,他分析了亚里士多德说过的六种统治形式,认为君主政体为其中之最佳者。虽说它可能蜕变为最坏的形式——暴政。马里安那认为,当国君不履行自己职责时,弑暴君是摆脱困境的合法出路。他说:"要国君们深知:不是没有拯救办法——如国君们压制国家,变得不能克制自己的荒淫无道,那么杀死他们不仅是合法的,而且弑君者也是光荣的"⑮。马里安那还巧妙地论述了弑君的可行办法。例如:不能毒死国君。因为,如果给他斟上一杯

—— 143

毒药,他一饮而尽,那么就像是他自己杀死了自己。这就成了自杀,杀人者要承担自杀的恶名;但是,可以叫国君穿上有毒的衣服或坐在有毒的安乐椅上去死。

马里安那充当了世袭君主政体和君主立宪政体的捍卫者,他捍卫了人民表决捐税和赞同新法律的权利。对于一个耶稣会作家来说,马里安那回避了教皇有权废黜国王的问题,这是很典型的。

卡尔文派和十六世纪耶稣会政治思想家们的理论,骤然看去都好像承认人民的领导地位并为人民权利说话的民主理论,其实只是一种与王公专制体制的斗争罢了,这种斗争发生于王公专制体制的政策违反了天主教反动势力的要求或者违反了卡尔文教派的教会学说或政治学说的时候。

在谈到那些王权反对者提出的理论同时,我们也要了解王权拥护者的理论,即当时正在发生的君主专制体制的理论。现在,我们来介绍既是政治学家又是历史学家的著名的让·博丹的情况。

让·博丹(一五三〇——一五九六)按其所受教育来说,是个法学家,曾在巴黎法务院当过一阶段律师,但他主要还是个政治理论家。在宗教战争时期,他积极参加"政治家"一派的活动,这一派要求对待胡格诺教徒的宗教宽容。一五七六年他以第三等级代表之一的身份成了在布鲁瓦的三级会议的一员,并起到了领导作用。他利用贵族与第三等级的矛盾和第三等级内部地方与巴黎的矛盾,而否决了政府所要求的对胡格诺教徒战争拨款的表决案。在捍卫宗教宽容的原则,后来在关于国王有无权利割让王家土地上,博丹的坚定立场,使他失去了亨利三世的宠信,在此之前亨利对他是赏识的。他付出的代价不谓不高。

博丹有几篇国家权力和历史性质的著作。首先应提及他的历史著作——《历史研究妙诀》(一五六六)。另一部著作为《论国家六书》[16](一五七六)。后一部书取得了巨大成就,曾多次出版并被译成几乎欧洲各国文字(这里,République 一词不是指"共和国",而是指"国家")。在这本书中,博丹主要是从一定的法律观点阐述了他关于国家政权的理论。博丹作为一名法学家和巴黎法务院的活动家,在很大程度上表现出法务院官僚的思想。这样观念具有某些双重性。法务院是法国最高的法律机构。一方面它是国君权力的工具,因为它限制了封建主和封建司法权的独立性;另一方面,巴黎和各省的法务院都尽量用所谓"谏诤权"为主来限制君主专制,在他们不想批准国王所提出的法律时,就可以使用这种办法。

在博丹的《妙诀》一书中,司法界观念的成分表现得十分清楚。

关于主权的学说是博丹全部的国家观念的基础。主权,就是每个国家所固有的特殊权力。不管国家政体如何,不管它是君主政体还是共和政体,也不管它是贵族政体还是民主政体,国家都握有绝对权力,一种"永久的、最高的、独立的、与法律无关的统治臣属和国民的绝对权力",依博丹之见,这一绝对权力应成为"永恒"的[17]。

这一主权有两个特征:对外,完全独立于任何外部权力(如教皇或皇帝);内部,在对臣民的关系上有独立性。法国国王对内、对外都有自主权。他既不依附皇帝,也不依附教皇。他的对内自主在于他和他的臣民之间没有任何封建主的权利和特权形式的阻隔。

博丹认为,最高统治的权力在于立法、宣战与缔和、委任高级官员、最高法庭等权限,还有赦免、铸币、规定全国统一的度量衡以及实行征税等权。这是正在发展的君主专制体制的完整纲领。在博丹看来,虽然各类国家政府都有主权,他还是认为君主政体是国家政权的最高形式。君主政体的主权不是分散的,而是集主权于一人。最大的利益是把这一理论用在十六世纪的法国君主政体上。

从博丹的观点看,法国的君主政体是绝对的。法国国王颁布各种法令,颁布这些法令的理由只有一个,即"朕的愿望如此"。依博丹之见,国王的决定不但约束不了自己的未来继承人,甚至也约束不住他自己,因为他有最大限度的自主权。所以他即使暂时敷衍一项法律,也有权破坏它。博丹认为法国君主体制是最完善的君主政体。只有罗马皇帝有过类似法国国王所有的那种主权。例如,他怀疑英国国王是否有

—— 145

这种主权。博丹认为,德国的主权不在皇帝手中,而在诸侯们手中。博丹同样也不承认波兰和丹麦的君主政体。

诚然,确有一些主权绝不会被怀疑的国家。这是一些亚洲国家,如土耳其。但这不是本义的君主政体。

问题在于博丹把君主政体分为三种样式:1)亚洲含义的宗法式专制国家;2)"建基于法律上的君主政体",在这种政体中,臣民服从于本国之法律,国君服从自然法,臣民的天赋自由受到保护,财产有保障,博丹认为法国就是这种君主政体的理想;3)暴政,这是一种反常的君主政体,暴君滥用他的主权,视臣民如奴隶,破坏臣民的私有财产权利。

虽然法国君主政体是绝对的,并且博丹不承认来自人民一方及来自法务院一方任何形式上的限制,但是事实上它是受限制的。照他的说法,首先受限制于上帝法,其次是自然法和对国家法律、习惯的尊重,最后受限制于臣民的私有财产的不可侵犯。臣民的私有财产是不可侵犯的,破坏这一权利的国王就活像个强盗和暴君。

由此得出一系列论断,这些论断实际上约束了王权,而按博丹的思想,王权却是绝对自主的。既然财产是不可侵犯的,那么不经臣民同意就不得征税。因此,三级会议这个在征税上的协调机构就非有不可。

博丹在主张法务院不约束国王的同时,还承认法务院有权在君主破坏臣民权利的时候进行消极反抗。

国君置身于党派之上或党派之外,而这正是君主政体胜于贵族政体与民主政体的优越性之所在。

博丹发现了一剂防范叛乱和政变的灵丹妙药,那就是宗教宽容。

博丹试图将他关于国家的学说依历史为据,他在《历史研究妙诀》一书中尽量赋予历史以科学的性质。在这方面,博丹所提出的历史像整个世界一样,是一门服从共同规律的科学,这一思想意义重大。他极力要确定这一规律性。你们所见到的这一思想是极其深刻的,好像是超时代的。但是,只要我们具体地去看看博丹所理解的历史所服从的规律是什么,就发现,他并没脱离他那一时代的思想圈子。

博丹认为,世上的一切也好,历史上的一切也好,首先服从的是上帝法,其次是数学规律。这里,他提出了对自然和历史的机械论解释,这一理论甚至在十七、十八世纪得到广泛传播。博丹只将数学看成是数字魔术,是研究数字的神秘性的学问(从事此道的早已有毕达哥拉斯的信徒),他也极力把这理论用到历史上去。他还准确地鉴识卡巴拉神秘哲学,这种神秘学说发生于东方,犹太人发展了它,又于中世纪传入欧洲。有这样几组所谓完善的数字,它们在世界的命运中起着决定作用,即六二八、四九六和八一二八。这些数字当中,"四九六"在各国历史上起着不祥的作用。博丹举例说明:罗马帝国的寿命就是四九六年,他将帝国的开端任意移至公元前二〇年,这就是博丹使历史服从的"数学"。

同时,他又反对占星家,否认星球对人类命运有影响。但是,有特征的是,他把哥白尼也列入占星家,拒绝哥白尼的体系。

我们看来,虽然有这些奇怪的观点(这些观点符合当时精确科学还处于微弱发展的情况),博丹还是有一些有意义的论断,如论断自然环境对人类历史的影响,谈到各个国家的气候、地理环境对形成民族性格的影响,以及由这种性格所决定的该民族命运的影响。

博丹是第一个把古代作家就已经提出的关于自然对历史影响的问题加以系统化的人。不错,博丹的理论尚具有相当幼稚的性质。例如,他认为在平地上建城比在丘陵地建城少经受内讧。因此,罗马正是建在七个小丘上,它历史上的内讧冲突就极其频繁。

"某个民族的心理素质决定于这个民族赖以发展的综合自然条件",这一观点是博丹在他《论国家》的第五册书中所发展的主要观点之一。他说,任何一种国家制度只有在它符合本民族的心理状态时才能巩固,也就是,要符合那个民族所生活的自然条件。

博丹指出了自然环境的政治意义。他强调,不同的民族需要不同的机构;这样,立法就取决于地理环境。博丹发展、确定、系统化了维特鲁维阿、亚里士多德、希波革拉第等人关于气候影响的说法。追随古代作家之后，他提出了关于国家位置的纬度影响其人民的原理。由此出发，他把民族分成北方的、南方的和处在南北方之间的中部的。在指出生活于不同纬度的各民族的气质特点时，博丹偏重住在中部地带民族的心理素质。博丹的创新在于，他没把影响民族的心理及其气质的自然条件只归结于纬度条件，而是指出了经度的影响，提到诸如湿度大小、距海远近等气候条件。他还谈到与其他民族混合的影响。在博丹的气候理论中包含着人种地理学和人种志学的萌芽。他的这些思想后来被孟德斯鸠更光辉地、但更为引起争论地所发展。

博丹不认为某一民族赖以发展的自然环境有什么不可抗拒的。他指出，法规以及人类的意志和教育在某种程度上都对自然条件起反作用。这里，法规应意味着制度，即局部改变那些影响着形成某一民族心理条件的历史发展。

这样一来，我们看到，博丹试图揭示历史发展的规律，并使之同世界所服从的更为共同的规律联系在一起。历史学和科学当时所处的状态，根本不可能让博丹多少用科学方法去发展这一思想。他的尝试中有许多幼稚的、不完善之处，但是，把历史规律同自然规律联系起来的思想，比起前面我们所列举的那些历史著作来，本身就是很大成就。在博丹身上，我们见到一种将他与人文主义者截然分开的思想，即进步的观念。他坚决否认在历史的开端有过"黄金时代"，他认为那是"野蛮时代"。

如果把所谓的"黄金"、"白银"时代同现代相比一下，照博丹的说法，马上就令人相信，这些称号与那些时代不相称。博丹写道："'黄金'和'白银'时代就是这样一种时代——人们像野兽一样分散在原野和丛林里，他们所有的只是那些靠强力和残暴行为才捉得到的东西，这就是他们渐渐地从这一野蛮状态进入我们今天所见到的那种以法律为基础的人类生活方式以前的时期。"⑬

不错，博丹的论证是幼稚的。但是，他把一个新时代，他所生活的时代置于古代之上，这是重要的。他说，古人不懂得使用罗盘。新时代里的贸易比古代取得了非凡成就。在科学方面,现代超过古代,首先是我们的地理知识丰富得多(他这样指出:古人对印度只有童话般的概念,古人不会计算经度等等)。人文主义者是由下向上观看古代的,认为无论是政治思想,还是文化艺术的发展,古代都是不可企及的典范。博丹则认为,新时代高于古代。依他之见,甚至他那个时代的文学也超过了古代世界的文学。他指出新时代在技术和工业方面的优势,这是特别重要的。他举出冶金工业和纺织工业上所取得的重大成就作为例证。这里,我们见到对中世纪时期西欧取得的进步的承认。博丹说,大炮和印刷机超过古时所有的一切。他认为,科学的本质就是取之不尽的宝藏。总之,他对未来的进步充满了乐观主义的信心。

我们用博丹来结束对十六世纪历史学的概述。

(白玉　王松亭译)

注　释

①马丁·路德:《致德意志民族基督教贵族书》,俄译本,哈尔科夫,1912年,第56页。

②前揭书,第66页。

③腓·梅兰希顿(Ph. Melanchthon):《教义要点》,巴塞尔,1521年。

④弗朗索瓦·奥特芒(1524—1590)——法国政论家、胡格诺教徒。巴托罗缪之夜以后流亡于瑞士,在那里为胡格诺派政党的利益而继续进行积极的政论活动。(编者注)弗·奥特芒(F. Hotman):《法兰克—高卢》,法兰克福,1665年。

⑤在加尔文派政论家那里"人民"的字义,见下。(编者注)

⑥布鲁图斯(斯特方—尤尼乌斯)(Brutus(Stephan-Junius)):《对暴君的控诉》,阿姆斯特丹,1660年。

⑦乔治·布查南(1506—1582)是苏格兰的人文主义者,曾在巴黎受教育。1539年短期居住于苏格兰以后,由于自己的加尔文教派信仰,被迫去法国,在波尔多和巴黎从事教师工作。1560年回苏格兰以后,参加并管理新组成的苏格兰加尔文派教会,1570年被苏格兰的斯图亚特王朝詹姆士六世(后为英王詹姆士一世)任命为师傅,并以掌玺大臣身份积极参加当时苏格兰暴风雨般的政治生活。(编者注)

⑧乔·布查南(G. Buchanan):《苏格兰史》,译自拉丁文,一至六卷,爱丁堡,1829—1830年。

⑨乔·布查南:《论苏格兰人国家统治的法权》,伦敦,1689年。

⑩布查南的这一论文在牛津大学被判焚毁,整个十七世纪里在英国遭受禁止。(编者注)

⑪白拉明(R. Bellarmino):《论天主教与当代异教徒的对立》,美因兹,1842年;白拉明:《论罗马祭司长》,威尼斯,1721年。

⑫苏亚雷斯(F. Suarez):《论法律及立法者上帝》,十卷,里昂,1619年。

⑬让·布歇(Jean Boucher):《论1593年7月25日,星期天,在法国圣丹尼宽恕波旁家亨利,即贝阿伦亲王,虚伪的改教与所谓赦罪之无效》,巴黎,1594年;让·布歇:《论背弃亨利三世的正义性》,里昂,1591年。

⑭约翰·马里安那(Joannis Marianae):《论国家与君主的教养》,三卷,托里多,1640年。

⑮前揭书,第61页。

⑯让·博丹(J. Bodini):《历史研究妙诀》,阿姆斯特丹,1650年;让·博丹:《论国家六书》,法兰克福,1622年。

⑰让·博丹:《论国家六书》,第123页。

⑱让·博丹:《历史研究妙诀》,第319页。

第九讲　十七—十八世纪的博学者

让我们转而谈谈十七世纪的史学。无疑,按世纪来划分不论什么学科的历史,特别是史学史,是个相当不成功的原则。但问题在于,十七世纪和十八世纪初期的史学有某些特点,这些特点允许人们把这个时期作为史学发展的特殊时期来探讨。十七世纪,在科学史上是以伽利略和培根的名字开始,以牛顿而结束的,正是精密科学迅速发展的时代。当然,精密科学自身开始萌芽还在十六世纪,或许更早一些,但正是在十七世纪欧洲经济的发展迈出了巨大的前进步伐,使奠定精密科学坚固的基础有了可能。人文主义者已同神学遗产开始决裂,这是我们所见到的,不过他们的独立研究仍受古代权威的压抑。我们提到,人文主义者们同中世纪神学决裂,以及科学的世俗化无论多么重要,不过这期间主要是模仿。而在十七世纪,欧洲自然科学却有了独立的进步,这就为真正科学的发展打下了基础。

在十七世纪,无论在收集资料方面,还是在试图创建有时包含某些唯物主义成分的现实主义的社会学方面,现代史学的最初幼芽已经出现了。人文主义用一切动听的语言点缀历史科学,给它添加华丽的外表,现在这退缩到后面去了,我们可看见创建作为科学的历史的初步尝试。

在十七世纪作为科学的历史的发展中,应划清在这期间还截然分开的两条路线。其一是搜集和评价史料。人文主义者所利用的史料范围是极有限的。他们对这些史料批判的办法也嫌很不充分。在庞安多和瓦拉那里我们遇见了批判的萌芽,但瓦拉他们主要对史料,尤其是古代作家的资料则不加批判地信以为真。在《马格德堡的诸世纪》,尤其是巴罗尼奥那里,我们可见到对史料的一些较深的研究,不过,他们毕竟还远远不能批判地掌握大量中世纪史料的遗产。搜集、出版和评价史料是对历史进行科学的研究的首要条件。这三种因素是不可分的。搜集同评价以及出版史料是相联系的。事实上十七世纪为我们搜集了大量史料,这些史料到最近还未被充分研究。的确,十七世纪在这方面标志着比以往向前迈出了巨大的步伐。

当时,一些辅助学科——年代学、古文字学、古文书学、题铭学、辞书编纂学、语言学都取得了很大成绩。与此相关,讲述历史的新方法也略具雏形。人文主义者把叙述的引人入胜,或可资借镜,放在首位。因此他们常有不确切处。他们很少引证史料,时而掩盖史料而加进自己的猜想。援引真正文献作为论证的手段,首先开始用于十六世纪教会的论争。十七世纪时,一些有学识的博学者的著作中把它接受过来。

但这只是历史作为科学向前发展的一个方面。还有我们必须注意的另一个方面,即可作为十七世纪特征的那方面——对历史进行科学研究的尝试,力图找出历史发展的一般规律,奠定社会学的基础。我们遇到古代作家就曾有过这样意图,在博丹那里,我们则看见了它的萌芽。十七世纪自然科学的成就促使十七世纪的历史学家、政治学家和哲学家更加积极地去揭示历史发展规律。我们深入观察一下,就可看到,这些尝试主要建立在唯理论的公式基础之上。但无论它们是多么不完善和不成功。可毕竟沿着科学历史思维的发展道路跨出最重要的一步。

现在我们面临两个任务:第一要研究史料是怎样积累起来的,怎样批判地收集并出版史料的;第二,十七世纪社会学思想是怎样发展起来的。

让我们从其中第一个任务开始。这里必须指出,大型团体的活动,其中大部分具有宗教性质。其中最重要的组织是本笃派修士团。本笃派修道院是欧洲最古老的修道院。在十七世纪,本笃派修道院在法国发展了以规模而论是十分特殊的搜集和出版史料的工作。在这方面,

第九讲 十七—十八世纪的博学者

本笃派修士们的条件是特别有利的。

首先,本笃派修道院是中世纪派历史资料的无穷尽的宝库。它们拥有大量的各种公文证书、契约凭据、赠与记录。所有这些真正的公文证书或清单都被大量地保存在修道院的档案室和图书馆里。应指出的一个更重要因素是,本笃派修士们早已有科学的传统(当然是当时所了解的)。在本笃——修士团的创始人——的规章里,我们看到了对修士所作的教言,其中谈到应如何度过时间,什么时间应从事体力劳动,什么时间必须读书。所有修士都应听诵经时,则专门指定时间。其他时间留给自己读书。在大斋的日子尤要告诫读书。每个修士必须从图书馆拿一两本书来读,并有专门的长老来监视修士们是否在真正读书。这样一来,读书与钻研就被包括在修士团的规章中了。从本笃派修士中间出现了不少中世纪的编年史家。

十七世纪初,为使各学科提高,于一六一九年在本笃派修道院建立了所谓圣莫尔修士会,这个修士会把科学工作尤其是历史研究工作作为自己的任务之一。把该会在搜集和评价史料方面的活动加以理想化会是个大错。他们和巴罗尼奥一样有一定的政治目的,就是要使历史适应保护天主教会,保护本笃派修士团利益的需要。不错,某些真诚的信徒,真诚地忠实于自己事业的修士们认为,历史科学和彻底查清历史真相,是他们保护修士团利益和信仰的最好方法,不过,其中只有一部分人才这样相信科学。不能认为他们是由于真正地热爱科学而去做一切搜集资料的工作的,他们有一定的目的,一定的观点。莫尔派修士的一切研究是"为了赞扬主的荣誉"("ad majorem dei gloriam")。但必须承认,他们完成的工作是大量的。莫尔派修士建立了学术协会,建立了一些学院,这个学术团体包括全法国本笃派修士。他们同其他国家,尤其是同意大利进行了通讯联系,在意大利,在许多修道院内都搜集了大量资料,并从这些国家得到建议和指导。他们有大量金钱、无穷尽的基金和很多时间。为了不脱离学术工作,莫尔派修士甚至可以不参加教会的礼拜。

—— 153

圣莫尔牧师会的中心是有名的圣热曼修道院（当年修道院长伊尔米农有名的地产清册是在此编成的）。这是法国最古老的修道院之一，它拥有自己大型的档案库和图书馆。此外，其他修道院的图书馆，尤其是十七世纪已被破坏的古老的科尔比修道院的藏书也都归入这个修道院里了。

有时还要强调指出这一情况，即圣莫尔修士会是不依赖于世俗政权，不依赖于国王恩惠的教会组织，因此能在自己的活动中保持一定的政治独立和公正。但这种肯定是十分不确的。以后我们会看到，法国王权支持莫尔派修士们的工作，它把津贴和养老金赠给修士会的最著名学者，并帮助他们出国。所以国王和国王的政府支持这项工作，从而就指望历史家们对他们的行动作相应的阐明。

莫尔派修士们的工作可归纳为，一方面是搜集和出版史料，另一方面是编纂多卷的历史著作。他们一切活动的主要缺陷在于，他们不是真正的历史学家。较确切地说，他们是博学家——有大量学识的人们，这种学识是积累无数事实，却不能理解并科学地总结这些事实。至于谈到很多人视为功绩的史料评价，则在大多数情况下，他们对史料的评价极不深刻，评价一个确实重要的成分是辨别文献的真伪，确定最古老的传统，指明某一古迹产生的时间和地点。至于说到莫尔派修士从史料研究中作出的结论，则这些结论通常是极幼稚的，而且在于，包括在最古而且最真实的文献中的，是符合历史真相的，尽管在这些文献中会引证似乎不真实的事实。莫尔派修士的史料评价是纯形式主义的，史实之间的联系只是表面的，按年代学、谱系学的。用某一史实同其他资料的史实进行比较。如果在时间和地点上有出入，就搞清哪个说法是近于可信的问题。超出这一评论不再进行。有一点主要的是，我们始终要记住，我们是同这些有修士身份的人打交道，他们从事历史科学的目的在于加强和赞美自己的修士团。所以，人文主义者抛掉的关于奇迹的传说和神话，在莫尔派修士的著作中再现了。如果史料是以证明为可靠的文献作为依据，如果这一圣徒传与其他文献中所载的年代还

第九讲　十七—十八世纪的博学者

不矛盾,如果这是原本,那么,那里所记述的一切都被信以为真,不作任何本质的批判。

为什么天主教会恰恰在十七世纪从事这种史料研究工作呢?这是因为,当时新教和天主教正展开论战,天主教内部各派之间局部地也发生争议,需要尽可能准确地引证真实的文献。斗争双方都竭力揭露对方,为要证明自己的观点而利用一些伪造的或最晚近的材料。那些修士博学者为维护天主教信仰的真实,必须搜集这类论战的材料。莫尔派修士们不善于搞历史构想的大厦建设,他们只是搜集材料,而他们搜集了的材料很大程度上被其敌人所利用,甚至超过他们的拥护者所利用的。

谈到莫尔派修士时,首先必须提到让·马比雍(一六三二——七〇七),他从一六六四年起在圣热曼修道院的图书馆和档案室里工作。

马比雍的主要"历史"著作是《圣本笃修士团的圣徒传》[①],于一六六八年开始出版,一七〇一年终告完成。随后,马比雍又出版了《圣本笃修士团年鉴》(一七〇三——一七三九),这部著作由他写到一一五七年,最后两卷已经由另外的本笃派修士们所撰写。其中不仅记述了圣本笃修士团的历史,而且也记述了一般的教会史。

菲特[②]评价说,《年鉴》乃是一部新博学的杰作,在史料和文献方面,马比雍才学卓绝,对每一判断都思考周密,对年代问题态度尤为严谨。菲特进一步肯定说,马比雍在观点上有很大独立性,他不顾及教会的传统和该修士团的声誉,尽管他没有摆脱论战,但他总是使论战保持克制的态度。我们不能赞同这种评论。

马比雍不失为一个修士和本笃派成员的身份,他满怀着修道院的憧憬,随便轻信地重述那些神奇传说,对史料真伪却很少作鉴别分析。从真实的观点看来,他的著作不外是仔细搜集起来的该修士团历史材料的汇编。从中我们找不到任何历史的分析和综合。马比雍把一切来源于真实史料和从年代学与地理学观点来看似乎可信的材料作了转载。但他没有把材料进行分类而纯粹是按年代顺序编排的。书中较好

—— 155

地记述了该修士团的外交史，至于修士团的内部历史以及修士团在天主教会历史中的作用，我们却看不到任何记载。

除马比雍外，莫尔派修士会还出现了一些卓越的史料收集家和出版家，以及同一类型的博学者的著作。

其中，应指出那部十五本的巨著《基督教的高卢》③一书，这部著作记载了法兰西各个教区的教会史。

其次，应指出另一部多卷本著作（总计超过四十本），该书于一七一三年开始出版。这部《法兰西文学史》④不但提供了按狭义来说文学史方面的材料，也提供了哲学史和历史学方面的材料。直到十九世纪它还在继续发行。参与编写此书的学者有勒南、加斯东·巴里等。

《法兰西文学史》包括大量法兰西文化史方面的材料，这些材料是按年代顺序编排的。可是这部著作的头几卷却几乎没有历史情况。这部著作中对材料批判方法的不足之处，可根据这样有趣的例子来判断。关于古代高卢的祭司，人们知道的非常少，该书作者们记载，祭司们组成了团体，其中包括当时在高卢的一切学者，就是说，他们是把祭司当作十七、十八世纪的学术团体来谈的。不过，作为史料集，《法兰西文学史》所取得的成绩却不小。

必须简略地谈谈莫尔派修士马丁·布克的名著，他的书迄今仍未失去其意义。该书称为《高卢和法兰西历史学家汇编》⑤其中前八卷是由布克搜集并出版的。

布克的著作中有一些涉及高卢和法兰西历史的记载。书中引用了拉丁文和希腊文的史料，还有些对于高卢地名历史来说很重要的题铭学的材料；该书对波里比阿的书作了摘录，并把凯撒的《高卢战记》全包括进来。此外，对所搜集的材料又按年代进行了一定的加工尝试。其中不仅引用作者的原文，就是在索引里也把事件连同所引用的相应材料按年代顺序作了排列（同时用法文和拉丁文对照）。这样一来，布克的著作就成了一部史料参考书。不过，该书压根没想确立各事件之间的任何内在联系，而且不是按固定的观点来选择史料的。这部著作作

第九讲 十七—十八世纪的博学者

为最早的资料汇编之一,具有很大的价值。

圣莫尔修士会的本笃派修士们又出版了一些法国各省的历史。若把他们全都列举出来就会要很长时间。

另一个大的学术团体是耶稣会士的团体,该团体同圣莫尔修士会相竞争,也出版了一些历史著作。耶稣会士为了教团本身的利益而建立了自己的历史科学。同时他们对当代的精神作了较大的让步。

必须指出,十七世纪自然科学和精密科学的发展虽刚刚跨出第一步,哲学方面的特殊现象就有所表现,即怀疑论极为发展,与此相关的是,以前科学的和宗教的权威已失其作用,不仅以前诸世纪的经院哲学所赖以建立的基础,而且人文主义的科学都动摇了。建筑在观察和经验基础上的精密科学当时还未得到巩固。这就导致了充满于十七世纪的某些哲学家的苛评。这个批判主义的最出色代表是米舍尔·蒙台涅,他一味强调一切知识的有条件性和不完善性,他喜欢重复苏格拉底的有名的格言:"我只知道我什么也不知道。"

在当时苛评和怀疑主义的时髦旗帜下,耶稣会士在历史领域的活动发展起来了。但是耶稣会士伪装成一种似是而非的批判主义,私下却竭力贯彻自己的观点和很反动的思想。不过,他们的批判主义和怀疑论却带来了明显的效果,因为这迫使他们重新变更一些史学评论的方法。

耶稣会士在巴黎建立了自己的学术团体。他们的中心是克勒芒协会,该协会搜集了大量的手稿藏书,尤其是来自麦茨及附近的修道院,来自兰斯甚至科尔比(科尔比的全部图书已交给本笃派的圣热曼修道院)。有这样一个问题,即:这些耶稣会士从十六世纪中叶才刚刚出现于法国,那么他们的这些古老的手稿是从哪里得到的。其原因在于,他们常常从本笃派修士借来一些手稿而不交还。

十七世纪耶稣会士的另一个重要的学术中心是安特卫普。尼德兰革命后,安特卫普地处天主教反动势力猖獗的西班牙统治区以内。在那里,建立了一些修道院和天主教的修士会,创建了天主教的科学,尤

—— 157

其是耶稣会的科学,其发展已达到了自己的顶点。在安特卫普,开始出版《世界公认的若干圣征传记或事迹》(《Acta Sanctorum》)——全部圣徒传总集。这部丛刊于一六四三年由让·博朗(一五九六——一六六五)开始发行。当一七九四年革命的法国占据比利时与荷兰时,发行中断。一八三七年由耶稣会士们继续于布鲁塞尔恢复重印迄今。

为准备此书出版而成立的耶稣会士的团体,按博朗之名称作"博朗派团体"。它采取了和巴黎的耶稣会士同样的方法去获得材料。此外,它还通过广泛的通讯联系而得到其他国家各修道院的手稿复制品。

《圣徒传总集》的出版抱定一个目的:即借口史料出版要完全准确,在他们的史学评论——甚至是怀疑性质的评论——的幌子下,实行并维护对圣徒的崇拜。博朗派搜集了圣徒传记的全部材料,对这些材料作了详尽的史学评述并予以刊行,这些材料不是作为其本来面目的传说提供给读者,而是作为受到科学的史学评论所检验的。至于说到"公认的"圣徒,则有关他们的那些奇迹中最不可置信的东西也都作为真实的历史被引入作品中,好像经过精细的历史研究和校对史料而被证实过似的。

该书把全部圣徒按一定顺序作了编排,但不是像马比雍的本笃派修士团的圣徒传那样按年代顺序,而是按纪念这些圣徒的月、日来安排的,每一月写成两卷。自然,这些"传记"不能得到那些以追求真理为指导的科学著作的意义。但是,它却提供了有价值的史料。在这部圣徒传集里有一些重要的详细情节。根据其他史料常常很难把它确定下来。博朗派的这一事业使在史评中占重要地位的史料考证具备了基础。为了准确地阅读各种传记,必须做大量古文字学工作,进行手稿校对,把增补的文字分辨出来,同其他史料进行比较。这一切迫使博朗派采取各种新的史评方法。在这方面,耶稣会士趋于迎合时代精神,其史学评论有时甚至说些过头话,目的在于使他们所得出的结论更具有可靠性。

丹尼尔·帕佩勃罗什(或者称帕佩勃鲁克)是博朗经营这些出版物

的副手,尔后又成为继任者。一六七五年,他出版了圣徒传第二卷(这些圣徒的纪念日是在四月),在传记之前,他写了一篇令我们非常感兴趣的评论性序言。序言的标题是这样:"好古家关于鉴别古旧手抄本真伪的序言"。

帕佩勃罗什在研究圣徒,特别是法兰克时代圣徒的传记时,接触了各种公文证书,其中主要是涉及各种赠与的证书,经过校对之后,他得出了结论:几乎所有的墨罗温朝时代的公文证书都是伪造的。这些公文证书的大部分都掌握在本笃派修道院手中,而帕佩勃罗什只有少数原本,不过他却有很多复制得不十分准确的抄本和复制品。他把这些证书进行一番比较,得出结论说,本笃派修士们对财产和特权的一切要求都是毫无根据的。无疑,这里有耶稣会士和本笃派修士们的竞争,尽管帕佩勃罗什说,在此情况下指导他们的只是企求查明历史真相。依帕佩勃罗什看来,从七世纪算起,没有任何一个文献原本得以保存下来。他推测说,文献愈是接近古代,就愈有根据认为它是伪造的。

莫尔修士会委托马比雍编辑对帕佩勃罗什的反驳意见,马比雍出色地完成了这个任务。他建立了的学科——古文书学。1681年出版了他的有名著作——《关于古文书学》的六本书[6],在本书中,他以渊博的学识确定根据什么特征可以真实查明各个公文证书的真实性。马比雍在这部著作中,实质上提供了这门辅助学科的全部纲要和全部方法,据此可资鉴别文献的真伪。他试图在本书中奠定科学的古文字学的基础,其中包括古书和古公文证书中某些字体的历史。不错,他也造成了许多疏漏之处,因为他不可能始终准确无误地把各种公文证书和字体的起源确定下来。他的民族字体的理论,认为似乎由某些野蛮的部落把字体带给罗马帝国,这种理论是经不住批判的,不过古文书学这一新学科的基础毕竟是由他奠定的。

必须指出,马比雍在编写此书时采用了大量材料。他得到了当时一些有名的博学者的帮助,其中有著名的杜亢之,关于他,将在后面谈到。

马比雍的著作甚至得到了耶稣会士方面的承认,帕佩勃罗什不得不宣布,现在他完全相信自己是不正确的,可是,一些耶稣会学者对本笃派修士所利用的公文证书仍进行过火的攻击,马比雍的著作并没有阻止他们的行动。

耶稣会士阿尔杜昂(一六四六——一七〇九)的著作就是这种过火批评当中相当有趣的一例,该书于一六九三年出版,其中一部分是古钱学的内容。顺便说说,在这部著作中,他研究古代作家报道真实性的一般问题。他得出一个反常的结论,宣布一切古代的传统都是伪造的。只有西塞罗、老普林尼、维吉尔和贺拉西的一部分除外,而在希腊的作家中,只是荷马和希罗多德是真实可信的。宗教会议文件像教父们的著作一样,纯粹是伪造的文件;《新约》开始是用拉丁文写成的,只是后来才译成希腊文。用盎格鲁撒克逊文写成的一切文献完全是伪造的,盎格鲁撒克逊语本身是假的,任何时候都不曾有过这种东西。阿尔杜昂断言,这一切都是本笃派修士为夸耀自己的修士团而炮制出来的。

1704年,另一个耶稣会士热尔芒对以公文证书为基础的所有传统重新作了评论。他宣称,一切手稿的传统可能是真实的,但由于抄写人歪曲了学者一切手稿的本意而使之被败坏,于是就不能去利用它。无疑,热尔芒的批评失之过分夸大,使读者看不到历史真相。虽然如此,这种过火评论的发展过程,也能为正确的科学的史学评论所必需的那种正常的怀疑主义奠定基础。

在耶稣会士博学者的著作中,还应指出迪奥尼西·佩陶,或叫作丹尼·佩托(一五八三——一六五八)的著作《关于年代学的科学》⑦,这部著作于一六二八年发表。佩陶在很大程度上依赖于先前的一些著作,进而在自己的著作中奠定了实用年代学的基础。他对古代和中世纪的年代计算方法进行了分析,研究了十六世纪进行的那种历法改革,他的著作相当大的部分用于计算复活节的问题,这在天主教的历法中起到了很重要的作用。

佩托为搞清各种历法做了大量工作,但他的工作距科学性还相差很远。只要指出他否认哥白尼的理论就够了。对于如何搞清古代计年法，如何合乎实际地确定年月日，本书提供了许多材料，尽管如此，本书仍是在科学幌子下耶稣会士伪造之类的东西。

我们所探讨的这些十七世纪的学者，与其应称作历史学家，不如叫作博学者。他们著作的规模之大使我们感到惊讶。

恰在这些博学者从事工作的时代，现代科学的历史的基础就奠定了，在当今的资产阶级历史学家那里，常常能遇到这样的肯定说法。我认为，这个言论只有附加很多保留条件才可接受。在这些多卷本著作中没有什么科学历史可谈。这里我们只是看到试图把中世纪遗留下来的大量抄写的材料——主要是编年史及一部分原本文献——加以系统化。搜集这些资料，对其加以评述和出版，当然是不小的成绩。但我们不应忘记，所有这一切都是抱着一定目的，带着一定倾向性来完成的。材料的搜集和系统化是为了证明天主教的学说是正确的，以保护自己免遭新教的攻击。防止自由思想对天主教及其教会的侵袭，这对于博学者也并非不重要的任务，十七世纪，由于自然科学的发展和试图把自然科学的方法应用于历史和政治中去，这种自由思想开始成长起来了。一句话，博学者们的这个巨大的汇集性著作之完成，前已指出，"是为了赞美上帝的荣誉"，而绝不像资产阶级历史学家现在所认为的那样，是抱定纯粹科学的目的。

当人们对马比雍谈到，他所发现的材料和编年史与教会利益相抵触时，他似乎这样回答："我关心的只是科学的利益，而关心教会的利益是你们的事"。本笃派修士嘴里的这一虚伪的话显而易见，无非是假借似乎对科学真理的关心以竭力掩盖自己的真实目的。这是想蒙蔽敌人的保护色，它常常甚至使我们今天诚实的研究者误入迷途。我们已经指出，十七世纪的教会博学家对史料的评论，带有纯粹形式主义的性质。但在形式主义的评论方面，他们确实做了不少工作。我们见到，在他们准备刊印时阅读史料，为某些史实注明时间及确定史料的真实性，这些方面的需求促使他们开始从事古文字学和年代学这些辅助学科的研究。圣莫尔修士会继续进行着由马比雍开始的古文书学方面的工作。继马比雍的《关于古文书学》的著作之后，莫尔派又准备了另外一些以此为题的著作。其中最为著名的是六卷本的巨著《关于古文书学的新论文》⑧，这是由两名本笃派修士——塔桑和图斯唐——共同写成的（一七五〇——一七六五）。该书作者完成了大量的分类整理工作，发展并纠正了马比雍的许多论点，对古文字学进行了新的建设的尝试。他们摒弃了马比雍在古文字学方面的一些错误说法，其中有他的这一见解，即每个新的移居到罗马帝国境内的野蛮部落，都带来了新字体，在这个问题上，他们站在天才的涉猎家马斐的观点上，此人很早以前就批判过马比雍的这个不正确的论点。

必须指出，这篇论文的写作，同马比雍旨在反对帕佩勃罗什的著作一样，部分地是由于论战的目的所引起的。塔桑和图斯唐在这部著作中力图保护掌握在本笃派修士手中的古旧文献，使其免遭耶稣会士论战性质的过火攻击。正如作者们自己所陈述的，此书的目的是奠定历史研究的坚实基础，粉碎当代的怀疑主义，打破那种对古旧文献的极端怀疑态度，特别是在阿尔杜昂和其他耶稣会士的著作中，这种怀疑已达到登峰造极的程度。

在这部《关于古文书学新论文》中无疑有对史料评论具有严肃科学态度的因素。这部著作促进了古文书学的进一步发展。

应当指出某些本笃派修士和耶稣会士的与此同样性质的著作，但也有出于另一些团体和学会的一些著作。在当时的法兰西文化史中，王家的安全地（Port Royal）这个独特的宗教哲学团体的出现是令人感兴趣的一点，这个团体从十七世纪二十年代末开始成为詹森主义的中心之一。

詹森（一五八五——一六三八），尼德兰的神学家，他极力在天主教中贯彻一种调和路线，亦即调和它同新教，包括与卡尔文教派的主要思想——绝对前定论的思想。他的观点在法兰西得到了响应，在法国他的信徒在"王家的安全地"女修道院成立了宗教宣传和学术活动的中心。在这个修道院里创建了特殊类型的学者公寓,修道院本身也从宗教机关几乎变成了学术沙龙。在这个公寓里住着一些出名的学者,其中有著名的哲学家巴斯噶,他的妹妹是"王家的安全地"的女修士之一。这个修道院的居住者不采取任何固定的修士的誓言。他们详细研究了各种神学和哲学问题。这里是他们运用特殊的新教学法的学校。从这里产生了出色的有科学性的哲学和历史著作。

"王家的安全地"遭受耶稣会士方面的攻击,这个独特的半修士的学术团体处在同耶稣会士激烈的论战中。一六五三年,教皇禁止阐述詹森派的学说,之后于一七〇九年,在耶稣会士的唆使下,国王路易十四把"王家的安全地"查封并破坏了。女修士们被驱散,甚至学者们的住房也被毁坏了。

这个"学会"也出版了一些博学者性质的有趣的著作。其中路易—塞巴斯强·蒂厄蒙的教会史和罗马帝国史方面的著作占首要位置。蒂厄蒙(一六三七——一六九八)原打算写一部基督教会最初六个世纪的历史,其目的是阐明基督徒教会在最初几世纪存在着什么样的制度,因为围绕这个问题一直有许多争议。但后来他发现教会史不能与罗马帝国史分开,于是也开始写罗马帝国史。结果他写了两部书:《皇帝和统治教会的其他君主最初六世纪历史》和《最初六世纪教会史札记》。⑨ 此外,蒂厄蒙还有许多其他著作。

为了对蒂厄蒙的勤奋有所认识,仅指出这些著作之一部,就由十六册四开本构成这一点就够了。不过,全部著作主要只是搜集材料和不同程度地对这些材料作些系统的说明。

蒂厄蒙是年少于马比雍的历史学家。他的唯一目的就是尽可能较细致地、尽可能逐字逐句地复述史料。只要有可能之处,他就用史料说话。我们常常见到他直接地(准确地)转述史料;当他用自己的观点阐述史料时,他就特地预先声明。为了能直接地运用史料,在书页的空白处写有史料的引证和摘录。如果蒂厄蒙把个人的某些话写进自己的著作中,他常常划括弧标出来。只有当古代作者同他们那种从卡尔文派信徒接受过来的詹森主义的虚伪的纯洁过于矛盾时，他才进行删除和变动。蒂厄蒙专使用叙事性的史料；文件、题铭、钱币他并没利用，不过对编年史，他却几乎逐字逐句地加以复述。我们看不到蒂厄蒙自己的任何见解，他没有提出自己的任何史学观点。诚然，某些评论家认为这很好，因为当蒂厄蒙试图阐明自己的观点时（这种情况不多），却表现出这些是极其幼稚的，就是没有这些观点也不会有什么损失。这里我们几乎看不到评论史料的企图，在这方面可以找到的至多是企图比较史料，并在史料之间建立了一定的人为的协调。但蒂厄蒙毕竟搜集了相当可观的史料，时至今日这些史料仍未失去其意义。

一般说来，这些来自其他方面的詹森派学者的尽管是天主教的，但接近新教观点的著作，在史学方法上和本笃派以及耶稣会相比，在更深入地研究材料方面，都没提供任何新的东西。

我们也应指出当时出现的某些学术机构的一些著作。十七世纪在法兰西，由王权倡议而成立了一些学院。这是一种特殊形式的联合组织，基于专制政体的利益而以发展科学和艺术为宗旨。一六三五年由枢机主教黎世留创建的法兰西学院就是这样的。一六六三年，科尔伯创建了另一学院——金石古文字学学院，该学院在历史科学发展中起到了不少作用。十八世纪时，它开始称作题铭和美术学院。一六六六年，科尔伯又成立了自然科学学院。所有这些学院在法国革命时期都被并入法兰西学院。

从这些学院中，也产生出一些历史性著作。其中可以指出圣帕莱的著作，他出版过一些学术著作。

让·巴蒂斯特·圣帕莱[⑩]，有时人们称他为把历史科学纳入专门研究道路的第一位学者。这不完全准确，以前学者从事的不只是一般性问题，而且也有专门的研究，而圣帕莱本人的著作却带有相当一般的性质。

他的主要著作是《论古代骑士阶层》[⑪]（一七五九——一七八一），谈论的是骑士历史，他的另一部书是南法抒情诗人的历史。

第九讲　十七—十八世纪的博学者

出自学院的著作中,还可提到路易·乔治·布雷启尼⑫的著作——《法国国王敕令集》⑬。

但十七世纪除所有的协会、学院等之外,史料的搜集、评论和发表等项工作也在进行。在个别人完成的著作中,首先应指出著名的发行者艾田·巴吕兹(一六三〇——一七一八)的著作——《法兰克诸王诏书集》⑭。

这部文献汇编于一六七七年首次发行,它要对诏书进行有批判的选择,这个工作量是很大的。我们之所以简略地谈论这次出版,是因为它表明巴吕兹不得不接触到的那些困难。

巴吕兹把大部分所谓"蛮族法典"列入法兰克国王诏书之中。其理由是,这些"蛮族法典"通过所谓"国王法令增补"和诏书有关系,而"国王法令增补"则是国王对"蛮族法典"的最后增补。但是,"蛮族法典"的主要原文却丝毫不依赖于诏书。所以巴吕兹犯了错误,他把某些"蛮族法典"同某些国王的诏书混为一谈。例如,他把《里普阿尔法典》作为国王达哥贝尔的诏书收入自己的著作中。他把《萨利克法典》归于查理大帝时期。在我们的时代,科学地证明了,这一文献的主要的最古原文属于克洛维时代。

他经常地把最高宗教会议的决议列入诏书中,这是由于他未能把"诏书"这个专名十分准确地规定下来。一般说来,在这部书中要遇到许多谬误,但那时的历史家们毕竟可以充分地利用它。

要提醒你们注意一点,巴吕兹的全部著作有其不完善处,但他却收入了法兰克国王们的主要诏书。同时很准确地提供了它们的原文。此外,还必须指出,巴吕兹在这一著作中是没有前驱者的。他不得不把这全部事业从头做起。

巴吕兹还出版了教皇英诺森三世的书信⑮。这部书按其科学价值来说高于《法兰克诸王诏书集》。

当谈到与任何协会和学院都无关,而出于个别研究者笔下的那些史学巨著时,我们必须指出夏尔·杜亢之(一六一〇——一六八八)的著

—— 165

作——《用中世纪拉丁语撰写的著作家的作品辞典》⑯,这是中世纪学家都熟知的著作。这部著作再版过多次。一六七八——一六七九年第一版仅只三册。这是一部研究中世纪原本的不可代替的参考书和辞典。你们都很清楚,中世纪的拉丁文比古典拉丁文容易,读它并不难,所难之处在于,其中有大量与古典拉丁文迥然不同的专用语、词汇和语句,需要进行专门研究。杜亢之把自己的大半生正是用于这项工作,即从中世纪的手稿中摘录了各种难于弄懂的词句。而且还须指出,他学问渊博,使他有可能去比较和解释这些语句的真实含意。他用古典拉丁文来解释词汇,把间有各种难词的中世纪一切原文加以比较对照。

至今,杜亢之的辞典靠大量的补充从三卷增至十卷。我再重述一遍,如若没有他,现在对拉丁文手稿进行认真的研究,是绝对不能设想的。

截至目前为止,我仅仅谈到了法兰西的作者们。这是因为十七世纪历史学的主导作用已经转向法兰西,更准确地说,广博的学识、史料的积累、对史料的初步评论加工,是其历史学方面的特殊标志。

在当时的法兰西,对于西欧来说,一个新的历史学科——拜占庭学,也开始发展起来。正是在这里,最早地开始了拜占庭历史的科学的研究,迄今,人们对它注意得非常少。

不难断定研究拜占庭历史和加强法兰西绝对君主专制之间存在的联系。官方的历史学把拜占庭作为君主专制制度的模式,作为皇帝的专制政体的模式提出来,于是,研究拜占庭历史就应加强对君主政权的崇拜;另方面,研究拜占庭历史也为专制政体的政治理论家提供了特殊的好处。

在十七世纪的法兰西,搜集希腊文手稿风行一时,为了买到手稿而派出专门的代理人。当时存在于法兰西和土耳其之间的联盟关系有助于此种获取的成果。特别是枢机主教马札然有名的图书馆藏有大量希腊文手稿。他死后,该图书馆并入王家图书馆。这个图书馆的基础是十四世纪时由查理五世奠定的,但它的真正创始人却是法兰西斯一世。

这个图书馆构成存在于今天的巴黎国家图书馆的核心。

科尔伯曾在一个时期里主持过王家图书馆,他藏有大量个人的图书。他的图书在十八世纪被国王收购,也包括大量希腊文手稿。

一六四八年由王家印刷场印行了拜占庭史学家汇编的第一册。这部大型图书包括对开本三十四册,持续几十年之久。

夏尔·杜亢之也写了一些拜占庭学方面的著作。他既精通拉丁语,也精通希腊古文。他在这方面的巨著是《法国人诸皇帝统治下君士坦丁堡帝国史》[17]。

他的另外两部著作——《拜占庭的谱系》和《一四五三年君士坦丁堡的地志》——写于被土耳其人征服之前。但他的关于拜占庭学的最主要著作则是一六八八年首次出版的《中世纪希腊语辞典》[18]一书,如同他的《拉丁文作品辞典》一书用于研究西方中世纪一样,这部著作对于研究拜占庭的历史同样是必需的。

之后,杜亢之又出版了一些拜占庭的史料。因此,在这个意义上可以说,杜亢之是西欧研究拜占庭的奠基者之一。

作为圣莫尔修士会的本笃派修士一员的孟福孔,是马比雍同时代较年轻的人,他完成了这方面的大量工作,为研究希腊古文字学,他完成了大致和马比雍对拉丁古文书学所做的一样的工作。

伯尔那·孟福孔(一六五五——一七四一)是希腊古文字学的首创者。他不仅查明了主要的希腊文字,不仅教给历史家们会读它们,而且采用了据手搞的字体准确地断定年代的新原则。以前没有明确指出手稿本身年代的情况下,通常这样写道:"antigua Vetustissima"("很古的手稿")。孟福孔经过细心研究被写明年代的手稿字体,而明确了希腊字体的进化,使鉴定手稿年代有了可能。他所断定的手稿是相当准确的。

孟福孔的主要著作是《希腊古文字学》[19](一七〇八),这部著作不仅对希腊文字的历史作出了概论,而且还研究了一般文字的起源及其演进。书中有一些有趣的希腊手稿文字复制品,他对书籍文字、章程条例文字及斜体字等希腊字体的演化能很准确地断定。以后,孟福孔又把各种字体的模式及个别字母与各时代所有字体特征的演进都作了说明。

孟福孔从事其《古文字学》工作二十年之久,为研究希腊文手稿他特地专程去意大利。

他还出版了其他一些著作,其中最著名的是《克瓦兰图书馆希腊文手稿》,[20]或者按拉丁文写法是《Coisliniana》(一七一五)。

记述这个图书馆[21]是很有意思的。作者不只提出了目录,而且对所记述的手稿也进行了分析,研究了字体,以不同程度的准确性指明了这些手稿的起源、产生的地点和时间,随后,又提供了一些迄今未发表的希腊原文和拉丁译文手稿的片断。

总而言之,孟福孔是莫尔修士会成员中很有趣的人物之一。他同马比雍都是该修士会最出色的代表。他研究了大量的艺术史。他有一部十五册的巨著《在绘画中被说明并被介绍的古代》[22]。这是各种艺术作品、神话英雄、生活用品等图画集。他在游历意大利期间对这些图画、壁画、雕像和其他古迹进行过研究。

在法兰西十七世纪和十八世纪初所进行的历史方面这一预备性的、初步的综合工作的简论,我们在此结束。

我再次强调,这时的历史还不是科学,若把这些著作说成是现代意义的历史的科学基础是绝对错误的,也为时过早。不过,博学者们所完成的著作毕竟带来了明显的成果。搜集并研究大量中世纪的史料,对这些史料形式地评论奠定了坚实的基础,只就这些已经算不少了。这项工作主要是在法国进行的,十七世纪的法兰西不只是欧洲的政治中心,也是欧洲的文化中心,而且成为模仿的榜样,尤其在专制政体所加紧培养的宫廷文化方面。

但是,认为十七世纪和十八世纪初,这项大型的综合和评论的工作只是在法兰西一国进行,那是不对的。我们在其他国家也见到这项工作,不过规模较小。在德意志史学领域中这类博学者活动的代表,是著名的哲学家和学者莱布尼茨(一六四六——一七一六),他发明并精通微分学。莱布尼茨是受彼得一世之命拟订俄罗斯科学院计划的发起人之一,也是其他许多科学协会计划的发起人,他认为,这些科学协会应遍布西欧。他有一个研究德国史的宏伟计划。他设想过在德意志建立与莫尔协会相类似的史学会,也想出版《德意志皇帝年鉴》——从开始到十七世纪的某种德意志编年史。

但在德意志,发展这样的科学活动还没有相应的前提条件,首先是政治条件。被分裂成许多小领地的支离破碎的德意志,其中包括它的统治者——诸侯——还未感到需要建立包罗万象的历史。每个小君主所考虑的只是其小公国的利益,或者说得好听一些,考虑自己王朝的利益,在这种情况下,大规模的无所不包的学术著作就不能创作出来。所以莱布尼茨只得写另一部《不伦瑞克年鉴》[23]来代替《德意志皇帝年鉴》,因为他在不伦瑞克公爵的家族里供职。不过他没有完成这部著作。这部著作长期失传,只是到十九世纪才被发现。这部著作包括从七六八年到一〇〇五年这段时间。

当我们读这部著作时,我们感到奇怪的是,它竟出自莱布尼茨这样卓越的思想家之笔,因为在确定各个事件的历史联系问题上,他并不高于马比雍与蒂厄蒙之类的法国博学者。在这部著作中能够看到作为材料的初步搜集,还未完成。无论如何,在成为十七世纪鲜明标志的搜集和准备史料的运动中,德意志未起过重要的作用。

意大利起过稍重要的作用,这里政治条件对于广泛组织历史著作来说也不很有利,可是这里却有自己需要加工的最丰富的材料。所以,在十七世纪的意大利,我们看到了与法兰西博学者的书刊相类似的、创作大规模历史著作。

应指出出色的史料出版人和评论家之一,下面我们会遇到的名字——穆拉托里(一六七二——一七五〇)。他是当时最优秀的博学者之一。他二十二岁时已经是欧洲最有名的图书馆之一米兰图书馆的馆长,后来,他又成为莫德那公爵的图书馆管理者。他的主要历史著作是《意大利编年史》[24]和《意大利中世纪的文物》[25]。《意大利编年史》主要是从纪元开始到一七四九年意大利的政治史，而第二部著作则是五至十三世纪期间意大利文化史（制度、风俗、习惯）。

穆拉托里尤以其意大利历史的大型史料丛刊——《五〇〇——一五〇〇年的意大利历史家》[26]而著名。这部刊丛刊于一七二三——一七五一年开始在米兰出版，之后延续到十九世纪。

如果把穆拉托里作为历史学家，不只是作为古代作家的出版者来评价，那就必须承认，他无疑比本笃派修士，其中包括马比雍，还高超。他同任何宗教义务没有联系，所以能自由地对待所运用的宗教材料。他断然抛掉一切奇迹和神迹，但他有相反的倾向，即崇拜世俗政权。所以在教皇和皇帝斗争的历史中，他原则上始终支持皇帝一方。在这个意义上他经常同巴罗尼奥的教会年鉴争辩。穆拉托里的史料评论比马比雍更为深刻，因为他对史料有一定深层的评论，并极力从其内容的观点来确定史料的政治倾向性。按其博学来说，他不亚于马比雍，在为研究史料奠定物质基础的古代史料的出版者和搜集者中间，穆拉托里占有一个重要的地位。

另一个意大利的收集家——吉罗拉莫·提拉博斯契（一七三一——一七九四）于一七七一年发表了《意大利文学史》，[27]从奥古斯都一直写到十八世纪初。这部著作按着《法兰西文学史》的模式写成，现在人们仍在引用它。但老实说，这与其说是文学史（狭义而言），不如说像法兰西文学史那样，是意大利整个有记载的文化史，更确切地说，甚至不是我们所说的历史，而是系统地、不同程度地按年代叙述的这种题材的资料记述。

谈及意大利的博学者，还必须提出另一个名字，他特别突出于上述其他的名字中。这个名字是侯爵斯奇匹奥·马斐（一六七五——一七五五）。他不是专家学者，而是个业余爱好者，与其说他研究一切，不如说是随心所欲。他曾写了关于决斗和骑马的书；编著了维罗那城旅游指南。正是这部指南推动他在古文字学方面作出了极不寻常的发现。

马斐告诉自己的朋友们说，在意大利，有许多外国人为要观光意大

第九讲　十七—十八世纪的博学者

利的古文物而来到这里,而他们却没有好的指南。他们建议他本人写这部指南。他开始搜集材料并在维罗那图书馆找到一些文集和被认为失散了的手稿。原来是在一次水灾中这些手稿放在柜子里而被遗忘了。马比雍与孟福孔曾到意大利寻找它们。他们说这些手稿已经没有了,但马斐找到了它们。在研究这些手稿的基础上,他非常准确地查明了全部拉丁文手稿同出一源,根本没有由野蛮部落带来的民族字体,所有的字体都是拉丁文的变形。

这样一来,马斐就成了科学的拉丁古文字学的奠基人之一。尽管马比雍在这门学科的研究中功绩也是很大的,但在这个问题上我们已看到,他站在不正确的道路上。

至此,就可以结束本教程关于博学家进行史料准备这部分的论述。这里我们遇到了丰富的著作,被现代资产阶级历史学经常宣布为科学的历史研究的开端。在这些大量的书刊中,我们所见到的真正科学却很少。在这时期莫尔派修士和耶稣会士的著作中占统治地位的是那种专制政体加宗教的科学,实质上还不是科学。这里我们只看到大量的史料汇编。十七—十八世纪博学者的著作仅仅为科学的历史创建了一定的基础。首先,他们公布了大量史料,在此之前,这些史料放在修道院的档案库里,很难接触到它们,现在由于这些博学者之故,这些史料被系统地研究和出版了。他们搜集了大量真实材料,并作了将这些材料系统化的尝试,这就使他们创建科学的古文字学评论有一定基础。古文书学和古文字学的基础是在马比雍和孟福孔的著作中被建立的。但如果试图将博学家所有的著作作出总的评价,那就必须承认,它在思想理论上是贫乏的。从这一观点来看,这些著作同我们在中世纪编年史占优势时期所见到的差别很少,同人文主义者的史学相比,反而后退一步,人文主义者的史学虽然有其一切弱点,虽然它对古典文化无批判地盲目崇拜,但历史科学的一系列成果应归功于它。其中主要是人文主义根除了历史中的宗教世界观,使历史具有世俗性质。这就是人文主义史学的最大功绩。十七世纪的历史学家兼博学家回到中世纪最闭

—— 171

塞时普遍流行的历史观去了。上帝指示、上帝干预、直到四君主国的思想，所有这些在中世纪编年史上占据统治地位的论点，在十七世纪博学者的历史著作中又被当作不可改变的真理而重新复兴，重新被接受了。

十七世纪即"路易十四时代"，是封建文化最后闪耀的时代，这个世纪的博学家们扮演了行将灭亡的封建世界遗嘱执行人的角色。他们好像在执行它的"遗嘱"，匆忙地收集、分架，忙于编制目录，登记他的遗产，好将它送交档案库，而且在他们自己被送交档案库之前。他们搜集并翻阅大量有关中世纪传统的材料，是抱有一定的思想政治目的的，这就是为准备退出舞台的中世纪制度，其中最主要的是为天主教会和绝对君主政体作辩护并加以捍卫。

尽管他们的著作在很多方面便于后代历史学家的工作，但对这些著作作总的估价必须始终清楚。十七世纪博学家的绝大多数是反动的封建思想体系的代表，是当时新的、进步的社会和政治学说的敌人。

至于这个反动的思想体系总体的低下的科学水平，可以从博绪埃历史观的实例中见到。

（王松亭译）

注　释

①让·马比雍(J. Mabillon)：《圣本笃修士团的圣徒传》，第一至六卷，巴黎，1668—1701年；让·马比雍：《圣本笃修士团年鉴》，第一至六卷，巴黎，1703—1739年。

②见爱·菲特：《近代史学史》，第313页。

③圣·马特(Sainte-Marthe)：《基督教的高卢》，巴黎，1715—1865年。

④圣莫尔修士会修士编：《法兰西文学史》，巴黎，1733年。

⑤布克(M·Bouquet)：《高卢和法兰西历史学家汇编》，一至二十四卷，巴黎，1738—1904年。

⑥让·马比雍：《关于古文书学》六卷，巴黎，1681年。

⑦佩陶(D. Petau)：《关于年代学的科学》，一至三卷，威尼斯，1757年。

第九讲　十七—十八世纪的博学者

⑧图斯唐(Ch. F. Toustain):《关于古文书学的新论文》,一至六卷,巴黎,1750—1765年。

⑨蒂厄蒙(Nain de Tillement):《皇帝和统治教会的其他君主最初六世纪历史》,巴黎,1690—1738年;蒂厄蒙:《最初六世纪教会史札记》,巴黎,1699—1716年。

⑩让·巴蒂斯特·圣帕莱(1697—1781)是金石古文字学学院以及法兰西科学院的成员。(编者注)

⑪圣帕莱(J. B. Sainte-Palaye):《论古代骑士阶层》,一至三卷,巴黎,1781年。

⑫路·乔·布列启尼(1714—1794),是铭文学学院和法兰西科学院的成员,十七世纪著名的博学家。(编者注)

⑬路·乔·布列启尼(L. G. Bréquigny):《法国国王敕令集》,一至二十三卷,巴黎,1733—1847年。

⑭艾田·巴吕兹(Etienne Baluze):《法兰克诸王诏书集》,巴黎,1677年。

⑮巴吕兹编《英诺森三世的书信集》,巴黎,1682年。

⑯杜亢之(Du Cange):《用中世纪拉丁语撰写的著作家作品辞典》,一至十卷,巴黎,1937—1938年。

⑰杜亢之:《法国人诸皇帝统治下君士坦丁堡帝国史》,1657年;杜亢之:《拜占庭史》附注释(《拜占庭世家》、《基督教的君士坦丁堡》),巴黎,1680年。

⑱杜亢之:《中世纪希腊语辞典》,里昂,1688年。

⑲伯·孟福孔(B. Montfaucon):《希腊古文字学》,巴黎,1708年。

⑳伯·孟福孔:《克瓦兰图书馆希腊文手稿》,巴黎,1715年。

㉑这个图书馆是由马札然的继任者,首相塞吉埃,靠法国的代理人把希腊图书馆弄得真正空虚而筹办的,他们在雅典买到希腊文的手稿特别多。塞吉埃死后,这个图书馆归其侄麦茨主教克瓦兰。孟福孔记该图书馆就在此时,后来它归属于圣热曼修道院。(作者注)

㉒伯·孟福孔:《在绘画中被说明并被介绍的古代》,一至五卷,巴黎,1722年。

㉓莱布尼茨(G. W. Leibnitz):《不伦瑞克年鉴》;莱布尼茨:《全集》,莱比锡,1950年。

㉔穆拉托里(A. Muratori):《意大利编年史》,一至十二卷,米兰,1744—1749年。

㉕穆拉托里:《意大利中世纪的文物》,米兰,1738—1742年。

㉖穆拉托里:《五〇〇—一五〇〇年的意大利历史家》,一至二十三卷,卡斯太洛城,1900—1913年。

㉗提拉博斯契(G. Tiraboschi):《意大利文学史》,一至九卷,威尼斯,1823—1825年。

第十讲　博绪埃的历史观

以一定的角度来阐明整个人类历史的这种独特尝试,我们可以从十七世纪法国教会和国家联盟的最著名代表之一博绪埃那里看到。

博绪埃是以中世纪所形成的神学派的姿态而出现的,他在许多方面仍坚持十足的神学观点。同时我们从他那里发现这样一种尝试,即运用被十七世纪一些资产阶级思想家所发展了的天赋权利和社会契约的理论的某些成分,以适应普通历史观的尝试。我们之所以一定要论及博绪埃的世界史观点,是因为它对法国历史学的进一步发展有着非常重大的影响。因此不论他的这一观点如何平庸、如何幼稚,它却一直作为典型的史学著作,在十九世纪法国的学校里仍然被学习。

雅克·贝尼涅·博绪埃(一六二七——一七〇四)是位神甫、神学博士,以卓越的传教者而驰名。他的临墓悼词尤为著称,是演说家的技巧和风格的楷模。

一六六九年他获得了主教的职位,而在一六七〇年他被聘请到宫廷做王太子的师傅,任该职共九年。同时他仍保留了主教的职位。

他的主要历史著作是《论世界史》①(一六八一),在该书中他记述了从创造世界到查理大帝之间的历史。

博绪埃的另一著作,就其史料和研究方法来说或许是更有趣,但对以后历史学的发展所产生的影响却较小,这就是他的多卷本著作《新教教会的谬误史》②(一六八八)。

博绪埃在其别有特色的论文——《引自圣经原文的政治》③中阐明了自己的政治观点。这部著作的第一次出版在一七〇九年,即已在他死后。

第十讲 博绪埃的历史观

我们根据这些著作将博绪埃作为历史学家试评一下。现在,我不想详细讲述他那部使现代历史学家产生极大兴趣的新教教会脱离天主教的著作。这部著作是鉴于在当时准备废除《南特敕令》而写的,其主要目的是劝说新教徒回到天主教的怀抱。博绪埃想证明,所有违背这个最古老的——如他认为那样——传统宗教的人,必然导致毁灭。

博绪埃是很有学识的神学家,并且他非常懂得,他的敌人,新教徒,都是高明的《圣经》通,在神学上都是最巧妙的善辩者。这迫使他十分审慎而缓和地来对待自己的全部论据,选择事实时尽可能更有批判力。就这个意义说,他的这部书就更有价值。这部著作的主要思想是,新教不仅叛离天主教,而且是极力要从一般的权威中摆脱出来的结果。因此新教学说的必然结果或是无神论或是对宗教漠不关心,在政治上则走向推翻现存制度。他援引英国革命的实例作为证据。

我们要从博绪埃的政治理论入手来研究他的历史观点,在他的理论中,他试图把《圣书》同十七世纪资产阶级思想家所提出的前国家时期的状态和社会契约的理论结合起来。他像唯理论者理论家一样,从人类本性和公共生活开始作分析。他说,人之被创造,为的是要在社会中生存,这种思想接近于格老秀斯和洛克的观点④。但博绪埃的这一原理不是从人的自然本性,而是从宗教启示即从教会规定的爱上帝和爱近邻的义务中引申出来的。从他的观点来看,所有的人都是一个上帝的子孙,但在这里他也提到使人们得以联合起来的这个共同利益因素,因为一切人都是同一躯体的四肢。

可是原始的协同一致被罪堕*破坏了,在弥尔顿和温斯坦利的历史观念⑤中罪堕起了一定的作用。但在他们那里我们看到的更多是这个虚妄事件的社会色彩,而在博绪埃那里则是道德的宗教的色彩。依他之见,罪堕引起情欲,迫使人们分离,发生冲突。此外,人们在逐渐繁殖起来之后分布在全部土地上。于是人们中间就形成新关系,这种关

---

* 人类的祖先因偷吃智慧之果被上帝罚到地上受苦的圣经神话。——译者

系比遍及全人类的那种关系更密切。单独一个民族不服从一个统一的政权就不能存在；只有政权才能制止情欲并构成人们之间的联系。这样才发生了各个民族的统一。每个民族都放弃了自己的意志而将其交给掌握着政权的君主。以政权为转移而确定了所有制，因为正是政权才能确定每个民族的权利。从博绪埃的观点来看，建立在这些基础上的政权是永久的，而且是不能变更的。它起源于上帝。尽管这一切都是援引"圣书"来确证的。但其理论体系自身却带有唯理论影响的明显痕迹，"圣书"原文仅仅确证这一理论体系，有时并不十分恰当。

这样，从一方面看，政权是自由的社会契约的结果，从另一方面看，它也来源于上帝，它是按照上帝的政权形式而建立起来的。上帝——宇宙之王，按它的政权形式，上帝的宗法制的政权被建立起来。以后人们就习惯于上帝的政权，服从那代替上帝的君主。此外，君主的政权还建立在征服之上，而且即使一开始时是以征服和暴力为基础，而由于长时间和平地占有它并取得了人们的赞同，它也就成为合法的了。经过这么一来这种暴力之权也就变成天赋之权。这样一来，君主的政权就成为最近于上帝的，按其起源来说是最为原始、最为通行的、最合乎自然的政权，因为它以上帝的政权为其榜样。最后，这种政权也是最有力量的，因为它排除了一切纠纷。

君主制可能有各种政体，最理想的是世袭的、以嫡长权为基础的君主制。同时博绪埃把君主看作是上帝在地上的总督、应关心人民的上帝政权的代表。博绪埃把暴政和君主制相对立，但没有从中得到任何实际的结论。暴君只关心自己，而君主则关心人民。这是亚里士多德的旧说，但博绪埃仍引用《圣经》来证明它。诚然，在君主制度下也可能有滥用政权的事，但教会、宗教能维护它。每个王国服从于最高的王国——上帝的王国。真正的君主在上帝面前是唯唯诺诺的。

这样，博绪埃把宗教看作是君主制的支柱，而从另一方面又把它看作是对君主制的某种限制。从他的观点来看，真正宗教的标志乃是它的古老。一切伪善的宗教都是新生的东西。国王应是真正信仰的保护者。国王的政权应去根除一切虚伪的学说。国王应装饰教堂;博绪埃把亵渎神圣当作是对教会所有权的侵害。在这里君主制的和教会的观点表现出相互间完全一致。博绪埃的这些观点反映了当时在法国形成的高卢教派的观点。博绪埃是一六八二年《高卢教派宣言》的起草人之一,根据这一宣言,国王的政权就摆脱了教皇权而确立了独立地位。国王不能由教皇来废黜,他的臣民不会由教皇而从誓词里解放出来。不过,国王在宗教问题上的全部权力,不能在法国高级宗教会议的某些决议中发生作用。同时教皇在宗教事务中的决断,只有为法国教会所接受时才被认为不能改变。这样,在这一宣言里我们没有见到教会、尤其是教皇的神权政治的思想。在宣言里所体现的是教会和君主国联盟的思想。这全部宗教—政治的纲领是法国君主专制制度的纲领。

臣民的义务是怎样的?博绪埃认为,他们需无条件的服从。臣民应当爱戴君主,像关心共同的利益、爱护自己的生命,甚至超过爱自己生命那样去爱君主。同时,不但要服从善良的君主,也要服从凶恶的君主,无论什么样,都不许反抗,无论积极的还是消极的,都不行。只是当君主发出任何反对上帝和宗教的命令时,博绪埃才允许在这方面有唯一的例外。

这样,博绪埃的学说乃是唯理论的社会起源观点对传统的中世纪神学史观的一种特殊的适应。

让我们现在来分析一下博绪埃的主要历史著作——《论世界史》。这是一部毫无价值的作品,可是它主要不是因其内容,而是以其风格而在法国得到了极广泛的承认,在路易十四时的法国和更晚的时期,它受到了高度重视。在所有法国文学史的教科书中,你们会读到作为法语古典作家的博绪埃。这部著作优美的、激昂的、词藻华丽的文风,适合于十七至十八世纪法国社会一定阶层的口味。但如果讲到这本书的基本倾向,那么至少在唯理论时代,笛卡儿和霍布斯的时代,看上去是奇怪的。

全书带有道德说教的性质。它是为着教育的目的,为教导太子(路易十四之子）而写的，太子当时本来要成为国王的，但他死了，没能活到这个时候。博绪埃极力劝导太子说，国王只是神意的工具，他们的义务照顾教会，保护天主教，打击异教徒。这里包含着独特的历史哲学，根据这种哲学，在中世纪的较早时期，皇权的继承被认为是向"德意志民族的神圣罗马帝国"过渡，经过一番偷天换日的手法就被宣布为向法兰西国王过渡。因此法兰西国王们就自认为是查理大帝的真正的继承者。博绪埃对其世界史中拟订了两个主要题目——宗教历史和帝国历史。从他的观点来看，全部人类历史都围绕着宗教和国家管理这两极而旋转。

博绪埃在其《论世界史》的第一部分试图拟定历史分期。

必须指出，到现在我们仍在使用的把历史分为三个时期，正是在十七世纪最终确定下来的。这种划分早在人文主义者史学家那里已初见端倪，但被认为是由新教徒史学家克里斯托弗·凯勒最后确定的，凯勒于一六八八年写了《中世纪史》⑥一书，在该书中把历史分为三个时期最后被固定下来。凯勒的中世纪是从四世纪即从君士坦丁在位时基督教在罗马帝国胜利时开始的。按他的分期，中世纪是以一四五三年君士坦丁堡的陷落而告结束。

我们见到凯勒对史料作系统分期的尝试；尽管还很难说这种分期有什么好的科学基础。

如果我们考察博绪埃所拟定的历史各阶段，就应当指出，凯勒的划分比博绪埃的分期是特别深刻的。博绪埃把远古史拟定了许多阶段，或者如他所言的时代，给它安上些完全是随意作出的日期。如他所说，世界史的第一个日期是亚当的出现，或者是创造世界。把他的年表，这个日期应是纪元前四〇〇四年。其次一个历史断限是诺亚，或称之为洪水时期（纪元前二三四八年）。继之而来的是亚伯拉罕的受命，或曰上帝和人们联盟之开始（按博绪埃的看法是纪元前一九二一年）。其次一个阶段是摩西，或曰成文法典的出现。

随后是引用一个重大事件——占领特洛伊（纪元前一一八四年）作

为一个阶段。从博绪埃所抱定的圣经的传统观点来看,有些出人意料。下一个断限是所罗门,或由他来创立教堂。第七阶段是罗慕洛的统治或创建罗马城。第八阶段是犹太人从巴比伦的囚禁中解放出来。第九阶段是斯奇庇奥,或曰毁灭迦太基。第十阶段是耶稣·基督的诞生。第十一阶段是君士坦丁,或称基督教的胜利。第十二阶段是查理大帝和建立新帝国。

博绪埃按照这些主要阶段建立了自己的世界史。他把从创造世界直到查理大帝统治结束的时代称作古代史,而把从查理大帝到路易十四世称作现代史。这样,在博绪埃那里中世纪史根本就不存在了。不过他还有另一种划分法,这就是按世界的年纪来划分。他认为有这样一些年纪:(1)从亚当到诺亚;(2)从诺亚到亚伯拉罕;(3)从亚伯拉罕到摩西;(4)从摩西到所罗门;(5)从所罗门到犹太人从巴比伦囚禁中回归;(6)由犹太人从巴比伦囚禁中回归到基督的诞生和(7)世界的最后纪年是基督诞生以后的时间。

我们根据这种公式就可看到,博绪埃全部的分期具有纯粹圣经的神学性质。一些如占领特洛伊之类的半神话性质的事件,某些从罗马历史中胡乱摘引的可信的史实,在其中都起到了作用。总之,博绪埃的全部阐述乃是一种乏味的、不加批判的圣经神话的混合物,其中混入来自古典作家的多数未经印证的记述。博绪埃本应更多地博览群书,即使是片断的也好。但他为了把从古代作家那里得到的记述同圣经神话调和起来,却只好经常使用一切手法。当这种调和成为不可能时,博绪埃总是偏重于他认为更接近圣经的说法。

博绪埃在其著作的这一部分所贯彻的主要思想是,罗马帝国被交给法兰克人,法兰克人是帝国的真正继承者。他径直把法兰克人和法兰西人混同起来。所以博绪埃认为,法兰西君主制是世界所有现存的最悠久、最高贵的君主政体。他把传说的法拉曼德被选为法兰克人的国王定为君主制的开端,选举仿佛发生在四二○年。

博绪埃著作的第二部分是用于宗教史的。这部分的主要目的是要证明，世俗国家虽说很古老、很长久，毕竟在历史上是相互更替的，与此相反，真正的宗教却照例不变。他肯定地说，从创造世界到他自己在世时——到教皇英诺森十一世在位时，是同一个天主教会历史的继续。按他的见解，甚至在基督诞生之前，即圣经所载的时期，归根结底也都是同一个宗教。只不过这个宗教不是完全地，而仅是部分地以对亚伯拉罕和《圣经》上另一些角色所进行的上帝启示为题而已。一切偏离真正的宗教都必然使那抛弃它的人们归于覆灭。博绪埃关于宗教史的这部分著作，主要是阐述圣经中的历史，特别着重预言，更强调这全部预言的应验。博绪埃尤其详尽地记述了犹太人的宗教，然后论述了多神教徒的改宗和基督教对多神教的胜利。实质上这是比历史浅薄的神学。书中的这一部分是用极高度的演说体写成的。

最后，帝国史成了博绪埃《论世界史》的第三部分，帝国史在很多地方都像中世纪编年史家笔下的惯称为四君主国一般的历史。博绪埃认为，所有这些帝国或君主国是为了宗教的目的而由上帝创建的。或作为惩罚"上帝的选民"或为了拯救他们而设置的。和奥古斯丁的观点相同，他认为，地上各民族之联合是为了更顺利地传播基督教，而罗马帝国存在的目的正在于此。

依博绪埃之见，帝国的兴衰应当作为君主（其中包括法国王太子）的实例和教益。他把野蛮人对罗马的破坏看成是对多神教及基督徒殉教者所流鲜血的报复，这正像中世纪编年史家的思想。但有趣的是，除上帝报复这一目的外，博绪埃还把他对罗马的衰落最有代表性的另一些解释也列入其中。他说，罗马是由于过度热爱自由而牺牲的，博绪埃总是把这一点看成是国家衰落的原因之一。

其次，受到伦巴德人威胁的罗马屈服于法兰克人，或如博绪埃所说，在法兰西人的庇护之下，在八〇〇年查理大帝创建了新帝国，这个帝国一直延续到路易十四世。

博绪埃从其历史的论述中作出以下的结论："这建立和破坏帝国的一系列原因，是以上帝预言的秘密命令为转移的。上帝高高在天上掌握着管理所有国家的权柄,并把所有人的心灵都控制在自己的手中:它时而遏制情感,时而放松对人们的束缚,它就这样主宰着整个人类。它想创造征服者吗,它让恐惧发生在他们的前面,教导他们的战士要有战胜一切的勇敢精神。它想创造立法者吗,它就把自己的智慧和先见之明赐给他们,使他们能预见威胁着王国的灾祸,而奠立国家安定的基础。但它总是在某些方面善于限制着人类的智慧;它以其光辉普照一切,并使各种观点急剧尖锐起来。尔后它就提出他们每个人的谬误之处,它使他们迷惑。把他们自上推下来,把他们带到混乱中。"⑦博绪埃继续说,"上帝这样管理着全体人民。我们不应更多地谈论幸运或机会,或者我们只是为了掩盖我们的无知才可以使用这些词汇。按照我们的模糊概念而称为机会的东西,实际上就是在最高的会议中,也正是在永久的会议中得到赞同的计划,这计划使一切原因和结果都服从一个共同的秩序。"⑧

在博绪埃《论世界史》中看来还应指出一个特点,这个特点因为曾对法国学校教育产生过影响而使人注目。除圣书所载的"被选定的"犹太人的历史以外,博绪埃还指出古代史、罗马史、部分希腊人的历史的重要作用。他是把这些历史作为一种模式,作为国王们应遵循的道德范例的总和而提出来的。博绪埃好像试图使古代史适应于封建君主专制的法国学校教育的思想要求。当然不能把博绪埃当作一个对历史作出某种系统说明的作者,或提出新史观的作者。

(王松亭译)

注　释

① 博绪埃(J. B. Bossuet):《论世界史》,巴黎,1700 年。
② 博绪埃:《新教教会的谬误史》,第一至三卷,巴黎,1844 年。
③ 博绪埃:《引自圣经原文的政治》,巴黎,1709 年。
④ 见本书第十一讲、第十二讲。
⑤ 见本书第十二讲。

⑥凯勒(Ch. Cellarius):《从君士坦丁大帝到土耳其人攻占君士坦丁堡的中世纪史》,耶拿,1698年。

⑦博绪埃:《论世界史》,第391—392页。

⑧博绪埃:《论世界史》,第392页。

第十一讲 十七世纪的"社会物理学"

博学者和博绪埃式作家的作品,目的在于恢复陈旧的封建天主教的历史观,与此同时,在十七世纪的欧洲又出现了另外一种著作,我们可以将这类著作看作是科学史观的尝试。

十七世纪是在理论方面、在人类社会发展的共同规律方面、在社会学方面加紧探索的时代。这种探索是与资产阶级的思想体系的进一步发展相联系的。在十七世纪资产阶级科学史中,这方面的特点是效果最显著的。不过,这些探索有个时期忽视了和当时理论观点联系很少的历史学。这时博学者类型的史学家编辑并出版了大量资料集,富有生气的社会学的思想不是在这些著作中,而是在理论家——法学家、哲学家、部分地在经济学家的著作中表现出来的,他们力图按自然科学类型,奠定有关社会科学的基础。

十七世纪是在自然科学领域迅速取得成功的时期,我们看到,这个时代的政治思想家和社会学家试图把历史变成像自然科学和数学那样的科学。但由于自然科学本身还处于萌芽状态,而把历史作为科学来研究还缺少实际的材料,这种尝试就受到十七世纪唯理论哲学的束缚。在它的影响下,历史学和社会学就按照逻辑学或数学和物理学的格式建立起来,因此,在十七世纪,人们常常把它称作"社会物理学"。

有关社会科学的问题,是从十六世纪末才开始考虑的。为了研究这些问题,我们不应从法兰西着手,而要从其他一些国家入手,因为在法兰西封建专制制度的统治以及教会——专制政体的联盟对推动人类社会发展的共同规律的这些问题缺少兴趣。十七世纪的法兰西在这方面已落后于时代,在博丹之后,我们已举不出研究这些问题的另外的卓越学者的名字。

建立社会发展理论最重要的尝试,是在十七世纪的荷兰和英国,就是在经历了资产阶级革命的国家,在那里新的正在掌权的资产阶级同旧的传统进行了决裂,提出了自己的新的观念形态和人类社会的新理论。

当我们谈到十七世纪的法学家和哲学家时,专用名词"唯理论"是我们想到的第一个词汇。唯理主义者创建关于社会科学的企图,由于以共同的理论观点为依据,用演绎法从一些原理或先决条件中引出一定的原则,对于反映在十七世纪荷兰和英吉利著名哲学家著作中的全部十七世纪的社会科学说来,也许是极有代表性的。不过,在这些尝试中不仅仅包含着单纯的唯理论,不仅仅以几何学来构成关于社会科学的尝试;对外界事实的观察,对历史实际主要是当代现实的研究,在其中也有不小的意义。

最重要的因素是,在十七世纪自然科学,首先是物理学、天文学、尤其是力学,向前跨出很大的一步。这些科学的巨大成功开辟了一个新世界,奠定了精密科学的基础,也就影响了社会科学的发展。人们清楚地看到,十七世纪的唯理者力图创建"社会物理学",即具有像物理学那样精确的特征,似乎能归结为最简单的数学定律这样的社会科学。这里,用另外的术语——不是物理学而是力学,就会更正确,因为对于唯理者来说,其特点是按照力学的观点来理解人类社会。力图以一定的原理为出发点,通过演绎法创建像数学那样严整的,或如在那时所说的,像几何学那样的社会学说,是十七世纪所具有的特点。不过,这远不是和我们在以前讲课中所谈过的史料积累和搜集一样。

十七世纪的哲学家和法学家都鄙视这种材料积累,他们认为这材料是相当不可靠的,其中包含着许多偶然的事实,彼此之间没有共同思想、共同规律联系。这些思想家常把具体的历史误认为是未经思考的糊涂账,任何时候其中都是真伪难辨,也不可能从中找到一条主导线索。他们认为纯粹演绎法比这种事实材料的积累为好。可是，他们的演绎法不是纯粹逻辑的推理，而是取决于十七世纪上升为社会政治生活首位的那些阶级，首先是资产阶级的利益。这一时期的政治思想家们不仅提出了社会发展赖以进行的普遍规律问题，也提出了他们所认为的较好的社会体制问题，并由此而提出了关于法权、国家、某些制度的起源的新学说，就是说，实质上研究了关于新的资产阶级国家的最好组织机构问题。我们看到，他们不同于旧的传统的中世纪的观念，在这方面他们同宗教进行了彻底的决裂。如果说，在他们的著作中还谈到上帝和宗教（他们常常涉及这方面），那这个上帝已不具备基督教上帝的特征。在他们那里，上帝多数是哲学起因，或者是融化在自然之中的泛神论的神。在十七世纪的唯理论者那里，我们经常遇到的是这样的泛神论，它非常近似于无神论。[①]

我想稍详细地谈谈十七世纪的唯理论者——哲学家，谈谈他们的社会学体系，尽管他们同历史学没有直接联系。由于这些哲学家大多是轻视历史的，因此在他们亲手撰写历史时，就不善于将自己的方法应用于史学之中。但我把十七世纪社会学思想列入教程以内，主要是因为以后（已经在十八世纪）它对历史科学的发展产生过极大的影响。

前已说过，在十七世纪，自然科学取得了巨大的成就，并且它是以数学为基础而发展起来的。十八世纪末，出现了牛顿的著名作品——《自然哲学的数学原理》，在试图以数学为基础建立自然哲学（philosophia naturalis）方面作出一定的总结。按照这种自然哲学的样式开始创建社会的哲学，竭力模仿数学定理，机械地说明心理学和社会学，并按力学和数学的样式建立关于社会的科学。

尽管这种根本不顾物理现象和社会现象差别的观点有其一切虚伪性，但它对十七世纪整个社会科学的一切学科，以后对史学都产生了很大影响。同人文主义相比（十六和十七世纪新教和天主教的神学思想则已不待言）这是很大的进步。

十七世纪的新科学（其创始人有时这样来称呼这种科学），在同人

—— 185

文主义的斗争中,亦即在同抱定古代权威不放的那种科学的斗争中,发展起来了。从十六世纪末开始,一些大胆的思想已鲜明地把现代同古代对立起来,并且是不利于后者的。博丹说过,现代超越古代。

新旧之间,人文主义者和唯理论者之间的这种论争,在十七世纪时进行几十年之久。人文主义模仿者认为,"新科学"是文明风尚的衰败,是向野蛮的倒退,新科学的代表者们以厌恶的态度(至少是冷淡态度)来看待人文主义者们对古代的膜拜,人文主义者将古代的权威摆在《圣经》以前的地位。建立新的、物理学的思维是"新"科学的任务,按照新科学创始人的观点,新的、物理学的思维应包括物理学领域和社会各界的所有现象。

我们不谈这个问题的纯粹哲学方面,只是涉及研究社会这样的问题。

十七世纪新科学所面临的任务,是建成唯理论的心理学和唯理论的社会学。这一科学的代表们究竟想如何完成它呢?

他们认为,须将人类社会分解成似乎同物理学中的原子相应的成分。这种把人类社会作为同样的个体相集合的观点,同中世经院哲学和封建教会的观点相比较,是十分新鲜的观点。如果从封建世界观的观点看,每个人首先是一定等级、一定团体的成员,人们之间存在着由上帝规定的、划分为高低的阶梯制,那么十七世纪的资产阶级科学则认为构成人类社会的单独的人的个体是平等的,把这一学说提到首要地位。这些个体是孤立的,仿佛像在单个原子状态下存在着。唯理论的政治思想家们把一切心理素质的任何共同点都认为属于人的个体,属于组成社会的那些原子。例如,荷兰人雨果·格老秀斯就把渴望交往这样的素质说成属于人的本性。然后,就从这种素质中引申出整个人类社会的历史,产生了政权与国家的发生和发展史。

英国的唯物主义哲学家托马斯·霍布斯则从相反的观点出发。他认为,人的主要本性不是渴望交往而是相反,每个人渴望着权力和侵占他人。从他的观点来看,人们是相互排斥的,而不是如同格老秀斯认为的,是相互吸引那样。这样,同物理学相似的那种社会结构就建立起来了。社会分为原子,所有这些原子,或如格老秀斯所说的是相互吸引,或者如霍布斯所说的是相互排斥。研究社会归结为找出社会力学的某些规律,或者像那时常说的,"社会物理学"的某些法则。

骤然看来,仿佛唯理论在很多方面又恢复了用三段论法的普遍原理引申出某些原理的旧的经院哲学。不过这种相似纯粹是表面的。其区别非常大。首先,唯理论者完全抛弃了作为经院哲学特征的等级概念。精神和物质方面的等级制贯穿于经院哲学家的全部学说中。而唯理论者的观点却相反,贯穿着的是人人天赋平等的思想。他们认为所有的人(至少是在社会发展之初)是互相平等的。

另一同宗教世界观有联系的是人类生存的终极目的(causa finalis)的学说,即目的论。它是教会经院哲学的典型性特征,而在十七世纪的"社会物理学"和力学中却不起任何作用。

同时,在十七世纪的唯理论者那里,"causa"("原因")一词具有完全另外的性质。这里 causa 一词现今的含义就是原因之意,是现象的合乎规律的必然的联系。培根说"vere scire est per causas scire"。"真正的认识——意思是借助于原因的认识",即认识现象的因果关系。

这样一来,十七世纪自然科学和科学思想中发生的变革,在社会理论中得到了自己的反映。尽管有这种新的社会科学所招来的非议,在十七世纪的欧洲它却完成了胜利的进军。[②]

还应指出十七世纪科学思想发展的一个重要的方向,即力求科学的一定的简单化。新科学,新物理学和力学大大地简化了以前关于世界的概念。他们把这种简化的趋势推行到社会学说,即"社会物理学"中来了。

十七世纪的唯理论者们说,建成人类社会很简单,只须找到组成它的成分,切合实际地建立它们的相互关系,那时,借助于简单的演绎法,建立人类社会学说就容易了。以此为基础,就可以管理人类社会并确定它的较好的形式。

解剖学和生理学方面的发现，把物理学和力学的一般规律扩及到人体中去。这常常变得很简单。例如，血液循环的发现当时就提供了人是一种机器的论据，说它的肌体的机能是以机械学规律为基础的，说贯穿整个自然界从上到下，其中包括人体的那种规律性，都须在人类社会中得到反映。

由十七世纪唯理论者提出的新的社会科学赖以建立的那种共同的哲学基础就是这样。不难指出，这种社会物理学思想，或者说得好些，机械地解释人类社会，是已经同旧的封建等级观念和目的论决裂的、新的资产阶级思想体系取得胜利的明显标志。

现在让我们看看，新的社会科学思想在某些具体历史条件下是怎样实际体现出来的。

首先必须提到雨果·格老秀斯（荷兰文 Grot 的拉丁化形式）的学说，他的学说代表了新的资产阶级世界观，这种世界观形成于刚刚经历了资产阶级革命并摆脱了封建西班牙束缚的十七世纪的荷兰。

雨果·格老秀斯（一五八三——一六四五），其职业是法律家，在荷兰共和国起过巨大作用，从事过一些重要职务。他出身于资产阶级的环境中——他的父亲是德尔弗特市长，一个很有学识的人，他曾竭力使其子受到良好教育。格老秀斯十一岁时就成为来登大学的学生，十八岁时获得博士学位。格老秀斯是当时最有名望的人文主义者之一斯卡利泽的学生。在他的指导下，格老秀斯成为一个出色的古典文学专家，他研究了哲学、天文学、数学，与此同时，他又成为一个新教神学的著名专家。他能自如地用拉丁文写作，甚至能写拉丁语悲剧剧本。由于当时荷兰贵族同总督奥兰治的摩里斯所全力依赖的广泛的资产阶级集团发生了斗争，他被迫离开荷兰。格老秀斯作为资产阶级集团的思想家之一，曾被判无期徒刑，但他得以逃到巴黎，一个时期内曾得到国王的支持。一六二五年，他在这里写成了其名著《关于战争与和平的法规》一书，是献给路易十三的。但黎世留并不特别赏识格老秀斯，他远不是专制君主政体的一个完全的追随者。所以，格老秀斯由法兰西迁徙，在瑞

第十一讲　十七世纪的"社会物理学"

典政府供职。在此任职期间,他结束了他的一生。

格老秀斯《关于战争与和平的法规》的论文,在欧洲很快得到了广泛的承认。为了研究这部著作,在一些大学里设立了特别的讲座,他的著作被译成欧洲的一些文字。在这部著作中,格老秀斯给自己提出的任务是,确立自然法则,它是社会关系的最复杂方面——国际关系的基础。这部著作的主要思想是这样:所谓 Jus gentium",国际法,它的内容有各种条约,各个强国之间的书面条约,然后是在书面条约以外所确立的那些关系,国际法不能成为各国之间关系的基础,因为所有这一切都是协议的结果,而且这种协议本身是可以改变的。但确有某些自然法,就是说存在着某些社会法,其效力与自然法相同,这些社会法指导着人们之间和各国之间的关系。

与格老秀斯所属的那一派的共同特点相符合,他认为渴望同人们交往(appetitus societatis)是人类本性的基本特征。这种思想并不新鲜。亚里士多德早已说过,尽管他是在与希腊奴隶占有制社会相适应的另外一种情况下说的,但他断言,人按其本质而言有政治的本质,或讲得好些,国家的本质。然而,依格老秀斯来看,人与其说有国家本质,不如说有社会的本质。格老秀斯认为,国家问题是派生的,在他看来,主要的倒是人们渴望交往。他认为,这种渴望是从人类理智的属性中产生出来的,而天赋的志向和理性的渴望对格老秀斯来说是一样的。他认为,天赋人权的任务就是保护人类理性固有的人类共同生活。

格老秀斯所认为的人类共同生活的目的究竟是什么呢?就是保护属于其每个成员的一切,保护他的生命、自由和财产。应当注意,对于一个资产阶级社会早期理论家格老秀斯来说,整个社会则是由各个等价和平权的所有者个人组成的。在他的观念中,人类社会就是所有者的总和。于是,格老秀斯对社会提出了任务——保护其成员的生命、自由和财产,但同时也不否定战争。他的著作称为《关于战争与和平的法规》并不是偶然的。不过,他将战争分为正义的,符合天赋权利的、以维护人的不可侵犯的天赋权利为目的而进行的战争,和非正义的、侵害其他民族权利的战争。依格老秀斯之见,正义性就在于节制他人。非正义性就在于篡夺他人。

于是,格老秀斯便认为,保护财产是整个社会制度的根本。在这个理论上被建成了的理想的资产阶级社会中,财产是决定的因素。

依格老秀斯之见,天赋人权是以自然法为基础的,甚至上帝也不可改变它。但既然上帝是万物的创造者,天赋人权就是神的法规。上帝不能改变自然法,就像他不能使二乘二不等于四一样。这是唯理论的神学思想,这种思想归结为,上帝只是作为一种哲学的始因才出现的;同时,格老秀斯断定说,即使对无神论者,甚至对不信上帝的人,天赋人权都是有约束力的。

格老秀斯把实际的权利或者由意志确定的权利(Jus Voluntarium)同天赋权利区别开来,前者来自人们的自由意志并以契约为其根源。

这种契约思想也远不是什么新东西。早在经院哲学著作家那里就曾遇见过它,不过在格老秀斯那里具有特殊的意义。他说,人们"无论加入何种集团或隶属于一人或多人,因此或者对那些人履行口头诺言,或者应认为,由于契约本身的性质之故,他们默然地必须遵从集团的大多数成员所作的决议,或他们就是掌握政权的人"④。因有这种契约,人们就结合成为社会并服从政权。遵守这种契约的义务是自然法的结果,这样,自然法就是实际权利的最初根源。格老秀斯把实际权利划分为家庭权利、公民权利和国际权利。

按照格老秀斯的定义,"国家是自由人为了保持权利和共同利益而缔结的完美的联盟。"⑤这是整个资产阶级科学所特有的糟糕的国家定义。国家的任务在于,藉法权之助以保卫公民的充分自由和他们的财产,并且为公民们选择某种较好的国家机构的形式提供可能。

国家藉最高政权而得以巩固。这个政权是统一的,但可以在某些机构之间进行分配。同时政权不是属于任何固定的人们、任何固定的职务,而正是属于作为固定机构的国家。当王朝覆灭之时,政权就归回

第十一讲 十七世纪的"社会物理学"

到人民那里。这种观点同封建君主专制的观点是截然对立的,后者的观点则是把国家当作世袭领地。同时,格老秀斯完全反对把人民置于政权之上的理论。他认为,人民藉助于契约而建立国家,绝不意味着最高政权掌握在人民手里。君主和人民之间不存在契约,君主按照契约有义务治理好国家,否则他极容易被废黜,因为对于任何好事情都会有各种看法,而这只能导致无政府。所以,格老秀斯坚决反对任何种起义的权利,即使在不信上帝的君主和暴君主持国家的情况下也是如此。在这种情况下应当忍受,因为在社会事物中最基本的是秩序和服从。但按格老秀斯的观点,也有例外。当执政者的政权使国家趋于灭亡之时,允许有这种例外。那时起义则是合理的。无疑,这种例外是格老秀斯从尼德兰的历史中不久前摆脱西班牙君主的桎梏所得到的启示。

格老秀斯议论的主要题目是关于国际关系问题。他确定了称为正义或非正义战争的那些情况,同时又有保留地说,任何战争都不应违背一定的条件。对格老秀斯来说,这些条件是明显地由社会的资产阶级集团的利益来决定的。这样,他肯定地说,在战争期间应保护商业自由,使避免任何苛捐杂税,奉行航海自由。这个航海自由问题,对荷兰是非常重要的,不止一次地成为格老秀斯研究的论题。尔后,格老秀斯又指出,战争不应把局部财产破坏到超过战争直接目的所要求的程度。不过,不能认为格老秀斯是站在和平主义的观点上。他承认战争并在一些附加条件下允许屠杀战争所反对的全体居民,如果是必要的话。荷兰殖民扩张的方式证实了荷兰殖民者已把上述观点广泛地运用到实际中去了。

格老秀斯认为,最好的国家体制是分掌立法、行政和司法权力的有限君主政体。这种分掌政权,也是他从普通力学概念中引申出来的,即把人作为一个单独的个体,作为具有渴望交往的精神—物质属性的社会原子。

在他的著作中,有时也遇到摘引《圣经》,但如果说,在经院哲学家那里,援引《圣经》是一种证明方法的话,那么,在格老秀斯那里,则是一

—— 191

种非决定性的论据,而准确地说只是一种例证,因为他的一切都是从理性的基础中获得的。

格老秀斯也有一些史学著作,但这些著作就其结构分明、富有深度这一意义来说,则不及他的主要理论著作。在他的史学论文中,应居首位的是《荷兰共和国的古代》⑥(一六一○)以及他死后于一六五七年发表的《尼德兰革命史》⑦。不过,在这些论著中,成为格老秀斯理论体系基础的思想却反映得很少。这是十七世纪把史学作为叙述往事同新科学所提出的社会理论之间存在的脱节现象的有代表性的实例之一。格老秀斯的这些史学著作是按照塔西佗的风格写成的人文主义著作。格老秀斯不善于发现成为尼德兰与西班牙冲突的基础的动因。关于宗教冲突的原因问题他理解得很差。在教会史上他素有的人文主义观点——把教会的争议只看作是违反社会秩序,在这点上很近似鹿特丹的伊拉斯莫。与此同时,格老秀斯对描述任何形式的群众运动都怀有反感。对他来说,人民是一种不可思议和怀有敌意的。他回避谈论广泛的群众运动,只字不提各种缺乏理智和明确目的的自发运动。在这方面,格老秀斯表现出是个资产阶级的思想家和唯理论者。

如果试图概述一下格老秀斯学说有什么样因素曾对整个十七世纪社会思想产生过最大影响的话,就必须指出他的把人作为被赋予渴望交往的孤立的个体的观念,必须指出他从其原子论社会结构观念中引申出来的天赋人权的概念,以及把契约当作实际权利基础的思想。所有这一切思想,在十七世纪的其他一些政治著作家那里以不同的形式加以重复着。

现在我们转而谈谈英国革命时期的政治思想家们。让我们从著名的托马斯·霍布斯谈起。

托马斯·霍布斯(一五八八——一六七九)很早就显示出了杰出的才干。八岁时他就用诗歌形式把攸里庇底斯的作品由希腊文译成拉丁文。十五岁时他已入牛津大学读书。

霍布斯是当时最有学识的人之一。他游历过很多地方,在欧洲大

第十一讲 十七世纪的"社会物理学"

陆生活过,同当时卓越的学者其中包括伽利略相识。在英国革命时期,他站在保王党立场上而在国外流亡十一年之久,在这些年份,他的主要著作《论公民》⑧(一六四二)和有名的《利维坦》⑨(一六五一)写成了。

霍布斯是后来的国王查理二世的导师,但他的独立见解导致了他的解职。一六五一年他回到了英国,在这里同克伦威尔接近,在英国写了自己的另一些著作:一六五五年写了《论物体》⑩,一六五八年写了《论人》⑪。在复辟时期,他因有同情共和国和克伦威尔之嫌而遭到通缉。查理二世虽曾是他的学生,但并不想保护他。

霍布斯是王权无限论(不管政权起源如何,政权是否合法的君主政体)的拥护者。在这方面,保王党分子控告他在其作品中给克伦威尔的独裁提供根据。

整个说来,霍布斯是作为资产阶级社会的思想家而出现在我们面前的。他断言,研究社会应当从它的最简单的要素开始。这样最简单的要素就是个体。他的整个体系完全是思辨的和演绎的。霍布斯为发展自己的理论,把所有的推论都归结为加法或减法。他力图简化推理的过程。他觉得,组成社会的个体是完全一样的;他否认这些个体有任何意志自由。他认为,人的意志自由不多于物理上物体运动的意志自由,但人的运动,或者说人的行动,是由内部原因,是由他的希望和反感,也就是爱好什么和厌恶什么而决定的。变为行动的愿望或意向则称之为意志。愿望的客体则称之为善,厌恶的客体则称之为恶。为了获得善,即为了达到愿望的手段,则称之为政权。

霍布斯断定说,人类行动的主要动机在于永不休止地希望获得政权,即每个人力图获得实现自己愿望的手段。霍布斯认为,亚里士多德的定则的稍不同的形式,即格老秀斯的人所固有的渴望交往的定则,是完全错误的,他说实际上人只从事个人的幸福。力求个人的幸福是人类社会和天赋人权的基础。因此,按霍布斯的观点,"一切人反对一切人的战争"(bellum omnium contra omnes),是自然的状况。但是这种

—— 193

一切人反对一切人的无休止的战争不利于人们,因为每个人都要受到这种战争的损害。所以应寻求有利于不断相互进行斗争的个人的和平。由此就产生了派生法。如果说自然法是一切人反对一切人的斗争,那么为了排除战争使个人遭受的不利,就产生了派生法。这个法究竟是怎样的呢?

第一,每个个体必须放弃占有一切之权,承认某些权利属于他人。这要借助于契约来达到。所以,在霍布斯那里,契约在社会中起核心的作用。第二,派生法的内容是:"必须遵守契约"(Pactum standum est)。违背契约是非正义(injuria)。侵犯权利的事只是在有契约的情况下才发生。在没有契约的情况下使之遭受损害就不是非正义。

由此而产生另一些——共计为二十个——社会生活的法则。基本上可归纳为这样一条规则:"己所不欲,勿施于人,为了人施于你。"

但为了恪守这些规则就需要安全,而这只有大多数人为了共同防务而联合才能达到。既然人们常常醉心于利己主义和欲望,那么他们出于自愿的协议就显得不足了。这种协议须有一定的强制性,为此,就有必要用共同的、有指导性的意志来统治社会。应使所有个人意志服从于能代表所有人意志的某个人或机构。这就是国家。个人或居于社会之上的会议是最高政权。其余的个人皆为臣民。最高政权高于一切,并不应受审判和监察。它高于法律,它是绝对的,无论政权的形式怎样。

于是,契约就要求每一个体放弃自身的安全自由,而有利于似乎是社会全体成员意志的表达者的管理当局。霍布斯同时还说,政权的形式可以是多种多样的。他设想了君主制、贵族政治和民主政治,但他认为,最好的政权观念表现为君主制,最不好的则表现为民主制;贵族政治的政体当它接近君主制的时候,也是比较好的。

霍布斯关于人民的见解是最典型的。他说,人民是没有任何联系的人群,是个别人们的总和,他们对国家没有任何权力,甚至没有所有权,没有自己断定善恶之权。在有组织的国家中,善事是立法权所指定的东西,而恶事则是它所禁止的。服从政权是义务。

一切涉及宗教的命令都应从国家发出。宗教不是个人的事情,而是国家的事情。国家的命令都应看作是上帝的命令。任何来自教会对国家的反抗都是不允许的:只可从不信神的国王那里接受殉教者的荣誉。在《利维坦》一书中,霍布斯走得更远:他说,甚至这样殉教者的荣誉也是消极的反抗,因此也是不被允许的。

这就是霍布斯关于社会学说的主要特征。这个社会学说反映了英国资产阶级和新贵族的利益,他们需要一个不管由谁来代表的有力的中央集权——斯图亚特家或克伦威尔。诚然,霍布斯没有在共和国里担当任何职务,但他个人是靠近克伦威尔的,正像我们所知道的,保王党分子在最后没有把霍布斯当作自己人。对他们来说,最重要的是正统的君主制思想,即来源于上帝并同合法的王朝观念联系在一起的君主政体。霍布斯是从另一基点出发的。对他来说,社会是个体的总和,这些个体之间进行着斗争,为了自身的利益而联合起来,但同时却把自己的全部自由交给中央政权。这一学说是资产阶级思想发展中一定阶段的反映,当时他们还把君主专制看作是自己的天然的保卫者而把政权交给它。具有更激进情绪的资产阶级各个派别和其他一些社会阶层在英国资产阶级革命中都作了表演,进而产生了一些社会学说和政治学说。在以后的诸讲里我再论述这些,而现在我还想指出,霍布斯对历史本身取轻蔑的态度。他排斥来自科学知识方面的历史,因为他认为,任何知识都应以演绎法为依据,而且,历史是杂乱无章的、单凭经验收集的事实,不能成为真正科学的论题。

在结束这一讲时,应强调指出:我不奢望把十七世纪政治思想发展的整个历史加以说明,它可以成为专门教程的论题,我试图做的,只是在这方面作少许离题的说明,目的在于表明,十七世纪的政治思想的发展没有伴随深刻的史学研究。博学者类型的史学家们,从事社会学的问题较少,而社会学家们却很少注意证实理论的史料。我们看到,他们主要从唯理论性质的一般见解中来取得自己的论据,把社会同自然界相提并论,把社会发展规律同物理学的规律特别是力学的规律相提并论。

(王松亭译)

注　释

①但是,不应认为十七世纪的这些唯理论思想家完全抛弃了宗教;这是不正确的。这个时代是宗教的时代。宗教领域里的自由思想这时会招致大量不利的事情,直至火刑为止。因此就出现了把真正知识一方同宗教一方加以区分的特别尝试。十七世纪的唯理论者们说,那些可以被认识的东西,应借助于使能够认识外部自然法则,即物理和力学规律的那种研究和推论的一般方法来认识它们。至于说到不能被认识的方面(他们承认存在着这些方面),这便是宗教的范围。(作者注)

②异议不只来自教会方面,而且来自人文主义方面,甚至来自"新科学"的某些不特别彻底的信奉者。例如,对宗教十分冷淡的博丹,指责哥白尼的体系动摇了一切哲学和神学家的体系,动摇了人类感情和全部科学的基础。的确,被开普勒进一步发展并确定了的哥白尼的发现,引起了整个世界观的完全改变。关于人类及其命运的神学体系最终被动摇。宇宙的核心是人类,其历史是上帝某个设计的实现这种观念完全被摧毁。根据新的太阳中心说的观念,地球是个不大的行星,是无限多的世界之一。现在可以解释一切现象的机械原因的概念被提出来,以取代上帝的终极目的。(作者注)

③雨果·格老秀斯(Hugonis Grotii):《关于战争与和平的法规》三卷,伦敦,1922年;雨果·格老秀斯:《关于战争与和平的法规》,俄译本,国家法学书籍出版社,莫斯科,1956年。

④前揭书,第48页。

⑤前揭书,第74页。

⑥雨果·格老秀斯:《荷兰共和国的古代》,来登,1610年。

⑦雨果·格老秀斯:《尼德兰革命史》,阿姆斯特丹,1658年。

⑧霍布斯(T. Hobbes):《论公民》,纽约,1949年。

⑨霍布斯:《利维坦,或宗教的和非宗教国家的实质、形式和权力》,纽约,1958年;霍布斯:《利维坦,或宗教的和非宗教国家的实质、形式和权力》,俄译本,社会经济书籍出版社,莫斯科,1936年。

⑩霍布斯:《全集》,俄译本,国家出版社,莫斯科—列宁格勒,1926年。

⑪霍布斯,前揭书。

第十二讲 英国革命时期的社会学家和政治思想家

现在我们转向英国资产阶级革命所提出的问题,看看它们对十七世纪英国政治思想的发展予以怎样的影响。

我从著名诗人和独立派政治活动家约翰·弥尔顿(一六〇八——一六七四)[①]开始说起。弥尔顿是当时最有学识的人物之一。他接受过古典教育,由于漫游各地而显著地扩大了知识。他到过巴黎、意大利,参观过佛罗伦萨、罗马、那不勒斯。在巴黎他同格老秀斯相识,而后者给予他以相当大的影响。

有名的《最高审判者》[②](一六四四)是他的著作,由于这部著作弥尔顿立即上升到独立派作家的前列。这是一部以言论、出版和信仰自由为题的政治论文,在此论文中,弥尔顿表达了在宗教方面应享有充分自由的思想。总而言之,自由原则、宗教独立原则、在一切领域内独立思想的原则,是弥尔顿政治观点的基础。他把攸里庇底斯的名言写进这篇论文中,即有自由的地方是,每个愿意的人尽可向自己的城市(或者说得好些,是向自己的国家)提出好的建议,这样的人将是光荣的。如若他不想这样做,那就让他沉默。那么,是什么能够更有益于城市呢?

弥尔顿热情地歌颂宗教自由。他并不惧怕英国革命时期互相竞争和敌视的各派。依他这见,虚假的一致才是大祸害。所以他坚决地起而反对唯一的占统治地位的教会,热情地描述革命时期伦敦发生的尖锐的宗教斗争和极其紧张的工作。

弥尔顿是独立派的杰出代表。他的观点带有共和的性质。其著作中的重要内容与处死国王有关。

一六四九年不只在英吉利共和国的政治史中,而且在英国的社会思想史中,都是多事之年。处死国王以及同以往的截然决裂,对英国的政治思想都曾予以极有力的推动。首先,它引起了来自外部的,即来自大陆的许多温和的政治思想家对英国革命的一连串攻击。独立派思想家其中包括弥尔顿对这样一些抨击文章给予了回答。他的激烈的抨击文章《国王和官员们掌握政权的条件》③写于1649年,对理解弥尔顿的政治学说颇为重要。

在这部著作中,他阐述了自己的社会发展理论。像大多数独立派思想家一样,他的宗教思想混杂着一般的唯理论观点。他认为,一切人就其本性而言生来是自由的,他们像上帝一模一样是自由的,但罪堕却造成了暴力。由此之故,人们就决定组成共同的联盟,并以此相互保护以防横暴。于是就产生了国家,建立了政权,以抑制破坏和平和共同权利的人们。

谁是政权的体现者呢? 按照弥尔顿的看法,一切人的总和——人民,是政权的体现者。所以他论述了人民的不可剥夺的权利。霍布斯的社会契约论把整个政权交给中央政府,弥尔顿的社会契约论则把全部政权仍保留在人民那里,国王和高官只是人民的代理人,也只是因此,他们才能掌握政权。但拥有政权本身乃是一种诱惑力,它导致滥用该政权。因此,人民就制订一种法律,要求政权服从法律,法律为全体人民所通过,它限制着执政者,法律高于执政者,但由于法律不经常有效,就从执政者取得各种限制其政权的文据或誓词。

所以,王权及各种政权都是从人民的权力中派生的,只是人民为其共同的福利而委托它。至于说到政权的来源,则它始终存在于人民之中。弥尔顿认为,在君主那里不存在任何王位世袭权,政权不是他的家族的财产;所以人民认为需要的话,就可以选举国王,也可推翻他。人民尤其有推翻暴君的权力。弥尔顿援引一些史例,指出希腊人、罗马人、犹太人依据《圣经》以诛杀暴君者为荣。弥尔顿从这些事实出发,分

第十二讲 英国革命时期的社会学家和政治思想家

析了一六四九年对查理一世的审判过程及其被处死,他得出结论说,英国人民显示了特别的温和与人道,因为他们为这个暴君设立了公开的和公平的法庭,而不是简单地将他处死。

为了反驳出于当时欧洲的一些抨击性文章(其中很多是奉命而为,或受保王党分子的直接影响),这些文章中把审判国王说成是非法的,弥尔顿提出了这样的论证:君主服从法律像所有其他公民一样,如果他破坏法律,那么他应该受到审判和惩罚。

这样一来,弥尔顿之见所不同于霍布斯之处在于,政权不仅在最初就属于人民,而且始终在人民的手中。所以他认为,共和国是最好的统治方式。

在弥尔顿的政治见解中,我们见到了独立派观点的十分完整的体系。不过独立派的观点在弥尔顿那里显得有一些理想化,因为他没有涉及成为独立派特征的一个重要问题,这个问题乃是某些资产阶级和新贵族集团的世界观,这就是所有权问题。正如我们所见,这些问题曾由格老秀斯和霍布斯所提出,但弥尔顿没有涉及它。

在另一个较温和的独立派代表詹姆士·哈林顿④(一六一一——一六七七)的政治观点中,恰恰相反,把所有权问题提到首位。他的主要著作是《大洋国》⑤。这部著作半是幻想小说,半是政治论文。哈林顿还有一些论文,我们可以此为根据形成对他的政治观点的相当全面的概念。

哈林顿认为,正是霍布斯才阐明了人类社会和国家起源问题的最深刻的思想。马基雅维里也是他赞扬的对象,尽管他对马基雅维里作了某些特殊的想象。他把马基雅维里看成是主张共和的人,认为马基雅维里的《论提图·李维的罗马史前书》正是其观点的最充分的反映。至于他的《君主论》一书,依哈林顿之见,则其中不过是马基雅维里旨在揭露意大利的君主们在当时为维护其政权而使用的那些诡计。

哈林顿大体上与霍布斯观点一致,不过他认为,霍布斯从自己基本上正确的社会学观点中作出了不正确的政治的结论。同霍布斯一样,

—— 199

哈林顿承认，人的意志首先是受其个人利益而推动的。不过霍布斯从这一前提出发，作出了这样的结论，即为了制止和调和人们的个人利益，独裁的中央集权总是需要的。而哈林顿则得出另一个结论。他认为，哪里存在一个人或少数人的政权，哪里就是一个人或少数人的私利占优势；而哪里政权属于全体人民，共同利益就在哪里占上风。所以，共和政体、民主政体，或他认为是理性和法律统治的、被他称为人民的统治，就是实现共同利益的条件。

哈林顿关于所有制的观点引起了我们特别的注意。这些观点表明了，哈林顿比十七世纪其他的政治思想代表者对历史有更深刻的理解。哈林顿认为，作为一个政权，不是简单地可以用社会契约建成的。物质的原因，即所有制，应成为各种政权的基础。政权的组织要以所有权的分配为转移，依哈林顿之见，财富就是实力。无论在社会生活中，还是在个人的日常生活中，权力和服从是从贫富中产生出来的。土地所有制在决定政权性质中有特殊的作用。哈林顿认为，最高政权的体制取决于国内的土地所有权的分配。如果全部土地或大部分土地属于一个人，那么在这个国家里就会建立像东方国家那样无限制的君主政体。如果土地集中于为数不多的贵族之手，那么在那里就会确立这种贵族政体或是贵族君主政权的混合形式，即受贵族限制的君主政权。而如果土地分配或多或少是均等的，那么其结果就是共和制。但哈林顿同意有另外的政权基础的可能性。他考虑到荷兰资产阶级革命的经验，从而肯定了货币资本比土地更占优势的那些少数国家，是他所确立的规则中的一种例外。

哈林顿认为，对于英国来说，决定的因素是土地所有权的分配，政权机构同土地所有权的实际分配确切相适合是主要的。所以，哈林顿作为独立派上层，即以中等贵族土地占有为主的利益的发言人，反对确立大土地所有制，在他看来，这种土地所有制是上层贵族的或君主制的基础。他认为，革命后英国的土地所有制应受到一定极限的限制。他肯定地说，通过一定的立法措施如限制继承权，禁止不可转让的长子继

第十二讲　英国革命时期的社会学家和政治思想家

承权,都可以达到这一点。

哈林顿把英国革命本身解释为土地所有权的重新转移。在他的思想中,我们应看到他的远见卓识。

他解释说,英国君主政体之所以长期存在,是因为国内土地所有权从来都是在国王和大贵族之间进行分配的,对此他没有意见分歧。因此,君主政体是巩固的。如有起义发生,那它是针对个别国王,而不是反对作为国家形式的君主制。但都铎王朝是极其短见的。它把大贵族看成是自己的敌手,竭力设法摧毁它们。亨利七世废除了贵族仆役的号衣,试图维护农民免遭圈地之祸,即他实质上推行了反贵族的政策。亨利八世继续了他的政策。还俗了的修道院土地归于"公社",亦即主要落到中等贵族之手。最后都铎王朝的目的是达到了——大贵族被削弱,不过那时王位却动摇了。所有权转归"公社",这引起了革命。十七世纪英国革命之发生,不是由于查理一世的专制或任何其他的政治原因,而是由于土地所有权重新分配的结果。英国的新土地所有者——中等贵族,长期未意识到自己的实力,但当他们意识到它的时候,他们就推翻了自身把基础毁掉的君主政体并建立了共和制。哈林顿断言,不是内战削弱并摧毁了国王的政府,而是国王政府的削弱引起了国内战争。

尽管哈林顿的论证常是很幼稚的,但他认为英国革命是由土地所有权的转移从而形成新的社会阶层所引起的,这种思想同认为在所有权重新分配的条件下,必然有社会制度的变更的思想是一样的。他的这一思想是十七世纪政治思想的重要成果。

但必须指出,哈林顿没有把共和国——它须适应与革命相关联的新的土地分配——作为纯粹的民主去想象,像现今对该词所理解那样。他认为,革命后的英国政权、自然应属于那些拥有大量土地、大量财富、受过较多教育并有充分闲暇从事公共事业的人。换言之,如果在理论上他认为政权应属于全体人民,而实际上他则认为政权应掌握在某些不同于其他阶层的,首先是那些拥有更多土地的高级阶层手中。哈林顿说,应成为英吉利共和国真正人民代表的就是这些乡绅、中等贵族。

他谈到了诸如"绅士阶层"的才能,所谓英国贵族的似乎特殊的天赋,并且说,正因如此,他们就具有统治以及指挥军队的才干。不错,哈林顿对此情形稍作限制,他说,政权不应为贵族所垄断,始终应由选举产生,否则它将成为局部利益的体现者。从哈林顿的观点来看,理想的社会制度应是这样,即那里有"平衡"的政权,他作了说明如下:代表贵族的上层政权的,应是提出国家福利所必需的各种措施的上议院和实施管理的人们。但同时应允许"人民大会"形式的"人民"代表接近政权。"人民大会"应由拥有一定土地资格的所有者选举出来。不过,"人民大会"不能讨论上议院的提案,只能对这些提案回答"是"或"不是"。上议院的提案只有经过"人民大会"批准之后才可成为法律。行政权应由上议院提出而被任命的特别官员来执行。

哈林顿是信仰自由的拥护者,不过他认为,不应对偶像崇拜者、犹太人及天主教徒给予信仰自由。

哈林顿的《大洋国》是为克伦威尔写的。他向克伦威尔建议在英国实施这个共和国宪法草案,尔后放弃政权。他应允克伦威尔说,为了报答他的宽宏大量,人民将推选他为护国公。克伦威尔回答哈林顿说,他不能为一小片纸而献出他用宝剑所获得的东西,如果没有他的宝剑,那么敌对派别任何时候都不能对国家制度达成协议,而只会互相残杀。

所以,哈林顿像革命时期的其他政治思想家一样,天真地指望克伦威尔会作为一个按他们所拟定的理想,去建立社会的和国家的制度的活动家。

还必须对革命时期另一个政治思想家——杰拉德·温斯坦利(生于一六○九年,卒年不详)谈几句。我想谈谈他的历史观,尽管最终很难把这些说成是纯历史学的或从史学研究中引申出来的东西。温斯坦利有自己的认识真相的特殊方法,如果可以称之为方法的话。他引用一些幻象和仿佛他曾听到的声音来证明自己的某些观点。他肯定地说,在他的梦中基督曾出现过。温斯坦利作为鼓吹不反抗邪恶的神秘论者而开始了自己的活动。不过,他走得愈远,这种神秘的调子就表现得愈少,而其历史观中的社会成分则表现得愈加清楚。问题在于温斯坦利是掘土派运动的积极参加者和思想领袖之一。这一运动无疑丰富了他的社会经验。他的主要著作《自由的法律》⑥出现于一六五二年。

在温斯坦利的历史观中,关键是指出他把社会不平等和不公正的出现同私有财产的产生联系起来。他认为,人类的罪堕就是私有财产的产生。当他谈到亚当的原罪时,他便将其与私有财产的产生联系在一起。不过,基督把自由的法律赏赐给人们,并把土地交公共使用。这仿佛是温斯坦利在半睡状态中从基督自身听到的。温斯坦利孜孜不倦地宣传土地公有,将其作为人类复兴的主要手段。

有趣的是,温斯坦利把国家的建立同私有制的产生联系起来进行分析。依他之见,国家是维护私有制的机关。教会的使命也是维护私有制;为此它从信徒得到什一税。在"兄"和"弟"之间,即有产者和无产者之间的对话中——温斯坦利把这个对话引进自己的《自由的法律》一书中——他使兄长向弟弟提出要求,弟弟从他那里租佃土地,并为所耕的土地而向他偿付,因为"上帝的法律是这样"。如果穷人不偿付租金,他将遭受长期苦难。当弟弟问,难道这是上帝的意志吗?兄长便回答道,上帝的圣训就是这样,如果穷人不履行它,那么上帝将诅咒他。

温斯坦利像十七世纪英国其他的著作家一样,把英国产生私有制以及维护私有制的国家和教会同诺曼底王朝的征服联系起来。他的理想是,人民在保留各个家庭自身消费的条件下,全体人民必须劳动、财产公有。

温斯坦利的关于未来社会制度的观点是很有趣的。我想指出他那含有颇深的史学见解的思想,即人们的心理素质将随着社会制度的变化而变化。依温斯坦利之见,随着外部奴隶制的消失(私有制是奴隶制的根源),就会没有内部的奴隶制,人类的心理就要变化,虚伪、傲慢、贪婪、嫉妒心也便消失,因为所有这些特征都是由于私有财产在人类社会中居统治地位而产生出来的。

温斯坦利像哈林顿一样,指望克伦威尔把他的关于社会制度的理想付诸实施,同样使自己失望了。

综上所述可见,英国革命是社会思想的多么重要的动因。如果英国革命时期的思想家没有提供历史学的新建设,那么在许多问题上他们却表现出对历史过程有着深刻的理解,不过他们远未把自己的结论贯彻到底。他们所阐述的一些思想对以后社会思想的进一步发展产生了不小的影响。

显然,英国资产阶级社会的最终形成是在复辟时代,特别是在一六八八年政变之后。

如果谈谈这个时期的史学家们,则一个颇为典型的人物就是坚决的保王党分子、《英国叛乱及内战史》⑦一书作者,克拉林顿勋爵(爱德华·海德)(一六〇九——一六七四)。与其说他是史学家,不如说他是回忆录作家。在亲自观察的基础上,他描述了斯图亚特王朝时期的英国史;在该书中历史终是同自传交错在一起的⑧。如果把他作为史学家来评论其特点,那就应指出,他最近似十五世纪法国回忆录作家科曼(我们已经谈过他)。克拉林顿是个饶有风趣的善于讲述的人、鉴定人物的能手,并以善于评述自己派别的人即保王党分子为主,对反对派代表人物的评价则不见佳。他看不到他们的任何优点,他不能理解他们的诚挚及他们的宗教热忱。他觉得他们的狂信是为其特殊的目的而伪装出来的。克拉林顿误认为,英国革命或是王权所犯的偶然错误的结果,例如是白金汉和其他活动家的不能奏效的政策的后果,或说成是"上帝的姑息"抑或是能掌握无知群众的阴险的集团活动的结果。同样,这个革命的结局也被他误认为是赐予英国的某些"上帝的恩惠"。一句话,克拉林顿不配作为任何高深的史学理论家。

我们感兴趣的是另外一件事,即资产阶级的,特别是在这时期所形成的辉格党的政治观点怎样。在一六八八年政变后出现的那些理论家身上,这些观点反映得最为明显。

在这里,最著名和最有趣的人物是约翰·洛克⑨(一六三二——一七〇四),尽管他的社会学理论观点没有重大的独创性,而且在很多方面重复着我们早已知道的那些东西。他的观点特别接近雨果·格老秀斯的观点,当英国最终走上资本主义的发展道路时,英国资产阶级的意识形态接近革命后的荷兰资产阶级的意识形态,并非偶然。

《关于人类理智的经验》⑩和《关于政府的两篇论文》⑪是洛克最重要的著作。这两篇著作写成于一六九〇年。

从政治观点上看,这些著作是站在辉格派的立场上为一六八八年政变作辩护的。洛克在这里为在《权利法案》(一六八九)中明显反映出来的那部英国宪法进行了理论上的辩解。他以辉格派所特有的虚伪和蛊惑性为其论据加以装饰,力图证明英国宪法是最完美和最正常的理所当然的事情。与此同时,洛克鉴于资产阶级的利益而对这部宪法提出了某些修正。

我暂且不谈洛克的哲学的、理论认识的和伦理道德的观点,而只研究他的政治观点。

把个人作为社会的原子及其不可剥夺之权的纯粹资产阶级观念是洛克政治观点的基础。洛克认为,充分的自由和平等的状态是自然的状态或前国家的状态(这是十七世纪理论家整个体系的特征)。一切人被创造出来都是一样的,这当然不是指才能而言。洛克所说的人们的天赋平等,是指每个人自由权利的平等,而不服从于其他人。但这种自由是受一种要求的限制,即谁也不应损害别人。其实,这一要求非但不限制,反而保护并扩大了自由。不难看出,洛克的这些原理源于格老秀斯的观念。

不过除了自由之外,财产也作为天赋权利而属于人们。洛克提出了财产起源的理论,后来成为资产阶级理论家为所有制作的经常辩护,根据这一理论,任何财产都是由人类的劳动所创造的。洛克从这一理论得出下列结论:既然财产源于劳动,那么,人们就应享有他能耕作那么多的土地所有权。握有更多的土地所有权,就意味着剥夺别人的这个所有权。如果放弃土地而不去耕种,这就意味着放弃"上帝的赠品"而不用。但如果土地被集中于一人之手是非法的,而洛克认为,货币聚集于一人之手则是十分合法的,盖因一个人占有的钱多于他人的情况

—— 205

下,不会使这些钱放着无用。所以,按洛克的意见,财富的最主要源泉与其说是土地所有权,不如说是货币资本,他认为土地所有权最好要加以限制。

洛克把公民的身份同天赋的地位区别开来。在这里他运用了社会契约论,在他看来,正是由于社会契约,人们不再去维护个人的自由和所有权,而将这维护交给整个社会。由于自由的而且平等的人们共同商议的结果,于是就产生了个人意志服从大多数人的决定。以此协议为基础,当权者就得到了立法权、惩罚犯罪之权,即行政权和审判权及进行战争与缔结和约之权。国家的唯一目标是维护个人的自由和所有权。同时,个人并不放弃自己整个的天赋权利,只是同意为此目的而需要限制的那些。所以政府所得到的只是维护公民的人身和所有权所必需的、被限制的权利。

所以,洛克就成了在其基本原理中的资产阶级法权国家的规范的创建者。洛克否定同公民权利势不两立的专制主义的君主政体。他认为,君主立宪政体是最好的国家形式。他进一步发挥了格老秀斯提出的分权的思想,这种思想后来在孟德斯鸠那里得到了彻底的完成。在洛克的国家观念中,政权分为立法权、行政权、司法权和所谓联邦权,他把联邦权解释为宣战和媾和之权。他认为,最高的权力是立法权,如果将其译成十七世纪实际关系的语言,就是国会的权力。不过从洛克的观点看,国会的权力也绝不应是绝对的。无疑,这里洛克受到了《权利法案》的影响:政府没有权利随意侵犯公民的人身和财产,如果没有公民的同意,它也不可占有他们的财产。换句话说,必须有公民同意,政府才得以征税。

依照洛克的观点,始终保持在人民手中的人民的权力比立法权还高。但"人民权力"的概念是辉格党人蛊惑性的虚构,他们藉此来为一六八八年的政变作辩护。这个"人民的权力",在弥尔顿的概念中,甚至部分地在哈林顿那里,不是作为经常发挥作用的力量而出现的,而在洛克的理论中,实际上却没有这样的表现。在洛克那里,只是在少有的场

第十二讲 英国革命时期的社会学家和政治思想家

合,在类似一六八八年政变的紧急关头,"人民的权力"才作为决定性的力量而出现。

依洛克之见,尽管君主服从立法权,但他作为行政权的首脑而保持着相当的独立性。他可以召集和解散立法会议,可以减轻法律,在法律没规定的情况下独立处理,可以改变选举法。不过,如果行政权超越于自己的职权,而这一超越又不能被立法权所阻止,那么人民就应站出来,在此情况下人民有权拿起武器。

在洛克的观点中,新的资产阶级关于国家的理论得到了最鲜明、最完整的反映,此种理论形成于十七世纪末这时期已经历了资产阶级革命的那些国家。

这样我们便看到,十七世纪的政治理论很少有历史根据,而关于社会契约,关于天赋人权或者天赋地位之说,很少由其创始者们把它同具体的史学研究联系起来,尽管他们有时试图引用个别历史性质的实例。

总的说来,十七世纪的社会学家和政治思想家对具体的历史抱有极大成见,他们常把具体的历史只看成是偶然情况的凑合和伪造的传统,而这些传统许多世纪以来完全歪曲了事情的本来过程。

值得注意的是,当这些理论家以史学家的资格出现,并求助于具体的史料时,他们通常把自己的一般理论观点放在一旁,在批判性的思想和总的著作体系方面,他们没有高出当时历史科学的水平。雨果·格老秀斯着手写尼德兰革命时或者弥尔顿在他的英国史论文中都是这样。

鉴于十七世纪社会思想的发展,需要对十六—十七世纪经济思想的发展作一些简短的评语。这是在意大利、西班牙、而最多的是在英国与荷兰的一些经济学家加紧工作的时期。起初,他们探讨了重商主义的理论。说到这里,须指出佚名著作《对我们同胞某些思想的评述》,该书于一五八一年在伦敦问世,被认为是威廉·斯特拉福德之作⑫。托·曼(一五七一——一六四一)发展了贸易平衡的理论。后来,英国革命的活动家之一,克伦威尔剥夺爱尔兰居民的主要助手,威廉·配第

—— 207

（一六二三——一六八七）奠定了资产阶级古典政治经济学的基础。他明确地建立了劳动价值理论的基础，他否定贸易平衡的理论，提出了自由交换的思想。应当指出，十六—十七世纪经济问题的探讨，是紧密联系当时的情况，而很少对以往的经济作出说明。他们认为，那些由当时经济学家们确立的经济法则是不受历史改变的，也无须经受历史检验的法则。成为十七世纪特征的资产阶级理论思想，在社会科学方面的理性主义的和思辨的原则也在这里出现了。

（王松亭译）

注　释

①约翰·弥尔顿在革命时期归附于独立派，接近克伦威尔，发表了一些小册子和政治论文；他曾担任过共和国管理外交通信的秘书数年。（编者注）

②约·弥尔顿(J. Milton)：《论最高法庭：关于出版自由对英国国会的发言》，伦敦，1644年；约·弥尔顿：《关于出版自由对英国国会的发言》，俄译本，莫斯科，1907年。

③约·弥尔顿：《国王和官员们掌握政权的条件》，伦敦，1649年。

④詹姆士·哈林顿是出身于高贵的贵族家庭的富有地主，革命前接近查理一世的朝廷，但后来在内战时期则支持国会，尽管他没加入任何政党。从1646到1649年哈林顿处在被俘的国王查理一世身旁，徒然地期待国王能同国会达成谅解。在1649年国王被处死之后，哈林顿坚决地转向共和的立场，他在其1656年出版的论文《大洋国》以及维护共和的政治思想并反对英国君主政体复辟计划的小册子中，坚持了共和的立场。复辟后，于1661年哈林顿被逮捕，在监禁期间他因精神错乱而患病，获释后他脱离了政治活动。（编者注）

⑤詹·哈林顿(J. Harrington)：《大洋国》，伦敦，1887年。

⑥杰·温斯坦利(G. Winstanley)：《一部纲领中的自由的法律：恢复了的真正的官位》，载《杰拉尔·温斯坦利著作集》，纽约，1941年；《杰·温斯坦利政论选集》，俄译本，苏联科学院出版社，莫斯科——列宁格勒，1950年。

⑦克拉林顿(E. H. Clarendon)：《始于1641年的英国叛乱及内战史》，一至六卷，牛津，1888年。

⑧克拉林顿于1646年革命事件正炽烈时开始写此书，此时正流亡国外。复辟时期他回到英国，并起到了相当显著的政治作用。但后来在1667年他被控叛变罪再度流亡。在第二次流亡时，于1670—1671年他完成了此书，该书于1702—

1704年于牛津首次出版。(编者注)

⑨约翰·洛克——英国有名的接近唯物论的感觉论哲学家,在英国复辟时期出现的辉格党的积极成员,在十七世纪六十—七十年代他积极参加了国家的政治生活。1682年他作为一名积极的辉格党人、斯图亚特王朝后期专制主义的反对者,而被迫逃亡荷兰。1688年政变后回到英国,积极开展了因这一政变而建立的君主立宪制的活跃的政论活动。(编者注)

⑩约·洛克(J. Locke):《关于人类理智的经验》,伦敦,1944年。

⑪约·洛克:《关于政府的两篇论文》,纽约,1947年;约·洛克:《哲学著作选集》,俄译本,卷一至二,国家社会经济书籍出版社,莫斯科,1960年。

⑫目前人们认为,十六世纪中叶英国的政治活动家约翰·格尔斯(死于1571年)是这部书的作者。格尔斯写《论共同的福利》的论文首次出版时没有指出作者的名字,1581年在讲稿原文中被引用的名字是威廉·斯特拉福德。(编者注)

第十三讲　贝尔、维科

在前一讲我们谈到了历史哲学与实际历史研究之间的分歧,这个分歧在整个十七世纪都是不可克服的。然而,正是在这一时期迅速地积累了历史事实。在这大量的材料中(学者们已在十七世纪使用了这些材料),从材料的真实性来看,自身包含许多矛盾,特别是因为这材料只是从形式上批判地检验过,要弄清它就显得特别困难。因此,我们已经看到,例如霍布斯对历史十分厌恶,是可以理解的。我们已经指出过,哲学家—社会学家们讽刺地把历史看作是一堆完全无用的陈旧废物。他们认为一切历史故事完全经不起考验,在某种程度上是寓言和事实的无意义的集合,在它们之间确立真正的联系是不可能的。十七世纪法国著名的哲学家雷奈·笛卡儿对一些旧书作了讽刺,他说,历史学家们在坚持那些不可能的东西,为了使这些旧书更易引人阅读,甚至其中最可信的部分也改变并夸大了事件的意义。在这方面,十八世纪初期最敏锐的思想家之一、著名的托利党的政治家和政论家亨利·博林布洛克(一六七六——一七五一)的怀疑论的意见是有趣的。他的著名的《关于历史研究和历史教益的信》[①](一七五一)实质上是对"充斥于古物鉴赏家头脑中的学术上的破烂货"的嘲弄。在他看来,历史好像是不能科学地理解的事件的杂乱堆积,是虚假、空幻和微不足道的文献的集合。

当然,这种历史观也反映到新的阶级——资产阶级对过去持否定的态度,在这个阶级看来,在过去居统治地位的是人的愚昧无知、迷信和无力搞清事件等等。既然这整个中世纪的过去受到谴责,所以也由过去的人们所写的历史这种过去的遗迹也同时受到谴责。这样对待历史的结果往往是彻底的怀疑论,原则上否定认识过去的任何可能性。

在这方面,法国学者皮埃尔·贝尔有名的《历史的和批判的辞典》②具有重大的意义。这部辞典于一六九五年在鹿特丹开始出版,后来又陆续再版。这是最早的大部头的辞典。

皮埃尔·贝尔(一六四七——一七〇六)的特点是十分博学多识,异常的博览群书,这往往损害了他的身体。他知道很多史料,通晓有关的每个历史事件、每个历史活动家的大量知识,但他通常认为,为了能根据这些知识得出最终的结论,这些知识又过于矛盾,彼此联系太少。我们常常在贝尔那里找到很挖苦的、往往刺激人的、但最终又茫无目的的批判,因为藉助这一批判,只能得出一个结论,即几乎关于一个人、一件事都不能说出任何可靠的东西。这种怀疑主义的刺激因史料中经常的矛盾而产生,它往往使贝尔以轻率而肤浅的口吻来谈论自己的史料。

贝尔的辞典贯穿着失望的情感,认为就是最仔细研究史料也不可能获取任何可信的东西。在作者看来,你越仔细研究史料,越多注意史料,那么所观察的问题也更是变得越模糊不清。

贝尔是个科学兴趣很广的人。他被大量细小的材料所窒息,而他又用这种材料充满这部辞典。甚至对辞典中每个小条目,每条总共只有几个字,也提供大量的注释,这些注释是怀疑和讽刺对象互相矛盾的知识的集合。在这部批判的辞典中,特别显著地暴露了作者没能力把对待历史的批判的科学态度同掌握大量的实际材料统一起来,大量的实际材料向历史家涌来,而他都不能搞清它。这是理论与实际材料的脱节,不能把二者统一起来,这就导致出现了一种完全怀疑的态度,它妨碍显示历史的一般涵义。贝尔的批判是肤浅的,这个批判只归结为指出无数矛盾。通过比较各种史料,贝尔极力尽可能揭示英雄人物,并证明,那些被认为是英雄的历史人物实际上在其行动上只是受卑鄙的动机所驱使的普通人。这就更强调了历史没希望成为科学的总印象。

渗透到贝尔历史观的怀疑论的全部结果是最深刻的悲观主义。他认为,世上既不存在赏善,也不存在惩恶。历史上这种怀疑论的思潮不是什么新东西;它在十六世纪就已经开始表现出来。

但是,在十七世纪末和十八世纪,这种怀疑论的著作特别大量出现了。例如路易·博佛尔(卒于一七九五年)③的著作就如此,他在一七三八年写出并在乌特勒支出版了《论罗马史的前五个世纪不可靠》。④

博佛尔首先对提图·李维作了尖锐的批判。他证明,在古代罗马存在的前五个世纪,不可能保存任何有关的史料,因为罗马已被高卢人攻占并被破坏,所以有关罗马历史的所有史料都应遭到毁灭。在分析提图·李维时,他证明,一部分希腊传说、一部分悼词、古老的歌谣成为给李维服务的资料,这些东西的意义、解释家族诨号、家族的传说和传统已部分地丧失了。但是,博佛尔自己没有试图设法弄清这个材料,也没有提出这部材料终于能用来复述古代罗马时代的问题。既然他认为这些材料是缺欠而且不可靠,那么在博佛尔看来,罗马的前五个世纪的历史一般地不能被恢复。

十八世纪初一位著名历史学家、意大利人占巴蒂斯塔·维科对历史抱怀疑态度。但是在维科那里,我们已经看到这时部分地试图克服这种怀疑论并通过深刻地分析过去的残迹来恢复人类发展真正的阶段。

维科是一位十分独特的思想家。各派的历史家们都竭力把他列入自己的阵营,不总是有充分的根据。

在当时,在十八世纪初期,维科在自己的故乡那不勒斯王国是完全不被理解的:而他的卓越的著作几乎没有什么反响,或者引起有天主教情绪的批评家们的抗议。后来,他在长时间里完全被遗忘。只是在十九世纪,当他的某些天才思想已被更好地理解的时候,人们才回忆起他。但是,在攫取他的某些思想的同时,人们经常曲解他,并使之适合自己的观点。著名的罗马历史学家,罗马的传统最伟大的批评家之一,尼布尔,利用了维科关于罗马历史的一些思想。后来,在十九世纪前半期"青年意大利"的代表们认为维科是他们的英雄,其实是出于误解。在他们看来,维科仿佛是教廷和天主教会的最有权威的敌人,尽管像我们所看到的,不完全是这样。

在法国,十九世纪一位历史学家——诗人尤里·米什勒,在精神方面部分地接近维科,把维科抬得很高,但可以怀疑,他是否了解维科。米什勒是根据自己的观点来理解维科的,他把维科作为自己的理性主义的浪漫主义精神的代表。我们能够指出维科对较晚的著作家们,例如对弗斯特尔·德·库朗日的影响。但是,部分地是意大利法西斯哲学的创始人的意大利唯心主义者哲学家们,强调他的唯心主义哲学的因素,主要是他们利用了维科。

另一方面,我们应该指出马克思所作的关于维科的评语。在一八六二年四月二十八日致拉萨尔的信中,马克思建议他研究维科的《新科学》,因为维科首次提供了罗马法的深刻哲学。马克思指出,维科天才地预知了许多,只是在十九世纪才发展的思想,他发现了真正的荷马,断言,荷马不是写出两大史诗的某个具体人,而是以荷马之名来体现在诗歌中叙述自己历史的全体希腊人。马克思还指出,维科批判了古代世界史,在他的《新科学》中"以萌芽的状态包含着沃尔夫(《荷马》)、尼布尔(《罗马帝王史》)、比较语言学基础(虽然是幻想的),以及还有不少天才的闪光⑤"。

谈到维科,十九世纪和二十世纪的许多著作家把他描绘得不像历史学家,反而更像天才地预见许多的诗人和幻想家,但他所得的结论更多的是靠想象,而不是证明。

维科生活的年代(一六六八—一七四四)正是意大利极其衰落的时期。意大利最偏僻的角落那不勒斯王国有着绝对君主制,文化和教育的衰落特别深刻。

那不勒斯王国的全部生活被天主教会的罗网所包围。耶稣会士在这个国家有极大的影响。他们以虚伪的古典式培植的教育制度加上无休止的礼拜,耶稣会士在学校的横行霸道的精神气氛,不适于维科那样特殊的、独特的和独立思考的人物。

占巴蒂斯塔·维科是小书商之子。他在耶稣会学校学习,在那里他获得了一些古典作家的知识。但他不满意于他的老师们,于是在十六岁他停止了学业,为父亲办一桩讼案并获胜以后,就开始担任律师业务。他在法庭上的演说如此出色,以致对方的律师为了祝贺他的成功,竟在法庭旁边等候他。后来,维科在距那不勒斯不远的一个贵族城堡里任家庭教师。在这里他有许多余暇,他用这些时间来阅读以充实自己的教育。从一六九四年起他担任那不勒斯大学的教授,但是修辞学讲席与他的天赋极不适应。他有一个大家庭,一个修辞学教授的薪金不够它用,于是,他竭力以各种办法,主要是在庆祝的场合,为了祝贺那不勒斯的官员和奥地利、西班牙的总督们而撰写各种祝词、诗歌来多挣钱。根据某些内行的评论,他的诗有天才的光辉,尽管难以想象在定购诗歌的条件下,为了赞扬和维科格格不入的人们,还能多少广泛地发挥自己的天才。只是到维科的晚年,波旁朝国王卡尔因竭力为自己树立保护学术的声誉并使杰出的学者们围绕自己,才授予维科宫廷史官的职务和较高的薪金。但到此时,维科已经被贫困生活折磨得十分衰弱,很快丧失了记忆力,停止工作,不久死去。

使维科永垂不朽的主要著作是他的《论民族共性的新科学原理》(《新科学》)[6](一七二五)。

属于他的还有一部著作,当马克思论述维科为"法的哲学家"时,显然指这部著作。这就是《论普通法的唯一原理》[7](一七二〇)

在叙述维科的观点时,我们只能主要依靠他的《新科学原理》。阅读这部著作是相当难的任务。根据这部著作的布局来看,既不清楚,也不合逻辑。这里我们看到一些主题和形式经常改换,论据常因离奇的描写而改换。此外,维科的论据,特别是他语言学的论据是这样不同于我们今天的概念,以致很难注意到。应该说,这位修辞学教授不善于撰写清楚。他用艰涩、模糊而混乱的语言叙述自己的思想,把自己的论据同借用别人的论据相混,理不出基本线索。在维科那里,我们看到幻想同证据经常相混,而且幻想有时比证据更有意思。在他那里常遇到神秘主义的情绪。按整个智力和性情而论,不只按自己的哲学体系而论,维科与成为十七和十八世纪社会学家的特征的,用物理学、机械学来解释社会进程正处于尖锐的矛盾中。在他那里,我们看到的则是完全另外的解释,这种解释在某些方面更接近我们。但我应预先说明,我没有任何把维科现代化的想法,我要在其中强调的,只是同我们的概念接近的东西。维科是他那个时代的人,而且在许多方面站在比他的思想的对立派——理性主义者还更落后的立场。

维科把历史进程理解为有机的进程。根据他的意见,各民族自身是由于人类本性所具有的一定的内部法则而发展的。正如我们似乎说过那样,维科把由低到高级的历史发展规律,即进化的规律,同社会契约的力学理论相对立。维科的这部著作称为《论各民族共性的新科学原理》。这一书名并非偶然。维科认为,历史现象是合乎规律的、重复的,一切民族都有理想的历史公式,根据这个公式已经构成了可以称为每个民族具体的历史。这样,维科把内部发展的原则引进人类的历史。但是,在维科看来,这个原则是由干涉历史的上帝确立的。然而这一上帝干涉归根到底只是被维科描绘为控制人类社会发展的永久的理想规律。维科对于历史家著作中传世至今的有关各民族发展的原始阶段的材料,持怀疑态度。他否认荷马作为历史人物而存在,更不消说荷马描述那些事件的历史的可靠性了。但与此同时他认为,神话、有关英雄的传说材料—诗歌作品材料,一般地是再现各民族发展的原始阶段的最丰富的史料。依他的观点,这是某一时代的特有的文献或标志。根据这些遗迹,能够部分地恢复没保留下来可靠文献的这些时代的历史。维科在不认为荷马是历史人物的同时,宣布《伊利亚特》和《奥德赛》是两部完全不同的著作,不属于一个系统,它们产生的时代和地点也彼此不同。维科认为荷马是集体人物,是在《伊利亚特》和《奥德赛》中以诗的形式叙述自己历史的希腊人民自身的反映。但是,不应照字面来理解这一故事,而只是把它理解为需要分析和解释的标志。

维科把人类发展的时代划分为三个:神祇时代、英雄时代和人的时代。

第一个时代是神的时代：这是人类的童年,当时人类处于原始状态。大多数理性主义哲学家(某些人除外,例如霍布斯)把自然状态看作是人类的"黄金时代"。维科也讲到"黄金"时代,他认为人类在罪堕之前留在天堂就是这样。但是,他的关于原始人类的概念和理性主义者哲学家们相比完全不同,这个时期被理性主义哲学家们描绘得极其抽象。这个时代的人被他们描绘为或者互相吸引或者互相排斥的某种原子,其结果归根到底是社会契约。维科关于人类原始状态的概念更合乎实际情况。他自己把原始人们描绘为肌肉特别发达、浑身长毛、具有锋利爪牙的巨人。他们不会直立,只会弯腰前进。很难想象那样半人半兽之间会有社会契约,很难把这些动物的生活称为人类的"黄金时代"。这个概念接近于现代科学中关于原始人的概念。

在维科看来,人们的精神生活是随着最初雷声的轰鸣而产生的。这里,维科的直观的观察力被最幼稚的议论所取代。他认为,雷是"世界洪水"的结果,因为在"世界洪水"以后,形成一些大片沼泽、湖泊以及大面积的水域,在水分蒸发时,这些就造成了大量乌云。与此相联系的是大雷雨。人们的精神生活因恐惧雷的轰鸣而产生的。恐惧使人们在各洞穴中四处逃散,各个男人带走了妇女。这样产生了家庭。

雷使得人们承认某种可怕的、超自然物——朱庇特或雷神的存在。面对这个神的愤怒的恐惧,教会了人们区别允许干和不允许干的事情。这里,维科开始对很可疑的属性进行各种语言学的议论和推测。他认为,朱庇特是法律之父,或权力之父。"朱庇特"一词正是"法权"一词的词根(jus)。

对朱庇特的恐惧给人们以善恶的概念,之后使人们竭力慰解神祇,软化神祇,对神实行崇拜。在崇拜的基础上,出现了特殊的神秘的语言,特殊的、神秘的艺术,维科关于语言和艺术起源的概念是有意思的。在他看来,语言和艺术同这种原始的礼拜紧密相联系。在这个阶段产生的语言包括神的名字,都是采自专有名词。这时词尚未联成句子,只有名词,而且并不抽象,而只是某些人和物的专有名称。同时,维科指出,打手势和动作语言产生于这种语言之前。这时书写也开始发展,但也是作为图形的象征字,后来由这些图形产生了象形文字。

人类历史的第一个时期即神的时期伴随着神话的产生。在神话中,维科把神话看成初期文化的无意识的编年史。对他来说,神话不是为了某些目的而发明的无意义的寓言汇集,它也不是真实事件的描述。他不想对神的概念给以被崇拜的英雄的唯理主义的解释。他把崇拜神的起源看成是人类社会历史上一定关系、一定事件的反映。社会发展中每迈出新的一步都创造出新的神祇。例如,为了使婚姻圣洁化而被造出新女神——朱诺,埋葬死者的习俗而创造出新神阿波罗等等。

在这个崇拜自然力的时代,一切权力都属于神人之间的中介者。那些在洞穴中建立家庭的家长就是这样的中介人。完全而绝对的权力属于这些家长或族长。族长们的权力通常是严厉的,这个权力要使粗鲁和野蛮的人们去实行民法。

除了隶属于族长并住在山里的人们以外,也有许多人沿河谷居住。这还是半动物半人,他们为生存而进行着猛烈的斗争。其中有较弱的也有较强的。较弱的逃到山里,受族长、初期的家长的保护。族长们把这些人置于自己的保护之下。以后,他们从山上下来,消灭了河谷地带最强的居民,即曾压迫逃进山里的较弱者的强盗残余。维科把有关巨人以及神打倒巨人的神话,特别是有关赫拉克力士的神话与此相联系。

从这个时候起,维科开始一个新时代即英雄时代。那些消灭了巨人——强盗的人们使寻求他们保护的人们服从自己。他们迫使这些人给自己劳动,把他们置于奴隶的地位。这些奴隶既没有宗教,也没有婚姻,更没有财产,但是他们不能忍受自己的隶属地位,他们开始要求较好的命运,这情形就使英雄的上层联合成为国家,修建坚固的城市。这样一来,维科在这里说出一个有意义的思想,即社会斗争恰恰是组成国家的原因,国家是为了使下层阶级服从,而对他们的起义作出回答的。

在这个国家中的统治,当然具有纯粹贵族的性质。依维科的看法,国家最早的统治形式是贵族政治。正如我们所见,大多数理性主义者提出君主制是最早的统治形式。

家长们组成元老院。依据维科的意见,这个时代已被记在荷马叙事诗中。他认为研究荷马的叙事诗可以恢复这个英雄时代,即贵族统治的时代。

像罗马的罗慕洛和斯巴达莱库古这些人物,也是这个英雄时代的反映。据维科的看法,在《十二铜表法》中也反映了这个时代。在这时建立了好战的、与人民群众尖锐对立的氏族贵族的政权。贵族政治宣誓憎恨人民群众,不给人民群众以任何自由。

一种特殊的语言适合于英雄时代。如果说前代的语言主要是同神的名字相联系的神话语言,那么在英雄时代占统治地位的是和种种比拟相联系的比喻语言。这是个野蛮风俗、决斗裁判、严格划分等级,使下层阶级隶属于上层的时代。

这样,维科没有把社会关系、语言和文化一切作为彼此孤立的现象,而是联系成一个共同的画面。据他的意见,语言和文化依赖于社会制度,在当时这又是很深刻的思想。

但是,由于下层,特别是平民阶层开始常起来反抗贵族政治,贵族不得不让步允许他们参与贵族政治,"英雄时代"也趋于结束了。这样,第三个时代——"人的时代"到来了。

在这人的时代,社会关系根本不同。与氏族贵族并列,出现了因功勋和财富而演变成的贵族。由新的社会阶级,即平民创立的新社会制度——民主制度——确立了。

文化的整个风格被改变了,语言、概念、习惯和思维方式本身在变化。从前带有具体性质的语言,现在具有抽象的性质;抽象的概念开始出现,占统治地位的不是有节奏的语言,而是平常话。

这样一来,维科的政权形式的更替与我们在十六—十七世纪思想家那里所看到的稍有不同,他们认为,君主制是原始的制度。维科认为,在原始社会制度、贵族政治之后是民主制度。但是,这一民主制的缺陷在于,在这个制度下总是进行着贫富之间的斗争,这引起内战和混乱。这使人们最终要求建立君主制、君主的法律。在维科的描述中,君主制具有理想的、民主的性质。君主制确立下来以保护弱者,成为其特征的是法律的温和,等级和民族在这里融合于共同的公民权之中。这就是罗马帝国存在的头一世纪的被认为完美的图景。

然而,在维科看来,君主制也给自身带来一定的危险。首先,君主制使人们脱离积极参加政治生活,从而使人们腐化卑鄙,使人们丧失相互联系的感情。这导致风俗重新粗野即新的野蛮,但不是原始的、富于继续发展能力的野蛮,而是衰落的、颓废的野蛮。

维科提出一个问题:怎样才能摆脱这种局面,摆脱这个封闭圈(它开始于年轻的、新鲜的野蛮,而以衰老的、无力的野蛮来结束)?

维科在这里看到两条可能的出路。在他看来,第一个最好的出路是,由年轻的新兴的野蛮人征服那些衰颓的社会,如同五世纪在罗马帝国发生的那样。依他的意见,取代后期罗马帝国的衰弱的野蛮的中世纪的野蛮性,似乎是"神的时代"新的复兴,从此开始新的发展周期。继之而起的是新的"英雄时代",维科把中世纪封建的欧洲当成这个时代,其后则是维科想象的现代,作为新的"人的时代"。因此,维科认为,君主制是当时欧洲正常的制度。据维科的意见,在像英国或波兰这样贵族政治的国家里,国王的权力很弱,应该建立更牢固的君主制。一句话,据他的看法,现代尚未处在封闭的圈子内,现代还有未来。

这样,维科认为,新的周期是在旧的、瓦解了的社会被新兴的野蛮性征服时开始的。但是,当正在瓦解中的社会附近没有能以其原始的野蛮性刷新并恢复后期衰弱的野蛮性的民族时,这种情况也有可能。那时,衰落了的民族往往听任命运摆布,内讧和纷争终于使它陷入野蛮,它面临着几世纪的文化衰落,这应该使它恢复勇敢,让它回到原始状态,把它引到神的时期,那时周期将重新开始。

这就是维科思想中著名的即循环的思想。这个循环已被古代世界所完成,现在进行的是他当时的欧洲同样循环的重复。

有意义的是，在维科那里，各时代的所有更替，同样地在两大周期之间的更替，不论如何总是同社会变革相联系，对他来说这些变革常常以阶级的——家长（或氏族长）与封建主、贵族与平民、最后是富人与穷人——冲突的形式表现出来。我们看到，维科毕竟提出了社会斗争的原则作为社会发展基本动力之一，尽管以模糊的、往往是被曲解了的形式提出的。同时，国家和法权被他看作是暴力机关以及富人使穷人服从的机关。

这就产生一个问题，即维科所描绘的周期是在原处运动，永远回到同一起点吗？在维科看来，是否面临新的欧洲民族开始完成一切并复归于衰落，或新的周期还是和历史的某一往前进步、发展相联系的呢？

对这个问题维科没有明确的回答。按他的一种说法是，似乎确实面临着退化，并且这一退化已经开始了。

但同时维科描绘出某种理想的共和国，这个共和国应该由君主国的联盟组成，其首脑是上帝。但是这是幅理想的图景，而不是多少具体的概念。看来维科毕竟给自己描绘了第二个周期，仍然有衰落和由新的野蛮把圈子封闭的趋向。

在一般评价维科思想时，应该指出他的某些特别宝贵的思想，或确切地说是直觉的推测。他的著作确实配得上史诗的名称或人们所常称的《神曲》。

首先必须指出，维科有关于人类历史全面的有机联系、社会制度与意识形态之间有机联系的概念。在维科那里，人们的思维依时代条件为转移而有完全不同的性质。语言、文字——文化的一切总和最终取决于该时代的社会制度。首先表现在习惯和语言中的人类思想的全部发展，取决于"事物"的发展。他说，思想的规矩在"事物"的规矩之后。例如，在语言的发展中，除去上述时期以外，维科确定了另一些时期；他说，语言起初有森林的性质，后来有农业性质，最后是城市的性质，以语言在什么环境中形成为转移；最后，他还区别在科学院和其他科学机关开始产生的科学的、抽象的语言。

第十三讲 贝尔、维科

维科建立任何社会发展次序的尝试,在很大程度上是以研究罗马史为根据。对他说来,罗马人民一般地作为人民的典型,根据这个典型,历史复现其他民族的生活。维科说,如果运用被他采用的历史类比法,那么"历史就是被阐明的、但不是单独的和暂时的希腊人或罗马人的法律和事业的历史,而是在被理解的本质上相同、但在发展方式上则不同的历史。这样,我们就得到永恒规律的理想的历史,各个民族的事业在其产生、前进、衰落和终结的状态中,甚至如果(这是绝对错误)在永恒中有时产生无数的世界都适应这些规律。因此,我们敢于给这部著作以《新科学》这个令人羡慕的书名,因为让它没有这一书名,就会过于不公正地破坏它的如此包罗万象的主题的合法权利。"⑧

同时,维科对传统的罗马史进行了很有意义的批判。在分析提图·李维,特别是他关于罗马史的头几个世纪、关于王政存在的时代,其后关于共和国的头几个世纪的报道时,他表现出极高的批判触觉。他认为,正是由于这时期的历史特点,这里不可能有那些带象征性的、宗教性质的准确历史记录。这些历史记录是时代世界观的反映,但绝不是历史事实。从这个观点出发,他怀疑罗马史的前五个世纪的传统历史,认为那是传说。

和罗马共和国同时在古代世界的其他国家,在东方,还有君主制的存在。这似于违反维科根据罗马史所描述的循环图景。但维科把这些君主制视为早先完成的并达到自己的周期发展之末的结果。这样一来,维科在狭义上把古代东方和古典世界加以区分,把古代东方分成一个特殊的周期。

维科激烈地反对理性主义及其对经验论者和传统的完全蔑视,并反对以机械的态度对待历史。他不相信采取几何学的方法去研究社会发展规律的可能性,他把这种方法同有机地理解社会发展规律对立起来。不但如此,在维科看来,更适于自然科学的,不是数学理论,不是纯抽象议论,而仅仅是经验。维科认为,能够完全认识的只是被已知者所创造的。因此,在他看来,自然科学所研究的世界,一般地说,任何时候也不能被认识,因为世界是神创造的,而只有神才能完全认识这个世界,至于说到人类社会,那么这个社会在很大程度上是人们创造的,因此人和人类社会恰恰是能被人类科学所认识,并应构成人类科学的基本内容。

十七世纪—十八世纪初期的理性主义者(笛卡儿、霍布斯)如此鄙视的历史,被维科放在人类认知的中心地位。⑨

我再说一遍,成为维科特点的是,感觉并理解历史为活生生的有机过程,它不同于我们在十七世纪理性主义者政治思想家那里看到的机械的原子论。在维科这里没有关于原始幸福的,有社会以前的状态的抽象概念,这种状态后来导致社会契约,作为合理的、适当行动的结果。在他那里,野人真正是很可怕的野人;他认为,家庭和国家的形成不是从利益的考虑,而是由于面对等待着人们的危险的意想不到的恐怖的命令(如果他们单独地生活),是由于社会集团之间斗争的结果。所以,维科反对国家起源的理性主义的理论,反对理性主义地解释宗教。

然而这一切没有给我们提供把维科的观点加以现代化的根据,像现代资产阶级历史家们不止一次地企图这样做的,他们从维科丰富的、独特的和矛盾的思想中抽出最能充实他们自己的学说的东西。必须永远记住,维科是他那个时代的人。

在认识历史方面,维科是唯心主义者。他把原始人描绘成真正的野人,同时他也不能脱离圣经的传说,他也不想否认那些传说的真实性。正如我们说过的,人类的"黄金时代",他完全当真地对待那个时代,根据这些传说这时人们是住在天堂里。

我们也看到,维科相信神的行当。在他看来,神是引导历史达到一定目的的动力,引导人类从混乱达到秩序。他从这个立场责难格老秀斯,对于格老秀斯来说,神只是抽象的哲学基础,而不是历史上实际起作用的力量。诚然,同中世纪的历史家们相反,维科并未赋予像基督圣诞节之类以特殊的意义。他认为,历史在这事件以后走以前同样的道路,但整个地说,在维科的历史概念中,神学的成分还是有相当的分量。

例如,维科说,人类的一切发展向着"神命为我们指定的上帝的正义,以保存人的社会"⑩。关于他的《新科学》,他指出:它"应该成为天命的历史事实的证据"⑪。关于这一点,维科在其较早的著作《论普通法的唯一原理》中也谈过。他自己把他的关于法权的学说称为"神命合理的公民神学"则并非偶然⑫。在其实际生活中,维科在很大程度上受天主教思想的影响。例如,他开始要出版雨果·格老秀斯的著作,但是当发觉他作为天主教徒,不应帮助异端的声誉时,就放弃了。我们在他这里发现一个无神论者既不能正确判断国家,也不能正确判断法权的言论。

我已经指出维科的某些很不科学的主张,他却把这些列入自己的学说内,例如关于大雷雨是由于"世界洪水"而产生的这样概念。这些概念,是他从《圣经》引来的,用其他民族的相应神话来证实这些概念。

维科的《新科学》一书是这样结尾的:"一切学者在上帝的无限英明面前大为惊奇和景仰,并渴望与此英明相结合"⑬。从这一切得出一个结论,即"科学也不可分离地给虔信带来勤奋,谁不虔诚,谁就不能真正地成为英明的人"⑭。

当然,还要记住,如果在维科的书中不谈那种笃信宗教的思想,在落后的天主教的意大利就不能出版。也许这样做在某种程度上是为了使该书容易出版。但是还要承认,在维科的《新科学》中宗教成分太多了,它的存在难以解释为是出于逃避检查的考虑。

在概述中,我们可以说,维科的《新科学》是非常独特的书。它是作者对社会发展规律有意思的直觉领悟和许多完全非科学理念的结合,这种领悟在许多方面已超过了当时史学中占统治地位的概念,而那些非科学的理念使这部书处于比十七至十八世纪唯理论者社会学家的著作还低得多的地位,这些唯理论者社会学家们是坚决地把神从历史中逐出的,或把神的概念归结为抽象的哲学原理。

(郭师稷译)

注 释

①博林布洛克(H. Bolingbrocke):《关于历史研究和历史教益的信》,伦敦,1770年。
②贝尔(P. Bayle):《历史的和批判的词典》,一至十六卷,巴黎,1820—1824年。
③博佛尔的生年不详。(编者注)
④博佛尔(L. Beaufort):《论罗马史的前五个世纪不可靠》,巴黎,1738年。
⑤《马克思恩格斯全集》,俄文版,第25卷,第399页(中文版第30卷第618页)。
⑥维科(G. Vico):《论民族共性的新科学原理》,都灵,1952年;维科:《论民族共性的新科学原理》,俄译本,莫斯科—列宁格勒,1940年。
⑦维科:《论普通法的唯一原理》,1720年。
⑧维科:《论民族共性的新科学原理》,第460页。
⑨在承认维科的历史主义多于十七世纪理性主义者哲学家们的概念时,也应该注意,在关于可能认识自然的问题上,维科站在更反动得多的立场上,实质上宣扬不可知论和人的理智不能认识自然。在这个问题上,十七世纪的理性主义者哲学家们,其中许多人在认识自然方面是唯物主义者,站在更进步得多的立场上。(编者注)
⑩维科:《论民族共性的新科学原理》,第114页。
⑪同上书,第115页。
⑫同上书,第114页。
⑬同上书,第473页。
⑭同上。

第十四讲 十八世纪启蒙运动史学的一般论述

我们在前几讲中,多次谈到的那种研究具体史料同人类社会发展的理论之间的脱节,只是在晚期的唯理论,即所谓启蒙运动时期,才被消除。正像在我们面前出现的早期唯理论的主要思想家,主要地(不是唯一地)是在比其他国家先经历资产阶级革命的国家(即尼德兰和英国)一样,启蒙运动后期的唯理论,也特别明显地出现在从十八世纪中叶已经酝酿资产阶级革命的法国。

启蒙运动通常是指十八世纪主要在法国发展起来的相当复杂的思想综合而言。其中有几个应当相互区别的阶段,但启蒙运动的思想体系在其典型的形式中,到十八世纪中叶,在当时最著名的法国哲学家——百科全书派伏尔泰、孟德斯鸠、狄德罗的著作中出现于我们面前。

启蒙运动一般的思想体系,其中包括这派史学的最大特点,可以确定如下。

首先,它们的特点溯源于十七世纪甚至十六世纪唯理论的统治地位。信仰理性,意志被建筑在理性上作为最后的和最高的权威,这就是启蒙运动思想体系的基本要素。启蒙运动的史学就以这种观点对以前的一切历史价值给以全面的重新评价。上帝从历史中被排除,或归结为所有事物的哲学基础,或归结为规律性的概念,也就是,上帝作为自然界和社会中的一切都必须服从的这个规律的创造者。既然由上帝自身规定了这些规律,那么它也不能违背。以唯理论的观点,则关于上帝自己能违背由它确定的规律这种思想,是与神的万能而伟大相对立的。

因此，以理性的观点，凡是迄今认为宗教结果超过知识结果的一切历史问题，都要受到批判和检验。宗教起源问题现在成为研究的对象。只有现在才有可能对历史持某种科学的态度。

唯理论历史学家从历史中排除了神学的因素，不仅在形式方面（像博学家所具有的），而且在对史料更深刻的批判上，都走上了正确的道路，这使他们的历史著作具有更多的科学性质。其次，在启蒙运动的政治思想家和历史学家的全部理论体系中，还应指出一个特点，即他们的整个世界历史的观点，关于作为统一整体的人类的概念，对整个人类的信心。他们经常说的，与其是一定民族、一定时代的人，不如说是一般的人、人类和人类整个的任务。

乐观的对进步的信心是和大多数启蒙学者深刻地相信理性胜利相联系的。在当时是进步阶级的资产阶级，把自己的事业与整个人类的事业看成一体，坚决地提出了知识进步的信心，按照资产阶级思想家的观点，这种知识归根结底应该导致社会和政治的进步。

因此，十八世纪的启蒙学者能够算作资产阶级的进步理论的创造者。在那时，他们的世界观还具有唯心主义的资产阶级的局限性。像十七世纪的唯理论者一样，十八世纪的思想家都趋于机械地解释历史现象。对他们来说，社会是个体即各个原子的总和，这些个体或原子互相结成各种关系和联合。

为了说明社会中这些分散的个体相联合的事实，唯理论者主要利用了"社会契约"的理论。我们在这里看到了把所有的历史过程机械地加以简单化，企图像当时说明自然界的现象那样来说明历史。如同已经指出的，在十七世纪"社会物理学"的术语很流行。我们把这术语在很大程度上也可应用于十八世纪的唯理论者身上。更极端的唯心主义以这个对历史采取机械论的态度为基础。只要用启蒙的方法，用绝大多数人了解真理的方法，正常的社会结构就能实现的这个毫不动摇的信念，是与人类作为处于各种数量组合起来的个体总和的概念相联系的。所有过去的无秩序、社会制度的一切缺陷，在唯理论者看来仅仅是

第十四讲 十八世纪启蒙运动史学的一般评述

无知和谬误的结果。他们认为,用阐释这些谬误的方法,通过确立合乎真理的知识,就能消除社会的一切混乱。关于站在启蒙运动最高处并有能力接受十六世纪唯理论者所开始的新科学这么不多的一帮人,是进步和历史的真正动力,这种思想是和这情形相联系的。从他们的观点来看,历史的进程首先在于人类知识的增进,归根结底,这些知识应该建立更好的社会制度。只有这不多的一帮人在历史过程中才具有积极作用的受阶级所局限的观点,是与当时资产阶级发展的水平相适应的,当时资产阶级把自己的事业与人民的事业看作是一体,它认为,比较不多的一帮人可以做到的启蒙运动是全部历史进程的主要因素。

如果我们把十八世纪中叶法国的唯理论同它的先辈,即十七世纪英国或尼德兰的唯理论相比较,那么,我们就应指出它们之间的几个不同之点。首先,十八世纪唯理论著作家和十七世纪唯理论的代表者相比,他们的著作引起了更加广泛的反响,获得了更多的读者。后者的影响不论如何大,毕竟只局限在学者阶层。但现在,即十八世纪,已经产生了知识界的相当广大的阶层,首先是资产阶级知识分子阶层,这个阶层可以被称为社会舆论的制造者。十八世纪的思想家们也就依赖这个社会舆论。但是,这个社会舆论不单局限于资产阶级知识分子,甚至也渗入到一定的贵族集团。那时,被迫对资产阶级实行某些让步的君主制,为了自己的目的也听取启蒙学者的意见,试图适应他们的学说。叶卡捷林娜二世、瑞典的古斯塔法三世、普鲁士的弗里德里希二世,都邀请启蒙哲学家到自己的宫廷,并与他们通信。[①]但启蒙运动哲学家(同其前代相比)与广大的读者群众这样或那样的联系则是当时社会发展的重要因素。唯理论哲学的性质自身也有某些改变,哲学不再是书斋学者的职业,而且改变了自己的作用。"哲学"这个术语现在意味着世界观。而且是与宗教对立的新的世界观。这是个新的、科学的、道德的、政治的思想总和,新的思想体系在广大资产阶级集团中加强了宣传。在这些集团中出现了不寻常的自我教育的热望。他们寻找一般的方法、知识间的联系、世界观的基础和贯穿于人类知识各个方面的科学

—— 227

精神。伏尔泰式的通俗化政论家的影响特别有力。启蒙学者的哲学具有赢得广大读者集团的大众化性质,启蒙学者经常呼吁社会舆论。

如果我们考虑一下启蒙时代的哲学思想,就可以看到,他们基本上是对已被十七世纪伟大的唯理论者很明确地论述过的思想仅作了进一步的发展。不过这些思想得到了广泛的普及,而这种普及是与破坏旧的,首先是宗教的观点携手并进的。这个时代的巨大功绩就在于此。

十七世纪的唯理论对宗教世界观作了一些让步。在以下方面划出了一定的区别:人类知识可以达到的、在合理的科学方法的帮助下能够认识的(由于这种方法人们首先懂得了机械论的演绎法),以及被认为人类智慧不能认识的并被交给宗教观的相当广阔范围的问题。

十八世纪的唯理论具有更多的战斗性质。它极力把宗教从人的世界观中彻底驱逐出去。诚然,那些始终如一的唯物主义者们,像霍尔巴赫,引起了启蒙时代思想的一些最著名的代表,其中有伏尔泰,对他们持否定态度,但正是他们的观点到底决定了这一时代总的精神。所有关于上帝、灵魂、在神学中意志自由这个词的含意,关于不朽这些概念,都从新世界观中被驱逐出去了。即使启蒙时代某些代表人物,例如还是这个伏尔泰,也奉行自然神教并且承认上帝,但上帝也只是作为始因,而不是作为如我们看到的维科所特有的、经常干预和决定人们意志的力量。

伏尔泰对待教会的激烈否定的、几乎不容妥协的态度,是同他力求革新整个人类的世界观,从上到下的整个思想相联系的。伏尔泰与教会经常斗争的著名的口号是:"要摧毁可耻之徒"(Ecrasez l'infame),这就是那个时代的特征。

但同时我们应充分指出伏尔泰式的启蒙学者的特点,这就是他们坚决同各种迷信、教士的贪欲、教会的舞弊行为作斗争。他们一般地认为,对少数人进步的世界观来说,宗教是不能被接受的,同时他们认为,宗教作为可靠的钳制工具对人民是需要的。伏尔泰说:"如果没有上帝,那就需要把它造出来。"② "平民不配有理智的宗教。"③

第十四讲 十八世纪启蒙运动史学的一般评述

这个启蒙学者的派别是资产阶级意志明显的表达者,他们对人民的警觉态度是其异常显著的特征。在宣传新思想中,法国资产阶级的思想没有面向人民,而是面向知识阶层。诚然,伏尔泰以非常炽热的同情论述过人民的苦难,他谈论过残酷的农奴制,但同时他远没有任何一种社会平等的意向。伏尔泰发表了修道院长梅叶的《遗书》,但他主要对书中猛烈地攻击宗教持好感,而对梅叶攻击私有制,他却与之完全划清界限。卢梭的平等理论只是引起伏尔泰的嘲笑。他认为,社会应由两个阶级组成:一方是富裕的和有教养的人,另一方是应该为这些统治阶级工作的一无所有的人。因此他反对人民群众的启蒙教育。他给达米拉维尔的信中写道:"如果人民开始议论,那么一切就要毁灭。"④他在给泰博罗的信中又说:"人民在任何时候都是愚蠢和粗笨的……这是一群犍牛需要羁绊、赶牲口者和刍秣。"⑤"如果不划分为两个阶级,即进行统治的富裕阶级和为他人服务的贫穷阶级,那么生活在社会中的人就不能存在于我们的不幸世界。"⑥

狄德罗虽然同情贫苦群众,但他也写道,来自平民中的人是所有人类中最愚蠢和最凶狠的,或者背弃人民,或者变得好些,这也是一样。伏尔泰写道:"绝大多数人过去是,将来仍然永远是粗野而愚蠢的。"⑦

伏尔泰以同情心去描述农民的遭遇,但同时又用鄙视的口吻。他们"和自己的母牛及其他家畜生活在茅舍里,说着城里人听不懂的语言;他们很少有思想,并且又很不会表达;他们服从耳后夹着笔的人(指国王的官吏——作者注),但又不知道为什么,他们把自己艰苦劳动挣来的一半献给官吏;他们按规定的时日集合在随便什么打谷棚里举行他们所不懂的仪式,听那穿着和他们不同的服装,他们完全不明了的人(即神父——作者注);有时他们在鼓声下离开自己的茅屋,为了可怜的工资准备去杀死和自己一样的人,他们若在家里会容易挣得这工资。这样的野人在全欧洲都有。"⑧

这就是十八世纪许多启蒙学者对广大人民群众的态度。他们的宣传代表着一定阶级的利益。

十八世纪法国的启蒙学者同十七世纪的启蒙学者还有一个对我们来说饶有兴趣的不同点，这就是他们对历史的态度。我们看到，十七世纪的唯理论者一般地以否定和轻蔑的态度对待历史，他们认为，用纯粹思辨的方法研究人类社会是可能的。相反，十八世纪的启蒙学者赞同维科的主张：人是研究的主要对象，在历史中他们得到自己的政治和哲学宣传的主要材料。为了攻击压迫，攻击封建制度的非正义性，特别是为了揭露教会的各种愚昧、残忍和迷信，他们在这里找到最有力的理由。

按他们的意见，历史表明了人们怎样受欺侮和迫害，他们的无知怎样被利用。这种对待历史的态度在他们的研究中激发了政治热情。我们同时看到，以科学的"公正态度"撰写的历史学家不多。过去的历史被所有他们描绘为暴政和愚昧无知的历史。这种历史是与关于自己时代的启蒙教育和对未来的美好希望的有些夸大的概念相对立的。这种政治热情给研究历史增添了新的兴趣并给它以有力的推动。就是在当时，即十八世纪，像我们所理解的那种意义的历史科学开始萌芽。但同时，这时代的历史家们常常被政治热情遮住视线。

因此，我们常常看到启蒙学者对过去，特别是当事情涉及宗教史的情况时，就有不正确的认识。在这里，除了粗野、迷信和教士的欺诈以外，他们什么也看不到。

我举一个典型例子，这是从伏尔泰的《试论民族的风尚和精神以及主要历史事件》著作中借用来的。在这部六卷著作的第三卷里，我们遇到贞德的历史。我们看伏尔泰是怎样描述她的。对他的文字的所有风格来说，这是个典型代表。我们指出，尖锐的讽刺、辛辣的嘲笑、无情地揭露先前时代所崇拜的东西，是十八世纪启蒙学者的主要武器之一。

伏尔泰需要否定围绕贞德而制造出来的宗教传说。他是用讽刺性地揭露她的活动的方法做到这点的。根据他的话，情形如下所述。

洛林边境的某贵族保德里库尔，在沃库列尔得到一个小饭馆的女仆贞德（伏尔泰否认她是牧羊女，女仆的职业听起来更现实并去掉她那诗意的光辉)。她同意扮演上帝的女战士和女使者的角色,用欺瞒的方法作为拯救法国的工具。

伏尔泰从编年史作者孟斯特列尔那里找到贞德是个小饭馆女仆,说贞德是个骑无鞍之马的身高体健的妇女,她还能做其他姑娘通常不能做的另一些事情。当她实际上已二十七岁时,她却被认为是十八岁的年轻牧羊姑娘。

贞德被带到住在布尔日的太子那里,在这里妇女们证明并发现她是个处女,大学博士和法务院的参事们承认她有神赐的灵感。这是否是因为她欺瞒了他们,或者可能因为他们足够机敏,成了这一骗局的参加者。人民即群众则对此相信并感到满意。

就在这时英军包围了奥尔良。于是英勇的姑娘穿上男人的衣服,在老练的统帅(伏尔泰为了消除各种奇异的成分,而强调这一点)的领导下,前往拯救这个城市。贞德以上帝的名义与士兵们讲话,鼓起他们的勇气和热情,因为他们深信上帝保佑他们战斗。接着伏尔泰叙述了奥尔良的解放、查理在兰斯加冕和贞德被俘。对她的审判,伏尔泰是这样叙述的,摄政王贝德福为了提高英国人的士气,认为必须把她处决。巴黎大学也宣布她犯有妖术和异端之罪,结果她被烧死。正像伏尔泰所说的,这位女英雄如果在另外的场合下,她会作为祖国的救星而建立祭坛。⑨

正像我们看到的,在《试论风尚》中的口吻,同伏尔泰在其著名诗《少女》中对贞德所持的态度相比稍有不同。这里没有无情的讽刺和挖苦,他承认贞德是女英雄和祖国的救星。但竭力反对围绕她的名字所出现的各种宗教神话。对伏尔泰来说,贞德没有被这样或那样的宗教观念所控制,但首先她是个骗子,虽然她出于善良的目的。另一方面,人民(le vulgaire)被描述为消极的群众。推动贞德的人民的热情,则伏尔泰完全不理解。首先他想推倒迷信,对所有奇异现象他极力寻找理所当然的解释。虽然他写了,他任何时候的目的都是为了保持时代精神,因为它决定世界历史的重大事件,但正是这个时代精神给他带来了很糟的后果。

伏尔泰从关于贞德的描述中所作出的主要结论是,她被烧死不能只用残酷来说明。那种死刑还是由迷信和愚昧相结合的狂热所引起的。他引证了其他情况下的火刑并发表了下面一段很有特色的意见:

"愿大城市的公民们——这里现在充满艺术、愉快与和平的气氛,甚至理智也渗透到这里——如果他们敢于的话,就尝试着现在埋怨自己的生活吧。这个思想几乎适用于这部历史的每一页。"⑩

如你们所见,这里想以较温和的习俗与宗教统治时代的愚昧、残酷、暴力相对立,这是理智已开始渗透进社会的时代习俗;又想表明现在对过去的优势,启蒙运动对迷信的优势。

如果我们翻阅《试论风习》的其他页,那么将看到伏尔泰千方百计地极力推崇印度人、腓尼基人和中国人的智慧,以便强调所谓"选"民即古代犹太人的落后、狂热和愚昧无知,他们在博绪埃和其他用神学观点撰写的史学家的旧书中曾是研究的中心。

与维科完全相反,伏尔泰根本不理解神话之类的现象。在论述到古代神话和神祇的各种变化时,他说,人在这种情况下感觉自己像在疯人院里或面对为金钱而拙笨地干着的骗子一样。他说:"关于这个题目可能写整整几卷,但所有这几卷可以归结为两句话:人类的绝大多数过去是、将来也永远是无知和愚蠢,但最无知的是那种想在这些荒谬的神话中寻求思想的人,和想把理智加进狂妄行为中去的人。"⑪

关于但丁的《神曲》,伏尔泰说,读了由但丁、维琪尔、圣彼得和卞翠琪小姐作为奇异的伙伴在地狱中相聚的描述,凡是具有正常思想火花的一切人都应感到脸红。根据他的意见,汪达尔人的艺术是野蛮人的风格,是粗拙和细小部件装饰的奇异的结合。

显然,伏尔泰没能了解中世纪的宗教体系。按伏尔泰的意见,托马斯·闵采尔的思想是极端危险的,总之不应使之传到人民那里。当伏尔泰承认仿佛有其某种程度的正义性时,他说,闵采尔的拥护者们的这种思想,就如同猛兽一般。⑫

第十四讲 十八世纪启蒙运动史学的一般评述

因此，在伏尔泰和这个时代的其他著作家那里，过去的一切景象都是作为黑暗、愚昧和狂热的全部历史而出现的。

马布利在其著作《关于历史研究》是这样标出第一章的："历史应该是道德和政治的学校"。十八世纪的启蒙学者正是只以这种观点来看待历史。诚然，马布利的这部著作是为了给帕尔马公爵进箴言而写的，但是启蒙时代的其他历史学家也同意历史应该是宣传工具这种观点。因此，在这里历史学家和政论家经常被混淆，而且政论家对史学家往往居于优势地位。当时成为这一代启蒙学者特征的一定政治倾向渗透到历史概念里，这概念即广义的人民或民族本质上是一些抽象的单位，他们在历史过程中变化较少，对他们可以使用各种方法——用这些或那些方法就能容易改变和改造。在启蒙哲学家看来，人民是消极的群众；在立法者手里，在聪明的统治者手里，这个消极的群众能够容易改变自己的形态。关于只是特定的个人即君主才创造历史的思想，关于改良应自上进行以及这些改良能这样或那样地保障人民相当幸福的思想，这个思想是在现阶段把君主制看作自己支柱的资产阶级集团的特征。这是所谓"开明专制"的思想，就是以最大的决心响应君主制的思想，至少是在口头上。诚然，行往往和言不一致，但这个时代不论哪种君主制都喜欢装扮成启蒙运动的保护者，并以这种伪装来炫耀。

十八世纪的启蒙学者由于他们过于以否定的态度对待过去，所以他们不懂得这个社会的有机发展，不懂得已经为维科所清楚了解的社会生活各个方面有机的相互联系。关于过去的一切，整个封建制，在他们看来都是陈旧的、阻碍社会发展的和利己主义的欺骗。他们拒绝接受这一切作为发展的必不可少的因素，他们认为这一切能够容易自上改造。甚至像霍尔巴赫那样独立的思想家，也把君主颂扬为社会上的基本动力。诚然，执政者应该考虑到社会舆论，并把自己的行动建立在与哲学家合作上，但他本身也要推动历史前进。

狄德罗对君主们提示一点：他们应该对人民温和而善良。

对启蒙时代的史学家来说，把幻想的中国加以理想化是具有典型性的,认为中国是由明智的君主和哲学家兼高级官员一起统治的。那时的中国是政论思想的庇护所。人们往往不谈论"法国",却转而谈论"中国"。不论哪些应该掩盖的事件,都转用于中国;而一些政治理想也往往被转用于中国。

当谈及这派历史学家给历史科学增添了什么时,应该指出,他们在我们所说的文化史方面有很大功绩。伟大的启蒙学者的著作对历史科学所有进一步的发展都有非常重大影响。他们加进了一般人类价值的概念。我们看到,他们有国际主义而没有欧洲中心主义。伏尔泰在其《试论风习》中极力要包括人类全部历史。我们看到其他启蒙学者把大部分注意力用到欧洲以外的国家,他们具有在当时是进步的社会阶级所固有的广阔视野。

另外还应指出很重要的一点,即十八世纪历史学家广泛吸收实际的资料,而且他们努力消除材料中的偶然成分。十七世纪的史学家(像马比雍类型的史学家),博学家们编写了大量的历史著作,然而在这些著作里有大量的事实堆积,而大量的细节没有主导思想。相反,当时唯理派史学家们则试图了解历史,而忽视渊博,不大利用已被积累起来的大量历史资料。十八世纪的历史家虽然没有忽视具体的历史,但往往只局限于利用某一原始资料上。他们缺乏批判地对待事实,从某一历史学家已经找到的事实中简单地挑选一些,以便给它们作出说明,在这方面常常是他们的弱点。可是,他们抛弃一切详细情节,随时力图按照他们追求特定的目的——像他们所理解那样去寻求改善社会制度的道路——所规定的计划来支配所有历史事实。

伏尔泰在为其《试论风习》一书中所作的序言中写道,他的著作目的"不在于指出某年某个可耻的君主继另一个残暴的执政者之后,"伏尔泰问道:"为什么你们要那些价值如此不大,并且现已完全不得而知的细节呢……?"应该研究什么?"主要民族的精神、风俗、习惯。"[13]

按他的话,数千次战争没有给人带来任何利益,其实伟人如莫里哀、笛卡儿等人的著作,将成为后代人永久快乐的源泉。他给梯埃里奥写道:"连接两海的运河闸门、蒲桑的画、优秀的悲剧、新的真理的发现,都比所有宫廷的编年史和所有战争小说有千百倍的价值。"⑭

这样,这里展示一个新的理解历史的纲要,把历史理解为文化史。正像伏尔泰在给舒瓦洛夫的信中所写的关于当时历史科学的任务那样:"现在人们想知道民族是怎样发展的,现在谈到的时代之初和现代它的居民怎样;从那时起它(民族)过去和现在供养的军队数目增长得怎样;它的商业怎样,又是怎样扩大的;什么样的艺术在国内产生,是怎样从外部借用来然后又完善起来的;过去和现在国家收入大约怎样,海上的势力是怎样产生和发展的;贵族、教士和修士之间,他们与农民之间的数字对比是怎样的,等等。"⑮

实际上伏尔泰在他的这一著作中在各处指出技术和发明的增长,从而把经济、技术和文化史提到首位。

把注意力集中到文化史、经济史、工商业史、人类技术成就史,当然这一切都是启蒙时代史学家最大的功绩,与从前时代所做的相比是向前跨进了重要的一步。我们作为历史学者来评价十八世纪中期的史学家,当然首先应该把他们看作他们自己时代的人、自己阶级的人,完全不应以任何其他观点对待他们。我们把他们看作这时期正在要上台执政的资产阶级的思想家,他们还不充分地、不彻底地理解自己的政治任务,但以足够的力量提出了对陈旧的封建与宗教世界观作斗争的纲领。在这方面他们看待事物更广阔,比他们的前辈所做的在更大程度上促进了科学理论的建立。

现在我们转向研究这时期历史学家的个别具体著作。恰好首先从伏尔泰开始,我对他的评述必须很经常地与十八世纪理性主义时代的历史科学一般的评述联系起来。

(韩瑞常译)

注　释

①诚然,伟大的思想家们在专制君主的宫廷里有时被弄得扮演十分不堪的角

色。例如,伏尔泰在弗里德里希二世的宫廷里,并不总是适意的,国王计算好这个"供开心的人"用去他多少钱,使之必须修改弗里德里希的坏诗,并修饰这个力图装扮进步哲学家的专制君主的作品中法文的风格。(著者注)

②伏尔泰(F. Voltaire):《致三个骗子一书作者的书简》,载《伏尔泰全集》,加尼埃版,第10卷,巴黎,1877年,第403页。

③伏尔泰:《试论民族的习惯和精神以及历史的主要事件》,第11卷,载《伏尔泰全集》,巴黎,1878年,第179页。

④《伏尔泰全集》,第44卷,巴黎,1881年,第256页。

⑤《伏尔泰全集》,第46卷,巴黎,1882年,第251页。

⑥伏尔泰:《哲学辞典》,载《伏尔泰全集》,第18卷,巴黎,1878年,第475页。

⑦《伏尔泰全集》,第11卷,第15页。

⑧同上书,第18—19页。

⑨见《伏尔泰全集》,第12卷,第49页。

⑩《伏尔泰全集》,第11卷,第50页。

⑪同上书,第15页。

⑫《伏尔泰全集》,第12卷,第299—300页。

⑬《伏尔泰全集》,第11卷,第157—158页。

⑭《伏尔泰全集》,第33卷,第506页。

⑮《伏尔泰全集》,第39卷,第233页。

第十五讲　法国启蒙时代的史学 作为历史学家的伏尔泰

弗朗索瓦·马利·阿雷（François Marie Arouet）笔名为伏尔泰，生活于一六九四——一七七八年间。我要谈的只是他的历史著作，但是我们不应该忘记，在这位十八世纪启蒙思想最伟大代表广泛涉及的各个方面的创作中，历史著作只是不起眼的一部分。

伏尔泰是个法官之子。他上过耶稣会办的中学，在那里，如他所说，人们教他"拉丁文和各种没有的东西。"本来是要培养他在法律界求取功名，但他专心致志于文学创作，没走这条路。起初他是作为一个诗人出现的，而他的作品具有刺激性和讽刺性，这种趋向为他树敌过多。由于他针对一些地位显赫的人物而写某些讽刺作品，他先是被关进巴士底监狱，后又被驱逐出境。一七二六年至一七二九年他旅居英国，这在他的一生中起了很大作用。他细心研究了英国的政治制度，以及英国的，特别是洛克的哲学。他认为洛克是历代最伟大的哲学家。他在英国还研究过精密科学的成就。对他来说，牛顿是一位最大的权威。而且，他还读过许多英国诗人和戏剧家的作品，莎士比亚、弥尔敦和蒲伯是他所喜爱的作者。

从英国回来后，他于一七三四年发表了介绍英国情况的《哲学通信》①。这本书被没收后，伏尔泰不得不隐居起来。一七三六年他被迫逃往荷兰。他被指责嘲弄宗教，这是非常公正的。不久，伏尔泰回到法国。他以对君主专制政体恭敬的口吻写的剧本获得成功，并以此取得了宫廷诗人和宫廷史官的称号（一七四六），但不久他又因招致国王宠爱的庞帕杜尔侯爵夫人的不满，而再次被迫离开法国。

一七五〇年伏尔泰前往普鲁士的弗里德里希二世的宫廷,他很久以来便同弗里德里希二世有通信联系。

伏尔泰同弗里德里希二世断绝交往以后,便移居瑞士,在法瑞边界的他所购置的田庄费内厄定居下来。在这一时期伏尔泰的文学活动最为旺盛,其声望大震。他逐渐闻名于整个知识界,到处都在阅读他的著作,国王都很重视他的话。社会舆论倾听伏尔泰的声音,并在许多情况下受他的言论所支配。

伏尔泰只是在他逝世前不久,才以八十四岁之高龄返回巴黎,在这里他受到热烈欢迎,并被任命为科学院院长。这就是伏尔泰的生平简历。

伏尔泰作为法国资产阶级上层的思想家是通过他的历史著作,通过他的一般文学活动,小说和戏剧,来发表意见的。

伏尔泰的世界观的基础已经在前一讲中联系对法国启蒙运动的总的评述,作了说明。

伏尔泰的热情首先致力于反对封建社会的主要思想支柱,反对天主教会。诚然,正如我们所看到的,伏尔泰并不完全是没有宗教观念的。在伏尔泰的论文中,我们往往遇到他反对无神论者和霍尔巴赫与爱尔维修式的唯物主义者的主张。但是伏尔泰的宗教颇有哲学性质。他的这个宗教只是在于相信神是整个存在的始因,是确定自然规律的始因,万物都服从于这些规律,任何人也不能改变这些规律。神不干涉既定的规律。照伏尔泰的观点来看,无论相信什么样的奇迹,无论相信什么样的天命,相信那种专以自己的干预活动把历史引向某种结局的天命,都是破坏上帝是万物的始因这个概念的。于是,究其意,这是一种既要把上帝从历史中消除,但又因用其他方式难以解释世界的始因和世界上各项确立的规律,就是这样的一种宗教观。此外,伏尔泰认为不可能完全抛开宗教,因为他认为,从政治观点出发,宗教是有益的。对作为"愚昧无知的群氓"的人民来说,宗教是一个约束力,谈起这些"愚昧的群氓",伏尔泰有时轻蔑,有时同情。

第十五讲 法国启蒙时代的史学 作为历史学家的伏尔泰

在伏尔泰看来，文学和历史的主要任务就是同偏见作斗争，首先是同他认为的宗教偏见作斗争。

伏尔泰的政治纲领非常温和。这是他那个时代资产阶级上层的纲领。他首先力求法国经济的巩固，即加强法国资产阶级的地位，为此他认为开明的专制制度是一种主要政治手段。他认为，在法国必须为工商业的自由发展创造英国已经具备的那些条件，必须全部清除大量的封建残余，在伏尔泰看来，这些封建残余是发展法国工商业的障碍。使法国在经济上和政治上都成为英国那样强大的国家，这就是伏尔泰的目的。他认为，在开明专制制度的基础上这是完全可能办到的。这在某种程度上表明了伏尔泰对于历史的纯理性主义态度。他认为人类只是一定的因素即原子的总和，它们能够以某种方式联合起来，而其联合配置状况，则取决于统治者的意志；同时，伏尔泰也是日益壮大的资产阶级上层文化要求的表达者。

建立一个科学和艺术繁荣的开明的国家是伏尔泰的理想。他理想的国王是像罗马的奥古斯都那样的科学和艺术的庇护者。他的《路易十四时代》②的目的正是描述这样一位理想的统治者。

在伏尔泰历史观点的发展中，我们可以指出两个阶段。如果说在他的历史概念发展的早期阶段与启蒙思想相适应，资产阶级文化理想起决定性作用的话，那么在后来作为他的政治观念主要核心的经济繁荣问题就越来越占首位了。在他最成熟的历史著作《试论民族习俗和民族精神》中，他已经开始讽刺那种根据科学和艺术繁荣程度来判断人、时代和统治者的风习。

在《路易十四时代》这一著作中，伏尔泰证明，归根到底路易十四也不是伏尔泰本人所理解的理想的开明专制的君主。在伏尔泰看来，开明的专制制度是反对一切政治败行的手段。然而，伏尔泰并不是某种固定的政治统治形式的拥护者。只要有一个强大的中央集权的政权，只要这个政权不落到无能进行管理的"无理性的家伙"手里或野蛮的暴君手里，什么君主国还是共和国，对伏尔泰来说反正都一样。他希望，管理国家的权力要掌握在由绝对专制的君主统率的有教养的阶级手中。他觉得中国是个理想的国家,因为在中国似乎正在实行类似的统治。根据伏尔泰的意见,像英国或者荷兰这样一些贵族阶级当政的国家也能实现强大的中央集权统治的理想。在伏尔泰看来,理想的贵族阶级不是封建贵族阶级,而是有头脑的贵族阶级,有文化的贵族阶级,是由资产阶级发展而推举出来的新的知识分子。

国家的任务是保证和平安定,实行良好的金融政策,进行公正裁判以及作为这一切的结果——科学和艺术的繁荣。为了国内的安宁,首要的是国家要遵循宗教的忍让精神,要严厉控制宗教界和狂热的群众。宗教的忍让精神出于政策的考虑是必要的,因为宗教冲突总是导致国内骚乱,导致战争,归根到底导致国家物质福利事业的衰落。但是忍让不应当扩及无神论者,因为不信上帝就不可能管理群众。

不仅资产阶级集团,而且当时大部分最有远见的贵族都接受了这些思想,这是完全可以理解的。甚至在落后的农奴制的俄国,那些力求对政治生活施加影响的贵族阶层也同情伏尔泰的这些思想。伏尔泰派思想也风行东欧。而君主专制制度早在十八世纪就已经看到同壮大的资产阶级妥协的必要性,因之很轻易地(当然是加以歪曲)接受了伏尔泰思想中的许多东西。而伏尔泰归根到底处处倾向于统治阶级的启蒙派,首先是倾向于启蒙的资产阶级和归附于这个资产阶级,能够与其妥协并在某种程度上掌握这个阶级思想的那一部分贵族。

现在我们来分析一下伏尔泰的某些历史著作。

一七三一年写成的《查理十二的历史》③是他最早期的史著中的一部。这是一部不很成熟的著作,在这部作品中伏尔泰尚未把他这个历史学家的全部特征表现出来。他在这里提供了一部浪漫主义和惊险性质的传记。尽管伏尔泰相当严格地遵循历史的格局,但这部传记还是一部很能引人入胜的历史小说,而不是历史阐述。但是这部小说的写作本身却为伏尔泰指出了当时所采用的历史研究方法的一切不完善之处。首先使伏尔泰感兴趣的问题是查理十二时代瑞典的政治和经济处

第十五讲 法国启蒙时代的史学 作为历史学家的伏尔泰

于怎样状态。而在那个时代伏尔泰能从哪个作家那里找到这个问题的答案呢？描写过瑞典情况的普芬道夫也很少关心瑞典的经济问题。关于伏尔泰想搞清的一些财政问题，他在普芬道夫那里什么也没找到。显然，需要开始设法用新的方式来写历史。

《路易十四时代》是伏尔泰的第二部历史巨著。虽然我们并不同意，许多评论家仍认为这是他的一部优秀作品。这项工作开始于一七三五年，并在一七三九年第一次出版。后来，一七五〇年当伏尔泰在柏林停留期间，他对这部书作了彻底修改。这一著作经修改后于一七五三年在柏林出版。

我们在这里看到了撰写历史的全新的风格。阅读《路易十四时代》时，会很容易忘记这部著作是在十八世纪中叶写成的。你们常常会形成这样一种形象，似乎你们是在读一位现代历史学家的作品。在这部著作中伏尔泰对于那些博学的历史家们主要注意的事件的细节和政治阴谋不感兴趣。他感兴趣的首先是内政管理的历史、财政金融史、教会事务史和文化史。伏尔泰把各种耸人听闻的事件放在次要地位。对他来说，最重要的是真实地头脑冷静地叙述事件经过，这样的叙述对国务活动家和对任何人可能都是有益的。

甚至可以说，我们看到的与其说是对事件的叙述，不如说是对这些事件的分析。这是一部具有新的历史风格的作品。伏尔泰在这里断然舍弃了以前采用过的叙述历史故事的形式。他抛弃年代顺序，按照各种现象的内部联系来分析这些现象。在根据其内部联系性仔细观察一系列个别现象时，他接着还按事件发生的前后顺序回顾这些事件，以便观察一系列其他的现象。

人们往往指责这种叙事结构，称之为一排可以抽动的抽屉（systeme des tiroirs）；人们说，在这里政治和财经彼此脱节，按年代顺序互不联系。例如，伏尔泰对于由科尔伯的经济政策所引起的路易十四的战争的分析，先于对这个经济政策本身的分析。但是提出这些指责的人只看到表面现象，因为在伏尔泰的著作里，国家生活的各个方面

—— 241

相当精确地结合成为一个整体。这部作品的第一稿的倾向性比起第二稿来有某些不同。

在修订的第一稿中,伏尔泰首先列举了专制主义国王为确立国内秩序而采取的行善措施。这些措施是对国内无政府状态——捣乱破坏活动的胜利,对此他赋予特殊的意义。接着叙述的是战争、管理体制、财经工作和教会事务。最后是科学和艺术的繁荣和一幅辉煌的、在某种程度上被夸张了的路易十四时代的文化图景,并以此作为全部措施的结果。

伏尔泰恰好对文化图景特别感兴趣。诚然,在这里远远不能经常找到这个时代的社会制度及其文化生活之间的联系,在这里也没有历史的分析,这更多是文学批评,不过是文学鉴赏家所作的异常含蓄而尖锐的批评。

这部历史著作的第一版的基本结构就是这样。在这里最主要的是要确立一个专制国王的巩固政权和作为其结果的文化繁荣。书中还收入一些涉及国王私生活和这个时代的习俗等等的章节。

在第二版中我们看到的是另一个结构。对涉及科学和艺术的那些部分作了缩减,而加强了对天主教会的抨击。宗教冲突问题被移到了书的结尾。这第二版的目的在于说明,路易十四并不是伏尔泰所理解的那种涵义上的开明君主,他是一个虔诚而又偏执的人,其结果就是当时法国所经受的一系列的宗教性冲突。

因此《路易十四时代》结尾的第三十九章颇为有趣。这章的标题是"关于中国礼仪的争论"。伏尔泰在这一章中叙述了十八世纪在中国基督教传教士中间发生的那些纠纷。耶稣会士为了促进基督教宣传工作的更大成功,允许改信基督教的中国人保留他们原有的礼仪,但是作为耶稣会士宿敌的多明我派却把这个情况报告给教皇。教廷的使节们到中国来禁止这些宗教礼仪,但结果是所有的基督教传教士——无论是耶稣会士还是多明我派——都被驱逐出中国,从而消除了宗教冲突的起因。在伏尔泰看来,路易十四应该把所有的胡格诺派和天主教派传

第十五讲 法国启蒙时代的史学 作为历史学家的伏尔泰

教士统统从法国驱逐出去，但是他没有做到这一点，因此在这种情况下他不配获得开明君主的称号。这是不能用几句话说清楚的，但是这一章的大意就是这样。这一章清楚地表明《路易十四的时代》第二稿的倾向性同第一稿相比有某些不同。第二稿首先是为了同宗教狂热和迷信作斗争服务的。

伏尔泰完全没有民族偏私。路易十四受到称赞，并非因为他是个国王，而只不过是他的某些行动适应了开明专制君主的理想而已。

需要说明的是，这本书绝不是为路易十四歌功颂德，不过伏尔泰对他的评价相当高。他强调指出路易十四当政时期他的重要谋士和统帅们——科尔伯、瓦本、卢夫瓦、杜伦奴等人所起的作用。他对路易十四据以提出侵略的主张持批判和讽刺的态度。但是《路易十四时代》毕竟不像伏尔泰后期的作品，是以某种程度上庄重的语言写成的。

现在让我们来看看伏尔泰的最大的历史名著《试论从查理大帝到路易十三时期各民族的风俗习惯和精神及主要历史事件》④。这一著作是世界史的总述。其各主要章节之前有个引言部分，伏尔泰在引言中从最早的时期讲起，把整个材料一直叙述到路易十三的时代。以后又把《路易十四时代》和路易十五的历史纲要并入此书。这样，我们就看到了一部从远古到伏尔泰本人所处时代的世界历史。当然，写这种作品需要有特殊的知识，特别是因为在这里伏尔泰不能以他的前辈历史学家的著作为根据。批判伏尔泰的这部《试论》是很容易的，说伏尔泰没有撰写这样作品所必需的知识，说他的著作常常是不连贯的，说他叙述的是些偶然得到的事实，说他没有作出彻底的完整的叙述，也是很容易的。这些说法都是完全正确的，但是在那个时代要比伏尔泰讲更多的东西是不可能的。有人说，伏尔泰的《试论》中文化历史篇薄弱，经济史介绍得也很不够。但是他到哪里能获得所有这些材料呢？对这方面的问题，以前的历史学家们完全或几乎完全不感兴趣，而如果伏尔泰在各个方面都力求作平均的连贯性的叙述，那么他在任何时候也不会写出他的历史著作。

伏尔泰写这部著作的主要任务是进行历史批判,然而这个批判不总是有足够史料作为根据的。这是一种头脑清醒的批判。这里使用的材料确实往往是偶然的。例如,像关于经院哲学这样的大题目,伏尔泰几乎只字未提。然而,看来这对他来说是个很有利的题目。只是联系到路德的演说才提及的修士派别问题也是这样一个题目。要知道,《试论风俗习惯》应当比伏尔泰以前的作品在更大程度上为进行反宗教的宣传目的服务。其主要目的是指出博绪埃在他的世界史中所宣扬的神学理论的荒谬,而这个理论贯穿整个中世纪的史学并且在伏尔泰以前一直在起作用。伏尔泰把自己的这部著作首先看成是同宗教狂热进行的斗争。

确实,《试论》是第一部真正的世界史。伏尔泰在这里弃绝了可以称之为欧洲中心主义的东西,他不仅写了欧洲历史,而且还写了亚洲各民族的历史,写了中国史、印度史、波斯史和阿拉伯人的历史。如果说欧洲在书中占首要地位的话,那是因为伏尔泰对欧洲历史比较熟悉,对其他国家历史的叙述大部分都在于推翻从前关于这些国家的旧概念。伏尔泰绝无表现欧洲比其他国家优越。他经常把欧洲的社会制度和风俗习惯同其他国家的风俗习惯和社会制度加以比较,而且这种比较远非总是有利于欧洲。我们看到伏尔泰试图切合实际地讲述历史。但是他用的资料远远不总是质量很高的,特别是在讲述东方各民族的历史的部分,我们看到他所表达的确实可信的特别少。

伏尔泰第一个指出了西方文明是在多大程度上靠东方文明发展起来的,阿拉伯人和东方其他各民族在西方文明史上起了多么巨大的作用。

最后,对欧洲历史本身伏尔泰提供了许多资料。他第一个试图概括中世纪历史,并把它归纳为几条主要的线索。诚然,他的这个想法是很肤浅的。伏尔泰还未能把政治史同经济史联系起来。他懂得这个联系,但不会在自己的历史著作中反映这个联系。一般地说,在维科笔下鲜明表现出来的那种历史进程诸方面的有机联系,伏尔泰的感觉要差

第十五讲 法国启蒙时代的史学 作为历史学家的伏尔泰

得多。

伏尔泰本人称之为《试论》(Essai)的这部作品有许多缺点和不足。这是一部未完成的作品,最多只是一个匆促写就的纲要,但是一个天才的、前进了一大步的纲要。正如我们说过的那样,伏尔泰的《试论》的主要之点就是批判。这个批判与博朗派以及本笃教团的教士们(黑衣教士)在自己的著作中所作的历史批判有根本的不同。伏尔泰没有深入进行古文字学和古文书方面的批判,但他满有信心地指出某些史料不足为据。他的意见含意深刻,他作的批判不是形式主义的(博朗派和黑衣教士们擅长于形式主义的批判),而是实质性的批判。伏尔泰指出,在博朗派和耶稣会士进行形式主义批判的整个时期,他们把多少荒谬的、难以置信的事实塞进了历史。

伏尔泰要推倒权威,不管是宗教权威或是世俗权威,比如人文主义者曾拜倒在其面前的古希腊罗马的作家们,他的这种企图是很典型的。不论多么古老,也不论学识多么渊博,都不能受到他的尊重。相反,他以其辛辣的讽刺手法揭露那些被过去的传统捧上了天的偶像。这使他感到特别愉快。伏尔泰在那些院士和博学的修士们透过自己的眼镜什么都没发现的地方,看见的是荒诞胡言。他的政治经验,他同国家官吏们的密切交往,他对英国政治生活和政治经济的深刻了解,他在文学、科学和哲学方面,一般地说在文化方面的独特知识,他的大量技术知识——这一切都使他的历史批判比十七世纪的学者们所进行的果断得多,实际得多。

伏尔泰的批判特别果断。这确是一大特点。他把过去与现在加以比较,但并不限于清除那些明显不真实的东西;他的出发点是:每一部历史著作都在一定程度上反映某些党派的观点,因此,对待它也可用批判政论性文章的方式。根据伏尔泰的意见,大体上可以把中世纪历史学家们的作品看作是他本人所处时代党派的或者抨击性的作品。根据这个理由他指出,假如英国人在百年战争中获胜的话,那么历史学家们对这些事件的描述就会同他们在查理七世获胜,建立法兰西君主政体

—— 245

以后对这些事件的描述完全不同。伏尔泰写道,"……如果亨利五世的后继者们保持住他们父辈建立起来的机构体系,如果他们现在是法国国王的话,能否有哪怕是一个历史学家不断说权利在他们方面呢……教皇们会不会一封接一封地向他们发出训谕呢?……人们会不会把萨利克法典看成幻想呢?有多少黑衣教士会把反驳萨利克法典的旧论文献给亨利五世王朝的国王呢?有多少机智灵敏的人会用挖苦讥笑这个法律呢?有多少传教士会把亨利五世捧上了天,称赞他是复仇者和法兰西的解放者!"⑤(伏尔泰指的是1419年根据王太子查理的旨意杀害勃艮第公爵让)。

总而言之,一个历史学家的作品的性质完全取决于他站在哪一方面和代表谁的利益。伏尔泰认为,一旦这些利益的性质改变,历史的整个性质也就会完全改变。他知道,他当时的新闻记者和作家们写东西所根据的材料往往是很不充足,很没价值的,他也不期待过去会有什么别的东西。他知道,回忆录何等廉价,因此第一个怀疑塔西佗是否真实。根据他的意见,塔西佗的《日耳曼尼亚志》是一部纯粹为了把有道德的日耳曼人同堕落腐化的罗马人加以对比的政治性作品。伏尔泰认为,我们看到,塔西佗和斯维托纽斯写的一些帝王传记,都是在谣传和流言的基础上编出来的。

伏尔泰的批判的特征鲜明地表现在他对中世纪史学家所引用的数字材料的态度上。他对编年史中所引用的数字(战役参加者的人数、大批军队的人数)表示怀疑。诚然,在他所作的订正中还有错误,但是他的怀疑本身是完全有根据的。

这样,可以把伏尔泰叙述的历史首先称作对历史传统的切合实际的批判。在这个时代以前,古典的和圣经的历史受到尊敬,而中世纪的历史则受到温情的爱国主义的维护。伏尔泰把这一切都结束了。他揭露了古代的英雄们,特别是希腊人,揭露了圣经故事中的人物,对整个中世纪的传统作了毁灭性的批判。

这样,批判是伏尔泰这个历史学家的天赋中最强有力的一个方面。

第十五讲 法国启蒙时代的史学 作为历史学家的伏尔泰

可是,当他开始编写自己的历史哲学时,他什么严整的东西也没搞出来。他对历史动力的认识不明确,很模糊。其实,系统地清除神灵的观点,清除神对历史的任何干扰是唯一一条始终不渝的线。但是当伏尔泰试图把事实联系起来时,我们看到他缺乏任何固定的观点,或者说他摇摆于几种观点之间。他时而讲是"时代精神"制造了最重要的事件,而没有给"时代精神"这个概念下准确的定义;时而把进步归结为自然科学和技术的发展;时而以各民族的天才解释历史事件发生的根由。他认为每个民族都具有特殊的民族特点,这些特点表现在该民族历史的整个进程中。⑥同时,伏尔泰认为历史事件常常是某些个人有意识的活动的结果。

我已经反复指出伏尔泰及其同代的一般启蒙学者们对所谓"开明专制主义"的态度。在他们看来,社会能被开明的专制君主的活动所改造。这种信念在他们的历史观中也有反映。同时个人的作用有时被过于夸大。当伏尔泰要证明这个观点是正确时,他喜欢举彼得大帝做例子。用他的话来说,彼得大帝把一个野蛮国家变成一个具有现代文明的国家,他完成了无论在近代史上还是在古代史上均无先例的宏伟事业。由于如此夸大个人的作用,伏尔泰有时用微不足道的原因来解释最大的历史事件,这一般是理性主义史学的特点。比如,在解释十字军远征的原因时,他把这归结为亚眠的彼得一个人的行动。对此伏尔泰写道:"我们都熟悉他的名字是隐士彼得。这位毕加底的居民,从亚眠出发到阿拉伯去朝圣,导致西方武装反对东方,使千百万欧洲人死在亚洲。世界性的事件就是这样联系在一起。"⑦

又如,他在解释宗教改革的原因时,是这样说的:"在德国出卖免罪符转由多明我派修士团成员承包时,很久以来就享有这个权利的奥古斯丁派修士团成员就嫉妒在心,结果萨克森僻远之区修士们的这点无足轻重的利益给三十个国家造成一百多年的纠纷、猖獗行为和灾难。"⑧

伏尔泰是否真地认为,两个修士团之间由于出卖免罪符的利害而

247

引起的仇恨能够引起上述事件？他是否真地作出了十字军远征是由于一个修士到东方去朝圣的结果的结论？这是可以怀疑的。这多半是为达到一定目的而采取一种文学的手段,即企图贬低某一事实的历史意义。因为十字军远征在历史的神学体系上起着巨大的作用,所以伏尔泰想要指出,受宗教狂热煽动起来的这次远征,其实完全是由于毫无意义的一点原因引起的。伏尔泰想贬低宗教改革的历史意义,而改革引起的一切争论和纠纷也同样是由于愚蠢和荒谬的原因造成的。总之,在有些情况下以微不足道的原因来解释历史事件,与其说是反映了伏尔泰对历史事实之间相互联系的历史观点,还不如说是一定的批判手法。

但是,在多数情况下伏尔泰都尽可能对事件作切合实际的解释。

让我们对他的《试论》的结构比较细致地分析一下吧。伏尔泰在《试论》的开头写了一个仿佛是序言的卷头语（Discours Preliminaire）,提纲挈领地讲述了远古的历史和古希腊罗马史。而从查理大帝时代开始的中世纪史则是《试论》本身的主要内容。

伏尔泰是从大地经受过的地质变迁开始讲起的。但是关于地质变迁他的概念很不清楚。他主要把这些变迁同海洋对地球表面的作用联系起来。他尖锐地批判了关于大西岛（古希腊传说中大西洋的一个大岛,后因地震沉没——译者注）的神话,并且对它作了纯理性主义的解释,认为这里显然是指起初由腓尼基人发现,后来被遗忘了的马德拉岛。关于这个消失了的岛的回忆推动了大西岛传说的形成。接着伏尔泰试图说明由于人类分化而形成的一些种族的特征。但是必须说明,这大概就是他的引言中最不成功的一部分,因为当时对欧洲以外各种族的情况所知甚少。他说,例如,他讲了一个住在非洲的白化病者的特殊种族的故事,他认为存在一种由妇女同猿猴和公山羊杂交而生的半人半动物的所谓"萨蹄尔"（古希腊神话中酒神的淫荡伴侣,有尾和角与山羊腿——译者注）。

伏尔泰关于人和人类社会的起源的意见是很有趣的。在伏尔泰以

第十五讲 法国启蒙时代的史学 作为历史学家的伏尔泰

前,人们以为人类历史时间特短,仅有几千年。伏尔泰虽然没有提出人类产生的问题,但是他说人有上万年的时间处于原始状态。

当他谈到人类社会的起源时,他声明,关于人类的前社会状态的断言是荒谬的臆造。这样,十七世纪理性主义者们所研究的关于人类社会起源的问题就失去了意义。在伏尔泰看来,人类社会也像人一样古老。

伏尔泰还给自己提出一个语言的起源问题。根据他的意见,语言就是一些最有才能与天赋的人们创造出来的人工的东西,这些人需要花许多时间去教会别人这种语言。当然在这里在相当程度上坚持一种纯理性主义的机械的观点。他的认识比起维科所谈的看法逊色许多。

在考察宗教起源问题时,伏尔泰总是用当时已知的野蛮部落加以类比。他认为人类的原始无宗教状态是可能存在的。他同样用纯理性主义的方法解释宗教的产生:人们从自然灾祸中产生了一个关于至高无上的精灵的概念,必须给他送礼物以求他大发慈悲。当一个大的社会形成时,这个概念便创造出神——人民的庇护者来。分化成特殊阶层的祭司们为了发财,便发展和巩固类似的思想。

因此,他才说出被引证的那段话,说可以就这个问题写出许多卷著作,但这一切可归结为两个词,即:人类的绝大多数过去是、现在仍然是愚蠢的和无知的。[⑨]

伏尔泰指出,各个民族的神话、宗教观念和礼仪都是一样的,因为它们产生于同样的原因,首先是产生于无知。

在提出关于人类社会和原始时期人类文化这个问题时,伏尔泰使用了完全正确的方法,即同野蛮部落加以类比。然而他把这些部落描述得有些理想化了。诚然,他没有像卢梭那样把野人理想化,但是伏尔泰用以描述野人的所有特点也不完全真实。他利用这个材料来揭露与他同时代的社会。我已经援引了他的评语,他在这个评语中描述了与他同时代的野人,即农民。当他把原始野人同现代野人进行比较时,他认为原始野人优于现代野人,因为原始野人在创造他们的必需品方面

—— 249

高明得多,此外他们还是自由人,而现代野人还不会争取自由。⑩

原始野人知道什么叫荣誉,什么叫祖国,他们勇敢,有爱国精神。根据伏尔泰的意见,这些优点文明社会的"野人"无论如何也谈不上。

他认为工具的改进在文化发展中有巨大的意义。长期以来技术处于极端低下的水平,原始人使用石制工具。但是,在伏尔泰看来,人有"力学的本能",同样也有"道德的本能"。伏尔泰对历史进程的唯心主义观点在这里表现得十分明显。

在承认神是一种哲学性原因,是一切事物的起因的同时,他认为人的天性从其根本上说也是神的创造。伏尔泰认为,"力学的本能"也和"道德的本能"一样,是神给人养成的。

伏尔泰认为,神权政治,即由祭司实行管理,是最古老的统治形式。他说,神权政治不仅统治了特别长的时间,而且它创造了一些特别残酷的独裁统治形式,并使之残酷到登峰造极的程度。只有丧失理智的人才能如此残酷;神权政治越是自以为神圣不可侵犯,就越残酷,越可怕。在伏尔泰看来,在所有错误地称作文明的民族中,只有一个民族幸免了这种可怕的神权统治,这就是中国人。他认为中国人拥有的宗教结构形式最合理。中国人有开明的专制君主制皇帝作为代表,他在精通哲学的官僚们的辅佐下进行统治。⑪

孔子是位哲学家,他的学说不能叫作宗教。至于说人民群众,那么他们中间占统治地位的是愚蠢的迷信,而统治阶级的上层——皇帝及其官僚们——不直接同这些迷信进行斗争,因为他们认为迷信对于无知的人民来说是必要的,对他们想不出什么更好的统治办法。但是,无论如何他们在争取逐渐地消除某些迷信,从而慢慢地逐渐赋予人民以更高程度的宗教意识。为此他们利用了一些合适的机会。当发生某种灾难,人民开位抱怨神灵时,哲学家们就消灭对某个神灵的崇拜,捣毁其庙宇。

当然,这完全是一幅虚构的画面,其实伏尔泰需要中国本身以便把他那个没有任何神权统治的理想制度,同我们在欧洲所看到的情况进

第十五讲 法国启蒙时代的史学 作为历史学家的伏尔泰

行对比。他同样把中国、印度和腓尼基的文明同孤立于叙利亚和阿拉伯之间沙漠里弱小而默默无闻的犹太人民的文明进行对比。当涉及希腊时,他说,思想自由使希腊人成为世界上最聪明的民族。

他把希腊人同英国人加以比较,并说,现在英吉利民族已成为最有文明的民族,因为英国人在本国可以无拘无束地思考问题。伏尔泰认为思想自由是希腊哲学取得的最大的好处,但正如伏尔泰所认为的那样,希腊哲学同时表明人类精神的聪明和愚笨,伟大和软弱。他整整用一页篇幅对柏拉图的哲学作可笑的描述,并且说,只有愚昧无知和文字难懂增加了这一哲学表面上的深奥。洛克的读者们绝不会在柏拉图的胡说八道上浪费时间。最后,他说,希腊人是如此聪明,以至于有时竟滥用自己的聪明。

伏尔泰的批判推倒了一切权威,揭露了所有虚假的英雄,指出了曾被认为智者的愚昧无知。在表面上对野蛮人和古代人宗教的批判和嘲笑里隐藏着对天主教最苛刻的挖苦。伏尔泰的书的出版是完全合法的,书中没有对天主教的直接攻击,然而伏尔泰用来说明天主教的那些恭维话却恶毒已极,甚至最尖锐的攻击也不会具有比它更大的破坏力。他从不放过任何时机指出其他宗教胜过基督教。例如,他搞过了原始人关于神示和预言的问题。"谁发明了神示?"——他提出一个对理性主义来说是很典型的问题。同时他回答得也很典型:"发明神示的是第一个遇上傻瓜的骗子"(Le premier fripon qui rencontra un imbecile)。[12]

伏尔泰狠狠地挖苦了福音书启示录的基督再次降临的预言,同时恶毒地指出,基督教的根基如此巩固,以致这一大堆错误也不能使它有丝毫动摇。他还挖苦对奇迹的信仰,尽管他提出修正意见说:当然,我们不难相信真正的奇迹,即那些从创造我们的宗教的犹太教转到我们神圣的宗教的奇迹。我们这里谈的完全是其他民族的情况,但接着伏尔泰借口讥笑多神崇拜的奇迹,嘲弄了圣经和福音书的奇迹。例如,在谈到关于朱庇特和阿尔克米尼(希腊神话中赫丘利之母——译者)的著

—— 251

名神话时，伏尔泰讽刺地指出，为了做到如神话所说，朱庇特似乎将黑夜延长为二十四小时，而不是十二小时，只好让地球和行星停止运转，让整个天体发生彻底改变等等。在这里，不能不看到明显是对死去的耶稣奇迹的挖苦，据《圣经》说，死去的耶稣为了能够结束战斗，停止了太阳和月亮的运转。

伏尔泰引用关于希波利特与彼洛普斯(希腊神话中坦塔拉斯之子——译者)的神话，但明显是指拉撒路复活的新约故事，以挖苦那种认为人死后数日能够复活的迷信。他讽刺那种相信治疗疾病的奇迹，其中包括说英、法两国国王有治瘰疬的能力。

伏尔泰说，整个圣经的历史是记述那些根据神的旨意而发生的异常残暴行为。但他立即作了这样的说明："我在这里完全不涉及这些书是否受到上帝的感召问题。我们神圣的教会以恐惧和厌烦的态度对待犹太人，它告诫我们说，犹太人的书是所有人的创造者和父亲上帝授意写成。我不仅不敢对这个问题表示任何怀疑，而且甚至都不敢议论这个问题。"⑬

伏尔泰也像写其他民族(希腊人或西徐亚人)的历史一样来写犹太人的历史和圣经历史，而他以前的历史家们只写出其中的个别篇章，因为在历史上起作用的不是历史上的寻常力量，而是神的启示。根据伏尔泰的意见，直到扫罗，这一直是沙漠里一个没有任何力量和影响的阿拉伯的小汗国。⑭

他列举圣经故事里所有的矛盾和荒谬，并讽刺地说，犹太历史一贯违反自然规律，是上帝为他的选民创造的奇迹之一。每当他举出《圣经》里的一系列荒谬和矛盾的同时，他都重复这样一句话：上帝和教会愿意这样，我们也就应当相信。他说，恰恰是这一点，使这部历史同其他所有的历史区别开来。

这样，在清算了圣经历史之后，伏尔泰转而抨击人文主义者们所称道的罗马人的理想化。

罗马人在他看来是怎样一些人呢？这是"土匪式的小民族"(un

第十五讲 法国启蒙时代的史学 作为历史学家的伏尔泰

petit peuple de brigands),⑮根据他的意见,这"土匪式的小民族"有两个属性:抢劫和热爱祖国。而且他指出,罗马人对祖国的热爱是"贼和强盗的美德"。对他们来说,爱祖国就意味着抢夺别人。诚然,他指出了罗马宗教的优越性;尽管罗马宗教充满着野蛮的荒谬,但是根据他的意见,其中也有一系列合理的原则,即:信仰最高的神、容忍和信仰自由。⑯关于罗马他谈得很简短,只是一般地提出问题。但是,对我们来说有很大兴趣的问题,即罗马衰落的问题,他谈得相当详细。

对于罗马为什么被蛮族攻陷的问题,伏尔泰回答得很粗浅:部分原因是蛮族比柔弱的罗马更强大,更好斗。但是他毕竟看到主要原因是帝国内部的神学争论和政治纠纷。他说,皇帝们的软弱,大臣与宦官们的倾轧,原来的宗教对新宗教的憎恨,基督教内部发生的流血冲突,神学辩论取代掌握武器的技巧,虚伪和娇生惯养代替了勇敢精神,大量修士代替了土地占有者和士兵——这一切招来了蛮族,这些蛮族在当时不能战胜好战的共和国(辛布里人和条顿人),但是残酷的和笃信宗教的皇帝在位时期却把罗马征服了。

当蛮族攻进罗马时,是采取什么措施去击退他们的呢?只有使东西方难堪的无休止的争论,迫害异端。这一切全都以灭亡而告终。当正在对一些不值一提的小事进行无休止的争论时,蛮族侵占了欧洲和非洲。

伏尔泰以概述史学原理作为他的纲要的绪论的结尾。根据他的意见,各族人民早期历史记载的开端是不值得相信的传说,从这个意义上讲,他显示出来的批判的鉴别力不低于维科。他说,早期的历史是一部神话集。希罗多德以前的希腊人和布匿战争以前的罗马人都没有历史。提图·李维的早期历史充满着矛盾。在谈到都尔的格利哥里和法兰克王国修士编年史家时,他说,他们转述的是最难以置信的寓言,而且尤其糟糕的是些无聊的寓言。他指出了图尔的格利哥里的故事中有一系列谬误。例如,布伦希尔妲的故事讲,似乎她被拴到马尾上。伏尔泰说,这个老太婆的头发应该被拉断。人们断言,这个老太婆已被马扯得粉碎,但是她的葬地是众所周知的。⑰他说,蛮族统治的整个时代就是恐怖和奇迹的时代。一般地说,不能轻信修士编年史家,首先是不能轻信他们的评论。他们认为,给他们赠送厚礼的是理想的国王,相反,他们千方百计竭力中伤对待他们吝啬的好国王。他的序言就此结束。

随后,伏尔泰转而搞中世纪史(尽管他没用这样的名称)。

他认为自己的历史是博绪埃历史的继续,这部历史一直到查理大帝,但这可以说是他用以掩饰自己的盾牌。实际上他反驳了博绪埃的历史概念,始终与之进行争辩并对它取批判态度。

首先,伏尔泰有比博绪埃更广泛得多的全世界历史的态度——他从简述中国、印度、波斯、阿拉伯等各国情况,从简述伊斯兰教的产生开始写中世纪史,他特别注意基督教的开始传播、教廷的意义等等这些问题。

根据他的意见,教皇借以形成其对世俗政权的要求,并以使徒彼得曾一度是罗马主教的传说为基础而建立起来的理论,是无知识和狂热的结果。伏尔泰认为在头一世纪期间,基督徒中间一般不存在任何教阶制度,教阶制的开始产生不早于图拉真,当时只是出现了一些主教等等。在伏尔泰看来,使徒彼得从未到过罗马,伏尔泰把那些持不同看法的人一般都简单地称作白痴。这个荒谬的臆造在学术复兴时代被揭穿了。所有说彼得到过罗马和使徒彼得曾任主教职位的史料都是伪造的。无论是使徒们的事业,还是保罗的信件都未涉及这方面的情况。但是与此同时,教皇们就是根据这个荒谬的臆造建立起自己的威力。伏尔泰总是说,历史仅仅从十六世纪开始存在,因为理性只是在不久前才产生。根据他的意见,在马基雅维里和圭恰尔迪尼以前,不曾有过真正的历史。⑱

在谈到基督教蒙难者的历史时,伏尔泰说,所有这些关于圣徒生活的臆造完全是荒谬的。他指出,早期的教会史依靠的是些多么虚伪的证据,博学的耶稣会士博朗和帕珀布罗士传播的是些多么荒谬无稽的想法,还不觉得惭愧。这里显示出伏尔泰及其先驱者们对待史料的态

第十五讲 法国启蒙时代的史学 作为历史学家的伏尔泰

度截然不同。当他在评述这部满纸都是"谎言、欺骗、错误和令人厌恶的蠢话"的传记性作品时,他不惮用了伤人的语言,而且挖苦地指出,如果说这么一大堆欺诈行为和蠢事都不能彻底摧毁宗教,那么宗教确实是不可思议的。[19]

同时伏尔泰有一个有趣的意见,即中世纪历史文献的粗糙性本身使人看到时代的精神,看到这种精神在当时的表现,而最荒诞的传说也能给我们阐明民族的习俗。[20]

伏尔泰谈此时便同他自己关于在神话和传说中寻找任何涵义都是徒劳无益的主张有某些抵触。

伏尔泰证明了《君士坦丁的赠与》的伪造,同时补充说,还在十五世纪末,在斯特拉斯堡就有过否定这个赠礼的真实性的人们被烧死的事情发生。教皇任何时候也没有任何政治权利,也没有凌驾于教会之上的最高权利。

伏尔泰关于所谓"民族大迁徙"之说是很有趣的。他断然否定普洛可庇和约尔丹报道的可靠性。同时,奇怪的是,他不认为哥特人是日耳曼人。他认为匈奴人能够像驱逐一群绵羊一样驱逐定居在摩尔达维亚、瓦拉几亚、乌克兰和波兰这样一些强悍善战的民族完全是不可信的。他认为,所有这些民族都是自发地一个接一个地来掠夺罗马帝国。

伏尔泰描绘了一幅中世纪初期的鲜明画图。他说:"在由罗马帝国的历史向西方那些把帝国瓜分成几部分的民族的历史过渡时,你会有一种类似离开华丽的城市而置身于荆棘覆盖的沙漠之中的旅行者具有的那种感觉。二十种民族方言取代了美妙的拉丁语,取代文化和法律的只是蛮族的习俗。高高耸立在各省的圆形剧场和露天剧场被盖以麦稻的茅舍所代替。"[21]从卡庇托里山麓到托罗斯山脉的那些美观而坚固的大道满是积水。在意识中也发生同样的变革;都尔的格利哥里和圣加尔的修士弗勒德加尔就是我们的波利庇阿和提图·李维。"人的理智在最下流的和无意义的迷信中变得迟钝了……整个欧洲在十六世纪以前处于这种屈辱之中,只是通过可怕的痉挛才从这屈辱中得到解

—— 255

放。"[22]

　　这是启蒙时代作家对中世纪所持态度的特征。尽管伏尔泰与人文主义者不同，揭露了古典时代的历史，他认为向中世纪，即向十八世纪资产阶级最厌恶的机关——天主教会和封建制度产生和巩固的时代过渡，似乎是最深刻的文化衰落，同时也是最愚蠢、最无意义的迷信的增长。在这里伏尔泰已经有一个我们早已熟悉的新的历史，主要根据文化特征把历史划分成具有时代特点的古代、中世纪和近代三个时期的分期法。粗野的蛮族在日耳曼人入侵以后粗鲁野蛮成为欧洲的特征；城市和商业走向衰落，风俗变得粗野。伏尔泰挖苦蛮族的"法典"以索里达金币来估价人们的生命，他说，一般司法审判的特点是野蛮和迷信。当时各个王朝，特别是墨洛温朝的整个历史，是证明风俗最深刻衰落的一系列可怕的灾难。

　　在总结对历史学家伏尔泰的研究时，必须再次强调指出，他在史学方面的主要功绩是推翻了对待历史的神学观点，这特别鲜明地表现在他的《关于风俗的试论》中。这一毁灭性的批判工作是这部书的最强有力的一个方面。此外，伏尔泰在书中不仅详述了欧洲史，而且详述了整个人类的历史，首次从真正世界历史的观点出发写出了历史纲要。

　　伏尔泰按新的方式提出了史学的要求和任务，这是伏尔泰的无可争议的功绩。可以说，正是在伏尔泰这里，我们第一次看到对历史的科学任务有明确的认识，第一次看到他指出不但要研究教会和王朝的历史，而且要广义地去研究经济、文化和政治史的必要性。同时，伏尔泰在某种程度上从批判错误和肯定正确两个方面实现了他自己制订的纲领，在《路易十四时代》这部著作中，以纲领的精神概述了十七世纪法国社会和政治生活最重要的方面。

（郭师稷译　原学会校）

注　释

①弗·伏尔泰：《哲学通信》，巴黎，1939年。

第十五讲 法国启蒙时代的史学 作为历史学家的伏尔泰

②弗·伏尔泰:《路易十四时代》,载《伏尔泰全集》,第14卷。
③弗·伏尔泰:《查理十二的历史》,载《伏尔泰全集》,第16卷;伏尔泰:《瑞典国王查理十二的历史》,俄译本,圣彼得堡,1909年。
④《伏尔泰全集》,第11—13卷。
⑤《伏尔泰全集》,第12卷,第46—47页。
⑥最后的观点在十九世纪初期的史学中以"民族精神"的学说之名得到极广泛的传播。见以下第20、22、23各讲。(编者注)
⑦《伏尔泰全集》,第11卷,第440页。
⑧《伏尔泰全集》,第12卷,第283页。
⑨《伏尔泰全集》,第11卷,第15页。
⑩《伏尔泰全集》,第11卷,第19页。
⑪同上书,第85—87页、176—184页。
⑫《伏尔泰全集》,第11卷,第88页。
⑬《伏尔泰全集》,第11卷,第104页。
⑭同上书,第110页。
⑮同上书,第145页。
⑯同上书,第146页。
⑰《伏尔泰全集》,第11卷,第154页。
⑱《伏尔泰全集》,第11卷,第235页。
⑲同上。
⑳同上书,第237页。
㉑同上书,第246页。
㉒同上。

第十六讲 法国启蒙时代的史学 孟德斯鸠与马布利

上边几讲里,我们已对伏尔泰的观点作了阐述。伏尔泰并非一贯智慧超人。他没有一个历史学说的体系。从这一意义上说,我们对启蒙时代史学的其他代表人物就更感兴趣;目前正在形成的资产阶级世界观的基础,在他们那里得到了清楚的、系统的表述。伏尔泰主要是批判了旧的封建神学世界观,启蒙时代的其他许多思想家,则打算建立一个新世界观体系。伏尔泰在政治方面是个十分温和的人物。他的政治理想没有超越开明君主专制制度的范围。伏尔泰的同时代人孟德斯鸠的观点,更大程度地反映了资产阶级对政权的要求。孟德斯鸠不仅是一位政治思想家和哲学家,而且还是一位伟大的历史学家。

夏尔·孟德斯鸠(一六八九——一七五五),出身于没落的小贵族并继承了波尔多市议会主席的职务。这样一来,他就隶属于那个在法国被称为"穿袍贵族"的特殊的、中间的社会集团。他是有官职的贵族阶层的代表人物,这个阶层的利益把它同资产阶级上层联系起来,同时又把它同君主政体联系起来。

孟德斯鸠曾长期旅行欧洲。他到过英国,在那里居住两年,如同伏尔泰一样,英国的旅行在他的一生中留下了明显的痕迹。但是,当时最吸引伏尔泰的是英国的科学和哲学,而孟德斯鸠感兴趣的主要是英国的政治生活及如何把这种政治生活的原则应用到那些他认为应在法国实行的改革上的问题。

孟德斯鸠的政治理想是君主立宪政体,但是非常温和的、距民主相当遥远的君主立宪政体。英国,当时是一个贵族——资产阶级国家,在

第十六讲 法国启蒙时代的史学 孟德斯鸠与马布利

这方面给他提供了一个鲜明的范例。

孟德斯鸠有许多宝贵的通史思想,对这种思想我们早已有所接触;但是,他的这种思想比伏尔泰表现得更为清晰。如,关于气候和地理环境对历史影响的思想,在伏尔泰的历史观中就几乎无所反映。

孟德斯鸠则恰恰相反,他尽量在历史发展与某一民族所生存的地理环境之间确定出最密切的联系来。孟德斯鸠的职业是个法学家,故而长于司法的思维方法,他赋予法律、精心制订的宪法和其他法规的意义,比伏尔泰所赋予的要大。在他的理论中,法律"应该"与外界的条件,首先是与一个民族的地理条件、民俗风尚、贸易状况相一致,但同时他又认为,一个娴熟的立法者可为一个国家的历史发展指出另一个方向。

孟德斯鸠比起伏尔泰来,与罗马、希腊和人文主义的联系要广。在那部使他名噪一时的著作《罗马盛衰原因论》①中,他对待史料的态度犹如一个法学家阅读法典并想从中找出能替他某一论断作辩护的地方。就其实质而言,这是对待资料的法律形式态度,没有伏尔泰对待史料的锐利批判。如果伏尔泰对李维所提供的资料都持疑义的话,那么孟德斯鸠对李维第一部著作的态度与马基雅维里相仿,也就是说,他把书里的资料作为证明自己的主要观点的事实,这个观点是:罗马自己的伟业归之于罗马国民的道德。对孟德斯鸠来说,和对马基雅维里一样,国民的精神,即为全民的利益能牺牲个人的利益,是主要的。

如果让我们看一下一七四八年在日内瓦匿名出版的那部孟德斯鸠最主要的、最著名的代表作《论法的精神》(旧译《法意》——译者注)②,就会发现,他的历史推断往往以未经检验的事实为基础,以十分不可靠的论据来维持。但是,孟德斯鸠仍对后世的资产阶级史学发生了重大影响,他以自己的威望充实并证明了大部分是伏尔泰在实践中所完成的一件大事,便是将封建神学彻底地赶出了史学的大门。孟德斯鸠沿着伏尔泰的道路前进,另一方面他将历史科学传播到全球,使它不只局限于欧洲和近东为数不多的经过选择的民族范围内。

但是,孟德斯鸠有其长于伏尔泰的一个方面,那就是他善于建设性地思考问题,善于构建体系。孟德斯鸠要制定能管理人类社会的法律。"法"这个概念本身在他那里有某种司法的色彩。在他的观念中,那种自然规律意义上的法,常常合并在一起,并不知不觉地转化为那种能调整社会生活的、以某种书面的规范形式出现的法。

孟德斯鸠著作的客观意义,在于要规定出能适合正在产生的资产阶级社会利益的政治形态,但是允许与封建主义作十分广泛的妥协。

孟德斯鸠的这种学说的主要材料,可以到资产阶级社会在他那个时代确立较早些的地方,也就是首先到英国去摄取。但是,在《论法的精神》一书中根本没有描述英国宪法,而是从作者自身认为的并与十八世纪存在于英国的实际宪法大不相同的理想宪法的角度,对这部宪法进行了理论分析。

孟德斯鸠研究了三种主要的统治形式。我们已不是初次同这种从希腊罗马传到人文主义者的三分法打交道了。但是,孟德斯鸠的划分法稍有不同。他用共和政体、君主政体和专制政体代替了来自亚里士多德的君主政体、贵族政体和民主政体的传统形式。他在自己的分类中与其说吸收的是十七、十八世纪大部分唯理论者采用过的希腊罗马时代通行的社会内容,不如说是吸收了统治方式表面的特征。而且,孟德斯鸠将共和的统治方法分为两种形式:贵族共和、民主共和。为了对抗那些将专制视作君主政体的某一形式的古代作家,他在这些政治形式中间划了一道极其明显的界限。如果从法在实行统治这层意义上来说,他认为共和制(无论是贵族共和还是民主共和)及君主制都是合法统治形式的话,那么,专制就被他置于它们的反面,成了一种法无效力、专横在统治着的统治形式。从孟德斯鸠的观点来看,中间权力的存在将君主制与专制政体区别开来。君主的活动应该通过法律机构来实现。贵族,便是一种最自然的中间权力。按照这种推测,在君主政体中,教士的权力也是有益的。总之,这里需要一个特殊的、能捍卫法律的政权机关,即独立的、人数足够的代表大会(国会)。

第十六讲　法国启蒙时代的史学　孟德斯鸠与马布利

在关于专制的议论中,有对在当时的法国占优势的绝对君主制的某种反对派,尽管孟德斯鸠在这里回避议论法国。凡是涉及专制政体的地方,他就宁愿谈土耳其,但这些暗示对于他那个时代的读者来说是很清楚的。

孟德斯鸠认为,每一种政治形式的基础当中,都有某种原则,或者是能使这种形式富有生机的品德力量。民主制中的这一原则便是对待公共事业的热爱与英勇,以及他在谈到罗马、斯巴达、雅典的早期历史时所强调那点。

在贵族共和中,这一原则,即对公共事业的热爱,仅限于执政的上层人物。因为执政的上层人物应千方百计地限制自己那种指靠别人提高自己地位的欲望,故而这一原则以变态形式出现。孟德斯鸠认为,贵族政体的基本原则是中庸之道。

至于涉及君主政体,这里的基本原则取决于国民对待最高权力的态度和靠近这一最高权力的欲望,换言之,取决于对荣誉地位的追求。因此,荣誉,或更确切说,是对荣誉地位的追求,为君主政体的基本原则。

至于专制政体,也不失其基本原则,但这已不是品德的原则了。这个原则就是恐怖。这里,除了以恐怖为基础的无条件服从之外,对臣民再无其他要求。

孟德斯鸠认为,共和的统治方式主要是一些诸如古希腊国家、威尼斯等小国所固有的特性;君主政体为中等国家所固有的特性,而君主专制则是大国固有的属性。因此,他号召君主放弃侵略政策,因为它将导致专制主义。此外,这种政策还会造成首都的繁华和外省的贫穷。

合法的统治或温和的统治,也就是共和政体和君主政体,与专制政体的区别在于:前两种政体中自由有一定保证,即可以做法律所许可的一切事情。如果人人为所欲为的话,他人的自由就要受束缚。孟德斯鸠把政治自由和人身自由区别开来。前一种自由属于国家机构,后一种则属于个人。

从孟德斯鸠的观点来看,政治自由的保证是权力分立。他想在英国找到这一适例③。他的《论法的精神》一书第二册第六章最为著名,是专门分析英国宪法的。这一章成了整个资产阶级国家法学的基础。

孟德斯鸠将一个国家中的权力分为立法权、行政权和司法权。照他看来,自由的最可靠保证是权力分立和权力均等,在一个中庸的君主政体中最能达到均等,而且,无论是在共和政体中还是在专制政体中,这几种权往往互相融汇到一起。孟德斯鸠后来所作的这一分析主要是以英国宪法为依据的,但是他也从古希腊、罗马法中吸取了若干范例,其中有些取自雅典的历史。

孟德斯鸠说,立法权应属于人民代表,他们受权制定法令并监督法令的执行,而全体公民应有投票表决权。看起来,这好像是个广泛民主的原则,但接着又有一大堆限制,这些限制使这个民主原则的广泛性失掉了。孟德斯鸠认为,除了那些"地位低下、被剥夺了独立意志的人",全体公民均应具有投票表决权。这些人,是些以某种方式依附于他人的人。大多数劳动人民被这一附加条件排除在选民行列之外。此外,孟德斯鸠还说,在国家中有一批在出身、财产或荣誉地位高于其他人的人。如果把他们与其他人拉平,哪怕是在立法权方面,这对他们来说也不是自由,而是奴役;所以,他们参加立法是与其高贵的社会地位相称。为了对他们完全公正起见,必须建立一个特殊的、能使人民代表的议院与之势均力敌的贵族院(在英国则是上议院)。因参加这个议院者本身性质之故,该议院应是世袭的。

为了不致有使公共利益服从自己私利的可能,也就是要遵守作为贵族政体之基本原则的那个中庸,上议院应有权只中断下议院关于预算事务的决议案,像在英国那样。

至于说到行政权,它则应集中于那些由人民临时选举而产生的临时机构,而不是集中于常设的委员会。孟德斯鸠在这里已从英国的宪法转向那些一度在民主雅典存在过的制度。他反对如在英、法两国那样,把司法权集中于常设的委员会。孟德斯鸠认为,将人投入监狱的权

第十六讲 法国启蒙时代的史学 孟德斯鸠与马布利

力应绝对属于司法权。只有在极特殊、罕见的情况下，立法权方可将此权转授于行政权。

这样一来，立法、行政、司法三权就分立了，但这三种权彼此之间并不完全孤立，因为以君主为代表的行政权也参加一些立法活动，同时也有权召集国会和解散国会，有权中止"三权"的决议案，而立法权则有权控制行政权并监督法律的施行情况。但负责的只能是内阁部长们，而非君主，而且审判他们应授权于更独立的、公正的议院，即上议院，它同时又是君主与人民之间的中介。这就是那种在英国存在过的在上议院指控内阁部长的制度。

行政权握有诸如财政、军队等特权。为了供养军队和预算法案每年表决一次，必须有特殊的保证。这也是在英国存在过的那种制度（由于《权利法案》）。

孟德斯鸠认为，把权分为几种互相制约又互相均衡的几部分的制度，是古日耳曼人早在塔西佗时代就有过的互相势均力敌的明智制度。他说，这一美妙的制度是在森林里被发现的。

孟德斯鸠认为，英国人正是从塔西佗那里借用了这个完善的制度，并注意到塔西佗谈到过的日耳曼人的长老会议（principes）和人民会议。

但是，这一援引遭到了来自伏尔泰的嘲弄。他说，如果在塔西佗那里能发现上议院、下议院、正义法庭和海军部，那么在古日耳曼人所从事的手工工艺中就完全可以找到英国式的织呢手工工场了。

孟德斯鸠认为，法律与各个国家的自然环境有一定关系。他谈到了地理条件对许多民族的法律、政体的影响，同时又指出人的本身性格取决于人们所居的纬度高低。北方人比起南方人来是强悍、勇敢有余，而多情、细腻、热心则不足。照孟德斯鸠的想法，法律或政治制度应该相应地阻碍本民族的这些天然属性并去改变它们，同时消除它们的消极方面。如，孟德斯鸠认为，奴隶制产生于南方地带的自然条件下，它产生于南方，那里的人天生懒、娇并且游手好闲。因此，南方人如不迫于惩罚的威胁,则无人去从事艰苦的体力劳动。也是同样的这些自然原因导致南方家庭奴隶制的产生。南方女子在其智力尚未发育好的时候,身体上的发育便早已成熟,故而她应服从丈夫。同样,由于南方人性格过于热情,因此在南方便将女子禁锢于闺室,而在北方,女子却可享有很大自由。

南方人的特有属性(缺乏勇敢,娇、懒)促使了专制制度的发展。亚洲的广大平原,促使了专制的大国的发展。这样,炎热的气候和广大平坦的地域,就成了专制制度发展的有利因素。孟德斯鸠还认为,肥沃的土壤促进专制发展,而贫瘠的土壤却有利于自由。肥沃多产,引起了娇嫩和对生命之爱。瘠薄的土壤,却是战争、工业和各种活动的基础。平原多沃土,却难防外族入侵;山区虽贫瘠,却便于捍卫自己的独立。岛上的居民爱好自由、独立,因为岛屿式的地势使他们免于遭受侵犯。

于是,人民的习俗和精神取决于气候和土壤,而不是取决于人种。孟德斯鸠则不这样看。他认为,法律应适合外部条件,否则达不到目的。但如上所述他又主张,法律能对习俗起作用并以此来削弱自然规律的作用。如,在英国,政治自由就对习俗发生了巨大的影响。法律又能战胜自然和气候的作用。如,在中国,那里好像具备了发展专制的一切条件,因气候产生的懒惰终于为明智的立法所战胜。

宗教也影响到统治形式。基督教有利于温和的统治,而伊斯兰教则有利于专制统治。基督教中,天主教最适于绝对的君主专制政体,新教则适于自由国家。

孟德斯鸠认为,能保障自由的那种立法之根本特点是中庸、忍让,否则任何一种统治都会滑向专制。我们还发现,孟德斯鸠有关于法与文化相互影响的主张。

孟德斯鸠用了许多有趣的历史性的题外话来结束他《论法的精神》一书。特别有趣的是,他谈到了法兰克国家中的封建制度的历史(第三十章和三十一章)。

孟德斯鸠把中世纪的开端与罗马的衰亡联系起来。依他之见,罗

第十六讲 法国启蒙时代的史学 孟德斯鸠与马布利

马的衰亡是由在它发展的初期阶段所著称的那些公民品德的下降而引起的,是罗马人所固有的勇敢、义勇等基本属性衰亡所致。在罗马衰亡中起作用的还有这么一种情况,即在它发展的初期阶段,当它从一个小共和国成长为世界帝国时,它被迫严格地遵循渐进的原则去与敌人打交道,并将它们逐个击败;到了它衰败时,即从四世纪起,它的敌人们一起冲到了帝国西半部。他将民族迁徙和敌人入侵视作从四面八方同时对罗马的进攻,这一进攻也就决定了衰弱不堪的罗马帝国的末日。

孟德斯鸠在这里研究了封建制的产生问题,以同其前人辩论的形式阐述了这一历史。

早在十八世纪初就产生了学术辩论,在这一辩论中形成了至今为止我们在研究中世纪史时常常见到的那些观点,即"日耳曼成分论者"和"罗马成分论者"的观点。如果我们要追寻这些理论的根源,就要大费周折,但直至十八世纪初,这些理论才最后明确地形成。这里首先要提到的是布伦维叶伯爵的著作《法国古代政治制度中》④。

昂利·德·布伦维叶伯爵(一六五八——一七二二)不是专门的历史学家,是个贵族,学识浅薄,是个古世系和官爵史的爱好者,他在历史中搜寻的是那些多少能满足他这个贵族虚荣心的东西。他有一定的政治思想。他是路易十四时代的封建反对派的代表人,是贵族中那些不满于法国君主制的"平均的"倾向的集团之代表人。"平均的"指的是君主制授予第三等级的人以贵族头衔,指的是君主制将国家管理的一些重要部门不是委任给出身显赫贵族的人,而是委任给出身资产阶级的人,久而久之,贵族就失去了它原来的政治意义。这一思潮在圣·西门公爵(即路易·德·鲁夫鲁阿——译者)的回忆录中明显地表现出来。⑤布伦维叶伯爵也是这一思潮的一个代表人。他试图以贵族阶级的反对派的观点阐明历史。

布伦维叶所用的主要史料是巴吕兹出版的墨罗温时代和加洛林时代的立法文献。布伦维叶将法国贵族的特权上溯到古日耳曼人时代。依他之见,"自由"这个基本原则,好像是塔西佗提出来的,它是贵族的

—— 265

世袭特权。这一自由的标志是什么呢？这是私刑权、对外侮的报复权、局部战争权，甚至是对国王进行战争之权。布伦维叶竭力赋予这一切以尽可能多的历史意义。他用贵族的这些特权与君主的绝对专制主义相对抗。他的历史构想就是以此为依据，他对第三等级的鄙视也由此而生，他所谓的第三等级是指从资产阶级起到农奴化了的农民为止的一切不享有特权的人。这样，他认为贵族特权的基础早在古日耳曼的森林里就已建立了，这一主张与孟德斯鸠那个"英国宪法也在这一森林里发端"的想法颇为类似。

布伦维叶认为，法兰克人占领高卢这一因素是形成当代法国社会的决定性因素。法国社会制度的基础就是在那时形成的。布伦维叶常常把法兰克人称为法国人。他说，法国人占领了高卢并在那里建立了自己的制度，而高卢人则接受了一种介于自由与罗马奴役之间的特殊制度，即农奴状态。大量高卢人被剥夺了一切政治权利。他们在很大程度上连财产权也被剥夺并被占领者驱使去耕种土地。这样，高卢人成了臣民，而从日耳曼森林里带来自由的法兰克人则成了主人。他说，全体法兰克人成了贵族，而全体高卢人都成了平民。法国人，或者说法兰克人，凭他们的出身，即凭他们所属的种族，才成为贵族。他们均为自由人，彼此之间平等。布伦维叶喋喋不休地强调日耳曼人自由的另一因素，即平等。但这不是民主原则。他谈到的贵族平等是：一切贵族相互平等。从政治观点上看这一思想对他来说是十分珍贵的。因此可以得出一个结论，那就是：即使国王也没有特殊原因高于其他贵族。他认为，克洛维也只是个被选出的平等军队中的统帅而已。

这些法兰克人，或者说法国人，也就是法国居民的上层，享有许多特权：首先是不受税制的节制，即免缴贡赋，使用国有土地的绝对权（布伦维叶认为 terra Salica 是国有土地）、高级贵族的审判权、对已臣服的高卢人的审判权、局部战争权、武装自卫和进攻权、在全体法国人大会上通过和讨论法律的权利。布伦维叶认为，后世全部的法国制度都是从这一基础发展起来的。

第十六讲 法国启蒙时代的史学 孟德斯鸠与马布利

所以,布伦维叶划分社会的依据便是民族出身——或者出身高卢人,或者出身法兰克人。⑥

布伦维叶认为,人民会议是由查理大帝固定下来的,在这个会议上,法兰克人(亦即法国社会的贵族部分)通过法律。在查理大帝时期,这个会议颁布法律,制定管理制度,分派官职,审理重大案件。但在加洛林王朝统治末期,由于国家分崩离析,这个会议便中断了。

布伦维叶认为,权力转交给加佩家族是个非法行为。加佩家族没有任何权利登上王位。但是,当时法国贵族仍保留着自己原有的权利,查理大帝所确定的采邑制度尚存。此外,尽管当时贵族会议已失去了它的意义,但是贵族却仍享有政治影响和荣誉的特权。君主的会议是由贵族代表组成,他们统率着军队。贵族是法兰克人占领者的直系后裔,他们这一显贵的上层地位受到两件重大事情所动摇:第一便是农奴即塞尔夫的解放,他们都是高卢人出身。农奴解放是从城市开始的,然后扩大到农村,它摧毁了贵族的原有地位。

另一重大因素是原先的农奴开始上升到与其主人相等的地位。国王授予他们以贵族称号,任命他们为高官并排挤氏族贵族。这里,我们听到了这位因第三等级的提高而受了委屈的贵族的呼声。加佩王朝的各位国王为了自己的专制而都有意识地奉行贬低贵族的政策。这一政策由腓力二世·奥古斯都开始,由腓力四世继承,路易十一来完成。最不幸的政策是枢机主教黎世留和路易十四的政策,他们五十年之中在这方面所做的要多于他们历届前任。

这就是布伦维叶在他的《历史》一书中所发挥的思想。这部著作的反绝对君主制的精神很强,以致在他生前未能问世,只是到了一七二七年,在他死后于国外出版。

在他另一部也是死后才问世的著作《关于法国古代国会的通信》⑦中,他提供了一部十四至十五世纪的法国国会史,并把等级君主政体与绝对君主制作了鲜明对照。

在路易十四死后,布伦维叶给摄政者上了个"奏折",在"奏折"中他

—— 267

建议召开国会。他认为国会可以为恢复法国贵族的势力这一事业服务。

在布伦维叶的全部思想中,有个在贵族当中最流行的、在法国社会先进阶层中又最有批判力的思想,这是由他的那个"两个种族"(即法兰克种族和高卢种族)论所引起的,根据这一思想,法兰克人是高卢人的征服者,而高卢人是被法兰克人征服的民族。(我这里说的不是种族主义的种族;这一因素,正如上述,在布伦维叶那里不是决定性因素。)

但是,还不能将布伦维叶的理论称为日耳曼成分的理论。这个双种族理论,在某种程度上是个二元论,并未作出任何高级综合,好像是把法兰西民族劈为两部分,但在这一理论中已包含着后来的日耳曼成分论的因素。

布伦维叶的著作引起了一系列反驳。其中最引人注意的是修道院长让·迪博(一六七〇——一七四二)在他的《在高卢建立法国君主制的历史批判》⑧一书中所提出的反驳。他是法国科学院的常务秘书,具有十分渊博的学问。该书于一七三四年问世,对十九世纪史学发生了巨大影响,其中包括对萨文尼、库兰日,部分地对多普施等人的影响。

这部书是对布伦维叶的三卷本著作的答复,但是布伦维叶的著作是三小卷,迪博的却是三大卷洋洋大观。单就其规模上这部著作就足以压倒布伦维叶的较小著作,更何况迪博的学问又远非布伦维叶所能比拟。

迪博是作为第三等级利益的维护者身份出现的,现在让我们来看看他的思想究竟如何。为了反驳贵族分子布伦维叶的理论,迪博提出了一个关于封建主义产生的罗马成分论观点。

他主张,法兰克人征服高卢纯属历史杜撰。法兰克人从未征服过高卢,他们是作为罗马人的同盟者到高卢来的,根本不是罗马人的敌人。如果说他们的国王成了独立的国王的话,那也是因为从皇帝那里得到了封号,是皇帝在形式上把高卢的管辖权转交给他们的。法兰克人的王成了高卢的统治者,这一情况却一点也没改变到那时一直存在

第十六讲 法国启蒙时代的史学 孟德斯鸠与马布利

于高卢的政治制度。整个行政制度、个人的一切权利、全部民事、政治秩序一如既往。这样,既无征服与被征服,也无一个种族为另一种族所奴役的事。

那么,这种明显划分为主人和农奴的情况又是怎样产生的呢?这已是封建主义继续发展的结果了。经过四个世纪的社会分化,官职变成世袭的,份地变成了领地,这才造成了那种被布伦维叶视为征服结果的结果。正是在那时,在国王与人民之间才出现了一个领主等级,高卢才真正地变成了一个被征服国家,那就是在高卢可被称为第三等级的广大民众臣服于一小撮贵族。

为第三等级代表人物所描绘的贵族的形成过程便是如此。这样一来,布伦维叶所说的那种征服权,就被迪博完全抛弃了。贵族,是封建化这个在某种程度上衰落过程的后期产物,而且王权和第三等级(亦即资产阶级)都与古罗马紧密相关联。我之所以说资产阶级,是因为迪博确实把罗马城市的居民当作法国资产阶级的前身来谈论了。他认为,就是在法兰克人到来之后,罗马城市也仍然保留了市政机构、元老院、自治,而且所有这一切都传给法国的城市,而法国城市是罗马帝国时代存在过的那些制度的直接继承者。这就是在法兰克人来到之后四个世纪才在法国确立的封建主义,迪博认为这种封建主义在其根源上是罗马式的。在罗马帝国内,他也发现了世袭领地,或者说是采邑。他认为这些采邑是有条件占有土地,是作为服军役义务的报酬。采邑只有当它被传给能携带武器者时才可成为世袭的。总之,世袭领地制或采邑制含义的封建制度,早在古罗马人那里就已存在了。在这方面,迪博的概念非常混乱。他将罗马皇帝们的军事领地与墨罗温时代的王室领地混为一谈。

迪博是第三等级利益的代表者。对他来说,领主和第三等级根本不是征服者与被战胜者的两个不同种族。他将贵族视为一小撮篡位者,而把第三等级的代表人视作古老的罗马自由与权利的继承人。从他的观点来看,第三等级和君主都是罗马帝国的继承者。

必须指出,迪博为其观点提供了貌似相当科学的依据,但是这种论据却只能在读者那里常引起烦恼:他尽力把许多疑难问题淹没在他所引用的大量条文中。读者简直陷入大量考证而难自拔,而且某种论断又往往仅以假说的形式提出来,接着又是一大堆与这一论断没有直接关系的论据。迪博论述他所提出的假说时,好像在谈一件毋庸置疑的什么事情。

迪博还具有一种抓住司法定义不放的手法。一切外部因素,如,好像罗马皇帝把帝号给法兰克人国王等等,他都吸取过来作为这个结论的依据:法兰克人国王的权力是罗马皇帝授予的,而且是罗马皇帝权力的直接延续。

于是,迪博的结论如下:墨罗温君主制和加洛林君主制都是罗马君主制的继续。在这些君主(而绝非贵族)的统治下,高卢保留了罗马法和原有的社会制度。每个城市都保存了它的市政机构、元老院、警察机关和自治权。无论是法兰克人还是高卢—罗马人,他们受制于不同的法律,却在同等地位上比邻而居。他们一律被允许担任国家官职,都一样缴纳贡赋。迪博坚决反对布伦维叶关于法兰克征服者免缴贡赋的说法。

迪博的这部著作在当时的法国学术界享有威名,并得到了学人的首肯。布克(Bouquet)在他出版《高卢与法兰西历史学家选集》时,就不断援引迪博的书并称其作者为"最博学的"神父迪博。这部书尽管量大而且学究气太浓,在十八世纪还是多次再版。

当孟德斯鸠写他的《论法的精神》一书时,在与法国封建制产生有关的问题上,布伦维叶与迪博二人的主要理论占统治地位。孟德斯鸠竭力取中立态度。他曾谈到,一个想在这些相互对立、相互否定的意见中找到一条正确道路的历史学家,要面临许多困难。他认为,正确道路就是骑墙主义,但必须指出,孟德斯鸠也未能时时保持中立。他主要还是批判迪博。对于远见卓识的孟德斯鸠来说,迪博理论的弱点是再清楚不过了。首先,他立即识破了迪博为了强行使人接受他那个论据不

第十六讲 法国启蒙时代的史学 孟德斯鸠与马布利

足的假说所采取的、以事实和条文将读者头脑填满的手法。之后,他又轻易推翻了迪博关于好像从未有过法兰克人征服的见解。他证明,有过法兰克人征服,破坏等事也确有。但这完全不意味着孟德斯鸠想赞同布伦维叶的观点。

尽管孟德斯鸠的世界观是中庸之道,他所反映的却总是资产阶级观点,而不是布伦维叶所持的封建观点。因此,他使法兰克人征服的意义减小,他断言,在征服之后根本没有出现过布伦维叶所设想的那种两个种族被明显地划分为两个等级的过程。孟德斯鸠认为,征服与其说引起了明显地划分等级,莫如说造成了更民主的制度的确立。

尽管孟德斯鸠的理论可能比迪博和布伦维叶的理论更可信,但他对于这一理论的论证却不成功,他援引了一些完全错误理解了的史料。如,他曾谈到什么"个人权利"。在中世纪早期,这个"个人权利"在于每个人按照本民族的法规生活;这样,权利是与个人有关,而与该人所生存的地域无关。孟德斯鸠却认为,"个人权利"在于每个人都可以自己选择他愿意遵守什么样的法规去生活。孟德斯鸠主张,人人都有这一选择的自由。这样,萨利克法就成了全体居民的主要法规,自然,高卢—罗马人愿意按照蛮族人的法规生活。除了使用旧的罗马法的教士,高卢全体居民在被征服后都开始按照萨利克法生活。

孟德斯鸠在错误地解释那些与某一个或某一些高卢城市有关的条文同时,又确信在那里保留了某种全民的代议机构(法兰克人和高卢人均在内)、某种类似元老院的机构,这种机构在法兰克国家中仍继续存在。这样,就得出个结论:第三等级的代表人很早就建立了某种政治会议,从而参加了限制君主的主权的活动。总之,孟德斯鸠认为,一个类似国会的机构在法兰西建国初期就已经出现。

必须指出,孟德斯鸠有许多关于法国封建法制史方面的有益见解遍及《论法的精神》一书,尤其是集中在后几章里。但是,除了以这位异常天才者的历史嗅觉为基础的十分可信而又正确的论断之外,我们还常常发现他对史料作了肤浅而又错误的解释,这就使他的论断失去了科

—— 271

学意义。

孟德斯鸠的观点在天主教神甫加布里埃尔·德·邦诺·马布利的历史构想中有极为系统、清晰的表述⑨。他的构想多与历史事实不符,但对第三等级即资产阶级来说却别具特色,这个阶级已清楚认识到自己的阶级利益,并把某种历史构想抬出来借以证明他们的利益。

马布利首先是以十八世纪空想社会主义代表人之一而著名的⑩。

但是,必须指出,他的共产主义观点停留在纯理论的领域内。一旦事情发展到实际运用这一理论时,马布利就成了一个谨小慎微的人,并以一个资产阶级思想家出现,而且是十分温和的资产阶级思想家。马布利奇异的二重性也就在于此。我们发现他有理论上严重的急进主义和当事情要付诸实践时,又是十分温和的、虚与委蛇的观点。

马布利还是以唯理论为立足点。他把建立在人的自然本性上即建立在那些将人推向社会生活的社会属性上的自然法则,为自己历史理论的基础。马布利认为,最原始的社会制度是共产主义制度。共同占有土地和人人平等,是人类的天然状态。在人类存在的初期阶段,这种状态是由于人口稀少、从事渔猎生产而造成的。这样,就没有形成私有制的先决条件。但是,人口的增长逐渐使人类转而从事农业生产。不过,农业生产本身根本不要求抛弃共同占有土地,也不要求以私有制的产生为前提。从马布利的观点来看,私有制的产生是人们愚昧和滥用权力的结果。某些懒汉不想如别人一样工作,逃避劳动。另一方面,掌权的人又滥用其权,结果造成了分配土地给每人一份作为私有。而且,由于愚昧谁也不曾考虑到这一切会导致何等可怕的后果。私有制是对自然规律的破坏,所以它引起了人的本性的失真,导致了十分有害的贪欲的发展,导致了不平等的增长,把社会划成为阶级。马布利对于私有制的发展所造成的后果倒是看得一清二楚,却找不到任何一种能消除私有制、使人们返回原有状态的实际办法。因此,对他说来,共产主义不过是回忆过去的一场美梦,一去不复返的一个阶段。在现实中他找不到恢复这种制度的任何途径。他认为,富人都是自私的、贪婪的,他

第十六讲 法国启蒙时代的史学 孟德斯鸠与马布利

们绝对不会放弃自己的利益。他不相信用说服的办法能使富人放弃他们的财富,他又认为穷人已习惯于不平等、意志颓唐、愚昧无知,不可能指望他们自我解放。所以,如果还有什么想法的话,也只能是局部减轻当代社会中那些最令人发指的、主要是封建所有制造成的罪恶罢了。

这样一来,马布利在实践中便由私有制的否定者基本上变成了私有制的卫道士。如果从他那个认为人类的本来制度是共产主义的理论观点来判断,马布利实际上是个资产阶级改革家,而不是革命家。

马布利的政治观点,也是理论上的极端急进主义,而实践上中庸之道却十分严重。在理论上,马布利源自关于人类自身不可分割的权利的学说。对他来说,任一最高权力的来源都是人民,人民创建了它是为了增进自己的福利。如果人民铸成了大错,创建了一个坏政权,那么人民也可以修正这一错误并更换这个政权。只有在这个政权致力于人民的幸福(它之被创建也正是为此目的)时,人民才必须服从它。如果执政者破坏了人民的权利,人民就有权起义。为了能有好法律,人民必须自己成为立法者。马布利在他最成熟的著作中,对共和政体表示赞许。

但是,从这些理论原则中,马布利又没得出来什么结论。在实践中他主张谨慎的妥协办法而不再继续要求藉助于最高审判机关和定期召开的国会来限制王权。他认为法国的政治改革可以用和平途径完成,因为法国已拥有这些机构。

我们之所以对马布利感兴趣,因为他是个历史学家,是八卷本的《关于法国历史的意见》一书的作者[11](前四卷于一七六五年出版,后四卷于一七八八年出版,此时他已逝世)。

在这部历史著作中,马布利把他从古代实例中摄取来的国民之英勇精神加以鼓吹,提出了许多后来在法国大革命时也不断铮铮有声的口号和济世名言。他号召自由、爱国主义的自我牺牲精神、严肃的社会风尚、共和式的道德。他的著作中经常出现诸如"祖国"、"公民"、"共同意志"、"人民主权"等术语。他把这些从古代借用的术语尽力用到法兰西民族上,并与布伦维叶和迪博所提出的观点划清界限,总之,他在许

—— 273

多方面与孟德斯鸠的观点相接近并把孟德斯鸠的观点发挥得更彻底。

他那本于一七八三年出版的小书《论撰写历史的方法》⑫能较好地提出他的关于什么是历史的任务的观点。他在这里以半文学体的形式,以奉劝一位想从事撰写历史的朋友的形式,提出了自己对历史任务的理论观点。

马布利对历史学家提出了一系列要求。历史学家首先要弄明白他为什么要撰写历史,他有些什么目的。马布利认为,历史学家应首先通晓自然法则,懂得国家权力在社会上的产生根源,懂得公民乃至官员的权利与义务。

马布利对历史学家的第二项要求是懂得政治。他把政治划分为两类。一种根据大自然为人的幸福而建立的法则。这些法则,依他之见是与大自然本身一样,是永世不变的。第二种政治,是使人利令智昏的贪欲的产物。当然,首先应研究第一种政治,换言之,应研究称之为道德哲学的东西。这一哲学指出什么是我们应该追求的幸福,用什么方式去得到这一幸福。从这里所进行的对话中可以看出,马布利的幸福理想便是托马斯·莫尔的乌托邦。马布利主张,只有持这种观点,一个历史学家才能找到真正的道路,亦即某一国家在何等程度上接近于这一"自然政治"(alpolitique de la nature)或者远离这一理想。但同时马布利又认为,也必须研究感情政治,因为我们从实际历史中已看到它确实在常常颠倒国家的管理。

马布利对伏尔泰提出的那种世界史纲要持否定态度。对他来说,伏尔泰是经常遭到批判甚至有时遭到尖刻抨击的对象。马布利是新的、更年轻一代的启蒙思想家的代表,这一代人对伏尔泰已不能满足了。马布利认为,伏尔泰在传授坏政治、坏道德并在其历史的枝节言论中显露出无知和对事实的歪曲。

他以为伏尔泰有个极不道德的思想,即道德上否定的现象最终也会有良好结果。伏尔泰就确认教皇利奥十世腐化了的宫廷促进了欧洲文化的发展。这一论断引起了马布利的愤怒。他说,不道德的现象从

第十六讲 法国启蒙时代的史学 孟德斯鸠与马布利

来都不可能促进真正的教化的发展,而只能助长道德的堕落。他还有不能原谅伏尔泰的,即后者在描述人们的错误时常伴有讽刺。他愤怒地谈到伏尔泰本应阐明历史却歪曲历史,这无疑是"开玩笑"。

对于马布利来说,历史首先是国民道德的学校。历史,不仅要启示人们的良知,而且应该激发人们的热情,唤起人们去热爱善行,热爱社会福利,热爱祖国和正义。因此,历史学家应深入研究道德,在这方面首先要向古代历史学家学习。马布利为他同时代的历史学家们的道德感的堕落而痛心。马布利认为,历史学家应颂扬道德,鞭挞一切背离自然的社会恶习。于是,他认为崇高的道德哲学应是历史学家全部工作的基础。

马布利对某些历史学家将"上帝之手"、"上帝的意志"硬塞入历史进程的做法表示反对。从这一点出发,他对斯特拉达感到义愤,后者将西班牙人在同尼德兰人所作的斗争中取得的胜利与成就,一律归功于"上帝的意志"。如果硬把上帝也拉进来的话,那么它也应为历史上发生的、种种愚蠢行为和卑鄙行径承担罪责。

马布利效法提图·李维描写了世界史的任务。李维在自己历史的开头写道:"我们虽然没停留于我们粗野的祖先用来夸耀他们自己的出身的传奇上,但却受到了被我们了解的风习、国民法、军事法以及那些将共和政权扩展到全世界的著名勇士们所限制,而我们的国泰民安也蒙住了我们的眼睛,以致将我们领进了命运的死胡同,弄得在我们的贪婪和虚荣的重负之下无力自拔。"[13]

马布利在这里似乎提供了一个研究全世界历史的大纲,这个大纲可用于英国、法国、意大利、西班牙、德国。一开始,在数百年间到处显现出蛮族人的世风民俗,然后是如他所说的一系列革命或变革。藉助于这些变革,这些民族才被导向今天我们为之自豪的文明。但是,这一文明只是新的奴役,所以它是被曲解了的道德和卑劣恶习的结果,而不是那些使我们更接近(高尚的)"自然法则"的法规的产物。我们发现,"自然"一词在启蒙思想家那里有个十分特殊的作用。自然法则,好像是与自然法一致的东西,也好像是与良知相符的东西,它可以造福于人类。总之,它只不过是某个作家为人类开的一些灵丹妙药罢了。启蒙作家常常将他们自己的推论、假设和造福人类的药方与自然的要求混为一谈。

马布利指出,写部通史并非轻而易举的事。他害怕的头一件事是:如果他按照历史的本来面目去撰写历史,他就可能被视为一个坏国民。此外,也不能轻易相信那些愚笨无知的历史学家,正是他们将欧洲各个新国家的历史,尤其是它们早期的历史留给了我们。难道能信任诸如都尔的格利哥里那样的历史家么?这里,必须对大量文献材料,即证书、程式等进行研究。而为此就要付出毕生精力。他说,对于一个历史学家来说,在历史学中表达出正确的判断比博览群书重要得多。

马布利崇拜博绪埃,他对博绪埃的历史作道德说教的性质表示赞许,尽管他们二人的世界观不一致,因为,博绪埃把上帝塞到一切历史事件中去了。

马布利本人的历史道德说教性质明显地表现在:他尽量在阐述事件时引用某些人的言论。我们知道,人文主义历史学家也把别人言论加到自己表述事件中,但是到了十七世纪这一惯例便不再行时了,到了十八世纪,就完全被抛弃。马布利根本没想到这些言论会把某人引入迷途,也没想到谁会考虑这些言论是否真正讲过。但是,从他的观点来看,这些言论是由于历史事件而进行道德教育的极好方式。马布利认为,如果不引言论,就永远不会有什么同时兼有教育意义和引人入胜两种特点的历史。

那么,马布利的历史总构想又是什么样呢?他所描绘的整个历史基本上是倒退,是对自然法则的背离,根据这两条,私有制便是第一号的"恶",人生来便是平等的,有同样的权利,这种深沉的悲观主义,表现在马布利对他那个时代的欧洲的描述中,他所见到的只是衰败和破坏,看不见任何好转的希望;到处人们对公共事务都失去了兴趣。关于法国,他是这样说的:"我对这个民族已经厌倦,它已病入膏肓不可救药。

第十六讲 法国启蒙时代的史学 孟德斯鸠与马布利

它由于自己的轻浮和短见,使得我们的部长们遭到人们的蔑视,这是罪有应得。"⑭财富的增长是自然和世道清白的大敌,就是它将人类引到了这个沮丧、进退维谷的地步。特别是在十六世纪人类更加堕落,马布利认为这个世纪是最有害的,因为从那时起,商业和奢华迅速发展起来了。马布利认为,商业是自己毁灭自己的恶魔;商人,则是没有故乡的人;手工工场毁了工人,使他们变成了最低贱的人。

马布利同情那些正与英国进行斗争、争取独立的美国人,但他又怕工业和商业会葬送他们。照他看来,国家不应富足。他总是希望没有财政、没有国债等等。他违背历史事实,说什么穷困的民族永远是富足民族的战胜者。

这样,马布利对过去只是表示感叹、哀怜,但他没有找出任何办法使这美好的过去得以恢复,使社会得以进行根本的改造。照他看来,社会已走上了绝路,已无任何东西能使它摆脱困境。

我们大为感兴趣的是马布利关于中世纪历史的观点。他与布伦维叶相反,他认为在法兰克人到达高卢以后,法兰克人和高卢人组成了一个民族。法兰克人的民主传给了高卢人并使高卢人摆脱了罗马的统治。因此他认为,日耳曼人的民主是法国政治发展的开端。马布利和孟德斯鸠一样,他关于法兰克人和高卢人融合成一个民族的设想,是以错误地理解某些条文,尤其是以错误地解释"个人权利"这一概念为基础的,马布利也同孟德斯鸠一样,认为"个人权利"就是每个人选择他遵循着生活的法律的权利。高卢—罗马人选择了法兰克人的法律,即《萨利克法典》,于是就同法兰克人合而为一了。马布利与迪博的观点不一致。马布利坚决不认为罗马传统(其中包括迪博所认为的第三等级的罗马时代继承的市政特权)有什么意义。

像孟德斯鸠一样,马布利将查理大帝时代的法兰克国家的政治制度描绘成某种理想的君主政体,尽管他所描绘出的景况与这一时期的真实历史情况并无任何共同之处。好像是三种主要的国家形式:君主政体、贵族政体和民主政体,它们都结合在这一理想的君主政体之中,

—— 277

这个政体有三个等级，即教士、贵族和平民。马布利认为，最后一个等级也参加了定期召开的会议上的立法活动。

在马布利的心目中，查理大帝是个特殊人物。他是个热爱子民、承认人民的权利的人，宛如十八世纪的启蒙学家，又是个自然法学派的哲学家。马布利将这位国王描绘成一个哲学家和第三等级的保护人，正是他给这个等级授予了历史之光。查理大帝这一理想化了的形象，当然与历史上这位活动家的真实面目相差极远。

从本质上说，马布利这部书是一部人民历史，或者更确切说，是构成第三等级的那些阶层的人的历史。不过，这部历史当然是臆造的。马布利所说的在查理大帝时代和稍后时期的国会历史，当然也是杜撰的，尽管人们都知道那时根本没有这个机构。马布利还指出，在查理大帝时代，国会的主要缺点是分解成三个单独的、互不依靠的等级，而在查理大帝后继人时代，各等级之间的协调一致遭到了破坏，平民也就为人们瞧不起。官职的世袭、领主的司法权和其他一些新措施，使奴役人民的这一变革得以彻底完成。

马布利认为，公社的解放，城市为自己的独立所作的斗争，将第三等级原来的自由或多或少地归还了它。在十四世纪的国会上，人民的权利多多少少得到些恢复。但是，马布利又认为，整体说来，腓力四世时的国会只是查理大帝时代所存在过的那种国会的残余。一三五六——三五七年的国会，即艾田·马塞在巴黎起义时的国会，最接近于民族权利的概念，但是国会的无能和短见使其恢复自由的意图落空了。马布利认为那个破坏了国会而代之以滥施淫威的查理五世是后世的万恶之源，是法国后世一切政治制度的根源。查理五世的统治是后世（从那时起使君主制地位低落）的一切罪恶的原因。马布利写道："不难指出，把国会恢复成它应有的样子而不是它已有过的样子，唯一办法便是还我道德，这种道德我们久已陌生了，而没有这种道德，国家便得在永远的苦闷中等待它垮台之日的来临。"⑮

马布利尽管有悲观主义，他还是看到了某种出路，看到了某种改善

第十六讲 法国启蒙时代的史学 孟德斯鸠与马布利

法国状况的可能,这种出路和可能正是从第三等级的复兴和召开法国国会中发现的。这里也指明了资产阶级在法国大革命之前所处的地位,而这一地位的获得只是在一七八九年召开的国会上才得以实现。

马布利这部多卷本著作的价值还在于它有许多注释,称为"注释与论证"(remarques et preuves),包含了大量论战性的材料。马布利批判了许多作者,更激烈地抨击了迪博,照我们看来,后者也是个资产阶级思想家,只是他尽量不把资产阶级的原有自由同摆脱罗马统治的时代联系起来,不是同法兰克时代联系起来,而是同罗马时代联系起来。马布利攻击了迪博关于保留罗马制度的思想。这里,他也发现了迪博对历史的深刻洞察力并指出了迪博学说的矫揉造作,迪博尽力将后来的中世纪城市制度与罗马的市政制度联系起来。他还指出了迪博将罗马的恩地与萨利克的国有土地(terra Salica)混为一谈等等许多错误。

这样,马布利《关于法国历史的意见》一书为我们提供了一部站在资产阶级立场上写成的中世纪历史,提供了一部十八世纪第三等级的政治纲领,但这部政治纲领在过去已被推翻。

马布利著作的成就巨大。法国资产阶级上层人物在他的书中找到了他们的历史思想体系。一七八七年,即大革命前不久,题铭与美术学院悬赏征求赞扬马布利的言论。天主教神甫布瑞扎尔因其《给马布利的历史的赞词》[16]一书而获大奖。布瑞扎尔所指出的马布利的功绩是什么呢?最有趣的是指明了当代人应如何接受马布利的历史构想。布瑞扎尔首先指出,从马布利的历史中看出,自由是如何与法兰克人一道走出了日耳曼森林并把高卢人从罗马人的压迫下解放出来,法国君主政体的基础是如何在这一自由和古法兰克人共和宪法的基础上奠定的。

布瑞扎尔认为,马布利的又一功绩在于他给查理大帝的统治定了性,他将这位国王写成一个爱国主义者,承认人的不可剥夺的权利的明智的立法者,在他那个时代的君主制的楷模。

这样,我们发现,阐述中世纪与古代关系问题的基本方针早在十八世纪就已形成了;而这些基本方针,直至今日我们也常常可以见到。

"日耳曼成分论"在布伦维叶那里表现得最彻底。对他说来,早期中世纪的全部国家制度和社会制度都是日耳曼征服的产物。日耳曼人凭借自己的征服力量,成了罗马人的征服者和主人,他们建立了自己的社会制度。这是自由,但只是以主人,即对统治阶级来说的自由,对贵族的自由。至于谈到高卢—罗马人,他们则是无权的农奴,他们既无任何政治权利,又无任何政治传统。布伦维叶指出了君主政体的反面角色,是它系统地摧毁了领主们的权利。

如果说日耳曼成分论的观点在布伦维叶那里表现得最明显的话,那么,罗马成分论的观点在迪博那里则到了登峰造极的程度。我们在读他的著述时,犹如在读库兰日的著述一般。对于迪博来说,根本就不曾有过什么日耳曼征服。日耳曼人不是作为罗马人的征服者而是作为他们的同盟者出现的。日耳曼人服从了罗马人的制度。日耳曼人的国王从罗马皇帝那里得到了全权;日耳曼人学会了罗马人的文化;高卢—罗马居民,尤其是城市居民,保留了他们从罗马人那里继承来的市政特权;法兰克人和高卢人在这块土地上比邻而居并享有同等的权利。形成他们之间的关系根本不是沿着种族或民族的路线,而是他们的共同封建制度发展的结果。

孟德斯鸠想把这两种观点综合起来。他认为,征服倒是有过的,但它给高卢—罗马居民带来的不是奴役,恰恰相反,是将他们从罗马帝国的专制主义下解放出来。高卢—罗马人开始按法兰克人的法生活,但是保留了从罗马时代以来的某些制度,如幻想出来的类似元老院的机构,对此,孟德斯鸠曾经谈及。

尽管马布利对某些文献作了错误的理解和解释,但他与同时代人相比更接近正确解决封建主义的起源问题。在这一点上他是正确的,即他主张法兰克人的征服使高卢—罗马人摆脱了罗马的专制统治并给了他们民主制度,但是这种制度只是到后来才开始发展为封建制度。不过,马布利描绘查理大帝时代的国会景象以及他概述这位国王的政策,当然是臆造的,其历史的真实性甚微。

第十六讲 法国启蒙时代的史学 孟德斯鸠与马布利

当我们谈到马布利时,我们不能不指出他对伏尔泰历史观的否定态度。看来,这与他们政治观点上的某些分歧有关。对于伏尔泰来说,其政治理想是绝对君主制,真情寓于旨在为人民谋福利的开明的绝对君主制的形式。第三等级的理想在马布利那里表达得更坚定,那就是他主张要求召开国会。但总而言之,马布利的政治观点是模糊不清的、矛盾的。马布利在某些政治主张上与资产阶级民主思想,甚至与社会主义思想相近,但是他的这些思想是以不清晰的空想形式表达出来的,而且极不彻底。

(白玉译 刘庆宁校)

注 释

①孟德斯鸠(Ch. Montsqieu):《罗马盛衰原因论》,巴黎,1911 年;《孟德斯鸠选集》,俄文版,国家政治书籍出版社,莫斯科,1955 年。

②孟德斯鸠:《论法的精神》,巴黎,1927 年;《孟德斯鸠选集》,俄译本,国家政治书籍出版社,莫斯科,1955 年。

③实际上,英国宪法中恰恰没有孟德斯鸠所说的那种分权。在英国,行政权是内阁,形式上它总要听命于国会,因为它是由国会中的多数组成的。国王也不完全拥有行政权,因为内阁大臣虽然形式上由国王任命,而实际上反映的是组成国会多数的那个政党的利益。(著者注)

④布伦维叶(H. Boulainviiliers):《法国古代政治制度史》,法文版,第一至三卷,海牙,1727 年。

⑤《圣西门回忆录》,俄译本,第一至二卷,莫斯科—列宁格勒,1934—1936 年。

⑥这一观点还不是种族主义的理论(尽管后来种族主义者部分地利用了布伦维叶),因为这里还没提到一个种族优于其他种族,而只是谈到征服者的权利。(著者注)

⑦布伦维叶:《关于法国古代国会的通信》,法文版,伦敦,1753 年。

⑧迪博(J. Dubos):《在高卢建立法国君主制的历史批判》,巴黎,1734 年。

⑨加布里埃尔·马布利(1709—1785)出身于贵族家庭,天主教的神甫。放弃了教会和政界的生涯后,献身于学术事业,尤其在历史领域内。他受到了卢梭观点的相当影响,尽管在许多问题上和卢梭发生分歧。在十八世纪他的著作和思想

在法国享有很大的威望。(编者注)

⑩恩格斯曾指出马布利为十八世纪"公开地共产主义理论"的创始者之一(见《马克思恩格斯全集》,俄文版,第二十卷,第18页)。(编者注)

⑪马布利(G. B. Mably):《关于法国历史的意见》,第一至八卷(由基佐评论的新版),巴黎,无年代。

⑫马布利:《论撰写历史的方法》;《马布利全集》,法文版,第十二卷,1789年。

⑬《马布利全集》,第十二卷,第357—358页。

⑭马布利:《关于法国历史的意见》,第三卷,第267页。

⑮马布利:《关于法国历史的意见》,第三卷,第253页。

⑯布瑞扎尔(Brizard):《给马布利的历史的颂词》,载《马布利著作全集》,第一卷,巴黎,1794—1795年。

第十七讲 法国启蒙时代的史学卢梭与孔多塞

与马布利同时代的另一位著名人物是让·雅克·卢梭,他在倡导资产阶级民主思想中要比马布利彻底得多。

让·雅克·卢梭(一七一二——一七七八)生于日内瓦一个信奉新教的小资产阶级家庭。这个机敏、自重又孤僻的孩子很早就迈进了严酷的生活学校之门。十三岁那年,他就在一个愚笨、鼠目寸光又暴戾的匠师家里当学徒。从幼年起,卢梭就备尝饥饿、毒打、污辱之苦。十六岁那年,他便从主人那里逃走。在学徒年代与文学活动开始之间,卢梭还有一段颠沛流离寻求工作而不遂、饱受污辱的生活经历。在这些年里,卢梭走过了一段各种不同的生活道路。他改变了信仰(加入了天主教),在天主教会学校里读书,学过并教过音乐,当过办公室里的小职员,甚至当过仆人。卢梭这个饱经风霜、有着复杂生活经历的人就这样跨进了文学之门。他没有被生活摧垮。生活却加强了他对现存社会关系的深刻仇恨,使他对无权的受压迫大众所遭受的痛苦更敏感起来。卢梭在自己的著作中以他们的天然代表和他们的利益捍卫者的身份出现。但是,他是通过小资产阶级世界观去认识他们所受的苦难。他是在巩固小资产阶级关系的道路上寻求拯救的办法的。

尽管卢梭不是个历史学家,也较少从事纯历史课题的研究,但是他对于十八、十九世纪的史学还是给予了很大影响,并且在德国要大于在法国的影响。所以,对他的历史观要详加研究。

我们应把卢梭这个小资产阶级民主观点的代表人同他以前的那些启蒙思想家先驱者加以鲜明对比。我们发现老一代启蒙思想家也有对人民的热爱与同情等种种表示，但这种热爱与同情总夹杂着严重地轻视群众。甚至连马布利都认为愚昧的、被生活压迫得喘不过气来的人民无力解决自己命运的归宿问题，这只是那些受过教育的人的分内事。

卢梭与那些启蒙思想家先驱者不同之处，在于他是个地道的平民，是个民主主义者。他自称是个为不幸的人民而悲伤又体验到人民的不幸的人。他谈到当他看到人民所遭受的苦难和压迫时所感到的不可遏制的仇恨。卢梭是知识分子界的无产者，他饱尝了贫困的屈辱，他的痛苦生活经验使他深信，正是富人窃去了穷人的口中之食，不让别人受穷，富人便发不了财，"慈善事业"要减轻贫困，只不过是"强盗寻开心"罢了。卢梭形成的这种深沉的、真挚的感情，被他这个自以为是选民社会中的异己分子的平民的易怒性格弄得复杂化了。甚至当他成了著名作家，当社交界围着他转的时候，他也未能摆脱这种感觉。卢梭对一切事物异常敏锐。他自己也觉察到了这一过分的敏感性，认为自己是个特殊的、异于常轨的人。他说："我生就是与我平生所见识过的人不同；我敢想象，我与世界上的任何人都不相像。"[1]他这句话是在他最富有人道主义、痛苦的《忏悔录》中说的，而《忏悔录》却恰恰证明了他像一切人，证明了他是个真正的人。

卢梭，是个易动感情的典型。他将生命的本能、直观的感觉，富有同情心，与大自然融合为一体的能力，置于一切之上。在这一点上他与那些置理智于首位的启蒙思想家截然不同；被他们称为"思维"的那个东西，在卢梭眼里是违反自然的。在这方面，他倒多少像那个视文化的发展为人类堕落的马布利的观点。卢梭为他那个时代的文化的柔弱感到愤怒，他是理想化了的斯巴达风俗质朴的拥护者，他把斯巴达与不道德的雅典对立起来。他认为斯巴达的功绩包括它把艺术和演员、科学和学者驱除出境。

卢梭关于"自然的"这个概念完全不同于启蒙思想家。伏尔泰及其他启蒙思想家把"自然的"这个概念理解为与自然法则相符合。这些自然法则只有高深的文化和哲学的才智才能被理解，而本能和单纯的人

第十七讲 法国启蒙时代的史学 卢梭与孔多塞

的感情是理解不了的。同时,老一代启蒙思想家虽然反对封建主的特权,却认为在理性上的不平等是自然法则,并以此来自觉或不自觉地为新的资本主义制度辩解,尽管生活在这种制度下的人们在宣言上是平等的,但在实际上却仍旧不平等。工作是一回事,领导这些工作者是另一回事。伏尔泰曾谈到过这一点。从这个角度看,道德本身是与教育密不可分的。我们发现,伏尔泰与马布利一样,离一切民主主义是何等遥远,他在理论上是个民主主义者,而在实践中却否定民主。启蒙思想家们实质上认为,世界史是为了一个"好社会"、为了文雅的上层、为了知识界的繁荣而产生的。世界上的一切哲学家,就是为它而辛勤劳动,为它而绞尽脑汁。

我们见到卢梭完全具有另外一种充满深刻的、真正的民主主义精神的观点。对他来说,最自然的东西是直接接近于感情、接近于本能的东西,所以最简单质朴的人要比受教育的人更易接近自然。

卢梭所设想的人类发展,在他《论人类不平等的起源和基础》②(一七五五)一书中看得最清楚,在这部著作中,他对人类的发展作了概述。

卢梭认为,人类在其发展过程中经过了一个前社会状态的阶段,那时的人近乎动物。卢梭所描绘的这幅图景,成了他遭到无数攻击的口实。伏尔泰曾谴责他,说他想让人四条腿走路,说卢梭好像要让这种前社会状态成为当代社会的理想。这当然不确切。卢梭并未想象当代社会可能还原到人们一度幸福过、却像野兽那样幸福的前社会状态。

卢梭描绘了这些原始人的生活,同时强调了他们接近自然,他们的灵敏及健壮的肌体的力量,这样的肌体在他们与大自然的日常交往中很好地为他们服务。照他看来,这些人有两种主要的本能,人的善恶都由此而来。这两种本能,一是自私自利,即一种个人主义的自卫的感情;一是对他人的怜悯。一切被称为道德的东西都出自怜悯心。

原始人不懂得文明社会所固有的那种不幸——他们没有压迫。用卢梭的话来说,如果那时有人能强迫别人为他干活,他就得总监视着人家,而这种监视所花费的精力比自己去完成这一工作还要多得多。

原始人就是动物,但是一种能发展的动物。卢梭认为,人有一种使他与其他动物相区别的能力,这就是思考能力,或者更确切地说,是一种选择能力,与本能无关。人,能不服从本能的暗示。卢梭说,这使人趋向完善化,尽管他认为这种完善不见得是件好事。

从卢梭的观点来看,推动发展、推动完善的动力,是人类的繁殖和由此而来的获取食物的艰难。人开始使用工具、用火。在这个基础上产生了人与人之间更密切的交往,形成了语言,构建住宅。住宅的出现引起了家庭的产生,而使用工具为人们赢得了空闲时间,因为他可以在较短时间内为自己弄到食物。空闲时间又引起了新的发明、新设备的制造和需求的增长。

卢梭把这一时期视为人类幸福的青年时代,但它又为自己带来未来不幸的萌芽。主要的不幸从人掌握了金属加工技术和农耕开始。卢梭认为"铁和粮食毁灭了人类"。③耕种土地引起了抢占土地,而财产的出现引起了不平等和剥削。

随着人口的增长,出现了一无所有的人,他们只能靠打劫为生,同时,富人又在压制和掠夺穷人。这样,到处就出现了掠夺、搏斗和杀人。

卢梭认为,只是在这个阶段,即阶级分化已相当严重的时候,国家才因富人的倡议而产生。卢梭有一部没写完却使他享有很高声誉的著作叫《社会契约论》④,本书就是他专门谈论那种社会契约的。

国家之所以产生,是因为富人建议订立一个能保证每人的财产和生命安全的契约。卢梭论述说:"社会的起源和那些使富人的力量更为扩大的法律的产生,一去不复返地根绝了自由、永远确立了私有制和不平等,将巧妙的篡权变成牢固的权利并使整个人类陷入劳作、贫困、被奴役而有利于几个追逐功名的人。事情就是这样,或者应该是这样的。"⑤

这样建立的国家不可避免地要将人民大众排斥在参与管理者的行列之外,之后也不准他们参与立法。执政者得到了更大的权力并从法

第十七讲 法国启蒙时代的史学 卢梭与孔多塞

律改变为独断独行,从实质上说,管理者获得了很大的权力,重又返回到单纯的权力上去了,但这个权力是经过国家加以巩固、加以合法化了。卢梭说,由此可见,国家是由于不平等才开始的,而国家本身又使这个不平等得以加剧。这一整个过程的极盛,便是在城市里发展豪华和富贵以及乡村的贫困化和受剥削。

这里我们发现卢梭一个非常重要而又正确的观点,那就是他认为国家因社会不平等而产生,国家本身又是制服和剥削民众的工具。他还提出了另一正确观点,即某时代的人与另一时代的人各不相同,人的精神属性和心理也在不断地变化。卢梭说:"原始人渐渐消失了,而社会在圣哲的眼中不过是一些穷奢极欲的伪装者的集合,他们是新关系的结果,在自然界中并无真实基础"。[6] 人们的需求在增长,需求越大人就变得越贪婪。为了满足要求,人与人之间便作恶多端。

卢梭说,人们互相行善还互相作恶,取决于他们所处的那个社会关系。这与我们在老一代启蒙思想家那里所见到的唯理论思想完全是两回事,他们认为人们的举止取决于人的忠实思想或虚伪思想,人之所以做坏事,是因为他关于善的思想是虚伪的。启蒙思想家的这一学说,在十九世纪一度误人不浅,当时空想社会主义者认为,只要充分启发人们关于善的真正概念,他们就会立即将自己的财富交给穷人,就可以按照一个合理的蓝图去建立社会关系。

卢梭允许前社会状态存在以及可以自觉地建立社会契约,当然是大错特错,不过,他的同时代人也都犯了这个错误。他们都假定社会契约是在人类历史上确有其事,卢梭在这方面较他人还稍谨慎些。他只是说国家的基础曾是这样或应该是这样,并没说它在某一历史时刻发生过,也没赋予它以一定的历史形式。对于卢梭来说,重要的是国家建立和产生这一行为本身。总之,卢梭关于国家产生于不平等,起源于社会斗争的思想,把国家解释为有产者的机构,这肯定是对的。

正如所指出的那样,卢梭常常道出了一种要把人类还原到前社会状态的愿望。这是不确切的。卢梭对于理想社会另有设想。但这绝不是未经后世文明所带来的罪恶触动的人的原始动物状态。依他之见，理想社会存在于社会契约订立之后的那段时间内。尽管那时也有一定程度的分化，也有人压迫人的一定因素，但它们还不大发展，还不是当代社会中的那种大恶。卢梭的名著《社会契约论，或论政治权利的原理》一书对人类发展当中处于社会契约之后的那种状态作了专门分析。这是他攻之甚久的那个专题论文的一部分，可惜这篇论文只残留这一片断。

卢梭在这部书里提出的目标和任务是什么呢？他这样说："人是生而自由的，他却处处在桎梏之中……这一变化是如何发生的？我不知道。是什么东西使这一变化合法化了？我想，我能解决这个问题。"⑦

卢梭认为，任何企图要证明少数人对多数人的统治权，都是无稽之谈。征服权也好，别的什么权也好，在这里都毫无意义。暴力，就是最终决定统治的那个东西，它本身就是权。至于说到社会契约本身，当初它还包含了某些条件，这些条件后来遭到破坏。对卢梭关于社会契约的观点不应看得太简单。卢梭并未幼稚到认为人们有朝一日聚拢来并制定一个精确的契约，里边再加上若干条件。他认为，社会契约是一种未成文的协议，它指的是一些无论如何应该加到国家这个概念本身中去的条件。这些条件后来被有产者的权力破坏了。卢梭认为后来被破坏了的那些主要条件中的一条是直接民权原则。

卢梭认为，在作为表达人民意志的法律和作为执政者少数人的旨意的命令之间，存在着巨大差别。照他看来，只有在有表示共同意志的地方，换言之，在有全体公民直接投票，即直接民权的地方，才可能有法律。

关于共同意志是一切法律的基础的观点，在卢梭之前早就有人提出来了。格老秀斯及十七、十八世纪的唯理论者几乎人人都持有这一观点。但是，那时这个共同意志指的是什么？是一种抽象的东西。共同意志，这是对整个社会有益的东西，而绝不是全民（其中包括平民）去决定自己命运、参加共同投票的具体权利。

第十七讲 法国启蒙时代的史学 卢梭与孔多塞

对卢梭来说,每个法律之所以为法律,只看它能多少地反映人民的自由意志,是否能被这个国家全体成年男子一致通过。为了使共同意志成为法律,只要由大多数人来决定就可以了;但是人人都有投票权这一点很重要。而少数人必须服从——这就是社会契约本身的条件。卢梭还认为,这个投票权不能转让给任何人。法律只能在有直接民权而没有任何选派代表制度的地方才存在。把投票权让给代表,就是破坏这个基本法律。哪里没有直接民权,哪里便只能有强权统治。

从这一论点出发,于是卢梭便把他那个时代的欧洲各国——列为独裁。因为在这些国家里没有法律,人们服从的不是法律,而是少数统治者对人民大多数下达的命令。

从行政权的组织形式来看,卢梭认为可以将国家划分为民主政体、贵族政体和君主政体。他认为,全体人民都可以参加管理,即根据民主原则组织行政权,也就是通过经常更换那些参与管理的选出来的委员会或直接人员会议的办法。当人民将管理权转交给若干贵族之家时,方可实行贵族政体。这或者是他认为最坏的那种形式,即世袭贵族政体,或者是选出来的贵族政体。但这里有一种危险:选出来的贵族政体(更不用说世袭贵族政体)将会独揽大权。

最后君主政体的行政权可能是选出来的或世袭的一个人,但以人民直接参加立法为条件。

但是,卢梭说贵族政体(更不用说君主政体)本身就有独裁的萌芽,就有一种将全部权力归于一小撮人或某一人手中的可能性。

卢梭将政体发展史作了如下设想:民主政体、贵族政体、君主政体和专制,而且他把没有人民直接参加立法的一切政体都理解为专制。

照卢梭看来,民主政体只有在小国中才可能,因为它要求财产、地位十分平等,要求国民道德水平很高,这些都是大国里不可能具有的。此外,还有富人与穷人之间的斗争,久而久之法律总是要开始保护富人的利益。卢梭认为,这样一来,大国就总要追求专制的政体。

卢梭说,倒是可以举出诸如雅典、罗马这样的古代民主国家作为大国也有人民直接参加管理的例证来反驳他。但是,他对此了如指掌,又正确地反驳道:那些国家里的民主是以奴隶制为基础的。那里公民之所以能有自由,是因为大多数人处于奴隶的地位,并用自己的劳动来使全权公民们免于任何劳碌,并给他们为致力于政治利益而创造条件。

卢梭认为,凡是通过代表会议来实施立法的国家形式,都是专制形式。所以,卢梭不像孟德斯鸠,他毫不尊崇英国宪法。他说,国会中所谓的"人民代表"根本不表达英国人民的意志,却表达人民的"主人"的意志。英国人民的大多数甚至不能参加选举,更主要的是富人的利益与穷人的利益水火不相容,而且国会只是代表富人的利益。卢梭甚至看中了波兰宪法(对此他却概念不清),因为那里的国会代表接受自己选民的委托,并且如果选民们认为必要的话,还可以撤回自己的代表。尽管如此,卢梭还是认为英国的统治要比法国的统治高明,他在法国所见到的是纯粹的专制。

卢梭的理想是那种具有直接民权的民主制小国,那里每个成年男子都享有表决权并参与立法,不用任何代表机构来作中介。

但是,西欧的大多数国家已超出了简单的形式并掌握了被卢梭当作敌视自然的那种文明形式。那么,又能否返回起源于原始阶段的那种社会的老样子?卢梭对这个问题的回答是:"否"。他认为,文化及其缺陷对于受它影响的那些社会来说,是无论如何也不可避免的。关于文化,卢梭说,这是每个民族都固有的,如同每个人都要衰老一样。这是个不受欢迎的,却又不可避免的发展阶段。卢梭又说,在人类这一衰老的阶段,人民需要人为的法律,就好像老年人离不开拐杖。当然,人们最好还是停留在那种更简朴、更早的阶段上,这阶段的样子在某些偏僻的城市和乡村里仍完好无恙。卢梭把瑞士山民和科西嘉岛上居民的生活理想化了,他们需求简单又无劳动分工。在他《新爱洛伊丝》⑧一书中,卢梭歌颂了那种以父权制家庭为中心的自然经济。这种理想家庭几乎完全可以不必购买任何东西,一切全靠自己私有的工具去获得。卢梭在他为科西嘉人设计的宪法中,以实物的财政组织的拥护者出现,

第十七讲 法国启蒙时代的史学 卢梭与孔多塞

他建议取消货币税而代之以劳役,建议向官吏缴纳实物。他根本不主张废除私有财产,却认为私有财产应局限在最小的范围内。这样,卢梭的理想便是:如果不能保留简陋的社会制度,那么就保留不甚发达的小资产阶级型的社会制度。他对大城市发出的那些怒火,归根到底在本质上是表达了由于大工业发展而造成的正在破产、走向灭亡的小城市的市民的思想体系。

小资产阶级的这一观念形态后来在法国大革命时期的雅各宾派小资产阶级空想主义中得到了明显的反应。但是,卢梭对法国自身的史学的影响十分有限。在这方面,卢梭的思想主要在德国享有威望。

革命前的资产阶级思想和十八世纪末的革命期间争取政权并夺取了政权的法国革命资产阶级的思想,可能在孔多塞的历史观中得到了最明显的表述。

让·安杜安·孔多塞(一七四三——一七九四)为他那个时代的著名学者之一,主要是个数学家和物理学家。因他的数学著作之故,他获得了科学院院士的称号,接着担任科学院秘书之职。他也为十八世纪许多大学者撰写大量出色的传记,其中包括杜尔哥和伏尔泰,他与这些人关系密切。他与杜尔哥曾在他管理度量衡的那个部里一起工作过。

孔多塞是杜尔哥思想的支持者,是重农学派的拥护者。关于改革的问题,孔多塞在一系列文章中曾作过论述。他认为应本着杜尔哥纲领的精神进行这些改革。在法国大革命期间,他转到共和派的立场上。法国第一家共和报纸就是他创办的。一七九一年他被选入立法会议,一度担任主席。他的主要精力集中在人民教育问题上。孔多塞提出了一个庞大的人民教育纲领,他要求国家办全民义务教育,要求为妇女办教育,总之,要求妇女平等。他还支持男女儿童合校。孔多塞尤为注重成年人的教育。他还要求开办世俗的、脱离任何教会影响的学校,尽管这种学校并未完全摆脱宗教思想。孔多塞还描绘了普及的全民教育,并建议把数学和物理学作为这种教育的基础。同时,他还鼓吹学校独立,摆脱任何政治当局。在这方面他与雅各宾党人有分歧,后者认为学

—— 291

校是一种不可能游离于政治和国家政权之外的工具。

孔多塞是个拥护资产阶级权利和自由的人,其中包括资产阶级的私有财产的权利。他主张教会与国家分治。他强烈要求消灭一切种族压迫和民族压迫。他反对奴隶贸易,主张废除肉刑,也谈到了国际团结。我们认为,孔多塞是十八世纪末进步资产阶级思想体系的优秀、彻底的代表人之一。曾任国民会议副主席,不属于任何党派,却最接近吉伦特党人。他坚决反对处死国王。他作为宪法编订委员会的成员,撰写了宪法前言,在前言里他发挥了自己的施政纲领。这个前言遭到委员会中雅各宾党人多数的否决。于是,孔多塞便在报刊上发表文章反对雅各宾派的宪法,为此,他被指控煽动反对共和国并被判处死刑。此后,他躲藏了一段时间,接着又被捕,并于一七九四年在囚禁中服毒自尽。

在处于秘密状态的那些日子里,孔多塞写了一篇题为《人类理智进步史画草图》⑨的著名论文,在该文中他非常彻底并有说服力地阐述了资产阶级的进步理论。他是十八世纪末走向胜利的法国资产阶级充满乐观主义情绪的一个鲜明代表人。因他受审及必须藏起来等问题所造成的个人经历,并未给他的观点增添悲观主义的痛苦色彩。他关于人的本性是可以趋于无限完美的思想,是他这部著作的基调。与此相适应,人们本身的首要任务便是促进这一无限完善的实现。孔多塞认为,在法国推翻封建君主制是这一社会进步的最重要阶段。对他来说,被他视为进步主要内容的科学、知识增长的观念,是与政治自由增长的观念密不可分的。孔多塞认为,社会的前进,因人们之间的交往和知识、技术的发展而加速。进步是历史的主要内容。但是,孔多塞并不将社会设想为一个有机整体。正如我们所了解的,这种观点对于那个时代的资产阶级世界观来说是特有的观点。他因此将整个进步思想视为人的个性的发展。他说,社会的进步"服从于在我们个人才能发展中所显示出来的规律,因为社会的进步是在组成社会的多数个人那里出现的这一发展的结果。"⑩对他来说,一个正在进步的社会只不过是正在发展的个人的总和。从他这个观点来看,进步主要受到地方偏见、等级偏见等等的阻碍。政治自由和理性自由的发展是进步的必要条件。这样,孔多塞主张的理性的进步和社会的进步是紧密相关的,但后者取决于前者。

在这个纯粹唯理主义世界观的基础上,孔多塞描绘了一幅世界史的广阔画面。他对卢梭没有指名道姓,却一直在与之辩论,反驳卢梭关于文化、科学、知识无一不是人类的衰老而且尽是无可避免的罪恶的论点。孔多塞主张,科学不会毁灭人的本性中的美好属性,恰恰相反,能使它们得到发展。

孔多塞也像十八世纪大多数启蒙思想家一样,对宗教是深恶痛绝的。他的观点是,宗教对进步不起任何作用或只起反面的阻碍作用。神秘主义总是使人的认识混沌。基督教是古代文化毁灭的原因之一,因为它轻视科学。孔多塞认为,人类历史的主要动力是科学的发展。科学、知识、人类智力的发展才是社会划分阶级的基础。有知识的、受过教育的人有充分根据去统治其余的人。但是,孔多塞又指出,诸如教士便是那种虽有知识却阻碍共同发展的阶层的残余势力。祭司从前便是不完全的伪科学的体现者,他们成了独裁的工具之后,也还是如此。真知传播的开始便是人类解放的开端。

对于孔多塞来说,人类进步的最重要阶段便是诸如苏格拉底、笛卡儿那样杰出的思想家和诸如罗盘、印刷术等重大发明。他特别强调了印刷术的作用,后来便强调诸如天文学、工业技术、数学成就等因素。总之,如果我们深入研究一下孔多塞的学说,就会发现,他的历史涵义主要是集中在那些受过教育、会思想的上层人物的历史上,他认为他们才是进步的积极推动者。至于说到群众,他们是被动接受这种教育的人。接着,孔多塞又描绘了民众渐渐接受了教育,但一般说来,历史中起作用的因素是劳心的上层人物,而群众只不过是消极承受者而已。

从这个观点看,历史发展的进程被孔多塞想象得十分简单,亦即科学、教育的发展。他认为,进步不是连贯的,因为有许多偏见和谬误在对它进行阻挠。尽管可能有某些停顿和倒退,进步仍在继续。

从这一观点出发,孔多塞把人类历史划分为十个时期,或称为十个时代。

第一个时代,是人们正在结成部落的时代。这是社会的开始。关于这一时期的资料,一点也没保存下来。这个时代只能是假说式地构成的,孔多塞试图做一个构建人类社会产生的唯理主义风格,并预先声明这纯属假说。

第二个时期,为向农业过渡的时代。

第三个时期,为农业民族发展到发明文字的时期。这种历史分期,是孔多塞唯理主义思维方法所特有的。他对第三个时期特别强调字母文字的发明,因为表意文字和象形文字在第一个时期就已经发明了。

第四个时期,为在希腊人的智力的进步发展到科学分工的时期。孔多塞认为,一开始并无科学分工,每个哲学家都是各门知识总和的代表。但是,科学的逐渐发展产生了专业化。孔多塞认为,这个专业化开始于马其顿的亚历山大时代。孔多塞指出,许多希腊大哲学家涌现在这一时期,是人类历史上最重要的阶段。他指出,最重大事件之一便是苏格拉底之死:这是标志哲学与迷信之争的第一桩罪行,而这一斗争至今仍在继续。哲学与迷信的斗争史,这是孔多塞要描绘的人类发展略图的最重要部分之一。祭司们无时不怕哲学家们揭穿他们的谎言并与他们进行激烈的斗争。第四个时期的主要内容是科学的发展与分工。孔多塞特别强调亚里士多德在科学发展中的巨大作用。

第五个时期,从科学在古希腊分工到科学的衰落。这里研究了罗马帝国灭亡之前的古代世界的历史。孔多塞认为,西罗马帝国的衰败,同时又是无知和基督教的昌盛。基督教是一种适应了这个衰败、不幸时期的宗教。孔多塞描绘了那个想把帝国从基督教的不幸下解救出来的英雄人物改教者朱利安。同时,他又责备了朱利安,说他对于旧的迷信仪式过于耽溺了。孔多塞强调说,轻视人类的知识,特别是轻视自然知识,这是基督教头等与众不同的特点。认识自然,总是受基督教的轻

第十七讲 法国启蒙时代的史学 卢梭与孔多塞

视甚至仇视。古代世界的教育太不发达,因此在罗马帝国灭亡之后,欧洲是黑暗、野蛮、无知统治着。

第六个时期,从教育的没落到十字军远征时代它的恢复,孔多塞认为十字军远征对于欧洲民族的智慧史有很大意义。这时期的特点是,人类的精神或才智急速下降,[11]从它在古代世界达到的那个高度下降。这是个无知、野蛮、残酷、出卖灵魂、背信弃义猖獗的时代。为了绘出中世纪,孔多塞不吝惜黑色颜料和阴沉沉的修饰语。这是个神学狂想、迷信、宗教偏执的时代。孔多塞写道:"在教士们肆虐和军事独裁的双重压迫下整个欧洲窒息了,到处血泪斑斑。欧洲盼望着新的教育使之恢复自由、恢复人道主义、恢复道德的那一天早日来临。"[12]

孔多塞把中世纪世界分作两部分,一东一西,命运各异。与东方相比,西方文化的衰落开始时更全面,但后来理性在西方复兴,使不至于消失。而在东方,在拜占庭帝国,这种消失进行得很缓慢,是逐渐的。不过,理性和知识却再也没有得到复兴。

但是,孔多塞也指出了中世纪时期某些进步的萌芽。首先,他指出了使古希腊名誉扫地的奴隶制消亡和取而代之的农奴制。这是人类历史上最重大的事件,随着时间的推移,它应该带来自由。在谈到农奴制较之奴隶制具有进步意义这点时,孔多塞又指出,初期这不过是个小小的变革。

蛮族的征服使整个西方陷入混乱状态。在此时间人民受到三重暴政的压制:国王、军事领袖和教皇。但是,这一混乱状态已具有某些自由萌芽。

孔多塞对阿拉伯人的历史非常注意。他和伏尔泰一样,十分了解阿拉伯人在西欧文化史上的作用。他没少谈到穆罕默德的作用。孔多塞认为,穆罕默德同时是立法者、先知、高级祭司、法官和统帅。他握有使人顺从的种种手段。这些手段他运用得既巧妙又冠冕堂皇。他传授给自己子民的热情改变了世界的三分之一的地位。

当然,孔多塞在这里把穆罕默德这个人理想化了,把政治目的,而不是宗教目的,当作他的主要目的。孔多塞认为穆罕默德的主要任务是联合阿拉伯部落,建立统一国家。

孔多塞用最诱人的色调描绘了阿拉伯人的文化。在他们那里,科学是自由的,这使他们将从希腊那里继承来的星星之火燃得更旺。诚然,这自由的科学很快便被宗教的独裁扼杀了,但在此之前阿拉伯人已将其科学传给西方,特别是传到西班牙。

相反,孔多塞用最阴暗的笔调描写了中世纪教皇权的作用。他说,教皇们藉助于伪造的文书统治着无知的头脑,使宗教与一切民政事务混淆起来,以便达到统治目的。他们用修士的军队来支持迷信和宗教狂热,挑起争端,并以上帝的名义发出背叛、违誓和弑父的命令。在宗教领域内,只有异端才引起孔多塞的好感。

第七个时期,从科学的初期成就,经过科学在西方的恢复,到印刷术的发明。这里,孔多塞谈到了异端的发展,文学的繁荣,谈到了早期文艺复兴。他把这一切现象在很大程度上都归功于十字军远征,十字军远征使欧洲人增进了对东方文化的了解,这就使他们的教育得以向前推进。

第八个时期称为"从印刷术的发明到科学和哲学震撼了权势的桎梏。"孔多塞认为印刷术的发明在人类历史上有极其重大的意义。历史的新时期就是从印刷术发明开始的。这一发明,为从根本上消除古代的蒙昧,为推广人类智慧的成就同时使每个问题得到讨论提供了可能。从孔多塞的观点来看,印刷术的主要功绩是它将教育从各种政治束缚和宗教束缚中解放出来。

当然,这是一种理想化了的观念。印刷术也常常成为相反意图的工具,而孔多塞觉得,无论专制主义怎样压迫,印刷术总会为真理提供传播的可能,在地球上总会找到一个可以自由印书的角落,因此,书也就能被送到那些专制制度统治着的国家。十八世纪的法国本身便是个例证。法国作者的书常常在荷兰和瑞士印好,再从那里运进法国。孔多塞说,印成几千份的书是无法消灭净尽的,人的思想一经印在书里,就不可能像许多古代、中世纪的贤人的作品那样失掉了。

在孔多塞描绘的那幅画卷中,印刷术的发明几乎与其他两个重大历史事件相符。这就是土耳其人攻占君士坦丁堡和地理大发现。但是,孔多塞主要也是从传播科学的观点对这两件事产生了兴趣。对他来说,这两件事并不是新时代的开端。对他来说,最重要的是在土耳其人攻陷君士坦丁堡以后希腊学者迁居欧洲并给那里带去了希腊的科学。

孔多塞一方面把地理大发现当作人类进步发展中的一个最重大阶段来描述,对第一批旅行家们的高尚求知精神和冒险精神大加赞颂,另一方面又以一种恐怖和厌恶的情绪描写了西、葡两国殖民主义者在掠夺新土地时所干下的残酷暴行,描写了他们永不能满足的吸血行为、贪婪和迷信。孔多塞说,一切不同人种、不同地域和不同民族的人,都是兄弟;在殖民活动中杀了五百万人,这是无可辩解的罪行。

在转向宗教改革时期,孔多塞指出了那种玷污了一切教派而无例外的不宽容精神,指出了各类宗教与科学进行的可怕斗争。他说,这个时代所受的可怕暴行的污染比其他任何时代都严重。这是个宗教屠杀、圣战、在新大陆杀人的时代。这是个殖民主义贩子横行的时代,是宗教狂热和用火堆烧死优秀人物的时代,但同时又是真正科学取得初步胜利的时代。他提到了这个时代的培根、伽利略、笛卡儿等人的伟大名字。孔多塞将第九个时期从笛卡儿开始,这个时期一直延续到法兰西共和国。偏见的逐渐削弱和教育的普遍进步在这个时代已开始开花结果了。孔多塞在这里说明了后来被称为启蒙哲学的那种世界观或哲学的性质。

孔多塞把社会契约的思想当作人类思想成长、发展中的一个重要阶段;从他的观点来看,社会契约应保证每人以个人发展的最大自由。而每个人一面发展自己的个性,一面为整体的利益服务。这就是资产阶级个人主义的思想,这种思想在十九世纪的资产阶级思想体系中广为传播。

孔多塞指出，尽管十八世纪的伟大启蒙学家们在与宗教和专制主义的斗争中不得不采取半公开、审慎的态度，但是理性、忍耐和人道始终还是他们的口号。孔多塞说，最后还是创建了一种给摇摇欲坠的偏见大厦以最后一击的学说。这便是重农学派的学说和人种无限进化学说，这个学说的首批传播者是杜尔哥和重农学派人物。这一学说开创了第九个时期。

孔多塞指出，在第九个时期中，随着理性解放的增长，人类的政治解放业已开始。他谈到了美国独立战争，转而谈到法国大革命。他以描述精密知识的巨大进步来结束这一时代的史纲，他曾对这些知识的巨大社会意义给予了评价。他说："一切政治领域和道德领域里的谬误都以哲学上的谬误为基础，而哲学谬误首先与物理学方面的谬误有关联。任一宗教体系、任一超自然的荒谬均基于对自然法则的无知。"[13]但是，进步已取得了巨大成就并藉助于印刷术和交通工具等在各个民族生根并巩固得没理由再为它担心。但这并不意味着在第九个时期人类的进步已达到了自己的目的。为了人的知识已做了不少事，但对人的幸福却一无所有。地平线的上空一大部分仍是黑暗。孔多塞认为，愚笨、野蛮、奴役仍是太多（这里表现着的痛苦言辞，可能与他个人的命运有关）。孔多塞是这样结束对这一时期的描写："人类之友只有在沉湎于未来的美好希望时，才能无阻碍地品尝到愉快。"[14]

第十个时期的文集叫《论人类理性之未来进步》，它专门谈及关于未来的理想。

孔多塞期待于未来的，首先是消除各民族之间的不平等现象，其次是各民族内部平等的进步，最后是人类的真正完善。

什么是民族内部平等的进步？首先他将它理解为不平等的减轻，依他之见，这可以靠教育办到。不平等可以通过推广教育的办法得到减轻。但是，孔多塞所设想的并非完全平等。他认为，总要有那么一部分人处于知识的顶峰，处于脑力发展的顶峰，而群众大抵只得满足于较为简单的科学知识，满足于那些能把知识推动向前的人们所作的某些

第十七讲　法国启蒙时代的史学　卢梭与孔多塞

知识普及。这样，孔多塞就没有什么完全平等可言。他所谈的只是平等方面的某些进步和发展。只把不平等消除到一定程度，但不彻底。从孔多塞的观点来看，这种不平等，一些处于知识顶峰集团的存在，对推动科学前进来说是必不可少的。

孔多塞也谈到了财产平等的进步。但是，在这里他指的也不是完全平等，而只是在一定限度内可能的、相对的平等。他不赞许消灭私有财产的主张，他认为私有财产应受到保护。在这个问题上他纯属资产阶级观点。诚然，孔多塞倒是主张财产应该逐渐平均，主张在未来的社会中人与人之间不应再有如他那个时代尚存在的财产问题上的明显差别。可以通过消灭大财产(包括大地产在内)所享有的各种特权的办法来达到这一目的。孔多塞认为，废除封建所有制应当使人们在财产方面不再像从前那样不平等。因此，他所描绘的明智立法者的政策是对私有制能进行一定的限制。财产愈多的，所负担的社会义务就应愈重。他还谈到了那种应促进财产平均的先进的所得税制度。孔多塞认为，在未来社会里应当为发展人的个性创造理想条件。他这样说道："太阳将普照大地。在这一大地上居住着的只是除自己的理智之外再不承认另一主人的自由人；暴君和奴隶、教士和傻子或充当伪善的人将来只是在历史上和舞台上才能找到；我深信，这样的一天一定会到来。"[15]孔多塞认为，在这个新社会中将会为人类知识的发展创造出无限的可能性。

除了这个草图之外，孔多塞还写了几个片断，在这几个片断里他为自己未完成著作的个别章节作了更详细的加工。他有一部著作名叫《大西岛或人类为科学的进步而共同努力》，该书最后一部分在这方面特别使我们感兴趣。在这部书里，孔多塞描绘了未来人们期待着的那种完整的进步纲领。他设想了荒凉大陆的开发和交通工具的巨大发展。社会的领导机构不再是国家，而是某种集中了优秀人才和先进思想代表之处——科学院。在这个科学院的领导下，人们在进步的大路上迈开新的步伐。

孔多塞还幻想推行一种统一的、特殊的、科学及思维的抽象语言，

—— 299

它可以与旧的语言并存并共同发展。

他说,应该消除各民族之间的界限,整个人类应组成一个由科学家来领导的统一共和国。群众应当有个广泛的全民教育体系,但他又重复道:"群众只需要简单的科学。"科学家应为消除当代的灾难创造条件。社会的灾难也将消除。人类肉体上、心理上的属性将得到改造,一切疾病、肉体痛苦和各种损害人类心理的不良嗜好都将消失,将来永远存在的则只是能吞没一切的求知热情。

孔多塞就这样给自己描绘了人类发展史的第十个时期,这个时期是由于重农学派的思想、人类无限完善的思想和在法国推翻君主制所开创的。

当然,孔多塞自己没认识到自己思想的资产阶级的阶级实质,也不了解他所极力描绘的那个未来社会。在孔多塞的思想中反映出资产阶级思想体系的急剧繁荣,反映出资产阶级对自己、对未来的信心。在资产阶级还是个先进阶级的时代,资产阶级政治思想所能创造出来的一切美好事物,我们在孔多塞的观点中都能找到。他的思想在十九世纪优秀的资产阶级思想家们的观念中得到了反映和发展。尽管孔多塞思想具有种种进步性,但他的思想在许多方面是空想的、里面是有毛病的。

首先引人注目的是,他的观念有唯心主义的结构。对于孔多塞来说,进步的主要动力是知识的发展。孔多塞不明白任一思想体系都具有阶级性,他不明白也不可能预见到在资产阶级作为一个阶级发展的一定阶段,资产阶级不可能成为他提出的种种理想的彻底体现者。孔多塞不会将资产阶级与人民区别开来,也不会把资产阶级利益与人民利益相对立。他认为,个人活动的自由导致全民的幸福。在资本主义制度下个人利益与社会利益完全相符的这一思想,当然是大错特错、是空想的了。从本质上说,这是资产阶级实用主义学说提出的慈善竞争的思想;但据我们所知,这种思想不是造福于人类,而只对那些有势力的、青云直上的人有好处。孔多塞认为,取消封建特权、建立自由国家

第十七讲 法国启蒙时代的史学 卢梭与孔多塞

而不必消灭资本主义社会的基础、不必消灭私有制便可导致限制财产上的不平等。

历史证明了这种幻想是站不住脚的。资产阶级很快就暴露了它的剥削阶级嘴脸,并证明了在它的发展中所奠定的不是平等的倾向,而是日益扩大的不平等倾向和劳动人民贫困化的倾向。最后,资产阶级在它后来历史发展的过程中又暴露出:它在自己历史的早期阶段曾是进步的彻底体现者,最终又不可避免地转化成进步的凶恶敌人。帝国主义时代日渐堕落的资产阶级宣称人的不平等是合乎自然法则的,并堕入了民族、种族不等价的仇视人类的理论、赤裸裸的兽性思想体系之中。孔多塞宣传过的那种各民族平等、民族内部平等和人类不断完善化的理想已被抛弃。孔多塞没能预见到这一点,正像他没能预见到那场可怕的斗争一样,在那场斗争中被压迫阶级高举人类进步的旗帜去争取胜利,其基础比他在宗教狂热中所描绘的基础要广阔多了。

尽管孔多塞的学说有许多我们看起来的明显缺陷,尽管他有唯心主义,尽管历史证明了他对以私有制为基础的社会之发展所寄托的希望是错了,但我们仍然认为他是进步人类的优秀思想家之一。孔多塞的世界观,是资产阶级在与封建主义的斗争中本身还是个进步阶级的时代里的进步资产阶级思想体系的高峰。

(白玉译 刘庆宁校)

注 释

① 《卢梭选集》,俄译本,卷三,国家文艺书籍出版社,莫斯科,1961年,第9页;卢梭(J. J. Rousseau):《忏悔录》,巴黎,1933年。

② 卢梭:《论人类不平等的起源和基础》,巴黎,1954年;卢梭:《论人类不平等的起源和基础》,俄译本,圣彼得堡,1907年。

③ 卢梭:《论人类不平等的起源和基础》,俄译本,第78页。

④ 卢梭:《社会契约论》,巴黎,1934年;卢梭:《社会契约论,或政治权利的根源》,俄译本,社会经济书籍出版社,莫斯科,1938年。

⑤卢梭:《论人类不平等的起源和基础》,俄译本,第87页。
⑥同上书,第105页。
⑦卢梭:《社会契约论,或政治权利的根源》,俄译本,第3页。
⑧卢梭:《新爱洛伊丝》,巴黎,1925年;《卢梭选集》,俄译本,第二卷,莫斯科,1961年。
⑨孔多塞(M. J. Condorcet):《人类理智进步史画草图》,巴黎,1933年;孔多塞:《人类理智进步史画草图》,俄译本,社会经济书籍出版社,莫斯科,1936年。
⑩孔多塞,同上书,第4—5页。
⑪"理智"一词可能有此或彼的不同意义。(编者注)
⑫孔多塞,前揭书,第100—101页。
⑬孔多塞,前揭书,第208—209页。
⑭同书,第216页。
⑮孔多塞,前揭书,第227页。

第十八讲　英国启蒙时代的史学

　　资产阶级思想的高涨与一七八九年法国初期的革命是密切联系在一起的,它使法国在十八世纪的资产阶级社会思想发展中一跃成为先进的国家。法国的唯理性论可溯源于那些较早经历过资产阶级革命的国家的唯理性世界观。我们曾经看到十七世纪时在资产阶级思想发展的过程中,英国和荷兰走在法国前面。而到了十八世纪,在革命前日益高涨起来的法国资产阶级观念形态,对于资产阶级文化发展较早国家的社会政治思想,产生愈来愈明显的影响。至于对欧洲一些落后国家(其中包括德国)这种影响尤为突出。

　　十八世纪,英国的史学深受法国史学的影响,其中,伏尔泰及其史学著作,特别是他的《路易十四时代》的影响更为重要。伏尔泰的思想,他同宗教偏见、同教会进行的斗争,在十八世纪英国许多史学家的观点中很容易见到。然而,他们虽然似乎已接受这些思想,但是总的情绪却与此不同。如果说在十八纪法国思想领域里的特点是热情、激动、无情的批判,可以说是很容易把人卷进去的思想旋风,那么,英国的特点则是平静、洋洋自得,享受既得利益的欢乐。英国资产阶级和资产阶级化了的贵族战胜了封建主义,此时此刻,"肥胖的"辉格党正心安理得地躺在英国宪法给他们提供的舒适的安乐椅上。他们享有法国人曾奋力追求的"自由",尽管这只是"为了自己"的自由;但他们有了在他们看来是世界上最好的宪法和畅销世界各地的棉织品和呢绒;他们有无敌的舰队和大量的殖民地。此外,在工业革命中,工人阶级与资产阶级之间新的阶级矛盾日益突出。因此,十八世纪英国资产阶级已经失去它原来的革命性,它同封建主义进行英勇斗争的时期已经成为过去。

十八世纪英国的资产阶级和贵族,对被压迫人民的疾苦熟视无睹。狂妄和自满这堵墙已把他们与革命前法国资产阶级为之惶惶不安的一切隔绝。

所以,在十八世纪,贯穿英国资产阶级历史学者著作中的主调是安静、自满。同时,他们对历史的研究一般都极为肤浅,因为,他们对历史问题没有进行深入探讨之必要,否则他们可能会遇上某些麻烦,也可能会看到破坏他们的自信和自满的东西。

就知识的渊博程度和论事理由是否充分来看,启蒙时代的英国史学家也许超过十八世纪法国大多数史学家,其中包括伏尔泰和孔多塞,但是他们的著作平庸枯燥,不能吸引读者。尽管英国史学家采用实用主义的方法,喜欢把分析改成生动的叙述,但是他们的著作显得平淡无华。他们在很大程度上还保留陈旧的历史表达方法,而这种方法在伏尔泰的《试论》一书中根本被抛弃,至于孔多塞就更不必说。英国的史学家赋予历史以趣味性。在他们的历史中充斥了五花八门、耸人听闻的怪事笑料,堆满了华丽的词藻。在这方面,他们还保留着浓厚的人文主义传统。他们企图从历史中找到一种训诫,使之既不能打扰他们的安逸,又能给他们以满足。

大卫·休谟(一七一一——一七七六)就是这种史学的典型代表。休谟是有名的不可知论哲学家,同时也是英国最著名的历史学者之一。①他的主要历史著作是《从尤利乌斯·凯撒入侵到一六八八年革命的英国史》,②这部著作自一七五四年到一七六一年分部付印。休谟是从结尾、从最后一个时代即从斯图亚特王朝开始出版这部《历史》的。全书最后于一七六三年出版。许多历史学者为休谟的历史写了续编。一般来说,所有新的版本都附有休谟的同时代人斯莫列特所著续编,他把该历史编到一七六〇年。

休谟之名以十八世纪的第一位最卓越的哲学家而闻名于世。他曾长期居住在法国,结识了法国启蒙时代的一些最有名的人物,直接受过伏尔泰的影响,特别是伏尔泰的《路易十四时代》的影响。

第十八讲 英国启蒙时代的史学

应该说,在哲学和宗教上,休谟是一个冷静的怀疑主义者和不可知论者。他否认经验的可信性、否认上帝的存在、否认精神实体、否认意识的自由,否认因果规律;在政治上,他是君主主义者、英国贵族宪法的狂热崇拜者。他是中庸的托利党分子,因此,辉格党的右翼在很大程度上把他视为自己人,因为他与他们之间没有什么明显的分歧。做一个保守分子,他没有遭到教会的攻击。教会宽恕他的许多越轨行为。他也曾由于一些宗教问题发生过一些不愉快的事情,但并未因此而危及生命。

恩格斯在《反杜林论》一书中援引了科贝特后来说的话,恩格斯很赞同他对休谟的评价。他说休谟"是个大胖子,在很大程度上是靠社会的钱财来养活,但是他受之有愧,因为他从来没有做过任何真正有益于社会的事情"。③马克思在《编年摘要》中引用过休谟的著作,但不是为了步其后尘,而是为了在评价英国改革问题时与他进行辩论。

休谟兴趣之广、知识面之宽达到惊人的程度。这里我不准备详谈他的哲学理想。在他的哲学理想中,最令人感兴趣的是他的功利主义理论。根据这一理论,道德的目的是为了尽可能多的人造福。这种思想看起来冠冕堂皇,实际上,这不过是休谟的另一种纯资产阶级思想的遮羞布:每个人在追求其个人目的的同时,也就给他人带来福利。这种思想我们在孔多塞那里见过,只不过他把这种思想表达得更加强烈、更加充分罢了。

休谟否认道德与宗教的联系,他认为宗教永远是不道德的。这种观点反映了十八世纪资产阶级的思想意识,用马克思主义创始人的话说:"他把高尚激昂的宗教虔诚、义侠的血性、庸人的温情,一概淹没在利己主义打算的冰水之中。"④

休谟又是个经济学家。他反对重商政策,主张进行自由贸易,不过要附带一系列条件。恩格斯在《反杜林论》中批判了休谟的经济观点,指出这些观点虽受人重视,但毫无创建,根本不像杜林所想象那样有什么划时代的意义。恩格斯气愤的是,休谟认为只有在广大居民各个阶

—— 305

级的基础上,才能创造民族财富,他认为只有这种能够迫使居民各个阶级为自己的生存而努力劳动的人民贫困,才能在"不提高劳动本身的价值"的情况下,奠定民族财富的基础。⑤

恩格斯说,休谟的经济学观点之所以在当时的知识界有影响,那是因为"他的论著是对当时繁荣起来的工商业作了进步和乐观的赞扬,换句话说,也就是对当时英国迅速发展的资本主义社会作了进步的和乐观的赞扬,……"⑥

在休谟看来,历史与其说是鉴诫,不如说是哲学家的消遣。哲学家们可以从容不迫地观看人世沧桑变幻,从而达到休息之目的。与法国的启蒙学者完全相反,休谟认为历史既无政治价值,也无社会价值。休谟无须寻找更好的政治结构形式;他认为,这种形式在英国的宪法里已经找到。他大概在某种程度上同情开明君主专制并把它与斯图亚特王朝联系在一起,但是我们看到他更喜欢"开明贵族制",他在他当时的英国看到了这种贵族的统治。

我们看到,休谟的主要历史著作写的只是英国,但是他在自己的著作中并未达到法国启蒙学者著作中占统治地位的从全世界历史的观点看问题的高度。休谟对历史的原动力的观点远比18世纪法国历史家肤浅。他虽然是位政治经济学专家,但却全然否定经济在历史中的作用。他认为历史只不过是个别人物为达到预想目的,或者说得好听一点,是在认真考虑的基础上进行活动的场所。至于文化、科学和艺术的发展问题,他都不大感兴趣。

休谟的英国史可分为三个部分。第一部分是中世史,写的最为逊色。作者把这个时期看成是无法律、无秩序的时期,他对这个时期的历史最不感兴趣。由于像休谟这样的英国新教徒和自由思想分子讨厌天主教,这就更影响了他写这部分历史的情绪。休谟所著《历史》的这个部分,除在抨击教会、批判野蛮的段落以外,基本上表面照搬传统的观点。但是就他的抨击而言,也是千篇一律、枯燥无味,远不及伏尔泰那样激烈而富有说服力。在这部分里,休谟没作任何的历史评论。

第十八讲 英国启蒙时代的史学

他的下一部分写的是都铎王朝史,尽管里面有独立见解的材料相对也比较少,但是写得比较有趣。与以往的历史学家相比,休谟有一个十分重要的新见解。他提出了自己对都铎王朝的观点,这一观点在其后的文献中成为占统治地位的观点。他说,在都铎王朝统治时期,国会没有任何自由,这个时期王权强大,这时的统治形式很近似专制。因此,休谟认为,斯图亚特王朝没有破坏人民的任何权力,而只是因袭了以往王朝的政策,他们只是维护业已形成的传统,与其相反,国会则是主攻的一面,是发难者。

休谟对英国革命持完全否定的态度。在这部著作中,他把主要的笔墨用在写斯图亚特王朝史上。正如他自己所指出的那样,这部分历史问世后,引起了辉格党和托利党的强烈愤怒。他们对休谟用同情的口吻描述查理一世和斯特拉福德的政策不能容忍。

休谟憎恨宗教狂热。他把英国革命看作只是清教和其他宗教派别的教义在表演。他认为这些宗教派别都是粗野、迷信和愚昧的典型。休谟虽因查理一世醉心于教会的主教制度而对他略加鞭笞,他却觉得查理一世要比清教徒好得多。然而他认为查理一世有许多不慎之处,他应大刀阔斧地去实行自己的政策。但是,引起革命的原因当然不只是查理的错误。是什么原因呢?休谟对此问题的回答很像启蒙思想的拥护者。他认为这场所谓革命的暴乱都是由于宗教信仰引起的,或者用他的话来说,是由于"神学上的仇恨"而引起的。在他看来,各有所异的宗教仪式、法衣、在祭坛前的崇拜等愚蠢的行为导致了整个英国革命的爆发。宗教的虚伪、高傲、黑暗和偏执,这些则是革命时期教派的特点,它们在英国所有人民的心里打下不可磨灭的烙印。休谟认为,独立派是头号大傻瓜。

他一口咬定是独立派破坏了整个文化与文明的基础,是他们极力想建立地位的平等。对于平等派,休谟虽然认为他们有些优点,诸如信仰自由、宗教宽容,但是他对其思想的理解也是不确切的。休谟热烈欢迎复辟。他承认,复辟虽未带来彻底安宁,但是作为革命特点的宗教激化，在复辟时期总算平息下来。

　　休谟对辉格党持否定态度，对他们进行歪曲性的描写。休谟把辉格党说成是民主主义者，政治上无限自由的拥护者，也就是他认真看待（或装成认真看待）他们的口号。其实，辉格党自己对这些口号都不相信，只不过是以此来掩盖自己的阶级利益罢了。

　　他对一六八八年的政变拍手称快。他认为这次政变给英国确立了世界上最好的一部宪法，彻底保证政治上的真正自由。

　　休谟很少作一般性的结论。如果说他曾作过什么结论的话，那只不过是在评论个别人物时对人物的心理特点进行了概括。休谟仍然遵循陈旧的、传统的陈述办法。历史在他那里被分成许多互不相干的王国。他感兴趣的是对外政策，是帝王将相传略，是战争与外交，至于立法和规章则很少涉及。他使用的材料倒是趣味横生，但却很少能经得起推敲。

　　在史学方面，与休谟齐名的是比他年龄略小的同代人——苏格兰史学家威廉·罗伯逊（一七二一——一七九三）。

　　罗伯逊是长老会的牧师，爱丁堡的神学教授。他虽然受过伏尔泰批判思想的影响，特别是受他的《试论》的影响，但与伏尔泰不同，他不是自然神论者、而是虔诚的基督徒。他认为基督是上帝的儿子，基督能赎回人类的罪孽，这是历史的事实。

　　罗伯逊的主要著作有《苏格兰史》[7]（他写到一六〇三年以前）和《查理五世》[8]。罗伯逊还著有《美洲史》，但未能写完。起初只是撰写西班牙、葡萄牙殖民史，后来又补进英国殖民史。

　　一七六九年，《查理五世》于伦敦问世，其中写得最精彩部分是前言，而关于查理五世历史本身却顿然逊色。书中对一些史实叙述得既草率而又肤浅，作者在政治上和心理上的评论也很少，内容很不深刻。这部历史至少与伏尔泰的《路易十四时代》相比，大为逊色。但是其前言部分仿效伏尔泰的《试论》而成，当然这有一定的价值。前言叙述了自罗马帝国崩溃到十六世纪初即查理五世统治时期以前的欧洲历史。

作者和伏尔泰一样,把开明专制赞誉为最完善的政治制度。这里,罗伯逊对由混乱的封建制度逐渐向有政治秩序的君主制度的过渡,下了一个缜密的、彻底资产阶级的历史定义。

与休谟不同,罗伯逊在伏尔泰的影响下,试图叙述许多国家的历史,他能用全欧的观点观察问题。他之所以选择查理五世为该著作的题目,原因在于他认为自查理五世起,西欧国家在日趋汇合成统一的政治体系。查理五世帝国对整个欧洲历史的作用引起了他极大的兴趣。

罗伯逊在思想上很少有什么新的建树,然而,在中世纪史的研究上,他的历史观点仿佛是集启蒙时代史学观点之大成。他给中世纪史提出了第一个多少比较完整的概念。这个概念在十八世纪末到十九世纪初的资产阶级史学中被视为纲要而广为采用。

罗伯逊认为罗马帝国虽然是世界强国,并且给被征服的国家以安宁和相对的物质生活福利,但是在提高和改善人民的精神生活方面却没有创造良好的条件。应该指出,"精神"(esprit)一词,我们经常在伏尔泰和孟德斯鸠的著作中碰到。该词在十八世纪的含义与我们现在所赋予该词的内容略有差异。每个术语都有自己的发展变化过程,而每个时代对它又各有不同的理解。在十八世纪,"esprit"的意思可能不是精神,而是理性。英文中还有一个词"mind"与这个词相仿,很难把它译成俄语,但是把它译成"理性"比译成"精神"要好。

因此,按照罗伯逊的观点,罗马帝国对于人类"精神"或者"理性"的发展是不利的。而所有的启蒙学者都认为理性的发展是历史的基本内容。罗伯逊指出,士兵的暴虐、政府对诸行省的掠夺、繁重的赋税、苟安的习俗,所有这些破坏了这些罗马人特有的尚武好斗、独立自由的精神。他说,罗马人的统治与所有大帝国的一般统治一样,损害了人类的尊严。罗伯逊还指出,在罗马帝国崩溃的前夕,奢侈成风,道德败坏,经济趋于衰落。这样的国家无需任何外力的震动便会自行灭亡,而蛮族的入侵只不过加速了这种灭亡而已。蛮族战胜罗马人靠的不是人数众多,而是严酷的故乡给他们养成的勇敢和好斗的精神。蛮族起初对罗马帝国进行掠夺,继而移居在罗马的土地上。

罗伯逊把蛮族入侵称为伟大的转变。于是某些史学家由此得到一个根据,以为罗伯逊把革命性转变的概念放入整个历史之中,说他把历史描绘为各个阶段的毁灭性的更替。

我认为,这是个错误的理解。"伟大的转变"在罗伯逊那里只能适用于蛮族对罗马帝国的入侵。他在以后的叙述中尽量回避这些革命的因素。他把城市公社自由的增长说成是和平行动,闭口不谈农民起义。对蛮族入侵这一转变,罗伯逊描述如下:

蛮人把欧洲毁坏一空,他们推翻罗马文化,确立了新的统治形式、新的法律和新的习俗。蛮族入侵后,出现了新式服装、新的语言、人名和国名。于是,罗伯逊就此认为,罗马帝国、罗马文化和罗马的生活习惯几乎都被蛮族的入侵所消灭。

在蛮族入侵混乱的状态中,渐渐产生了新的秩序——封建制度。罗伯逊说得很对,这个秩序在欧洲所有的国家都是一样的,因为蛮人无论是在自己原来的土地上,还是侵占罗马以后,他们的生活条件是相同的。罗伯逊主要是从政治形式或者从封建社会的军事组织来理解封建制度的。他认为,封建制度正是作为一种防御新的入侵的军事组织而产生的。因此,为了共同的福利,为了共同防御的组织,每个自由战士应该牺牲自己的部分自由。战士得到土地是以服役为前提的,国王分配土地,从而形成封建等级制度。这是个纯军事制度。在罗伯逊看来,这样的制度是相当完美的,但是在政治上是不稳定的,因为它蕴藏着瓦解的因素。各封建领地间的政治联系薄弱、混乱倾向加剧,君主和贵族间缺乏必要的平衡,这些因素导致冲突不断发生。罗伯逊认为由于法兰克国家实行官职和爵位的世袭,所以出现了独立的贵族,政治上走向瓦解。随着王权威望的衰落、暴力和专横的增长、开始爆发小规模战争,于是出现了罗伯逊所谓的封建无政府状态。同时,文化也随之更加衰落。基督教堕落为迷信,风俗在败坏,权势观念在腐蚀贵族的灵魂,奴役在屈辱着人民。侵略者原来的美德和朴素的风习消逝殆尽,当时由教育而产生的美德尚未出现。因此,封建主义时代就是残酷、奸诈、复仇和小规模战争不断的时代。在十一世纪,这种情况达到了顶峰,但也正在此时,历史开始转向进步。

罗伯逊认为,在这个过程中,十字军远征起了最主要作用。和伏尔泰一样,他把十字军远征看成是人类狂妄和迷信的遗迹,但他又认为十字军远征产生了其组织者没有预料到的一系列后果。远征促进了贸易的发展,沟通了西方与文化发达的东方的往来。欧洲人的视野更加开阔,他们摆脱了偏见,头脑中在滋长着新的思想。他们发现,与文化更发达的民族相比,他们的风俗是多么愚昧。⑨

十字军远征后,东方文化的影响开始在西方逐渐显露出来。有趣的是,罗伯逊认为十字军远征的直接后果是它影响到分割财产,从而影响分割政权(这一思想与哈林顿的观点很相似)。十字军战士出卖土地,而国王用极低微的价格收买过来。后来,许多男爵在远征期间战死,国王则趁封建阶级削弱之机,将他们的土地并入自己的领地。在十字军远征时期,在欧洲长期没有男爵,这对王权极为有利。因为靠牺牲男爵的势力王权更加巩固起来。罗伯逊认为,十字军远征对发展贸易也有着重要的意义。

罗伯逊(第一批史学家之一)正确地指出,自十一世纪起,作为进步的另一个重要方面是城市的发展。诚然,在他的描述中,这种发展是一帆风顺的,是不存在任何暴力行为的。之所以如此,部分地因为他是个英国人,他所指的首先是英国城市的发展。但他把关于英国城市历史的概念普遍地套用到整个欧洲,把这个重要的社会政治过程不切实际地描绘成一派和平景象,他在叙述城市公社的发展及其获得特权和市政司法权时,强调指出,国王庇护市民是为了依靠这些人同封建主作斗争。他接着说,城市从农奴制下解放出来,城市获得各种特权,城市自由的出现,这一切促进了工商业的发展(这是在相当程度上把历史颠倒过来的唯心主义公式)。接着,城市得到了政治权力,参加了国会,参加三级会议,进而改变了法律的性质。按罗伯逊这个资产者的看法,法律的实施是为了保证整个社会的利益和整个社会的自由。城市的解放导致农村居民的解放。罗伯逊没有提到农民的起义。他反复强调,如果农民争取自由,这对领主也是有一定好处的。为此,他援引了路易十世著名的敕令(一三一五),并作了完全错误的解释,说敕令是彻底解放国王领地上农民的例证。依罗伯逊的看法,所有这些现象都促进了经济的进一步活跃和财富的进一步增多。与此同时,王权的加强使社会秩序得到稳定,司法制度得以形成。私人间的战争和司法决斗受到了禁止,诉讼由国王法庭来处理。所有这一切导致封建主司法权走向崩溃。他指出,法典的发展,特别是罗马法的复兴,大大促进了司法的公正,削弱了各式各样的风习。

与此同时,骑士制度也发展起来了。罗伯逊错误地认为,以英武、文雅为基础的骑士制度不仅表现在待人礼貌周到,而且表现在个人的英勇上。随着科学艺术的发展,人们的风俗也在发生变化。诚然,拉丁语把科学研究限制在少数人狭小的范围,但是,在科学传播中还是有进一步发展的酵素。

罗伯逊认为,贸易对风俗的削弱有着特别重要的作用。对此他的前言简直成了一曲贸易的赞歌。他写道,中世纪早期,当人们的需要受到限制时,没有贸易往来,使人类社会的发展受到了极大的束缚。而贸易能增加人们的需要,扩大人们的眼界,消除使各民族分离的偏见、削弱各民族的风俗,它能用一根最结实的绳索——互通有无,把各族人民紧紧地联在一起。最后,贸易能够维护和平。而当贸易渐渐频繁时,在政策方面、在联盟之间、在战争中、在国际关系里就会出现一种新的精神。这样的贸易赞歌出自十八世纪英国资产者之口,这是非常自然的。罗伯逊以此结束了他对整个中世史的概述作为查理五世史的前言。在这一概述中我们发现了许多思想,后来成为资产阶级中世史学中的基本观点。

爱德华·吉本(一七三七——一七九四)是比休谟和罗伯逊更为有名的史学家。他的多卷本巨著《罗马帝国衰亡史》[10]使他博得历史学家的荣誉。在这部史书中他写到一四五三年土耳其人攻克君士坦丁堡。这部书的第一版历经十多年(一七七六——一七八八)才全部问世。

从各方面讲吉本都是一个很奇特的人。他对人严肃冷淡,但很善于接受纯理性的宣传。青年时代读完博绪埃的《世界通史》之后,他突然信起天主教来,但父母强迫他改信英国国教,并把他送到瑞士,交给一个严格的牧师监管。因此他熟悉了瑞士的一切,瑞士便成为他的第二故乡。他在那里会见了伏尔泰,并亲受了伏尔泰的影响。后来他又产生了许多变化无常的其他爱好。他突然去服兵役,但从未参加一次战争;接着,他又做了国会议员,但在那里从未发表过演说;后来,又在殖民地部供职,但看来在那里表现也不积极。

吉本游历过许多地方。他站在罗马城的废墟上,蓦然地产生了撰写罗马帝国灭亡史的念头。

吉本的著作引起轩然大波,因为他作为一个专家,对这个时期基督教及其萌芽、产生等问题,进行了科学的解释(就当时来看),这正是这部著作成功之所在。对这部著作有的赞同,有的强烈反对。应该说,他对基督教的解释是极不深刻的。

吉本的生活相当富裕安适,他写作完全是出于个人的兴趣。他的写作都是在闲暇时间进行的,而且是从容不迫,无所忧虑,所追求的只是文学上的声誉。他知识极为渊博,读了大部分历史学家的拉丁文原著,因此,他的著作显得甚为可信。他的希腊语比较差,所以书中有关拜占庭的部分显得大为逊色,不过,迄今为止,人们仍然称他为拜占庭学者,认为他的著作是第一批总结拜占庭历史的著作之一。吉本的基本观点,其中包括反基督教的倾向,主要来源于伏尔泰,但远不及伏尔泰那样激烈而犀利。吉本对人和世界的了解也不及伏尔泰那样深刻。他对基督教及其史料的批判也是有气无力。吉本善于批判教会作家,但对古代史的作家却束手无策。他的风格是温和的、符合规范的,但又是平淡的、意见平庸没有创见,心理分析也肤浅。然而他的著作至今还没失去一定的科学价值,可在当时曾有巨大的影响。吉本是当时最时髦的历史学家。

对罗马帝国灭亡原因的阐述，吉本并没有超越伏尔泰。他把帝国灭亡的原因归结为宗教纷争、基督教对一切文化的敌视以及嫌弃曾经使罗马兴旺强盛的公民勇敢精神。诚然，他也曾指出罗马帝国灭亡的其他原因，诸如士气低落，行省人受奴隶道德的影响、生活腐化、风俗败坏、赋税繁重等。吉本认为使罗马帝国灭亡的主要原因是基督教，而蛮族只不过使这一灭亡最后完成。即使没有蛮族罗马帝国也必然灭亡。这样，他就得出与罗伯逊一样的结论。但他没就此而止，他认为这个问题对拜占庭帝国也同样适用。按他的看法，拜占庭帝国是罗马帝国的继续。多年来吉本关于这个问题的思想，给资产阶级史学进一步阐述拜占庭史定下了基调，并至今仍然对它或多或少发生影响。吉本把拜占庭帝国的历史，看成是又延长了一千多年的罗马帝国继续衰落和彻底崩溃的历史。为此，吉本专门从拜占庭历史中挑选那些可以证明帝国衰落的材料。

吉本对拜占庭帝国史的描述，虽然引人入胜，但相当肤浅。书中汇集了大量的笑料，用以嘲讽拜占庭生活中他认为值得讽刺的一切现象。应该看到，一般来说十八世纪与十七世纪恰好相反，拜占庭学受到人们的极大蔑视，因为在憎恨君主专制和宗教的唯理论者的眼里，拜占庭帝国只是一幅他们刻骨憎恨的专制和宗教迷信的图画。

伏尔泰认为拜占庭史是人类理性的耻辱。孟德斯鸠在拜占庭所看到的也尽是些起义和背信弃义等现象。他甚至惊奇，这个破烂不堪的国家制度竟能残存一千年之久，孟德斯鸠认为，这纯粹是些特殊原因的巧合：君士坦丁堡的商业、定居在多瑙河沿岸各省的蛮族替帝国防御其他蛮族入侵、相邻国家的软弱。此外还有其他一些次要因素、如希腊火的发明等。

可见，还在吉本之前，就有人认为拜占庭帝国是个衰落的、停滞的、不可避免要走向灭亡的国家。而吉本在自己的著作中又天才地对此大加发挥，由于该书十分普及，结果，逐渐衰亡的拜占庭史的景象，特别是

第十八讲 英国启蒙时代的史学

强调其停滞与保守的景象,就成为经典,在某种程度至今还在影响着拜占庭的历史。

我们在谈论十八世纪英国史学的发展时,当然不能不涉及英国社会思想发展的另一个方面,因为这个方面一定给了资产阶级的史学的未来命运以极强烈的影响。我这里指的是英国政治经济学的发展,其中包括亚当·斯密的思想对该时期历史科学的影响。其实在这里,应该略微回溯一下政治经济学对十八世纪历史思想的影响。

当我谈到孔多塞的观点与重农学派思想的联系时,曾涉及这个问题。重农学派的经济思想是资本主义生产方式的第一个观念,是政治经济学的第一个体系,它源于唯理派的关于在经济领域受一定自然法则统治的学说,这种法则是可以被科学所发现、所解释的。这个学说对于后来的、特别是十九世纪的史学的进一步发展产生了深刻的影响。

重农学派的基本思想是公共福利的思想。他们认为,实现公共福利的前提条件是自然法则充分发挥作用,消除一切压制这种自由的现象。资产阶级政治经济学的创立人之一——亚当·斯密(一七二三——一七九〇)进一步发展了这一思想。它再好不过地反映了十八世纪欧洲资产阶级的阶级愿望。后来,这种经济自由、反对任何监督的主张又得到充分发展,以至成为资产阶级经济政策的新原则。

这个时期,资产阶级奋起反抗封建制度对人身的限制。他们首先反对等级特权,反对农奴制度,反对行会及其他团体名目繁多的规章对经营单位活动的一切限制。在个体的经营中,封建专制下的经济制度和重商主义制度还根深蒂固。因此,正在上升的工业资产阶级的要求之一,就是要实行重农学派所提出的、由亚当·斯密进一步创立的贸易自由原则和充分发挥个人积极性的原则。自由贸易的口号(laisser faire 即对个人自由的要求)逐渐成为一种道德伦理的教条,它大量地反映在这个时期作家的许多作品中。在英国,正是工业的发展尖锐地提出了要自由贸易、要取消教会和国家的一切妨碍个人积极性发挥、妨碍经营自由的规定等问题。实际上,这个经济上自由的原则很快成了

—— 315

剥削自由的原则。其主要阶级内容是资产阶级要求个人的完全自由。后来,亚当·斯密关于个人主义是人们行动的基本动力的思想(在他那里还是极温和的),无论在理论上还是在实践上,都被资产阶级思想家推崇为基本道德原则。这种个人利益与国家利益先定谐和的思想,在剥削和竞争的社会里是根本无法实现的。但它却对史学的进一步发展产生了深刻的影响。

这里,我想就亚当·斯密的经济和历史的观点中所反映出来的"个人自由"的要求略谈几句。

斯密在《关于国民财富的本质和原因的研究》[11](一七七六)一书中,从头至尾贯穿着资产阶级个人主义。亚当·斯密发展了的这种道德理论的基础,乃是个人利益与公共利益永久融合的思想,即一个人在追求个人利益的同时也就为社会谋取了最高的福利。亚当·斯密说,我们所以能吃到饭并不是因为肉商、啤酒匠、面包匠发善心,而是因为他们关心"自己的切身利益",我们面对的不是他们的仁慈,而是面对他们的利己主义。我们对他们永远不能谈自己的需要,相反,要谈的是他们的利益。这种人根本没有为社会公益服务的准则,他甚至不知道他的所作所为对社会有多大好处。如果说他投资民族工业,这全然不是为了爱国,只因为在他们看来,民族工业要比外国工业更有利,从而对自己会更安全、更保险。然而,当他处心积虑为个人利益盘算的时候,"一只无形的手在挥动",把他引向与原来预想完全不同的地方。这对社会也并无害。人们为个人发财致富时,往往会更好地有利于社会公益,这比他们直接从事社会公益劳动有效得多。[12]

我们认为,公私融合的理论,在这里又带有宗教神秘的色彩,斯密关于"无形的手在挥动"的说法,这不单是个表现方法或富有诗意的形象,而是包含着一定的宗教思想,即上帝把追求个人利益放在人的灵魂之中,并且使之与公共利益和谐起来。这样,个体经济利益的自由,即买卖自由、贸易自由、直到经营自由,在斯密的理论里,就其实质来说,具有了某种天意。虽然斯密本人并没有从这个理论中得出最后的结论,可是他的追随者却得出这样的结论。他们认为,资产阶级越富,对整个社会越好。

正是在这个基础上,出现了新的、纯资产阶级性质的道德。这种道德在许多方面与加尔文教的道德很相似。加尔文教徒坚信他在为自己发财致富而进行劳动的同时也就在创造有利于上帝的事业。这是在原始积累初期阶段的资产阶级道德,而且主要是商人的道德。而今在十八世纪,工业资产阶级的道德把隐藏在加尔文教神秘宗教形式中的自然法则的理论,又披上了更加理性化的外衣。说穿了,突出的一点是,所谓要求个性自由并非什么别的东西,而正是要求自由竞争。

为了证明自己的经济理论,亚当·斯密去请教历史,其中包括中世纪史。他的《国民财富的本质和原因的研究》第三卷通篇写的是中世纪欧洲经济发展问题。看来,亚当·斯密在史学史中是第一个专门注重中世纪经济史的人。就这点讲,书中的许多史学观点还具有相当重要的意义。

亚当·斯密这部书第三卷第二章的标题是"论罗马帝国灭亡后古代欧洲农业发展的障碍"。如作者自己所说,这一章是从蛮族的日耳曼部落和斯基泰部落入侵罗马帝国编起。在绵延几百年的动乱中,蛮人的劫掠中断了城乡的商品交换,城市荒无人烟,罗马帝国时期曾大获其利的诸行省陷入极度贫困与野蛮之中。这就是斯密对中世纪初期的描绘。他指出,这个时期蛮族的首领侵占了大部分土地,从而奠定了大土地所有制的基础。这些土地大部分长期无人耕种,因为当时障碍重重,这首先是封建制度和大领地的统治。亚当·斯密认为,一般来说,这个时期的土地都是权势的来源,因此所有者不愿将土地分开。划分土地要受到种种限制。规定了长子继承制。

蛮族入侵后立即出现的这些有关土地权利的规定,妨碍了土地的分割,使土地逐渐集中到一部分人手中。斯密认为,这样的制度与人类自然法则是背道而驰的,而人们有支配土地的充分自由就是其中的一种自然法则。自由支配土地的权利在自然发展的过程中,应该导致土地在尽可能多的私有者之间进行划分。大土地所有者只顾加强自己的政治势力，很少去考虑如何耕种自己的土地。他们土地上的农民也不太可能改进耕作土地的方法。这个时期所有的农民都是农奴，虽然所受的奴役轻于古代或殖民地，但他们不是土地的主人，因此他们不大关心改进耕作土地的方法。据此，斯密又指出，"没有获得任何财产权利的人，所关心的只能是尽可能多吃少干活"。⑬所以，身处农奴地位的农民最不关心改进农业技术问题。

后来，在欧洲所有各国，其中包括英国，分成制佃农取代了农奴，他们耕种土地，能得到部分收成。但是，斯密认为分成制佃农对农业技术的改革也不十分关心，因为他们所耕种的土地不是自己的财产，况且他们还要交纳繁重的地租。亚当·斯密指出，租税的剥削长期阻碍着农业技术的提高。后来，英国式的农场主愈接近私有者的地位，他们就愈把资本投到土地上，从而也就愈促进土地耕作方法的改进。

于是，为了追求一定的政治经济学任务——弄清最大限度提高农业生产率的条件，斯密概述了一个欧洲农业发展纲要。他的结论是只有在资本主义农场制度下，农业方能得到最顺利的发展。斯密还认为，粮食自由买卖是农业顺利发展的另一个条件。

他的《研究》的第三卷第三章的标题是"罗马帝国灭亡后城市的产生和发展"。斯密认为，罗马帝国灭亡后，城市的生活并未停止，但却发生了相当大的变化。在罗马帝国时代，城里的绝大多数居民是土地所有者，他们现在住在自己的城堡里，而城里住的却是被压迫阶层的代表——手工业者和商人。他们和农奴一样，要屈从土地领主，给领主尽各种义务。但是，土地领主，特别是国王，认为城市的各种义务最好让城市居民自己去承包。由此便产生了城市公社的自由原则。市民承包了城市的各项义务之后，逐渐摆脱了农奴的依附关系，获得自治权利。开始时这种权利是临时性的，后来则变为长久性的了。城市渐渐成为自由城市，同时，市民的农奴特征也随之消失。斯密非常清楚城市和领主之间的流血冲突，但他说城市解放的主要作用并不在于此。他认为，城市的税收由市民承包,这是城市解放的决定因素。正是这一因素,使城市成为有自己的军队、有自己的特别法庭的特殊自治集团。

在同封建主的斗争中,国王和城市的利益是一致的,国王给了城市某些特权。为了取得城市的支持,国王又授给城市在王国里的等级代表权。为了把城市管辖好,对物资的需求量大为增加,从而促进工业进一步发展。当然,城市要从农村获得原料。但是,城市的发展不总是依靠周围的农村,因为大城市与遥远的市场保持经常的联系。斯密指出,意大利许多城市周围的农村虽然极为贫困,但城市依然能够繁荣起来。斯密认为,十字军远征对意大利城市的早期发展起了极大的促进作用。他从十八世纪启蒙哲学的观点出发,把十字军远征又称作曾经使欧洲人民蒙受极大破坏的最狂妄的行动之一。但是他同时又提出,十字军远征是意大利各共和国的财源。

城市的商业提出了新的要求,新的生产部门和手工业工场应运而生。按照亚当·斯密的观点,城市的商业还促进了农村的发展。城市给农村提供了广阔的农产品市场,从而加快了农业技术的提高。此外,部分的城市资本用于购买土地,否则,这些土地如果不是被购买就仍会无人开垦。商人是善于改进农业经营方法的,这是那些奢侈成癖、经营无术的地主所无法比拟的。

亚当·斯密认为,城市促进农村发展的第三点,这也是最重要的一点,就是工商业的成就使国内确立了良好秩序和管理正常化,又保证了人身的自由和安全。王权苦于无法与之较量的封建专横,随着对外贸易和手工工场的发展而逐渐悄然消失。这里,亚当·斯密试图用历史材料来论证自己的一贯思想:工商业,即个别奋发向上的人的活动,要比国家的任何干预行为更能推动社会的顺利发展。

于是,亚当·斯密到中世纪史中去寻找根据来作自己的自由贸易理论的注脚。他在研究中世纪制度设置的那些影响欧洲技术和经济发展的障碍时,指出这些障碍就是缺乏人身自由、缺乏转让土地的自由以及对个人主动性的各种封建限制。与此同时,他坚决强调资本主义制度要比封建主义制度优越。⑭

资产阶级关于个性自由的要求,在英国的哲学家、伦理学家边沁(一七四八——一八三二)的著作中,彻底抛弃了种种神秘的外衣,获得了纯唯理论的形式。他是一个最枯燥、最拘谨古板的人。马克思称他是"庸人的鼻祖"、"十九世纪资产阶级平庸理智的、枯燥乏味的、迂腐不堪的、夸夸其谈的圣哲"。⑮

边沁⑯把整个社会道德都归结为简单的算术,把唯理论也变得算术一样简单。他认为社会是无数追逐私利的个体之简单的总和。衡量每个行为的道德价值,就看它给人带来的是愉快还是痛苦。如果给人带来愉快,则是合乎道德的,反之,给人带来痛苦,则是不合乎道德的。但是大多数行为都是以不同的方式给人一部分愉快,一部分痛苦,那就要看它哪方面是主要的。

边沁给社会道德目的所下的定义更具有明显的算术性质。在他看来,社会道德的目的在于给尽量多的人谋取尽可能多的幸福。如果这个公式不完全是虚伪荒谬的话,那就不必去反对,因为作为为尽可能多的人谋取尽可能多的幸福的手段,要求每个人有获取个人利益的完全自由,每个人都有为自己的私人利益而活动的完全自由。设想在这个道德算术的基础上形成的个人利益可以给尽量多的人带来幸福。

边沁把我们在斯密和重农主义者那里见到的宗教因素完全抛在伦理之外。在他看来,美德是创造愉快条件的总和,恶习是创造痛苦条件的总和。人有时不得不抛弃这样或那样的利益,控制自己对快乐的欲望,而这只是为了得到大的利益而牺牲小的利益,为更长远的愉快而放弃眼前的快乐。这样,从边沁的观点出发,责任就是能意识到为大的利益而牺牲小的利益;良心就是注意别人的舆论。

边沁提出一个问题——是否需要完成自己承担的义务呢?他指出是需要的。这只是因为不执行就会破坏实际的信任。

他认为,国家和一切社会组织的存在就在于保证个人的福利,因此,为了减轻个人的负担,要尽量削弱管理权力。

边沁想象,由于对伦理有了这样正确(他自己认为)的理解,国家间的相互关系就应该和平相处,冲突应该消除或者控制在最小的范围内,直至解散军队,简化诉讼,降低税收,彻底实行买卖自由。又由于有了明智的宪法,社会将不会受到什么革命的威胁,所有的法律也将极其简明扼要,清楚明白。但是,边沁又认为,到那时,竞争、嫉妒、仇恨在人们中依然会存在,大多数人们还是要从事繁重的劳动。这样,边沁的"为尽量多的人谋取尽量多的幸福"的原则,就是在作者自己的设想中也不是指劳动人民的幸福,这个原则与把大多数人从繁重的劳动下解放出来并不存在任何联系。他的目的只在于为资产阶级的进一步繁荣,在经济、政治和法律上提供尽可能良好的条件。

(李春隆译　原学会校)

注　释

① 大卫·休谟是苏格兰人。(编者注)
② 休谟(D. Hume):《从凯撒入侵到一六八八年革命的英国史》,英文版,卷一至八,伦敦,1786年。
③《马克思恩格斯全集》,中文版,第20卷,第265页。
④《马克思恩格斯全集》,中文版,第4卷,第468页。
⑤ 参见《马克思恩格斯全集》,俄文版,第20卷,第248—251页。
⑥《马克思恩格斯全集》,中文版,第20卷,第264页。
⑦ 罗伯逊(W. Robertson):《女王马丽及国王詹姆士六世在位时的苏格兰史》,英文版,伊普斯维奇,1847年。
⑧ 威·罗伯逊:《皇帝查理五世在位时的历史》,英文版,卷一至二,伦敦,1854年;罗伯逊,《查理五世统治时期的历史》,俄译本,卷一至三,莫斯科,1859年。
⑨ 应该指出,启蒙学者很少或者根本不用"文化的"这个术语。他们使用的是另外一些术语。罗伯逊说:"更优美的"(Polished)、或者更确切地说"更文明的"民族。"文化"一词是十九世纪中期德国史学中的术语,而我们仍然要使用这个我们已惯用了的术语。(著者注)
⑩ 吉本(E. Gibbon):《罗马帝国衰亡史》,英文版,第一至七卷,伦敦,1896—1900年;吉本,《罗马帝国衰亡史》,俄译本,第一至七卷,莫斯科,1883—1886年。
⑪ 亚当·斯密(A. Smith):《关于国民财富的本质和原因的研究》,英文版,卷

一至二,伦敦,1904年。亚当·斯密:《关于国民财富的本质和原因的研究》,俄译本,卷一至二,莫斯科,1931年。

⑫参阅亚当·斯密:《关于国民财富的本质和原因的研究》,俄译本,第一卷,莫斯科,1931年,第20—21页。

⑬亚当·斯密:《关于国民财富本质和原因的研究》,俄译本,第一卷,第400页。

⑭亚当·斯密对欧洲中世纪史总的看法和启蒙时代所有的历史学家一样,是建筑在纯理性基础之上的,因此缺乏历史主义的观点。他从资本主义社会的立场来评价中世纪的一切现象,当然看到的只是这个时期阻碍社会前进的阴暗面。正因为如此,他也不会看到由古代向中世纪过渡有什么进步。然而,不能不指出,在亚当·斯密的观念中,对封建欧洲经济发展的个别看法仍具有极大的现实意义,这些为后来的中世纪史学家们的具体研究所证实,其中包括他关于大封建主一般很少关心改善自己经济的观点、关于农民没有自己的土地财产从而对劳动很少感兴趣的观点。亚当·斯密是最早从剥削农民的形式变化上(从农奴的依附性到分成制、再到资本主义式的农场经济)而注意了封建欧洲土地制度演化的一般性质的人之一。他关于中世纪城市历史的个别观点也是正确的。亚当·斯密最早地主要以中世纪的经济史为基础,而建立起来的中世纪史的整个观念当中的许多原则,在相当程度上为十九世纪资产阶级的中世纪学奠定了基础。(编者注)

⑮《马克思恩格斯全集》,中文版,第23卷,第569页。(中译者)

⑯边沁(J. Bentham)的主要著作是《义务论或道德科学》,英文版,伦敦,1837年。在书中作者发挥了自己关于社会道德的一贯思想。(编者注)

第十九讲　德国启蒙时代的史学
启蒙时期史学总论

十八世纪,在德国资本主义制度只是刚刚产生,而封建关系和小生产基本上仍占据着统治地位。因此,启蒙思想在这里也就更独具一格。这一时期,在法国史学已被广大的资产阶级知识分子所接受,并带有一种鲜明的政论性质,而在德国,启蒙思想却只是那些闭关自守的大学界人士的财产(当时这些思想主要表现在学究式的大学学科——即历史学的特殊领域),或只是被少数知识分子所接受,它具有一种改变宗教信仰的性质,往往还伴有一种独特的半神秘的色彩。

十八世纪德国的史学家大多数都是一些平庸的折中主义者。他们中的大部分人是德国众多大学的教授。他们的听众非常有限。他们不像法国的历史学家那样,把自己的讲台面向广大的渴望新知识的听众。

十八世纪德国市民生活的闭塞性和狭隘性在史学理论中也有反映。十八世纪的思想影响使史学领域开始出现了一些流行的新思想,这种流行思想是同法国其他的时兴事物一起传入的(这一时期德国效仿法国的时髦风气甚至达到了令人可笑的程度)。同时,德国史学那种旧有的墨守成规的思想也常常机械地、折中地被某些新的思想所更新。

不过,当时有些德国史学家有较高的造诣,德国人那时被认为是历史权威,学术上的专家。他们常常被别的国家所招聘。例如,被聘请到俄国。俄国的科学当时发展很快,其中也包括历史科学。

施勒策尔就是这些最著名的德国大学书斋式的唯理论者史学家之一。

奥古斯特·路德维希·施勒策尔(一七三五——一八〇九)是伏尔泰的追随者。他在大学的讲课中,竭力宣扬伏尔泰的《试论》一书中的思想。然而,从一七六〇年到一七六九年,施勒策尔一直生活在俄国,并且他的一些主要著作都是写俄国史的①。所以,施勒策尔的著述在很大程度上应归属于俄国史学史。

施勒策尔的基本史学思想并没有超过伏尔泰。同时他对历史的见解更为狭窄和肤浅。在政治上他与伏尔泰一样都是开明专制制度的拥护者。据他看来,叶卡捷琳娜二世的统治是这种开明专制的一个典型。他认为,人民自己不能进步,而政府的任务正是引导和教育人民前进。

在史料的评论上,施勒策尔远远逊色于伏尔泰。他没有伏尔泰那种敏锐尖刻的笔锋和观察事物的洞察力。特别是在圣经史方面,他既缺乏学识,也没有胆量。例如,他曾认真地谈过创世说和亚当的罪恶等。

德国没有能够接受和理解启蒙思想的广泛的听众,在德国的小市民中间也没有发生过大型的社会运动。这就使那些接受新思想而为数不多的知识界人士不得不与世隔绝,仿佛成了一些阴谋家。尤其是在这些思想超出了专门学术著作范围时,他们就更得不到政府的垂青。

德国曾出现了一些秘密团体。例如,"完美论者"协会(建于一七七六年)。这是一个以研究如何使人人完善为宗旨的组织。这个协会后来转变成"先觉者"协会,在国内外曾有过较广泛的影响。这个启蒙团体仿照耶稣会制订有独自的等级制度和秘密仪式。在接受成员时举行隆重的仪式。其目的是通过"热爱上帝事业的所有人的兄弟联合"排除偏见和杂念。在这类秘密的小团体中,启蒙思想则蒙上一层神秘的色彩。

十八世纪,类似的团体在德国相当多。坚信人类善良的本性和人类的广阔前程是其成员们的特点。但这种广阔前程在他们的思想中完全不像孔多塞那样具体,而是模糊不清,极为神秘。

这些市民知识分子少数先锋者的思想在群众中没有广泛的影响。

第十九讲 德国启蒙时代的史学 启蒙时期史学总论

普希金曾觉察到十九世纪二十年代德国的蒙昧状态。[②]这种"含混不清"的状态还反映在德国知识分子曲解法国的启蒙思想上。在德国,特别是卢梭思想的影响很大。这种思想与永恒进化的观念、崇拜真理和善良观念融合起来,并以一种极神秘的形式表现出来。

许多德国文学家都有这些特点,虽然他们不是史学家,但在他们的世界观中史学思想起了主要的作用。在这些文学家中,我们首先应提到德国著名的诗人弗里德里希·席勒(一七五九——一八〇五)。曾做过耶拿大学兼职的通史教授,并写过许多史学著作[③]:著名的有《一五七六年联合了的尼德兰摆脱西班牙统治史》(一七八八)、《三十年战争史》(一七九一——一七九三)、以及专著《何谓通史及其研究目的》。

席勒对历史的研究是与他的诗歌创作紧密交织在一起的。《尼德兰摆脱西班牙统治史》中的思想在他的悲剧《唐·卡洛斯》中得到了一定的反映,《三十年战争史》中的思想在三部曲《华伦斯坦》中得到了反映。席勒是狂飙突进运动时期的代表人物,是那种离经叛道的浪漫主义激情的代表。这种激情在德国的社会环境中某种程度地反映出资产阶级的愿望。这种激情继承了卢梭对人类的热爱,对人类美德的信赖,也继承了卢梭对专制主义和封建制度的仇视。

在席勒的一些悲剧中,这种离经叛道的浪漫激情被反映出来了。例如,在《强盗》、《菲斯科的密谋》中,特别是在《阴谋与爱情》中反映出来。恩格斯曾把这个剧称为"德国第一部有政治倾向的悲剧"。[④]但是,从八十年代起席勒的这种激情开始有些减退了。当时,德国的现状对持有这种观点的人来说是很不利的。席勒在这种现实面前开始了某种妥协,寻求其他不是离经叛道的途径。席勒宣扬,用真理去感化开明的君主而促使社会的进步,就像在他的悲剧《唐·卡洛斯》中高贵的德·波扎侯爵想做的那样。席勒后来写的一些史学著作就反映了这种新的妥协的情绪。

席勒笔下的人类史颇有特性。在这方面,诗人的因素要大于史学

—— 325

家的因素。他编纂人类史就像创作小说或悲剧一样。他的思想很高尚,是一种人类幸福、博爱的思想。在历史上,吸引他的主要是那些历史人物个人的命运和他们内心的悲痛。这一点在《三十年战争史》中表现得尤为明显。席勒这部书的主人公是古斯塔夫·阿道夫和华伦斯坦。当这两人退出历史舞台后,席勒的描述就变得草率粗略,大失原有的激情和生动的笔锋。他的著作没有深厚的史料基础,并且构思肤浅。但是他的史学著作的文风是杰出的,不愧为大艺术家的作品。

哥特霍尔德·埃费莱姆·莱辛(一七二九——七八一)是这一时期的另一位大作家。启蒙时期的史学思想对他也有很大的影响,尤其是进步思想的影响。不过他的思想也蒙上一层独特的迷蒙神秘的色彩。他的宗教幻想与进步的理论紧密结合。在《论人类的教育》(一七八〇)⑤一书中,他把人类发展的历史描绘成了个人发展的历史。他把人类分成三个不同的年龄时期:童年、青年、壮年。在他看来,人类过去的历史就是一所学校。《圣经》和神启就是这个学校的教育工具。

莱辛把凶残粗鲁的以色列人列为人类的童年时期。对这种人只有采取粗暴、恐怖的手段,对他们进行立刻惩罚的精神恫吓或答应立刻奖赏。据他看来,基督教是人类的青年时期,它提供了一种更为完善的宗教意识,就是基督教主张一种来世因果报应的思想。最后,莱辛认为在他所处的时代,人类进入了完全成熟时期,这是一个新的永久福音时代。在这个时代里,善良只是出于善良,而不是为了将来能够得到报答。莱辛把人类的进步史看作是一幅灵魂转移的神秘图景。据他看来,过去曾生存过一次的人们,经过一系列的化身将会重新生活在这个更完善的永久福音时代中。

约翰·哥特弗里德·赫德尔(一七四四——一八〇三)也类似莱辛,把人类史半神秘化,但他比莱辛更富有历史感。赫德尔的思想对十九世纪的史学有很大的影响。

赫德尔的世界观是一种神父观点与启蒙思想奇特的混合物。他主

第十九讲　德国启蒙时代的史学　启蒙时期史学总论

要受卢梭思想的影响。但伏尔泰和孟德斯鸠的思想对他也起了一些作用。赫德尔同卢梭一样，把原始人的自然状态理想化，不过他与卢梭不同，他相信人类能不断进步。他的主要史学著作是《人类历史哲学概论》⑥这部于一七八四——一七九一年出版的三卷本巨著本应囊括人类的全部历史，但它只记叙到十三世纪中期。此外，赫德尔还写了其他一些历史哲学著作。

赫德尔的思想是一个有趣的、多因素的混合体。在他的思想中，我们可以看到十八世纪自然科学成果的巨大影响。他的有些想法相当富有远见，令人敬佩，也常常演变成完全的神秘主义。他的另一些思想则使人感到思考不深，不成熟。当然，在当时的那种条件下，很难指望这些思想能达到完善的境地。

赫德尔写人类的历史从太阳系、地壳的构成，动物界与植物界的发展开始。他对此问题的看法已有了进化论的思想，但还不很清晰，"遗传地"、"有机地"是他惯用的字句。在他看来，一切都在遗传地、有机地发展着。

他认为，自然界与历史源于同一个起点，自然界与历史也就服从于某些共同的规律。这个规律就是主动性。这种思想似乎是很有发展的，并超越他所处的时代。但是富于创造力的自然界在他看来是一个有生命的实体。它用自己的思想来确定未来发展的道路。人类也是一个特殊的有生命的机体，是世界之魂。随着每一代新人的出现，这个灵魂越来越揭示出来。在这里我们可以看到法国启蒙思想在德国土壤上的新颖、奇特、矛盾的反映。虽然赫德尔的观点是先进的，但不要忘记他是个神父。例如，他把吉本对基督教的见解置于自己的保护下。他宣称自己是各种教条和教会习俗的敌人，但他并没有真正摆脱神学思想的束缚。当他从直接的阐述转向杜撰时，他的书中便出现了一种惊人的荒诞的文体。然而在赫德尔的书中，我们可以看到有机体的构成、进化论、能量守恒等深刻的思想，虽然这些思想经常被披上一层神秘的外衣。他有些像维科。他的基本思想在于：人是自然界的产物，人类发展的规律就是自然界发展的规律。

赫德尔不承认人与动物在机体上有所区别。他竭力主张人不同于动物在于人有文化。但他的这种观点掺进了许多与圣经同感的影响。例如,他把"人的创造"说成人是自然界的神号召高级动物吸取文化。

在人类历史上,赫德尔把人类的教育看作最高的天意。这种思想我们从奥古斯丁时起就经常可以看到,到十九世纪仍然可以看到它。赫德尔虽然有时也迷恋于欧洲中心说,但他还是把这一思想扩及全人类。他理想中的人是一种神学的抽象概念。他没有能摆脱《圣经》的束缚。在他那里,神秘论的幻想惊人地和唯物论的认识结合在一起。赫德尔认为,人类在逐步完善的道路上经过各个阶级,最后将达到一个更高的境界。到了这个时期,人就完全区别于动物。在他的想象中,人类走完所有前面各进化阶段,人类就离开地面,这种纯精神境界就和这样的时期相联系。

据赫德尔看来,整个历史就是一条通向高尚的目的,通向人性、仁爱的道路。实现这一目的就在于人的本身,要发扬人身上固有的一切品质,使灵魂得到完全的解放,这就是历史进步的目的所在。

赫德尔认为,虽然在事实上人类分成许多社会和民族,但在人类历史的进程中,它仍是一个统一体。当然,在这一进程中可能会有千百次曲折和迷惑犹豫,但这只能服务于人类发展终极目的的最后胜利。在人类所经受过的最可怕的动荡中,赫德尔看到美好未来的开端。这已不是孔多塞的乐观主义,而是如罗·尤·维彼尔正确地所指出的"乐观的宿命论"⑦。赫德尔把人类未来美好的命运看作是一种并非由于人的努力而是事先安排好的事情。

为了发展统一进化的理论,赫德尔对过去史学家所遵循的方法——政治形式与社会形式比较研究法,对确立典型形式采取了否定态度。据赫德尔看来,历史中任何事物都不会重复出现。人类经过的每个阶段都是完全不一样的。每个民族都可以有自己的某种特点,都可以在某个领域内达到完善的程度。但总的说来,所有这些单方面的发展道路都有一个总的均势。

在宗教的问题上,赫德尔采取一种自由主义的态度,但他本人却是一个笃信宗教的人。同大多数启蒙思想家一样,对他来说宗教与文化并不是互相对立的。文化与科学的发展并不与宗教相违背(例如,像孔多塞认为的那样),相反,它们正是在宗教的基础上发展起来的。然而,赫德尔与其他的启蒙思想家不同,他对教规、教义采取了否定的态度,他在教义中发现了有辱人类理性的东西。他认为教会和教义所控制下的拜占庭历史是丑恶的、残暴的。他把十字军远征描写为"神圣的蠢事",是一伙放纵的强盗们所干的"发疯"的行为。

赫德尔认为阿拉伯文化的影响是个最主要的因素。后来他还论述了异端史和城市史。据他看来,建立了欧洲统一的正是城市,而不是国王、教皇和贵族。

赫德尔关于民族特点是永恒不变的思想与伏尔泰在《试论》中提出的思想很相似。这一思想对后来的史学产生了很大影响。赫德尔断言,每个民族的文化都是继承地、有机地不断发展着的。但一个民族的文化不能移植到其他地方去,因为一个民族不可能掌握其他民族的文化。十九世纪初,这种思想在反动的民族主义的土壤上得到广泛的传播。同时,民族特点往往是从研究该民族的文学和法律中概括出来的,而该民族的文学和法律又用该民族的特点来解释。这样一来,也就陷入了一种绝境。十九世纪初的那种反动思想正是在这样一种绝境中徘徊。⑧

因此,正如我们看到的那样:在孔多塞那里进步思想以清楚、明显、透彻的形式得到了发展。但在德国小资产阶级知识分子中间它却采取了特殊的半神秘的形式,或完全神秘的形式。有时这种形式还具有一种完全抽象、空想和荒诞的特点。

现在,把我们所研究的启蒙时期的史学作一下总结。我们看到,启蒙时期的史学总的说来是逐渐意识到自己的力量,寻求权力的新兴资产阶级的思想意识的鲜明的反映,他们正在为推翻封建时期所留下来的旧权威而斗争。

这一流派在英国最有实力,因为英国资产阶级实际上已大权在握,他们关心的不是夺取政权,而是保护已获得的成果。在这里资产阶级已经开始与工人阶级相对立了。十八世纪启蒙运动在法国表现得最为明显。在这里资产阶级对封建残余势力进行不调和的斗争,他们与封建思想意识的统治发生尖锐的冲突。

十八世纪启蒙史学家们的不足之处是很多的。可以指出:他们的批判精神不够,并具有严重的偏见;他们企图把史学作为政治的武器,把历史看作是统治者这样或那样活动的附着力。所有这些缺点都是显而易见的。在他们那里我们还常常可以发现一种机械的历史观,不了解发展的有机性。因此对历史也缺乏足够的了解。例如,二十世纪德国反动的历史学家格奥尔格·贝洛夫,把机械地理解历史的十八世纪的史学家与十九世纪初反动的浪漫派史学家完全对立起来。在他看来,十八世纪的史学家把史学变成了革命的武器,而对于十九世纪的史学家,他则竭力地吹捧其为理想的史学家。这种对十八世纪史学家所抱的完全否定的态度,一般说来,不仅在十九世纪初,而且在二十世纪初欧洲反动时期都是典型的。

为了从历史的观点正确评价启蒙时期的史学家,必须把他们与他们之前的情况作一下比较。毫无疑问,我们会从中发现他们有很大的进步。他们所存在的那些不足之处,从前的那些人文主义和宗教改革运动时期的史学家们也都存在,并且其程度还要更大些。他们对历史的理解,对某些统治者的许多意志行动的看法都是相同的,他们也都把历史看作是政治斗争的武器。在历史科学以前所经历的各时期中,我们看到的情况都是如此。当然,在革命前的法国那种有决定意义的社会运动时期中,这一点就格外清楚了。力图清除史学中形形色色的神学因素,把史学世俗化——这一工作从人文主义者起就已经开始了,但他们远远没有完成这一工作,反而被后来的天主教和新教的史学家们所扼杀。现在启蒙思想家完成了这一工作。在伏尔泰和十八世纪其他唯理论者之后,上帝就不能轻易地回到史学之中。

十八世纪启蒙时期的史学对于历史科学的一大功绩就是它把神学观点排除出史学领域,对历史有了科学论述的可能性。可以说,正是从启蒙时期诞生了科学的史学。中世纪学作为史学一个独立的领域也正是从这时开始的。

我们看到了,启蒙时期的史学家们对狭义上到十六世纪为止的整个中世纪时期持着完全否定的态度。他们把中世纪只看成一个迷信以宗教和宗教权威的形式占据统治地位,而个人没有自由的时期。在这个时期里,等级特权、行会限制主宰了一切,各种等级的枷锁束缚了人的个性。他们认为,在中世纪科学和技术完全处于停滞状态,而不是科技的迅速发展和进步。

由此看来,启蒙史学家似乎应该轻视对中世纪史的研究工作。但事实上对中世纪的这种评价并没有妨碍他们加强对这段历史的研究,并且在伏尔泰的《试论》和这一派别的其他史学家的著作中,中世纪占据着主要地位。他们认为同迷信与偏见进行斗争是自己的主要任务,而吸引他们的中世纪正是作为进行这种斗争的一个广阔场所。他们认为,正是在教会和等级偏见占统治地位的中世纪的材料上,他们才能揭露那些被历史传统经常推崇而实际是不足称道现象的全部荒谬性。

另一方面,中世纪史经常被第三等级的思想家用来为本等级的某种政治和历史主张辩护的根据。在这方面,十八世纪初发生的那次论战是很典型的。这场论战发生于修道院长迪博和伯爵布伦维叶之间。他们是十九世纪"罗马成分论"学派和"日耳曼成分论"学派的先驱。十八世纪的这场论战已提出了一系列的问题。这些问题在整个十九世纪都是资产阶级科学的史学思想进行论争的对象。我们知道,后来第三等级的一些大思想家如孟德斯鸠和马布利都参加了这场论战,他们也力图从本等级的政治、思想要求的立场出发来解决这些中世纪史的争论问题。大家都知道,当时为了给资产阶级社会政治理想寻找论据,罗伯逊和亚当·斯密也研究中世纪史。亚当·斯密在中世纪史中寻找颂

—— 331

扬与封建制度鲜明对照的资本主义制度的根据。

正是在十八世纪奠定了资产阶级的拜占庭学的基础(吉本)并提出了许多原理。这些原理成为许多资产阶级关于中世纪学的论点的依据。

这样一来，许多历史学家，以及十八世纪的经济学家由于当时的一些政治问题，在研究和论述这一时期的某些历史的根本问题时，都到中世纪史中去为自己的社会政治观点寻求论据。

（马建序译　胡敦伟校）

注　释

①施勒策尔：《新近改变了的俄国》，德文版，莱比锡，1772—1776年；施勒策尔：《俄国史》，德文版，格廷根，1769年；施勒策尔：《北欧通史》，德文版，哈雷，1771年；施勒策尔：《以在迁徙和联系中为主线的世界史》，德文版，格廷根，1785—1789年；施勒策尔：《涅斯托尔编年史》，俄文版，格廷根，1802—1809年。

②指的是普希金的《叶甫根尼·奥涅金》中关于连斯基的名诗一段：
"他来自蒙昧的德国
　带来了学问的果实……"。（编者注）

③席勒：《联合了的尼德兰摆脱西班牙统治史》，德文版，斯图加特，1871年；席勒：《三十年战争史》，德文版，柏林，1871年；席勒：《人们学习世界史的意义与目的所在》，德文版，耶拿，1790年。

④《马克思恩格斯全集》，俄文版，第二十七卷，第505页。

⑤莱辛：《论人类的教育》，德文版；《莱辛全集》，德文版，第十卷，柏林，1838—1840年。

⑥赫德尔：《人类历史哲学概论》，德文版，柏林，1879年。

⑦罗·尤·维彼尔：《十八—十九世纪的社会学说和历史理论》，俄文版，第83页。

⑧详见第十九至二十一讲。（编者注）

第二十讲 尤斯图斯·麦捷尔及西欧史学史中反动浪漫主义流派的产生

除了启蒙主义史学外,在十八世纪的西欧史学中还产生了其他流派。资产阶级意识形态的萌芽不只是表现在理论学说上,资产阶级一些最主要的思想后来还在法国革命中得到了实施。这使反动集团惊恐不安。这便是在十八世纪末与进步思想传播的同时,那些直接对立的观点也开始传播的原因,首先推波助澜的是那些直接受到革命触及的封建集团。有的资产阶级也为那场风暴所震惊,这场风暴在某种程度上也是他们自己发动的。在法国革命的高潮时期反动势力也开始抬头。出现了在许多方面都值得重视的反动史学,因为从本质上说,它在许多问题上预定了十九世纪末至二十世纪初包括法西斯主义思想体系在内的反动的资产阶级意识形态的基本原理。

早在十八世纪后半期,法国资产阶级革命尚未开始之前,包括启蒙主义史学在内的意识形态,开始受到封建集团的代表人物和处于中间状态的小资产阶层的反对。他们所代表的是正逐渐让位于新的资本主义生产方式的旧的封建生产方式。资本主义关系的兴起打击了旧的传统的生产方式,首先是打击了小生产。这种事情最早发生在英国,但是这个过程也威胁到欧洲的其他国家,这一威胁也就使这些国家的小资产阶级对新的思想提高警惕,因为新的思想伴随着资本主义生产方式进入社会生活,并为之歌功颂德。

十八世纪后半期,在仍处于封建制度的德国有一个偏僻的小公国——奥斯纳布律克,它是一六四八年威斯特伐利亚和约的古怪的产物。在这里我们便可以见到这种小资产阶级对启蒙思想反应的最早的一位代表人物。

我指的是尤斯图斯·麦捷尔(一七二〇——一七九四),他是首批德国中世纪学学者之一①,对后来的德国中世纪史学发生了重大影响。

当代资产阶级史学的许多代表人物千方百计地在吹捧麦捷尔。他们称他为德国法制史和关于德国古代学的奠基者、法的历史学派之父、历史方法的大师。例如,阿·多普施便给麦捷尔以很高的评价。他说,麦捷尔作为一位实践家和法学家,想从现实出发去理解历史,他认为麦捷尔的一个特殊功绩就是抛弃了凯撒关于古日耳曼人的证言,因为这些佐证与麦捷尔在他十八世纪的家乡威斯特伐利亚所观察到的生活实际不符。在多普施看来,麦捷尔通过自己观察的归纳,总是能够勇敢地起来破除对权威的历史传说的盲目信任。多普施称麦捷尔为德国经济史的奠基人,他说以后所有的研究家实质上都是步其后尘,在他的观点里起主要作用的是"自由的原则"②。

我们在下文将见到,马克思对麦捷尔则给予了截然不同的评价,称他对德国村社的历史的观点是"愚蠢的"。③

为了弄清麦捷尔历史观的本质,首先必须了解一下他所生活、工作和发迹的奥斯纳布律克公国。他的主要著作、著名的《奥斯纳布律克史》(一七六八)④就是专门研究它的历史的。

奥斯纳布律克是威斯特伐利亚的一个主教当权的小公国,它由新教和天主教的主教轮流执政。主教一般出自布伦瑞克——吕内堡家族,由大教堂的25名神甫组成的神甫会选出,他们中每个人必须证实从前曾享有这一特权的十八名先人有权参加选举。神甫会同时又是主教领地的上议院。除了上议院,还有骑士院(它主要由信奉新教的骑士代表组成)和城市公会(加入城市公会的主要是小市民阶层的代表)。主教区公国所辖的一些小城市享有相当大的自治权,它们的居民主要由相当小的手工业者构成。这里根本没有大生产。农民按其地位分属于各个类型。那里既有自由农民,也有农奴。农奴的依附形式也是多种多样的。正如德国的一般情况一样,十八世纪末的奥斯纳布律克也存在

第二十讲 尤斯图斯·麦捷尔及西欧史学史中反动浪漫主义流派的产生

一个引起斗争的农民解放问题。农民解放的尝试得到有些官员的同情（麦捷尔便是其代表人物），但受到贵族极端残酷的镇压。

在十八世纪后半期，这个很小的公国突然被推入了政治的漩涡，因为英王之子应登上奥斯纳布律克公爵之位。因此，麦捷尔就得奔赴伦敦，在那里他结识了许多杰出的英国活动家，这使他大开眼界。在英国，他还目睹了正在兴起的工业革命的成果。新的资本主义关系的发展，使他大为惊恐。

麦捷尔在十八世纪的著作家当中，是个独特的人物。他的活动范围是德国的一个小小的外省，尤其是他生活和工作于当时的一个落后的封建德国。这一点，在他的观点里有所反映。

麦捷尔的思想体系在许多问题上与启蒙运动的思想大相径庭，其中十分鲜明地反映了落后的德国的关系，其中有与封建制度和睦相处的保守小资产阶级的观点。诚然，他也常常运用一些从启蒙运动的作品中假借来的术语，但他却是以完全另一种含义去运用它们。麦捷尔是极端仇视伏尔泰的，他与人类大同的思想相距甚远，而整个启蒙运动的史学都贯穿了这一思想。在他的主要著作《奥斯纳布律克史》中，他对于民族史和地方史给予了特别注意。正如一位德国史学史家说到他一样，对于他而言，人的抽象思想算不得什么，而市民便是一切。这是反映了他关于人的个性，关于整个历史进程的认识的市民的局限性和外省小市民的狭隘观念。

在麦捷尔的学说里充满了保守主义精神。他的特点是因循守旧，看不惯一切新生事物，无论这一新事物是在新的制度还是新的社会关系，乃至在姿态或时装中表现出来。这一点在麦捷尔的《爱国主义畅想曲》一书中表现得尤为明显（一七七四——一七七八）[5]，这是一部题材非常广泛的文集，题目从最重要的政治问题，乃至诸如新式穿戴、当时德国兴起的饮咖啡的习惯等等，无所不有。

在政治上，麦捷尔反对"出身不名誉"的人加入行会，比如，他将牧人归入这类人，他认为，这种人没资格企求成为正派人社团的权利。他

—— 335

力举古老的封建行会的观点,这种观点认为,如果承认私生子合法,那么,婚姻的神圣性便会削弱。对他来说,出身永远高于人品。比如,他主张,封建内乱要比现代战争好,因为前者不那么兴师动众;暴力统治也要优于现行的国际法,因为它是"上帝法"所批准的。

麦捷尔也是经济生活中新生事物的大敌。他企图干扰人口迁徙,干扰人口从一个地方迁居到另一个地方,干扰人口入城的热望。他是任何共同法规的敌人,他认为这会危及自由。其中,他坚决反对德国的任何一部共同法典,而主张地方法的分立主义,因为在他看来,共同法典会导致专制主义。

麦捷尔为了德国市民和富裕自由农民的分立主义的政治理想,始终反对中央集权和绝对专制。比如,他主张,每一个城市或地区,都应按照自己的特有法规来自治。自然,麦捷尔是启蒙运动的世界观的凶恶敌人,他不放过任何可以攻击的机会。他特别指责启蒙哲学,说它要以"一般的人"(这正是麦捷尔仇视之语)取代市民和基督徒,说它将人的权利置于公民的权利之上,说它要竭力将一切人变为平等的兄弟和继承人。

麦捷尔作为中世纪行会等级制度的捍卫者。凡是传统所固定下来的东西,对他而言,都是至高无上的,都是高于理性所承认的东西。

麦捷尔企图给所有遭到启蒙作品抨击的旧制度作历史的辩护。他不想正视历史的解释和历史的渊源并不能充当当代的政治的证言。最后他也为农奴制找到历史的辩护,而人们认为他是农奴制的敌人。尽管在理论上他的理想是自由农民,但他绝未由此便作出结论:在奥斯纳布律克应立即解放农民。他只是建议局部地缓和农奴制。诚然,这已足以使奥斯纳布律克的贵族视麦捷尔为农奴制的敌人,说他企图侵犯他们的占有权,但在奥斯纳布律克以外,人们则认为麦捷尔是个坚定的、顽固的农奴制拥护者。实际上,他在其《奥斯纳布律克史》一书中,在农奴制上也认为有可取的东西。他断言,农奴可以从自己主人那里得到保护与支持,农奴制能保证农民有一块世袭使用的土地。

第二十讲 尤斯图斯·麦捷尔及西欧史学史中反动浪漫主义流派的产生

麦捷尔活到了法国革命时期,并写了一系列反对法国革命的论战性文章。在这些作品中他阐述了自己的总的政治思想。

对麦捷尔而言,国家便是受保护的地主们的公司,有点像土地股份的主人的一个股份公司,后来,货币股份的持有者,即富裕的市民,才和他们入股。他把其他所有人看成是捞不到任何政治权利和公民权利的人,次于土地占有者和富裕市民的人。在麦捷尔看来,公司总是由过去的所有主和新移居者佃户组成。一切权利只属于所有者,依据首先掠夺的权利和以此方式得到的财产,所有者也可以向佃户提任何条件,甚至可以完全取消他们租佃的使用权。麦捷尔说,这一权利产生于私有财产观念,它在私有关系方面既属于每一单独所有者个人,又属于整个阶级。因此,当外来的佃户、移居者、二等阶级的成员联合起来,宣布自己与一等阶级是平等的成员,要与他们同样享有土地的支配权时,应认为这是纯粹的暴力。

这里,我们可以看到典型的混淆私有权和公有权的封建观点。对麦捷尔而言,一切权利都是私有财产。麦捷尔政治观点的基础是这样一种学说,世袭的财产决定了人的政治权利。照他看来,国家掌握在那些由于历史传统而有权继承的所有者的人手中,其余者被排除在外。麦捷尔宣布这便是"德国自由"的原则,显然,他是从"封建"特权的涵义上去理解"自由"了。

那么,什么是麦捷尔的所有制研究所围绕的中心呢?过去的什么东西在特别吸引着他呢?他是想在历史上寻找反对各种变革的支柱。有实力的农民—所有者的形象对他来说是社会的最牢固的支柱。有实力的农民—所有者,以及这样的城市手工业者,这便是自由与财产的维护者。麦捷尔常使用在启蒙学者的著作中曾风行一时的"自由"这个名词,但他却赋予这个字完全另外一种意义。对他而言,"自由"便是在中世纪称作的"libertas",我们常译成"优惠",这是一种等级的特权,麦捷尔以它来反对专制国家的集权的影响,也以它来反对十八世纪资产阶级思想家——启蒙学者提出的政治主张。

麦捷尔的基本思想在于,为了将过去与现在联系起来,而且不仅在于从过去中去寻觅当今的证据,而且在于只有从当今才能理解过去。他首先指明了在他那个时代奥斯纳布律克存在的那些土地制度,说这些制度在这里未经重大改变便从古代保留到现在⑥。麦捷尔将这些现代的证据与凯撒和塔西佗关于古代日耳曼人的记述相对立,并依据他的故乡所保留下来的那些古代关系的残余对他们进行了批判。这样,他利用回溯往事的方法,或"遗迹"的方法,这一方法在十九世纪资产阶级史学中广为使用。当时在威斯特伐利亚所存在的居住地制度,对麦捷尔来说是日耳曼部落的古老的居住地形式。这样,他第一个在德国史学史中提出了古日耳曼人居住地的原始形式问题。

让我们对麦捷尔关于早期中世纪日耳曼社会及其发展道路之观点作稍详细的探讨,来看看这一点在他的《奥斯纳布律克史》中是如何阐述的。

依麦捷尔之见,德意志民族之核心,是原始自由的农民。他的全部德意志历史就是围绕这一核心。第一批农民的居住地是一些个体农户。他强调指出,从一开始在个体户之间便存在土地上的不平等,每一个户主都是自己份地的完全的、不受限制的所有者,与这些个体户(其中每一户在适合其所有者的地方以及在可能的规模里建立的)相联的是原始的日耳曼的自由。农村的产生要晚得多,农村式的居住地本身说明,空闲土地已所余无几,这些农村的居民一般是租地来耕种,而且要负担租赋。

诚然,麦捷尔不是将这些作为全德国的特点。德国的研究者们早已指出,麦捷尔所描绘的,并非其他的日耳曼部落,而只是个体的萨克森人的居住地。在这方面,他将萨克森人与苏维汇入相区别,并强调指出,凯撒所记述的只是苏维汇人。麦捷尔认为,苏维汇人情况特殊,因为一直过着游牧生活,不断迁徙,所以他们才有因这种生活方式所引起的特殊制度。萨克森人则始终是定居的。他说"萨克森"一词出自"Sassen"一词,即萨克森人便是那些在原地不动的人。当多普施需要

第二十讲 尤斯图斯·麦捷尔及西欧史学史中反动浪漫主义流派的产生

恶意抨击凯撒的佐证时,在当今也几乎丝毫不变地去引用麦捷尔的论据。

麦捷尔接着证明,凯撒所描述的苏维汇人存在的那种制度,不是自然发展的结果,而是立法者或"军事天才"(此人消灭了旧制度并实行与国家的军事需要相适应的新制度)自觉活动的结果。这便需要某种变革,即要一场改变社会制度的革命。多普施在这种情况下也引用了麦捷尔的论据,称这种制度为"国家社会主义"⑦。麦捷尔认为,在那些于查理大帝之前受外部影响不大的萨克森人那里,还保留着古代日耳曼人生活习俗的古老特点。

如果轻视麦捷尔全部这些主张的意义,认为这里只涉及威斯特伐利亚,那就不对了。无疑,他本人所指的就有更广的含义。麦捷尔的理想,是那些耕耘自己的土地并坚决遵循古老习惯的自由的小地主的联盟。这一理想被他置入了查理大帝之前的早期德国史中。可能,这里有十八世纪革命前某些思想家(其中包括卢梭)的某些影响。

个体户的所有者在自己的土地上是完全的主人,在自己的家里是法官和君主,他们是自己家庭和自己奴隶的生活的主宰者,不用向任何人请示。照麦捷尔看来,每户似为一独立国家,它可以与邻人和睦相处或处于交战状态;每家都有相应的家规及自己的家内和平。

在这种明显的个人主义的特点中,麦捷尔描绘了日耳曼移民的开始状况。在他们那里,私有制及与私人土地相联系的每户,便是古代日耳曼人社会生活的古老基础。这种社会制度是麦捷尔理想的社会制度。

麦捷尔将中世纪的这个早期视为日耳曼自由的"黄金时代",那时战士还留在每一户德国人家里,没有一个农奴被禁锢在世袭领地主人的土地上,那时十分重视的荣誉感是共同的财富,普遍长老是民选的法官。

照麦捷尔看来,这一理想的制度在查理大帝之前并未遭受重大的变动。德国后来的历史被他视为日渐衰败,特别是从诚笃者路易(他称之为弱者路易)时代起。用他的话说:"由于愚蠢、需要、笃信宗教和为了迎合虚假的政策,这个国王牺牲了百姓的利益而去讨好教士、官员和帝国的总督们。"⑧结果,"共同的荣誉"("gemeine Ehre")消失了,自由被依附所吞噬,曾是私人财产的土地也变为封地了。

在《奥斯纳布律克史》中,麦捷尔第一个提出了中世纪德国历史的另一重要问题,即马克问题。

麦捷尔承认,在日耳曼人那里,自远古时候起,除了固有的私人所有土地之外,还存在对森林、牧场、沼泽地、道路等,即那些无法圈占起来并因此也无法着手个人经营的土地由大家共有。恰恰是这一因素,即共同使用森林及其他地域的因素,后来奠定了马克公社中古老的个体户的联合。这些曾处于共同使用的公共地域,就被称为马克。照麦捷尔来看,马克共同体(Markengenossenschaften)是土地的个体所有者以及个体户这些人的第一批联合体⑨。他的这些结论的依据,是他对他那个时代在奥斯纳布律克所存在的土地制度的观察,那个地方在十八世纪古老马克的疆界仍清晰地保留着,这些疆界,与较后的教会、行政司法上的区划均不相符。

依麦捷尔之见,有了共同使用的土地,就得制定一些使用的共同的权利和全体村社成员都必须遵守的一些共同法规。村社选出一些官员来监督这些法规的执行,召开公共会议。某种政治联合体(在这些联合体中,以赎罪金制度来确立共同的和平)便是参照享有共同使用权的村社模式产生的。⑩

在麦捷尔的著作里,没有任何关于氏族制度的概念:对土地的氏族所有只字未提。照他看来,那些统治各户的、同时又是战士的各家之父的联合体,称为曼尼亚(mannia)。

他们以军事为目的的联合体,取名为 Hermannia 或 Heerbanis。日耳曼及日耳曼人的名称由此而来。他说的"日耳曼人"或"阿雷曼人"这个术语,指的是苏维汇人,而不是萨克森人。

每一个拥有自卫权的个体户的土地占有者,仿佛是国家股份的持

第二十讲 尤斯图斯·麦捷尔及西欧史学史中反动浪漫主义流派的产生

有者。换言之,他占有一定量的私有地产一事就决定了他的政治权利。成为村社联合之政治形式的一个个曼尼亚(mannia)联合成更大的联盟——国家。每个曼尼亚以平等权利成为国家的组成部分。这里已出现了贵族——Adel。麦捷尔对贵族的产生作了假说式的解释,他指出,在共同的军队里,分离出军官的职位,这种职位被授予在军事方面杰出的、有权威的人物。这些军官逐渐巩固了自己在军事联合体中的地位之世袭权利。在他们的土地上开会,这样他们便演变为贵族。人们把大量赎罪金奖给他们。贵族的数目不能多。从贵族当中推选出国王。

尤斯图斯·麦捷尔给予亲兵以很高评价。这些亲兵逐渐排挤了民兵(Heerbann),随着民兵的衰落,原始自由的衰落也开始了。贵族开始将愈来愈多的土地集中在自己的手中。贵族的代表人物开始将自由佃户和农奴禁锢在这些土地上,而且对他们来说,农奴性的移民更合算。

在查理大帝之前旧制度变化较慢,长期保留着原来固有的形式。只是出现了贵族的某种增长和自由人服从贵族的权威。但是在查理大帝时代发生了法兰克人对萨克森人的征服。麦捷尔将那时的德意志划分为三个主要的部落联盟:在东北部是萨克森人,在南部是以苏维汇人为核心的阿雷曼人,在西北部是法兰克人。在阿雷曼人与萨克森人之间斗争一直不断。最后,双方均被法兰克人所制服。

萨克森人之所以那么顽强地抵抗法兰克人的征服,是因为他们将服从法兰克人视为自己政治独立的终结。这里清楚地表现出麦捷尔的小国寡民的倾向。他拒绝提出这样一个问题,即:从道义观点上看,查理大帝征服萨克森人是否正义。正如他所说的那样,这个关于道义的问题已为查理的成功所消除。查理为德意志的强大做了许多事,但与此同时,德国社会的一切灾难也正是从查理开始的。他消灭了古老的萨克森人的自由,将国家划分为许多主教领地、伯爵领地和主要行省。向这些地区派遣巡逻按使,麦捷尔将他们看作是某种常设的行政长官而非周期性的巡察大员。麦捷尔认为,查理大帝这样就造成了导致那些直至威斯特伐利亚和约为止、在德国史的整个期间都不断相互斗争的势力。在这种斗争中,德意志民族的财产、荣誉和自由都被毁灭了。

将查理大帝看成是剥夺萨克森人原有的日耳曼部落的独立和毁灭古老的日耳曼自由的人,而相对地把卫都钦看作是萨克森战争的主要英雄,这种评价后来在十九世纪乃至二十世纪德国史学家的著作里屡见不鲜。

我不想把麦捷尔的《奥斯纳布律克史》中对德国往后的历史再讲下去。尽管它一直叙述到十八世纪中叶,但是最重要的还是该书关于德意志人之古代制度的那一部分[⑪],因为这里麦捷尔所陈述的思想,在很大程度上为继他之后的数代德国史学家所接受。

也不能不指出历史学家麦捷尔的某些长处。麦捷尔持历史现象受地理条件制约的观点,这种思想在当时也并非新鲜。这种思想,在博丹那里便有,孟德斯鸠又将其发展,但在麦捷尔那里则概念更为具体实在,且被十分坚决地强调出来。他认为,土地制度在相当程度上取决于土壤性质及位置。他主张,人的需求恰恰是这些条件所引起的,而且为这些条件所满足。依他之见,习俗、法律、宗教,都必须与这些自然条件相适应。他指出,它们与土壤的性质及肥力的变化而一起变化。比如,他认为,山区居民的宗教与牧人和土地所有者的宗教以及与以狩猎为生的骁勇善战民族的宗教便大不相同。因此,麦捷尔主张,土地耕作也纳入历史学家所学的范围。于是,麦捷尔对于奥斯纳布律克的土壤,土壤能对这个主教领地的历史所发生的影响,都给予详尽的描述。

麦捷尔在《奥斯纳布律克史》一书中,首次试图在德国史学中提出德国早期中世纪的社会史,以有机的联系指出了整个民族的经济生活和政治生活。在他的学说里,个人起完全从属的作用;他对外交史,纯政治史兴趣不多;他主要致力于法制发展的研究。

麦捷尔一贯以文献材料为依据,在这方面来说,读他的著作倒是令人高兴的。他反对道德说教和长篇大论,始终在追求严谨的经验论研究方法与表述方法。麦捷尔避免匆匆下结论并坚决反对利用第二手

第二十讲 尤斯图斯·麦捷尔及西欧史学史中反动浪漫主义流派的产生

材料。

在《奥斯纳布律克史》一书的前言里,麦捷尔声称:由于他时间太少,他被迫直接去阅读原始材料。他想以此来说明,去阅读在他之前别人所写的东西,只是枉费光阴罢了。他认为,在历史中事实应为自己说话。他的书之特色是朴实无华。在他的书中尽管也能感觉到业务专长不够,但他仍不失为一个有很灵敏的历史嗅觉的人。毫无疑问,这是个有天赋的历史学家,但是,他为十八世纪末至十九世纪初反动思想的武库中所添加的那些反动思想,则更加危险。[12]

我们见到,在麦捷尔的学说里起基本的、决定性作用的,是尊重传统,主张历史的继承和历史现象的不变性。这种对以往的态度,与政治上的保守主义有关。他认为小农地产以及市民的不动产是一种国家的股份,是全部政治权利的一种基础,这对麦捷尔来说,是可以引为特征的。在这些观点中已提出了整个反动史学的指导路线,这条路线是法国革命激发出来的。诚然,麦捷尔本人是在革命之前便将《奥斯纳布律克史》的大部分写好了,那时他的基本思想业已形成,但是这部书的相当大一部分是在他死后(一八二四)方才出版的,他的历史观在革命期间及革命之后才享盛名。

革命,尤其对那些直接蒙受损害或多少处于其威胁之下的集团来说,被描绘成启蒙思想的实际运用。所以,法国革命在欧洲社会的这些集团中所引起的那种无比疯狂的敌对情绪,变为对启蒙思想的尖锐批判。

唯理论哲学本身、启蒙学者所创立的社会与国家的理论,现在受到了尖锐的批判。在麦捷尔那里,这种反唯理论的倾向表现得十分明显。比如,他赞同这么一种说法,即古日耳曼人求神问卜,而不觅求什么理性的研究方法。在这里,他以讥讽态度用了"理性的"一词,同时却在呼吁信仰——反对理性,呼吁传统、往昔——反对一切进步。

十八世纪末至十九世纪初的反动思想,反对把人类的思想看作一个完整的统一体。麦捷尔则把人与某个特定国家、特定时代的公民即

—— 343

市民对立起来。针对人类统一的思想，他和他的同道者，后来就提出了民族局限性的思想，而将等级关系和特权与民族自由的思想对立起来。变革可以从根本上更新社会，他们则与变革的思想相反，提出了一切社会关系静止、因循的思想，或者缓慢地有机发展的思想。这种有机发展的思想，本身并不错，但只是被麦捷尔以及这一时期反动思想的其他代表人物用来为静止与停滞作辩解而已。

法国革命及继之而来的反动统治说明，欧洲的封建主义、君主制、教会的腐朽势力比启蒙哲学家们所想象的要坚强有力得多，这些人曾设想通过教育的途径来改变旧的社会关系。

封建主义在德国特别显示了它的力量。反动阵营的史学家们大力号召历史传统，他们将这一传统与理性的矫揉造作的学说相对抗。他们将历史视作他们那个时代的一切现象的根源与基础，他们对历史的特殊兴趣便由此而来。因此，十九世纪初的时代被称为"历史的时代"，与前一时代的非历史的唯理论相对立。但是，历史发展有规律的思想（这一思想确有一部分是在这一时期的历史观念中奠定的），后来却产生了那些把它们提出来以与启蒙时代的史学相争衡的反动学派所未预料到的萌芽。这种历史的有规律发展的思想，后来在许多情况下被用来对抗静止和因循的思想，对抗历史进程的缓慢性、渐进性的思想，因而它具有进步的意义。

在唯理论哲学代表人物的观念中，历史发展的途径是个自觉的过程，反之，反动的思想家们却强调这一过程的不自觉性、自发性。这些人认为，在历史中起作用的力量，是那些不取决于人的理性、人的意志的力量，这是一种无意识的力量。只有无意识地创造的东西才是坚不可摧的，而人的自觉活动所创造的东西则是昙花一现的并将迅速地毁灭。十八世纪末至十九世纪初反动思想家所特有的那种人的理性不能领悟历史的奥妙的神学思想，便与此有关。照他们看来，个人就不应追求最高的明哲，不应追求历史事件途径的预定；他就应该心甘情愿地去接受必然的命运，必然同时便是明哲，便是善德，因为必然是上天的意

第二十讲 尤斯图斯·麦捷尔及西欧史学史中反动浪漫主义流派的产生

志。

实质上,这意味着关于天命的神学旧观点的复活:天命引导人类奔向人所不理解的目的,在天命的作用面前,人应该乖乖地服从。

如果启蒙时代思想家们想将历史视作有益于变革的教训的话,那么,他们的反对派则认为,历史应指明人的谦虚的教训,指明人力有限的教训,指明人在历史中不能超越的、一旦确定便永不改动的那些狭窄界限。同传统作斗争,在他们的眼里便是同历史规律作斗争,甚至视为与上帝作斗争。

于是,大多数反动学派的历史学家都失去了对世界史研究的兴趣。只有国家史才被视为值得研究的科目,而其中主要的兴趣又恰好是在中世纪史上,而启蒙时代的历史学家对中世纪是持否定态度的。在反动学派的代表人物那里,中世纪史从被讥讽或尖锐批判的对象变成了理想化的客体。他们将中世纪视为一切幸福的源泉,是"人类的黄金世纪"。从历史角度去看,返回中世纪是他们的宿愿。

因此,十八世纪末和十九世纪初的一些反动保守政府,尤其是在德国,开始对历史研究给予庇护,企图利用历史为反动势力服务,把历史和作为非历史的革命学说相对抗。给历史提出了一个官方目的:证明变革则一事无成,不应去仿效外国人,尤其不能仿效法国人。每一单独民族的有机发展的思想被用来证明,产生于其他民族的某种思想或制度对它不能有好的影响。所有这一切,使得首先研究本国历史成为每个实践家、政治家特别是法学家的必修课。比起启蒙时代史学来,史学中的这一新流派也有某些长处。它同先前的关于社会是个体之总和的机械论观念,同关于为迎合纯理论而按照任何一个合理计划便可以机械地改变这一社会的思想发生了决裂。唯理论者历史学家的特点,是承认创立新的政治制度的明智立法者的特殊作用,或承认虚构了宗教又从历史中消除了的祭司思想。个人被放在历史的环境中。这一派的历史学家很注意于研究历史的制约性和规律性,他们将复杂而又经常矛盾的历史的有机发展的概念引入历史科学。⑬

—— 345

但是，由于他们政治观的反动以及他们对进步和革命的盲目仇视，反动思想的代表人物利用了这些本来是有益的思想来为革命变革的不可能制造依据，用以宣扬历史进程的停滞和注定论。他们在这个基础上所提出的历史进程的神学和目的论观念完全歪曲了历史，特别是歪曲了中世纪史和民族概念。这派历史家们所理解的民族，不是特定的历史发展的产物，而是自古已有的东西，因而是固定不变的。他们视此为某种神秘的"人民精神"的显现，而"人民精神"又是历史的真正创造者，历史的发展便是在它的影响下完成的，这一发展是在纯思想的范围内进行的，与人类的实际利益和斗争无关。譬如，他们企图用盎格鲁-撒克逊或日耳曼的"人民精神"的特点去解释中世纪英国或德国政治制度的特点，而不是用这两个国家的实际历史去解释。

反动时期的历史学家按照自己的政治理想，将这种"人民精神"描绘成静止与保守的支柱。这对于政治上极端分散又缺乏文化和历史的统一的德国来说。尤其可以引为特征。这里其实有的只是语言的统一。所以，语言也就被认作"人民精神"的主要表现。反动的德国历史学家们认为，如同语言似乎靠某种它自身固有的内在力量而无需任何外部影响便发展了一样，国家与法也是靠某种内部过程产生和发展的。这里，任何斗争的因素都早被排除在外，一切归结为有机的和平发展。

以上所评述的十八世纪末至十九世纪初反动史学的理论，其初期与其说由历史学家（在历史学家那里我们只见到历史的个别成分）所发展，不如说由政治家们所发展的。所以，不熟悉这一时代的反动政治思想家，就无法完整地理解当时反动史学的性质。因此，我们不得不去研究法国革命时代及十九世纪初的政论作品。

（白玉译　胡敦伟校）

注　释

①尤·麦捷尔生于奥斯纳布律克并在那里度过终生。从职业上说，他是一名

第二十讲　尤斯图斯·麦捷尔及西欧史学史中反动浪漫主义流派的产生

律师,曾在这个偏僻的德意志公国里担任管理部门的领导职位,是一位著名政论家和历史学家。(编者注)

②多普施(A. Dopsch):《欧洲文化发展的基础》,第一卷,维也纳,1923年,第8—14页。

③见注释⑨

④见麦捷尔(J. Moser):《奥斯纳布律克史》,《麦捷尔全集》,第6—8卷,柏林,1842年。

⑤麦捷尔:《爱国主义畅想曲》,《麦捷尔全集》,第1—4卷,柏林,1842年。

⑥以此为根据,麦捷尔认为可以从他那个时代的土地制度出发,去评论古日耳曼人的土地使用关系。(编者注)

⑦多普施认为,这种凯撒时代的"国家社会主义"("Staatsozialismus")是苏维汇人长期进行的战争之需要而引起的临时措施。见多普施,前揭书,第63—64页。(编者注)

⑧《麦捷尔全集》,第6卷,柏林,1843年,第11页。

⑨麦捷尔对日耳曼马克公社起源与性质的见解后来遭到卡尔·马克思的致命性批判。马克思在致恩格斯的一封信(1868)中评论他如下:"威斯特伐利亚的容克们(麦捷尔等人)的愚蠢见解认为,德意志人都是各自单独定居的,只是后来才形成了乡村、区等等……"(《马克思恩格斯全集》,中译本,第32卷,第43页)。(编者注)

⑩麦捷尔提出的关于村社起源的构想,在十九和二十世纪的德国反动史学中有很大影响。它对艾希霍恩,对稍后的十九世纪末之胡特曼和维蒂希,以及更晚的、业已提到过的多普施都发生过影响。此外,这种构想完全不符合历史事实,因为麦捷尔没有看到古代日耳曼人的氏族公社与早期中世纪邻人的村社之间的任何差别,在村社内部,土地私有制已发展起来。十九世纪五十年代初,进步的俄国中世纪学学者格拉诺夫斯基已对麦捷尔的这种反历史主义以及对史料的任意解释作了尖锐批判(《格拉诺夫斯基选集》,第1卷,莫斯科,1886年,第129、134页)。(编者注)

⑪麦捷尔从查理大帝统治的末期起,所讲的越来越变成了地方史,所以对于中世纪学一般发展史而言意义不大。(编者注)

⑫正如前已指出的,尽管他表面极其认真,麦捷尔却常常对史料作有偏见的、不正确的解释,而不顾史料明显的含义。(编者注)

⑬列宁在《又一次消灭社会主义》一文中强调指出,十九世纪初的反动历史学家(以及哲学家和经济学家)对马克思主义产生之前那个时期的欧洲社会科学的向前发展作出了一定的贡献。用列宁的话说:"在反动分子(历史学家和哲学家)的学说中包含有关于政治事件更替的规律性和阶级斗争的深刻思想,这一点马克思总是明确地毫不含糊地指出的。"(见《列宁全集》,中译本,第20卷,第197页)。

接着，列宁在指出包括历史学在内的社会科学在马克思主义产生之前发展的主要阶段时又写道："由于古典经济学家发现了价值规律和社会划分为阶级这一基本现象，创立了这门科学，由于十八世纪的启蒙运动者同前者一起用反封建反僧侣主义的斗争进一步丰富了这门科学，由于十九世纪初那些抱有反动观点的历史学家和哲学家们进一步阐明了阶级斗争的问题，发展了辩证法，并把它用于或开始用于社会生活，从而把这门科学推向前进，所以说，在这方面获得许多巨大成就的马克思主义是欧洲整个历史科学、经济科学和哲学科学的最高发展"（见《列宁全集》，中译本，第20卷，第198页）。（编者注）

第二十一讲　十八世纪末至十九世纪初西欧各国的反动政论作品

我们开始讲十八世纪末反动政论的作品时,必须指出,反动观点表现得最鲜明的倒不是在封建阶级代表人物的作品里,而是在一个出身于英国资产者社会的人物的作品中,这就是爱德蒙·柏克①写的《法国革命的回顾》。②这篇讲演(一七九〇)是反动政论作品的基础,它给以后的史学带来相当大的影响。他的这部书马上被译成欧洲的许多种文字,在一年间就重印了四次。

爱德蒙·柏克(一七三〇——一七九七)是当时英国优秀的修辞家和最有吸引力的杰出演说家之一。当他作为辉格党人演说的时候,总是以政治自由之捍卫者、英国宪法的保护者、政治风尚纯洁性的维护者的外衣伪装起来。但是,这种貌似的自由主义只是掩盖他的观点的反动内容。柏克作为辉格党的一员,首先表达的是这个党所代表的那些社会集团即大地产的利益。诚然,这已不是封建型大地产,而是资产阶级型的大地产了。此外,辉格党也是大商业资本和银行资本的政党。但是,这些资产阶级集团已远不是启蒙时代的活动家所曾表达其思想的那种思想比较进步,有时甚至有些革命情绪的那种工业资产阶级了。辉格党人不必像同一时代的法国资产阶级那样去夺取政权,去为政权而冲锋陷阵,因为他们业已享有充分的权力。英国的工业资本和银行资本在国会的地位仅次于大地产的代表,并且他们还能在其他方面大捞其好处。他们能从掠夺殖民地、滥发国债及飞速发展的英国商业中得到巨大的收益。身为辉格党中流砥柱的所有社会集团,其兴致不在争夺政治权利(这里,他们与资产阶级化了的大地产作了巧妙的妥协),

—— 349

而在于防范这些权利归于英国当时正兴起的民主运动。

这时的英国正经历着工业革命时期,这一革命在十八世纪末对国家的整个社会制度发生了重大影响。由于这一革命,国内迅速形成了工业资产阶级,从这一阶层中发出了受到广大小资产阶级诸阶层支持的国会改革的要求。与此同时,无产阶级也在形成,法国所发生的革命事件,无疑应促进其政治觉悟的增长。法国革命,在英国工业资产阶级中及靠近它的部分知识分子中,在小资产阶级及正在形成中的无产阶级中引起了激烈的反响。当时在英国许多地区产生的通讯社团,在宣传法国革命的思想,它们开始使统治阶级惊恐不安,其中也包括辉格党。

这就是对法国革命在思想上的抵抗之所以在资产阶级英国形成得甚至比在欧洲其他更落后国家的封建集团里还要早的原因,而辉格党政论家柏克便是攻击革命思想的首批代言人之一。

柏克在英国还算不上是反动分子,即他不是托利党人,也不属于乔治三世为了自己奢欲而依靠的无限君权的那种拥护者之列。柏克的观点具有一定的广度,比如,他替美洲殖民地讲话,反对将它们变为英国的简单的经济附属品,反对英国政府企图压制它们的政治独立。他这时的出发点是为了英国自身的利益,应尽可能给予殖民地有更多的自治权。

柏克还反对乔治三世的独裁僭望,反对他的"国王之友内阁"来维护国会的利益,即最终保卫他所代表的那个社会集团的政治统治。

但是,以自由主义作掩护并捍卫国会的权利的柏克,归根到底维护的只是英国统治阶级内部一定社会集团的权益。他的政治观点,基本上无疑具有反民主的性质并旨在加强辉格党的地主寡头政治和听命于它的国会的势力。与启蒙时代那些自称"哲学家"的作家们相反,柏克不承认任何共同的思想和原则,他将它们鄙称为形而上学。他干脆不侈谈什么最佳的统治形式,他认定任何宪法自身并无好坏可言,是环境使得某一民政制度或政治制度对人类有益还是有害。柏克坚决否定社

第二十一讲 十八世纪末至十九世纪初西欧各国的反动政论作品

会契约思想,而这一思想正是启蒙时代哲学思想和历史思想的基本政治思想,他认为凡社会中存在的那些联系,完全是由另一渠道所建立的:婚姻、家庭关系及民族属性。他认为,这些关系要比什么契约都要稳固得多,因为它们是经过上帝神圣化了的,而社会契约却没有这种神圣化。

不过,若把社会上这些关系都加以神化,那么又该如何去区别社会中值得保留和发展的事物和应与之斗争的事物呢? 要知道,甚至在柏克所赞许的英国宪法中,他也指出过若干缺陷,其中如腐蚀十八世纪英国政治制度的贪污行贿现象。

为了解决什么是上帝安排的,什么是属于人的劣迹的问题,柏克呼吁总结经验。照他看来,凡是有益于社会的东西都是上天安排的,而源自"魔鬼"的东西则是有害的。区分正确和值得进一步巩固和发展的东西,有一定的原则。柏克所提出的这些原则,与启蒙思想家所提出的理性准则迥然不同。柏克认为,确定某一社会法令的优缺点的一个基本原则是时效(prescription)。时效在对任何财产的一切占有权中是最可靠者,它又是任何一个以保护财产为目的的国家之基础。于是,某一制度存在的年限便成为它政治上适宜性的保证,因为年限是对它的历史验证。甚至宗教也是以时效为基础的。柏克认为欧洲一切宗教,都是以时效为基础的宗教。但是,除时效之外,柏克又提出另一个评价社会政治制度的准则,即他所称的推定(presumption)。尤·维彼尔在阐述柏克的理论时,认为可以用"偏见"一词来翻译这一术语③,但这不甚准确。给他下这样一种法律定义则更正确些:这是没有充分证据的情况下来认定事实的原则,也就是相信某些事实及其社会上过去已形成那种评价。这种推定总是对现存制度有利,所以,这种有利于现存制度的时效和推定,便是柏克沿用来试图确定什么应成为人类社会生活之永恒基础的原则。

柏克和启蒙时期世界观的个体化倾向相反,他指出,民族不是独立单位的集合体,但它具有以团体而存在的性质。宪法并非某一契约所

—— 351

制定的,而是许多世纪来几代合作的产物。这里,起决定性作用的不是个别立法者的创建性意志,而是长期来积极活动的无数的社会力量。某个国家的宪法,这是一身合体的衣装。

柏克和启蒙时代世界观的个人主义相反,他还强调指出,个人本身是微不足道的,个人是愚蠢的,一群人也会误入迷途,但整个人类(species)却是聪慧的,只要给予它时间,它的行动几乎永远是正确的。与启蒙时代的批判精神相反,我们发现柏克崇信先人的自然的智慧。他想以此为现存制度的不可破坏性提出依据。凡为传统所推崇的东西,凡源于远古及推定权威为依据的东西,便被历史证明是正确的[④]。在这一传统中的最高地位很自然地也就归于宗教了。照柏克的意见,宗教是社会的基础。柏克认为,英吉利这个民族最富有社会组织的这一基本原则的意识。他认为,英国人都内心感受到,宗教是国民社会的基础和一切财富与舒适的源泉,他认为,宗教的基础受到议论,这是十八世纪的耻辱。法律应铲除无神论。信仰应以禁止各种自由辩论宗教问题来得到稳定。

柏克的基本政治思想便是如此。他也正是从这一观点来研究英国宪法的。尽管这部宪法有个别值得修正的小缺陷,但它对于柏克说来是理想的。这不是一些临时脚手架,而是一幢匀称的,成比例而又牢固的复杂大厦,这一大厦是历代修筑起来的。它应由贵族来管理,其权力是以时效为依据的。柏克认为,贵族是经多少代的选择而形成的。国家天经地义地应由那些具有最大社会力量、受过教育、具有荣誉感的人来管理,他认为,这些条件正是贵族首先所素有的。尽管他也顺便说到什么贵族的执政不应演变为关门主义的寡头政治,但他对于贵族的监督只理解为"社会意见"的监督,执政的贵族应对此予以听从。柏克允许政党存在,但依然只是贵族的政党,即辉格党与托利党式的政党。柏克是英国宪法任何民主化的凶恶敌人。甚至当时说来是一堆荒谬的旧时残余的英国选举法,在他看来仍不够贵族化。他不仅反对扩大选民数目,还认为这个数目更宜缩减。一切要缩短国会任期的尝试均引起

第二十一讲　十八世纪末至十九世纪初西欧各国的反动政论作品

他的抗议。他认为,将国会任期缩短到三年,是对宪法的谋杀。

法国革命使柏克感到胆战心惊。他的《法国革命的回顾》一文仿佛是一份反动宣言。重要的是,此文出笼于一七九〇年,那时革命尚远未向纵深发展,可以说,还在它庆祝自己的和平胜利之时。这份抗议书反对的不是革命的过火,而是反对革命原则本身,反对它的思想体系。

柏克最后的一部著作是以《关于同弑君者摄政政府缔和前途的思虑》为名而汇集起来的一些寄给各派政治活动家的信件⑤(一七九六)。这些信件的出现,是由于威廉·庇特打算与法国缔和而引起的。柏克生命的最后几年,都用来同法国革命的原则作斗争,他将法国革命视为巨大的、可怕的、形踪无定的幽灵,令人生厌的幻影。在法国革命面前,他感到恐惧,犹如面临什么超自然的东西。他在自己的《缔和前途的思虑》中对革命的攻击最为猛烈。这部著作好像布满了疯狂的涎沫,充满了无穷的仇恨。柏克将革命领袖视为招摇撞骗者和僭位者,视为疯子。用他的话来说,革命是与道德的天性完全相矛盾的,它是在背叛、欺骗、行诈、伪善和谋杀中产生的;雅各宾主义是具体化了的无神论,将恶魔奉为尊神,而这些恶魔的深重的罪孽是人类前所未有的。甚至热月政变也未能使柏克与革命和解。在罗伯斯庇尔死后,他还说,他愿意看到一个被处死的歹徒比让他活着好。

为什么这位求实的政治家(尽管从他对美国革命的看法便可以说明他的头脑还是清醒的),现在却昏了头脑? 为什么他要发了这么一阵子盲目的、疯狂的、全身发抖的火气呢? 这是因为他看到法国革命对贵族统治的威胁,而他正是贵族统治的思想家和维护者。法国革命号召民主制,不只是法国的民主制,也是号召其他国家的民主制,这便是引起他发狂的原因。在英国发出的对法国革命的反响,对他而言,是对英国宪法的威胁,亦即对他那个阶级之代表人物所享有的利益的威胁。这就使他宣布对法国革命的十字军远征,扮演了一个保守与停滞的卫士及一切新生事物的激进反对者的角色。

反动势力的一切支持者和维护者对于柏克的著作给予最大的礼

遇，这是完全可以理解的。乔治三世曾为之欢喜若狂，叶卡捷琳娜二世曾给他写信祝贺他《法国革命的回顾》的问世。对革命的仇恨模糊了柏克的视野，他根本不理解革命的真正原因，甚至也不想去理解。他拒不相信人民的灾难可以引起革命，他认为革命是民间所流传的邪说之结果。在通讯集《关于同弑君者摄政政府缔和前途的思虑》里他攻击无神论者，照他看来，他们便是法国革命的罪魁祸首。此外，他认为这是某种密谋。他认为，法国那些受古希腊罗马思想培养、受罗马共和国思想教育的政治家们以为具有共和制的国家比君主制国家更适于武装夺权，他们是从罗马共和国和罗马帝国的经验里得出了这种结论的，因此决定在法国建立共和国，是为了更成功地扩大法国的地产，为了夺取愈来愈多的新地区。⑥

在谈及法国时，柏克也未忘却英国。他对给予贫困劳动阶级以同情现象进行了极其凶恶的抨击，依他之见，这种同情近来在英国也开始蔓延。用他的话说，一个在英国出现的新术语"劳工贫困"（labouring poor），根本不是那么无害，它是愚蠢并且可怕的；这种话不可轻易地滥说。在无产阶级的壮大中，在无产者的灾难在英国社会某些集团里所引起的同情中，柏克似乎已觉察到辉格党贵族性质的英国宪法的实际危险。

柏克预言，新制度在法国存在得愈久，它对邻国所造成的危险便愈大。柏克认为反革命力量不可能在法国自身的内部产生，他号召对革命的法国进行武装干涉，他是坚决支持英国参加这场战争的人。

柏克总的反动思想体系便是如此。现在，让我们再回到他的《法国革命的回顾》一书上来并对它作一些稍详细的探讨。

在这部书中，柏克自称为自由的拥护者。他声称，他热爱勇敢的、有道德的、有秩序的制度，起码他爱自由不会比革命"团体"中的绅士们逊色，但是，他关心这一自由在法国会酿成什么样的结果，它是否能与稳定的管理、与军队的服从、与正当的税收、与宗教及道德、与尊重私有财产、与和平及秩序共存。柏克意识到，革命不仅对法国，就是对整个欧

第二十一讲　十八世纪末至十九世纪初西欧各国的反动政论作品

洲都是一场危机。这是整个历史上最令人吃惊的现象,是轻率与狂暴的令人惊奇的混乱,是罪行与愚昧的结合物,是一场骇人听闻的悲剧。它引起蔑视与愤懑、哭与笑、厌恶与恐惧。

　　与对待法国革命的态度相反,柏克赞赏英国革命。这未免会给人突然之感,但是,这里有个问题,即他所指的是什么样的英国革命。原来,他是指的一六八八年革命,即第二次"不流血"革命,而一六四〇年至一六六〇年的真正革命,他甚至都不给以革命的称号,而称之为"反叛"(rebellion)。柏克之所以颂扬一六八八年革命,是因为它的忠顺、王朝正统主义和保留了君主政体中传统性及继承性。照他看来,英国人民将其古老的宪法视为无价之宝,而一六八八年革命也正是为了保护这一古老的、以时效为基础的宪法而发生的。依柏克之见,一六八八年革命是一场保护了父辈遗产的保卫性革命。它符合"自由大宪章",符合英国人民的一切其他宪章,而这些宪章应保护英国人民的自由免受一切侵犯,应恢复已经被破坏的原有秩序,恢复英国人民最神圣的权利与自由,而这些权利与自由是它继承来的财产。用柏克的话来说便是:"根据英国宪法,英国人民的全部自由均被视作继承来的财产,它是我们的先人传留给我们的并应再留传给我们的后代;被视作属于这个王国之人民的一笔财产而不论另外更普遍、更古老的法律。"⑦

　　这就是柏克所领悟的那种与法国革命相对立的革命。他认为,英国宪法完全符合自然的秩序,它像人类一样,不断地自然地更新完善。

　　法国也应以面向自己古老的自由的办法得到更新,那时,它就会得到各种各样精神财富和物质财富,但是它却沿着灾难与罪过的道路滑了下去,起而反对最温和、最守法的君主,结果堕入了灾难的深渊。难道这是必要的吗? 柏克认为,毫无必要,因为法国已享受着和平与安宁。

　　那些轻率的、无经验的政客,剥夺了地主贵族的权力,将法国卷入了罪恶与不幸的深渊。为了证明这一点,柏克对国民公会的成分进行了分析。正如柏克所承认的那样,是第三等级的领袖在国民公会中起

—— 355

决定性作用,他们往往是些有天赋而无政治经验的人,是纯粹的理论家。他们之中的大多数,是外省的无名气的律师,是些没有财富、没有影响,不受尊重从而也不自尊的人。他们为自己突如其来的威严所陶醉。这是些吹毛求疵的小人,他们本来就渴求混乱,以便浑水摸鱼。他们制定了能造成私有财产转移并为一切争议和诉讼程序提供口实的宪法,因为这些卑微的外省律师的存在本身便决定了使私有财产变为疑义和得不到保障。第三等级的其他代表,则是些鼠目寸光的商人、医生、无经验的政客,他们对此也无能为力。

但是,据柏克看来,国民公会的主要不幸在于,国家的基础即地产在国民公会中的根基很浅,而在当时英国国会中地产则是代表的基础。国民公会中教士的代表主要是一些乡村神父,那是些没有远见、仇视财富的穷汉:只有引起一场普遍的殴斗,他们才有希望得到一部分财富。所以,他们不仅不与第三等级对立,相反,倒成了他们的帮凶。

柏克对法国革命所提出的平等思想进行抨击。依他之见,这种思想颠倒了事物的天然顺序。他感叹道:"对于一个国家来说是可悲的,它不合情理而粗暴地排斥了上帝所恩赐给它,并为了在民政、军事、宗教事务上替它效力的天才与有美德的人;但是,对于那种步入了另一个极端,认为政权只应归属于那些才疏识浅、目光狭窄、靠薪金过活的下等人的国家来说,也是可悲的"。⑧柏克认为,正确的代表应是既反映天才,又反映财产,但是,在天才面前应偏重财产,因为天才是积极的、易变的,而财产是消极的、畏葸的。因此,为了天才不至于取代财产,财产应在代表中占主要地位。

不平等是一切私有制的典型特征,它是由获取财产并必须加以保护的原则产生的。对于社会而言,将财产保存在某些家族手中是很重要的。上议院便建于这一原则的基础之上,但是,地产也是下议院的基础。

在回到不平等的思想之后,柏克斥责那些主张两千四百万法国人应压倒二十万法国贵族的人,因为照他看来,王国的宪法并非一道算术

第二十一讲 十八世纪末至十九世纪初西欧各国的反动政论作品

题。多数人的意志与其真正的利益往往是不一致的。因为法国的所有制已被破坏了,它已不能支配国家;于是柏克从法国又转回英国,竭力使自己和大家都要相信英国制度是牢不可破的。

从柏克的论述中见到,法国所发生的地震,也波及了英国,所以柏克在谈及法国革命的同时,总是不时地又谈到了英国。他描绘了如果英国仿效法国它将面临的一切可怕的祸患。柏克认为,英国宪法及其建立在不平等基础上的不平等的代表机构,是最完善的,他说,根本不必要去同那些既不承认经验,又不承认时效和妥协的"人权"保卫者进行争论。

诚然,柏克承认一个人应有某些权利。这便是对自己劳动的成果,对父母遗产的权利。凡是不破坏他人权利的事,人皆可去做。但是,在人的群落里,不是所有的人均应享有同样的权利。此外,他主张,关于国家制度及其改革和变革的科学,也如同任何一门实验科学一样,是不可能先验地(a priori)建成的,如启蒙时代的哲学家所主张的那样。它必须经过长久的试验,并且,因果关系并不是一成不变的,有的看起来是很坏的东西,后来由于长久的试验,却产生了好的结果。总的说来,试验要超过人类的生活,这里所需要的是长久的历史的检验。相反,因为人的天性是错综复杂的,社会的客体就千头万绪,于是,理论从形而上学去看可能是可信的,但从道德和政治上去看便是虚假的。

柏克十分悲悼法国国王特别是王后的命运,这引起了一些同时代人的讥笑,他们认为在整个抨击性小册子中最无力之处,就是他在这方面而写出来的声泪俱下的箴言。

柏克认为法国应从恢复古老的法兰西权利与自由中去寻求解脱一切灾难的途径,他为此回顾了法国历史。在古法兰西,他见到了以骑士的高尚精神为基础的真正自由,这种精神曾缓和君主政权的专横。而现今在法国居统治地位的新思想,则距这一高尚精神甚远。柏克认为,这是"野蛮的、机械的哲学",它没有爱,没有荣誉,没有虔诚,没有这些也便不可能有真正的合乎正规的制度。他写道:"我们的风尚、文明,一

—— 357

切与欧洲世界的风尚和文明有关的精神财富,是若干世纪以来在两个原则的基础上形成的,并且是它们组合的结果,这一点不应受到怀疑。我指的是贵族出身的精神(确切些说,是绅士精神)和宗教的精神。"⑨柏克又补充说:"甚至于手工业、商业、工场手工业——它们是我们政治经济学家的上帝——就是这种原则的产物。"⑩

因此,柏克认为革命最可怕的东西是革命在情感、风尚和道德准则中所进行的变革。他就以威胁那些同情法国革命的人,来结束他的抨击性著作。

柏克的著作发表后,直接蒙受这一革命损失的封建贵族的代表人物首先起来响应。在他们当中,首先应当指出的是路易·博那尔侯爵(一七五三——八四〇)。此人为当时法国反动分子当中最野蛮、最腐朽者之一。一七九一年他流亡国外并在干涉者的行列中为反对革命而战。在拿破仑帝国时期,他回归法国;一八一五年,在复辟之后,他当选为议员并在议会里领导一个极端的天主教的教皇权力无限论党派。在一八三〇年革命期间,他拒绝向新国王路易·腓力普宣誓效忠,而被剥夺了代表权,晚年他在自己祖传的城堡里孤独地度过了残生。在流亡期间,他于一七九六年在康士坦茨发表了他题为《靠推理与历史所证明的国民社会中政权与教权的理论》的论文。⑪

路易·博那尔是被革命所摧毁的法国封建贵族阶级的典型思想家。他在其论文里抨击法国革命和启蒙的哲学所提出的个性原则。他攻击社会契约理论。他认为,国家不是由于独立的个人自由意志的表示而产生的协议之结果,而是不以人的意志为转移的自然之创造。具有这种必然性的社会结构,如同人的生理构造一样,也来源于大自然。因此,人只为社会而存在并且应在一切事物中服从于社会。

博那尔认为,一切社会的首要法则为国家的宗教,其次为国家权力的统一,再次为等级的差别。⑫但是,照博那尔看来,眼下这些基本的自然法则已经由于理性的干预、传统的毁灭、信仰问题的自由化而失去了光彩。博那尔长期从往史中寻求政治的原因,他发现这种堕落的根由

第二十一讲 十八世纪末至十九世纪初西欧各国的反动政论作品

不仅在于法国启蒙时代的思想和十七世纪社会契约的思想,他还追溯到早一些的宗教改革的思想,甚至宗教改革的先驱者威克利夫和胡斯的思想以及十三至十四世纪圣芳济派修士的思想。博那尔作为天主教会所斥责的天主教中的极右派即所谓传统主义的代表,他否定理性在信仰问题中的任何作用。他的政治观也同样地反动。

博那尔在论文中申明,他认为埃及的法老国家也比英国宪法要好,他将后者视为对国家统一的破坏。照他看来,英国人是最落后的民族,因此他们的国家结构最差。柏克对于法国的种种指责,博那尔均移用到英国头上。柏克发现,启蒙思想的传染病是从法国发源的并指出了伏尔泰、爱尔维修等人的名字,而当时英国的学术界尚未达到这一传染病的程度。依博那尔之见则恰恰相反,哲学的瘟疫是从十七世纪的英国政治思想家那里发源的。他本人完全否认哲学作为建立一个纯理性体系尝试的任何可能性。此外,他号召根除任何哲学,在这事情上,他特别寄希望于耶稣会士,他将此辈视作为真正的信仰而战的斗士。依博那尔之见,信仰应取代哲学。

萨伏依州的伯爵受耶稣会士教育的约瑟·德·梅斯特(一七五四——一八二一),是博那尔的挚友和同道者。青年时代他曾就学于都灵大学,曾受过启蒙的思想(其中包括卢梭)的某些影响,但是革命使他失去了财产并不得不流亡,故而革命引起了他观点上的大变动。

在流亡中,被剥夺了财产而满腔愤恨的约瑟·德·梅斯特浪迹欧洲。他曾到过洛桑、威尼斯、萨丁岛,最后来到流亡的乐土彼得堡,身份是已不存在的萨丁国王的使者。从一八〇二年至一八一七年,他的主要生涯在彼德堡度过。在这里,他为耶稣会士而奔走呼号,向内阁提供反动建议,特别是与国民教育有关的问题。他一生的最后几年是在都灵度过的。约瑟·德·梅斯特是文学上的多产型人物,在流亡期间他发表了大量著作,在这些作品中明显地陈述了他的反动观点。

约瑟·德·梅斯特的第一部矛头指向革命的作品,书名几乎与柏克的雷同。柏克称自己的作品为《法国革命的回顾》,而约瑟·德·梅

—— 359

斯特的则称为《法国的联想》[13]。此文与博那尔的那篇论文一样,也于一七九六年炮制出笼。

按照从宗教观点出发的约瑟·德·梅斯特的意见,法国革命是恶魔的兴风作浪,但在这场革命中也反映了"上帝的安排",它惩罚人类破坏了用来拯救人类的天主教会的统一。要摆脱革命所造成的现状,就应恢复宗教以及与宗教相适应的政治结构。

对于约瑟·德·梅斯特而言,他对人的本性持性恶论、悲观主义观点,此为其一大特点。如果卢梭说过人是生而自由的,那么梅斯特则认为这一思想是大错特错了。他认为,按照自然法则,什么社会里都应有奴隶,奴隶组成了社会赖以构成的基础。梅斯特强调,尽管基督教似乎反对奴役,但它却不是全盘否定,而只是减轻与缓和。从这一观点出发,他得出结论,即本性恶的人之社会,只能用暴力手段来管制,即通过恐怖与严酷的惩罚。在这个社会中,教会和国家的最高权威应永远是不可侵犯的、不容置疑的。

约瑟·德·梅斯特在自己的复辟倒退的思想体系中突出教皇的绝对正确和君主的绝对专制,而且他认为,这两个原则均以神秘主义原则为基础,把它们视为"上帝权力"的分出。君主之权是"神权"所授。所以,从梅斯特的观点来看,社会契约思想非但不可信,而且是渎神的。社会的真正基础,是个人和各个集团与国家的有机联系,国家不依赖于他们,代表国家的只能是君主。臣民对于君主的义务,不是由法律和契约所确定的,而是由宗教来决定,它们是人们在宗教上和道义上所承担的义务,君权是绝对的,而且,教皇的权力也是绝对的,教皇应位于一切君主之上。甚至法国国王们(在建立起高卢教派期间)限制教皇权力的尝试也激起了他的愤怒。

从梅斯特身上,似乎见不到博那尔身上的那种极端性,后者否认一切理性而只承认教会所给予的那种知识的存在。梅斯特说,信仰、哲学和有用的科学这三个原则的最高综合是必不可少的。不过,他又认为,信仰应居首位、决定性地位,而有用的科学应居末位、从属地位,那么,

第二十一讲　十八世纪末至十九世纪初西欧各国的反动政论作品

他在本质上还是否认科学的任何积极作用的。

引为特征的是,梅斯特有一篇论文专门攻击弗兰西斯·培根的哲学⑭,指责培根想把自然科学作为一切知识的基础。梅斯特将培根的哲学视为欧洲社会所面临的一切灾难的真正根源。

在以虚构的同各种人谈话形式写成的《圣彼得堡的傍晚》⑮(一八二一)这部最明显道出自己的反动总观点的作品中,梅斯特还反对任何科学的批判精神、分析精神。他甚至攻击印刷术竟到了如此蒙昧主义程度,而启蒙时代哲学家们则视印刷术为知识与理性进步的最重要标志之一。梅斯特也不赞许化学的发展,他认为那种关于水是元素的复杂化合物的思想是渎神的。那种诸如气球或氧气等新词也引起他的厌烦。他的理想是中世纪,他绘制了一幅理想化了的中世纪图画,那时,教皇法庭决定一切与信仰和知识有关的事务,依他之见,这样便保护住文化,他相信总有一天主教会解决与文化和知识有关的一切问题。

如尤斯图斯·麦捷尔一样,梅斯特也仇视"一般的人"这个概念。用他的话来说,他从未见过一般的人,却总是仅仅见到各种人。他见过德国人、意大利人、俄罗斯人,至于"一般的人"却从未见过。这是启蒙的哲学的渎神臆造。照梅斯特看来,人民参加管理事务系虚幻的怪影。任何成文的宪法都是无用的纸片而已。那上面没有涂油礼的神秘印章,没有那渺茫而非理性的渊源所赋予诸制度的力量。这里,他同柏克一样,申明了一个观点,即:各种制度的牢固性是以遥远的过去、非理性的原则和推理为基础的。风尚、习俗、偏见,这些不以人的意志和意识为转移地统治着人的东西,也有这种渺茫的、非理性的渊源。

成文宪法是永无生气的,全部实质在于"人民的精神"。国家是一个有生命的有机体,它靠着起源于遥远的过去的力量和属性而生存。梅斯特认为,国家恰恰是在君主政体中得到它最高的表现。君主政体就是爱国主义情感的有形可见的形式。君主政体是祖国体现于一人,他就是祖国思想的神圣的代表。因此,梅斯特反对对君主制的任何限

—— 361

制，不管这种限制是有利于民主势力还是有利于贵族。等级的划分根本不是各等级政治独立的依据。等级不过是君主制的器官。最高的等级(贵族)是君主意志的主要执行者。贵族是保卫国家原则的天然卫士。为了建立坚强的君主政体，为了镇压革命运动，最好的手段便是严刑拷打、死刑。这便是梅斯特何以毫无拘束地撰写他著名的《刽子手辩》的原因。这个最反动分子的情况便是如此。

著名法国作家夏多布里昂子爵(一七六八——一八四八)也属于像博那尔和梅斯特这样一伙。他的反动思想不仅表现在文学作品里，在政论作品中也不乏见。

一七九七年，当他流亡英国时期，出版了《关于古今革命的政治、历史及道德的经验》⑯一书。这是一部他统称为革命的从古希腊到当今的一切政变的总评论，这部书具有十分紊乱混杂的性质。

对于十九世纪初反动史学的发展史而言，他的另一部作品《基督教的天才或基督教之美》⑰则显得重要得多。

在这部一八〇二年问世的八卷本的半小说文学性质的作品中，夏多布里昂想证明，人类之幸福在于信仰基督教之中，基督教是一切宗教当中最人道的，对于自由、艺术和科学是最有益处的，当代世界一切都依赖于基督教。他将中世纪(依他之见，那时是"基督教的天才"在统治)视为最高道德、最高诗学和最高艺术的源泉，视为社会结构和政治结构的理想。他说，没有比基督教道德更美好的道德，没有比基督教信条更诱人更进步的信条，没有比基督教仪式更庄严的宗教仪式。他仿佛是在庇护天才，在发展趣味和有益的欲望，在给思想以力量，在向作家传授优秀形式，向画家传授完美形象。马克思在致恩格斯的一封信中，对于身为作家和思想家的夏多布里昂作了无情的尖刻的评价。马克思在这封信中写道："我看过圣贝夫关于夏多布里昂的书，这个作家我一向是讨厌的。如果说这个人在法国这样有名，那只是因为他在各方面都是法国式虚荣的最典型的化身，这样虚荣不是穿着十八世纪轻佻的服装，而是换上了浪漫的外衣，用新创的辞藻来加以炫耀；虚伪的深奥,拜占庭式的夸张,感情的卖弄,色彩的变幻,文字的雕琢,矫揉造作,妄自尊大,总之,无论在形式上或在内容上,都是前所未有的谎言的大杂烩。"⑱

柏克、博那尔、约瑟·德·梅斯特以政论形式及夏多布里昂以诗的形式所表达的东西,则被伯尔尼大学国家法教授卡尔·路德维希·哈勒(一七六八——一八五四)以晦涩的形式表达出来。哈勒与麦捷尔一样,也出自于欧洲不开化的一隅,诚然,要比奥斯纳布律克的偏僻程度稍差些。他出生在瑞士,生于伯尔尼城,属于伯尔尼城市贵族阶层。应当指出,伯尔尼城市共和国此时是有趣地集各种封建的、陈腐形式之大成。管理具有贵族寡头性质的伯尔尼市,置整个伯尔尼州完全依附于它的地位。在城中占统治地位的城市贵族是个关门主义的富豪之家的集团,它对新人封锁了入门之路。只有这个集团的成员方可进入城市议会。农村完全被城市压制和剥削。城市贵族议会甚至禁止在农村里建立学校。该城和该州藉助于警方的恐怖来实行管理。为了一个微小的罪过也判处死刑。

但是,十八世纪末至十九世纪初,工业在瑞士到处迅速发展,资产阶级在成长壮大,产生了工业无产阶级。因此,甚至在伯尔尼也开始了反对城市寡头政治的运动。与此同时,启蒙的哲学开始从法国渗入这里。卢梭在瑞士进行的活动,促进了他的思想在瑞士资产阶级中间的传播,尽管伯尔尼及其他城、州的寡头政治企图通过严酷的书刊检查来阻碍这一传播。

卡尔·路德维希·哈勒在伯尔尼城市管理机构里曾居高官要职。一七九八年,当同革命的法国的战争开始时,伯尔尼所进行的抵抗最久。但是,这一战争的结果是瑞士原有的政治结构被消除并建立了海尔维希亚共和国。一七九八年哈勒被迫流亡。他逃往当时欧洲反动势力的顽固中心奥地利,并在维也纳度过了流亡岁月。一八〇六年,拿破仑恢复了伯尔尼州,哈勒也返回伯尔尼,他的朋友们在那里重掌大权。但他本人却已不再担任什么行政职务,而成为伯尔尼大学国家法的教授。

一八一五年复辟之后，在伯尔尼又恢复了原有的政治制度，哈勒重新在政府里取得了地位。但是，充满了崇拜中世纪的他，于一八二一年接受了天主教，因此他已不能占据行政职位，便在信奉新教的伯尔尼仍当了教授。他被迫侨居巴黎，在那里的外交部里供职，在巴黎文献学院任教授。七月革命后，他被解职又重返瑞士，在那里生活到暮年，继续写作并在自己的作品中陈述对欧洲整个近代历史的恨恨不已，他将发生在身旁的全部事件，均视为雅各宾党人和共济会会员的阴谋。

哈勒的主要著述是《国家学说的恢复，或与人为的公民社会的空想相对立的自然社会状态的理论》[19]。

这一著作之相当冗长晦涩的内容，与这一冗长晦涩的名称是完全符合的。从一八一六年至一八二五年共出版了六卷。

在这部著作里，哈勒也如史学史中的反动流派的一切代表人物一样，首先攻击他认为异端的社会契约思想。当他谈及卢梭关于人的原始平等学说时，就恨不能食其肉饮其血。此外，他还像启蒙的哲学代表人物一样，力求将自己的观点建立在自然法则的基础上。他向启蒙哲学的术语里注入完全不同的另一种内容。启蒙学者在谈及自然法则时，是将它与传统相对照的。哈勒则反其道而行之，将"自然状态"从传统中去掉。他主张，自然法则要求最强者占统治地位。统治与服从便是自然法则。这一法则反映在：丈夫总是统治妻子，老者统治年轻人，地主统治雇农，医生统治患者，教师统治学生，律师统治被辩护人。平等是与自然法则相矛盾的，它极不公正。当然，统治与服从的关系应由于义务和爱的法则而在某种程度上得到缓和，但这一缓和不是什么契约、什么政治制度的结果。对抗滥用职权的唯一保证是宗教和道德。当然滥用职权是可能的，但是，哈勒认为这种滥用职权要比臣民反叛上帝的安排好。[20]

国家权力不是由于人民的委托而存在，而是由于获取。它犹如取得任何私有财产一样可以被夺取、购买、交换，可以作为嫁妆。

第二十一讲　十八世纪末至十九世纪初西欧各国的反动政论作品

哈勒将君主制和共和制这两种管理形式区别开来。他将君主定义为典型的封建统治者。用他的话说："这是一个富有的、强有力的，因而是个自主的人。"他统治着别人，自己却不为任何人服务。如果处在这种地位的不是一个人，而是整个团体，那时便产生了共和制。照哈勒之见，共和国，这是个强大的、富裕的、独立自主的公社。他是参照伯尔尼的贵族共和国的模式来描绘共和制的统治形式的。

君主，是国内第一名公职人员，他的全权产生自他的自由和财产之原则。哈勒认为，君主的存在不是为了人民，而首先和主要的是为了他自己。

对国家权力的如此理解已证明，世袭的或世袭领地式的国家最符合哈勒的政治理想，他用《国家科学的恢复……理论》一著的第二卷专门描述了这种国家。在这种世袭的组织中，统治者支配着国家，恰如地主支配自己的世袭领地。君主的主权，这是他的个人自由与自主。她只服从于上帝和自然法则。官员们不过是他的奴仆。哈勒从纯封建含义去理解国籍这个字眼。臣民根本没有义务在战时去帮助君主，如果他们之间未经特殊的服役契约联系起来，也不必缴纳贡赋，如果他们自愿不承担这一义务。从这一点出发，哈勒反对爱国主义这个概念，它能将臣民们团结起来并在他们中间导致统一思想的产生，实际上臣民的统一只可由他们的领地主人的权力而产生。

哈勒反对义务兵役，因为照他看来，君主应自己出钱打仗。他还认为，如果有足够的财力和人力，每个人都有权进行战争。如果一个人是独立自主的而且又有自己的军队的话，那么他就是君主并可以去打仗。每个人都可以保卫自己的权利，如果他有相应的力量的话。从这一观点出发，哈勒将法律视作君主的个人意志表示。一切民法与刑法不过是君主的奴仆的工作细则。审判权不是最高当局的特权，它属于每个拥有足够势力的人。这是每个人都可提供的司法保护权。因此，哈勒允许自我审判和使用武力的权，如果当局不给予司法保护的话。他认为，甚至可以以私人的方式对君主进行自我防卫。他主张，如果在国内

—— 365

存在着可以使用武装保护的地方私人联盟,那是一件再好不过的事。[21]

尽管哈勒反对启蒙学者的个人主义,他本人最终却走向了更极端的个人主义,走向了完全分裂国家的思想,虽然与启蒙哲学家的立足点不一样。从哈勒的观点来看,不是每人都能在国家中享有自由与自主的权利,而只是拥有私产的有钱有势的,即强大而又自主的人,从封建含义上说,便是封建领主。

作为一个封建领主,国君本人可以自由支配收入和支出。财政,这是君主的私人产业,而非社会支配他的私有财产。君主为了臣民及其安全、福利以及教育而做的一切,这是他的恩赐,而绝不是他应尽的义务。总之,从哈勒的观点看,君主和国民的权利,这是个人的私有权利。国家的权利不过是强化了的个人权利。

这样,我们从哈勒身上见到了对封建关系赤裸裸的理想化,对复辟封建国家的渴望,对中世纪理想的宿愿。

于是,反动政论作品坚决地转向了中世纪:它的代表人物将中世纪视作他们心目中的健康的社会、政治和文化制度的源泉,而这一制度已被新思想弄得暗淡无光了。那种关于社会发展的道路不是偶然的,是与传统相联系,并源远流长而白璧无瑕的思想,就使得这些反动思想家转向中世纪,并对它予以特别的注意。

我们见到,十八世纪末至十九世纪初的反动政论作品竭力要驳倒启蒙的史学所提出的思想方针。反动思想体系,在发展社会自身内部进行的而非由外部强加的逐渐、有机发展的理论,赋予传统以重大意义的同时,还在极力为历史上没有任何发展、没有任何进步来提供依据。它以政治停滞的思想来与以启蒙时代史学家的观点为基础的进步、理想化思想相对立。它的代表人物不时地转向中世纪,在他们看来,那个时代存在过理想的社会形式,那时,还没有唯理论的恶瘤,唯理论竟敢攻击神圣不可侵犯的东西,因而后来就灾祸横生。在他们看来,革命本身是那些虚幻的、忽然笼罩了社会的异端思想的结果。[22]反动政论作品号召返回发展所来自的源头去,回到中世纪去,似乎那时候在信仰与理性之间没有矛盾可言。照它的代表人物看来,在十六世纪,甚至在十四世纪,欧洲社会的意识便开始受到理性与信仰之间的分歧所毒害,这种分歧最终导致了可怕的革命。在启蒙时代被极大地破坏了的宗教的意义,开始重新被提到首位。系于"人民精神"、关于每个民族所固有的:"不变的"、自原始以来的本性的神秘观念,成为这一反动的历史观的基础。

尽管由于这一时代反动政论家和政治思想家对于中世纪的特殊兴趣,而出现了关于这个时期历史的许多重要而有益的研究,但是,在这一派作者的历史著作中所描绘的中世纪景象,为了迎合他们自己的政治倾向,则常常以完全被歪曲了的形象出现。[23]

（白玉译　胡敦伟校）

注　释

① 爱德蒙·柏克为当时知名的政治活动家、哲学家和政论家。他多次被辉格党选入国会并积极参加十八世纪末英国的政治生活。（编者注）
② 柏克(E. Burke):《法国革命的回顾》,伦敦,1935年。
③ 见列·尤·维彼尔:《十八世纪及十九世纪的社会学说与历史理论》一书,第116页。
④ 柏克的这一观点与前面已研究过的尤·麦捷尔对传统的作用和时效权威的观点十分相近。（编者注）
⑤ 柏克:《关于同弑君者摄政政府缔和前途的思虑》,伦敦,1796年。
⑥ 看来,在对法国革命原因的这一极其幼稚的解释中,间接反映出英国商业、金融资产阶级的恐惧,他们已见到来自法国的(如果法国由于革命而强大的话)对他们在世界市场上统治地位的威胁。（编者注）
⑦ 见柏克:《法国革命的回顾》一书,第31页。
⑧ 柏克:《法国革命的回顾》,第48页。
⑨ 柏克:《法国革命的回顾》,第76页。
⑩ 同上。
⑪ 博那尔(L. Bonald):《靠推理与历史所证明的国民社会中政权与教权的理论》,第一至三卷,巴黎,1843年。
⑫ 这意味着,博那尔将革命前法国所存在的封建绝对君主制视为最规范的社

会、国家组织形式。他将这个国家的主要标志变为似乎在支配人类各种社会的共同法则。（编者注）

⑬梅斯特(J. Maistre):《法国的联想》,巴黎,1936年。

⑭见梅斯特:《检验培根的哲学》,巴黎,1836年。

⑮梅斯特:《圣彼得堡的傍晚》,第一至二卷,巴黎,1888年。

⑯夏多布里昂(F. Chateaubriand):《关于古今革命的政治、历史及道德的经验》,第一至二卷,伦敦,1814年。

⑰夏多布里昂:《基督教的天才或基督教之美》,巴黎,1885年。

⑱《马克思恩格斯全集》,中文版,第33卷,第102页。

⑲哈勒(K. L. Haller):《国家学说的恢复,或与人为的公民社会的空想相对立的自然社会状态的理论》,第一至六卷,温特图尔,1820—1834年。

⑳哈勒一直在竭力证明,他的哲学和政治理论也是建立在人类本性法则及人的自然法则的基础之上的。但他只将这些自然法则与规律理解为传统的结果。（编者注）

㉑实质上哈勒在号召国家的政治分散,甚至不只是号召复辟君主专制,而是完全的封建割据。（编者注）

㉒有趣的是,十八世纪末至十九世纪初的反动作家,作为唯理论的毫不动摇的敌人(而启蒙时的全部政治思想和社会学都是以唯理论为依据的),他们自己也未能摆脱用纯理性来解释法国革命的原因,将其原因归结为受启蒙思想的影响,完全否认这一历史现象内在的客观规律。这样一来,他们自己也未逃脱他们那么仇视的唯理论世界观的一定影响。（编者注）

㉓十八世纪末至十九世纪初的反动政论作品和政治思想的共同思想方法的立场,在很大程度上决定了包括中世纪学在内的史学史中的近代反动浪漫主义派别的性质,这一流派在十九世纪上半期在西欧许多国家、尤其是在德国广为流传。（编者注）

第二十二讲　十九世纪上半期德国的史学　法的历史学派

十九世纪第一个三分之一时期,反动的浪漫主义学派在德国的史学中居于统治地位。所谓法的历史学派便是这个史学派别的一个分支,它在十九世纪欧洲中世纪学的发展中曾起过十分重要的作用。

不过,在评述这个学派之前,必须先来叙述一下它形成时的历史背景。

法的历史学派产生并主要盛行在还是封建时代的德国。由于这里缺乏进行资产阶级革命的现实前提,这就使德国的知识分子陷于一种半虚幻的、神秘主义的情绪之中。

少数上层知识分子代表着还很软弱的德国资产阶级的思想,他们脱离人民群众,因而在任何一次广泛的社会运动中都没有基础。他们很少接触实际,在德国封建农奴关系居于统治地位的情况下,起不到什么作用。这些知识分子在自己的抽象哲学、诗情或幻想中,随心臆断地去理解在法国表现得那么一清二楚的进步思想。但是这些学说愈加理论化,愈停留在纯思维的领域,就愈会少遇到些障碍,会使人觉得更具有革命性。不过,这是一种脱离生活的抽象的革命性,它能很好地迎合当时德国社会生活中的小市民的基础。例如,我们讲到过的孔多塞和赫德尔表达得明明白白的进步思想,而在德国则蒙上了含糊不清和半虚幻的色彩。具有这样色彩的思想则认为,人应彻底摆脱自己的肉体的属性,而只保留自己的灵魂本质,成为一种无躯体之物。再如亚当·斯密讲得很具体的个人自由思想,在完全具体的经济政治理论之中,在当时的德国思想家的脑海中,却变成某种脱离现实生活的抽象的东西,也就具有一种哲学的无所不包的广义。

德国思想家们脱离实际,抽象地寻求自由和"革命",这种情况突出地表现在当时德国唯心主义的哲学中。唯心主义哲学在思想领域中的"革命性",从未转变成革命的实践。马克思称康德的哲学是"法国革命的德国理论"。①当然,这首先指的是他的《纯粹理性批判》,该书中的哲学怀疑论是十八世纪哲学思想的终结。然而,我们同时又发现康德的另一面,他惊惧于自己的怀疑论,在《实践理性批判》一书中又极力恢复他所摧毁的权威。

在费希特的哲学中同样可以发现这样的矛盾。费希特把个体——"自我"宣布为自己哲学的基础。在他看来,整个世界都处于黑暗之中。在这世界中有个体意识之光,即"自我"。其他万物是"非我",这只是存在于个体之外的物体的名称,并且实际上它是不存在的,因为万物不在我们身上,或者它的存在也只是作为我们无限的愿望和无限的可能性去开阔我们的眼界而已。费希特的"非我"归根结蒂是"自我"创造性活动的产物,"自我"把"非我"置于自己的对立面。用黑格尔的话说,费希特在自己的可怕的宏大信仰中,把纯粹的"自我"建筑在物体、天体和大千世界的废墟上。

然而,这不会引起任何世界性的灾难,因为费希特的"实践"不是行动,至多不过是行动的思想。

但十八世纪末至十九世纪初的德国知识分子,尤其是德国的青年,极力想把启蒙思想家提出的资产阶级革命的某些原则变为现实。他们蔑视德国当时的实际,用全人类大同的思想去对抗德国狭隘的爱国主义,因此,拿破仑战争给德国带来的灾难,法国军事实力的快速增长,以及法国对德国的占领,在开始一段时间里,德国的知识分子几乎对此无动于衷。虽然当时德国国粹(Deutschtum)在德国已开始滋长,但这一切也未能唤起特别的爱国热忱。德国的大诗人席勒、歌德对于中世纪德意志帝国在法国打击下的倾覆持冷漠的态度。

用歌德的话说:"德国微不足道,而每个德国人则是异常宝贵的。"

第二十二讲 十九世纪上半期德国的史学 法的历史学派

年青的黑格尔在耶拿当上教授前,曾于蒂宾根栽植自由树,发表雅各宾式的演说。后来,当他在耶拿就任教授后,对德国的命运就完全漠不关心,甚至拥护拿破仑为"世界精神"的传播者。

然而,随着拿破仑法国对德国打击的加剧,这些情绪逐渐发生变化。费希特观点的演变就是个明证。

一八〇四年,费希特在《当今世界的基本特征》一书中,还瞧不起本国的爱国情绪,并且宣扬如果自己的国家一旦沦陷,就以"与太阳为姻亲的精神"放弃自己的国家,而奔向光明和法制的地方,即投奔进步人类的地方。在更早的时期,在一八〇〇年,费希特发展自己的基本哲学思想,在一封信中写道,爱祖国是和全人类统一的观点息息相关的,并认为全人类统一是头等大事。他当时认为爱祖国,这是爱人类思想的实际体现。前者是表象,后者才是这种表象的内在精神,明见中的未见。

一八〇六年初,我们已能在费希特身上觉察出爱国主义的苦痛,不过他还坚持着人类统一的思想立场。他认为,德国各个部族的性质属于德国全民族的性质,而德国全民族也就属于共同的新欧洲。虽然他视法国的精神为启蒙时代的精神,但他不敌视法国的精神。可是后来,由于法国权势的加强,发生了一八〇六年德国所遭遇的痛苦事件,这些事变才逐渐唤醒了费希特的民族情感。

一八〇六年,费希特发表《关于爱国主义的对话》。他写道,全人类之爱是不现实的,它应让位于爱国主义。诚然,在他看来,爱国主义实际上是具有普遍意义的。爱国主义的目的也就是全人类的目的,但每一个人要在其所直接存在的民族范围之内实现共同的目的。他反对德国思想家们在对待全人类问题上来的抽象的、非民族的观点,因为这些人忽视了德国人的直接环境。不过,费希特行动的主要目标依然是整个人类。他认为,有利于民族的行为,因而也是值得向每人推荐的行动方式,这也就是人所直接能办到的范围。

然而,后来费希特反抗法国统治的情绪日益增长,同时也反对启蒙

—— 371

运动的思想作为法国的意识形态。一八〇六年，普鲁士于耶拿城下遭到惨败。一八〇七年，紧接着在蒂尔西特把普鲁士变成了三等国家。民族涂炭，国家沦亡，这更加激发了费希特的爱国热忱。他在《告德意志人民》一文中，激烈地抨击启蒙思想，抨击全人类的思想，尤其抨击普遍的君主政体的思想。他虽然基本上还站在全人类理想的基础上，但认为精神世界能表现人的不同阶段、各民族的本质，而每个民族应有可能根据自己的特点加以自由发展。

现在费希特已不再想什么全人类的统一了，他甚至不追求德国的统一。他认为德国完全有可能长期处于分裂状态。统一的德意志民族精神能在单个的国家中得以充分体现，尽管德意志民族精神是统一的，并应该支配各邦的政策，他强调要保留德国的民族精神（Deutschheit），不应让它受外来影响而遭毁灭。由此，他反对法国的民族精神，把法国的民族精神与启蒙运动的精神混为一谈，他揭露十八世纪思想家把利己主义作为人类共同生活的基础，他认为法国人以及其他拉丁语系民族的冷酷无情的僵死的启蒙运动也正表现在这里。

费希特鄙视法国文化的空洞和浅薄，鄙视诸如"人文主义"、"自由主义"这些法国的词语。他认为德国民族应摆脱外来羁绊而自立图强。他说，只有日耳曼人是至诚的，只有他们才真正配得上人民这个字的全部涵义。②这时，费希特的民族主义的腔调已显露无遗。

费希特的讲演在于号召德国人民，或者更确切地说，在于号召知识分子去培养民族精神。费希特关于自由的思想逐渐演变为从法国统治下解放自己祖国的思想。因此，他的自由概念的矛头开始指向十八世纪曾作为自由思想基础的启蒙哲学。费希特的观点和当时所有的德国知识分子一样，都绕了一个圈子。

在一八一三年战争以前的拿破仑时代德国所蒙受的凌辱，以及后来的拿破仑帝国的崩溃，使当时某些作家对法国的一切都产生了刻骨的仇恨。由于德国社会条件和政治条件不成熟，争取解放的思想把知识分子引向反动的民族主义的反作用的道路。③

第二十二讲 十九世纪上半期德国的史学 法的历史学派

例如,诗人克莱斯特曾深受政治自由思想的鼓舞,这时也起劲地鼓吹狂暴的人世怨仇。他在剧本《阿尔米尼》中煽动复仇的狂热,怂恿人们去挑拨、叛卖、甚至残杀。

一八〇九年,柏林大学成立。它成了加强德国民族精神的场所。创办者是著名的哲学家威廉·洪堡,他把德国的一些学者名流集合在自己的学府。费希特成了这座新建大学的首任校长。

一八一三年,德国的知识分子满怀爱国热情,自愿参加当时被称为解放的战争。柏林大学的一些学生和著名教授,毅然参加了义勇军,这其中便有费希特。

拿破仑失败后,欧洲,特别是德国进入了最黑暗的反动时期。普鲁士的施太因和哈登堡的温和改革被取缔。④农民惨遭劫掠,一贫如洗。"神圣同盟"控制整个欧洲。民族主义的狂热被反动派所利用,宪法不再为人们所谈及,还很强烈的大学生自由运动到处被镇压。赞德杀害了科采布标志着残酷的迫害和严格查封的开始。

反动势力也控制了科学领域。柏林大学变成了反动势力、特别是反动民族主义的堡垒。这里也盛行所谓法的历史学派。这完全是在反动思想体系的基础上形成的学派。麦捷尔以及后来的柏克、博那尔以及约瑟·德·梅斯特、哈勒等人著作的基础也是这种反动思想体系。这一学派的主要矛头是指向十八世纪的启蒙运动,反对唯理论,主张回到过去,实行非理性传统,以便依据时代所阐明的传说。该派的代表人物喋喋不休地强调历史过程的无意识性和连贯性,以此来反对任何用暴力改变现存制度的企图。归根到底,他们是为陈腐的贵族封建社会政治制度进行辩护,从往事中为现实辩护。该学派的代表人物认为驱逐了法国人,解放事业也就完成了。因为在他们看来,这样就可以回到原来的封建形态,即回到他们煞费苦心地从历史上和从科学上所论证的那种形式。

年轻的马克思对法的历史学派曾一针见血地指出:"有个学派以昨天的卑鄙行为来为今天的卑鄙行为进行辩护,把农奴反抗的鞭子——

—— 373

只要它是陈旧的、祖传的、历史性的鞭子——的每一个呼声宣布为叛乱……因此,这个法的历史学派本身如果不是德国历史的产物,那它就是杜撰了德国历史。"⑤

法的历史学派的鼻祖当推古斯塔夫·胡果(一七六四——一八四四)。胡果最早表露出法的历史学派的思想还是在革命时期。一七九八年他抛出《自然法是现行法的哲学》一书。⑥从书名上即可看出他对自然法的理解和启蒙哲学家截然不同。启蒙哲学家把自然法看成是不同于现行的,即实证法,力图从理性原则中寻求自然法的基础;而对胡果来说,自然法就是现行法。在他看来,法和立法不是体现立法者的意志,也不受什么外界的干涉,而是如同语言形成一样,是内在发展的结果。这种把法以及整个历史发展,与通过内在的本身所固有的过程而形成的语言的发展相类比,这是法的历史学派的特征。胡果认为,把法和立法相提并论是大错而特错的。并不是任何法都由立法而来。在任何一部法律之外都存在大量的习惯法和司法程式,然而,这些又都是法的重要组成部分。从另一方面讲,不是任何立法都是法,即不是任何一条法令都能在人民中间得到真正的实施。因此,胡果彻底抛弃了启蒙哲学衡量自然法时所采用的理性标准。胡果说,从人的生活中有机地形成的法往往是非理性的。他列举了大量法规作为证明。这些法规似乎是非理性的,而实际上是理性的,因为历史已证明了这一点。胡果认为,法规总是用时才成为其法规,才用来为一切停滞和反动作辩护。胡果为历史产生的法律树立威信,提倡对法律史的研究。这样做的目的不仅在于检验现行法规的理性和正确的根据,并且还在于阐述这些标准,保护这些标准,以防不是来自这个法的内在发展的任何外界的干扰。在胡果看来,研究过去不是如启蒙哲学所做的那样去批判过去,而是极力维护在历史发展过程中产生的所有风习和制度的权威。

马克思在《莱茵报》(一八四二)上撰文批判胡果的观点时写道,如果"公正地把康德的哲学看成是法国革命的德国理论,那么,就应把胡果的自然法看作是法国 ancien regime〔旧制度〕的德国理论"。⑦

第二十二讲 十九世纪上半期德国的史学 法的历史学派

胡果还只是近似地描绘了反动的法的历史学派的基本观点。这些观点后来由他的赫赫有名的弟子萨文尼给发展了。如果说萨文尼不是这个学派的奠基人,那么无论如何也是这个学派的极重要人物,是该学派才华出众,最杰出的代表。

卡尔·弗里德里希·萨文尼(一七七九——一八六一)在二十一岁就任马尔堡大学的教授。一八〇八年在兰茨胡特任教授,一八一〇年应聘去柏林大学讲罗马法。他是个出色的演说家,被誉为十九世纪的最好的高校教员。

聘请萨文尼去柏林大学执教有其一定的目的:他将协助解决给柏林大学提出的文化政治任务,即用德意志的民族精神去教育青年。威廉·洪堡把萨文尼推荐给弗里德里希—威廉三世,说他是陛下可以期望的发展法学,正确开展一切法学教学的人。

萨文尼是组建柏林大学委员会中最善于活动的人物之一。一八一二年被任命为柏林大学校长。受国王的重视,教普鲁士太子的法学,深受当局的优惠待遇。一八四二年任普鲁士的法律大臣。作为一个政治活动家,萨文尼是反动势力的显赫的代表人物。他和国王沆瀣一气,反对在普鲁士制定任何宪法,他认为在国王和臣民之间不应再隔上任何"破纸片",他反对民族平等,反对婚姻自由,极力主张严格压缩离婚的藉口,取消公审法庭和陪审制度,坚持死刑和肉刑制度。萨文尼常常表白他不是进步的敌人,但是被他所承认的进步,实际上是停滞和反动的代名词。

一八一四年,他的小册子《论立法和法学的现代使命》[8]出版,这是法的历史学派的正式宣言。该小册子具有论战性质,它是对海德尔堡教授蒂鲍不久前发表的抨击文《论德意志需要一般的民法》[9]的答复,蒂鲍的主要思想是德国必须有资产阶级改革和法律的划一。德意志虽然从外来政权下解放出来,但它仍处于小邦林立的局面。蒂鲍说,德国的法是不合德国国情的、衰落时期的罗马法和荒诞不经、杂然并陈的旧日耳曼法的可笑的混合物。蒂鲍认为完全有必要让德国的学者和政府

—— 375

官员制定一部贯穿德意志民族精神的、简单的统一法典，以便即使在德国政治上分裂的情况下，也能把各邦的公民联合起来。

毫无疑问，制定德意志统一的新法典的思想是源于拿破仑法典。蒂鲍企图用一部全德意志的民族法来和拿破仑法典相对立。

蒂鲍的主张表达了德国资产阶级最先进部分的愿望，在德国引起了强烈的反响。萨文尼急忙抛出自己的小册子来推翻蒂鲍的方案。在萨文尼的小册子中洋溢着战胜法国人的乐观心情和振兴德意志民族精神的情绪。

德国人是在俄国的武器和英国的金钱帮助下摆脱拿破仑的统治的。但他们对此却很健忘，认为解放完全靠的是自己的力量。这时，这个"所向披靡"的德国对"法国精神"深恶痛绝。费希特初步形成的观点，到萨文尼时又大为前进一步。萨文尼拼命地反对"抽象思想"，反对"盲目骄傲自大"，反对追求超脱时间和历史条件（在他看来，讲历史条件是启蒙思想家素有的本性）的绝对完善。他认为，现在需要的是要意识到古今之间的联系，理解法与民族本质和性格的有机联系。萨文尼反对把任何类似拿破仑的法典和不符合他心意的全国统一的法典强加在德国人头上。在萨文尼看来，法不是理性的产物，而如同语言和风俗一样，是各民族的民族本质的一个方面。这里，萨文尼实际上是在重弹自己的老师胡果的老调。

在萨文尼的小册子里，通篇浸透着对拿破仑的资产阶级法典的仇恨。他说，拿破仑法典传播到德国，就像毒瘤一样吮蚀着这个国家。在他看来，迷恋法典，这是他所憎恶的十八世纪唯理论者的一个重要特点。那个时期，"启蒙"和"教育"的狂热延及整个欧洲，人们对其他时代的伟绩和特点，对民族和宪法的自然发展，对能够使历史变得更完美而富有成果的一切东西都失去了兴趣和了解。代之而起的是人们天真地等待从现实中去实现绝对的完美。这种唯理主义的精神表现在思想、政策的各个方面，其中包括民法。在萨文尼看来，启蒙主义者所希望的是法典能使法具有纯粹外在形式的完美。这种恶劣的影响蔓延各地，

第二十二讲 十九世纪上半期德国的史学 法的历史学派

政府只得对其进行费力的斗争。萨文尼认为,如果把拿破仑失败后的欧洲形势与上述的情况相比,那就只能令人高兴。历史的含义在觉醒,同时,昔日的盲目骄傲也销声匿迹了。

但是,并不是所有的法学家对法都持有正确的观点。在这些法学家看来,法是由法令,即国家最高权力机关的命令构成的,而法学的对象就是法令的内容。照这样理解,那么这门科学的内容正像不断变化的法令本身一样,也是在不时地变化着。某些法学家还认为,有一种自然的,或者是理性的,适用于任何时候和任何民族的法律,需要的是去发现出来。而萨文尼认为,实际上法的发展全然不是如此。用他的话说:"自我们有文字记载的历史以来,民法就如同某个民族的语言、风俗、政治制度一样,已具有一定的、为某个民族所特有的性质。"[⑩]实际生活中的一切现象是紧密地联系在一起的,说它们是独立的,那是我们的一种错觉。而把一切生活现象联系在一起的是民族的共同信念、内在所必需的共同情感(偶然的、随便产生的情感不在此列)。

在萨文尼看来,每个民族所赖以独立存在的这些特点是如何产生的这个问题,用历史的方法是无法解决的。一个民族的特点在其有文字记载的历史之前就具备了,因此萨文尼认为,那种统一法典的思想是不成立的,是无法实现的。

一八一八年,他创办了《历史的法学杂志》。在他撰写的发刊词中说,根据法的历史学派的观点,法的内容已给了已往的所有民族,它不是可以任意更动的,不是某个立法者随意制定的,而是来自民族内在的本质及其历史。至于每个新时代人们的活动,那就要观察、澄清、更新这个由内在的需要而产生的内容。因此,法的历史学派在历史中突出历史上本能的、非主观的、无意识的性质。根据抽象理性和正义性的要求,立法者的任务不在于制定新的法律,而在于阐明某个民族在自己发展各个阶段所固有的旧法,以适应这个民族当时所处的阶段。

这样的立论方法为一切反动守旧派大开方便之门。凡一切不符合旧有的、一切不能为过去作辩护的,均可据此而轻易地宣布为非民族所素有的、不符合"民族精神"的东西。

萨文尼深信"民族精神"的基本性质是不会改变的。他认为"民族精神"一开始就存在，后来只是按其发展的各个阶段再现而已。

由维科当时提出、后来由麦捷尔和柏克所发展的那种有机发展的思想，在萨文尼的理论中表现得特别明显。在他看来，法的发展经过一定的年龄。第一个时期是童年，这时意识还很模糊，主要是本能和情感居于主导地位，法不是表现在抽象的概念中，而以直观形象地存在于诗歌之中。

接着是青年时期。这个时期的特点是法学家分离为特殊阶层。这是法的形成时期，是朝着理性和合理发展的创造激情期。这时人们广泛地参预法的形成工作。

第三个阶段是成年时期，特点是法学最终形成。按萨文尼的观点，法学与法的本身内容是密不可分的，并仍然以"民族精神"为基础。这是对以前所获得的东西加以认识的时期，是法最后形成体系时期。

最后是老年时期，特点是创造力减弱和消失，竭力维护旧有的东西和法学中抽象占据统治地位，保持传说，编组概要，屈服于权威。

法的历史学派代表人物观点的基本特点就是如此，这些特点被萨文尼加以很好的概括。十分明显，如果说启蒙思想家的自然法理论尽管是空想的，但仍然是革命的，因为它力图按理智的要求去改变现实；那么，主张苟安于现状的法的历史学派的理论就成为公开反动的了。

萨文尼和法的历史学派学说的基础是"民族精神"。我们已经知道，这个概念并不是历史学派的发明创造，而是从过去的史学、社会学，甚至于启蒙哲学家的著作中抄袭来的，只不过采取偷梁换柱的手法。孟德斯鸠早在自己的《论法的精神》一文中就谈及法和"民族共同精神"（esprit général de la nation）的关系。他认为，立法者应该遵循民族精神。德国学者在十八世纪就已接受了孟德斯鸠的这一思想，并常说"人民精神"，或者更确切地说是"民族精神"。如果按当时的法——德语的意思，那么这种"民族精神"就是民族的个性，民族的特点

第二十二讲 十九世纪上半期德国的史学 法的历史学派

(Singularität)。十九世纪"Volksgeist"一词已在费希特和历史学派代表们那里充分地使用了。第一个用这个词的人是黑格尔。萨文尼的后期著作中也经常使用。在他的《论当代立法的使命》小册子中显然没有用这个术语,但已经有"民族精神"这一概念所包含的内容。例如,萨文尼曾说民族的共同信念,全体民族的共同意识。他还常常谈及民族的本质和性质问题。他认为,法是永远依赖于全民族创造性的意识;反过来,民族意识的创造性,同人民的整个历史发展一样,自古以来,就取决于该民族的性格。

用萨文尼的话来说,人民生活的每个时代都是过去各个时代的延续和发展,它不能任意为自己开辟领域,而只能在同整个过去的不可分裂的共同性中去开辟自己的领域。因此,每个时代都应该承认以前曾存在一种必要同时又自由的东西。说其必要,是因为它不依赖现在的臆造为转移;说其自由,是因为它不像主人命令奴仆那样,不受任何他人意志的支配,而是由永远处在形成状态中的民族的最高本质构成的。就整体来说,民族的本质永远处于形成和发展的过程中。这样一来,对萨文尼来说,历史不简单是各种事例的集合,而是正确认识我们自身状态的唯一途径。

一八一五年,萨文尼出版了自己的巨著《中世纪罗马法的历史》[11]。在这部书的第一卷,这一概念最后变为"民族精神说"。这里,"民族精神"这一术语萨文尼还是第一次使用,然而法的历史学派的其他代表人物早已使用过它了。[12]

萨文尼就是如此描述历史进程的原理。不过应该说,萨文尼作为法的现实史学家,在具体的历史研究中远没有坚持自己的学说。这里他作出了许多很有价值的研究,尤其是罗马法律史的研究。他的《中世纪罗马法的历史》至今仍有一定的价值。这部巨著于一八一五至一八三四年出版。萨文尼在这部著作中,强烈反对唯理论,反对十八世纪的启蒙思想。他不遗余力地在"民族精神"的基础上推行他的法的有机发展的理论。但应该说,在许多情况下,他不得不实际抛弃这个理论,而承认其他法对德意志法的影响。此外,《中世纪罗马法的历史》的主要内容在于作者研究了罗马法是怎样影响了日耳曼的各个民族的法,尤其研究了罗马法在德国的继承史。诚然,萨文尼在一定程度上回避了后者,因为他所研究的中世纪的欧洲法律制度的历史发展,只是到十一世纪末,到博罗尼亚法学派产生前。后来,他只从事关于十四—十五世纪欧洲的罗马法的理论发展史、评论史和研究史的工作。

萨文尼在强调法和民族共同历史存在着有机联系的同时,又认为罗马法继续存在这一事实本身,只在"罗马民族"继续存在的基础上才是可能的。因为罗马民族是这个法的体现者。

在萨文尼的想象中,中世纪的端倪是各种成分的杂乱混合体。在血统和语言上主要以罗马成分和日耳曼成分为主。他指出,这些问题远没有研究透彻,而各种意见的分歧妨碍这些问题的解决。因此,萨文尼在自己的著作中不惜大量笔墨来考证史料。全书根据原始材料写成,这是极其可贵的。萨文尼在每编的前面先用一章来研究和评述史料。

萨文尼的文章是从评述五世纪、即罗马帝国存在最后的一个世纪的罗马法及其实施情况开始的。在他看来,日耳曼人侵占罗马帝国时,他们没有把罗马居民杀光,也没有把自己的法律强加给罗马人。"罗马的"民族虽在个别情况下蒙受暴虐和屠杀,但作为整个法的体现者却仍然存在。日耳曼民族(当时还未形成民族,只是众多的部落)和罗马民族生活在一起,尽管在地域上出现部分居民杂处的情况,但是他们各执其法。这里,萨文尼谈到私法的问题,如我们所见到的,该法曾给十八世纪的中世纪史学家的观念中带来许多混乱。他正确地指出,当时的私法存在于按自己部落法而生活的每个部落之中,与此同时,到处继续存在特殊法,即罗马法。这部罗马法,是生活在罗马帝国废墟上建立起来的诸国家里的罗马民族代表们的主要私法。

萨文尼分析了"lex"这一概念之后,得出结论,认为"lex"根本不表示必行的成文法。在他看来,例如"萨利克法典"(Lex Salica)根本不像

第二十二讲　十九世纪上半期德国的史学　法的历史学派

我们所理解的那样是一种手稿,而应理解为现行法的整个体系,其主要部分是诉讼习惯和口头的传统,只有极少部分写入法典。在整个中世纪,罗马法与这些个别法及其手稿是继续并存的。被占领的各省罗马居民、教会、教士所实行的都是罗马法。罗马法起初是作为过去罗马居民的私法而存在的,后来则变成各个地区(如法国南部、意大利等)的地区法了。

萨文尼把罗马法的繁荣与城市的发展联系起来,因为他认为城市保留了罗马式的生活和罗马的社会秩序。正是随着十一世纪城市的兴起、城市力量的增强及其影响的扩大,我们看见了罗马法的迅速复兴。

由于日耳曼人定居在罗马帝国西部地区,不在城市,在萨文尼看来,城市就依然是罗马的一套,在城市的罗马法规也随之保留下来。占领者虽然破坏了罗马的国家和行政机构,但并没有触动城市的体制。如果没有继续实行罗马法的罗马法庭,那么罗马法也就保留不住。萨文尼认为,日耳曼入侵后,在罗马原来的城市里也保留下旧罗马机构和官职:区长(scabine)执行过去区议员的职务,元老院现在称为"奥尔多"(ordo),是城市掌权的上层。萨文尼说,旧罗马机构变化最大的是在拜占庭占领的城市,这因为希腊人比日耳曼人更残暴地践踏了城市的自由,肆意地取消城市的自治机构。在这些城市里罗马法遭到破坏,但后来又在那些地方重新恢复起来。甚至意大利的教皇和皇帝的统治也没有摧毁罗马原来的秩序。

萨文尼还研究了其他最主要的一些蛮族国家(西哥特、勃艮第、法兰克,但不包括意大利的伦巴底)的罗马城市的命运,得出的结论是,在日耳曼人的天下罗马的秩序到处可见。萨文尼在自己著作的第二卷中,详尽地研究了罗马法在诸蛮族国家、教会法律文献和其他文件中实施的情况。他说,在罗马西部地区建立起来的国家中只有一个国家——英国,虽然人们也知道罗马法并对其进行了一点研究,但罗马法在这里的审判中没有成为现行法。对于这一特例,萨文尼认为这是盎格鲁-萨克逊侵占不列颠具有特殊的破坏性所造成的。

萨文尼著作的第三卷评述了罗马法在西欧的情况，起于博洛尼亚法学派的确立。萨文尼在这卷的前言中写道，正是从十一世纪末，特别是从十二世纪初开始，中世纪西欧才正式把罗马法作为一门科学来研究，对其进行评论或加注释。同时他还认为，研究罗马法兴趣的浓厚与此时城市走向繁荣是密不可分的。

这里，萨文尼叙述的性质发生了变化。如果说，在此之前他还能依据史料精心地研究诸蛮族国家中作为现行法的罗马法的历史，那么，此后他只局限于把罗马法作为大学的一门课程来研究。但是，萨文尼不得不承认这时在城市里开始研究的罗马法，在一定程度上影响了日耳曼法，并潜移默化地排挤蛮族的部落法。这样一来，萨文尼只好放弃自己的理论原则。他原来的原则是，法是从每个民族所固有的民族精神的内部因素发展而来的。为掩饰原来的概念在逻辑上出现的破绽，萨文尼不具体地研究罗马法对日耳曼的影响，而研究这时期罗马法的文献史。

第三卷的第八章题为《法学的复兴》别具风格。萨文尼指出，自十二世纪起人们又重新研究罗马法。在博洛尼亚出现了著名的法学派，其声誉远扬意大利之外。欧洲各地的学生云集在这里求学。他们回国后，将罗马法用于司法之中。

其他国家效仿博洛尼亚也研究起罗马法来。罗马法对诉讼的程序产生了直接的影响。但萨文尼又同时指出，这种影响不是出于某种有意识的行动，也不是由于个别历史人物或政府，而是非意识的历史发展的结果。他写道："出现这种非凡的现象不是某个政府的意志，而是内在的需要。"[13] 在萨文尼看来，"伦巴底城市的需要"在这里起主要作用，因为这些城市人口剧增，经济迅速发展。

这里，萨文尼对中世纪罗马法复兴的解释是正确的。意大利的城市，尤其是伦巴底的城市工商业，确实需要制定民法。无论是反映社会发展较低阶段法律关系的日耳曼部落"法典"，还是在此之前首先是城市罗马居民使用的、被简化并歪曲了的罗马法都不能充当这种民法。

第二十二讲　十九世纪上半期德国的史学　法的历史学派

这样就有必要追溯罗马法的渊源,科学地研究这个法,是完全适应于这时的经济需要的。但萨文尼在这方面却浅尝辄止。

使他更感兴趣的是另一个问题。他要证明,第一,任何立法者的自我意志都不曾对罗马法的复兴起过作用;第二,如果说在中世纪的早期各蛮族国家里的罗马居民中,罗马法就不以现行法而存在过的话,那么,罗马法的复兴就无从谈起。于是他力图证明,在这些国家中总有罗马居民这样的罗马法的生动体现者,因此这个法的传统在这里并未中断。如果罗马法不是哪怕以衰落的形式继续存在的话,那么任何原因都不会使它复兴。萨文尼指出,自查理大帝时代起,欧洲各民族已开始觉察到存在一定的共同性。当时在共同性的意识中产生了帝国的概念、教会的概念和作为教会和有文化者的语言——拉丁文的概念。后来在十二世纪,又有了罗马法的概念,人们不是把它看作罗马各行省的特殊法,而是看作欧洲基督教世界的共同法。这里,萨文尼激烈地抨击了一些史学家,他们企图把罗马法的复兴与霍恩斯陶芬王朝的利益联系在一起,与视罗马法为自己统治支柱的弗里德里希·巴巴罗萨和弗里德里希二世的活动联系在一起。这里也表现出法的历史学派的一个特点:萨文尼不想承认党派间的政治斗争在罗马法的复兴史上也起过一定的作用。他不能承认罗马法会是党派斗争的工具,会成为巩固皇权反对敌手的工具。因为,按它的观点,罗马法是由于社会中产生的一定需要而非意识地、有机地产生的。

这样一来,萨文尼一方面正确地评价了十一——十二世纪罗马法复兴的一般原因,把这种复兴同意大利城市工商意义加强而产生的经济要求联系起来;另一方面,闭目无视产生这一现象的其他政治动因,否认意大利十二世纪的政治斗争对罗马法的迅速发展所产生的影响。

我们不想涉及萨文尼关于详细研究中世纪罗马法的历史记述。而这一情况更是一个专题。

我们转而评述法的历史学派的另一个巨头——埃希霍恩。此人更能引起我们的兴趣,因为他是认真研究中世纪日耳曼法的带头人。

—— 383

卡尔—弗里德里希·埃希霍恩(一七八一——一八五四)曾在胡果任教的格廷根读书。胡果是法的历史学派的奠基人，他给埃希霍恩以深刻的影响。一八〇三年，埃希霍恩自己也开始在格廷根任教。一八〇五年起，他在奥得河畔法兰克福任教。当时，他和德国的青年学生以及大学的青年教师满怀爱国热忱，盼望把自己的祖国——德国，更确切地说，把德国各邦从拿破仑的统治下解放出来。他加入了德国青年爱国联盟，成为共济会的成员。

一八一一年，柏林大学成立不久，他晋升为该校的教授。一八一三年，他和大学的许多师生一起参加了义勇军，抗击拿破仑侵略军，多次亲赴沙场。一八一四年他参加联军，攻进巴黎。

我们前面已谈过费希特，他的爱国热情在于反对整个法国的精神，尤其反对法国的启蒙运动。而费希特的这种爱国热情在埃希霍恩身上表现得更胜一筹。埃希霍恩认为，法并不像十八世纪启蒙学者所想象那样是全人类的，而完全是独自的，因为法反映它所赖以存在和发展的单独的某个民族。这一思想与当时也在柏林的萨文尼的思想颇为相似。[14]一八一五年，埃希霍恩与萨文尼共创法史杂志仍保留《法的历史杂志》，法的历史学派及其有关学科的宗师巨匠如胡果、罗马史学家尼布尔、著名语言学家兼民俗家和古日耳曼法专家雅各布·格林等都曾为该杂志撰写文章。埃希霍恩在这个杂志上发表了大量重要文章。一八一六年他发表了《论德国法的历史意义》一文；一八一七年，又一篇文章《论德国城市机构的产生》问世。该文对中世纪的史学史具有极重要的意义。

维也纳会议之后，反动势力在德国一时猖獗。当时还未立即抛弃自由主义观点的埃希霍恩不能不与当局发生抵触。他因此离开柏林而来到格廷根(一八一七)。在这里他的讲学一跃成名。他的讲课听众太多，偌大的教室也挤不下，只得为他扩建出一个小棚来，以满足来听者的要求。他开设了国家民法、教会法、德国国家法的历史等门课程，一直讲到一八二九年。

第二十二讲 十九世纪上半期德国的史学 法的历史学派

一八二九年埃希霍恩因病退休。一八三二年,应萨文尼聘请重返柏林。这时,他已向反动的保守势力一边靠拢。这次他在普鲁士的首都已完全气味相投了。现在他把治学和为普鲁士立法工作一起挑起来,并在立法的筹备工作中顽固地坚持保守观点。一八三三年埃希霍恩与自己青年时代大相径庭了。这时他已是达官贵人,做了国家大臣,胸前排满勋章,成了十足的保守分子。

一八四七年,即一八四八年大革命的前夕,他借口身体不佳而退休,并再不想出来工作。很清楚,他已感到自己跟不上形势了。

埃希霍恩的主要学术著作是《德国国家制度和德国法史》。[15]该著作的第一卷在一八〇八年于格廷根出版,其他诸卷于一八二三年在格廷根全部出齐。

人们常常称埃希霍恩为德国法史之父。这一评价在一定程度上是公正的。萨文尼写给他的信中说:"您前无古人地开辟德国法的道路,并用自己的言论和文章赋予这一科学以新的生机。"是的,埃希霍恩撰写了上起塔西佗时代下至作者所处时代的德国法和德国机构史。无从借鉴,任务复杂,但年轻的埃希霍恩不畏困难,成功地完成了整个德国及其各邦的政治史、整个国家及各地区的国家法史。接着他完成民法史、诉讼法史和刑法史。同时,他力图把德国法的各个方面看作是一个整体的组成部分,看作是这种法的体现者——人民生活的各个方面。埃希霍恩破天荒地划定了他认为研究德国法所必须遵循的历史分期:古日耳曼法、法兰克君主国、神圣罗马帝国、德国诸邦体系的形成。

按法的历史学派的基本原则,埃希霍恩企图把他所处时代的德国现行法解释为自己民族历史法的基础。在他看来,历史应该为研究现行法,尤其要为维护现行法而提供根据。他极力证明,现在的德国法根本不像许多受启蒙思想影响的人所想象那样,是什么陈旧的、荒诞的汇合,而是德国民族合乎规律的、有机的发展结果。并且他多次引用麦捷尔的话。他认为麦捷尔是为同时代所不能理解的孤独者。毫无疑问,麦捷尔的思想对他影响极深。他一直把麦捷尔作为自己首先学习的楷模。

埃希霍恩的最大功绩在于,他的整个德国法史(从发源起至他所处的时代)是在详尽研究大量史料的基础上写就的。当然,当时全部根据原始材料写日耳曼法史也是不可能的,因为当时原始材料只有很少一部分出版,研究者手中的材料很有限,而对于初次从事这项研究的人来说,所能掌握的材料就更少了。尽管埃希霍恩极力置身于客观的立场,但在他的著作中彻底暴露出他追随普鲁士,坚持民族主义的和保守的观点,更有甚者,对普鲁士的容克国家毕恭毕敬,唯命是从。

埃希霍恩的著述开始时,正值法国的压迫和拿破仑法典使得人们去重视民族法的时候。地主们首先关心恢复民族法,他们强烈地反对拿破仑法典,理所当然地把民族法看成是欧洲资产阶级法的典型。他们所致力于恢复的称为德国民族法的,是德国各邦地地道道的封建性的法律。

埃希霍恩从事大量的研究工作,其最终目的是要解释和维护当时在德国居于统治地位、并反映在政治和法律制度中的封建农奴制的特殊性。

埃希霍恩正是在这顽固保守的观点的驱使下完成自己的著作的。诚然,他并不否认现行法有一定改革的必要,但是,对这些改革所提出的全部具体办法他都反对。因此,一切关于改革的必要性和愿望云云,在他那里只不过是停留在纯理论的范畴之内。此外,他也同意对现存关系作某些改变,但是这必须以保留如他所说的"一切"正确得来的法律为前提。例如,他顽固地反对废除普鲁士的农民徭役,认为这样就会剥夺地主拥有的农民劳动的"正当"权利。

与萨文尼和费希特一样,埃希霍恩不是德国统一的拥护者。他认为,应该把德国各邦间的关系看作是国际法间的关系。他和萨文尼一样,都认为普鲁士国家的基础是臣民和君主间的直接宗法关系。按他的观点,任何宪法都是不必要的。

以上便是埃希霍恩的基本政治观和社会历史观。现在我们来详细

第二十二讲 十九世纪上半期德国的史学 法的历史学派

地观察一下他的主要著作和他的对德国制度发展一些方面的观点。他在这部著作的前言中写道,在德国的所有社会关系、特别是它的国家制度经受根本性变化时,比任何时候都有必要去研究过去,洞悉过去与现在的关系,换言之,他给自己提出的任务是探求和保留自古以来的法的民族因素。

在该书第一版和前言中写道,其实,法史是民族精神的表现,他所要探讨的正是民族精神的实质。因为:"没有关于从前发生过的一切以及使民族发展的各种方式的知识,没有关于民族过去情况的知识,任何时候都不能正确地了解民族的精神,不能了解人民对待经得起时间考验的一切东西的态度。"[16]在一八三四年第四次修订版的前言中,埃希霍恩再次强调,他拟在德国国家史和法史中"为当代现行法找到可靠的历史根据"[17]。

在否认个人在法的发展过程中的作用的问题上,埃希霍恩比萨文尼走得更远。人民自己在某种几乎神秘的民族精神的环境中来建立自己的机构。

埃希霍恩在绪论中概括地叙述文章的提要,并进行了分期。他从日耳曼各民族的远古历史,即从法兰克王国还没完全巩固前着手研究,认为日耳曼人古代社会的组织形式是日耳曼人后来国家机构的基础。他收集和描写了这个时期末和下个时期初日耳曼各部落的风习。这第一个时期包括公元前一一四年至公元后五六一年的历史。

第二个时期是法兰克王朝史。关于这一时期,埃希霍恩研究了王权的产生、国家官制的形成、法兰克军事组织的演化及其对公共和个人权力的影响、中世纪德国的教会组织、这个时期德国的国家机构。他认为这个时期的年代包括五六一至八八八年。

第三个时期(八八八至一五一七)是日耳曼民族的神圣罗马帝国时期。

第四个时期是一五一七至一八一五年德国各邦的产生和进一步发展时期。

—— 387

埃希霍恩著作的头几部分写的是中世纪的早期。现在,我们来谈一下这部分他所提出的几个问题。只要一看整个著作的章节,就会发现作者涉及了德国史的所有主要问题,几乎无一领域没有涉及。

我们先从马克问题谈起。埃希霍恩在其著作的第一版中,根据尤斯图斯·麦捷尔的观点出发[18],同样地来解释日耳曼人马克公社产生的历史。他认为马克公社只是分散的个体居民——自己土地的私有者联合的一种形式,这种形式在日耳曼人的生活中最初并不起主要作用。

埃希霍恩在其著作的后几版中,在对一些史料研究的基础上又作出另外一些结论。多普施在评论埃希霍恩观点的演变时,力图证明埃希霍恩抛弃原来关于马克的观点的原因是出于纯法律上的考虑,并且还说他这样做是徒劳无益的,是无任何根据的。实际上,埃希霍恩在这个问题上抛弃麦捷尔的观点,是可以拿出许多有说服力的根据的。

按埃希霍恩的新观点,马克是作为日耳曼各部落的古老制度中的主要制度而居于首位的。他直截了当地说:"在日耳曼人那里,无论从早期的资料还是从较晚的资料来看,最早的政治机构的基础是由各个马克(即共同耕种和使用土地的各公社)联合成更大的公共联合体。"[19]他认为,共同地耕作土地这一形式把马克成员联系在一起。而这些马克又联合而成"部落公社"——Volksgemeinde。每个单独的部落就是这样一个部落公社。按照埃希霍恩新的观点,马克是某一群日耳曼人第一次占领土地用来耕作的结果。埃希霍恩认为"马克"是指禁止那些不属于马克的人入内的一种范围。马克——这是把生活在马克之外的人隔开的边界。他把马克内部分为耕地和非耕地。有时非耕地也叫作马克。使用非耕地与耕地不同之处在于它由公社来调配。但是,在埃希霍恩看来,耕地的私人所有制也带有马克公共占有的相当成分。这与其说是私有权,不如说是由公社管理机构进行调整的使用权。埃希霍恩这一结论是根据观察他所处时代德国的状况而得出来的。当时德国大部分耕作实行三圃制。在三圃制和强迫轮耕制的情况下,公社经常干涉个体社员的经济。公社调整轮作,把已收获地调作牧场。这样,公社对每个社员的个人耕地有一定的支配权。由此埃希霍恩断言,三圃制本身所要求的前提是把农村的个体户联合起来(与麦捷尔的观点相反[20]),土地的所有者各自占有菜园,而后来村里这些地也合并在一起。埃希霍恩认为马克是日耳曼人居住区的最初形式,是日耳曼人一切社会和政治机构所赖以建立的基本因素。虽然他这一理论倒也相当明确,但只是初步提出。这一理论由资产阶级马克理论的创始人毛勒予以进一步的确立。

这里产生一个问题,像埃希霍恩这样观点保守的学者为什么会反对起麦捷尔关于日耳曼诸民族自古就是个体农户的居地和私有制的理论呢?埃希霍恩曾经同意这一理论,而此时却一反常态,得出截然相反的结论,认为马克是日耳曼远古社会结构的基础,原因何在?

原来,公社和公共占有土地这一理论在十九世纪初,还不像现在对于如多普施之类的一些保守或者反动的资产阶级史学家那样,把它视为非常革命的。当时人们还根本没有发现这一理想会是社会主义思想的一种理论根据以及私有制具有历史性质的证明。相反,正是这些保守的史学家和政治家从马克中,从公社占有土地中,找到防止农民阶级消亡的根据。他们把公社及其强制平等,看成是阻止农民无产阶级化的方法,发现了防止因农村资本主义关系的发展而导致土地制度瓦解的阵地。虽然他们也承认早期的日耳曼公社是自由的,但是他们把公社看成是保留古老封建农奴制的某种保证。既然公社已属于久远的过去,那么为什么不可以对自由予以应有的肯定和加以赞扬呢?

在谈到埃希霍恩对公社看法的时候,不能不指出他观点的另一个方面。埃希霍恩在指出日耳曼人的马克公社的同时,也强调了它们之间存在的不平等现象。按他的观点,早在凯撒时代,更不消说在塔西佗时代,就已出现富有的显贵阶层——Adel。埃希霍恩认为,日耳曼人中的这些显贵是一个特殊"阶层"(Stand)——Adel 或 edel Geschlecht。他赋予"阶层"这个术语以中世纪后期的涵义,即在议会中拥有代表权的阶层。在全体部落大会不召开期间,由这些显贵在古代日耳曼人的立法会议上来解决问题。

埃希霍恩认为,由于根据史料无法判断这些显贵的由来,那么就应该把他们视为管理阶层,他们与马克共同组成日耳曼民族的社会基础,成为这个民族的特点。换言之,埃希霍恩认为,显贵的存在是日耳曼人自古以来的特征之一,而这些特征最初是和日耳曼人的宗教组织,以及一般的日耳曼"民族精神"相联系的。

十九世纪初,当德国的史学家需要解释什么是日耳曼人的"民族精神",它的主要内容是什么的时候,他们对其所下的定义是五花八门,不一而足。他们宁愿咬住"民族精神"不放,也不愿去弄清这个概念的真正含义[21]。同时常常强调的只有一个因素——个性。我们从埃希霍恩那里可以看到这样的定义。他在整个中世纪的日耳曼制度中看到日耳曼的特殊个性。

对这一特征描述得最清楚的反倒不是历史学家,而是十九世纪初的德国浪漫主义作家。例如,弗里德里希·施来格尔单刀直入地说,德国的"民族精神"所素有的实质在于追求个性,而最符合于这种精神的是德国人的国家结构——无政府状态。

埃希霍恩企图在自己的概念中用如下的方法把日耳曼的个性与德国人自古以来就存在的公社因素协调起来:公社是农民的组织;至于贵族,其突出特征是表现在古代日耳曼人中的亲兵和贵族身上的自由和个性不受限制的精神。用埃希霍恩的话说,亲兵和贵族的存在在日耳曼的历史上起了决定性的作用。他坚信,日耳曼人侵占罗马帝国根本不是所有日耳曼人之所为,而是贵族和亲兵之劳。他认为这就造成了日耳曼人分地时所得份地不均的原因。国王得到全部土地,然后由他来分配,按在亲兵中所起的作用大小把最多的土地分给自己的亲兵。埃希霍恩认为,这就是后来形成的封建采邑关系的基础。

在埃希霍恩看来,亲兵得到土地,便成为这块土地的统治者,封建

第二十二讲 十九世纪上半期德国的史学 法的历史学派

机构发展起来,这亲兵正是日耳曼个性的最集中的表现。这样一来,按他的观点,封建主义是从古代日耳曼人的个性发展而来的。

与此同时,亲兵是同任何国家权力中心都不能调和的一种组织。它不要一切政治联系,因此,封建割据是日耳曼人自古以来的亲兵制度的直接而合乎规律的后果。一言以蔽之,德国的封建主义和直到埃希霍恩时代仍然存在的封建政治割据的局面,在他看来,这是日耳曼"民族精神"的直接表现。

这样,按埃希霍恩的观点,表现在亲兵制度和政治分立的古日耳曼的个性,首先是与贵族联系在一起的。后来,这些贵族使自由农民服从自己,建立大领地。这大领地在整个德国史中成了决定性的因素。这样一来,埃希霍恩在自己关于马克的概念中曾强调过在古日耳曼人公社组织起着巨大作用,但在后来,这种作用在相当程度上仅仅表现在日耳曼人的历史中贵族和亲兵的关系起了决定性作用的这一理论上。

现在,我们来谈谈在埃希霍恩的观念中日耳曼因素和罗马因素之间的关系问题,关于中世社会产生的问题和他是如何解决所谓日耳曼—罗马问题的。

整个说来,埃希霍恩认为中世纪历史的发展是源于日耳曼的因素,尽管他也谈到一些附加条件。他并不认为罗马制度已因日耳曼的占领而完全摧毁。他认为那种认为日耳曼人能给罗马各省居民以某种纯日耳曼式的崭新的部落形式的说法是错误的。他说,日耳曼人很少触动罗马居民的政治机构和秩序,尤其在城市里更是如此。

他认为,由于日耳曼人和罗马人的融合,产生一个全新的民族。诚然,这个民族是野蛮的。因为罗马文化走向衰落,日耳曼人带来了尚武斗狠的精神、自由的习俗和制度。但是,罗马旧有的机构,特别是城市的旧机构,仍然保留下来。埃希霍恩在一定程度上步萨文尼的后尘,认为罗马的行政机构的保留在城市里表现得尤为明显。他同样确认,罗马的市政机构的存在具有连续性,但这只是指住有罗马居民和保留罗马原来秩序的罗马旧城市。但他与萨文尼不同之处在于,他正确地认

—— 391

为历来出现的大量城市是独立发展起来的。这些新城市的情况与旧城市情况全然不同,它们不是从罗马因素发展而来的,而是从日耳曼因素发展起来的。这些城市的居民可分为两类:一类是由伯爵管理而隶属于国家的自由人,一类是农奴,隶属于城市的领主。这样一来,在新出现的城市里常常存在两种制度,一种是世袭领地制,一种是国家法权制(自由民隶属于这一制度)。"奥托的特权"出现后这种情况发生变化。埃希霍恩认为,"奥托的特权"消除了城市中这两类居民间的差别,把所有的城市居民(世袭领地法、领主法权—Hofrecht 现在扩大到他们身上)变为领主的依附者。因此,按埃希霍恩的看法,城市的发展经历了世袭领地制的阶段,城市法是由领主的法权发展而来的。

从市民陷入领主权力之下的时候起,城市运动就开始了。处于被压迫地位的所有市民,由于有共同的利益,要求把自由还给所有的城市居民。这时他们所要求的自由已经不是原来自由的那部分人的自由。在由城市公社领导下的这一斗争中产生了城市代表会议。起初代表会议部分地由世袭领主的家臣组成。而后来公社逐渐获得自由,成为有由选举产生的代表会议的自由城市公社。

埃希霍恩所认为的城市制度产生的复杂过程就是如此。在他的理论中已包含着后来资产阶级形形色色的城市产生说的萌芽,这里包括关于罗马旧城市的罗马说,还包括城市起源于自由公社说和世袭领地说的一些成分。要知道,埃希霍恩认为,虽然中世纪的城市是由居民的自由成分和世袭领地成分的结合而促成的,但是要经历一个共同农奴化的阶段,城市处于世袭领地的地位。由此看出,似乎世袭领地说在埃希霍恩那里是主要的。

我们对上述法的历史学派的最重要代表人物的评述作一下总结。我们发现这一学派在研究法律问题时,重点放在法史和各种法制的产生上。他们都证明了一切法律制度的产生都有机地联系在一起,并且以某种形式都在古代法规中存在过,因为这些法都根源于"民族精神",所以,千百年来,法仍保持原来状态,只是形式有所变化而已。法所

第二十二讲 十九世纪上半期德国的史学 法的历史学派

发生的变化不是由于个别立法人的创造活动,而是"民族精神"[22]内部深化过程的结果。

由于法的历史学派不把历史看成是自由的个人创造的舞台,而是无意识的民族力量活动的场所,这样他们不能不特别注意经济发展的过程。当然,促使他们这样做,不仅是由于纯理论方面的因素,而且还由于十九世纪初欧洲经济飞速的发展,这种发展形势甚为明显,不能不加以注意。要知道法的历史学派恰恰坚持古今的联系,并用现在的东西去研究过去的东西。因此,各民族经济上的发展愈来愈引起史学家们的注意。可以说这个法的历史学派的精神之父麦捷尔就是一例。继他之后,萨文尼在解释法律文献时给经济发展以重要的评价,指出经济上新出现的情况,要求必须建立新的法律制度和能适应经济关系、特别是商业和信贷关系的这一水平[23]。

后来,在法的历史学派的直接影响下,德国出现了政治经济历史学派。这个学派承袭了法的历史学派的保守性,强调与历史传统的紧密联系,反对英国自由主义的政治经济学派(曼彻斯特学派)[24]。

法的历史学派注重"民族精神",注重群众中发生的历史进程。这样初看起来,好像它比启蒙史学更具有民主的色彩。因为启蒙史学常常把人民描写为消极的对象,他们只能是接受进步的真正体现者——起主导作用有觉悟的人物——的影响。在法的历史学派的学说中则相反,个人不起任何作用,一切都是由人民自己创造的。

然而,他们所注重的人民,实际上离开民主更远了。人民在法的历史学派的理论中,是某种自古以来陈腐保守力量的体现者。这种力量排除个人的创造激情,如果创造激情和这种真正的古老的因素相悖谬,那他们将一事无成。这里,人民的概念与法律制度的停滞不变的概念联系在一起。十分清楚,在人民这一概念中,丝毫不存在什么民主的观念[25]。而且,虽然法的历史学派的代表们振振有词地谈什么注重"人民"、注重"人民的力量",但是,从他们那里我们一直没有得到关于人民的任何真正生活和群众生活的观念。他们完全没有将人民划分为阶

—— 393

级、更没有阶级斗争的概念，而这种概念是当时法国资产阶级史学的一些代表人物引为特征的。

但不能不指出法的历史学派一个最大的功绩——这个学派的代表人物都能经常依靠原始材料进行研究，而且特别注意对史料的考证。诚然，这一功绩和他们其他方面的活动一样，又常常转变为缺点。我们看到，这个学派的历史学家强调有机发展的因素，以反对十八世纪历史学家的机械态度，由此对历史过程的阐述不是清楚了，而是更加糊涂了。即他们有时对原始史料的态度也是如此。

大家知道启蒙时期的活动家——伏尔泰·孟德斯鸠（更不必说孔多塞了）是如何治史的。他们首先注意的是进行大量的概括，很少去考虑史料，所用的史料常常是第二手的。我们可以指出十八世纪许多享有盛名的史学家如迪博、马布利，但是史料对于他们来说，只是他们需要勾画所需的一般图景时才用。史料与其说是研究对象，不如说是例证。毫无疑问，历史学派的重大贡献在于它要求任何结论都要用史料去证明，没有史料，任何论点和结论都是不可信的。然而，他们主张重视史料的弱点在于，这一学派的史学家愈来愈把史料研究作为最终目的，而且在分析史料的幌子下百般回避一些众所周知的结论。既然任何历史著作都不能回避概括总结，于是他们的结论便采取了隐蔽的形式，他们的反动倾向不能立即表现出来。但只要不断地进行慎重的揭露，这种倾向还是能够看得出来的。这样，对史料进行详细的、外表看来是客观的分析，在一定程度上是这一倾向的幌子，目的在于掩盖原来的，即研究史料前的思想。这种分析根源于这一学派的整个历史观点。

在研究十九世纪的史学史时，我们需要指出以下几点：史料学已经形成独立的学科，并有妨碍历史学发展之虞；某些学者认为，一切不能通过一定史料直接证实的东西，均不能成为科学研究的对象。马克思对法的历史学派在这方面的表现描写得惟妙惟肖："历史学派已把研究起源变成了自己的口号，它使自己对起源的爱好达到了极点，它要求船夫不沿着河航行，而沿着河的起源航行。"[25]（很明显，马克思所说的河

第二十二讲 十九世纪上半期德国的史学 法的历史学派

流指的是历史)。

(李春隆译 胡敦伟校)

注 释

①《马克思恩格斯全集》,中文版,第一卷,第100页。

②从这时起,费希特完全抛弃了原来的资产阶级自由主义的信念,而与当时德国的封建农奴制的现实完全调和了。(编者注)

③在落后的、政治涣散、封建农奴制的德国,资本主义关系的萌芽极其嫩弱,而反动势力在社会的各阶层中根深蒂固。因此1806—1813年的爱国热潮并未使资产阶级的民主思想获得胜利,相反,社会各个阶层,其中也包括曾同情启蒙思想的德国资产阶级知识分子的反动情绪却与日俱增。(编者注)

④德国仍处于四分五裂,德国大多数邦保留专制制度。(编者注)

⑤《马克思恩格斯全集》,中文版,第一卷,第454页。

⑥胡果(G. Hugo):《自然法是现行法的哲学》,格廷根,1798年。

⑦《马克思恩格斯全集》中文版,第一卷,第100—101页。

⑧萨文尼(F. K. Savigny):《关于我们时代的立法与法学的任务》,弗赖堡,1892年。

⑨蒂鲍(A. F. Thibaut):《论德意志需要一般的民法》,海德尔堡,1840年。

⑩萨文尼:《关于我们时代的立法与法学的任务》,第5页。

⑪萨文尼:《中世纪罗马法的历史》,第一至七卷,海德尔堡,1834—1851年。

⑫应该说,这一派的有些代表人物关于"民族精神"的概念具有浓厚的神秘主义色彩。说它是一种真实的精神,即存在人们和现实人类之外的一种东西,它是法和人类全部历史的真正缔造者。在这个纯粹的"民族精神"的特殊范围之内,历史就是在远离任何风浪、任何斗争、任何外来影响的情况下缔造成的。(作者注)

⑬萨文尼:《中世纪罗马法的历史》,第三卷,第84页。

⑭但是,这时的埃希霍恩不同于萨文尼之处是,他的政治倾向上存在一定的自由主义,尽管两位学者的整个史观颇为相似。(编者注)

⑮埃希霍恩(K. F. Eichhorn):《德国国家制度和德国法史》,第一至四卷,格廷根,1834年。(下同)

⑯埃希霍恩:同上书,第一卷,第9页。

⑰同上,第4页。

⑱请参看第二十讲。(编者注)

⑲埃希霍恩:同前书,第一卷,第61—62页。

⑳同时,与自己原来的观点不同。(编者注)

㉑顺便说一下,俄国的斯拉夫主义者也常常苦于给俄罗斯的民族精神下个确切的定义。(著者注)

㉒法的历史学派的代表人物在把法解释为"民族精神"的一种表现时,把社会史中的一些问题(如马克问题、城市兴起问题等)也纳入法史和国家机构史的研究范围,不过他们是从法律观点来对待这些问题的。(编者注)

㉓然而这里须记取的是,法的历史学派在解决经济和社会问题时经常存在严重的偏见,他们站在保守、甚至反动的立场上。他们研究的最终目的是,企图用十九世纪初德国诸邦的封建农奴制的历史传统,来为德国的政治分裂以及总的保守、停滞不前的现象作辩护。(编者注)

㉔叶·阿·科斯敏斯基原打算在自己的讲座中再提一提法国政治经济学的历史学派的问题,但未能如愿。(编者注)

㉕类似的思想在十九世纪四十年代俄国社会思想发展中斯拉夫主义者的观点中得到反映。斯拉夫主义者也把关于人民的思想看作是历史过程的主要力量,主张要遵循"人民的原则"。但是,这并不影响他们远离真正的民主和进步事业。(著者注)

㉖《马克思恩格斯全集》,1956年,中文版,第一卷,第97页。

第二十三讲 十九世纪上半期的德国史学 自由浪漫主义流派 史料学中的批判学派

我们看到,主要集中在伯林大学的反动的法的历史学派特别注意研究中世纪史,他们在中世纪史中看到日耳曼人的洁白无瑕、纯而又纯的"民族精神"。但是,这个理想化了的日耳曼人的"民族精神"不一定总是具有反动的性质。甚至我们上面谈过的埃希霍恩也不是立即赞同保守观点的,不是所有为德国的自由而斗的青年都马上习惯于反动的制度。在德国的社会中,即使在最反动的时期,自由运动仍然在进行。其原因之一是出于对欧洲大部分地区的反动制度所造成的过火行为的仇恨,二是受十九世纪二十年代在罗马帝国南部的国家——西班牙和意大利兴起的自由运动的影响。但在德国,爱自由的浪漫主义情绪已转向过去,它变成不痛不痒的、具有文学性质的东西。这种情绪只表现于思想领域,而从不诉诸行动。

这里,我援引一段马克思关于德国自由主义者的评价。这些自由主义者企图在古代的民族起源中为自己渺茫的自由的政治理想找到实证。对此马克思写道:"具有条顿血统并有自由思想的那些好心热情者,却到我们史前的条顿原始森林去找我们自由的历史。但假如我们自由的历史只能到森林中去找,那么我国的自由历史和野猪的自由历史又有什么区别呢?"①

马克思在这里指出,这些自由的浪漫主义者对自由的寻找具有完全脱离实际的性质,它丝毫没有针对德国的反动现状。埃希霍恩和萨文尼的学生——罗格就是德国史学界中一位这样的自由浪漫主义者。

卡尔·奥古斯特·罗格(一七九五——一八二七)曾于柏林大学读书。一八一三年,参加义勇军奔赴战场,负过重伤。后来重操科学工作,于克尼格斯堡任副教授之职。一八二〇年,他的主要著作——《论日耳曼人的审判制度》②问世。这部著作详细地研究了史料,有着鲜明的倾向性——对自由的热望。罗格一开头就明确指出,只有用古日耳曼人高尚的品质,特别是他们绝对的真诚老实,才能解释德国诉讼程序的特点,罗格十分肯定地说,用这种办案的方法,要想准确无误,只有一切参加审判的人都完全秉公守法,心术纯正。他还认为,如果没有日耳曼人自由的概念,那么便无法理解日耳曼的审判。罗格如同法的历史学派的代表人物一样,对麦捷尔尊崇备至,并常常引用他的话。罗格在描述德国早期历史时,运用了麦捷尔的术语——"gemeine Ehre"(日耳曼人的公意(即全民的)),认为这种"公意"是该时期古日耳曼人的特点。在他看来,日耳曼人这种公意首先在于每个人都参加"民众会议"("Volksgewalt")。他认为"民众会议"是当时日耳曼人社会生活的特点。另外,这种公意还表现在日耳曼人所素有的自由,有了自由,"每个自由人才能在自己亲族和朋友的帮助下,去做他想要做的事情,或者去做力所能及的事"③。

　　这样一来,为某一个人提供这种自由的可能性只有其他社会成员的力量才能加以制约。罗格就说,日耳曼人不受任何事物的制约,"日耳曼人的手受到制止的只能是他对方更有力的手,而绝不是当局强迫的力量"④。罗格认为,能够配得上享受这种无限自由的人只能是光明磊落、品德高洁的人。而当时控制这种自由和调整日耳曼人行为的唯一重要的准则是习俗(Sitte)。

　　罗格十分赞同塔西佗的说法:日耳曼人"良好的风格胜于其他地方的良好的法律"。罗格从法的观点出发,把这种自由称为 Fehderecht,即武力解决争端的法。不过他附带又说,从一般的意义上说,这里谈不上有什么法,因为这是自然形成的法。靠这种武力自卫法可以解决所有的刑事案件:凶杀、破坏名誉、伤害肢体等等案件。至于财产案、民事

第二十三讲 十九世纪上半期的德国史学 自由浪漫主义流派史料学中的批判学派

案则要由诉讼程序来解决。罗格说,古日耳曼人两家发生矛盾就如同两个国家之间的对立一样。每一个家庭也就像一个国家。家庭间的关系(复仇或间用武力恢复自己的权力)就好像国际间的关系。

这里,我们在相当程度上看到了麦捷尔关于单个日耳曼人的家庭极为独立的思想,它们都是土地的所有者。父亲和每个家庭的权力就如同国王的权力。而关于氏族制度的概念、关于凌驾于每个家庭之上并某种程度上影响家庭的宗族的概念在罗格这里是根本没有的。

罗格还重复了麦捷尔的另一思想,即在这种家庭划分极其个体化的情况下,每个家庭都享有充分的自由权。但日耳曼人仍然有一定的联合因素:每个"Pagus"(即地区)的居民,对于其他地区的居民来说,就是特殊的和持久的整体。

有时出现更大的联合体,但这是临时性的组织,只是为了战争的需要,打完仗后解散。在罗格看来,古日耳曼的一切政治机构都基于能把这些自由的人们联合在一起的两种因素:一是所有生活在一地区的自由人(Volkseinheit)是一个统一的整体;一是他们享有土地权。罗格指出,日耳曼人有马克结构(Markgenossenschaft)和马克公社(Markfrieden)。罗格步麦捷尔的后尘,把马克看作是自由土地所有者的联合体。然后,罗格又与埃希霍恩一样,基本观点是日耳曼人中自古以来就有贵族,日耳曼人分为两个阶层:贵族(Edel)阶层和普通自由人(Freie)阶层。因此他认为,马克里也有两种土地。第一种土地叫Feldmarken(马克地),这是显贵、国王和教会的私人财产。罗格进而把私有地产(Villa indominicata)放入古日耳曼这自古以来的制度中。大家知道,这个私有地产的出现要远远迟于罗格研究的关于日耳曼审判结构的那个时期。此外,马克内还有另一种Feldmarken,这是农民型的自由土地私有者的土地,这里主要是公社使用土地。这种马克成员组成Markgenossenschaft(马克结构),他们有自己的马克法——Markrecht,受马克公社的保护。

这就是罗格关于日耳曼人自古以来社会制度的观点。他的观点是抽象的理论，完全脱离历史实际情况。尤其是，在他观念中的"日耳曼自由"根本不具有平等的含义，它一开始就有贵族（Adel）的存在。在这个意义上，自由浪漫主义者罗格的观点与保守浪漫主义者埃希霍恩的观点就没有多大差别了。埃希霍伦也认为贵族是日耳曼自古以来就有的管理阶层，尽管这个阶层的产生无法研究清楚，因为它和日耳曼历史最古老的因素、甚至和宗教相联系⑤。

法的历史学派是在和十九世纪上半期德国语言学派的相互密切影响下发展起来的。语言学派曾给法的历史学派以很大的影响。萨文尼和埃希霍恩一向强调管理制度的发展和语言的发展一样，是径直的、自发地进行着的。他们把语言的演化描绘成是和平的、有规律的过程，其中没有任何突变和破坏，没有任何外界干扰，没有任何变革。

早在十八世纪末古典语言学就发生了巨大的变化。这里首先应该提及的是弗里德里希·奥古斯特·渥尔夫（一七五六——一八二四）。他是著名的《荷马导言》（一七九五）⑥的作者。

渥尔夫与后来的法的历史学派同出一辙，认为整个希腊史诗不是像以前所认为的那样是某个人创造的结果，而是全体希腊人创造的成果，或者更确切地说，是由这种"民族精神"的表现者——说书人、歌手和行吟诗人创作的。渥尔夫的学生拉赫曼进一步发展了这一思想。他认为《伊里亚特》和《奥德赛》的每一首歌都是由希腊人的一个特殊的分支创作的。

给法的历史学派以深刻影响的是著名的语言学家和民俗学家格林兄弟。尤其是长兄雅各布（一七八五——一八六三）的作用更大，他曾一度做过萨文尼的秘书。我们发现格林兄弟也像麦捷尔及其追随者一样，把古日耳曼古老的家长风习和保守的农民生活方式理想化了。并且格林兄弟的著作要比法的历史学派代表人物的著作更具有鲜明的民族主义色彩。雅各布·格林如同渥尔夫对待希腊的史诗一样，把"民族精神"无意识创造的思想用于德国的语言学。他在谈到关于谁是《尼伯龙根之歌》的作者这一问题时说，探讨这个问题毫无意义，因为每一部

第二十三讲 十九世纪上半期的德国史学 自由浪漫主义流派史料学中的批判学派

伟大的民族作品不是由某个人创作的,而是由人民自己直接创作的。

格林兄弟开始搜集民间故事。一八一二年,他们著名的日耳曼民间故事集出版。该故事集具有一定的科学价值。其中有最古老的民间诗歌,诗歌中鲜明地反映了民族的性格。此后不久,一八一六年,他们的《德国传说故事集》⑦问世。

在格林兄弟看来,民间传说和民间故事的区别在于,民间传说永远依据某一历史上的事件,总是与某一时代、某一人物相联系的,虽然他们有时可能与历史实际情况相差很远。用格林兄弟的话说,人从自己的祖国得到了伴随自己终生的保护天使。这是神话、史诗和历史故事中的光彩夺目的瑰宝。

格林兄弟对法律颇有研究,与法的历史学派发生了直接的联系。一八二八年,雅各布·格林出版了《古代德国法》⑧。在这部文集中,不仅收集了法的史料,而且还包括许多关于语言、史诗、司法风习中的法律史方面的记述。这部书是一部珍贵的文化史的资料。尤其可贵的是,格林兄弟还搜集了关于农民古老风习方面的资料。

一八三五年,格林兄弟出版了《德国神话集》⑨。应该指出,真正属于德国古老宗教方面的材料并不多,绝大多数神话取材于较晚的一些文献。

格林兄弟最大的一部著作是《德国语言的历史研究》⑩(一八五二)。直至现在,这部著作仍然是语言和历史资料的丰富来源。

法的历史学派特别注意史料的研究和批评,这一点在语言学领域里表现得尤为突出。甚至可以说,语言学在这方面给了法的历史学派以很大的推动。渥尔夫评价荷马的方法后来被萨文尼和埃希霍恩所采用。而早在他们之前,胡果在研究史料时也曾用这一方法。

这种非常注重史料研究的情况,收到了许多好结果。首先,把考证史料放在第一位。无论是法律史学者,或是历史学者,一般来说愈来愈抛弃叙述性的史料,而愈来愈转入对真正史料的研究。所谓真正史料主要指的是文据和其他类似的文件。麦捷尔很早就认为叙述性史料是

—— 401

不够的，所以开始研究文据。渥尔夫的研究成果启发人们对史料学中一系列重要问题重新审查。埃希霍恩和萨文尼朝着这个方向迈出可喜的一步。但在考证史料上成绩最显著者应推尼布尔。尼布尔的名字与史料考证史的新阶段紧紧联系在一起。

尼布尔往往被认为是性格多疑的史学家，他对史料的批评苛刻到无以复加的地步。但这种说法不完全正确。尼布尔的专业是研究古典语言学的，后改为研究历史，主要是研究罗马史和整个古代史。他不搞中世纪的，所以我对他不想多谈。但又必须提到他，因为史料批评在中世纪的许多问题上都起着核心的作用，而尼布尔在这方面是很有影响的人物。

巴托尔德—格奥尔格·尼布尔（一七七六——一八三一）原是丹麦人。起初在哥本哈根的财政部门工作，任"东印度银行"行长。后来应施泰因邀请去柏林从事财政方面的工作。但不久他又研究起语言学和历史学方面的问题。一八一六年，他以普鲁士驻教皇国公使的身份去罗马，在这里他继续从事罗马史的研究。一八二三年，他在波恩晋升为历史教授。

尼布尔赞同法的历史学派的保守观点。与大多数同年代的人不同之处在于，他从青年时代起就是保守分子。他对法国革命从不感兴趣，认为共和国不会巩固，君主制很快会在法国恢复。他在《革命时代的历史》⑪一书中认为法国的革命是应该受诅咒的。

尼布尔的主要著作是《罗马史》⑫。头两卷于一八一一年出版，撰写的是萨莫奈战争之前的历史。第三卷在他去世后才出版，写到布匿战争。尼布尔本欲研究到奥古斯都元首政治开始时期，但未能如愿。此外，尼布尔还留下一部大学专题讲稿集，由听课者辑录而成。书中涉及了罗马史、希腊史、古代东方史和法国革命史的其他大量问题。尼布尔自一八一〇年开始在柏林讲学，名声斐然，连萨文尼都成了他的热心听讲者，尽管此时萨文尼已是教授了。

尼布尔对古代的史学和整个历史科学的发展作了哪些贡献呢？首

第二十三讲　十九世纪上半期的德国史学　自由浪漫主义流派史料学中的批判学派

先,他推翻了关于罗马历史中在所谓的王政时代和共和国初期存在过"黑暗时期"的神话传说。他指出提图·李维早期著作中赖以说明问题的史料是不可靠的。其实博福尔早就批判过李维的《前十书》,对其中的所有传说表示怀疑。他指出,李维没有掌握任何可信的史料,同时也没有依据任何令人可信的传统。但博福尔的批判就此而止了。而尼布尔则在更广泛的范围内提出问题,即如何把主观叙述性的史料变成客观的历史的真实,如何利用流传至今的史料去了解历史的本来面貌。他认为,不首先研究史料史、传说本身的历史,那么这些问题是无法得到解决的。

于是,尼布尔首先编著了罗马史的史料史,并认为这是自己的主要任务。但这个任务十分艰巨,因为可靠的流传材料都是属于最后的时期,早期的史料又没有保存下来,这就要在相当大的程度上去恢复这些史料。所以,尼布尔提出了罗马史学家所使用的史料的从外国引用和外来影响的问题。尼布尔的论点价值与其说是解决问题,不如说提出问题的本身。许多问题,诸如史料应该进行历史的考证;历史传说应正确地确定其可信程度;必须研究史料史、史料的由来、史料中外来的成分、外来的途径;所有这些问题的提出都是至关重要的。

尼布尔与维科一样,与渥尔夫也部分相似,竭力恢复他认为是罗马传统基础的那种诗歌创作,他觉得,提图·李维关于古代罗马的君主制和共和制时期的故事,主要形式是诗歌,是没有流传下来的罗马史诗。于是,他绞尽脑汁,重新编纂这些史诗。他自信自己的诗歌鉴赏能力,但却常常错误百出。存在过原始的罗马史诗这一思想的本身,纯属想入非非,毫无根据。

尼布尔认为古代传说中的某些成分是可信的,并根据这些成分来编纂自己设想的史诗。并根据这一史诗再去撰写罗马古代史,他写罗马史所依据的常常是他当代的制度。他像埃希霍恩和法的历史学派那样,把现在的东西看作是了解过去的东西的钥匙。尼布尔也照此办理,认为历史分析的这一方法是非常起作用的。尼布尔认为,要了解过去,必须知道现在。在他看来,史学家所能撰写和理解的只能是自己亲身经历过的东西。他的这一理论为他再现罗马古代史的现代化开辟了广阔的道路。同时,尼布尔受自己的祖国——丹麦的制度影响很深,在一定程度上受霍尔斯坦和迪特马尔申的影响。世代保持自由的当地农民对尼布尔来说,如同威斯特伐利亚的农民对麦捷尔一样,是他考虑问题的出发点。尼布尔与麦捷尔一个腔调,对那些自古以来就留恋故土和风习的自由农民备加美化,认为他们是民族存在的坚固基础。他认为,只有当罗马的公民都成为农民,并且都耕种自己的土地时,他们的国家才能出现真正的繁荣。尼布尔谴责使罗马人抛弃真正的(他这样认为)农民思想的一切做法。他显然持保守的观点,但却指责罗马贵族和大土地所有者掠夺农民的土地,破坏罗马的战斗力,因为没有这支步兵的实力,就不会有罗马的强盛。他认为罗马历史的黄金时代是最早的时期。由于这个时期保留下来的史料最少,所以关于这个时期的历史他是在同现代对比的基础上,或者是在相当大程度上对历史传说进行揣测的基础上完成的。尼布尔对罗马历史的早期最感兴趣,这方面最典型的是他的现代化观点,他对罗马史的古代有兴趣,因为这时风气没有受到破坏。总之,尼布尔著作中好的方面比起他的批评方面弱,或者确切些说,比他所提出的批评性的问题要大为逊色。但是应该说,尼布尔在罗马早期历史上向前迈出了很大的一步。恩格斯说:"对于氏族的本质至少有大致概念的第一个历史学家是尼布尔,这应归功于他熟悉迪特马尔申的民族。但是,他的错误也是直接由此而来的。"[13]

尼布尔在语言学批判方面和法的条文和形式的注释方面提出了一系列极重要的指导性意见。他力图确定每一个史料的时间和出处,并提出可以确定的原则。在他之前,还不曾有人研究过史料。因此,尽管他有许多错误,但在史料学史上和史料批评史上,他不愧为一代宗师。

法的历史学派非常重视史料,这不仅表现在把批评史料越来越提到首位,从而使其具有独立的意义,而且还表现在加强史料的出版。特

第二十三讲　十九世纪上半期的德国史学　自由浪漫主义流派史料学中的批判学派

别是从十九世纪二十年代开始,不仅在德国⑭,而且在欧洲其他国家里出版史料的情况越来越普遍。同时还应该指出一个重要的因素,即当时政府对历史加以特殊的庇护。如果说启蒙时期自称为文艺保护者的国王为了表示自己对启蒙运动的赞成,从而保护历史,然而这些史学家在自己的著作中并不总是宣扬有利于君主专制的思想,那么,现在反动的法的历史学派则完全沦为君主专制的奴仆。德国大学的史学,特别是柏林大学的史学完全站在反自由的民族主义立场上。政府千方百计地促使这种史学的发展,因为他们认为这种史学是防止任何革命思想的消毒剂。历史开始成为每个政治家的必修课。

（李春隆译　胡敦伟校）

注　释

①《马克思恩格斯全集》,中文版,卷一,第 454 页。
②罗格(K. A. Rogge):《论日耳曼人的审判制度》,德文版,哈雷,1820 年。
③同上,第 1 页。
④同上第 1—2 页。
⑤罗格虽然似乎倾向于自由派,但在相当大的程度上受法的历史学派的影响,这不仅表现在研究方法上,而且还表现在对待古日耳曼人历史的一般概念上。不同的只在于他特殊强调的是"日耳曼人自由"的古老的性质。不难发现,罗格的主张带有浓厚的民族主义色彩。（编者注）
⑥渥尔夫:《荷马导言》,德文版,柏林,1872 年。
⑦格林兄弟:《德国传说故事集》,德文版,柏林,1956 年。
⑧雅·格林:《古代德国法》,德文版,卷一至二,柏林,1956 年。
⑨雅·格林:《德国神话集》,德文版,卷一至三,1875—1878 年。
⑩雅·格林:《德国语言的历史研究》,德文版,卷一至二,莱比锡,1868 年。
⑪尼布尔(B. G. Niebuhr):《革命时代的历史》,德文版,汉堡,1845 年。
⑫尼布尔:《罗马史》,德文版,卷一至三,柏林,1873—1874 年。
⑬《马克思恩格斯选集》,中文版,卷一,第 166 页。
⑭详见第二十六讲。（编者注）

第二十四讲 十九世纪前半期德国的史学 黑格尔的历史观、"老年黑格尔派"和"青年黑格尔派"的历史观

不论是启蒙时期的,还是十九世纪初反动的史学,在对待历史上都表现出一种片面性,这在当时就已明显地被人所察觉。启蒙时期的史学虽然把一些进步的思想运用到了史学研究中,但是由于它是纯机械地去理解社会和社会发展,所以对进步的理解也是异常僵化。至于反动的史学,尽管它把社会有机发展的思想提到首位,但却把这种发展看得极为保守。与其说是一种发展,还不如就是对旧有的传统形式的肯定。这种反动的思想体系不能完全满足新兴的德国资产阶级。尽管德国新兴资产阶级在拿破仑战争之后已同封建反动势力妥协,并迅速地适应德国各小邦的反动的君主政体,但他们还是得到了进一步的发展,并提出了一些新的要求。德国资产阶级是难以完全满足同封建势力所达成的妥协的。

十九世纪初,唯心主义哲学在德国得到迅速的发展。这种哲学尽管表面极为抽象,但也反映了当时的历史现实。

德国,乃至整个欧洲发生的所有重大事件:革命、拿破仑战争、拿破仑帝国的崩溃、君主专制在法国的复辟都在哲学领域提出了史学的问题。历史哲学的地位在哲学领域中越来越得到加强。费希特和谢林就已对历史哲学给予了极大的注意。

德国的许多哲学家最初都迷恋法国的革命思想,以后越来越走向与现实的妥协。在他们中间,谢林就是这样一位著名的哲学家。他同法的历史学派一样,为现实作辩护。他的指导思想是史学必须采用神

第二十四讲 十九世纪前半期德国的史学……"青年黑格尔派"的历史观

学形式,人性必须服从神性的思想。

谢林力图使人们安于现状,摆脱人间的忧虑和烦恼,进入虚幻的极乐艺术世界。后来,谢林愈益滑向反动的神秘主义。自一八〇九年起,他开始了对宗教哲学的专门研究。后来,他在柏林的讲座中曾说,国家与宗教有着内在密切的联系,相互依赖,缺一就难以发挥其真正的作用。他把宗教哲学称为优等哲学,因为似乎宗教哲学才能洞察真情,洞察真理的存在,即上帝的存在;而劣等哲学或合理的哲学却只能把世界看成是可能的理性的客体,或理性原则所产生的客体。因此,谢林反对去历史批判地分析福音书及整部《圣经》,他容不得对创世说的真实性和神圣的耶稣有任何的怀疑。

谢林和其他一些浪漫主义哲学家非常重视艺术。浪漫主义美学派声称,人们不能通过批判和分析的方法去认识世界,而应通过直接的艺术静观、感化和直觉的方法。只有诗人、艺术家才是生活的真正导师,他们的创作是无意识地进行的,靠自己的灵感。这种学说的反动实质是十分明显的。它贬低科学,反对理性,主张脱离现实,反对对现状作任何创造性的改变。神秘的浪漫主义学派主张自我深化,主张超脱社会的无数重任,坠入虚幻而毫无目的的社会梦想,提倡宗教道德的自我完善。这种神秘浪漫主义学派当时在德国广为流传,在俄国也大有市场。在俄国,那些心地纯洁、头脑敏锐,但意志薄弱的人只能是沉湎于自己的内心世界之中。

正如上面所述,随着这时全国经济的全面的发展,德国资产阶级已开始觉醒,那种脱离现实的理论已远不能使他们满意了。在德国资本主义制度发展的条件已日趋成熟。这一点在抽象的思维领域中也得到了反映。旧制度和革命、拿破仑的统治,以及随后的反动复辟——西欧在一百五十年间所经历的全部重大历史事件都在唯心主义哲学体系,尤其是在黑格尔的历史哲学中得到完整的反映。

对黑格尔哲学及其历史观的研究是哲学史课程所要解决的问题,这里无需多谈。但应指出,黑格尔对史学,特别是对德国史学的以后发

—— 407

展有极大的影响。因此,史学史这门课程对此也就不能不有所涉及。

黑格尔(一七七〇——一八三一)与费希特、谢林很相似,也曾迷恋过法国革命。他期待法国革命会带来一个把科学和宗教融为一体的"上帝王国",在蒂宾根,黑格尔曾栽下一棵自由之树,以表示要求用资产阶级的精神来改革德国现状。黑格尔推崇拿破仑,把拿破仑看成是历史"世界之魂"。在那些年代里,黑格尔曾写道,德国由于自己社会制度的缺陷而遭受战争的失败。德国已不成其为一个国家,因为内乱与无法制的无政府状态笼罩着德国。黑格尔认为,当时的德国只是一个理论上的国家,因此如他断言的那样,德国人的思维也具有纯理论的空想性质。

黑格尔从启蒙时期的史学家接受了进步思想。早在青年时期,他就接受这种思想,并一直坚持到终身,不过把它变成一种半神秘的独自的形式。①他相信,历史发展是一个走向美好未来的永恒运动。因此他所想象的历史具有一种完整、可以理解的严密的规律性的东西。黑格尔的历史哲学试图巧妙地把整个世界的历史联结为一个统一的,互相联系而又合乎规律的过程。他把法的历史学派局限的封闭的保守的"民族精神"变为全体的,从属于全世界的,而不是民族的总的历史计划。在这整个世界的历史规划中,统一的"世界精神"起着主导作用。可以说,黑格尔在法学中恢复了被反动的浪漫主义者割裂成一系列孤立的民族史的整个世界的历史。用黑格尔的话来说:"在必不可少的承袭中,民族精神的原则本身就是统一的共同精神的组成部分。在历史进程中,共同精神的各个组成部分通过民族精神原则得到升华,日趋完善,完成自我意识,进而成为包罗万象的东西。"②这样一来,黑格尔就把整个世界的历史看成为一个统一、有机、合乎规律的人类进步发展的过程。每一个单独的民族精神都只是"世界精神"发展中的一个台阶。因此,每个民族也就只能是某一项原则的体现者,其作用一旦完成,它也就将让位于另一个体现更高原则的民族。

这样一来,黑格尔在其绘制的人类发展图景中,把启蒙时期所提出

第二十四讲 十九世纪前半期德国的史学……"青年黑格尔派"的历史观

的整个世界历史共同发展的原则与十九世纪初期反动史学思想的有机发展的原则结合在一起。历史学派的"民族精神"在黑格尔手中只是人类发展进程中的一个台阶。

反动的浪漫主义者曾把"抽象的人"与具体时代、具体民族中的人对立起来。他们所攻击的那种"抽象的人"在这里又得以重现,但已不再是那么原始了,而是与"民族精神"这一概念、与民族历史密切地联系在一起了。在黑格尔那里,民族历史与整个世界历史是不可分割的,有机发展的理论演变成为向前发展的理论。

同样,黑格尔以新的方式提出了个人与群众(人民)关系的问题,这个问题也是启蒙史学家和反动历史学派代表人物的分水岭。

大多数启蒙的史学家认为,个人是唯一的创造力,而群众则是个人作用的消极客体。反动史学派的代表人物的主张恰恰与此相反,他们认为个人在具有无意识创造力的"民族精神"面前,在作为传统和保守原则保卫者的人民面前,完全退居到末位。在黑格尔那里,个人是"世界精神"的一种工具。个人为了追求自己的目的,不自觉地执行着"世界精神"所提出的任务。"世界精神"总是通过人类的活动来实现自己的目的,而人类的活动则受人的需求、爱好和利益所支配。"世界精神"如同建筑师在盖房子时需要的各种材料一样,来利用一些可作为它的材料的人。人本身毫不足道,重要的是"世界精神"如何使用他们。只有"世界精神"才了解历史的目的,历史人物只是"世界精神"手中的盲从的工具。

黑格尔说,"世界精神"是难以捉摸的,因为"世界精神"能使欲望为其服务,同时由于欲望的作用而取得的事业,能忍受伤害和损失。③这样一来:"绝对观念不是由自己,而是由历史人物的欲望为现实存在和暂时事物付出代价。"④但是,历史伟人的个人利益和目的是与"世界精神"的目的息息相关的。他们是世界历史的真正英雄。他们能像预言家一样看到未来,善于识别"世界精神"的目的。然而,他们的结局往往是极不幸的,等待他们的是悲惨的命运(例如:凯撒、马其顿王亚历山

—— 409

大、拿破仑)。

　　黑格尔认为,历史人物的活动与不起作用的群众并不矛盾。恰恰相反,他们的活动是面向群众的,这些伟人归根结底是为了群众的利益,不过,伟人们一般并未觉察到这一点。⑤群众的生活为伟人们所追求的事物准备了条件,结果双方所为之鼓舞的是同样的观念。例如:亚历山大和凯撒的活动影响了时代和人民,时代和人民又准备了鼓舞这些伟人的志向。时代创造了他们,他们也创造了时代。他们是本时代和自己人民的工具,同时他们又把自己的人民变成了完成自己业绩的工具。当一个民族实现了自己的目的或原则,它就应该退出历史舞台,让位于能把"世界精神"抬到另一个高度的另一个具有历史意义的民族。

　　黑格尔晚年曾任教于柏林大学,讲授历史哲学课。在课程中,他力图把世界历史的发展描绘成"一幅世界精神"史的总图景。"世界精神"意识到自己的本质在自由之中。黑格尔认为,自由就像长度是物质的特性一样,是"世界精神"的特性。在他的眼里,世界历史是自由被意识的进步过程。他认为,历史服从于理性原则,因而史学家必须从理性的观点去理解历史。用他的话说"谁理智地看待世界,谁就会得到世界理智的看待。"⑥历史的发展是一个合乎逻辑的过程。如果认为历史是毫无意义和没有远大前程的,那么人类所经历过的全部可怕的灾难和损失应如何解释呢?黑格尔说,只有灾难能够导致进步,幸福和太平时代往往是最无成果的时代。黑格尔描述道,民族为民族实践着自己的历史使命,当一个民族耗尽自己最大的精力时,它便退出历史舞台。黑格尔说:"民族的原则一旦实现,其活动也就停止了。民族享受不到它用生命培育成熟的果实。民族产生并促其成熟的果实,成为了摆在民族面前的一杯毒酒。"⑦民族只好拿起这杯毒酒,喝了后就死去了。它的位置就让位于另一个民族。

　　首先应该指出的是,现实历史很难纳进这种模式中。为了论证这种模式,黑格尔在课上就得大为缩小人类的概念,缩小世界历史和人类

第二十四讲 十九世纪前半期德国的史学……"青年黑格尔派"的历史观

地理边界的范畴。在这方面他远远不如伏尔泰。伏尔泰尽力包括全人类,并强调地球上的所有人民(甚至包括远离欧洲的人民)都对历史宝库作出了自己的贡献。黑格尔在这方面也不如赫德尔和莱辛。赫德尔把统一的人类放在首位。莱辛则幻想全人类的教育。然而对于黑格尔来说,"世界精神"的体现范围只限于前亚细亚、北非和西欧。他认为生活在其他地区的民族则根本就没有历史了,他们似乎被排斥于历史之外,是"无历史"的民族。如果一个民族完成了自己的作用,就要变成"无历史"民族,随之就要消失于历史舞台之上。黑格尔在谈到这些民族时说:这样的民族即使还继续存在,其生活也只能是"政治空虚和寂寞。"⑧

尚未开始自我意识的民族,它的早期历史也同样不属于历史。历史只能从人们开始自我意识,即亲自书写自己的历史时才开始。在此之前,这个民族还只是"无历史"的民族。因此,黑格尔把历史看成是一个人类大多数人都被排斥在外的过程。⑨

黑格尔认为,人类历史的具体进程是:"世界精神"在古代东方史上,(即前亚细亚和埃及)度过童年时期,这样北非也被纳入"世界精神"的范围;在希腊,"世界精神"度过了美好的青年时代,在罗马度过了成熟期;在日耳曼—基督教世界,"世界精神"进入了晚年。在古代东方国家,人尚未意识到自己的自由,完全屈服于政治与宗教的专制之下,自由的只有一种人——僧侣,其余的人都是无权的大众。在希腊和罗马,"世界精神"开始意识到自己的自由,但并不完全,这里能够享受自由的还只是有些人。黑格尔认为,"世界精神"只有在日耳曼的欧洲才得到了充分的自由,尤其在宗教改革之后。然而"世界精神"虽进入晚年,但尚未达到衰弱不堪的程度,它还是精力充沛的晚年,还能持续很长的一段时间,但终究是晚年,再也没有什么新阶段了。"世界精神"在黑格尔所处的欧洲,特别在德国达到了自己发展的最后的顶峰。就这样,黑格尔把现实及其"历史精神"看作是"世界精神"自我意识过程的完成。在黑格尔的哲学体系中,现实即是"世界精神"充分意识到自身与自身的

—— 411

自由，从而实现了自己发展目的的时代。在自由被意识的过程中，黑格尔看到了人类历史的最后阶段。

这样一来，黑格尔把历史发展到现在就中断了。各个民族互相更替，在人类精神发展中构成不同的进步阶段，他们历史的全部宏伟画卷，人类的全部进步的发展到了现在就突然中断了，走进了死胡同，再没有往前发展的余地。这就使黑格尔遇到了一个无法解决的矛盾：在他的模式中，过去的一切都服从于不断发展的规律，可是现在却是无路可走的时代，一切发展都停止了。在具体的历史上，十九世纪初的普鲁士王国成为整个漫长历史过程中的最高成果和终极目的。黑格尔认为，"世界精神"在这个封建农奴制的军国主义的王国中已经自觉地意识到了自己的本质——自由。

同我们在孔多塞那里看到的未来社会发展图景相比，这也是多么奇怪和突然的结局，人类发展的结果又是多么悲惨！应该说，"历史哲学"是黑格尔全部著作中最拙劣的一部。[⑩]

不论在德国，还是在国外，黑格尔对史学都有巨大的影响。这种影响是两方面的。问题在于在评论黑格尔的哲学与其史学观点时，我们应该把他的保守的唯心主义体系和革命的辩证法区别开。黑格尔的史学体系是对史料的一种践踏。他把人类很大一部分排斥在历史之外，因为他把大多数民族归于"无历史"的民族。对于作史的"历史"民族的更替，他也完全随意处置，这在实质上就是否定了整个人类的向前发展，既然现在历史发展已停了下来，并且历史到目前已完成了任务，黑格尔则认为"世界精神"所追求的人类目的（即自由）已在假立宪制度的普鲁士国家完成。发掘自由的过程就是全部历史。黑格尔的历史哲学，以自己"一切现实的都是合理的"这一含混不清的宿命论原则为十九世纪初德国的历史现状进行了辩解。"一切现实的都是合理的"这一模式，在黑格尔的《法哲学》一书中得到了明显的反映。在这本书中，黑格尔认为，国家是现实的神，人们应把它作为大地之神来崇拜。他断言，个人从国家获得自己的价值和自己的

第二十四讲 十九世纪前半期德国的史学……"青年黑格尔派"的历史观

全部精神世界。黑格尔的这种思想体系完全符合反动势力的意愿，并为德国反动势力提供哲学论据。众所周知，黑格尔晚年形成的这种体系（当时他已经完全为普鲁士王国服务）不能不沦为反动势力的尤其在史学上的一种工具。

黑格尔的辩证法则是另一回事，它形成于黑格尔的青年时期，主要是受到了法国资产阶级革命的影响，可以说它是这一历史事件所给的一种神秘化的歪曲的印象。黑格尔的辩证法首先是一种有深刻历史意义的方法。它可以帮助人们把世界上的一切，特别是历史中的一切理解为运动，理解为一种过程，一种不断的变化和发展，并且是一种向前的发展。众所周知，对这种发展变化的思想，法的历史学派也不反对，但是后者太延缓了这一发展过程，几乎把它引向绝对静止。主要的是他们完全从发展中排除了任何革命的因素，飞跃的因素。黑格尔辩证法的价值恰好在于，它用对立统一、否定之否定、量变转化为质变等法则确立了一种新的历史发展学说。⑪按照否定之否定的观点，任何事物都将走向自己的反面；量变转化为质变的学说揭示了由数量变化的积累可以导致物质以突变的方式转化为新的物质。当然上述这些历史发展规律同精神发展规律、逻辑发展规律一样，也被黑格尔蒙上了一层神秘主义的色彩。黑格尔哲学体系的辩证法认为物质世界是精神发展的产物和反映。这种辩证法被马克思称之为头脚倒置的辩证法。需要把它倒过来。但由于这些历史发展的辩证规律是从现实的历史经验中从旧制度、从革命、从拿破仑帝国到反动复辟的历史经验中得出的，因而黑格尔极大地丰富了社会有机发展的学说，为其增添了突变方式的革命和斗争这一内容。因此，这种辩证法必然地会影响史学思想的进步发展。

黑格尔的方法与体系之间的矛盾，在他的继承者中间导致了严重的分歧。他的继承者逐渐分化成两派（黑格尔右派，或称为"老年黑格尔派"和黑格尔左派，或称为"青年黑格尔派"）。前者主要承袭了黑格尔的体系，后者则继承了黑格尔的方法，并试图把这种方法应用于史学

—— 413

研究。黑格尔的学说,尤其是他的辩证法,对于黑格尔左派,用赫尔岑的话来说,是"革命的代数学";而对于黑格尔右派,正如普列汉诺夫讥讽地说的那样,是"停滞的数学"。

十九世纪三十至四十年代,两派围绕着宗教问题展开了斗争。黑格尔右派在黑格尔学说中寻求能够用来论证基督教教义真实性的新论断,黑格尔左派则迈向无神论,因为黑格尔的"世界精神"严格地说就是抬高到至高无上的人的意识。因为照黑格尔的说法,除了人之外没有精神,没有上帝。

当然,如果把所有这些分歧都只认为是纯粹思想意识上的矛盾,那就大错特错了。这里面反映了在以反动的封建右翼势力,特别是普鲁士为一方,和以具有激进情绪、企图实行资产阶级改革的、正在壮大的德国资产阶级为一方的两派为了各自利益展开的斗争,反映了不同派别之间的斗争。双方都从黑格尔学说中汲取自己最有用的东西。

我们不准备过多地谈论黑格尔的思想遗产问题,因为它与中世纪史的研究没有直接的联系。不过,有几位著名人物我们有必要在这里略加评论。

例如,青年黑格尔派大卫·施特劳斯。他在自己的《耶稣传》(一八三五——一八三六)[12]一书中企图巧妙地把渥尔夫用于荷马史诗研究的批判方法和黑格尔的观点结合在一起。施特劳斯认为,就像荷马史诗是希腊人民创造的成果一样,福音书中的故事也只是一些神话,是基督教公社无意识创造的成果。当然,施特劳斯对待基督教还是相当虔诚的。他认为基督教的教义与最高的哲学观点是一致的。但是同时,在研究基督教某些信条的产生、发展和废弃时,他运用了辩证法。他曾断言,这种发展是按照辩证法的必然规律进行的。依据辩证法的规律看来,耶稣·基督只不过是一位历史人物,一位伟大的历史活动家。因为施特劳斯是一位唯心主义者,所以他的观点是一种宗教的泛神论观点。他不承认人格化的上帝,而认为上帝存在于万物之中。他还认为,精神是永存的,只不过它是永恒地存在于人的思维之中。尽管施特劳斯是

第二十四讲 十九世纪前半期德国的史学……"青年黑格尔派"的历史观

一位唯心主义者,但毅然地和传统的教会决裂。他对教会的批判帮助了同教会思想的斗争。

除施特劳斯之外,在黑格尔左派中还应提到有名的布鲁诺·鲍威尔。鲍威尔对基督教的态度与施特劳斯有所不同。[13] 施特劳斯认为,基督教的传统是原始基督教公社无意识的创造结果,鲍威尔在这个问题上则更接近十八世纪理性派的立场。他把基督教、基督教义,特别是基督教的传统看成是福音书作者有意杜撰的谎话。这完全符合鲍威尔的个人与群众关系的理论。在这一问题上鲍威尔与黑格尔有着重大分歧。

黑格尔认为,如果个人对群众有创造性的影响,那么从另一方面看,群众也决定了个人的性格和活动,个人只不过是群众思想的体现者。而在鲍威尔看来,个人是历史的创造者,历史是那些具有"批判思维的个人"创造的,人民群众无论如何创造不了历史。鲍威尔的这种思想把历史完全看成是具有批判思维的人的活动。他的这种思想对十九世纪上半期德国的知识分子产生了很大的影响。[14]

黑格尔左派中还出现了路德维希·费尔巴哈这一人物。他同前辈相比,是一位更坚定的唯物主义者和无神论者。一八四一年,他的《基督教的本质》一书问世。[15] 在这部书中,他把宗教看作是人的本质无意识地神化过程。费尔巴哈断言,人在宗教中神化了自己和自己的能力,但却脱离了自己的本身。宗教把人的本质看作是有别于人,甚至是与人对立的非人之物。宗教的谎言、局限性和它与理性、道德的矛盾在这里都无遗地暴露出来。[16]

费尔巴哈在自己的理论中排除了各种超越自然界和人类的抽象议论。他认为这种抽象的概念是可怜的,毫无意义的。据他看来,返回到自然界中去是拯救人类的唯一方法。

恩格斯曾这样归纳了费尔巴哈的观点:"自然界是不依赖任何哲学而存在的。"[17] 这正是把黑格尔头脚倒置的辩证法重新颠倒过来。恩格斯指出,根据费尔巴哈的观点:"自然界是我们人类即自然界的

—— 415

产物本身赖以生长的基础;在自然界和人以外不存在任何东西,我们的宗教幻想所创造出来的最高存在物只是我们所固有的本质的虚幻反映。"⑱用恩格斯的话来说:"这部书的解放作用,只有亲身体验过的人才能想象得到。那时大家都很兴奋:我们一时都成为费尔巴哈派了。"⑲

但是,费尔巴哈对黑格尔唯心主义的批判实际上是很不彻底的,他所描绘的人的本质是人类的抽象本质,是和黑格尔的"世界精神"相类似的东西。

尽管费尔巴哈尖锐地反对唯心主义,把唯心主义看作神学的残迹。但是,他并没有完全摆脱神学和唯心主义的束缚。恩格斯说,费尔巴哈还没有真正挣脱旧的唯心主义桎梏:"我们一接触到费尔巴哈的宗教哲学和伦理学,他的真正的唯心主义就暴露出来了。"⑳

马克思和恩格斯在自己活动的最初期也曾有过黑格尔左派的立场。但这并不意味着,辩证唯物论和历史唯物论这一研究社会现象唯一真正的科学方法只是由黑格尔哲学发展而形成的。新的马克思主义世界观的产生同时还是英国资产阶级政治经济学和法国伟大的空想社会主义学说发展的结果。这个新的革命世界观不仅是马克思和恩格斯所处时代的英国资本主义发展的产物,而且也是四十年代在欧洲占统治地位的那种革命形势的产物。并且特别重要的是,与资产阶级相对立的被剥削的无产阶级当时在欧洲迅速地发展壮大,是这种新的革命世界观得以形成的一个主要原因。㉑

可见,马克思创立的唯物辩证法与黑格尔的唯心主义辩证法在本质上是对立的。马克思在《资本论》第一卷第二版后记中指出了这一点。㉒

全面地分析马克思和恩格斯的辩证唯物主义不是我们这门课程所要解决的问题。这个任务应由其他课程——哲学史和历史唯物主义去承担。

我们所讲授的这门课程,主要应搞清马克思和恩格斯是如何把辩

第二十四讲　十九世纪前半期德国的史学……"青年黑格尔派"的历史观

证法应用于历史研究工作的。关于这个问题,我们将专列一章加以讲授。㉓

(马建序译　胡敦伟校)

注　释

①众所周知,黑格尔是一位客观唯心主义者。他认为,"世界精神"或"绝对观念"是自然界和人类社会中一切事物的源泉。同时他又是辩证法的创造者,他最早把辩证法应用于史学领域,不过他把历史看作是绝对观念自身发展的一种反映。尽管黑格尔的历史观点建立于唯心主义基础上,可是由于他把辩证法应用到了史学领域,因而在做出了一些错误概念的同时,也还为史学思想的发展提出了一些颇有成就的见地,正如科斯敏斯基在本讲座中所提出的那样。

②黑格尔:《历史哲学》,载《黑格尔全集》,第八卷,第 75 页,社会经济书籍出版社,莫斯科,1935 年。

③同上书,第 32 页。

④同上。

⑤同上书,第 30 页。

⑥同上书,第 12 页。

⑦同上书,第 75 页。

⑧同上书,第 72 页。

⑨因此,黑格尔的历史模式在实质上并不是整个世界史的模式。黑格尔第一次在史学中把民族划分为"历史的"和"无历史的"。这种划分是他的大民族主义观点的反映。根据这种观点,他认为,当时主要的"历史"民族是德国,而斯拉夫人则是"无历史的"民族。在他看来,东方各民族已完成了各自的历史使命,已为历史所抛弃。黑格尔这种以欧洲为中心的大民族主义的模式,后来被十九—二十世纪的德国反动的、沙文主义的史学家们所广泛利用。(编者注)

⑩弗·伊·列宁在谈到黑格尔的这部著作时说:"一般说来,历史哲学所提供的东西非常少。这是可以理解的,因为正是在这里,正是在这个领域中,在这门科学中,马克思和恩格斯向前迈了最大的一步,而黑格尔在这里则已经老朽不堪,成了古董。"(《列宁全集》,中文版,第 38 卷,第 351 页)。(编者注)

⑪黑格尔承认这种发展的矛盾性质,允许可以有革命飞跃的规律性。不过这种规律如不发生在现在,那一定在人类的过去。(编者注)

⑫施特劳斯(D. F. Strauss):《耶稣传》,德文版,第一至二卷,蒂宾根,1835—1839 年;施特劳斯:《耶稣传》,俄译本,1—2 卷,莫斯科,1907 年。

⑬鲍威尔对这一问题的看法反映在他的下列著作中:《约翰福音历史的批判》,德文版,不莱梅,1840年;《福音书作者历史的批判》,德文版,第一至三卷,莱比锡,1846年。(编者注)

⑭这种否定人民群众在历史上的作用的理论反映出有些青年黑格尔派不相信有真正的人民革命,这恰恰暴露出他们的反民主和反革命的政治观点。(编者注)

⑮费尔巴哈(L. Feuerbach):《基督教的本质》,德文版,载《费尔巴哈全集》第六卷,斯图加特,1903—1911年;费尔巴哈:《哲学著作选集》,俄译本,第二卷,莫斯科,国家政治书籍出版社,1955年。

⑯见费尔巴哈:《哲学著作选集》,第二卷,第43—44页。

⑰《马克思恩格斯全集》,中文版,第二十一卷,第313页。

⑱同上。

⑲同上。

⑳同上书,第326页。费尔巴哈的唯心主义首先表现在,他不明白人总是受社会关系制约的,社会关系决定了人的活动性质及其要求。(编者注)

㉑马克思和恩格斯是新兴的先进的革命阶级——无产阶级的领袖和思想家。他们善于批判地吸收和改造前人及当代的进步社会思想的全部成果,创立了一种全新的革命世界观——马克思主义。(编者注)

㉒马克思在这篇后记中说:"我的辩证法,从根本上说,不仅和黑格尔的辩证方法不同,而且和它截然相反。在黑格尔看来,思维过程,即他称为观念甚至把它变成独立主体的思维过程,是现实事物的创造主,而现实事物只是思维过程的外部表现。我的看法则相反,观念的东西不外是移入人的头脑并在人的头脑中改造过的物质的东西而已。"(《马克思恩格斯全集》,中文版,第二十三卷,第24页)(编者注)

㉓很遗憾,作者没有做到原来的打算。正如在前言中所说,他这部讲稿只讲到十九世纪上半期的史学。因此,叶·阿·科斯敏斯基的这部本应专门讲马克思和恩格斯历史观点和史学著作的讲稿就这样地结束了。(编者注)

第二十五讲 十九世纪前半期的德国史学 利·兰克

为了结束对十九世纪前半期德国历史科学的评述,我们还需要提到一些曾经在自己的时代起过重大作用并对欧洲历史科学的进一步发展产生过重大影响的人物。

首先应该提出利奥波尔德·封·兰克的赫赫大名,他在最后几十年间在德国科学界被描写成历史领域中研究技巧达到炉火纯青的形象。这是一个引人注目的人物,在他身上花费一些笔墨是值得的。

利奥波尔德·兰克(一七九五——一八八六)活了九十一岁,直到逝世之前还继续工作。在生命最后几年,当时他已经不能亲自写作,他就口授给别人笔录自己的著作。因此,我们对他的遗著文集出版了五十四卷,就不必感到奇怪了。

除了他的父亲是法律学家以外,兰克的所有祖先都是新教牧师。他是在新教和守旧的环境中成长起来的。

他的历史观是在各种影响下形成的。这里首先应当指出尼布尔的历史著作,费希特的哲学著作(大概主要是爱国主义的作品)以及曾经对兰克著作的文风产生巨大影响的瓦尔特·司各特的著作。

兰克在奥得河畔的法兰克福的八年制文科中学任教七年,他主要是教授古代史和中世纪史,在讲授中力图广泛地运用史料。这种研究史料的成果是一八二四年出版的《一四九四到一五三五年罗马和日耳曼人的历史》[①]——兰克的第一部巨著。在这部书中已经形成了日后他的特有的一般历史观。首先兰克对历史人物的个性最感兴趣。他认为个性是历史的主要创造力量,因此,按照兰克的意见,评述历史人物，叙述他的个人活动是史学家重要的任务之一②。但是总的说来，兰克认为，客观地叙述事件是历史学家的根本任务。历史学家不应当评论历史，并用以教训人，他们的目的是告诉人们"Wie es eigentlich gewesen"（"实际情况如何"）。这一公式为现代德国史学家随心所欲地加以引用。但是，仔细想来，它并没有任何意义，因为谁不愿意按照历史的实际情况来写历史呢？但是如果兰克的声明是强调要求历史学家应该是客观的，并且表明他对于用哲学观点看待历史持否定态度，那么，这个声明对于德国的史学必定会产生而且后来确实产生了有害的影响。

上面提到的兰克的那部著作附有一个饶有趣味的概略：《对新史学的批判》③，他从十五世纪末开始了对这一问题的研究。

这部书中特别是包含有对许多人文主义历史学家的批判，因而使兰克在学术界立刻声名大振。一八二五年，兰克被聘请到柏林大学去讲授西欧历史总论课程。在讲授这门课程时，他对于外交往来信件这种史料的研究特别予以注意。他尤其重视威尼斯大使们的外交书信，这些书信确实是非常珍贵的史料。

国际关系和外交官员的报告特别引起兰克的关注。在他看来，国际关系恰恰是世界历史交往表现得最明显的领域。一八二七年，他的重要著作《南欧的君主和人民》④一书出版。接着，兰克在意大利作长期旅行，同时在那里收集档案材料。

根据萨文尼的建议，兰克曾经从一八三二年到一八三六年担任历史杂志《历史政治杂志》的主编，这个杂志的目的是同自由主义作斗争。这份杂志坚持法的历史学派的立场，按照兰克的想法，它应当反对希图按照本学派的理论控制世界的"现代经院哲学"。这份杂志还应该反对"起破坏作用的革新"，并且特别警告德国不要醉心于"外国的学说"。在这份杂志上发表了兰克论述各种历史问题的许多论文。

一八三四年，兰克在柏林大学开始主持在德国史学的发展中起过巨大作用的研究班。在这里形成了兰克的历史学派。后来，象魏茨、基

第二十五讲 十九世纪前半期的德国史学 利·兰克

泽布列希特、巨贝尔等这样的知名历史学家都出自这一学派。

兰克研究班讨论的题目主要取自早期日耳曼的历史和法兰克尼亚朝以及士瓦本朝诸皇帝的历史。一八三七年,通过这个研究班的工作,兰克发表了第一部自己学生的研究成果《德国编年史》⑤。在这部书里从亨利一世开始逐年按事件叙述德国的历史。

一八三四——一八三六年,完全以档案材料为依据的兰克的著作《十六和十七世纪的罗马教皇、罗马教会和罗马教皇国》⑥第一卷出版。不知疲倦的探索者兰克在完成这部著作以后开始了新的研究工作——关于宗教改革的历史,为此他研究了德国档案馆中的大量资料。

一八三九年,《宗教改革时期的德国历史》⑦第一卷出版。(到一八四七年后面的五卷也都相继问世。)兰克赋予自己这部著作一定的政治意义。问题是兰克与法的历史学派的泰斗们不同,他不赞成德国分裂为小诸侯割据局面,而是主张德国统一,而且他认为宗教改革反映了德国人民第一次意识到要加强自己内部的团结一致。但是,他主要是从政治方面去研究宗教改革时期的,并把国际因素放在宗教改革的首要地位。对于这个时期的社会运动他几乎没有予以注意。《宗教改革时期的德国历史》的写法极端缺乏格调,常常是简单地转述史料,兰克本人也承认这一点。他写道:"我觉得我就像创造万物的大自然母亲一样。"

此后,兰克从事普鲁士历史的研究,又重新埋头研究档案,特别在巴黎更是如此。一八四七年九卷《普鲁士历史》第一卷出版。这部书后来又被改写为十二卷《普鲁士历史》⑧。这部著作浸透了普鲁士的民族主义精神。兰克在这里写道,他认为,祖国的发展方向和自己的主张完全一致,这是一种幸福。在这部书中叙述的,主要还是普鲁士的国际关系史和普鲁士逐渐发展及其国际实力不断加强的历史。

兰克刚刚写完关于普鲁士的历史著作,就着手研究法兰西的历史,重新钻进巴黎档案馆。一八五二年到一八六一年他的《以十六、十七世纪为主的法国史》⑨一书陆续出版。

此后,兰克转而研究英国史,在英国、法国和荷兰档案馆搜集材料,结果他写出了反映十六至十七世纪英国历史的巨著(其中包括英国革命的历史)——《以十七世纪为主的英国史》⑩。一八五四年,他在贝希特斯加登给巴伐利亚国王马克西米连二世讲完了全部世界史课程,后来,课程讲稿以《论近代史诸时期》⑪的书名出版。他在手边没有任何一本书,没有任何一种参考资料的情况下,讲完了这个内容相当丰富的课程。

一八八一年,已是暮年的兰克开始写《世界历史》⑫,但是没有来得及写完,他写到一八八五年,只进行到第七卷(到奥托一世之死)。

兰克还在年轻的时候就在政治上和历史上站在宗教保守主义的立场上。他是唯理主义的敌人,把唯理主义看作自己主要的对手之一。早在自己的第一批著作中,他就一直站在十八世纪唯理主义的对立面。他的公式是:写历史就要写"当时的实际情况"。这个公式本身就是针对十八世纪唯理主义历史学家的,因为那些历史学家力图对历史进行裁决。兰克激烈反对唯理主义者企图用人类本性的卑劣动机、物质利益和利己的意图来解释一切。按照他的意见,在历史中找寻神灵的东西是需要的,尽管他也反对神学家把一切都看作神的干预的做法。他同黑格尔的思想不同,他认为,决定历史进程的观念不是先验的,也不是在历史之外的,而是历史本身所固有的力量。但是兰克不能确定这些观念的来源,结果就认为,观念是天意,也就是上帝注入人类当中的。兰克在自己的自传中谈到历史规律问题时说道:"这里也有神学。"

在青年时代,兰克就受到梅特涅集团的影响(他与梅特涅的助手中最有才干的和最厚颜无耻的根茨个人关系很要好)。后来,在柏林,他同达官显贵、宫廷以及弗里德里希—威廉四世本人很接近。正如我们所看到的那样,萨文尼把在《历史政治杂志》上用历史的论据维护普鲁士政府的保守政策的使命交给了兰克。

兰克在革命的一八四八——一八四九年呈递给弗里德里希—威廉四世的报告书,对于如何从政治上评价兰克是很有意义的。在这些报告书中表述了兰克对革命的不可调和的敌视,同时也表述了关于同立宪主义达成某种协定的必要性。在这些报告中论证了德国民族必须统一，也论述了军国主义的普鲁士必然成为这种统一的支柱的信念。兰克在自己的晚年曾经同俾斯麦接近，俾斯麦公开承认他同兰克持有一致的观点。

总而言之，兰克是那个与普鲁士的封建势力进行妥协的最保守的德国资产阶级集团的代表，这个集团把在普鲁士的领导下统一德国作为自己的政治目标。

兰克受到法的历史学派保守思想的强烈影响，虽然他并不赞成这个学派的最极端的政治观点。这种影响特别表现在他对一八四八年德国革命的估价上。兰克认为这次革命完全是在法兰西的影响下发生的，并且认为这一情况是这次革命最坏的特征。他喜欢在法国精神和德国精神之间划定两者的差异。像柏克一样，他认为，试图合理地改造国家制度，以及机械地理解政治生活是法国人的特点。按照兰克的意见，与法国人相反，德国人对生活和历史进程的理解是有机的理解，因此他们不能完全服从一种中心影响——无论是占支配地位的某个个人或是占压倒优势的某种思想。因为法国人所特别具有的千篇一律的社会精神对德国人说来是格格不入的。但是，与此同时，兰克常常强调德国与罗马文化的共同性。日耳曼的民族性和罗马的民族性是某种统一体，虽然在这种统一体中有一定的差异，甚至有斗争，如像兰克所认为的，在近代，这种斗争力量对比的优势在日耳曼"民族精神"一方。

兰克对立宪主义持反对态度，尽管他倾向于同它达成某些妥协。他说，从远古成长起来的为社会服务的君主政体比起只反映眼前要求的某些议员来说，君主政体能更好地代表人民。他认为政治思想是某个民族的现实生活实际的抽象，每个民族都有自己的政治，并表现着自己的特殊的思想。世界史就是这样的各个民族之间的斗争。

因此，兰克把对世界史的全部注意力都放到国际关系方面，是很自然的。他认为在各民族机体的斗争中，实际上，大家都是正确的。这里很难说哪个民族是预先确定或历史规定它在历史发展中将起领导作用。在这种斗争中,胜利者有理,失败者有罪。他写道:"世界被占据完了,要想有点作为,就应当靠自己的力量来提高自己的地位。"这样,从根本上说,为了生存、为了领土、为了施加政治影响而进行的斗争,这就构成了历史的主要内容。这个观点同当时的条件和德国资产阶级所面临的任务是相适应的,德国资产阶级同普鲁士君主制结成联盟企图统一德国并实现这个资产阶级的利益。并不是内部的结构问题,甚至也不是政治制度问题,因为德国资产阶级很快就放弃了自己在这个问题上的全部立场,而恰恰是加强对外实力,夺取新领土问题,使兰克产生了这种独特的历史观,即把国际关系问题提到首要地位。

根据兰克的观点,国家的对内政策也应当服从于这个外交政策的目的。他声明,国家应当按照为了在对外斗争中取得胜利的要求来安排国内的全部关系。对于兰克来说,这是最为重要的历史规律。[13]

兰克否认历史学家有权对历史进行裁决,认为历史学家的任务仅仅是客观地叙述事件,但他必须确定某种选择史料的标准,确定他将认为值得历史学家注意的东西。

他认为,历史学家应当首先叙述那些高于一般水平之上的、突出的现象。

在那些研究兰克观点的文章中,以及在他的后继者的著作中,为了表述这些突出的现象,而使用一个特别的术语:"最重要的国务活动"(Haupt und staatsaktion)。对兰克来说,"最重要的国务活动"是叙述的主要对象。这个术语具有双重意义。第一,它意味着国家生活中的最重要事件。史学就是使用术语的这个意义。而除此以外还用它来表示十七世纪和十八世纪前半期出现在德国巡回戏院中的戏剧演出。这是一些极不定型但又充满激情的矫揉造作的作品,其中历史性的悲剧事件同各种粗俗的滑稽表演夹杂在一起。

"最重要的国务活动"这一术语在马克思的著作中也可以遇到,例如在《法兰西阶级斗争》一书中就用过,但是马克思使用这一术语是为了表述他那个时期的法国历史事件,这些事件尽管具有重要的悲剧性的外在形式,而实际上是几出滑稽戏。而兰克在讲"最重要的国务活动"的时候是指那些最大的国际性事件而言,他还把这些事件叫作"非常事件"。

正如维诺格拉多夫正确评论兰克所说的,⑭他是民族外部发展的史学家,而不是内部发展的史学家。我们曾经见到,他与法的历史学派具有很多共同点。但在这方面他与法的历史学派正相反,他认为,民族内部的发展也在很大程度上取决于外部影响。法的历史学派把民族的内部历史看作为民族精神的表现,任何外来影响都无能力。相反,兰克认为,民族的内部历史是受外部影响决定的,因此,他首先对外部影响产生兴趣。例如,按照他的观点,法国革命与其说是这个时期法国内部情况所引起的,毋宁说是从十六世纪以来法国同其他强国的关系发生变化所引起的。把历史的重心转移到对外政策关系上去是兰克全部研究工作中最薄弱的方面之一。

诚然,在这种外交史的研究中,兰克无疑是杰出的大师。他的叙述虽然肤浅,但始终是有趣的。其形式也是出色的。他具有独特的研究历史的方法,也可以说是美学的方法。他把历史看成是权力平等的各方力量的斗争,他绝不从外部偏袒其中任何一方。对他来说好像无所谓,谁取得胜利都一样——无论是天主教派还是新教派,无论是腓力普二世的西班牙还是尼德兰。在他看来,任何一个历史现象本身就是目的,他似乎是在从美学的角度去欣赏它。

兰克尤其被誉为历史画像的大师。他力求在他所写的每个历史活动家身上,表现出时代的基本特征。但同时避免对那个活动家作出任何褒贬。那些需要进行细致复杂的评定的活动家对兰克最有吸引力。相反,宗教改革运动中的许多活动家所具有的锋芒毕露的、粗犷的性格,他却写得不成功。他不善于使用粗大有力的线条进行勾画,而这种线条对于描绘如像路德这样的性格是必需的。然而,他对心理复杂的性格,特别是对某些十六世纪和十七世纪教皇的性格,尤其是对天主教反动时期的教皇的性格以及他们的悟性人生的磨砺的信仰的描写却要好得多。

兰克认为,在历史人物的活动中找寻不好的卑劣的动机,是对人不公正的。他认为应当始终用高尚的动机来阐明历史现象。因此,他对所有自己勾画的肖像都加以粉饰,而剔除其阴暗方面。

例如,兰克在谈论英国查理二世时,虽然指出了他的众所周知的性格特点,但经他一写,这个颇为卑劣的人物,就成了一个相当体面的人了。

兰克是一个杰出的文体学家。他每次出版自己书的时候,都重新改变文体风格,他的文体有明晰、准确、丰满的特点,只是到老年才变得有些矫揉造作。

尽管兰克在欧洲各国的对外政策方面有极渊博的学识,而且叙述生动,文风出色,但是兰克的全部著作缺乏深度和结构的统一。这是由于他不愿意探讨历史过程的各个方面的结果。这一点常常使他失去一贯的指导线索,导致叙述上的支离破碎和对事件描述的极其肤浅。

德国的兰克的辩护人竭力为兰克著作中的薄弱方面辩解,断言,兰克没有义务把什么都写上去。例如,既然他对国际关系最感兴趣,那么为什么他还必须去写社会问题呢?然而,兰克不仅自己不写这些问题,而且根本加以忽视,不认为这些问题在历史发展中有任何意义。[15]

应当说,直到现在兰克还是德国最著名的一位历史学家。

他贯穿自己历史著作的那种普鲁士民族主义倾向,他认为最重要的那样的思想体系为德国,尤其是为普鲁士争取阳光下的政治地位和夺取领土的要求,所有这一切都适合于当时的也适合于到现在为止的资产阶级中某一部分人的口味。所有这一切在他生前,在德国保守的资产阶级圈子里给他造成了崇高的声望。最近几十年间[16],这个声望又被德国反动的历史学家的代表人物千方百计地重新宣扬起来。那些资产阶级现代历史学家企图借助历史在似乎客观叙述史实的幌子下,来论证自己党派的阶级的观点,并且在这种客观性的借口下阉割历史,使之成为对自己阶级无害的东西。他们力图从历史中抛掉一切概括性的东西,只剩下个别的事物。他们把兰克捧到与他不相称的高度。饶有意味的是,如像贝洛夫这样的比较晚期的德国反动史学的重要代表也给予兰克同其功绩完全不相称的意义。⑰贝洛夫写道,兰克把历史科学提到了空前未有的高度。⑱

应当指出,兰克所创立的历史学派恰好汲取了他的方法论和研究方法的最薄弱的方面。兰克用独特的方法奠定了这个学派。因此重温一八六四年九月七日马克思致恩格斯的信中的一段谈论兰克的话是很有意思的(这是他一般地提到兰克的唯一地方)。

为了估量马克思关于兰克的这些评论的惊人的机智,应当想象到,兰克身材不高,有一个长着杂乱的披肩卷发的大脑袋。他非常活跃,讲课时不停地做手势,上下跳动,时而讲得极快,时而为了恰当的措辞突然中途停顿。然后又开始很快地讲起来。听他讲课往往是不轻松的。这是他最亲近的学生中的一个人,著名的德国历史学家巨贝尔对他的描述。

马克思在上面提到的给恩格斯的信中谈到兰克的一个学生——窦尼盖斯。马克思指出,窦尼盖斯原先属于"在微不足道的小人物兰克周围的青年人"之列,兰克曾让那些年轻人出版《旧德意志皇帝的丑恶的编年史》。接着,马克思给兰克本人作了一贬到底的评论说"手舞足蹈的矮子兰克认为收集趣闻轶事和把一切重大事件归为琐碎小事是属于'精神'的事情,是严禁这些乡村年轻人去做的。他们必须守住'客观事物',而把'精神领域'让给他们的导师。我们的朋友窦尼盖斯在某种程度上被公认为叛逆者,因为他至少在实际上跟兰克争夺在'精神'领域的垄断权,并且以各种方法用实例证明,他同兰克一样是天生的'历史的宫廷侍从'。"⑲

马克思对兰克的这个评论不仅是评论了兰克本人的方法——收集趣闻轶事和把一切重大事件归为琐碎小事,而且评论了兰克所创立的历史学派。马克思特别着重指出,兰克的学生只准许从事史料研究和按年代顺序叙述事件。

那种常常使兰克受到赞扬的史料批判研究究竟是什么东西？贝洛夫认为兰克是十九世纪的伟大天才之一，其依据是他创造了新的史料批判方法。按照贝洛夫的说法，兰克对中世纪和近代所作的贡献相当于尼布尔对罗马史所作的贡献，但同时在许多地方超过了尼布尔，因为他比后者更聪明，更冷静。的确，在兰克的历史批判方法中有许多合理的、值得肯定的东西，但从根本上说是极其肤浅的，支离破碎的，带有片面性的。例如兰克批评十六世纪的一些历史学家是从他们报道的事情是否真实的角度出发的，他最集中地抨击了圭恰尔迪尼，公正地指出，过去的历史学家，特别是像十六世纪这样遥远时期的历史学家本身就是一定时期和一定观点的产物，所以，在使用他们的材料之前，必须首先对历史学家本身有所了解，心理学方面的天赋和本人的利害关系常常在描写他所撰写的事件中起不小的作用。兰克对圭恰尔迪尼作出鲜明的艺术性的评论后，提出这样一种思想：历史学家的个性表现得愈清楚，他的可信程度就愈差。应该随时把他的著作分解还原为他所引用的史料。兰克指出，圭恰尔迪尼很少拿出自己的东西。他使用别的史料，又往往转引得不够准确。所有这些想法大部分是正确的。同圭恰尔尼迪相反，当兰克称赞十六世纪的另一位历史学家乔维欧是最可信的见证人的时候，他就自相矛盾了。正如我们所见到的那样，这个人是一个出卖灵魂的政论家，而兰克认为，他从第一手史料中挖掘素材，亲自向当事人作调查，有很多人和他通信报告情况，最后，他住在梵蒂冈，有可能获得最好的讯息。

实际上乔维欧所引起的疑问当然不会比圭恰尔迪尼少，而是更多。[20]

兰克本人总是使用范围极其有限的史料：主要是外交信件、各种外交人员的报告，他对待这些材料丝毫不加批判。他天真地认为，这种信件中写的都是真实可靠的材料，是取之不尽的源泉。其实，毋庸置疑，大使们或者常常歪曲他们没有完全理解的事件，或者故意把自己的政府引入歧途，或者，最后当他们没有什么可写的时候，就虚构消息，杜撰那些从未有过的事实。一般说来,外交书信是一种很模糊的可疑的史料,而兰克恰恰对这种模糊的史料失去了自己批判的锋芒。不言而喻,兰克把主要的注意力用于政治史料,特别是外交史料,结果只能够而且实际上只对历史作出了极其肤浅的阐述。例如,在英国革命史中,他忽略了都铎王朝时期英国所发生的一切经济变革,而把革命的种种原因归结为政府的活动。对于涉及社会史的文献资料,他简直不知道怎么办。他不会处理这些材料。诚然,就这个意义上说,他的许多学生都是大师,但是他们所有的人都从他那里接受了对历史的片面见解,把历史只看作是非凡事件的历史。

为了把兰克所作的这种一般性的评价说得更明白,我打算主要引用他的文章《论近代历史的时期》,但也引用他的其他著作的材料,叙述一下兰克对于世界史的观点。兰克在这些讲稿中,表述了一系列的一般的理论原则。在这里,他不可能喋喋不休地谈论细节琐事,而必须作出某些概括,因此在讲义中很明显地暴露出这些概括的肤浅的不深刻的特点。

兰克从阐明关于进步的观点开始,攻击黑格尔的历史观,并且全面地攻击进步的目的论的理论。他认为,人类在历史上没有任何良好的目的,黑格尔的观点取消了人类的自由,把人变成了没有意志的历史的工具。从兰克的观点来看,一般说,在人类历史上进步不是普遍规律。在几千年间,人民群众完全处于原始状况,例如,按照兰克的意见,在东方没有发现进步,而是倒退。在那里,最高的发展阶段是在有历史记载的最初时期。老实说,只有为数极少的一批民族是沿着进步的道路前进的。日耳曼—罗马民族是属于这一批的,按照兰克的意见,就是这种进步的进程也是不平衡的,并不是所有的国家,也不是在各个方面都会出现这种进步,例如,在文艺复兴时期艺术达到了顶峰,而后来又倒退了。不能把进步看作是历史发展的主导线索。但是在某种意义上谈谈进步还是可以的。根据兰克的意见,支配人类的伟大精神意向是时而出现时而消失的,进步正是建立在这样的根基之上。但是,在这些意向中始终有一个占主要地位,并把其余意向排挤在后。

换言之,兰克认为,确定人类进步发展的共同道路是不可能的,但是对每一个时期来说可以确定它的进步趋向。他认为人类生活可划分为一个个的时期,而在每一个时期里都有一定的主导发展方向,例如,在十六世纪后半期,宗教因素占有极大的优势,以致文学在它面前相形见绌。在十八世纪,功利主义的倾向在世界上占领着宽广的领域,致使艺术也必须在它面前退却。

"在人类的每一个时期,一定的伟大的倾向就是这样表现出来的,而进步就建立在如下情况的基础之上,即人所共知的人类精神运动在每一个时期都显露出来,时而推动一种倾向,时而推动另一种倾向,并以独特的方式在其中表现出来。"[21]

因此,按照兰克的意见,人类的生活在每一个随后到来的时期,都比上一时期达到更高的阶段的想法是不正确的,这也许是上帝的不公平。应当指出,兰克自封为现实主义历史学家,却照样经常诉诸于上帝。兰克在解释每一个新时期指导人类的这些意向的起源时,写道:"每个时期都与上帝直接相关,每一个时期的价值完全不在于它将产生什么,而在于它的存在,在于它的自我。"[22]因此,从兰克的观点来看,说一个时期是另一个时期的先导,或者说是另一个时期的基础都是不公正的。每一个时期都是直接同神发生联系,并且都有自己存在的直接意义。因而,每个时期都有各自的价值,所以,总是值得探讨的。一般来说,正如兰克在下面指出的,在物质福利领域和自然科学领域中,进步较为显著。而在道德关系上除开在教育的深度方面,就看不出有什么进步。但他不认为这是主要的。

除此以外,按照他的意见,在文化领域中,一切高度都在遥远的过去已经达到,并且是现代人所不能及的。现代不会有能够超过荷马的叙事诗作家,超过修昔底德的历史学家,超过索福克利斯的悲剧作家,超过柏拉图的哲学家。

兰克还坚决反对黑格尔的辩证法,按照黑格尔的辩证法,人类是作

第二十五讲 十九世纪前半期的德国史学 利·兰克

为逻辑过程向前发展的。兰克说:"生命将在这种烦琐哲学中死亡。"[23]他还指出,彻底采用黑格尔的思想只会导致泛神论。[24]

这就是说,兰克把历史的主导思想仅仅理解为每个世纪的占支配地位的倾向,他还力图为每一个历史时期规定这种倾向。这种倾向只能够加以描写,而不能概括为一种固定的概念,不能归结为任何普遍的规律性。用兰克的话来说:"从神的思想观点出发,我只能够这样想象,人类自身包含有无穷无尽的形式纷繁的过程,这些过程按照不为我们所知的比人们通常所想象的远为神秘和伟大的规律逐渐显现出来。"[25]

结果表明,兰克不仅承认神在历史上的直接影响,而且认为神的道路是不可知的。他认为,认识历史的深度不是历史学家的任务。历史学家应该拜倒在不可知的事物面前,不要去探讨历史过程的深刻基础,而只应该研究浮在表面的东西。这样,兰克就走向了独特的神学的不可知论,走向了承认历史普遍规律的不可知性。因此,他顽固地坚持基督教的观点。对他来说,基督教是真正的宗教,是真正道德的体现者。他认为,基督教就像神灵显圣一样,突然产生了。于是他的幼稚的神学成了为他不愿意深入进行历史分析辩解的理由。

兰克在讲义中,转而继续叙述具体历史的时候,首先从罗马开始。按照他的意见,罗马的历史是世界的历史,因为那个时代的所有其他民族的历史都融合在罗马历史之中。兰克在考察他所认为的当时的主要历史事件:罗马对西欧的征服时,他断定,征服的目的是要把文化和文明带给那些不开化的国家。凯撒和奥古斯都的主要功绩就在这里。

一般来说,罗马在历史上的功绩有如下述。它创造了世界文学,改革了罗马法,把罗马的国家法变为普遍适用的法,建立了君主制度,与此相关的是建立政府中央集权,最后,把基督教会提高到了统治地位。

与此同时,兰克对罗马帝国的社会制度却全然不感兴趣。例如,关于罗马帝国有奴隶制的问题,他就只字不提。同样在叙述中世纪历史的时候,他一次也没有提到农奴制度的存在,也完全没有谈到封建制度的存在。这再一次证明,兰克作为奠定自己的世界历史体系基础的那

—— 431

种分析，是何等的肤浅。

贝洛夫说，兰克没有忽视社会历史，并承认社会历史的意义，这是太夸大了。如果真是如此，那么兰克在世界历史概述中，就不会不提到罗马帝国的奴隶制度，或中世纪的农奴制度，也不会不对封建主义的意义、对城市在建立新的欧洲社会中的历史作用只字不提。

他在简单评述罗马历史之后，转而叙述在日耳曼人侵袭和阿拉伯人征服的影响下罗马帝国所发生的变化。

他在按塔西佗描写日耳曼人时，指出他们的许多特点，首先是他们拥有建立在宗教基础上的古君主国家，虽然塔西佗并没有提到类似的政治组织。另一方面，兰克认为建立在个人和世代忠诚原则上的亲兵也是这方面的特点。而这又是硬塞进塔西佗叙述中的某种东西。兰克特别坚持这种"渗透一切的忠诚纽带"，在他看来，这种忠诚的纽带给整个日耳曼历史带上一种特殊的印记。

我们提请大家注意，法的历史学派的代表，例如埃希霍恩也贯彻了把亲兵的忠诚关系作为日耳曼人社会制度基础的同样的思想。

兰克的这种思想是为了使古代日耳曼人的历史适应与他同时代的德国统治阶级的政治需要。如果把普鲁士的君主国摆到"古代日耳曼的"君主制的地位上去，而似乎古日耳曼人所具有的世袭的服从和忠诚就转到十九世纪的历史上来，这就很容易想象出来，兰克在对古代日耳曼人进行叙述的时候，所追求的是什么样的社会目的。

兰克在后来考察日耳曼征服的历史的时候，着重指出，日耳曼人根本不是罗马文化的破坏者。他把日耳曼—罗马世界看作一个整体，没有把日耳曼文化和罗马文化尖锐地对立起来，并且认为罗马的原则也许在某种程度上以某种粗糙的形式构成中世纪欧洲社会制度的基础。

日耳曼—罗马的欧洲从罗马帝国接受的遗产首先是教会、君主政权、管理组织、法律和文学。所有这一切现在都成为新日耳曼—罗马世界的基础。

兰克认为查理大帝时期有巨大的意义。可以从下述情况看出他对

第二十五讲 十九世纪前半期的德国史学 利·兰克

这个时代进行的评论何等肤浅,他把查理大帝的所有战争(同萨克森人的斗争、对阿拉伯人的远征)都看成是基督教同多神教的斗争。

与此同时,兰克把查理描写为高度文明的君主。依靠他,日耳曼、法兰西和意大利才获得了自己的民族意识。同时他建立了它们之间的联系,这种联系从那时起在欧洲历史中不断地被人们注意到,并构成这个历史的基础。

兰克说:"我认为所有欧洲基督教民族应当被看作某种整体,被看作统一的国家,否则,无论如何都不能正确理解西方和东方世界之间存在的巨大差别,也不能正确理解日耳曼民族和罗马民族之间出奇的相似之处。这一思想是我的也是我看来最符合事实的一种主要认识。"[26]

但是,尽管兰克对罗马—拉丁语世界怀有很大的敬意,他仍然赶忙指出,查理大帝觉得自己是善良的德国人,他在维护古代文化因素的同时,也没有忘记日耳曼文化。

兰克用查理大帝继承者之间的争吵,这种争吵自然引起的显贵势力的上升,以及最后教皇的野心来解释查理帝国的崩溃。但是,他认为,帝国的统一仍然继续存在,因为皇帝的政权甚至在帝国崩溃以后仍然掌握在日耳曼诸国王的手中。

兰克赋予奥托一世接受帝位一事以重要意义。他完全赞成日耳曼皇帝对待意大利的政策。对意大利的这个权利,是从查理大帝那里,从他对伦巴德人国家的占领传给日耳曼诸皇帝的。按照兰克的观点,控制住教皇,对于日耳曼国家机构至为重要。

除此之外,意大利对德国产生过良好的文化影响,因此占有意大利也是重要的。最后,世界霸权思想本身是同罗马、同占有意大利联系在一起的。

在解释奥托一世死后,中世纪日耳曼帝国削弱的原因时,兰克特别清楚地表现出马克思所说的把伟大的历史事件归结为鸡毛蒜皮小事。他把帝国的这种削弱解释为:第一,奥托二世早亡只留下一个年幼的儿子;第二,休·加佩培植了法兰西的雄厚实力,而征服者威廉又培植了英吉利的雄厚实力;第三个原因是教皇同皇帝之争。

兰克把十一至十三世纪这段时期叫作"教阶"时期,兰克把"教阶"一词当作神权政体的同义语来使用。他认为这个时期是教权统治时期。他同时声言,教皇占有优势同任何思想无关,这种优势是采用政治手段——通过斗争和战争建立起来的。

兰克赋予十字军远征以重大的意义。按照他的意见,这些远征表明,在西方,基督教徒的真正领袖不是皇帝,而是教皇。他认为,十字军远征纯粹是由于宗教思想,由于想把圣墓收回到基督徒手中的要求引起的。虽然在这个时候,他的学生巨贝尔已经发表了著作,阐明十字军远征的各种原因,特别是作为远征的基础的物质上的原因,然而兰克的看法还是这样。对兰克来说,十字军远征的主要意义在于促进了教皇实力的加强。

兰克比法的历史学派的代表究竟落后多少,从下面的情况可以清楚地看出来。就以萨文尼来说,霍恩斯陶芬时期意大利城市争取独立的要求,萨文尼认为这是出于经济的原因,而兰克却认为是"意大利城市旧结构的因素"导致的结果。对十一到十二世纪教皇实力加强的原因,兰克以"民族精神"理论的方法加以解释。用他的话来说:"正如我们所看到的,欧洲社会是由罗马和日耳曼世界融合形成的,按其本性是倾向于教阶原则的,因为在罗马生活中,教会起着极其巨大的作用。但是,教会毕竟不能构成一切,因为在日耳曼精神中,存在着对自由的无限渴望和要求自然成长的倾向,这种特点在长时间里不可能在教阶制度的原则中得到满足。"[27]

日耳曼人从自己森林中走出来是为了征服罗马帝国,而不是为了皈依罗马教会。他们想接受文化而不是想接受这种皈依。因此,在这种教阶制度时期之后,紧跟着的是罗马—日耳曼民族的这种内部倾向非常活跃地发展的时期。兰克写道:"这种发展不是按照预先制定的理智的程序前进,而是在基本倾向的不断的改善中表现出来。"[28]

人们未必能够认为,这个解释比黑格尔的解释更加现实和更加具体。

十四世纪至十五世纪的基本倾向与十一世纪至十二世纪的倾向截然相反。这个时期国家和教会的统一解体了。兰克在这里谈到了教皇威信的衰落、教会的大分裂、百年战争、英格兰、法兰西和日耳曼的内部混乱。"在这个普遍分崩的时期,视线重新转向教皇,把他当作差不多到处都还能承认的唯一的权威。但可惜的是同时并存着两个教皇"。㉙这个分裂导致了宗教会议运动。最后,这一整个时期以土耳其人征服君士坦丁堡而告结束,这次征服引起文化中心从拜占庭转移到意大利。

教会文化和教会习惯势力影响的削弱使人们提高了对文化艺术的兴趣。十四至十五世纪,教阶制度解体了,个人得到了自己的全部权利。这引起了艺术、创造发明的繁荣,其中很多发明具有十分重大意义,例如火器的发明,以及书籍印刷的发明,结束了宗教团体对科学的控制。

下一个时期是宗教改革和宗教战争时期(从十五世纪末到十七世纪中期)。这首先是地理大发现时期,兰克认为地理大发现纯粹是国际关系发展的结果。按照兰克的意见,美洲的发现尤其是找寻通往东方的新航路的结果,其主要目的是同不信教者进行斗争。接着就是英格兰、法兰西、西班牙等国君主政权加强内部实力的时期。最后,是欧洲列强在对外事务中互相冲突的时期。欧洲分裂为两个集团——西班牙集团和法兰西集团。

按照兰克的意见,德国宗教改革的原因主要是政治原因,也即是诸侯同当时还作为同盟者的皇帝与教皇之间的斗争。兰克对宗教改革时期的社会运动不予重视。虽然他也谈到农民战争,但只是为了表示自己对农民战争的否定态度而已。按照他的意见,农民战争的爆发也是由于政治原因,由于为了统一帝国增加了赋税,而农民不愿意支付赋税所引起的。况且,在农民中间还流传着神秘主义思想。兰克认为,农民起义是德国的灾难。他写道:"农民起义包含有极为严重的后果,有推翻德国整个的现存秩序的危险。不光是打倒圣像,农民领袖托马斯·

闵采尔还想要消灭所有的诸侯,并且创造一个全新的世界。至于路德对农民起义的态度,则应当为他说句公道话,从一开始,他就不愿意同这个事情有任何共同之处,……假如路德参加这个运动,他本身和他的学术就要毁灭。"㉚兰克完全赞同路德对农民起义的态度,并且赞同他反对"这种胡作非为"。

兰克千方百计地竭力强调路德派新教和天主教的接近。也许,这是由于他在给天主教君主讲课的缘故。根据他的意见,路德学说中主要的东西是他比任何人都更清楚地表述了最高政权的思想。

其次,兰克仔细考察了天主教会的反动性,他认为天主教的反动只是根源于时代的政治条件,根源于天主教的灵活性、适应性和稳固性。在这个时期,教皇制度本身改变了自己的性质。出现了新型的教皇。在这里,有两种独立力量的斗争——宗教改革和革新了的教皇权。他认为十六世纪尼德兰战争和法兰西的宗教战争以及三十年战争是这两种独立力量的血腥斗争。按照兰克的意见,产生他称之为尼德兰革命的尼德兰战争的原因纯粹是宗教上的原因,而尼德兰对西班牙取得胜利的原因则纯粹是政治上的原因,即是因为英国伊丽莎白的坚决态度、亨利四世地位的提高和英国海上实力的发展。他把三十年战争发生的原因也完全归结为宗教的原因。他谈到这个问题时说,在德国发生了可怕的流血事件,由于微不足道的教义上的分歧,日耳曼文化遭到了毁灭。

兰克认为,从宗教改革时代起,欧洲就分为了两大支,尽管当时还是统一的。但是,这种统一已经不是以教会的统一为基础,而是以文化、制度的共同性,以及日耳曼和罗马民族的互相影响的一致性为基础了。

下一个时期是大国(十七至十八世纪)产生和发展的时期。如果说在前一个时期主要的倾向是教会的统治,那么,现在在欧洲的发展中占优势的是世俗的潮流。国家的原则占据首要地位。"在宗教方面进展到一定程度以后,由于受到科学所能接受的世俗倾向的影响,人类的力量开始更多地趋向于国家方面"[31]。这个时代的倾向是军事—君主政体。时代的基本思想（或者说基本倾向）是世界列强争夺霸权的斗争。西班牙首先崛起，接踵而来的是荷兰，然后法兰西上升到第一位。兰克给黎塞留的活动以非常高的评价，部分地肯定了马扎然的活动，而把路易十四只看成他们事业的继承人，虽然他也说过，路易十四的统治是最伟大的现象之一。同时，兰克还认为路易十四的统治绝不单纯是一种暴政，人民对他的统治是十分满意的。

的确，路易十四在自己的统治之末超越了一切极限。兰克认为，一切个人统治的危险性就在于此。他认为南特敕令的废除是路易十四的主要过失，但同时又指出，赖有路易十四，法国才变为特别协调的整体。

这个时代的军事—君主政体倾向也在其他国家的历史中清楚地表现出来，虽然形式有所不同。

兰克在指出英国发展特点的同时，转而谈到英国革命，用他的话来说就是"在英国被称之为暴乱的可怕的冲突"。[32]他基本上只看到了这个"暴乱"的政治的（国王和国会的冲突）和宗教的原因。

兰克在这些讲义中对英国革命事件的描述极为肤浅。在他关于英国历史的巨著中对英国革命的叙述比较深刻一些。书中他强调了英国革命同欧洲其他国家某些现象之间的联系，但是，就在这里他也是主要描述这个时期欧洲外交错综复杂的过程。

尽管他自己希望保持哪怕是外貌上公正的调子，但他却仍然不能够掩盖自己对克伦威尔的否定态度，不是把他写成狂热者就把他写成伪君子。杀害国王是他对克伦威尔的主要责难。克伦威尔是杀害国王的祖师。兰克同柏克一样，认为只有一六八八年的革命才是善良的革命，他把一六四〇至一六六〇年的英国革命，以及一七八九年的法国革命都同一六八八年的革命对立起来。

他写道："所谓的法国和英国的革命是两种互相对立的事物：法国革命无论何时都是人民的革命，英国革命就其性质来说是贵族的革命……其目的是防止后来在法国出现的那种普遍的广泛的运动。这就

—— 437

是可原谅的革命(即一六八八年的革命——叶·科·注)的主要原因。"③

令人感兴趣的是兰克怎样解释俄罗斯加强的原因。这些原因同他提出的关于日耳曼—罗马世界的原因相比较具有另外一种性质。他提出了如下的一些原因:

1.按其性质来说比日耳曼民族精神更倾向于君主政体和忠诚的斯拉夫民族精神的特点。

2.传统上忠实于君主政体原则的希腊教会的影响。

3.掌握现代文化,这种文化是彼得一世为了促进其国家物质繁荣而从西欧吸收到俄国来的。④

兰克在谈到奥地利强大和地位提高时断言,意外的巧合是主要的原因。而普鲁士的加强则主要是普鲁士君主有计划地增强本国军事实力、扩大本国领土的结果。

他也赞扬了普鲁士国王特别是弗里德里希二世的对外政策。认为弗里德里希二世是"德国产生的最伟大的政治家"。

这样,十七至十八世纪期间,在欧洲逐渐形成了建立在各种原则基础上的五个主要强国。兰克对待整个历史过程的肤浅和空泛的解释,从他对这些不同民族原则的评述就可以看得非常清楚。按照他的意见,法兰西是建立在天主教和君主制的原则基础上的。这是罗马原则;英国是建立在日耳曼—海上原则和国会原则基础上的;俄罗斯是建立在同掌握西方物质文化的要求结合在一起的斯拉夫—希腊原则基础之上的;奥地利是建立在天主教、君主政体和日耳曼主义的原则基础上的;普鲁士是建立在日耳曼主义、新教、军国主义和行政原则基础上的。

以后,继大国成长时期而来的是革命时期。应当指出,兰克把革命的根本原因几乎完全归结为思想因素。他把这些原因主要看成是党派之争,一方是哲学的党派,另一方则是天主教的党派。按照兰克的意见,民主思想是在美洲殖民地起义反对英国统治时期在北美产生的。因此,欧洲民主精神的产生应当归咎于乔治三世的大臣们的糊涂。美洲革命第一次提出人民应当自己管理自己的思想。一切近代的革命运动都是朝着这个方向发展的。这是各种原则的根本变革,这种革命比早先发生过的一切革命都更为重要。

我不打算详细阐明兰克所写的法国革命史。只是指出,他特别强调美国人的解放斗争对法兰西人的思想影响。有一些法兰西的军官、法兰西的志愿军到过美洲,他们实际看到了民主主义,并且希望在法兰西实现它。

兰克认为革命的第二个原因是唯物主义的和无神论倾向的法国文学。唯物主义哲学家"不信仰上帝,不愿意听从国王"。同时,如兰克所认为的,这些观点完全是从败坏一切道德原则和醉心于放荡享乐的要求中产生出来的。[35]

诚然,兰克指出,法兰西的革命比美国的革命走得远得多。但是,他认为造成这种情况的原因,并不在于作为法国革命基础的各种冲突的更为尖锐和深刻,而只是由于国王的软弱无力和让步。由于这种软弱,雅各宾党逐渐从立宪党中分化成长起来,并且提出政权出自人民的思想。正是这种思想把全体人民引向狂热,人民怀着这种狂热力图实现自己的政治理想——自由、平等、博爱。

兰克认为欧洲历史的最后一个时期是与他同时的立宪时代,在这个时代他看到两种原则的斗争——君主政体和人民自主权的斗争。立宪君主制度是两种原则的调和。

我稍微详细地谈谈兰克的一般历史观点,因为兰克的历史哲学、他的历史研究方法,从贝洛夫时期开始就被许多现代德国史学的代表人物抬到空前未有的高度。但是,仔细了解兰克的学术遗产以后,就会不由自主地得出结论认为,兰克在漫长的一生中所完成的大量工作的结果是折中主义观点的堆砌,是那种只能称之为历史的庸俗概括的堆砌。

这里不由令人想起马克思的评论,在马克思看来,兰克在综合概括工作方面是完全微不足道的。兰克是个博学者,但缺乏任何深度。他才气横溢,但智慧有限。毫无疑问,这是生动的、敏捷的但却是肤浅的智慧。他只抓住事件的外部联系，他善于以巧妙的、但却是空洞的词句作出内容空洞的概括。所有这一切由于蒙上了气质和力量养成的自信心而显得光彩夺目。他善于用奇闻轶事和生动而又充满激情的人物评价使讲话引人入胜。乍看起来很难理解，为什么他如此被赞颂，为什么他被现代德国的史学家看作为伟大的历史导师和各个时代历史学家的典范。看来答案是：兰克狡猾地迎合了自己的和自己以后的时代。也许，这不是他有意识歪曲历史的结果。他不必人为地去适应时代，因为这是他的天性，但是，他忠实地反映了正在寻求君主和普鲁士容克地主的支持，寻求同他们建立联盟的德国资产阶级保守派的情绪。这是一种狡猾的妥协精神，他实际上使一切照旧，但却容许某些无妨大体的新的思想存在，并给旧的东西涂上一层新的色彩。兰克的历史哲学是平淡无奇的，也可以说，它完全没有任何哲学。但同时他的哲学异常通俗易懂，甚至中等资产者的有限理解力也能够接受。兰克教育学生树立一种信念，即没有必要把历史材料掌握得特别深，特别广。他教育他们树立同一般思想不相联系的狭窄的专门化思想。他培养他们对史料评论的爱好，但这只是非常肤浅的评论，并经常用这种评论取代真正的研究。他的一般历史观点的基础是不可知论。在它下面掩盖着他缺乏哲学深度。这是使历史丧失意义的独特方式，或者，说得更明白一些，是把历史引向渺小的庸俗的眼前的目标。

于是，在兰克那个时期能够向资产阶级，特别是能够向封建阶级展示自己犀利锋芒的历史，在兰克的笔下就成为驯顺的和没有危险的了。同时，在他的笔下，历史向正在成长的德国帝国主义和军国主义提供了丰富的养料。它宣告，德国需要领土，需要国际影响，并且所有这一切只能靠实力取得，而不依赖任何原则。这一点施用于德国内部，则提倡忠于君主，提倡君主制和自由主义之间的妥协，这种妥协可以叫作伪立宪制。

总而言之，也许是，兰克的肤浅、缺乏深度、随机应变和折中主义，使他获得趋于反动并在十九世纪末二十世纪初最终站在反动立场上的德国资产阶级的崇敬。

从苏维埃历史学家的观点看来,可以认为兰克学派和他研究历史的方法是历史科学最大的危险。历史科学的目的被兰克本人并更多地被他的学生和追随者所庸俗化,并归结为细小的琐事。这个学派的代表在十九世纪末和二十世纪初公开地为德国帝国主义的资产阶级利益服务。

(李景云译　陶松云、刘庆宁校)

注　释:

①兰克(L. Ranke):《一四九四到一五三五年罗马和日耳曼人的历史》,载《兰克全集》,德文版,第33—34卷,莱比锡,1875—1900年。

②在这方面,兰克和法的历史学派的代表人物存在着根本的分歧,后者对个别历史人物的活动很少注意,而把表现在各方面的"民族精神"的发展提到了历史的首要地位。(编者注)

③兰克:《对新史学的批判》,载《兰克全集》,第34卷。

④兰克:《南欧的君主和人民》,第1—4卷,柏林,1837—1845年;兰克:《南欧的君主和人民》,俄译本,圣彼得堡,1856年。

⑤《德国编年史》,第1—3卷,柏林,1837—1840年。

⑥兰克:《十六和十七世纪的罗马教皇、罗马教会和罗马教皇国》,载《兰克全集》,第37—39卷;兰克:《十六世纪和十七世纪的罗马教皇、罗马教会和罗马教皇国》,俄译本,第1—2卷,圣彼得堡,1869年。

⑦兰克:《宗教改革时期的德国历史》,载《兰克全集》,第1—6卷。

⑧兰克:十二卷本《普鲁士历史》,载《兰克全集》,第25—29卷。

⑨兰克:《以十七世纪为主的法国史》,载《兰克全集》,第8—13卷。

⑩兰克:《以十七世纪为主的英国史》,载《兰克全集》,第14—22卷。

⑪兰克:《论近代史诸时期》,莱比锡,1888年;兰克:《论近代史诸时期》,俄译本,莫斯科,1989年版。

⑫兰克:《世界历史》,第1—9卷,莱比锡,1888—1902年。

⑬兰克对经济的、社会的课题,甚至宗教的课题和个别民族的文化史都极不注意。(编者注)

⑭见他为兰克《论近代史诸时期》一书所写的序言,第四页。

⑮这里不仅暴露了兰克的研究方法,而且也暴露了他研究历史的方法论。

（编者注）

⑯作者指的是二十世纪头二十年到三十年代末。（编者注）

⑰贝洛夫(G. Below)：《从解放战争到当代的德国历史札记》，慕尼黑与柏林，1924年。

⑱贝洛夫口头上对兰克的这种评价清楚地表明，兰克的声名狼藉的"客观性"只是用来遮掩其历史观点中所具有的一定的、极其保守的倾向的幌子。它完全可以使像贝洛夫这样彻头彻尾的反动人物感到满意。（编者注）

⑲《马克思恩格斯全集》，第三十卷，人民出版社，1974年，第423页。

⑳十分清楚，出卖灵魂的政论家乔维欧，即使比圭恰尔迪尼拥有更好的情报，也会比根本不是为了出版而写出自己的大部分著作的圭恰尔迪尼更多地和更加蓄意地捏造情报。通过这个例子可以清楚地看到，兰克对史料的考证具有纯粹形式上的性质。

㉑兰克：《论近代史诸时期》，俄译本，第4页。（以下注见引文）

㉒上引书。

㉓兰克，上引书，第6页。

㉔同上。

㉕同上。

㉖兰克：上引书，第77页。

㉗兰克：上引书，第90页。

㉘兰克：上引书，第90—91页。

㉙上引书，第96页。

㉚上引书，第109页。

㉛上引书，第124页。

㉜上引书，第136页。

㉝同上书，第141页。

㉞这里再一次暴露了兰克研究最重要的历史现象的浅薄态度和他对揭开这些现象内在的经济和政治社会原因完全无能为力。这里也暴露了他蔑视俄罗斯人本身文化的珍贵价值，兰克把俄罗斯人在文化方面的成就只归结为依赖西方的影响。（编者注）

㉟这样，兰克小心谨慎地避而不谈一切具有某种深度的革命的社会前提，而把这些问题完全局限在对事件作表面的和唯心主义的理解的框子里面。（编者注）

第二十六讲　十九世纪前半叶的德国史学　施洛塞尔、齐美尔曼、里特尔的历史地理学派　中世纪史料的出版

在我们谈到为现代德国史学所高度赞扬的兰克的时候，自然想起另一个可以与兰克相匹敌的德国大历史学家。也许他没有兰克那样渊博，但他同样写了许多东西，提供了数量庞大的历史著作。他在当时的影响不亚于兰克，也许甚至超过兰克。但是后来他却失去了这种影响。我讲的是施洛塞尔。那时候，他就像兰克在今天这样（这里讲的是二十世纪三十年代的德国——编者）受到吹捧，他的著作不断再版，而在当代的德国却以半讥笑的态度谈论着施洛塞尔。这种轻视的态度，直到不久之前还在俄国盛行一时。

我提请大家注意刊登在格朗那特百科辞典中关于施洛塞尔那篇文章的结束语："施洛塞尔的声誉勉强维持到他的百周年诞辰——一八七六年，以后他的声誉突然一蹶不振，衰落下来。现在，只有老顽固才阅读他的著作。"

现在，这个评语已经变成不正确的了。目前在我们的国家中，人们阅读和研究施洛塞尔的著作。《马克思编年摘要》是一个开端。从《编年摘要》中我们可以看到，马克思临终之前认为应当尽可能详尽地逐卷研究施洛塞尔的《世界历史》，并作出该书的详细摘录，同时在上面加注自己的评论，而这些评论在许多场合都是符合施洛塞尔原意的。

如果说马克思谈论兰克就像谈论可笑的渺小人物那样加以蔑视，那么他对施洛塞尔却采取全然不同的态度。诚然，他也指出施洛塞尔

的错误,特别指出他的一系列不正确的论断,但是马克思仍然把施洛塞尔的《世界历史》作为自己历史笔记的基础。①

当时,在西方兰克备受赞扬,施洛塞尔却被遗忘了,他的被遗忘不是偶然的,而是有意的,因为施洛塞尔的思想同兰克的思想基本上是直接对立的。

弗里德里希·克里施托夫·施洛塞尔(一七七六——一八六一)是弗里西安东部地区耶弗尔地方出生的人,在自己的《世界历史》中,施洛塞尔对这个地方表现出特殊的兴趣,他是叶卡捷林娜二世的兄弟——日耳曼最小的君主之一安哈尔特—采尔布斯特公爵弗里德里希—奥古斯特的臣民。这个君主如同大多数德国公爵一样,不仅玩招兵游戏而且广泛地从事有利可图的投机买卖。正是他从德国的各个角落招募士兵,把他们出卖给英国人去镇压美洲殖民地的运动。耶弗尔是送往美洲的士兵和从那里返回的士兵的集募点。

对于年轻的施洛塞尔来说,这是学习本国历史和外国历史的第一课。他在自己的《十八世纪的历史》中,不只一次地提到德国的小公国和他们的宫廷,以及他们无耻地买卖人口的这个题目。

施洛塞尔开始准备谋求宗教职位的前程,因为他从十五岁成为孤儿以后就必须自己为自己筹划。他考虑,只有做了牧师,才能最容易糊口。

起初他带着巨大的求知欲和对科学的坚强信念进入了哥廷根大学。但是,大学很快就使他失望了。用施洛塞尔的话来说,他从德国的教授们乃是宇宙的灯塔这一错误见解中迅速地醒悟过来。他只把极少数的教授作为例外。在大学生时代(一七九四——一七九七)许多国外事件,特别是法兰西革命事件给了他很深的印象。对于宗教职务他没有任何兴趣。大学毕业后,他当了家庭教师,从一个富有的家庭转到另一个富家,为他们教育孩子。这项工作的优越性在于使他有空余的闲暇时间。他读了很多书,而且他的阅读范围绝不仅限于历史。他在醉心于修昔底德的同时,还在研究数学和法兰西文学。伏尔泰特别使他倾

第二十六讲 十九世纪前半叶的德国史学……中世纪史料的出版

倒,他完全正确地讲道,伏尔泰对他的历史风格产生了极大的影响。他同时还仔细地研究康德、谢林、费希特的哲学,不过他自己指出伏尔泰和康德对他的影响最大。对德国某些浪漫主义代表,特别是对施莱盖尔的爱慕,也应当属于这种影响。

他不仅教孩子历史,而且还教自然科学:物理、化学、植物学。他是一个知识非常渊博的人。但是他最喜欢历史。在这个以教书为生的家庭教师的笔下,完成了一系列杰出的历史著作,这些著作很快就引起了学术界的注意。

他的第一部历史著作是《阿贝拉尔和多里奇诺》[2](一八〇七)。第二部著作《特奥多尔·贝扎和彼得·韦尔米利》("献身宗教者")[3](一八〇九),是献给特奥多尔·贝扎的。在这部著作中,对加尔文教作出了饶有趣味的评价。

施洛塞尔的第一部巨著是使他得以驰名学术界的《圣像破坏者皇帝们的历史》[4](一八一二)。他被任命为法兰克福中学校的历史教员。这时,施洛塞尔就已开始写自己举世闻名的《世界历史》[5]。该书的第一部是一八一六——一八二四年问世的,而最后一部则是在施洛塞尔死后,由他的学生整理出版的[6]。后来,施洛塞尔又受到其他一些大学的邀请。一八一七年,他迁居到海德尔堡,在那里担任教授,一直到死[7]。在这里,他写了自己的另一部巨著——《十八世纪历史概述》(一八二三)[8]。

由此可见,施洛塞尔在接受教授职衔之前,经过了十分严峻的生活经历,这在他的性格上是有所反映的。他以异常刻苦耐劳和非凡的工作能力而著名。这是一个有农民气质的魁梧人物,具有粗犷的风度和笨拙的外貌。

早晨六点钟,他就开始工作,通常工作到深夜,中间只作几次短暂的休息。施洛塞尔完全献身于工作,他的天职就是工作。除此之外,像他自己所说的那样,"爱好教学"("ein Trieb zum Lehren")是他的特点。

作为教师，施洛塞尔享有极高的声望。使他获得声望的主要是他的课程内容，特别是近代史课程的内容，而不是这些课程的表面形式。他的课程的表面形式是极其缺乏吸引力的。他不善于辞令，常常说些有头无尾的句子，造句不符合语法。这种种缺点到他晚年更加厉害。但是这并不妨碍听众心向神往地注意听他的讲课。他的学生们对他的讲课内容保持着愉快的回忆，正如他的一位学生、后来的大历史学家格尔文努斯所说的："他同样有力地扣住人们的思想和心情。"

有个情况使他的讲课形成自己的独特风格，那就是他曾经准备做神职人员，后来又长时间担任教师。与其说他在讲课，不如说他在布道。他的独特的姿势和讲课的热情，但更主要的是他的讲课内容，他对所讲述的事件的见解，吸引着他的学生。

同兰克不同，施洛塞尔从未宣布客观主义是自己的基本原则，并且从未表现这种客观主义的特点，兰克则宣布"客观主义"是自己学派的基本原则，而在这条原则的背后曾经掩藏过和正在掩藏着许多带有鲜明党派性的史学家。与此相反，施洛塞尔的叙述经常是毫不掩饰地带有主观见解，并且是对历史的不断的评判。他在陈述世界历史事件时，对这些事件不是采取平静的漠不关心的态度。所有这些事件总是被他以某种方式同现实联系在一起，总是在某种程度上触动他，得到他的这种或那种评价。在这方面，伏尔泰及其风格对施洛塞尔产生了强烈的影响。

人们经常责备施洛塞尔在写历史时进行道德说教，而这是客观的历史学家所不应该做的。的确，对于最为杰出的成为德国史学偶像的人物，施洛塞尔有时使用很辛辣的修饰语，他经常把某个历史活动家叫作骗子手、无赖、傻瓜。他使用这种修饰语并不感到难为情。所有的历史事件他都根据道德观点加以评价。在兰克的学生和施洛塞尔的学生之间存在着连续不断的争论。兰克的学生着重责备施洛塞尔采用只适用于私人生活的道德标准来对待历史人物和历史事件，对伟大人物进行道德说教，诋毁伟大人物的这种手法。他们说，不能用同一标准对待历史活动家和个人。他们认为存在着两种道德：一种是较富有伸缩性的政治上的道德，另一种是对普遍人的道德。不要对应当高于庸俗道德的政治活动家吹毛求疵。兰克学派的代表责备施洛塞尔依照这种微不足道的小市民的道德，从十八世纪末小资产阶级市民的观点出发，对最伟大的历史活动家进行评判。

但是，对施洛塞尔来说，不存在两种道德。他对政治事件和政治活动家所作的评判绝对不是从小资产阶级的庸俗的道德立场出发的。还不如说，他具有清教徒的道德，无论何种名声何等响亮的名字都不能够迫使他对这个或那个活动家不使用尖刻的词句，如果他认为这种词句是公正的话。施洛塞尔从来自启蒙时期的那种民主思想出发来作出自己对历史的评判。在反抗拿破仑的解放战争之后，在德国出现反动局势，产生法的历史学派和兰克学派。在这种反动局势下，施洛塞尔保持了启蒙运动的立场，也许还保持着这种立场本身的民主形式。除了伏尔泰以外，卢梭对他产生过最深刻的影响。民主主义思想贯穿了施洛塞尔的整个历史体系。

在革命以前法国革命资产阶级代表人物，特别是小资产阶级代表人物所仇视的那些东西——君主专制，尤其是无数德国宫廷的小王公们的专制以及他们那些掩盖真正野蛮的纯粹表面上的文明，也引起了施洛塞尔的仇视。十八世纪德国大小宫廷的这种道德腐败、对人民的压迫，引起施洛塞尔的强烈反对。他热情地对待人民群众争取自由的斗争。对施洛塞尔来说，谁使人民蒙受苦难，谁就是坏蛋，正是人民群众的苦难，最能引起他的同情。他的著作中最优秀的篇章献给了人民斗争的历史。

施洛塞尔把自己的祖先、东弗里西安的农民描写为德国人民应永志不忘的民族英雄。他们反对封建，反对德国骑士，反对迫使他们屈从自己权力的不来梅主教们。

这样，在反动势力猖獗追查活跃言论的情况下，施洛塞尔的讲坛就成为德国自由主义大学生们能够听到在他们心中引起强烈反响的那种

—— 447

讲话的场所。因此，毫不奇怪，只有施洛塞尔才能够把听众吸引到这种程度，同时，也激起了另一部分教授，其他学派的人们特别是对施洛塞尔和他的学派提出许多责难的兰克门徒们的愤怒。

正如我们所指出的那样，责难施洛塞尔评判历史恐怕是难于接受的。要知道历史科学本身就是经常在某种程度上评判人物和事件的评判员。它只能如此。其实，兰克同其他一切历史家一样，也在评判历史，只不过他是从自己的反动立场出发进行评判而已。如果说施洛塞尔在这方面做得更直率、更开诚布公的话，那么这不过是他的气质特点，他的热烈的专心致志的性格的缘故。

但是，有人对施洛塞尔还提出了另外一些比较有根据的责难。责备他不认真对史料进行审查，轻信其他史学家手中的材料，很少开展研究工作。

后一点责难只是部分正确。施洛塞尔进行过许多研究工作，但是，的确不大喜欢这项工作。施洛塞尔的一些学生（兰克学派和施洛塞尔学派之间的辩论，不是在兰克和施洛塞尔本人之间，而是在他们的学生之间进行的，因此不得不主要在这些学生中间寻找论据）着重指出，他对在档案中挖掘材料不予重视。照他们的话说，施洛塞尔曾经说过"某个学派"的人们[9]，如果在档案中得以找到某种新的、无人知晓的文件，即使这个文件几乎没有任何历史意义，也会认为自己是幸运的。与此同时，还有很多已经出版的材料未被研究，而这些已经出版的历史材料如此浩瀚，以致分析和概括这些材料的人毕其一生也是不够用的。由此，施洛塞尔得出结论说，没有必要再去发掘那些谁也不需要的零星的文件。

当然，在这一点上是难于赞同施洛塞尔的，但这是他的个人看法。[10]

兰克学派的代表人物对施洛塞尔还有一个非难，那就是，他的课程模糊不清，缺乏指导思想，特别是从表面上看，这些课程是一种极不系统的堆砌起来的东西，听讲和掌握都极为困难。这种责备有真实的成

第二十六讲　十九世纪前半叶的德国史学……中世纪史料的出版

分。的确,施洛塞尔的讲课如同他的著作一样,给人以杂乱无章,堆砌大量事实和名字的印象,而且他把某些部分搞得很详细,而另外一些却非常简略,各个部分之间并不总是互相衔接得很好的。所有这些好像是把各种布片,各种未经加工成熟的课程综合在一起一样。这种缺乏形式上的加工,是施洛塞尔的特点,他从根本上否定这种加工的必要性,完全不愿意去搞它,并认为这完全是多余的。但是,也不能说在施洛塞尔的描述中就没有内在的联系。他总是有确定的趋向,确定的路线。这条路线反映着他从民主主义观点出发对待人物和事件的总的态度。他的章法粗糙生硬,不时重复。他的著作在文字章法上确实有很多缺点,但是这并不妨碍它们获得极大的声誉。不仅在德国,而且在其他国家一代又一代的人都学习这些著作。人们不仅阅读他的著作,而且研究它。在我们俄国,施洛塞尔曾经一度是很受欢迎的。像车尔尼雪夫斯基这样的活动家,也不惜花费精力翻译和编辑施洛塞尔的著作。多卷本的《十八世纪历史》和《世界历史》在当时曾经提供给俄国一座教育的学校。车尔尼雪夫斯基认为,应把施洛塞尔的著作而不是其他人的著作介绍给俄国公众,作为学世界历史的参考书。当马克思需要弄清楚世界中世纪史概况的时候,又恰好是摘录了施洛塞尔的著作,而不是任何其他人的著作。

完全没有那种在某种程度上给一切德国反动学派代表人物的著作打上自己烙印的狭隘的民族主义是施洛塞尔的一个特点。诚然,乍看起来兰克也没有这种狭隘的民族主义,他把罗马民族同日耳曼民族列入一个家庭,但是,在这一切东西的背后,不难看出他具有明显表现出来的普鲁士观点。在施洛塞尔身上我们看到合乎十八世纪精神的世界历史观点。甚至对于十九世纪初期德国民族解放战争这样的现象,施洛塞尔也不喜形于色。他把它看成是事实上政府对人民的欺骗。

我们简略地谈谈施洛塞尔的个别的著作。他的主要著作是《世界历史》,他毕生致力于这部书,这部书曾多次再版。施洛塞尔在这部书中基本上提出了一个唯心主义的纯理性的历史体系。他只是偶尔分析

—— 449

社会现象,而且这种分析也是相当肤浅的。他所关注的与其说是这样或那样的社会情况,还不如说是人民生活的表面现象。事件、人物、政策的更替,这就是施洛塞尔以及他以前的历史学家们的兴趣所在。但是,施洛塞尔对外交政策的兴趣比兰克要小,他更多地把注意力放在国内政策、人民生活和人民反对压迫者的斗争上面。

施洛塞尔在自己的世界历史体系中,也特别注意文化史,尤其注意文学史。在文学中他用尽了丰满的笔调来描写各个时代。

毫无疑问,施洛塞尔是接近十八世纪的思想体系的。可以认为他是启蒙思想家的继承者,他在欧洲反动的环境下保持了自己的进步观点。他的思想虽然是小资产阶级的思想,却不是目光狭小的资产者思想,这是卢梭的思想,可能部分地是雅各宾党的思想,不过是在某种程度上经过折射缓和了的。对于十九世纪初反动时期的读者和听众,施洛塞尔的思想听起来好像是对现实的反动势力的揭露,是对现实德国秩序的揭露。

还是那个兰克学派的代表人物责难施洛塞尔,在自己的历史评论中没有站在任何一种明确的立场上,指责他同样尖锐地批评一切社会制度,而没有直截了当地说明他比较喜欢哪一种社会制度：共和制、绝对君主制还是立宪君主制,都是同样地全都否定。也许在这里,在某种程度上反映出卢梭学派的影响,这个学派赋予政治形式较为次要的意义。但是,归根结底,施洛塞尔的《世界历史》的作用并不在这里。他撕去一切谎言,一切伪善假面具的意向,他所经常贯穿的对奴颜婢膝的蔑视,并因此完全没有阿谀奉承,对听众发生了最大的作用。他也不讨好人民。他不相信宪法的作用,在这方面并不急于与自由主义学派联合。

从十八世纪启蒙主义者的著作所规定的立场出发,同十九世纪反动势力进行斗争是施洛塞尔的《世界历史》的主要倾向。这种倾向也是他的有俄译本的《十八世纪历史》的特点。为了写这部书需要档案材料,施洛塞尔曾因此多次前往巴黎,以便在巴黎档案馆和图书馆中研究

第二十六讲 十九世纪前半叶的德国史学……中世纪史料的出版

这些材料。他对十八世纪的文学给予了特别的注意。

施洛塞尔对单个的法兰西中世纪史料的处理是饶有趣味的,这说明他对档案材料是注意的,并且善于利用这些材料,而施洛塞尔的对手们却总是责备他不用档案材料。

可以把施洛塞尔同兰克作鲜明的对比,他们个人的性格、他们的作风和研究方法都是完全不同的。

时时刻刻围着高官显贵,围着国王宫廷转的矮小轻浮的兰克的形象,是非常灵活的,很能适应环境的。他同强有力的、魁梧的、坚忍不拔的施洛塞尔的形象相比较,大为逊色。

我并不想美化施洛塞尔。不言而喻,他的历史考证是薄弱的,有时完全不搞历史考证,他毫无根据地轻视档案材料,对某些社会历史事实持唯心主义立场并且不够重视这些事实等。但是,尽管他有这一切弱点,我们对这位在整个反动年代始终坚持民主主义和自由思想,并成为当时好多代先进德国知识分子导师的人不能不抱有同情心。在西方施洛塞尔被遗忘是不公正的,但这并非出于偶然。人们贬低地,败坏他的声誉是为了吹捧兰克这样的虽然学问渊博而却为人浅薄的历史学家。

我们还可以把一位我们知晓的史学家齐美尔曼列入这个以施洛塞尔为代表的急进的小资产阶级的史学流派。他虽然不是出自施洛塞尔门下,但却受到施洛塞尔的深刻影响,并且把自己的一部极为重要的著作献给他。我指的是威廉·齐美尔曼,《农民战争史》的作者,这部著作的史料,弗·恩格斯为了写自己的《德国农民战争》曾经加以引用。

威廉·齐美尔曼(一八〇七——一八七八)是一位很有趣的、但可惜是很少被人研究的人物。现代的德国史学史很少讲到他,并且主要是为了指出他的观点的片面性和不正确才提到他。但是,他是值得给予高度重视的。

齐美尔曼不仅是历史学家,而且是诗人。他著有很多诗歌,不少的戏剧作品,特别是历史剧作品。他的文学和学术著作的数量极大。

和当时的很多德国历史学家一样,齐美尔曼是一个传教士,但是他

451

具有相当的急进情绪。他是斯图加特高等实科学校和中等技术学校的德语、文学和历史的教授。一八四八年,他被选入法兰克福国民议会,并成为极左派的一员[11],在一八四九——八五〇年,他是立法会议的代表,并由于急进观点被开除公职。一八五一——八五四年,他是符滕堡议会的议员,在那里他也是坚持极左派的立场。革命彻底失败以后他又回去从事牧师活动。由此可见,齐美尔曼一直是处在一八四八年革命事件的中心的。对于他来说,历史不仅是学术和文学的创作题材,他本身就直接参加了十九世纪德国历史上最激动人心的一个场面。

除了众所周知的《德国农民战争史》[12](一八四一)以外,他还写了许多其他的历史著作[13]:《符滕堡史》、《德国反拿破仑的解放战争》、专讲霍恩斯陶芬朝同意大利城市共和国斗争的《霍恩斯陶芬朝历史,或君主反对教皇与共和国自由的斗争》,在一八四八年,齐美尔曼出版了论述德国革命的专著,一八五一年又出版了《英国革命史》。他还写了德国民族文学和世界文学方面的许多著作,以及其他一些作品。

但是,最有意义的是他的在仔细研究斯图加特档案馆文献材料的基础上写出来的《农民战争史》。这部书的第二版是献给施洛塞尔的。

齐美尔曼出色地通晓和掌握史料,他叙述史料极为简明、易懂和文采四溢。大概你们当中的大多数人是读过齐美尔曼的这部著作的,并且知道恩格斯给《德国农民战争史》所写的序言,在这里恩格斯指出了这部著作的许多优点。[14]同时,弗·恩格斯还指出,齐美尔曼"没有能把这个时代的宗教上的、政治上的争论问题作为当时的阶级斗争表现出来","他在这个阶级斗争中只看出压迫者和被压迫者、善良者和凶恶者以及凶恶者的最后胜利"。[15]尽管恩格斯指出了这个缺点,齐美尔曼的书如施洛塞尔的著作一样,作为基于认真研究史料和渗透着对被压迫者热烈同情的著作,直到如今仍然没有失去它的意义。

曾经在青年时代像一个小资产阶级左派代表那样开展过坚强的政治和文学活动的齐美尔曼,在人生晚期虽然并没有放弃自己的立场,但逐步开始失去光芒和变得老态龙钟。他开始宽容他对待自己生活中早

第二十六讲 十九世纪前半叶的德国史学……中世纪史料的出版

些年代所不可调和的东西,例如对待普鲁士国家制度和对待普鲁士的政治思想。普鲁士对外的政策成就,特别是普法战争,使他产生了新的好感。他的著作《德国的英勇斗争》⑯就是一种对普鲁士的赞颂。对我们来说,齐美尔曼之所以有价值主要是他的《德国农民战争史》和他在一八四八年革命中作为极左派的活动家在国民议会中所展开的活动。

讲到十九世纪前半期德国的历史学家,特别是中世纪历史学家不能够不提到柏林大学教授、名著《霍恩斯陶芬朝及其时代的历史》⑰的作者弗里德里希·劳默尔(一七八一——一八七三)的名字。(屠格涅夫在自己的长篇小说《前夜》中提到过这个历史学家,在书中,青年学者别尔谢涅夫正在研究劳默尔的《霍恩斯陶芬朝的历史》。对于屠格涅夫来说,劳默尔在某种程度上是某种无聊的和学究式的东西的同义语)。《霍恩斯陶芬朝的历史》(一八二三——一八二五)按其总的倾向来说,归诸于反动的浪漫主义学派更为合适。在这本书里,我们看到了对同财产平均主义思想相对立的中世纪制度的崇拜。诚然,劳默尔还受到了其他的影响。因此某些史学史家把他列入十八世纪的自由主义派别,列入伏尔泰型的启蒙学派人物,但这是不正确的。伏尔泰对劳默尔产生的影响纯粹是表面上的,这种影响只限于写作的形式和文风。劳默尔从他那里也继承了开明的绝对君主制思想、宽容异教的思想,但是这些思想并没有使本书的反动倾向发生丝毫改变。同时,这本书缺乏评论,因而表明作者对所述的时代了解得很不够。他用比较晚期的德国历史观点,用后来形成的国家制度的观点来解释时代。《霍恩斯陶芬朝的历史》的作者从尼布尔的和部分是兰克的史料考证中,毫无所获。他不加批评地重复史料,引用中世纪统计学的荒诞无稽的数字材料。如果劳默尔确实是伏尔泰的门徒,他就能够首先从伏尔泰那里学会对所引用的中世纪的数字材料抱批判态度。劳默尔是善于讲故事的人,对时代的生活习俗的描写也是不错的,但他却是很拙劣的思想家。

在结束十九世纪前半期的德国史学之前,我还想讲一个流派,这个流派不能叫作纯粹的历史流派,但它对史学却有相当大的影响。我指

—— 453

的是历史地理学派，这个学派在十九世纪前半期在德国具有极重要的意义。这个学派最著名的代表人物是卡尔·里特尔（一七七九——一八五九）。

从一八二〇年起他就是柏林大学的教授。他的最主要的著作是《地理学同自然界和人类历史的关系或普通比较地理学》[18]。这部著作是里特尔从一八一七年开始撰写的。它出过许多版，但在作者一生中始终没有完成，因为这部书的设想非常庞大。这部书部分地被译为俄语。

在这部著作中探讨了古代作者波利比阿、维特鲁维阿等人就已研究的那些问题。后来，博丹，特别是孟德斯鸠也研究过这些问题。这就是关于地理环境对人类历史的影响问题。里特尔的地理因素对社会起决定性作用的学说，在一定程度上是为反动势力服务的，并且同法国革命的思想尖锐对立。如果说法的历史学派的学说宣布民族的精神气质决定历史，那么里特尔的历史地理学派则把历史的发展同地理特征联系在一起。里特尔的基本思想是，某个民族生存的地理环境的差异不允许在人们之间实现平等，也不允许一般地谈论人。只是有生活在一定国家中，一定自然条件下，对他们的历史起决定作用的一定的地理环境中的人们。

里特尔认为，在一种地理环境里建立起来的制度，不可能适用于另一种地理环境，例如，在法国建立的制度对德国就不适用。这里直接指的是法国革命和帝国的历史。法的历史学派的代表们也同意那种思想，但他们却是这样来论证的，似乎法国的制度与德国民族精神相矛盾。而里特尔和他的学派则断言这种制度与德国生活中的自然地理条件相矛盾。

在里特尔和他的继承者的笔下，地理因素往往带有宗教—神秘主义的性质。按照他的意见，国家机构和民族的整个历史都依赖于天主上帝创造的地理条件。反对他们就意味着在某种程度上反对天主上帝的圣谕。某些现代德国史学史家，如菲特试图证明，里特尔完全站在科

第二十六讲 十九世纪前半叶的德国史学……中世纪史料的出版

学的非神秘主义的基础上,那是枉费心机的[19]。里特尔把土地看作是上苍为了养育人类而建造的住所。地理环境的特点在于它的千差万别,并因此给每个民族造成只有它才具有的一些特殊的条件。对于里特尔的目的同样重要的另一个地理环境的特点,在于它变化非常缓慢,地形、海岸线、国家气候,所有这一切在几千年间都不会发生变化。因此,各民族的历史由同样的基本因素决定着,这样,在各民族的历史中,就不可能发生快速的和强制性的变化。这里发生的变动自然应当是缓慢的和逐渐的。按照里特尔的意见,地理环境变化的缓慢性和渐进性也应当是历史发展的缓慢性和渐进性的基础。

应当指出,里特尔对地理学的问题知道得很清楚。但是对历史问题了解较差,因此从地理学或人类地理学的观点来看,他的著作是很有益的,但是在历史领域里却存在许多极不妥当的牵强附会的解释。里特尔在这方面与自己的前辈相反;他们有时很没道理地谈论气候对于这种或那种民族性格的影响,谈论北方或者南方,山地或者低地的影响,似乎这些影响直接对民族性格起作用,里特尔同他们相反,对这个问题的探讨要和缓得多,他抓住地理条件的全部总和,同时地理的作用在他那里通常不是直接表现出来的,而是采取隐蔽的形式出现。在他那里我们遇到了可以作为德国法的历史学派特征的那种对固定不变因素的偏爱。简言之,他的学说是一种用新的观点在历史上为社会的和政治的保守主义寻找固定不变基础的尝试。

我们在另一种,大约也是在这个时期开始形成的理论中——即在种族理论中,引申出一定种族的稳定不变的特性。种族理论——然而与其说是人类学类型的理论,毋宁说是文化历史类型的理论——是早在布伦维叶和迪博之间的争论中就已经提出来了的。他们从法兰克和高卢种族的斗争中引申出早期中世纪的社会制度。但是,十九世纪这种理论在戈宾诺的著作中获得了新的伪科学的论证。[20]

不能够说,在里特尔的理论中没有一定的真理内核。地理环境是社会发展的经常的必要的条件之一。它加快或是推迟社会的发展进程，但是它的影响不可能是决定性的，因为社会的发展比地理环境的发展快得多。

现在讲另一个同德国法的历史学派有关的重要问题。诚然，这里我们不得不稍微超出十九世纪前半期的范围。我指的是当时在德国开始出现的出版史料的积极活动。同其他着手出版史料要早得多的欧洲国家相比较，德国是大大落后了。十九世纪初期以前，在德国几乎还没有像法国本笃教团那样的出版物。有时，这种出版物也被慷慨地列入了计划，但由于德国政治上的分裂，并因此不能在国家范围内筹备这件事情和为此寻找资金，这些计划一直没有实现。这样的计划在十七世纪（我们可以回想一下莱布尼茨）和十八世纪曾经不止一次地提出过。也出现过个别学者试图用自己力量出版史料的个人努力。但是，所有这些试图通常是毫无结果，或者只出版了数量极为有限的、他们可以得到的那些史料。因为这种事业需要如同莫尔派修士或者耶稣会士组织，以及使用政府补助金的科学院那样庞大的组织才能完成。拿破仑战争以后，形势发生了变化，由于民族感情的高涨和对祖国历史兴趣的加强，同时德国的历史研究又是为反动势力、为反动政府服务的，因而引起了政府对历史研究的兴趣。历史变成宣传保守主义的一种工具，因此，德国各邦政府，特别是普鲁士政府极力培植它和庇护它。但是为了研究历史必须大量出版史料。这个要求首先是历史学家提出来的，然后，政治活动家也开始表示赞同。

发起这个事情的是著名的普鲁士国务活动家施泰因，他主张有组织地出版史料。与此同时，他又不得不面对德国处于分裂状态这个事实，以及个别统治者不愿意的情况。但是施泰因以他所具有的毅力抓这个工作。他宣布为出版史料募集私人的捐助，并且本人捐献了一笔巨款。由于他的活动，一八一九年，在法兰克福建立了"研究古代日耳曼历史协会"，并且开始出版这个协会的杂志——《协会档案》。在《档案》这本杂志上发表了关于史料的初步发掘、关于在德国档案馆中发现这种或那种史料的消息报道、手稿资料、个别历史学家的著作等。

第二十六讲 十九世纪前半叶的德国史学……中世纪史料的出版

由于德国档案的极端分散和零乱,在这方面的工作是巨大的。德国的每一个小邦、每一个城市都有自己的档案馆。没有任何共同组织把所有这些档案馆联系起来。从各个当权者那里获取支持的试图却遇到了非常冷淡的接待。远非所有的当权者都意识到历史对于达到政治目的所起的重要作用。这里还有很多人有所怀疑。问题在于十八世纪历史更多地起到了革命的作用,在德国执政者思想落后的情况下,提高对历史的兴趣总使他们感觉这里有某种危险。例如,在奥地利,梅特涅立刻怀疑到出版史料的事情中有某种革命的目的。但是,并不是所有的"神圣同盟"的领袖都是同样对待这件事情的。例如,亚历山大一世立即理解到这个事业对于保守主义的目的是有益的,并且建议对此提供巨额资助金。但是,施泰因决心想使这项事业具有爱国主义的性质,因而拒绝了沙皇的建议。

普鲁士政府给予了某些确实是微不足道的帮助,但是,这个事业的宣传逐渐渗透到德国执政者们迟钝的头脑中。他们开始把这项事业看作是善意的,最后,连梅特涅也替它说好话,于是"研究古代日耳曼历史协会"开始从德国许多执政者那里获得固定的补助金。

应当指出,在初期这个事业不仅从德国执政者方面遇到了怀疑,许多学者(其中包括施洛塞尔)也对它能否实现表示怀疑。甚至像埃希霍恩和萨文尼这样的法的历史学派的代表也认为,由于不可能把这项事业很好地组织起来,它必然会遭到失败。而组织者们本身在这里对面临的困难也设想得很不够。史料的出版预定十年结束,而它直到现在还没有完成。

就这样,出版了一部著名的史料书,它被定名为《德国历史文献》(《Monumenta Germaniae historica》)。下面的一句话被用来作为这个版本的题词:"对祖国神圣的爱在鼓舞着"("Sanctus amor Patriae dat animum")(显而易见,这是鼓舞着如像出版史料这样巨大而艰巨的事业——叶·科)。

起初事情是在很没有组织的情况下进行的。一八二四年某个名叫

457

佩尔茨的人开始领导这项事业将近五十年。格奥尔格·佩尔茨是个很有特点的人物。他本人不是造诣很深的学者，也不特别熟悉史料。他还是个头脑不很清楚的人，然而却颇具组织才能。善于把人们聚焦到自己周围，并使他们工作。他作为这个事业的绝对领导者，善于把事业办得兴旺。

根据施泰因的倡议，佩尔茨完成了沿奥地利、意大利、德国的旅行，到处收集手稿。他收集了大量的档案材料，这些档案材料奠定了《德国历史文献》丛书的基础。所收集的大量手稿现在保存在柏林。一八二四年，佩尔茨被委托出版史料。他提出了这项出版的计划。这次出版共分五个部分：1)"历史作家"(Scriptores) 2)"法律"(leges)，3) 国王敕令(diplomataregnum)，4) 书信(epistola)，5) 文物(antiquitates)。

在佩尔茨领导的时候，前三部分的工作已经开始。《德国历史文献》的第一部分("历史作家")遇到了特别多的困难。原先是从哥特的、墨洛温朝的、伦巴底的历史学家开始的，但这是那样的困难，以致不得不把出版它们的手稿放到比较晚的时期，而从出版加洛林朝编年志开始。诚然，加洛林编年志在早些时候曾经部分地发表过，但是非常粗糙。现在采用了它们的经过考证的版本。出版史料事业本身要求使史料考证方法趋于准确。存在许多有大量不同的手稿，要求把各种手稿作对比，规定手稿的类别，选出其中比较确凿可信的手稿，区分出基本的原文，剔除后人逐渐添加上去的东西。为了进行这一套考证工作，集中了德国优秀的历史研究人员。这项工作在出版过程中提供了丰硕的研究成果。

尽管我们没有仔细考察，各卷是按什么顺序出版的，这项工作是怎样进行的，但应当谈谈哪怕是这项工作的最重要的参加者——格奥尔格·魏茨[21]和瓦滕巴赫[22]。以后，还要涉及许多大名鼎鼎的人物。

一八七五年，出版工作进行了改组，由国家来担负这项工作，领导出版工作的是以理事长为首的中央理事会。理事长拥有非常广泛的权

第二十六讲 十九世纪前半叶的德国史学……中世纪史料的出版

限。他几乎是整个事业的全权支配者。另外,每个部门都设有专门领导人。一八七五年以后,魏茨成为出版《德国历史文献》的第一任理事长,以后是瓦滕巴赫,接着是迪姆勒,在他以后开始了"空位时期"。在这项工作的参加者中间,还可以举出诸如著名的罗马史史学家提奥多·蒙森这样的人,他出版了"远古作者"那一部分。像济克尔这样的古文书学家领导着古文书部。在他以后,这个部门由布瑞斯劳主持。布瑞斯劳也是一位声望极高的古文书专家。在研究人员当中应当举出蔡默尔,他出版了敕令集,后来又出版了法令集。他具有惊人的记忆力。虽然后来他双目失明,但仍然继续搞出版工作。他过目不忘,因而在自己的讲课中可以毫无差错地说出这个或那个手稿中字母的写法,什么地方用了逗点,哪里做过某些记号。

出版《德国历史文献》的基本原则是,就史料的来源和可靠性对文字作精确考证,对内容进行严格审查。然而这一原则并未得到始终如一的恪守。尽可能收集一切现有的或者能够得到的手稿,然后以最好的手稿为基础,通过比较方法获得最好的蓝本,这是每次出版史料的原则。然后,还必须进行比较考证,"历史作家"那一部分中尤其应该这样做。

因为古代的作者在叙述事件之时不仅要加进一些自己的东西,而且经常抄录其他史料。所以必须区分那些是抄录来的,那些是史学家自己加进去的新东西。因此采取了一项规定,一切抄录的东西都应当予以标明。这要用特殊字形标出来,说明是从何处抄录来的。这对于使用史料是相当大的方便。《德国历史文献》起初用对开本出版,以后用四开本出版。

后来在出版《德国历史文献》中间,除了纯学术的版本以外,还出版了八开本的教学版本——为了教学目的从最重要的史料中所作的摘录。此外,在一八八六年以后,这时魏茨早已去世,瓦滕巴赫成为文献出版事业的理事长,这些史料的德文译本开始作为《德国早期的历史学家》[23]丛书出版。

《德国历史文献》的工作极大地推动了德国的历史研究。由于这一

459

出版,德国的中世纪史学家获得了大量的印刷史料,德国开始在这方面超过了其他国家。然而这些史料出版的影响在十九世纪后半期就已经开始在德国的历史著作中表现出来了。但是,我们还应着重指出,这种文献出版的基础是同十九世纪前半期德国历史科学总的发展密切相关的。

(李景云译　陶松云、刘庆宁校)

注　释

① 见马克思的编年史笔记,载《马克思和恩格斯文库》,俄文版,第五至八卷。
② 施洛塞尔(F. Schlosser):《阿贝拉尔和多里奇诺》,哥达,1807年。
③ 施洛塞尔:《特奥多尔·德·贝扎和献身宗教者彼得·韦尔米利的生平》,海德尔堡,1809年。
④ 施洛塞尔:《东罗马帝国圣像破坏者诸皇帝的历史》,法兰克福,1812年。
⑤ 施洛塞尔:《世界历史》,第1—19卷,柏林,1882年;施洛塞尔:《世界历史》,俄译本,第1—18卷,圣彼得堡,1861—1863年。
⑥ 这部书的第一部于1826—1834年用另一名称再版:《古代世界及其文化综合史纲》。(编者注)
⑦ 施洛塞尔创立的历史学派,有时按照这所大学的名字叫作海尔堡学派。(编者注)
⑧ 后来,这部书经修改出版,书名叫作《十八世纪、十九世纪直到法兰西帝国崩溃的历史(对于精神文明予以特别说明)》,海德尔堡,1836—1849年。(编者注)
⑨ 指兰克学派。(编者注)
⑩ 应当看到施洛塞尔的这种错误观点,是和档案材料拜物教相对立的,这种拜物教,从法的历史学派开始在德国史学中得到了确认,并受到兰克学派的全力支持。施洛塞尔在否定挖掘档案材料的同时,力图从自己所坚持的民主与进步的立场出发,去理解和概括已经挖掘出的材料,并把这两方面对立起来。(编者注)
⑪ 弗·恩格斯认为他是"法兰克福极左派的优秀代表之一"。见《马克思恩格斯全集》,俄文版,第16卷,第412页。(编者注)
⑫ 齐美尔曼(W. Zimmermann):《伟大的农民战争史》,第1—2卷,斯图加特,1856年;齐美尔曼:《德国农民战争史》,俄译本,第1—2卷,社会经济书籍出版社,莫斯科,1937年。
⑬ 齐美尔曼:《符滕堡史》,第1—2卷,斯图加特,1836—1837年;齐美尔曼:

《德国反拿破仑的解放战争》,莱比锡,1836年;齐美尔曼:《霍恩斯陶芬朝历史》,第1—2卷,斯图加特,1858年;齐美尔曼:《德国革命》,斯图加特,1851年;齐美尔曼:《英国革命》,达姆施塔特,1851年。

⑭ 恩格斯指出,这本书是"德国唯心主义历史著作中值得嘉许的一个例外,就当时来说,它还是写得很富于现实主义精神的。"(《马克思恩格斯选集》,第二卷,人民出版社,1972年,第268页)。

⑮ 上引书,第268页。

⑯ 齐美尔曼:《德国的英勇斗争》,斯图加特,1870年。

⑰ 劳默尔(F. Raumer):《霍恩斯陶芬朝及其时代的历史》,第1—6卷,莱比锡,1823—1825年。

⑱ 里特尔:《地理学同自然界和人类历史的关系或普通比较地理学》,第1—21卷,柏林,1822—1859年。

⑲ 参见菲特:《近代史学史》,慕尼黑及柏林,1911年,第496页。

⑳ 戈宾诺伯爵(Comte Gobineau,1816—1882)在自己的《试论人类种族的不平等》(1853—1855)一书中(德文译本,第1—4卷,斯图加特,1901—1903),企图利用人类学的资料证明所谓的"亚利安种族"优越于所有其他人种,并且最早提出关于古代文明是由于"种族混合"或者由于其他种族"玷污了"高贵的亚利安种族而毁灭的反动理论。戈宾诺是现代种族主义的创始人。(编者注)

㉑ 格奥尔格·魏茨(G. Waitz,1813—1886)是德国著名的中世纪学史学家,兰克的学生,但与其老师不同,他认为内部特别是社会的、法律的历史和制度发展的历史具有极重大的意义。他的主要历史著作《德国国家制度史》(德文版,第1—8卷,柏林,1874—1885)的大部分已经在十九世纪后半期(1844—1878)出版,反映了这一较晚时期德国史学的状况。(编者注)

㉒ 威廉·瓦滕巴赫(W. Wattenbach,1819—1897),德国中世纪学历史家,是通晓德国中世纪史料的有名专家,是有关这一问题的巨著《德国中世纪史料》的作者。(编者注)

㉓ 佩尔茨(G. H. Pertz):《德国早期的历史学家》,柏林,1953年。

第二十七讲 十九世纪前半期的法国史学 圣·西门的历史观 奥·梯叶里及复辟时期的资产阶级自由主义学派

如果我们从德国回头来研究这一时期法国史学的发展，那么就会发现，这两个国家的历史学在风格、方向和性质上大不相同。

法国大革命之后，以及拿破仑时期和维也纳会议之后，法国面临的反动总的说来不如德国那样深重。法国资产阶级无比强大，它有更大的力量让对方重视自己，不会轻易放弃自己的立场，也不会轻易便对保守政府俯首听命。尽管波旁王朝的复辟也为资产阶级的发展制造了许多障碍，但它毕竟不能阻挡资产阶级一往直前的发展。在这一时期，我们看到法国的工业和商业在飞快增长，资产阶级本身及其影响在加强。终于，在一八三〇年的革命中，法国资产阶级推翻了波旁王朝。七月王朝的建立实质上是资产阶级政权的确立，首先是金融资产阶级和大工业资产阶级的政权。资产阶级思想体系在德国是以模糊的、故弄玄虚的形式表现出来的，而在法国则不同，它表现得鲜明、公开。诸如法国所经历过的工业革命、自然科学研究的进步和科学技术的发展等因素，均为法国资产阶级思想家们考虑到。与当时德国学者们所宣传的缓慢发展的保守理论相反，法国则特别强烈地提出了资产阶级的进步理论。

在谈及十九世纪前半期法国资产阶级大历史学家们的著作中所发展的进步理论时，不能不谈到圣·西门这个引人瞩目的大人物。他并不是历史学家，但却对历史思想的发展产生过巨大影响。我们这里不

第二十七讲 十九世纪前半期的法国史学……资产阶级自由主义学派

涉及圣·西门的空想社会主义理论,也不研究他对理想的社会结构的想法,只是力图对他的历史观,对他关于支配历史的规律的观点以及他对人类以往发展过程的观点加以评论。

圣·西门的整个思想体系,是在法国革命,或更确切地说,是在美国革命和法国革命的影响下形成的。贵族伯爵克劳德·亨利·圣·西门(一七六〇——一八二五)自认是查理大帝的后裔,还很年轻就去了美国,参加过独立战争。回到法国以后,他醉心于革命的政治思想,放弃了伯爵的称号。但是后来,他又从事国家财产的贩卖,靠大量投机买卖的得手,发了一大笔财,成了富翁和文学艺术的资助者。他的沙龙成了杰出学者们聚会的中心。然而,不久他在一次投机活动中破了产,一贫如洗。此时他才开始从事文学活动(一八〇二——一八二五)。他生活经验丰富。这无疑对他的世界观有影响。他阅历很深,言之有物。他认为,一个作家必须有丰富的经历,才有可能从事写作。恩格斯称圣·西门为"法国大革命的儿子"[1]。他的世界观肯定是在法国革命的经验上形成的。法国大革命,这是决定圣·西门历史观的重要因素之一。

另一个决定因素便是当时在英国已基本完成而在法国则正在兴起的工业革命。圣·西门观察到了英国经济中产生的那些巨大变动。他见到在革命时期和反动时代所发生的土地所有权的重新分配以及贵族阶级与资产阶级之间的冲突。他生活的时代,正值机器生产已渗入法国,在法国已开始爆发工业危机。此时,无产阶级正在形成。所有这些印象就决定了圣·西门的世界观。

圣·西门具有远大的抱负。他想创建一门以全部社会科学为基础、能概括一切知识门类的新的哲学。他未能如愿以偿。他的作品远未形成体系。他才智超人,但感情易于激动,思想缺乏一贯性。他有非凡的洞察力,但在他的认识中又常夹杂一些荒诞的东西。圣·西门经常偏离自己既定的宗旨,方向摇摆不定,但他仍然提出了许多对社会思想向前发展具有巨大影响的光辉思想。照他看来,哲学首先应该以新

—— 463

时期的主要思想(即工业思想和科学思想)为基础。在这些思想的基础之上哲学应能提出一种新的社会组织。圣·西门的著作中首先贯穿的一个思想就是,社会发展是有规律的。他认为,人类的生活服从于一定的规律。他所幻想的那种新制度,是要使人类以往的全部历史发展不可避免地最后终结。圣·西门与十八世纪那些唯理主义者不同,他们认为自己开创了一种超时代的人类社会之理想机构,而圣·西门则将人类历史视作社会发展一定阶段的更迭。他认为,历史学的目的在于能使人类根据已往去推断未来②。这样,历史便不再是众多事实的堆积,它贯穿着一定的思想,遵从一定的规律并明确这些事实之间存在着严格的合乎逻辑的关系。

圣·西门的这一思想,就其实质来说是十分正确的,只不过当时它是建立在完全的唯心主义基础之上罢了。

照他看来,每一个时代的社会政治制度,完全决定于该时期占统治地位的哲学。关于这一点,他这样写道:"哲学家们的主要任务是要弄清该时代社会机构的最佳体制,召唤被管理者与掌权者都接受这种体制。当这一体制尚能进一步完善时,则去完善它,当这一体制已达到尽善尽美的顶点时,则要抛弃它,在此基础上利用专家学者在各个领域里所搜集的材料,建立起一个新的体制。"③

因此,从他的观点来看,哲学,思想家的思想,这就是社会发展的基本动因,是社会的主要构建者。圣·西门的这一唯心主义观点是露骨的,丝毫不加掩饰。但与此同时,他又正确地认识到,哲学本身并非是偶然的、自发产生的,而是在科学成就和社会需要的基础之上有规律地发展起来的。因此,社会的发展是由人类理性的有规律的发展所决定的。

圣·西门认为经济的发展是把知识应用于工业及其他经济活动所取得的结果。圣·西门与在他之前和之后的许多哲学家们一样,有一种有机发展的思想。这种思想使他把人类历史看作是逐步发展的若干阶段,就像整个人类的发展与一个人的发育之间相类比一样。这样,

第二十七讲　十九世纪前半期的法国史学……资产阶级自由主义学派

圣·西门站在决定论的立场上,承认历史的发展过程要受到不可改变的自然规律的制约。但他与许多别的思想家不同,他指出了在社会的有规律的有机发展中出现的不平衡、急剧的飞跃和猛烈的危机。照他看来,历史便是那些建立在哲学体系更迭基础上的社会政治机构体制的更迭,而且一种体制之所以被破坏正是为了让位给一种新的体制。历史进程本身被圣·西门描绘成所谓的"肯定的"或"有机的"时代为"批判的"时代所取代,描绘成被严重危机所破坏的前进运动。每当社会中各社会力量的实际对比与社会的政治组织形式之间发生矛盾的时候,这种危机便要到来。

圣·西门的整个世界观充满了对进步的乐观主义信念。黑格尔或奥古斯丁也将人类历史比作一个人的有机体的发育过程,但他们认为人类已进入了老年期。圣·西门则认为人类只是刚刚进入了一个最幸福的壮年时期,相当于一个人一生中三十五岁到四十五岁的时候,此时既有热情奔放的想象,又能充分表现出自己的智慧。而且从总体来看,圣·西门还认为,人类的进步将是无尽期的。

圣·西门是如何具体地描绘人类历史的呢？他对于人类的童年时期谈得甚少。奴隶制的建立是最重要的时刻。照他看来,这是进步的起点,从这时起历史成为认识未来的工具。因为奴隶制使统治阶级能有空闲的时间用于发展自己的智慧和知识,从而为进步创造了条件。圣·西门认为,奠基于奴隶制之上的这种社会制度的基础,是一定的哲学、宗教体系(对于圣·西门来说,宗教与哲学没有实质性的差异)。这便是多神教体系。古代世界的整个社会生活,就是仿照天上的等级,仿照奥林匹斯山诸神建立的。圣·西门发现,在古代世界的国家机构中有奥林匹斯山诸神的反映。而且他认为,多神教是某些哲学家创造出来的,其中首先是荷马。

一种新的哲学,即一神教开始取代多神教。圣·西门认为这种新哲学的创始人是苏格拉底。但是,在苏格拉底时代,这种理论尚未能占统治地位。直到后来基督教产生,一神教才算大获全胜。

基督教这一新哲学体系的确立,伴随着社会制度中的一系列极其重大的变化和强烈的危机。圣·西门认为基督教和中世纪较之古代仍是进步因素。在这一点上,他与十八世纪的思想家们不同,而接近于法的历史学派的观点。但他的思想具有进步性,这又与法的历史学派截然不相同。中世纪的基督教把对亲近的人的爱视为圣训,圣·西门把中世纪的基督教看作为一种新的、更完善的哲学,它是以教皇和教士为代表的一定的组织。他把一神教与自然神论等同看待,因此他将教皇和教士称为"自然神论信奉者的团体"。

圣·西门指出天主教教士在当时起到巨大的文化作用,他认为天主教教士保护了教育机构和文物古迹,保护了中世纪的教育④。他认为,基督教还使剥削减轻。在基督教的影响之下,奴隶制为较缓和的剥削形式——农奴制所代替。照他看来,到十三世纪建立了更为巩固的社会组织,这种组织无论是在理论上还是在实践上为知识的更大进步提供了可能性。到了十五世纪这一制度就已完全成熟,其后的发展开始超出本身的范围⑤。继续的进步已不是这一制度的向前发展,而是它的衰落。当中世纪时代一切有价值的事物遭到批判的时候,破坏的时代,怀疑的时代便到来了。⑥在封建主和教士的位置上出现了另一部分人:学者取代了教士,企业家代替了封建主。圣·西门所理解的"企业家"一词,泛指"劳动者",一切从事生产的阶级,首先是指那些从事工业或商业活动的人,既包括资产阶级又包括工人阶级。

"企业家"出现的这一过程,按圣·西门的话说,可以远溯到十字军远征的开始。

圣西门指出了路易十一统治的特殊意义。那时"企业家"与王权结成了反对封建主的联盟。他强调指出,以教士和封建主为一方,以学者和企业家为另一方的二者之间的矛盾,在十八世纪达到了全盛时期。这时出现了一种特殊的工业,其利益乃是整个工业的利益。圣·西门认为,银行业藉助于信贷将经济活动的一切部门联结到了一起,并向它们提供资金,而这样一笔资金在当时的欧洲,是包括国家在内的任何别

第二十七讲　十九世纪前半期的法国史学……资产阶级自由主义学派

的力量都不曾拥有的。总的说来，圣·西门看到了银行在工业中的巨大组织作用。

在他看来，法国革命也是那种应该把政权从教士和封建主手里夺取过来转交给企业家和学者的变革行动。但是，法国革命没有将这一事业进行到底。它没有把政权交付给企业家和学者，而是交给了一些中间集团的人物，这些人是封建—教会制度在思想范围内瓦解的产物。政权落到了玄学派和律师（法学家）集团的手中。这样，革命便未完成。企业家和学者面临的任务是要把革命完成，并将全部政权夺到自己手中。法国革命在完成了破坏旧社会的任务以后，并未创建一个新社会，它是一次破坏性的革命，而不是一次建设性的革命。建设是新时期的任务。圣·西门拟定了这一建设性工作的蓝图。但研究这一蓝图不是本书的任务。

此外，圣·西门还认为，英国的这一革命，即政权向学者和企业家的这种过渡，也未完成。因为英国的封建主较之法国封建主更有远见。他们与企业家们结成了反对王权的联盟并把政权牢固地握在自己手中。英国所处的中间状态是异常顽固的。在那里推翻封建主的政权较之在法国更为困难。

这样，按圣·西门的观点，从十字军远征以来的历史的主要内容，就是阶级斗争。斗争的一方是封建主，另一方是他称之为企业家的那些人。但是对于圣·西门来说，这种阶级斗争只是教会与学者之间思想斗争的反映。

必须指出，尽管圣·西门的思想十分敏锐，但他终未发现企业家阶级内部的差异，未能看到这一阶级是由资产阶级和无产阶级两部分构成的。他十分了解无产阶级的存在，也常常谈到它，甚至也使用这一术语，但他认为在无产阶级与资产阶级的利益之间没有尖锐的矛盾，这种矛盾至多只是相互不够了解的结果。

对圣·西门著作的研究证明，他基本上是站在唯心主义的立场上，但是他毕竟提出了许多关于历史发展进程的极为宝贵的、切合实际的设想。他的全部学说的基础是有机发展的思想,同时也是飞跃式发展的思想。这一思想同被反动学派历史学家所利用的情况相反,圣·西门是用它来为进步思想服务的。

圣·西门还提出了一个关于阶级斗争即使不是整个历史的主要内容,起码也是十字军远征以后这一时期欧洲历史的主要内容的思想。

恩格斯曾经注意到了这一点⑦,他这样写道,圣·西门的目光所涉及的面极为宽广,这使他能够抓住以后非属纯经济领域的各种社会主义思想的基础,首先是阶级斗争思想的基础。

诚然,如上面已提到的,圣·西门的这种阶级斗争思想是披着唯心主义外衣的,因此他不可能正确地解释阶级的产生。

他的阶级斗争理论之所以有某种独特的色彩,是由于他企图从种族因素中去探索欧洲阶级产生的原因,当然,这里所说的种族并不是现代种族理论的那种含义。圣·西门将中世纪欧洲的阶级斗争视作种族斗争,即法兰克人(日耳曼人)与高卢—罗马人的斗争。布伦维叶和迪博就曾有过这种思想。对于圣·西门来说,法国资产阶级是高卢—罗马人的后裔,而法国贵族是法兰克人即日耳曼人征服者的后裔。在这里,阶级斗争与这两个种族之间的斗争是纠缠在一起的。此外,在圣·西门的某些个别论述中可以看出,他对于一个社会的社会结构与所有制之间的相互关系的理解是接近于正确的。如,他说:"很明显,所有国家中的根本法,都是那种规定所有制和规定如何遵从该所有制的具体条款的法律。"⑧在另一个地方他还曾提到,正是所有制是社会大厦的基石。

在十九世纪初许多资产阶级历史学家(如梯叶里和基佐)的著作中,贯穿一条红线,那就是与种族斗争思想相关联的阶级斗争学说,他们在法国面临复辟和反动的时代,尽量为资产阶级的政治统治的要求制造依据。

这一学派的代表人物追随圣·西门之后,将社会史提到首位。⑨如,基佐是这样说明他所隶属的那一学派与十八世纪历史学家之间的差别的。他写道:"大部分著作家、历史学家或政论家都力图用该社会的政治机构来解释该社会的现实状况、文明程度或此种文明所属类型。为了了解和理解社会的政治机构,理应从研究社会本身开始。机构首先是结果,而后才是原因;社会先是创建了机构,然后在机构的影响之下开始发生变化;应该首先研究人民的状况,从而判断应该有一个什么样的政府又可能有一个什么样的政府,而不是根据政府的形式去判断人民的状况。"⑩

在这里表述出了这一学派的基本思想。社会的政治状况,它的政治机构,是高于社会状况之上的一种上层建筑。

诚然,这一学派的代表人物们不十分清楚社会的"社会状况"这个词到底指的是什么。但是,仅这一思想本身就够重要的了,即政治机构不是历史研究的主要内容,历史首先应该去研究社会问题。

奥古斯坦·梯叶里(一七九五——一八五六)是这一学派的卓越代表人物。在梯叶里的作品里,集中了一系列对他起过作用的各有特点的影响,正是这些东西使他成为十九世纪前半期最令人关注的历史学家之一。他很早就对历史发生了兴趣,先是受到夏多布里昂及其历史幻想作品的影响,后来又受到瓦尔特·司各特的历史长篇小说的影响。

十九岁时,年轻的梯叶里便追随圣·西门,成了他最亲密的合作者和共同著作人。在这一时期,梯叶里的著作主要具有政论性质。梯叶里先是在报纸上发表文章为捍卫圣·西门的思想而斗争,后来他决心致力于为他从圣·西门那里因袭而来的政治理想寻找历史依据。他打算写一部历史,这部历史不是"政权史"(这是圣·西门对到那时为止现存的一切历史著作的称呼),而是一部"人民史"。最使他感兴趣的首先是社会的发展,而不是一些外部事件,也不是政治形式的更迭。因此,社会史便成了梯叶里历史叙事的主要内容。同时,他还坚决反对那些极力从历史角度为贵族统治辩护的反动历史学家们的观点。他的目的正相反,是要从历史角度为第三等级的统治权利找依据。

我们见到,圣·西门所说的第三等级,指的就是与特权集团相对立的整个法兰西人民,他将企业家与学者的统治同贵族、封建主和神职人员的统治对立起来,他认为前者的统治此时已应该到来。圣·西门的弟子梯叶里也决心将自己的历史著作奉献给第三等级,以适应这个新的社会集团的要求。

照梯叶里看来,以往所有的历史学家都从偏见出发,彼此陈陈相因。所以,他决心首先抛弃历史学中的这一切陈积,直接抓住本源。像法的历史学派的许多学者一样,梯叶里宣称必须渗透时代精神,不能按一个模式去阐述各个时代的历史,不能掺杂我们现代人的概念,而应尽量再现该时代的原貌以便于人们能够感觉它、认识它。

像圣·西门一样,梯叶里在他的历史学说中也是从两个阶级进行斗争的思想出发:斗争的一方是享有特权的贵族阶级,另一方是广义的第三等级。梯叶里说,贵族对统治、对特权的奢求并非自然发展的产物,而是暴力、征服、破坏历史自然进程的结果。这些特权的基础是用暴力强制劳动者,工业阶级和农业阶级,去服从征服者封建主阶级。在许多世纪当中,劳动者阶级通过几世纪的斗争在逐渐击退征服者——那些已成为无用的军事贵族。

所有这些思想并无创新。梯叶里基本是在重复圣·西门的观点。

后来,梯叶里与圣·西门分手了,尽管他仍留在战斗的自由主义队伍里,甚至有一段时间他还加入过具有革命性质的秘密团体。但是,随着光阴的流逝,他青年时代的革命热情渐渐减弱、灰颓下来;他的信念也渐渐改变,变得越来越保守。在复辟时期,保卫自由主义的宪法和同反动的史学作彻底的斗争是梯叶里历史著作的基础。

梯叶里逐渐地越来越倾向于和平斗争的思想,主张只采用宣传说服的方法来斗争,只要反动派政府对自由主义者作出某种让步,他就对政府采取更宽容的态度。

梯叶里在十九世纪三十年代中间曾写道:"我反对帝国制度,憎恨思想反动的产物——军事独裁,我还对革命的暴政也深恶痛绝,我对于任何统治方式都无偏见。"[11]

第二十七讲　十九世纪前半期的法国史学……资产阶级自由主义学派

他准备承认"任何一个能最大限度保障人格而行政作用又最小的政府"⑫。

照梯叶里看来,法国历史的基本思想是不可调和的阶级斗争,或者说是种族斗争。血统上的差异转变为等级和权利上的差异。他曾说过,只要征服的痕迹不全部消除掉,"这块土地就不会有收成"。但是,实现这一点不能用妥协的办法,必须是资产阶级获得全胜。原先的战胜者及其文化必须与被战胜者大众及其文化融为一体。梯叶里又说:"我们的先辈组成了整个民族。"

在古代法国,正是劳动人民大众成为文化和当代制度基础的体现者,高卢—罗马人是古老的罗马文化赖以征服中世纪的体现者。

梯叶里想要成为这个高卢—罗马人的史学家,"法兰西自由的史学家"。这里应指出他的一部不大的著作,它是他的理论的崭露头角之作。作品的名字是《憨人扎克正传》(一八二〇)⑬。憨人扎克这个名字,他不仅用之于农民,而且用之于整个劳动大众。在这部不大的批判性作品中,他对法国人民的命运戏剧性地进行了描写,他用憨人扎克的形象使法国人民人格化。扎克,这是曾被日耳曼人征服过的法兰西的高卢—罗马居民的化身。他是一个善良的、轻信他人、没有恒心、易于受骗并准备自欺的人,因此,他很容易被他人抢劫,受别人剥削。但残酷无情的压迫终于使他发了怒。他挣脱了奴役者的枷锁,但正当此时,伟大的军事领袖拿破仑吸引了他。扎克最后为军功和荣誉所迷恋。

梯叶里想要证明,人民(他所指的人民首先是资产阶级)有与贵族同样古老,甚至有比贵族更为古老而光荣的传统。正是人民,即第三等级保留了罗马时代的古市政自治权。然后,他强调指出,自从王权成为真正的国家政权的时候起,它便应将人民作为它的同盟军来依靠,人民从更早的时候起便已取得了自己自由的基础——赋税表决权。

梯叶里将阶级斗争描绘成种族斗争,把它视作历史的主要规律,这一点在他关于英国史的著作中表现得特别明显,照他看来,在英国"一切根源于征服"。

—— 471

梯叶里早在大学生时代就对英国历史感兴趣。在他为圣·西门当秘书的时候,他就出版了一本专门研究英国革命的社会史的小册子《英国革命史纲》(一八一七),在这本书里他描述了在革命期间英国分成两个阵营,而且他把这一划分首先与经济利益联系起来,只是偶尔与英国分成两大种族联系起来,即分成被征服者盎格鲁-撒克逊人的后裔和征服者诺曼人的后裔。

他在这里写道:"凡是他的祖先属于英国征服者之列的人,都离开了自己的城堡并投入国王的阵营。城市和港口的居民成群结队地走向敌对阵营。那么可以说,两支大军集中了,一支是为了享乐和权力,另一支是为了劳动和自由。一切游手好闲的人,不论其出身如何,一切在生活中寻求不劳动便可享乐的人,都站在国王的旗帜之下,去保护与他们的自身利益相一致的利益。相反,那些原来征服者的后裔中从事工业的人,则都参加了公社党"[14]。他又接着写道:"从双方来讲,战争都是为了实际的利益而进行,其他统统都是装潢和借口。凡是捍卫臣民事业的人,大都是长老会的信徒,也就是说,他们不想服从任何人,甚至在宗教问题上也一样。那些追随敌对党的人,则信奉英国国教或天主教。因为这些人甚至在宗教范围内也力图夺取权力,向人们横征暴敛"[15]。

可见,按种族划分阵营的原则,在这里已受到一定的破坏。照梯叶里看来,物质利益是革命参加者们选择政治立场的决定因素。这样,梯叶里在一八一七年便将阶级观点运用到英国革命史上了,尽管这还是初步的、幼稚的。

一八二五年,他写完了《诺曼人征服英国史》[16],这部著作从他设想的阶级斗争和种族斗争的角度看是颇有意义的。有趣的是,在这部著作中可以看出瓦尔特·司各特(主要是他的小说《艾凡赫》——《撒克逊劫后英雄略》)对梯叶里产生了相当大的影响。小说《艾凡赫》描写了诺曼人征服者和被征服的盎格鲁-撒克逊人的剧烈对抗。梯叶里这部著作反映的年代(从诺曼人征服英国起,到无地王约翰止)也与小说《艾凡

第二十七讲 十九世纪前半期的法国史学……资产阶级自由主义学派

赫》描写的年代相符。这是一部被设想为两个种族斗争的十二世纪英国史。梯叶里在这里利用了非常丰富的史料。他力争用史料来说话。但是,梯叶里的历史体系有很多人为的性质,诸如,亨利二世与托马斯·贝克特这一统治阶级内部的斗争等事实也被归结为种族斗争。托马斯·贝克特与亨利二世一样也是诺曼征服者的后裔,不过亨利二世自己不是诺曼征服者的直系后裔,而是旁系后裔。

某些圣·西门主义者责备梯叶里,说他过分夸大了英国被征服的消极一面,他们指出,征服对于英国来说,不仅有消极的一面,并且在一定程度上也带来社会的进步。

就在一八二五年这一年,因研究手稿过累,梯叶里几乎丧失视力,到了一八三〇年他终于双目失明,而且全身瘫痪。但他在以后的三十年中在其兄历史学家阿麦德·梯叶里之妻及其弟子阿尔芒·卡勒尔的帮助下一直从事创作。

视力愈不好,梯叶里的内心愈沉浸在史料之中,专心领会时代的精神,用艺术家的嗅觉去理解它。他认为,历史学家的使命便是再现时代的特有色彩。他说:"每当某个人物或某个事件反映出一点点真实的生活和地方的特色时,我都情不自禁地激动起来。"[17]他觉得,历史的描述愈富有特色,那么他便愈接近于真实,也就向时代精神更靠近了一步。因此,他想使社会上的人都了解原始史料,他认为这方面从前做得太少且多虚假。他想大量出版关于法国中世纪史的史料,认为只有回到原始史料上来才可能摆脱当时占统治地位的对历史的歪曲。

梯叶里打算为历史描绘一幅具有它独特色彩的鲜明画图。他认为,通过艺术形象去理解比通过干瘪的描述去理解所得到的东西要多得多。他认为,直接的、艺术性的直觉能揭示事实和人物的"思想",并以此来揭示作为"天意"基础的普遍规律。照梯叶里看来,一个历史学家只有当他成为艺术家的时候,他才能更好地去理解"天意"。他觉得,只有当他捕捉住一个事件的最鲜明、最有特色的东西,他才算抓住了现象的本质。

正是本着这种精神，他于一八四〇年写成的《墨洛温朝时期的故事》[18]，它确实是一部艺术性作品，这一点连兰克也予以承认——他说，科学的德语是写不出这种类似的作品的。

但是，梯叶里这样地看问题，就不可避免地陷入了错误的泥坑。他过于相信史料。尤其是在史料有特别鲜明色调的地方，梯叶里将最鲜明的当作了最典型的。在这里，他的艺术嗅觉要比批判嗅觉所起的作用大得多。在这部作品中他完全没有任何历史的批判。他甚至放弃了自己原先出版史料的思想，因为这些史料对他来说是太枯燥了，给予艺术创作的余地太小了。尽管《墨洛温朝时期的故事》一书艺术性的趣味极浓，但它只是对史料毫无批判的转述而未吸收任何文献性资料。

在他的其他作品中，尤其是在《诺曼人征服英国》一书中，梯叶里对待史料的态度也经常是毫无批判的。他时时所追求的"地方色彩"使他的作品成了各种不同史料不加选择，兼收并蓄的大杂烩。寺院编年史、某些活动家杜撰的谈话、圣徒传、史诗性作品中的趣事、持有偏见的编年史家的臆造，全收集到一起。他自己倒是什么也没有杜撰，但却也丝毫不去分析这里是否有他人臆造的东西。

这些艺术性的偏爱并未使梯叶里忘却自己的政治理想。一八二七年，他的《关于法国史的信简》[19]单独出版了。在这一作品中，他重新回到第三等级历史这个主题上来，并把公社革命放在中心的地位。他认为在公社革命中，战败了的高卢—罗马人起来反抗法兰克人胜利者的桎梏并取得了胜利。梯叶里将公社起义和新的城市制度的建立称作是"从基督教的确立到法国大革命之间最伟大的社会运动"。[20]

"这是一场真正的社会革命，是一切社会革命的前奏，它逐渐提高了第三等级的作用。这里是现代自由的摇篮"。[21]

梯叶里将城市运动和公社革命视作新的欧洲社会的开端和资产阶级这个新阶级的诞生，从他的观点来说，在十九世纪初资产阶级是文化的主要体现者。

必须指出，对于"公社革命"，梯叶里作了某些现代化了的不准确的

第二十七讲 十九世纪前半期的法国史学……资产阶级自由主义学派

阐述。他没有指出，许多城市与领主搞了交易，从公社运动中得到好处的只是城市贵族和城市上层人物。他也没有注意到，那时城市居民本身已在产生分歧：在城市贵族与行会之间正酝酿着新的矛盾。

梯叶里在复辟时期的观点和活动便是如此。当时，在反动势力笼罩法国的形势下，他是自由资产阶级利益的代表。

一八三〇年革命奠定了七月王朝的开端，七月王朝使资产阶级上层掌权。这一革命对于梯叶里来说，是他政治社会理想的实现。他与政府建立了极好的关系，政府给他颁发了奖金和养老金，因而他千方百计地维护七月革命，强调七月革命并未割断第三等级的历史传统，而恰恰是它的继续。他说，这一革命是资产阶级所进行的长期斗争的合乎逻辑的结果。一八三〇年革命使万象更新，却未破坏传统[22]。按照梯叶里的观点，第三等级为自己提出的历史使命，在一八三〇年革命中已经实现。

梯叶里与七月王朝的著名政治活动家们的关系尤其是与同一学派最大的历史学家基佐的关系颇为亲密。照基佐看来，应为第三等级争取"自由"的斗争建立一座历史的丰碑，而他认为出版关于法国史的史料便是一座丰碑，就像德国出版《德国历史文献》那样。

《未公布过的法国史文献集》[23]的出版工作便这样开始了。其中专有一部分是写第三等级历史的。

这一部分文献的搜集和编辑工作委托给了梯叶里，一八五〇年他出版了三卷本的《第三等级历史未公布过的文献集》[24]。他的著名的《评论第三等级的产生与发展史》[25]作为该版的序言。在该文中梯叶里考察第三等级的历史是从法兰克人征服时期起，经过封建主义时期、城市解放时期、三级会议的发展时期和绝对君主制时期，直到在国王与第三等级之间开始分裂的十八世纪为止（后来，这一序言单独出了一本书）。

在这部第三等级的历史中，无疑是道出了梯叶里的政治观在一八三〇年革命影响之下所发生的转变。

在复辟时代贵族掌握政权,资产阶级极力想夺回政权。一八三〇年革命之后,取得胜利的资产阶级已经掌握了政权并应保卫这一政权。前后两个不同时期的资产阶级历史学家对于历史的理解是不同的。

因此,梯叶里对于以往阶级斗争的描绘也有所不同,显然写得过于平淡。一八三〇年之前所希望过的革命,对于已经胜利了的资产阶级来说,现在已失去了吸引力。公社起义已不再是欧洲社会历史中的转折关头,而只是形成资产阶级这个复杂社会集团的众多条件之一而已。公社运动中最革命的因素被提到头等地位已经不那么理直气壮了。两个种族和两个阶级之间,即日耳曼人的后裔(贵族)与高卢—罗马人的后裔(第三等级)之间的不可调和的对立也已不再被强调了。因此,种族理论也缓和下来。梯叶里承认,法兰克人和高卢人逐渐混合了,他们之间的差别在消失,从十二世纪开始的社会斗争后来已不能引起种族斗争,而是奠定在新的因素的基础之上。从十三世纪起,社会在新的基础上形成,这新的基础便是旧的市政自由原则的复苏。现在,梯叶里承认,贵族在历史上也起过一定的社会作用。譬如,他认为,大家具有共同的祖国的意识,即爱国主义的感情在贵族中出现得比在那些忙于自己当地利益的市民中出现得要早[26]。

尽管梯叶里在《第三等级的起源与发展史纲要》一书中原有的观点受到了很大削弱,但他还是继续为资产阶级大唱颂歌。他写道:"由于贸易关系的扩大和发展,或者确切地说,由于信贷的产生,在商业资产阶级当中形成了一个新的阶级并占据了首要地位,这是个为自己的利益同时又为他人的需要而积聚资本的人组成的阶级;这个阶级依靠小心经营和从事投机买卖,不断地填补由生产劳动必要消耗和非生产性消费所形成的社会财富的空缺"[27]。

这实质上是对资产阶级和七月王朝的一曲颂歌。梯叶里还歌颂了由资产阶级组成的官僚集团,亦即穿袍贵族(noblesse de robe)。他们积蓄了财富,建立了国王的绝对专制制度和全民族共享的权利。在提到国会的时候,他说,正是穿袍贵族建立了对政府各项措施的文明

第二十七讲 十九世纪前半期的法国史学……资产阶级自由主义学派

监督。

他在一八三〇年革命以后在法国所确立的那种制度的影响下，强调指出王权与资产阶级之间联盟的历史传统。照他看来，不管王权是怎样产生的，它的力量只能来自与第三等级的联盟。王权只有体现出第三等级的理想，才能将法国引向幸福。诚然，他也指出了自路易十四时代以来，王权与资产阶级之间的这一联盟曾遭到破坏，王权开始支持贵族的要求，但这一行为的后果却是多灾多难的法国大革命、拿破仑的军事独裁和复辟。只是一八三〇年的革命恢复了资产阶级与王权的联盟，才使法国的历史回到正常的轨道上来。梯叶里的这一著作成了七月王朝思想体系的历史依据。

诚然，该书出版时已是一八五〇年。此时，七月王朝在一八四八年革命以后已经垮台，而这次革命已推翻了梯叶里所勾画的整个历史蓝图。一八四八年革命不仅标志着七月王朝的覆亡，而且标志着第三等级的彻底分裂，标志着与资产阶级抗衡的一支独立力量——无产阶级的第一次革命行动。但是，梯叶里不懂得一八四八年历史的这一教训。一八四八年资产阶级与无产阶级之间所发生的冲突使他迷惑不解。他不断证明，这种对抗过去不曾有过，将来也不应该有。因此，他开始以另一种眼光来对待以往的人民运动。他对自己一度树立的法兰西历史的主人公"憨人扎克"的原有的同情消失了。

现在，让我们以他在《纲要》一书中对于一三五六年巴黎起义的解释为例。他谈及这一运动时已十分冷漠，而当谈及农民运动、谈及扎克雷时，简直就怀有恶意，他声称扎克雷对于为法国创造了自由制度的资产阶级来说是块绊脚石。用他的话来说，扎克雷所留下的只有"可憎的名字和不幸的回忆"[28]。而在一八二〇年梯叶里曾一度写道，现在的第三等级是那些在摩城附近被骑士们屠杀了的农民的子孙，是扎克雷暴动者的后代。根据《评论》一书，起领导作用的已经不是整个第三等级，而只是资产阶级的上层。

一八四八年革命使梯叶里大受震动。此后，他几乎停止了自己的

—— 477

文学活动。用他的话来说,"看来,法国的历史就像法国本身一样被推翻了"㉙。

他的晚年是颓废的。他陷入了宗教和神秘主义而不能自拔,为自己先前的反教会的言行而悔恨。过去他在《诺曼人征服英国史》一书中曾经对罗马教廷进行过尖锐批判。这种事他现在再也不干了。

现在让我们对梯叶里观点的研究作个总结。我们可以见到,他清晰地表达了阶级斗争的理论。在波旁王朝复辟时代,正值资产阶级激烈反对封建制度复活之际,梯叶里开始了自己的写作。作为这一时期的资产阶级代表人物,梯叶里将阶级斗争的公式当作有利于资产阶级政治要求的论据提了出来。尽管梯叶里也从法国革命的历史中,以及从圣·西门的学说中吸取了教训,在自己的著作里把阶级斗争视作历史的主题,然而在他的著作中仍然表现出他的资产阶级局限性,反映出十九世纪前半期法国资产阶级所经历过的那些过程。

梯叶里在许多地方能正确地理解本阶级即资产阶级的发展进程,但他不懂得随着这个阶级的发展壮大,在这个阶级内部所形成的重大分裂。在他看来,他的阶级就是全体劳动人民的总和。这一分裂在十九世纪初可能还不大看得出来,但是在一八四八年梯叶里应该注意到了。梯叶里所见到的阶级斗争的历史本身,也只是表面。他不清楚阶级是怎么产生的,因此也就不懂得阶级对抗是怎么产生的。他对于中世纪欧洲的经济发展和社会发展问题研究得很不充分。在历史中,他最感兴趣的是鲜明的、关键性因素。他所使用的史料主要是谕令、演讲词、文学作品等能表现这种因素的史料。尽管如此,他还是尽力对该社会的社会成分给予分析,指出该社会不同阶级中主要的利益,指出由这一利益引起的动因。个人在他的著作里主要是作为阶级的代表人物出现的,在这一点上他同启蒙时代的历史学家有明显的不同。用他的话来说,"在通往自由与幸福生活道路上的人民大众的运动,对我们来说比征服者们的行进更有威力,他们的不幸比失去了自己领地的国王们遭受的灾难更为感人"㉚。梯叶里指出,现在应使民族成为历史的主要

第二十七讲 十九世纪前半期的法国史学……资产阶级自由主义学派

英雄。他最感兴趣的是被压迫者的斗争,因为他认为资产阶级也是中世纪里的一个被压迫阶级。

梯叶里的资产阶级局限性,在对于阶级斗争的理解中首先表现在,他不理解在第三等级本身的内部早就发展的对抗。对他来说阶级斗争随着资产阶级的胜利而中止了,因为他认为从狭义说来,第三等级不是资产阶级,而是指全体人民。梯叶里所说的资产阶级是作为全民利益的代表出现的。在一定的历史时期确曾如此,但是到了七月王朝时代情况发生急剧的变化:无产阶级作为一个独立阶级十分明确地提出了自己的要求。第三等级分裂为资产阶级和无产阶级。梯叶里没有看到,没有理解这一点,或者说是不愿意看到也不愿意理解这一点。所以,一八四八年革命,特别是一八四八年六月的那些日子,对于他全部历史观来说是一次可怕的震动。一八四八年六月的事件,对他说来是一场历史的误会,是可怕的无法理解的迷雾。

从这一意义上说,属于同一学派的、他的朋友和志同道合者基佐观察得要透彻得多。基佐对于这一对抗一清二楚,对此所形成的资产阶级观点也更鲜明。㉛

梯叶里不能解释阶级及阶级斗争的起源和阶级之间出现的对抗,因此他的种族理论起了特别的、决定性的作用。斗争着的各阶级的对立是从哪里产生的呢?梯叶里认为,它产生于征服,来自胜利者与被战胜者这两个种族的冲突。

这一"阶级产生于征服的理论"在他给《诺曼人征服英国史》所写的前言中阐述得特别清楚:

"为了某种思想或为了建立某种政府形式而相互敌对或斗争着的上层阶级和下层阶级,在当代许多国家里不是别的,正是以往时代的征服者民族和被奴役民族。征服者种族一旦不再是一个单独的民族,它仍然是特权阶级。只要征服过程中产生的军事政权组织存在,征服者种族就会形成一个游手好闲、不安分守己的好斗的贵族阶级,它的人数逐渐由下层得到补充,这个贵族阶级就对温和的劳动群众实行统治。

—— 479

被战胜的种族失去了土地所有权,失去了政权和自由,同征服者的军事团体相比它似乎形成了某种特殊的社团。这个阶级也许因为它在城堡中保留了罗马文明的遗迹,也许因为它利用罗马文明的微小因素开始创建新的文明,总之这个阶级随着古代征服者的后裔,即贵族的封建组织逐渐衰弱而兴起。"㉜

更清晰地表达阶级产生自征服者,是困难的。这一理论是解释阶级产生的初步尝试。照梯叶里看来,只是到了十九世纪,法国的第三等级方获得彻底的解放。这种解放从城市公社运动的时代起,即从被压迫的高卢—罗马种族对法兰克人征服者进行反抗时起就早已开始了。这样,阶级斗争问题在梯叶里那里以某种歪曲的形态出现,只有十九世纪初经济史的微弱发展和梯叶里的资产阶级局限性才能导致这样解释阶级的起源,尽管在梯叶里之前很久便有人试图以另外的方式去解释阶级起源问题。英国革命时代的温斯坦利和十八世纪的卢梭便已清楚地知道,阶级产生的基础是私有制。但是由于梯叶里具有资产阶级世界观,这种解释他是不能接受的。从他的观点来看,私有制是资产阶级社会的神圣基础,它是不可以批判的。

普列汉诺夫曾很有意思地指出,这一时期的资产阶级史学像资产阶级政治经济学一样,把资产阶级社会关系视为某种天然的、人类社会在任何时代所固有的属性,而不是视为一种暂时的历史现象。因此,封建制度在资产阶级史学看来好像是对于人类属性的自然法则的破坏,是对社会发展正常进程的破坏,因此封建制度的产生似乎只能解释为使用暴力的结果。基于这种理解,第三等级反对封建主义的斗争似乎是为争取顺乎自然的制度、反对用暴力强加的制度的斗争㉝。普列汉诺夫还正确地指出,梯叶里对中世纪的理解当然比十八世纪思想家们的理解要前进一步,后者只把中世纪视作黑暗、暴力和愚昧。梯叶里自认为他对待这一时代的态度要公正得多,但他只把这一时代理解为第三等级的运动。封建制度及其思想体系对他说来终究是不解之谜,特别是封建制度的起源问题。对于梯叶里来说,封建制度只是暴力的结

第二十七讲 十九世纪前半期的法国史学……资产阶级自由主义学派

果,是对历史发展自然进程的破坏。正如普列汉诺夫所说,"他是从封建制度的瓦解而不是从它的产生去理解封建制度的"㉞。

不管怎么说,梯叶里所隶属的法国历史学家的那一学派,还是向前迈了一大步。不错,这个学派的全部主要思想是圣·西门业已奠定了的。这一学派在圣·西门之后把政治制度、结构当作人民社会状况的结果。他们认为,社会制度也是由土地所有制的状况所决定的。

但是资产阶级学派发现,自己完全无法理解私有制及其起源这个资产阶级神圣不可侵犯的东西,犹如一个信徒不能正确地去理解宗教的产生一样。所有制不是被视作人的本性所产生的某种东西即资产阶级所有制,便是被歪曲成对这一本性的暴力破坏即封建所有制。

所有这些观点的基础都是关于人的"自然的"、不变属性这一观念。这种概念在十七—十八世纪关于自然法的学说中已经出现过。这种观念是资产阶级的阶级局限性的自然产物。资产阶级将本阶级的属性同人类一般的属性混为一谈,而没有看到,这种属性本身在整个人类历史的进程中并非一成不变的,资产阶级所有制像其他历史现象一样,也是生产方式相互更替的暂时产物。

马克思在一八五四年七月二十七日致恩格斯的信中,曾指出梯叶里著作的长处与弱点,他说:"一八五三年出版的梯叶里的《评论第三等级的产生与发展史》一书,使我感到很大的兴趣。令人奇怪的是,这位作为法国史学史中的'阶级斗争'之父的先生,在序言中竟对一些'新人物'感到愤怒。原因是他们现在也看到资产阶级和无产阶级之间的对立,并且竭力从一七八九年以前的第三等级的历史中寻找这种对立的线索。他花了许多精力来证明,第三等级包括了贵族和僧侣以外的一切等级,而资产阶级起着所有这些其他成分的代表者的作用。……如果梯叶里先生读过我们的著作,他就会知道,资产阶级当然只是在不再作为第三等级同僧侣和贵族相对立的时候,才开始和人民坚决对立。至于说到'昨天刚产生的对立'的'历史根源',那么他的这本书提供了最好的证明。第三等级一形成,这种'根源'就产生了。㉟"

―― 481

马克思十分珍惜梯叶里书中所搜集的材料。他说:"他的描述很好地说明了,这个阶级是如何发展起来的,而这个阶级在各个不同的时期成为重点的各种不同的形式,以及通过这些形式而获得影响的各种不同的部分都消失了。"㊱

梯叶里著作的长处和弱点,在马克思的这些评论中已被说得非常清楚了。

(白玉译　赵世章校)

注　释

① 《马克思恩格斯全集》,俄文版,第 19 卷,第 194 页。

② 见《圣·西门选集》,卷 1,苏联科学院出版社,莫斯科—列宁格勒,1948 年。

③ 《圣·西门选集》,卷 2,第 273 页。

④ 圣·西门将天主教教士视为文化传统的体现者,这种观点是不正确的,因为天主教会在中世纪经常扮演科学、教育和自由思想的摧残者的角色。(编者注)

⑤ 圣·西门认为迄十五世纪在内的中世纪时期是"肯定的时代"。(编者注)

⑥ 圣·西门认为 16—18 世纪是"批判"的时代。(编者注)

⑦ 《马克思恩格斯全集》,俄文版,卷 19,第 196 页。

⑧ 《圣·西门选集》卷 1,第 360 页。

⑨ 文学中的这一新学派,有时也称为"复辟时代的法国历史学派",有时叫"哲学学派"。后面这个名称,其目的是强调这一派史学的最著名代表人物梯叶里、基佐、米涅等并非仅是叙述,而且也以他们主张的政治学说和历史哲学理论的精神去理解自己所描述的事件之进程。

⑩ 基佐(F. Guizot):《法国史论》,巴黎,1860 年,第 73—74 页。

⑪ 梯叶里(A. Thierry):《历史研究的十年》,巴黎,1835 年,第 11 页。

⑫ 同上书,第 10 页。

⑬ 梯叶里:《憨人扎克正传》,巴黎,1820 年;梯叶里:《憨人扎克正传》,俄译本,载《梯叶里选集》,社会经济书籍出版社,莫斯科,1937 年。

⑭ 梯叶里:《历史研究的十年》,第 5 页。

⑮ 同上。

⑯ 梯叶里:《诺曼人征服英国史》,巴黎,1883 年;梯叶里:《诺曼人征服英国史》,俄译本,圣彼得堡,1868 年。

⑰梯叶里:《文集》,布鲁塞尔,1839 年,第 415 页。
⑱梯叶里:《墨洛温朝时期的故事》,巴黎,1868 年。
⑲这些信件部分地曾在 1820 年刊载于《法国先驱》杂志上。(编者注)
⑳梯叶里:《论法国史的书信》;梯叶里:《文集》,第 415 页。
㉑梯叶里:《历史研究的十年》,巴黎,1835 年,第 4 页。
㉒梯叶里:《对法国史的观察》,第 5 章,巴黎,1840 年。
㉓《未公布过的法国史文献集》,巴黎,1835 年等。
㉔《第三等级历史未公布过的文献集》,巴黎,1850 年。
㉕梯叶里:《评论第三等级的产生与发展史》,巴黎,1886 年;梯叶里:《评论第三等级的产生与发展史》,俄译本,载《梯叶里选集》,莫斯科,1937 年。
㉖见《梯叶里选集》,第 6 页。
㉗见《梯叶里选集》,第 78 页。
㉘见《梯叶里选集》,第 41 页。
㉙同上书,第 5 页。
㉚梯叶里:《历史研究的十年》,第 323 页。
㉛见本书第二十八讲。(编者注)
㉜梯叶里:《诺曼人征服英国史》,卷 1,第 13 页。
㉝见《普列汉诺夫文集》,卷 8,国家出版社,莫斯科—列宁格勒,1923 年,第 21 页。
㉞《普列汉诺夫文集》,卷 8,第 22 页。
㉟《马克思恩格斯全集》,俄文版,卷 28,第 321 页(中文版,卷 28,第 381—382 页)。
㊱同上书,第 322 页(中文版,卷 28,第 382 页)。

第二十八讲 十九世纪前半期的法国史学 弗·基佐、弗·米涅

现在,我们要讲一讲另一位大史学家,他在许多地方与梯叶里相似,也持近似的观点,只是表达得更激烈、清晰和恳切。我指的是弗朗索瓦·基佐。

如果说,梯叶里将许多时光和精力用于评论个别历史人物、引人入胜的故事、生活习俗,如果说他基本上是位诗人,是位出色的演说家和歌颂中世纪之美的画家,那么,基佐就是位政治家兼历史学家,首先是七月王朝时期的一位大政治活动家。他是七月王朝政治的主要鼓动家,是那些在一八三〇年革命之后执政的资产阶级集团的利益之代言人,是银行资本、大重工业、大资产阶级地产的利益之代言人。

基佐没有梯叶里的浪漫主义情趣。他的著作之特色与其说是叙述的艺术性,莫如说是演说家的感召力。基佐是国会的演说家,他惯以言辞的精美吸引自己的听众,使他们眼花缭乱,而有时当他不愿意把自己思想赤裸裸地表达出来时,他就会把自己的思想隐蔽起来。基佐是一位出色的悲剧型的演说家。著名的法国女演员拉谢丽曾说过,她愿意与基佐同台演一出悲剧。

基佐漫长的一生(一七八七——一八七四)经历了许多重大事变,著述丰富。他出身于法国南部的一个信奉新教的资产阶级家庭。他的父亲先是欢迎一七八九年的法国革命,但后来站在反革命阵营一边被处死。他的一家迁居日内瓦,基佐幼年在那里接受了严格的卡尔文派的教育。基佐很早便对历史发生兴趣。在青年时期他受夏多布里昂及其他将中世纪诗化、理想化的浪漫主义作家的影响。

第二十八讲 十九世纪前半期的法国史学 弗·基佐、弗·米涅

对历史的研究很快为基佐赢得了声誉,一八一二年他尚未满二十五岁,便被授予巴黎的历史讲座。这里很有趣地引用一件足以代表基佐气质的轶事。当这个年轻人要第一次上讲台的时候,他被告知:拿破仑皇帝有一个习惯,凡是第一次在大学讲课的讲义他都要过问的,所以基佐最好在自己第一讲中能对皇帝褒奖几句。但是,基佐坚决声明,他不打算说这种夸奖之辞,在自己的演讲中也确实未对拿破仑赞美一句。应当指出,在资产阶级当中当时已开始了对帝制的不满。基佐同其他许多人一样,将更大的希望寄托于波旁王朝的复辟,而不是寄托于正在动摇的拿破仑帝国。在拿破仑百日期间他曾去找路易十八,徒劳无益地建议后者承认自由主义的施政纲领。基佐所理想的恢复合法的君主政体,不过是仅限于英国式的君主政体。

后来在复辟期间,基佐与德卡兹和柯拉尔一道创立了资产阶级反对派的一个著名流派,即保王立宪党人或"理权论者"的党(理权论者名称的由来,是因为他们坚持原理,即把英国政治制度认为是理想的统治形式)。基佐幻想在资产阶级与绝对专制主义之间能有某种妥协,能有"黄金般的中介地带"(le juste milieu)。这里,他是从十分现实的理由出发的。他懂得,波旁王朝要恢复的那种形式的绝对专制,不可避免地要引起革命的动荡,不可能保证法国建立首先是大资产阶级所幻想的那种牢固的社会制度。

基佐所隶属的那个以德卡兹为首的集团,在一八一七——八二〇年间曾一度掌权。在一八二〇年全面反动到来之后,基佐成为立宪反对派的领袖之一。在一八二〇——八三〇年间,他写了许多旨在捍卫英国式的国会原则的抨击性著作和历史著作。在那一时期,他的讲演都充满了这一基本思想,以致有一段时间被禁止讲演。从一八二二年到一八二七年基佐停止了他的讲座,但在一八二七年他重又回到了讲坛。在这一时期,他的名望随着资产阶级中间的反对派情绪的增长而大增。他曾被选为议员。一八三〇年的革命将他推到内务部长的高位。从此他便与在野派永远分道扬镳,成为掌权的资产阶级上层的领

—— 485

导人物,他的精力也就用于镇压小资产阶级和正在萌芽的无产阶级当中的一切民主潮流。

共和党当时举行了一系列的密谋串联、谋杀、起义,基佐是鼓吹同民主运动作斗争的人们之一。他拥护将选民的范围只局限在大资产阶级即所谓的"忠诚分子"(pays legal)集团之内。基佐同一切要扩大这一选民范围的企图作坚决对抗。在这方面,他在回答要求扩大选民范围时所说的话是比较典型的,即:"发财吧,劳动吧,你会成为选民的。"这句名言使选民更加满意,使对方更加不满。在基佐执政时期,贪污受贿登峰造极,用租让、津贴和官职来贿买选民和各种代表的事已成风习。

在一八三九年布朗基和巴贝斯等人领导的五月起义失败以后,基佐成为苏尔特内阁的外交部长。实际上他是政府首脑,一八四七年他正式当上了总理。

基佐系统地执行了一套维护大资产阶级即银行家、铁路公司、重工业、大地主利益的政策;他与各种反对派进行了残酷的斗争。可以说,基佐便是七月王朝的化身。马克思指出:"基佐先生当部长的时候也有过同样的想法,以为他肩负着保持议会与国王之间的均势以及欧洲均势的任务,而事实上他所作所为不过是把整个法兰西国家和整个法兰西社会零售给巴黎交易所的高利贷财阀而已。"[①]马克思所指的七月王朝时期对国家财产的掠夺,即通过国债方式的掠夺,在极大程度上是当权者基佐干的。

在一八四八年革命期间,基佐这个七月王朝之最可恶人物之一,被迫逃往伦敦。他于一八四九年回国,在立法会议的竞选中充当候选人,但失败了。他企图将法国当时存在的君主政体党派,即波旁党人和奥尔良党人联合起来,但这一企图未能如愿。

这一系列的失败宣告基佐的政治生涯的终结。在后来的第二帝国时期和第三共和时期,基佐虽都健在,但已置身权力之外了。

一八五八年,他的回忆录《我的时代之历史回忆录》[②]开始问世,全

第二十八讲　十九世纪前半期的法国史学　弗·基佐、弗·米涅

书充塞着少有的自吹自擂。基佐将自己的政策描绘为唯一能从革命动荡中挽救法国和欧洲的政策。他将后来的一切动乱解释为别人没有遵循他的政策。

基佐的主要历史著作是涉及立宪方面的问题。我们已经谈到，恰恰是在复辟时代的资产阶级对这一问题尤为关注。从这一点上说，基佐的抨击性文章《论代议制统治及法国的现状》③（一八一六）尤为重要。他从一八二〇年到一八二二年所讲授的也是这一方面的问题。这些讲座称之为《现代史教程》④，但是还有这么一个副标题，即《欧洲代议制统治发生史》。在这些讲演里基佐极力说明，为什么代议制统治在英国能巩固地树立起来，而在欧洲其他国家里则不能。他指出，早在中世纪各国都已有了代议制机构的萌芽，英国在这方面的发展并非什么特异之事。问题在于，为什么这些代议制机构的萌芽在诸如英国这种条件下繁荣起来，而在其他情况下则萧条下去。

基佐对于英国革命特别感兴趣。由于代议制的思想在英国革命中战胜了绝对君主制的原则，英国革命便极大地引起了他的关注。因此，基佐开始出版有关英国革命的史料。这就是著名的业已译成法文的《英国革命时期回忆录汇编》⑤（此外，他还出版了《有关法国史的资料集》⑥）。后来，他还举办了英国革命史的专题讲座。

基佐所写的英国革命史是从查理一世登基开始，打算写到查理二世复辟为止。这一著作的第一卷即《从查理一世即位起至其死的英国革命史》⑦于一八二六——一八二七年出版。这部著作的全部完成是在一八四八年革命以后，此时的基佐已脱离政界，有充足时间从事历史著述。第二卷叫《英吉利共和国和奥利弗·克伦威尔的历史》⑧出版于一八五四年；一八五六年出版了《理查·克伦威尔的摄政制与斯图亚特王朝复辟的历史》⑨。在二十年代末，基佐还讲授欧洲文明史和法国文明史的课程。后来出版的两部巨著《欧洲文明通史》⑩和《法国文明史》⑪便由这两部讲义演变而成。这两部教程享有很大声誉，像基佐的《英国革命史》一样，也被译成了俄文⑫。

—— 487

政治事件(即基佐作为七月王朝的部长的活动)延误了他的科学著作的时间。在他处于政治生活之外以后,他的科学著作活动才重又恢复。他又回到英国革命史的课题上来。他写了一本名叫《英国革命为什么能成功》⑬的小册子(一八五〇年这本小册子受到马克思的严格的评论)。⑭正如上述,此后基佐便完成了自己关于英国革命史方面的研究工作。他还出版了主要是涉及革命时期的许多专著、人物评论等。但是,这一时期他的科学著述已不如他早期的著作了。

现在,让我们来看一看基佐的历史观究竟如何,首先是看看梯叶里那种阶级斗争思想在他那里采取什么形式。如果把基佐关于这问题的一些单独的言论搜集起来,那么初看来,阶级斗争思想好像在他那里表述得非常鲜明、清晰,好像他作为历史学家这是行动的指导思想。但是,下面我们就会看到远非如此。

上面我们已经指出,基佐认为必须用社会状况去解释政治制度,而不是用政治制度去解释社会状况和文明的性质,这也是十八世纪史学中惯用的老套子。⑮

用基佐的话来说:"社会,它的成员即各个人的生活方式,取决于他们的社会地位,取决于各阶级的关系、不同人的关系,总之,人们的民间习俗——毫无疑问,这是历史学家和政论家所注意的首要问题,历史学家想知道的是人民如何生活,政论家想知道的是他们如何被管辖。"⑯

基佐所说的这个民间习俗,从他的观点来看,首先是土地关系的结果。基佐认为,不仅是土地关系,而且一般的财产关系也在决定着国民社会和政治社会的基础。

我们看到,基佐的思想是很正确的,这说明他似乎对社会制度和政治制度的发展过程,对它们受社会关系的制约,有很深刻的了解。

显然,基佐也看到法国革命的经验。他在这里所作的概括说明,使复辟时期的资产阶级反对派思想家们深知社会发展过程的奥秘。但是,实际上并非完全如此。例如,基佐关于阶级斗争是这样写的:

"十三个世纪以来,法国包括两种人,即战胜者和战败者(这里,我

第二十八讲　十九世纪前半期的法国史学　弗·基佐、弗·米涅

们见到了与梯叶里相同的观点——作者按)。在十三个世纪里,战败者一直为挣脱战胜者的桎梏而斗争。我们的历史便是这一斗争的历史。当今曾进行过一场决战,它称之为革命"[17](基佐在这里指的是一七八九年法国资产阶级革命)。接着他又说:"革命的结局是毋庸置疑的。一度的战败者成为战胜者。"[18]尽管有复辟,基佐还是满怀信心地声明这一点。他强调说,"法国的历史充满了等级斗争,或者确切地说,是等级斗争造就了法国的历史"[19]。他在稍后一个时期,即一八四九年又写道:"我们社会之各阶级的斗争在填充着我们的历史。"[20]

基佐作为资产阶级思想家,比梯叶里表现得更有鲜明性。如果说,在梯叶里那里第三等级既包括资产阶级,也包括农民和无产者的话,那么,基佐的攻击对象就不仅有不久以前的主人——封建主,而且还有无产者这个新敌人。在谈到那些曾很有势力并迫使国王们发抖的权贵后裔的封建贵族时,他不惜尖酸的言辞和非难,但同时却不是像梯叶里那样企图以全民的名义在说话。基佐十分明白,他本人只是资产阶级上层社会的代表。他写道:

"我还知道,毫无畏惧、坚信胜利、并能自行其是的革命,自然地而又不可避免地会产生居于全社会之上的自己的贵族,但这是另一种类型的贵族,在组织上与我们现在所见到的那种四分五裂的贵族完全不一样。"[21]

虽然他也像梯叶里那样说:"我们是出身于城市公社的第三等级之子孙",但这个第三等级对于他说来,既不是全民也不是全体公民,而只是资产阶级即新的社会上层,照他看来,属于这一社会上层的人是具有特殊精神气质的优秀人物。至于说到劳动大众,基佐认为这是下等的、落后的劣种人。第一种人靠着自己的智慧和良好的行为,为自己创造资本,走上一条幸福的康庄大道,其他的人则是鼠目寸光,懒惰或荒淫无度,故而处于窘迫、困难的生存环境中——靠自己的工资过活。

照基佐看来,一方面食利者、企业家永远会有,以后也会有,另一方面会同样有雇佣的工人。这种差别根本不是什么偶然的或某个国家所

固有的特殊现象,这是对每一人类社会都很自然的共有现象,它处于同人类的本性完全和谐之中。这样,资产阶级关系对于基佐来说不仅是自然的,而且从其属性和创始人上帝来看也是神圣的。至于涉及无产阶级及其斗争,从实质上说,基佐则认识不清。有时,他也像梯叶里,觉得这似乎是一种反常的、破坏事物的自然规律而不应该出现的现象。他说,社会的和平和阶级合作是必要的;在资产阶级统治下的阶级斗争是可耻的、是祸害,是与我们的时代不相称的。而在其他情况下,他又好像明白无产阶级的斗争是不可避免的,尽管如此,他认为对待无产阶级就应毫不客气,坚决打击。他曾于一八四九年写道:

"各阶级的斗争充塞着我们的历史。现在,有一个新的斗士走上了舞台。民主层已分化了(基佐指的这个民主层是第三等级——作者按)。在中等阶级对面跳出了个劳动者阶级,在资产阶级对面是无产阶级。这一斗争也是殊死的斗争,因为新的觊觎者与从前的觊觎一样,都是排他的。"㉒

这里,基佐讲得一清二楚,没有丝毫的心慈手软,也没有任何脱离实际的打算,他像梯叶里一样,表明自己的阶级立场。同时,基佐十分明白,阶级斗争首先是政治斗争,是争夺政权的斗争。他指出,封建反革命势力当时也很明白这一点,以夺权为自己的目标。民族的党(他认为自己是该党的代表人物)也应懂得这一点。正如他所说的,争夺政权的斗争掩盖的只是经济利益的冲突。

在这个意义上,基佐关于英国革命的观点,关于引起这一革命的总的前提和充当革命动力的那些动因的想法,是非常重要的。

基佐主要是研究英国革命政治史的,但他在《英国革命史》前言中同时又声称,那种认为英国的革命主要是政治革命的意见是肤浅的;照他看来,英国革命是从英国人民的社会地位和权利中所发生的变化开始的。他将英国革命当作资产阶级反对贵族制的斗争来描述。他认为,英国革命中宗教的和政治的党派斗争掩盖了一个社会问题,即各阶级争夺权势的斗争。诚然,他指出,英国的这些阶级与十八世纪末法国

第二十八讲 十九世纪前半期的法国史学 弗·基佐、弗·米涅

的这些阶级相比,性质稍有不同,它们不像在其他国家那样截然地区分和相互敌对。在三个世纪中,乡村贵族和城市资产者曾在英国公社的名义下在国会里共同开会。但是,在最后一个世纪中,社会各阶级力量的对比发生了重大变化,这些变化不是由政治制度中的相应变化引起的。这样,照基佐看来,社会结构与政治制度之间的分离是革命的起因[23]。

基佐指出,英国在十六世纪到十七世纪初,为数很多的资产阶级、乡村贵族、农场主和小地主在处理社会事务上没有与他们在社会上所起的重要作用相适应的影响。他们壮大了,但地位上却没有提高。这个阶层,如同比它还低的其他阶层一样,由此便产生了对抗旧的封建制度、建立政治自由、取消封建特权、限制国王的绝对专制的要求。这样,从基佐的观点来看,英国革命的原因是资产阶级愈益繁荣但却没有增大与此相适应的政治势力。

但是,与其说基佐对英国革命的研究志趣在于阶级斗争问题,莫如说在于英国的立宪制度问题。基佐十分清楚社会制度作为政治制度之基础的意义,但他的主要兴趣仍然放在政治方面。这一政治问题,即关于君主制和代议制之间的斗争问题,对于复辟时代的这位资产阶级历史学家来说是主要的立宪问题。

所以,代议制历史问题特别引起基佐的兴趣,正如我们所见到的,他的许多著作是专门研究这一问题的。同时,他又极力寻求英国史和法国史互相之间的相似之处。这对于他来说是最重要不过的,因为他要证明,代议制在法国和在英国一样,也是自然的和合法的。此外,他还极力强调被英国历史学家们所忽略、所掩饰的情况,即英国革命在英国通史中的意义和作用。英国历史学家们宁愿将英国革命视作一个偶然事件,在英国的发展史中不起什么特殊作用的事件,视作一件最好不去回忆的不幸事件。在强调英国革命的作用之同时,基佐想借此来证明,法国革命并非复辟时代法国的许多反动历史学家和政治家所认为的那种欧洲的例外事件。基佐断言,牢固地建立了立宪制的国家——

—— 491

英国,也曾经过了自己的革命,这一证明应能打破关于法国史有某种独特性的观念。

有趣的是,基佐总是在强调英国革命的"保守"性。从他的观点来看,破坏了英国根深蒂固的制度者不是国会,也不是人民,而是国王。是国王走上了革新之路,当国会捍卫英国的固有制度时,是国王实行了绝对专制制度。照基佐看来,英国革命表现了贵族、教士、王权等不同社会阶层久已遵循的那些传统。贵族,即英国的男爵们和骑士们,早就反对一切人不经他们的同意搞什么征税活动。另一方面,基佐又认为,教士和王权总在为平等而斗争,反对封建主的特权,保护市民和农民免于封建主的压迫[24]。革命之所以发生,正是因为贵族、教士和王权忘却了自己的使命而开始为一己的私利服务。此时,"人民"便奋起为自己的权利而斗争。

对于基佐来说,英国革命中的主要问题是争取代议制、反对绝对专制的斗争,亦即复辟时期法国资产阶级所面临的问题。在基佐所写的查理一世的历史条件下,可以很容易地放进另一人的名字,即用法国查理十世取代英国的查理一世。

在一八四八年革命以后,基佐的前程已成云烟,他也便大大失去了对英国革命的原有同情。他已倾向于抨击英国革命的极端行为。如今,他也像当年英国的辉格党人和柏克一样,同情的不是第一次英国革命(一六四〇——一六六〇),而是称之为一六八八年的不流血的"光荣"革命,即第二次英国革命。

一八五〇年出版的小册子《英国革命为什么能成功?》代表了基佐的新观点。

基佐是以下面的话作为这本小册子的开头的:"是的,英国革命两次都得以成功。它的创始人在英国建立了君主立宪的基础。"[25]他接着又指出,它的胜利并未止于此。共和制在美国的建立也是英国革命的余音。但是,基佐这里忙于要解决的是现实因素引起的主要问题:为什么君主立宪在法国未能建立,为什么那个体现了基佐全部代议制理

第二十八讲　十九世纪前半期的法国史学　弗·基佐、弗·米涅

想的七月王朝垮了台,而这一代议制在英国早在十七世纪便已根深蒂固了。

马克思对这一小册子作了书评,载于一八五〇年第二期《新莱茵报》的刊物上。马克思写道:"从这本小册子里可以看出,即使 ancien regime〔旧制度〕下最聪明的人物,即使无论如何也不能不认为是天才历史学家的人,也被致命的二月事变弄得昏头昏脑,以致完全不能理解历史,甚至完全不能理解自己过去的行动。基佐先生不是根据二月革命的经验来理解一八三〇年的法国王朝和一六八八年的英国王朝的历史情况及社会阶级状况的根本不同之处,而是用一些说教式的词句来抹杀它们之间的一切区别,并且在结语里保证说,二月二十四日破了产的政策保存了国家,只有这个政策才能消灭革命。"㉖

基佐基于对一八四八年革命所引起的恐惧印象而写成的这本小册子,在其思想内容上要比早先他所写的关于英国革命的东西低多了。在这本小册子中,基佐对英国君主立宪的社会基础和经济基础不感兴趣,正像马克思说的那样,只有"政治上的空谈㉗"对他才有意义。在试图解释为什么英国革命要比法国成功的时候,基佐提出了两个原因。首先,英国革命从头到尾是一场宗教革命,它不像法国革命那样完全中断了与一切旧传统的联系。其次,它是保守的,因为从一开始它就不是以破坏者的身份出现,而是以国会制度的捍卫者的身份出现,它保护了国会制和旧法制免遭国王的践踏。基佐认为,英国革命的实质在于,国王和国会一开始都超越了传统为他们规定的权力界限,他们最后在一六八八年的革命中找到了应有的均势,这两股力量才能相互中立。照基佐看来,英国革命的主要结果在于,国王已不能不顾下议院的意志而自行治理。在这本小册子中,阶级分析一点也不见了。在阐述查理一世同国会的斗争中,基佐只提一个政治因素。基佐指责革命搞"极端",把它说成是"扰乱分子"和"宗教狂人"们的恶意,说这些人是不能以温和的自由为满足的。他认为,共和国出于某些沽名钓誉者、宗教狂人和歹徒之手。基佐对于一六八八年复辟王朝垮台的社会原因也很难解

—— 493

释。马克思说:"既然基佐先生到处漏掉最重要的关键,所以他就只有极端不能令人满意地平凡地叙述事件的政治方面了。"[28]

对于基佐来说,随着国会的宪法的确立,整个英国历史也就中止了。马克思写道,"他认为,此后的一切都不过是托利党辉格党之间的愉快的打秋千的游戏[29]",也就是文字游戏,而实际上,正如马克思所说的,英国恰恰是从国会宪法的确立起有了很大的进展,它完全改变了英国的整个社会面貌,彻底改变了英国的整个社会制度。基佐在那里所见到的仅仅是一片沉寂和田园牧歌式的世界,实际上最尖锐的冲突却正在那里发展着。凡是基佐不能用政治术语去解开英国发展的难题之处,他都求助于宗教术语和神灵的干预。马克思说:"基佐求助于神灵来逃避自己良心的谴责,借助于文体来逃避世俗公众的指责。"[30]

这样,基佐在大声宣称社会史高于政治史的优先地位之后,不会在实践中贯彻这一原理。他的丰富的政治经验,好像本应该使他对政治史的动力能够正视,但实际上并非如此。一八四八年革命使基佐大受挫折,他像梯叶里一样,失去了对社会史和政治史的合乎客观实际的理解。

这里出现了一个问题:基佐实际上甚至在他活动的早期是否对政治史与社会史之间的相互关系有过正确的理解,对阶级斗争的实质是否有过真正的理解,或者他提出的只是些单个的一般的原则,而不会将它们联系在一起,把它们用于具体的研究上。如果从基佐的著作中任取其一,那么不难看到,他的那些关于社会史的优先地位和阶级斗争意义的声明,都是从法国资产阶级以前的全部历史经验中得来的,尤其是出自法国革命的经验。但是,基佐不会将它们用于整个人类历史,甚至不会用于整个法国史,他的这些见解在很大程度上仍处于纸上谈兵而已。他的全部具体历史理论最后终结于抽象的政治原理之间的斗争,如马克思所说的,导致某种在单个的政治理论之间的特殊的舌战[31]。

在这方面,意义最大的是基佐最有名的著作《法国文明史》和《欧洲文明史》。这里,他对中世纪欧洲文明的发展状况作了大胆的概述。如

第二十八讲 十九世纪前半期的法国史学 弗·基佐、弗·米涅

果我们看着这一概述就会发现,实质上这一概述比基佐上述的关于社会史的决定性作用的论述水平要低多了。基佐在法国史领域里是博学大师,但他对欧洲其他部分的历史所知有限。如果我们将他的《欧洲文明史》取来一看,则这部书以其事实的极端贫乏和喋喋不休的大量议论而令人吃惊。这部著作充斥着学院式的累赘冗长的话、无尽无休的雷同之处,时常充斥着陈腐的、有时又是可疑的结论,不过总是修辞讲究、动人心弦。凡是在基佐的思想不及之处,他都以文体取胜。

那么,基佐又如何描绘欧洲文明的进程和发展呢?

看来,在他提出上述所有那些论点之后,他在这一著作中似乎应当对中世纪欧洲的社会制度及其发展给予分析,哪怕是不超出他力所能及的资产阶级所局限的框框也好。但是,即使这一点在这部著作中也恰恰找不到,尽管这一著作完成于二十年代末,即成于基佐之最好的创作时期。

基佐开始于这样的论点:除各国的文明之外,还有欧洲共同的文明。他认为,欧洲一些个别国家的文明反映了某种同一性,这种同一性是由欧洲各民族相同的历史事实决定的,它和同样的一些基本原理相联系,又表现在这些民族的历史产生同一的结果。这种全欧性文明发展的因素应当时而在法国,时而在英国,时而在德国,时而在意大利和西班牙去寻找。从列举的这些国家来看,欧洲文明史对于基佐来说显然只是局限在某些国家的范围之内。而且照他看来,法国一直是全欧文明的中心和焦点。

基佐认为,文明这个概念的主要涵义和基本思想是进步。它包括两个方面,一方面是公民生活和人类关系的发展,另一方面是个人活动的发展。这样,照基佐看来,文明发展的两个主要方面是社会的发展和人的发展。这两方面都互相紧密相关,但也不是永远完全相符。

基佐指出了欧洲文明与古代文明不同的特点。他认为,古代文明总是某一种原则占统治,如神权政治、种姓制度,或者相反的民主制,因此,古代社会结构的特点是非常简单。但对于西欧史来说从中世纪起,

其特点就是对立原则的激烈斗争。所以，中世纪历史不如古代社会历史那么完整；中世纪史较难研究，但涉及的面较广，更富于进步性。进步就是欧洲文明史中对立原则不断斗争的结果，特别是自由的进展。根据这一点，基佐认为欧洲文明高于从前的一切文明。他说："如果可以这样表达的话，则欧洲文明接近于永恒真理，接近于神启。"[32]大家见到的所有这些不过是高亢宏亮的言辞，但其中暗藏着基佐的一个基本思想，那就是他极力要指出那种符合永恒真理和神启的制度是什么——在这种制度中，各种原则势均力敌，这种制度正如孟德斯鸠已指出的，是以分权为基础的，在这种制度中，民主制和绝对专制这两种对立原则以君主立宪的形式达成和解。

这就是基佐对文明所作的相当明了的评述。他以这一观点研究由西罗马帝国灭亡开始的欧洲文明史。

他认为，罗马帝国遗留给中世纪的，首先是市政制度、城市，其次是作为绝对权力的帝国思想和皇权思想。在这一笔遗产中就已经打下了一方面是绝对权力，另一方面是市政自由这两种思想之间的矛盾之基础。这就是罗马帝国遗留给中世纪的两种对立原则。

此外，就在罗马帝国内部出现了一个新团体，那就是作为一个强大的等级制组织的基督教会。这个教会抗拒罗马帝国的垮台，对蛮族人施加自己的影响，成为联结罗马与中世纪之间的环节。只有它在不文明的物质力量的统治时代具有精神力量，这又成为中世纪欧洲文明的一个矛盾。罗马的遗产便是如此。但是，蛮族人对它的发展也作出了自己的一份贡献。基佐认为，除了阿兰人（他将他们错当成斯拉夫人）以外，摧毁了罗马帝国的其他蛮族人都是日耳曼人。在日耳曼蛮族社会中统治着的主要原则是追求个人的自由。用他的话来说，这一原则不仅有肯定的意义，而且有否定的意义，因为它与缺乏纪律、轻视劳动、野蛮的本能等联在一起。但是，基佐同时又认为追求自由是一种最高尚的情操。他说："这是人认识自己的一种满足，这是一种个性的情感，是在个性自由发展中的人类独立自主的情感。"[33]

第二十八讲 十九世纪前半期的法国史学 弗·基佐、弗·米涅

这就是蛮族人奉献给欧洲文明的新东西,对于罗马和基督教来说是认识不到的。

蛮族人的又一个贡献是军事庇护制和附庸制度,这是一个等级式的贵族组织,它未破坏个性自由的原理,而又逐渐演变成一个封建组织。基佐认为,这一制度的基础是对人的忠诚,这一忠诚的早期表现是塔西佗时代的亲兵制。

罗马所遗留下来和蛮族人带来的这些对抗的原则,到了中世纪的初期又都起作用,这一时期是所有这些因素激烈冲突的时期。

我们不想再详细地去阐述基佐的这一著作,让我们来注意一下他的思路的主要脉络。他指出,从这许多不同原则的激烈冲突中产生出一个崭新的社会制度。首先促进这一点的是物质原因,即长期的民族大迁徙,基佐认为,民族大迁徙在九世纪之前未曾停息过;其次,是精神上的原因,即个人主义原理、利己主义、放荡不羁等占统治地位。这些物质上和精神上的原因使这些原则的冲突加强了。但是,同时在这些冲突当中也奠定了进步因素的基础。蛮族人自己也在追求另外一种生活和新的使命。

基佐说:"秩序和进步这一不可克服的诱惑,在折磨着无秩序中的蛮族人,使他们不得安宁。"[34]在这方面起作用的还有罗马文明的残余影响、基督教会,还有一个因素,即基佐所认为的进步的最伟大的动力——大人物的活动。

所有这些集在一起的原因,使欧洲社会超脱出野蛮状态的苦海。特别是在法兰克国家历史中,基佐认为在这方面起决定性因素的是查理大帝的出现。

在欧洲文明发展的这一野蛮阶段之后,继之而来的是封建主义。基佐在从封建制度对文明的影响这一角度来研究它的时候,认为封建主义尽管业已占统治地位并且在欧洲到处得到了普及,但它仍未能消灭那些在更早时期就表现出来的对立倾向:教会政治中的神权政治思潮,以王权为代表的君主制思潮和以公社为代表的民主制思潮。所有

这些倾向,即神权政治的、君主制的和民主制的,在封建主义时代的欧洲社会中也在继续斗争。

但是,照基佐看来,封建社会的特色是极端的不稳定性,在封建社会中没有任何法律的保障。尽管在封建社会中存在着领主与附庸之间的契约关系,存在着主人与其农奴之间的习惯为基础的一定的相互联结的关系,但任何能消除独断专横的保障都没有。能成为这种保障的,或者要有一个强大的中央集权,绝对专制,或者是自由。但是,这二者在封建社会中都不存在,故而封建社会的特色便是极不稳定。

因此,基佐认为,尽管封建主义提供了许多值得肯定的东西——促进了宽恕、忠信、骑士风度和骑士文学的发展,但它仍阻碍了稳定的社会制度的建立,所以王权和"人民"都与它作斗争。

基佐以鄙视的态度谈到反动的史学将封建主义理想化的企图。他认为,历史学家们以慈悲为怀所谈到的那种封建主义,只是从未存在过的乌托邦。

在封建主义时代,一个即将取代它的新社会的特点就已开始显现出来。这里,基佐将巨大的作用归功于城市公社的解放运动,这些城市公社在十一—十二世纪开始了争取自由的斗争。基佐和梯叶里一样,以自豪的心情强调指出,他那个时代的资产阶级就是起源于十二世纪这些城市公社的市民。

基佐认为,城市运动大约是从八—九世纪开始的,但是关于这些早期运动的任何资料也没保留下来,因为这些运动是不成功的。但是,它们为基佐称之为十一世纪的伟大起义作了准备。

城市解放的后果是资产阶级这个新等级的产生和各等级之间的、填充了后来全部历史的那一斗争的开端。一个新的欧洲也就产生自这一斗争。从基佐的观点来看,城市的解放是欧洲文明发展之最有创造力、活力最大的开端。在斗争和仇视当中,共同的精神发展起来,形成了民族,形成了法兰西人民。

但是,基佐指出,在城市里有各种集团,分化为上层和下层,上层是

第二十八讲　十九世纪前半期的法国史学　弗·基佐、弗·米涅

资产阶级，他们是第三等级原则的体现者，而下层是一群浑浑噩噩的愚人，他们陷于一切谬误和缺点而成为盲目的、野蛮的、不受约束的民主精神的体现者（所有这些早在一八四八年以前，二十年代末就写成了）。基佐以十二世纪作为欧洲文明史第一个重大时期的结束。

第二个时期比较短，从十二世纪到十五世纪。它从十字军远征开始。这一时期总的特点是王权的提高，但同时这是敌对原则残酷斗争的时期，其中任何一个原则都不能取得完全胜利。基佐以否定的色调来描绘十二至十五世纪这段时期。尽管人类精神有个别的成就，这还是个无成果的闹腾时代。

最后一个时期从十六世纪开始。它从宗教改革开端，基佐将宗教改革视作人类精神的自由激情，是人类思想解放的伟大尝试。他认为，宗教改革本身是人类精神由于先前积累的所得而要求自由所引起的，而教会权威此时也坠入迟钝的状态。基佐将宗教改革称为宗教革命，在这一解释中没有任何社会因素。

基佐认为英国革命是解放人类的最重大因素，他在《欧洲文明史》中还专为英国革命写了一章。还在这部早期著作中，他特别强调一六八八年事变的意义，他将该事变看作是为了实现革命的主要政治目的，确立政治上的自由，他所指的政治自由是王权与代议制之间的某种均势。

基佐认为，英国在欧洲的国家中也不算例外，英国的发展与其他国家的发展沿着同样的路线前进，但他同时又强调，欧洲文明的特点只有在英国表现得最明显。正是在这个国家里存在着各种因素，它们之间的斗争导致进步，基佐认为，这一斗争表现得最鲜明。所以，在英国同时建立一个既完善又自由的社会要比在其他国家更早。

基佐在转向法国史时指出，在十七世纪和十八世纪，法国由于它对各国的影响而成为欧洲文明的主要体现者。这里，表现出在法国一直存在对抗着的两种原则的影响。在十七世纪是以路易十四为代表的绝对君主制原则，基佐将它捧得很高。他说，路易十四的统治"第一次将

一个有自信心的、摆脱了各种内部敌人的、牢牢掌握自己国土和人民、无限忠于政府的劳绩和关怀的这样政府之景象展示给欧洲"[35]。

但是,基佐认为,这个政府缺少的是它只体现了一种原则——绝对君主制政权的原则,所以它终究要走向衰亡。这一点充分表现在十八世纪,基佐将十八世纪视为法国君主制政权衰亡的时期。当时取代它的是另一个原则,这个原则对整个欧洲文明发生了极大影响,这就是自由研究的原则,迸发出崇高的人类精神的原则。

基佐说:"众所周知,十八世纪的特色和占统治地位的事实是自由研究,是人类精神的高度爆发。"[36]但是,在法国启蒙运动中最明显表现出的这一原则的特点是极端脱离实际的,是纯直观性的,不能应用于现实生活。所以,那时的一切哲学思想和政治思想是抽象的、空洞无物的,是过于大胆的。

对自由研究的企求与已经衰落、正走下坡路的绝对君主制原则发生了冲突。但是,取代绝对君主制这一片面原则的力量,也犯绝对君主制自身那样的片面性、极端性的毛病。这种情况最终把国家引向灭亡。在理性的胜利上掺杂有许多谬误乃至暴政,人类的精神因陶醉于它所取得的无限权力而陷于这一暴政。基佐认为,是人类精神的谬误导致了法国走向了法国大革命所造成的有害后果,他以此来结束他的《欧洲文明史》。

在结尾处,他描绘了自己的政治理想,即欧洲文明的一切因素与欧洲文明原则并存和发展。

这样,根据基佐这部最能圆满表达他对中世纪欧洲、近代欧洲历史发展的一般观点的著作,不难看出,这与他在某些个别主张中似乎存在过的对历史发展的唯物主义理解相差太远。在这里一切甚至不单单归结为政治史,而是归结为一些完全抽象的、纯政治原则的斗争,归结为纯学理主义的空谈,如果可以这样说的话。

在结束对基佐著述的评论时,还需要对他在《欧洲文明史》一书中所提出的封建主义的定义,哪怕是简略地谈上几句。这一定义在后世

第二十八讲 十九世纪前半期的法国史学 弗·基佐、弗·米涅

的资产阶级文献中牢牢扎根,以致不能用更好的定义来代替它。相反,我们在当代资产阶级史学中发现,在这个问题上竟然较之基佐还倒退了。

基佐从他的观点出发,提出了封建主义的三个最重要标志。第一个标志是社会的即有条件的土地私有制,基佐将它置于首位,当时和现在都有许多资产阶级研究家不认为它是重要的标志。其他两个标志是政治上的。其一,是最高权力与土地私有制合流,政权借此才掌握在封建主手中,其二,是在封建地主当中建立等级制度[37]。

基佐所提出的封建主义的这些特点[38],虽然未能为封建主义作为一种社会制度提供一个完满的、能使它被简化为一致的定义,但是,它仍然真实地标明了封建制度的社会组织和政治组织的某些重要特点[39]。

梯叶里和基佐所发展的历史思想和政治思想范围,对于十九世纪前半期法国其他资产阶级历史学家来说,也是引为特征的,其中包括米涅。

弗朗索瓦—奥古斯特·米涅(一七九六——一八八四)的名字,主要是由于他的《法国革命史》(一八二四)[40]一书而著称。这是一部很普及、阐述又很清楚的法国革命史,它在现在有时还列为研究这一时期的参考书。不过,米涅著作的大部分是专门研究中世纪史的。

他在这一领域里的第一部也是最有意义的著作,是一篇为获得"铭文和美术研究院"的奖金而参加评选的作品,其题目是论述路易九世的制度及其对法国历史的影响。这部著作最后取名为《封建制度、圣·路易的法规和这个君主立法的影响》[41]。该书得到了富有保王主义思想的研究院的奖励,尽管这一作品含有资产阶级倾向。不过,米涅对自己的这种倾向小心翼翼,以免伤害研究院的保王主义者的感情。相反,他极力满足这种感情,对圣·路易千方百计地涂脂抹粉。

米涅与基佐相仿,他在这部著作中最感兴趣不过的是代议制的起源问题,他强调指出,这种制度是中世纪欧洲各国所固有的。区别只在

—— 501

于这种代议制的发展在有的国家较早地停顿下来,而在另一些国家则仍在继续发展。米涅认为,陪审法庭对于各国说来也是共同的制度,但是,在许多情况下它们被君主制的机构所取代,只在英国保留下来,到了近代则从英国推广到整个欧洲。

米涅在评述了封建制度的发生、发展之后,指出了它的主要特点。他主要指出了这个制度的否定方面,他在这方面与将封建主义的中世纪理想化的反动史学截然不同。米涅像基佐一样,指出封建主义的特色是政治上的不稳定,是人人深受其害的无政府状态。他说与这一无政府状态的斗争中,王权起到关键作用。但是为了进行这一斗争,王权必须找到支柱,建立一个与封建社会并驾齐驱的新社会,它既是封建制度的敌人,又是封建制度的继承者。应该建立一个能很好管理的新阶级,而封建主们则无能力管好。国王应以联合代替分散,建立与无政府状态及其祸患相抗衡的稳定的秩序。从米涅的观点来看,城市公社制度便是实现此举的手段。米涅像梯叶里一样,为了过分赞美公社和那些庇护它们的君主,达到了言辞上无以复加的程度。他写道:"公社改变了欧洲社会的一切内部关系和外部关系,公社使人和土地解脱了封建主义的束缚,创造了到那时为止人所未知的所有制形式和动产"[42]。他指出,公社建立了秩序,使人口开始增长。贸易、科学随着公社的产生而开始并起源于公社。法国历史发展的全部日后进程和封建主与国王之间斗争的结局,都取决于公社在这场斗争中采取什么立场。凡是公社掌权的地方,那里都建立了"民主制",例如意大利。凡是公社与国王结成联盟,但公社的力量不如王权强大的地方,便形成了绝对君主制,例如法国。凡是公社与封建主结成限制王权的联盟的地方,那里便建立了代议制,例如英国。

米涅在谈到公社的发展和它给国家带来的全部益处的同时,格外指出一个特殊集团的产生,这些人专门献身于科学、特别是法律乃至行政,他们就是法国国王朝廷里的法学家。公社的产生及由此引起的一切后果,米涅称之为一场"大革命",对这个"大革命",他真不知道用什

第二十八讲 十九世纪前半期的法国史学 弗·基佐、弗·米涅

么华丽的语言来形容才好。他认为,这一变革的恩惠在各国都显示出来并且永世保留。米涅说:"让我们为这些变革自豪吧,我们感激我们的先人。不管他们的动机如何,他们对人类的功绩是伟大的,愿人类永远敬重和牢记他们的英名。"[43]

君主依靠公社与封建机构进行斗争。从路易六世开始,每个国王都在某些方面促进了新制度的建立,但决定性作用应归功于圣路易九世。

这里,米涅对路易九世个人给予了充满激情的评论。他称他为各个时代、各个民族的最伟大的统治者,从这一立足点出发去叙述他统治时期的全部历史。米涅在自己著作中所描绘的政治理想,如同基佐的一样,那就是人民与王权的均势。在路易十四时期,王权过分强大,这在后来便导致了革命。在革命期间人民又过分强大了。战胜者一方随心所欲并且剥夺了战败者一方的一切。米涅认为,在十九世纪初建立了某种均势。诚然,这一均势距离理想尚相差甚远,但它可以再向完善的方向发展。

这样,米涅为复辟政府提供了一个既定纲领:继续发展和加强代议制的作用。但是,我们知道,复辟政府并未走这条路。

米涅有其他不少专门研究中世纪史的著作。他主讲过法国天主教同盟和新教,主讲过英国革命和斯图亚特王朝的复辟,他写了许多研究宗教改革史的著作和论述查理五世以及论述玛利亚·斯图亚特的著作[44],但是,他关于法国革命的书最负盛名。

在这部著作中就已看出他对革命问题的兴趣。米涅与反动的思想家们相反,他认为,革命是必然的,是不可避免的。它是合乎规律的历史现象,连它的过火行为也是不可避免的,尽管它的目的基本上是好的。从米涅的观点来看,不管革命的行为多么过火,它的目的还是达到了:建立在非正义基础上的旧制度被摧毁了,成立了一个新的、比较公正的制度,他指的是新的、资产阶级社会。在这里,米涅和基佐一样,在描绘革命的时候,在第三等级内部划了一条界线。他在第三等级中,区

分出一个中产阶级（la classe moyenne）和一个普通人阶级（multitude），甚至将他们相互对立起来，他认为中产阶级的原则是自由，而普通人的原则是平等。米涅只同情中产阶级，所以，他对一七九一年的宪法，甚至对执政政府的宪法深表欣赏，他认为这一宪法恢复了在雅各宾党人专政时期受了损失的中产阶级的优势。资格审查制度受到他的特别夸奖。

这样，在米涅的著作里，明确地表达了那些在复辟时代持反对派立场并在一八三〇年之后成为掌权者的资产阶级集团的思想体系。但是，米涅与基佐不同，他始终只是个学者，从未参与过政治斗争和管理国家的活动。

科洛德·佛里埃尔（一七七二——一八四四）这位历史学家也须提一提，他在政治观上与十九世纪前半期的资产阶级自由主义学派接近。这是一位在许多方面都很有意思的历史学家，他知识很深，是多方面的。他是法国浪漫主义史学的创始人之一，他醉心于文学，特别是赞颂天真和优美的一切浪漫主义者都酷爱的民间创作。许多丹麦的和希腊的民间诗人的译作都出自他的手笔。佛里埃尔尽管有非凡的工作能力和丰富的知识，但是，他对学术的贡献甚少。他愿意与别的学者们交流思想，交换笔记，别的历史学家在自己的著作中利用了他的资料，但他自己却写得太少了。

正如他的朋友基佐所说的，他的特点是病态地企求达不到的完美。因此他的大部分著作都有头无尾。

基佐几乎是强迫佛里埃尔接受了索尔邦的文学史讲座。他的精彩的、逸趣横生的讲座被记录下来，只是到他死后才出版。借此我们有可能了解它们。

在他的著作中，应指出《在日耳曼征服者统治下的南高卢史》[45]，该书于一八三六年以四卷本问世。这里佛里埃尔的主要作品，是一部至今尚未失去自己意义的重要研究著作。他阐述了南高卢的罗马文明与日耳曼征服者的斗争。在这部著作中，佛里埃尔基本上是站在第三等级保护者的立场上,特别是他像梯叶里那样,将与粗野的日耳曼征服者对抗的、有文化的高卢—罗马人理想化了。

由于佛里埃尔研究南部法国,就必须提到他的《普罗旺斯诗歌史》㊻,他以三卷本出版于一八四六年,这已是他身后之事了。他的关于但丁以及关于意大利文学起源的研究著作也很重要,也是在他死后由他的弟子给出版的。他们还出版了一部关于阿尔比派战争史的重要文献(附序言),它对于研究法国南部的历史是很重要的㊼。

到此,我们结束对十九世纪前半期法国那些最清楚地表达了纯资产阶级世界观的历史家的研究。他们都以在波旁王期复辟时期丢掉了权力、持反对派立场,后来在一八三〇年革命后又重新掌权的那部分法国资产阶级思想家的身份出现。这首先是工业资产阶级和银行资产阶级。我们见到,梯叶里、基佐和米涅在中世纪史中为那些资产阶级集团先后所提出的政治理论和政治纲领寻找证明——首先是反对派的纲领,因而带有较为自由主义的性质,然后,在一八三〇年以后是较为保守的纲领,最后,在一八四八年革命后,是公然的反动纲领。

所有这些历史学家对于阶级斗争都有一定的认识,但都具有资产阶级的局限性。他们既无力去认识阶级斗争的起源,也不能设想阶级斗争在他们那个时代的欧洲继续发展。在他们的观念中,阶级斗争应以资产阶级的胜利而完结,他们之中的某些人,例如梯叶里,将资产阶级与人民混为一谈。甚至基佐这个认为资产者与无产者的利益可以截然分开并号召无情镇压无产者的人,也认为工人的行动是破坏常规的、自然的制度。

尽管如此,仅就这种带有局限性的对阶级斗争的资产阶级认识,还是使上述的研究者比起更早期的历史思想的代表者,能更深刻地探索历史进程的奥秘。

(白玉译　胡敦伟校)

注　释

①《马克思恩格斯全集》,俄文版,卷7,第219页(中文版,第七卷,第248页)。
②基佐(F. Guizot):《我的时代之历史回忆录》,卷1—8,巴黎,1858—1867年。
③基佐:《论代议制统治及法国的现状》,巴黎,1816年。
④基佐:《现代史教程。欧洲代议制统治的起源和政治制度史》,卷1—4,巴黎,1846年。
⑤基佐:《英国革命时期回忆录汇编》,卷1—25,巴黎,1827年。
⑥基佐:《有关法国史的资料集》,卷1—31,巴黎,1823—1835年。
⑦基佐:《从查理一世即位起直至其死的英国革命史》,卷1—4,巴黎,1855年。
⑧基佐:《英吉利共和国和奥利弗·克伦威尔的历史》,卷1—2,巴黎,1864年。
⑨基佐:《理查·克伦威尔的摄政制与斯图亚特王朝复辟的历史》,卷1—2,巴黎,1856年。
⑩基佐:《欧洲文明通史》,巴黎,1854年。
⑪基佐:《法国文明史》,卷1—4,巴黎,1843年。
⑫基佐:《英国革命史》,俄译本,卷1—3,圣彼得堡,1868年;基佐:《欧洲文明史》,俄译本,圣彼得堡,1892年;基佐:《法国文明史》,俄译本,卷1—4,莫斯科,1877—1881年。
⑬基佐:《英国革命为什么能成功?》,巴黎,1850年。
⑭见马克思对基佐这本小册子的评论,载《马克思恩格斯全集》,俄文版,卷7,第218—223页。(编者注)
⑮见本书第二十七讲,原文第370页。
⑯基佐:《论法国史》,巴黎,1860年,第74页。
⑰基佐:《从复辟与现内阁起的法国政府》,巴黎,1821年,第1—2页(以下简称《……法国政府》)。
⑱同上书,第3页。
⑲同上书,第6页。
⑳基佐:《法国的民主政治》,巴黎,1849年,第35页。
㉑基佐:《……法国的政府》,第108页。
㉒基佐:《法国的民主政治》,第35页。
㉓见基佐:《英国革命史》,卷1,第9—13页。
㉔当然基佐这一主张是完全不对的。这一主张把王权作为一种为了普遍的和平和安定而高于阶级矛盾之上,保护"弱者"免受"强者"欺压的力量,这是把它

第二十八讲　十九世纪前半期的法国史学　弗·基佐、弗·米涅

理想化了。对封建国家的作用所持的这种观点,在当代资产阶级史学中也广泛流行。（编者注）

㉕基佐：《英国革命为什么能成功？》,第1页。
㉖《马克思恩格斯全集》,俄文版,卷7,第218页（中文版,卷7,第247页）。
㉗同上书,第223页（中文版,卷7,第252页）。
㉘同上书,第222页（中文版,卷7,第251页）。
㉙《马克思恩格斯全集》,俄文版,卷7,第222页。（中文版,卷7,第251页。）
㉚同上书,第223页（中文版,卷7,第252页）。
㉛同上书,第222页（中文版,卷7,第251页）。
㉜基佐：《欧洲文明史》,圣彼得堡,1892年,第25页。
㉝基佐：《欧洲文明史》,第38页。
㉞同上书,第52页。
㉟基佐：《欧洲文明史》,第256页。
㊱基佐：《欧洲文明史》,第258页。
㊲基佐：《法国文明史》,卷2,第20页。
㊳在这一关于封建主义的定义中,基佐忽略了封建制度下所有制关系的主要特征——所有权集中在封建主手中,农民没有土地。因此,他未见到封建制度的剥削基础,或者说,起码他不认为这是根本之点。由于这个定义主要只涉及封建主阶级内部的社会政治关系,它是不完整的和片面的,尽管基佐对这些关系的评论本身总的说来还是对的。（编者注）
㊴在当代资产阶级史学中,还广泛流行一种关于封建主义的更为片面、比基佐更为错误的、纯政治上的理解,根据这一理解,封建主义的主要的关键特点是军事采邑制和大地主阶级内部封建等级制的存在。柯尔本（R. Coulborn）编的论文集《历史上的封建主义》（新泽西,1956年）便是一例,在这部论文集里大批美国历史学家将封建主义视作一种政治法律制度,企图以不同国家和民族的历史为例来论证这一观点。西德的大多数中世纪学家和英、法的许多历史学家也对封建主义持类似观点。（编者注）
㊵米涅（F. Mignet）:《从1789到1814年的法国革命史》,巴黎,1905年;米涅：《法国革命史》,俄译本,圣彼得堡,1906年。
㊶米涅：《封建制度、圣·路易的法规和这个君主立法的影响》,巴黎,1822年（以下简称《封建制度》）。
㊷米涅：《封建制度》,第82页。
㊸同上书,第93页。
㊹米涅：《西班牙王位继承史序论》,巴黎,1834年;米涅：《安托尼奥、佩雷斯和腓利普二世》,巴黎,1854年;米涅：《马利亚·斯图亚特的历史》,巴黎,1851年;米涅：《查理五世、他的退位和逝世》,巴黎,1854年。

㊺佛里埃尔(Ch. Fauriel):《在日耳曼征服者统治下的南高卢史》,巴黎,1836年。

㊻佛里埃尔:《普罗旺斯诗歌史》,巴黎,1846年。

㊼佛里埃尔:《反阿尔比派异端的十字军历史》,巴黎,1837年。

第二十九讲 十九世纪前半期法国的史学 小资产阶级急进主义在中世纪学中的代表人物茹·米什勒 保守贵族的思潮

我们还必须对十九世纪前半期的另一个法国大历史学家也加以评述,他不属于梯叶里和基佐所代表的大资产阶级思想体系的学派,而与急进的小资产阶级和农民阶级的利益及情绪有关。这是一位非常有趣的有特色的作者,要想准确阐述他的观点是很难的。我这里指的是茹尔·米什勒(一七九八——一八七四)。他自称为农民的后代,其实,他的父亲属于城市的小资产阶级。在拿破仑时代他当过印刷厂主,后来因拿破仑采取的反印刷业措施而破了产。米什勒从小受穷,破了产的双亲茹苦含辛地才使他受完了中等教育,他作为一个穷人在学校里受尽了磨难和欺辱,对此他留下了终生难忘的回忆。

但是,米什勒最终还是受完了高等教育并开始从事历史教学工作。很快,他就以许多历史方面的著作显示出自己的才华:先编了年表和同期事件年代表,然后写了现代史纲要。就在他活动的初期,米什勒不是对历史的一般方面感兴趣,而是企求对它进行哲学上的解释。其中,他于一八二〇年译完了维科的《新科学》一书,并加以自己的注释。一八二七年他获得了巴黎高等师范学校(Ecolo Normale Supérieure)[①]的教授职位。

一八三〇年革命给米什勒留下了深刻印象。在它的影响之下,他于一八三一年写了《通史绪论》[②]。在这本书中,他试图广泛地描述整个人类的发展。在该书中明显看出黑格尔的影响，但是，这位德国哲学家的历史思想，在米什勒那里已走了样，摆脱了形而上学的束缚。

米什勒的基本思想是，全部历史是人与自然的斗争。精神与物质的斗争，自由与必然的斗争都在这一斗争中表现出来。同时，历史又是人逐步地走向自由的运动。米什勒论述了这一道路上的一些阶段。他认为，在古代印度，人是完全屈从于万能的大自然，这一点在印度的宗教中反映出来。波斯人、埃及人、犹太人等其他东方社会的历史，是人类逐渐解放的进一步发展阶段。希腊史是这一道路上的一个极重要的阶段，它出奇地繁荣、发展又复杂，米什勒认为它是高等机体的最重要标志之一。通向自由的下一步是罗马史，米什勒说，罗马是有生命力的机体之正常的发展，并同化了全世界。但是，罗马身患不治之症——奴隶制度，它蚕食罗马的机体，最终使之灭亡。蛮族人、基督徒和奴隶起来反对这一虚假的统一，并彻底摧毁了它。

米什勒认为，自由发展的新阶段是基督教，他谈起它不乏激动之情。不过，米什勒对待基督教的心情却是相当复杂的。在他活动的初期，尽管他持反教权主义的观点，厌恶他当时那样的天主教，但他还是肯定地评价了基督教在历史上的作用。从米什勒的观点来看，在中世纪教会统治的时代，存在过遏制了暴力的教会神权的原则。他将十字军远征视作那种吸引了物质力量的精神体现。米什勒很欣赏哥特式建筑，认为它反映出基督教冲向云霄的志向。后来，他从根本上改变了对基督教的观点，反对把它那样加以理想化。

米什勒认为自由发展中的下一个阶段是近代。米什勒强调指出这一发展整体上的复杂性。他认为，各民族都以不同方式促进自由原则的实现，他认为这一原则主要是在法、意、德、英四大民族的历史中得以揭示。米什勒对其中之每一个民族都加以评述，并极力在它的历史中去发现主要的原则。例如，他认为德意志民族的主要特点是能自我牺牲，意大利人的主要特点是个人奋斗的力量。他对英国人的描绘调子低沉。米什勒民族感很强，从全部法国史中突出了对英国人的极端厌

第二十九讲 十九世纪前半期法国的史学……保守贵族的思潮

恶。他作品中的最尖锐、刻薄的篇章用来描述英国人。他承认英国人也有自由,但他断言,这是一种与平等无关的愚蠢自由。在他笔下的英国人是残酷、傲慢、贪婪的总和。照米什勒看来,法国对于世界的贡献最多,它的特点是有上进精神,同时又被赋予民主气概和高尚的社会本能。

米什勒这部书的结尾,赞颂了一八三〇年的革命,他将这次革命视作自由和平等思想的体现。看来,这部书是写于对此还能被某种美好希望所迷恋的时候。正如米什勒所说的,这次革命是未经英雄之手而实现的,它是法兰西人民这个集体英雄完成的。

米什勒表达了对人类进步可能性的无限信赖,他还深信,法国在进步的事业上注定要起到关键性作用。对于米什勒来说,解决社会问题还与宗教思想有关。他所想象的人类进步,便是建立一种新的社会宗教。

在一八三〇年革命以后,米什勒可以自由地任教和继续从事他的历史研究。他曾被任命为法兰西国家档案馆的主持人之一。在一八三四——一八三五年,他以巴黎大学的讲师身份代替了基佐,他在那里主讲法国史。他从一八三一年开始写《法国史》,这是他终生的事业。这部巨著最后扩大到二十四卷。为了给自己的作品搜集材料,他游历了法国和其他国家:英国、法兰德斯、德国、瑞士、北意大利。一八三七年,他出版了一部关于法国法律起源的非常有趣的著作。这样一个似乎枯燥的课题,他居然能写得颇有诗意。作品的名称为《在通用法的标志和形式中探求法国法律的起源》③。这是一部法律标志史,法律习惯史,大体上和德国的格林兄弟的叙述风格差不多,该派研究历史上的法律,在它的古代制度中寻找大量的日常生活材料。这部法律史读起来犹如一部引人入胜的小说。

在这段时间里,法国在政治上已日趋反动,反动派的思想体系对待米什勒和他的思想当然持否定态度。所以,他在巴黎大学的讲座于一八三五年被禁。诚然,一八三八年他又得到了新的委任:在法兰西学院

—— 511

(Collège de France)④主讲伦理学史。

在这个相对独立性较强的机构里,在当时尚可表达自由主义思想,米什勒将他的讲台当作宣传民主主义观点的战斗岗位。当时,法兰西大学的教师阵容布局很别致。除了米什勒,还有他的朋友、小资产阶级急进主义者奇奈(Quinet)和著名的波兰诗人密茨凯维支,后者当时主讲斯拉夫文学。他们都在自己的讲授中宣传各民族、各阶级大团结的思想。

一八三〇年的革命辜负了米什勒对它所寄托的希望。天主教徒,特别是耶稣会士,企图占领教育阵地。米什勒和他的朋友奇奈对耶稣会士进行了猛烈的抨击。一八三四年他们共同写了名为《耶稣会士》⑤的卓越的抨击性小册子。这一作品几经重版,并被译成各种文字。后来(一八四四年),米什勒又写了另一本具有历史意义的小册子《论教士、妇女和家庭》⑥,他在书里谈到了天主教教士对家庭的腐蚀作用。已开始了的政治反动,七月王朝的全部的金融寡头政治反民主主义在米什勒那里激起了剧烈的反对。他置身于共和党人之列,并着手研究一七八九年法国的资产阶级革命。

七月王朝时期是工人运动在法国兴起的时期,是工人的暴风骤雨般的行动开始的时期,是空想社会主义在法国迅速发展的时期。那么,米什勒对待工人运动的态度又如何呢?应该说,米什勒根本不懂也未参加过工人运动。对于米什勒来说,"人民"就是小资产阶级,首先是农民阶级,是小土地所有者。他说,"地产,无论是大是小,都振奋人心"⑦,这是法国人民生活的根本,是法国人民的心。他想证明法国人民所有制的固有性。他认为,这并非革命所造成的,更确切地说,革命来自小私有制。米什勒赞赏法国农民对自己土地的依恋,他反对公社土地所有制,他认为,法国佃农甚至哪怕有一小块土地,他也是个私有者和资产者,据此他掩饰法国农村中存在的任何分化。因此,米什勒表现出对公社主义的否定态度。对于米什勒来说,法国革命中的英雄是丹东,而把罗伯斯庇尔视作偏执和暴力的精灵。他谈到"雅各宾派的教

第二十九讲 十九世纪前半期法国的史学……保守贵族的思潮

士"和"清教徒",说他们毁了革命。

一八四八年一月,教权主义者得以查禁米什勒在法兰西学院的讲座,而到了二月便爆发了一八四八年革命。米什勒也欢迎这一革命,把它看作实现自己的希望。他高兴地指出欧洲其他各国革命运动的增长,甚至在英国宪章运动此时也在高涨,但是无产阶级的行动使他感到恐惧,他要求的是民族的民主统一。他深信,可以通过教育的途径来达到这一统一。

六月的日子来临了。米什勒简直被它所压倒。他在自己标记一生中最重大事件的日记中,对此只写了一句话:"Excidat dies illa"("如果没有这一天该多好!")。

一八四八年革命之后,很快来了一场大反动。一八四九年米什勒又被迫中断了在法兰西学院的授课,这次他是彻底离开了。在一八五二年,他由于拒绝向拿破仑三世宣誓效忠,被解除了国家档案馆的主持人的职务,从此便无职一身轻地把全身心奉献给文学事业。他在这段时间所关注的题目有时真令人感到突然和吃惊。他有些书是专讲鸟类、昆虫、海洋、山川的。这不是讲自然界的书,而是对大自然神秘的赞颂。他还涉及一些家庭生活、教育等问题。他的《爱情》、《妇女》⑧、《我们的孩子》⑨等书便是在这段时间里问世的,后一本书是讲如何以卢梭和裴斯泰洛齐的精神来从事教育。家庭、祖国、自然,这就是他以道德教育为目的所深入研究的那些思想。

一八六四年,《人类的圣经》⑩一书发表,米什勒以现存的各种宗教为依据,试图为新一代人创立一门独特的自由主义宗教理想,自由和理智的理想。一八六二年他写成并出版了著名的《女巫》⑪一书,此书专门研究中世纪信奉巫术过程的历史。也就在这一时期,他在完成早已开始撰写了的法国史巨著。这一著作的头六卷包括中世纪时期,直到路易十一执政结束,它于一八四六年被发表。然后,他中断了中世纪法国史方面的工作,以便着手法国革命史的研究。一八五三年他写完了《法国革命史》⑫,又回到中世纪法国史上来,并将它写到一七八九

513

年[13],然后又写了一部迄一八一五年的革命后法国史。这部书问世时他已去世了。

米什勒是位极特别的历史学家。他的全部力量首先在于他的真挚的民主主义,不过是具有过于狂热性的民主主义。他的特点是有一种高昂的文风,但这一文风还不能称之为雄辩,因为雄辩总是冷漠的,米什勒却相反,他总是热情奔放。凡在他不动感情的地方,他就显得萎靡不振,枯燥无味。他不知疲倦地为之歌功颂德,为之欢欣鼓舞,为之哭泣,他一贯歌颂的英雄就是人民。我们已经讲过,他所指的人民首先是农民和小资产阶级,对于工人,说实在话,他并不了解。在米什勒那里,狂热性与某种孩子似的天真结合在一起。他在一八四四年出版的《论人民》一书中,将人民与儿童相比较,为了评论它,他竟引证自己的某些心理特征。他认为,"人民"的特点是本能和天真胜于理性。米什勒的主要情感是对人的怜爱和恻隐之心。他在论贞德的著作里提出了一个问题:是什么使贞德建立了功勋? 回答是:"对法国的怜悯之心。"这些特点赋予米什勒的著作以独特的吸引力,同时也使它们十分主观片面。

米什勒具有非凡的文学天赋,感情丰富,并有非凡的抒情能力。他厌恶基佐的手法,历史在他眼里是抽象的政治原则的斗争。他指责基佐一贯憎恶生活,而米什勒本人则对丰满的生活充满情趣,关心的不是抽象原则的斗争,而是人类生动的激情的斗争。但是,这种文学风格只有具备非凡的才能和天赋,才不至落入通俗的虚夸风。不过,米什勒也未能永远保持住应有的高度。尽管他再多么有天才,他写的历史也并非常常保持科学性。正如泰恩所说的那样,米什勒过多感情用事,常被激情的想象所左右。不错,米什勒知晓许多史料,但他不打算对它们加以分析,不试图以历史批判的手法去对待它们。他总是选取最鲜明的、最绘声绘色的、能打动他的心的东西。他有惊人的再现历史的能力。他说起自己时,曾说过,别人需要二十份史料处,他只一份足矣。他写道:"梯叶里将历史称作叙事小说,基佐称之为分析,而我则称之为再现,这个名字便归历史所有了。"[14]

第二十九讲 十九世纪前半期法国的史学……保守贵族的思潮

我们还发现,米什勒还有一种不具任何宗教习惯的、泛神论性质的特别的神秘主义。历史生活中的某一现象,米什勒都把它们描绘成近于活物。我来读一下几个与他的文风有关的样板,它们对于他的思维方法来说颇具典型性。关于文艺复兴时代,他是这样写的:

"经过萨莱诺,经过蒙彼利埃,经过阿拉伯人和犹太人,经过他们的弟子——意大利人之手,大自然之神光荣地复活了。他被埋葬了不是三天,而是一千年或一千二百年,但是,他用自己的头颅碰穿了他的墓碑。他站立起来,不可战胜,力大无穷,两只手满满捧着果实和鲜花——爱,世界的安慰者"。[15]

这并不单单是个修辞讲究的句子,米什勒对于文艺复兴也正是这样想象和感觉的。为了在他所阐述的那些人中体现了出来,他开始有时用他们的话来表达。他的叙述突然转而为剧本,转为对话,然后穿插抒情诗式的或有教益的插话。同时,他塑造异常鲜明的形象。泰恩这位语言艺术大师,这一领域里的大行家,也为米什勒用自己的语言塑造的形象所打动心弦。现在从他的评论中引几个例子。萨伏那罗拉的对手、圣芳济派修士的肖像,用米什勒的话来说是这样——"他是那些在意大利市场上以自己的胸力和大嗓门消灭流浪歌手和魔术师的各种竞争的圣芳济派修士之一"[16]。正如泰恩说的那样,散文在这里抵得上绘画,也很难找到比这幅肖像更鲜明的画了。

对于宗教改革时代那些温和的神秘论者所作的评论,也引起了泰恩的赞赏:

"经院哲学家们笨拙地迈着步子,绳索绕着脚,可怜的四只脚的动物倒是能活动自如。但是温和的神秘论者是些有翅膀的动物。它们演示了会飞生物的奇异场面,它们有时伸开拉紧翘起来的小翅膀,眼睛蒙着向天上飞,离地一尺高就掉了下来。它们在正统思想的养禽场的小院里和本地的粪便上不断地飞起,又因自己鹅式的飞翔而不住地休息"[17]。

然而经过这么一番描述,拉过这一幅幅光彩夺目、内容丰富、热情

—— 515

洋溢的画面之后，读者还是怀疑，还是有这么一种感觉，好像是在读小说，而不是一篇严肃的历史论文。这一切都很吸引人，但都不足为凭，没说服力。作者说得像个预言家。泰恩评论米什勒的文风时，说他的文风是慷慨激昂的、如醉如痴的、气愤如狂的。泰恩说，米什勒最大的能力是善于激动。但是，有时在米什勒的作品中可见到荒谬的形象，他的形象性有时竟然超出了常例。例如，他在谈到十六世纪西班牙贫困化，谈到那些消灭了摩尔人残余，使西班牙进一步遭到破坏的国王们的政策这类问题时，他说：

"西班牙，如同一头用自己的角触伤了自己身子的公牛，在发狂，针对谁？反对自己。它被佛拉芒人抢劫一空，还准备抢它自己。经过佛拉芒人之手，在消灭摩尔人的同时，它成了乞丐。"[18]

泰恩正确地指出，公牛无论如何不能用自己的角刺穿自己的身子。这个形象不正确。再者，说西班牙被罪恶迷惑住眼睛极力要抢劫自己的想法也不对。米什勒为了写得清楚，显然是过分冲动了。[19]

下边是他的夸张文风的样板。他谈到圭恰尔迪尼时写到："圭恰尔迪尼在描写波旁及其雇佣兵到达时所用笔调之冷漠，足以使水银冻成冰。"[20]

米什勒只有醉心于自己的情节时，他才是伟大的。哪里引不起他的兴致，他便疲倦下来，而沉溺于修辞和离题的抒情，但一旦进入了吸引他的情节，会发挥出他的天才使人眼花缭乱。所以，他的《法国史》以其不稳定性令人吃惊。有的地方写得很特出，而有的则很差。《法国革命史》是他最好的著作，他在此书里将其思想不断闪光。这与其说是部史书，不如说是一部民族的史诗。米什勒不打算在这里阐述社会问题和政治问题。他认为，一个诚实的历史学家的任务在于要体验一切苦难和热爱。应当在那些历史必然地相互取代的各派、各党和各学说中来发现真正的和美好的东西。米什勒试图遵循这一原则——热情于一切，设身处地为每个党派、每个运动着想，并燃起同样的激情之火。有时他能办到，但并非时时如此。在《法国史》中，他试图点燃中世纪的教

第二十九讲 十九世纪前半期法国的史学……保守贵族的思潮

会史、宗教生活之火。他试图在对中世纪宗教生活的歌颂中将他的民主主义和爱国主义感情表现出来,但这样做造成了带有某种浪漫主义色彩的糊涂账。当米什勒写到文艺复兴时,他突然改变了他对以前所有历史时期的论调——以咒骂代替了歌颂。后来,他为自己对古典中世纪和中世纪天主教会的感情用事而懊悔。他在最后几部著作之一《论人民》中对此这样写道:

"我为之耗尽了毕生精力的中世纪,我在自己的历史著作中描写过它的动人而无力的灵感,现在,当一双肮脏的手将它们从坟墓中拖了出来并将这块石头放在我们的脚下,以便我们在通向未来的道路上被绊倒的时候,我应该对中世纪说'后退吧!'"[21]。

在米什勒的《法国史》中,尤其是在那些专门研究中世纪的章节中,对史料的批判过于不足。凡他同情的事,他就赞颂,凡他讨厌的人物,他都加以丑化。例如,《法国史》中的英国人无一不被描绘成地地道道的小丑样子。他对中世纪的末段写得最不好。他毫无必要地耽溺于国王们的私生活中,试图用偶然因素去解释他们的政策。例如,他认为路易十四的统治应分为两个时期:他患瘘病之前与患病之后。在患瘘之前——科尔伯,在患病之后——敏特农夫人,废除南特敕令等等。弗朗索瓦一世的统治同样也被他划分为两个时期:患梅毒之前和患病之后。《法国史》中专讲中世纪的那些章节,不是连贯的叙述,而是一些零星的事件,结构散乱、主观。

对于米什勒来说,他的《论人民》一书很有代表性。他自己说过:"这本书就是我自己。"他认为此书在他的创作中有特殊意义。他的珍贵信念在这里比其他著作里表达得更多。他提出了一个"什么叫人民"的问题。他回答说,人民有一个标志:其生活受本能的制约。资产阶级和知识分子则与人民相反,是理性占上风,而人民处于原始的天真和完美的状态之中。在这种意义上说,米什勒将人民置于知识分子之上,犹如将幼儿置于成年人之上,将野蛮人置于文化人之上。人民则有自己的美德:善良、富有生命力、能作出自我牺牲、健康的思想。米什勒认为,没有比法国农民的思想更健康的了。这就是那些注定要更新世界的新蛮族人。本能是行动的原则。有教养的人正在夸夸其谈时,人民却在行动。所以米什勒宣传接近人民的必要。他想将资产阶级所形成的对人民的恐惧心驱散。资产阶级在对待人民的态度上有两种非难:这就是一七九三年的恐怖主义和后来的共产主义,但是米什勒认为,一七九三年的所有的大恐怖主义者恰恰都不是出自人民。他们或者是资产阶级的代表人物,或是贵族的代表人物。这是些诡辩家或烦琐哲学家、狭隘的宗教狂者、清教徒。米什勒认为,具有私有者本能的人民恰好是反对共产主义的最好手段。米什勒的观点在这里表现得很清楚。米什勒忙于一个问题,即如何消除存在于无产阶级与资产阶级之间、存在于有产者与无产者之间的那道鸿沟。他反对各党派提出的一切改革。这里需要另外一种药方。米什勒感叹说:"各种身份、各个阶级、各党派的法国人啊,有件事要快明白过来吧,在我们的土地上只有一位朋友,那就是法兰西。"㉒换言之,从米什勒的观点看来,只有一种办法才能克服社会的分歧,那就是对祖国的爱和社会各阶级的相互作自我牺牲。但是,他根本不在旧基督教中去寻求这种情感的源泉。我已经说过,他幻想的是一种新的宗教,社会爱的宗教,这种宗教的传播者应为平民学校,在那里富人和穷人的孩子相互接近。这对米什勒来说,有些出乎意料。因为他作为父母贫困的孩子,童年在学校里曾受尽他的富有的同学的凌辱。米什勒认为,学校应加强的首先不是智力,不是知识,而首先是对自我牺牲的信仰,对每个人为之作出牺牲的大团体即对祖国的信仰。

他将教育视作解决社会问题的办法。米什勒认为,社会应以不平等为基础,而不应建立在平等的基础上,要建立在强者收养弱者的基础上。从米什勒观点上看,这个统一也是民族感情的需求。他的特点是狂热的爱国主义,有时甚至是民族主义。对于他来说,法国是各民族的共同祖国,法国的历史是全世界的历史,法国的法律是理智的法律。法国体现四海皆兄弟的原则。

第二十九讲 十九世纪前半期法国的史学……保守贵族的思潮

在米什勒《法国史》中专门论述贞德历史的那些章节，对他的历史方法是最好的说明。他在自己的《论人民》一书中谈到，法国曾两次被赎，第一次是被贞德所赎，第二次是被革命所赎。他的《贞德传》㉓在艺术表达力上是很出色的。这里，米什勒在很大程度上摆脱了自己过分着眼于文学手法的弊病，他用激动、简练而清晰的语言来叙述贞德的历史——她为法国立了大功。米什勒认为，贞德为法国带来了统一，在她之前，国家被分裂为许多敌对的封建主领地，分裂为许多敌对的派系。

已经提到过的米什勒的另一本书，即已译为俄文的《女巫》，是很有意思的。米什勒自己认为，这本书是他全部著作中最有依据的。它不是以某些编年史和主观杜撰为凭据，而是以法庭文件为依据，有的以宗教裁判所的代表人的说法为凭据。巫术方法是他最喜欢的课题之一，他为之研究了三十年。

米什勒的这本书，激烈抨击教会的行为，他认为，教会使世界陷入了绝境。诚然，我们在这里见不到对中世纪时期加强迫害"女巫"的社会原因的任何解释，但是，他正确指出，在这一问题上，教会和它在周围制造的阴暗、绝望气氛起到了很大的作用。米什勒认为，只有在这种极端恶劣的气氛下，人类历史上才会出现最可耻的现象——巫术，在谈到巫术时，他写道："当阅读他们的枯燥的记录时，一种寒入骨髓的恐怖感会笼罩您全身。字里行间全是死，死，死。㉔"

我对《法国革命史》这部可能是米什勒的主要的、也可能是最重要的著作，不准备详细讲述，因为这超出了本教程的范围。我只想指出它的主要特点。米什勒认为，一切好事都出自人民之手，一切坏事都是沽名钓誉的知识分子干的。他特别把雅各宾党人都打成沽名者。他对罗伯斯庇尔和马拉持异常否定态度，此二人被他称为"疯子"和"小丑"。他将丹东捧得很高，说他是"伟大而又可怕的革命仆人"，是致力于各党派联合的人。同时，我们又看到，米什勒对热月政变的反动极其憎恶，说到处是恐怖而又可笑。用他的话说，这是"一幕可耻的闹剧"。

米什勒认为，革命之所以失败，是因为它不是一场宗教革命，也未

—— 519

伴有宗教的振奋精神。

米什勒认为自己的功劳在于,他那部《革命史》既未夸奖路易十四,也未夸奖罗伯斯庇尔。用他的话说,这是一部共和国的历史,是一部纯人民的历史,它打破了一切偶像,它只知道一位英雄,那就是"人民"。

我之所以谈到米什勒,不是因为他的作品有重大历史价值,不是因为他的作品对历史科学的长期影响。米什勒不成其为学派,他属于那些很难效仿的作者之列。效仿也会是平淡而牵强。要想像米什勒那样写作,就必须学会像他那样富有情感。他缺乏历史的批判能力。任何一个直率的历史学家都会很容易地指责米什勒歪曲了史料,有时强迫史料说得过多,相反地却忽略了许多事情,又有许多事情描绘得太片面。但是,他是十九世纪前半期最杰出的民主主义历史学家之一,当时法国社会中一切有活力的人都在倾听他们的呼声,他的影响既不是对于历史学家,又不是对于历史科学,而是对法国的广大读者即广大的知识界,他在国外的影响也很大。

现在,我想谈谈另几位法国历史学家,虽然他们在我们的科学里没留下多大、多久的痕迹,但他们在当时名声显赫。对历史科学的发展起了一定的推动作用的不是他们本人,而是由于他们的思想引起了其他更大的历史学家的反响。

在他们当中首先应提及约瑟•佛朗索瓦•蒙洛济埃伯爵(一七五五——一八三三)。这是一位独出心裁的历史学家,他知识广博,不过不全面、不深刻;他又是一位善于依据不多的事实建立复杂的假说的大师。他本人可能不值得予以特别注意,因为目前谁也不去阅读他的著作,但是他在历史科学的发展上还是起了一定的作用。例如,与蒙洛济埃的论战,在一定程度上决定了梯叶里的历史观。

蒙洛济埃当时是立宪会议的代表,在立宪会议中他作为绝对君主制的敌对者出现,但他这个敌对者不是从左,而是从右的方向。他之所以成为绝对君主制的敌人,是因为他将绝对君主制视作对贵族权利的篡夺。他幻想像英国式那样的贵族政体结构,不过,他对它并没有很好

第二十九讲 十九世纪前半期法国的史学……保守贵族的思潮

的理解。法国革命的民主性质使蒙洛济埃愤怒。他捍卫等级社会,反对财产平均,保护中世纪的小团体精神。他将社会的等级机构视作反对王权滥用权力的最好保障。蒙洛济埃很早便坚定地走上了反革命的道路,这是不足为奇的。早在一七九一年便出现了他的诸如《论反革命的必要性》和《反革命的手段》等著作。他提出《反革命》这个术语本身就已非常说明问题了。

蒙洛济埃曾流亡于科布伦茨并在和法国进行的反革命战争期间参加过军事行动。后来,他与流亡者的领袖发生了分歧,迁居伦敦并在那里出版法文杂志《伦敦信使》,它在侨民中享有很高声誉。

当波拿巴的将星在地平线上开始升起时,蒙洛济埃将他看作是他所认为的秩序的未来的恢复者。他的杂志也发出了相应的声调。拿破仑的亲信,塔列朗和福谢,使杂志引起当时尚为第一执政的波拿巴的注意,于是,蒙洛济埃接到回法国的邀请。他接受了这一邀请并试图在法国继续出版杂志,但是在伦敦流亡者中的好东西,弄到法国就不很合适,杂志社很快就关闭了。拿破仑委托他编撰一部关于君主制的书。这部书本身的宗旨是促进对秩序的恢复者即第一执政的颂扬。应描述一下旧的法国秩序,指出这样的秩序如何一定会产生革命,第一执政又如何镇压了这一革命,建立起新的稳定的秩序。

蒙洛济埃在四年当中将这部奉命撰写之作写成了他的一部最大的作品,于一八一四年出版,书名叫《论从建立至今的法国君主制》⑤。但是,他并未本着拿破仑所希望的那样来写这部书,因此,尽管拿破仑委派的书刊检查员对此书加了最赞扬的评语,却仍不准印行,直到一八一四年拿破仑垮台后才得以问世。

蒙洛济埃后来的生涯无多大价值。在复辟期间,他是个温和的保王分子,因为他明白,对于复辟事业来说,不妥协的保王分子之极端目标是何等危险。在路易—菲利普执政时代,他当了高级贵族。他写了许多无足轻重的历史论文。

我们之所以对他论述法国君主制的书感兴趣,是因为它强烈地影

—— 521

响了梯叶里的思想。梯叶里与蒙洛济埃论战过,无论这是件怎么离奇的事,他还是站在与蒙洛济埃相近的理论立场上。

蒙洛济埃在这部著作里发挥了布伦维叶的思想。从他的观点来看,中世纪法国的社会政治制度是由日耳曼人征服高卢而确定下来的,因此,法国居民分化为两种生活方式的种族:一个是日耳曼人或法兰克人,他们有人身自由——指的是个人权利和贵族的自由,另一个是推行其罗马生活方式的高卢—罗马人。蒙洛济埃和布伦维叶一样,认为只有占统治地位的法兰克种族才是真正的法兰西人,此事尤其使梯叶里感到气愤。不过,蒙洛济埃并没有一直坚持这种种族理论,因为他承认,法兰西人不只是由一个法兰克种族形成的,在它的形成过程中也有高卢人、罗马人等各种族的后裔参加,但都是自由人出身的人的后代。这样一来,法兰西人就是贵族。至于说到第三等级,这是生活在高卢地域各民族的奴隶和农奴的后裔,这是与土著的法兰西人无关联的某种新事物。在蒙洛济埃的描述中,十二世纪以前是这一古老的法兰西民族即自由人的后裔管理国家,但后来一个新的民族,即农奴和奴隶的后裔起来与真正的法兰西民族斗争并逐渐篡夺了它的全部权利。法国革命便是这一篡夺的结局。在谈及贵族与资产阶级之间,或与公社之间的斗争时,蒙洛济埃认为权利和正义总是在贵族一方。

拿破仑不喜欢这种解决问题的方法,这是很自然的了。

蒙洛济埃将绝对君主制时代视为王权对法兰西民族即贵族的原有权利和原有自由的进一步篡夺。所以他对路易十四持某种否定的态度。

我已经说过,梯叶里是蒙洛济埃的论敌,尽管他十分厌恶蒙洛济埃的观点,然而蒙洛济埃关于法兰西民族构成,它的起源及对法兰西民族、等级起源的看法,与梯叶里自己的论著的根本观点并没有多大差别。但是,梯叶里与蒙洛济埃不同,他是第三等级的鲜明卫士,尽管他也像蒙洛济埃一样不会解释第三等级的起源,最后也用蒙洛济埃一样的种族理论和征服说来解释。

第二十九讲　十九世纪前半期法国的史学……保守贵族的思潮

在十九世纪前半期法国的其他历史学家中,我还想提一下约瑟·弗朗索瓦·米绍(一七六七——一八三八),他是一部关于十字军远征的巨著的作者,是个保王党分子。在法国革命期间他曾被判处死刑而被迫逃亡,在执政制确立以后才又重返巴黎。在执政制期间,他站在君主政体立场上。他那本写当时政治家传记的抨击性小册子被警察局没收。在拿破仑垮台以后,米绍发表了一本抨击拿破仑的百日的讽刺小册子。但他的主要著作是五卷本《十字军的历史》㉖,于一八一一——一八二二年之间出齐。一八二二年又出版了两卷参考书目。

这部著作是对于轻视中世纪(其中包括十字军远征)的一个回击,这种蔑视中世纪的现象在启蒙时代历史学家的著述里比比皆是。伏尔泰和英国的启蒙学者认为十字军远征时代枯燥无味,充满了以宗教名义所干的许多愚蠢而又残酷的勾当。米绍想为中世纪(特别是十字军远征)恢复名誉,他想表明在这一时代宗教生活中有着极为丰富的内容,想指出西方的基督教在与东方的伊斯兰教的斗争中所表现出来的那种高尚精神。

米绍的这一著作在当时大有声望。它符合当时欧洲那种流行一时的浪漫主义情绪。但是,这部书科学的价值并不大。米绍缺乏对史料的认真批判,材料没经足够的检查,事件的分析也过于肤浅。

此书在对于弄清十字军远征的原因,弄清其一般性质,对于这一运动加以社会的分析方面所作甚少。但是它成功地起到了唤起人们对十字军远征史的兴趣。十八世纪,那种轻视和不谈十字军远征的局面,现在打开了,代之以蓬勃的兴致、歌颂和给以荣光的倾向了。

有趣的是,尽管米绍是个保王分子,他却未以自己的书去迎合周围保王派的口味。保王党分子们和宗教界指责他,说他尽管也与伏尔泰争论,但在他的评论中、修饰语中和评注中,总含有某种伏尔泰主义的色彩。

为了结束对十九世纪前半期法国保守贵族历史学家的评论,还应提及一位,此人常常被看成与梯叶里相近的人物,并把他与梯叶里连在一起，不过此人只在一个方面与梯叶里相近——就是对中世纪的纯美学兴趣方面，在对中世纪史的艺术阐述的追求方面，在对遵守历史格调和有时的体裁模拟方面相近。我指的是普罗斯佩·巴朗特（一七八二——一八六六），此人作为历史学家在其他方面就大不如梯叶里了。巴朗特在政治观上与基佐相近，他在波旁王朝复辟期间持温和保王派立场，后来转向以基佐为代表的温和反对派。在七月王朝时期，他担任过许多重要官职，尤其是外交部门。一八二四——一八二六年出版的《华洛瓦家的勃艮第诸公爵史》[27]，是他主要的（其实也是唯一的）著作，这部著作虽没有什么科学意义（它也永远不会有科学著作的价值），但有一定的趣味。这部著作一度成效不小。巴朗特被选入科学院，他几乎被吹捧为当时的一流历史学家，但其实他是个二流历史学家。当时公众盛极一时的对中世纪的浪漫主义的兴趣，在巴朗特那里比在当时法国其他历史学家那里反映得更强烈。这种兴趣还充分地反映在夏多布里昂的作品中，并在瓦尔特·司各特的小说中得到广泛的普及。巴朗特的这一著作也与瓦尔特·司各特的小说最相近。

巴朗特认为，为了描述一个时代，叙述一些能引起读者对这一时代的爱和兴致的古代史料就足够了。他在法国史中，也正是从自己的观点出发，选中了他认为是有兴致而又浪漫的一个时代，这个时代在史料中多有介绍。恰好，关于十四—十五世纪的法国的弗兰德斯有许多重大的、有趣的史料：弗鲁瓦萨尔编年史和蒙斯萃勒（Monstrelet 一三九○——一四五三——译注）的编年史、科曼的回忆录等。巴朗特所选的题材不是勃艮第国家史，而是勃艮第公爵史，这是一大特点。

他从普瓦蒂埃战役始，以南锡战役止来写这部公爵史，勃艮第公爵之最后一位即大胆的查理便殁于南锡之役。所叙述的不仅有勃艮第，还有法国、百年战争历史、迪盖克朗和贞德等人物。巴朗特的这部著作以大胆的查理与路易十一的斗争结尾。

但是，这不是一部现代概念的历史，而是近于史料的转述。有时从史料中摘引一大段，有时又作极近似史料原文的转述。而且，巴朗特写

第二十九讲 十九世纪前半期法国的史学……保守贵族的思潮

作所用的语言,也有意识地仿古,以便使它与史料的语言接近。巴朗特说,他不想讲述关于十五世纪的事,而是想提供十五世纪本身。他认为,只要能与史料接近,对此已足。正如他所说,读者不应在书中见到作者或历史学家,而应读到历史真实本身。而他理解的这种"真实"就是要像中世纪编年史家所叙述的那样。可以想象,这种叙述距离对史料的批判态度是何等遥远。

巴朗特选用了昆提良的话作为自己著作的题词:"撰写历史是为了叙述而不是为了论证。"他认为,大多数历史学家在他们以现代生活的眼光去看待历史时,他们便犯了一个愚蠢的错误。照他看来,最重要的,描写有血有肉的人物要以他们同时代人的看法为出发点,然后让读者自己去得出他们自己的各种结论[28]。

巴朗特认为,他的阐述接近于历史小说。他写道:"我尽力将历史小说从历史那里夺去的兴趣归还给历史。"[29]他力争要做到准确,但这一准确性在他那里就是尽可能近似于史料的转述,仅此而已。他尽可能地不作任何评议和思考。诚然,巴朗特指出,从他的历史中可以得出某些道德上的结论,并认为他的书可以对权力自由、暴力与正义之间的永恒斗争有用处——是一张在这些因素之间达到平衡的历史处方。但这些有教益的主张并未对他的叙述产生任何影响。

现在看来他的书是枯燥的、无生命力的。读历史要比读这位十九世纪历史家故作稚气地转述这些史料有趣得多、有益得多。不难理解,巴朗特这部著作曾一度名扬四方,后来也就被人们完全忘却了。巴朗特,这个差点被推崇为当时最伟大历史学家的人,后来,便完全彻底地被遗忘了。

到此为止,我就结束对十九世纪前半期法国史学的评述。

我对十九世纪前半期法国许多大历史学家作了评论,他们有时又被统称为法国史学中的浪漫主义学派[30]。但是,你们从我的阐述中可以发现,在十九世纪前三分之一时期,对大多数德国历史学家冠以这个统称是毫不牵强,可是用到同一时期的法国史学上则大不相应。基佐

—— 525

就未必能称得上浪漫派人,因他是位头脑清醒,具有唯物主义思想的历史学家,他把历史理解为抽象原则的斗争,他将中世纪史只当作用来证明他所喜欢的关于合法又受限制的君主制,比一切其他政治制度要优越的政治思想的材料。

"浪漫主义者"这个称呼更适应用于梯叶里、米涅、佛里埃尔以及米绍和巴朗特。所有这些历史学家都对中世纪感兴趣,不仅因为它是用来论证某一政治学说的武库,而且因为它是艺术观察的对象和这一时代历史色彩及其特征再现的对象,这一般都与史学中的"浪漫主义"这一概念有关。根据米什勒对中世纪的热烈态度,便可以把他认为是个浪漫主义者。他主要是受了中世纪这些题材鼓舞,才不但以研究、撰写中世纪为己任,而且以艺术地"再现"中世纪于读者的面前为己任。

但是,只能附加某些条件才能将这些法国大历史学家称为"浪漫主义者"。将他们联系在一起的,与其说是他们著作中的内容和对待历史的方法论原理,莫如说是对往事撰写和表述中的某些外在手法以及他们共同对中世纪所抱的兴趣[31]。

(白玉译　胡敦伟校)

注　释

①这是一所在各方面都很有意思的高等学校。它是由国民议会创建的,后来经过拿破仑改造,在复辟时期遭受迫害并被关闭,后来改了名字得以恢复。只是在1830年革命以后它才重又获得旧名高等师范学校。这所学校在法国高等教育领域内总是自由主义和反教权派的一个支柱。看来这里不容许米什勒有再处于原地不动的可能。(作者注)

②米什勒(J. Michlet):《通史绪论》;《米什勒全集》,第35卷,巴黎,1893—1899年。

③米什勒:《在通用法的标志和形式上探求法国法律的起源》;《米什勒全集》,第38卷。

④这也是个很特殊的机构,早在十六世纪产生的,与其说它是个给予完整体系教育的高等学校,不如说是个面对经常更换的、聆听讲授各种题目的听众的地

第二十九讲 十九世纪前半期法国的史学……保守贵族的思潮

方:关于历史、伦理、文学、语言学、数学的问题,关于自然科学。(作者注)

⑤米什勒:《耶稣会士》;《米什勒全集》,第 32 卷。

⑥米什勒:《论教士、妇女和家庭》;《米什勒全集》,第 32 卷。

⑦米什勒:《论人民》,巴黎,1877 年,第 4 页。

⑧米什勒:《爱情》、《妇女》;《米什勒全集》,第 34 卷;米什勒,《妇女》,俄译本,奥德萨,1863 年。

⑨米什勒:《我们的孩子》;《米什勒全集》,第 31 卷。

⑩米什勒:《人类的圣经》;《米什勒全集》,第 36 卷。

⑪米什勒:《女巫》,巴黎,1952 年;米什勒,《女巫》,俄译本,莫斯科,1929 年。

⑫米什勒:《法国革命》;《米什勒全集》,第 17—23 卷。

⑬米什勒:《直到革命的法国史》;《米什勒全集》,第 1—16 卷。

⑭米什勒:《论人民》,巴黎,1877 年,第 31 页。

⑮科斯敏斯基引自泰恩的《米什勒》,载其所著的《论批评和历史》中,巴黎,1900 年,第 100 页。引文摘自米什勒专写十六世纪的《法国史》,第 7 卷。

⑯米什勒:《十六世纪的法国史(文艺复兴时期)》,俄译本,圣彼得堡,1860 年,第 38 页。

⑰科斯敏斯基引自泰恩的《论批评与历史》,第 105 页。(编者注)

⑱同上书,第 124 页。

⑲同上。

⑳同上书,第 130 页。

㉑米什勒:《论人民》,第 308 页。

㉒同上书,第 35 页。

㉓米什勒:《贞德传》,巴黎,1925 年;米什勒:《贞德传》,俄译本,彼得格勒,1920 年。

㉔米什勒:《女巫》,第 8 页。

㉕蒙洛济埃(R. Montlosier):《论从建立至今的法国君主制》,第 1—8 卷,巴黎,1814—1824 年。

㉖米绍(J. F. Michaud):《十字军的历史》,巴黎,1841 年。

㉗巴朗特(A. G. P. Barante):《华洛瓦家的勃艮第诸公爵史(1364—1477)》,巴黎,1842 年。(以下简称《勃艮第诸公爵史》)

㉘巴朗特是法国史学史中的所谓"叙述"派的典型代表,有时也把这一派称为"描绘派"(école pittoresque)。(编者注)

㉙巴朗特:《勃艮第诸公爵史》,第 27 页。

㉚某些苏维埃著作家直到现在还这样理解十九世纪上半期的法国史学史。例如,见不久以前发表的列伊佐夫教授的著作《法国浪漫主义的史学(1815—1830)》(列宁格勒,1956),该书在这个通名下分析了以下各个历史学家的著作,诸

如西斯蒙第、梯叶里、基佐、米涅、梯也尔、巴朗特、库曾、奇奈。(编者注)

㉛怀疑科斯敏斯基所发表的把"浪漫主义史学"一词用之于十九世纪初法国史学的正确性,大体上是很有根据的。在他发表的这个意见上还应该补充,在这个时期不同的历史家那里对中世纪史的兴趣以及对这个时期所具有的某些特点的理想化,就决定了他们十分不同的思想政治倾向,经常使他们对中世纪的同样一些事件有完全不同的评价。如在讲义中所指出的,在"浪漫主义历史家"这一共名下包括梯叶里、米涅、佛里埃尔、巴朗特型的温和的自由主义派别的资产阶级历史家,诸如蒙洛济埃和米绍型的公开的保守贵族历史家,以及米什勒型小资产阶级民主主义者。这一情况已经证明把"浪漫主义史学"一词全部地用之于十九世纪上半期的法国史学家们就有某些假定性和不明确。(编者注)

科斯敏科斯基的教程终止于本讲。最后一讲于 1940 年 5 月 21 日由他看过。(编者注)

主要资料和主要文献

用于全教程的著作

马克思主义—列宁主义的经典著作

马克思,《政治经济学批判·序言》。《马克思恩格斯全集》,俄文版,第十三卷,第6—7页。

马克思、恩格斯,《德意志意识形态》。《马克思恩格斯全集》,俄文版,第三卷,第16—49页(用于第二十二至二十六讲)。

恩格斯,《费尔巴哈与德国古典哲学的终结》。《马克思恩格斯全集》,俄文版,第二十一卷(用于第一至二讲、六至八讲、十四至十七讲、二十二至二十五讲)。

恩格斯致康·施米特的信(1890年8月5日)。《马克思恩格斯文选》,俄文版,第二卷,国家政治书籍出版社,莫斯科,1952年,第465页。

恩格斯致约·布洛赫的信(1890年9月21—22日)。《马克思恩格斯文选》,俄文版,第二卷,第467—469页。

恩格斯致弗·梅林的信(1893年7月14日)。《马克思恩格斯书信选集》,俄文版,国家政治书籍出版社,莫斯科,1953年,第162—164页。

恩格斯致康·施米特的信(1890年10月27日)。《马克思恩格斯文选》,俄文版,第二卷,第474—476页。

恩格斯致施塔尔根堡的信(1894年1月25日)。《马克思恩格斯书信选集》,俄文版,第464—471页。

恩格斯,《社会主义从空想到科学的发展》,英文版序言。《马克思恩格斯全集》,俄文版,第二十二卷,第298—320页(用于第一至二讲、六至七讲、十一至十二讲、十四至十七讲、二十二至二十六讲)。

恩格斯致弗·丹尼尔逊的信(1885年11月13日)。《马克思恩格斯书信选集》,俄文版,第392页。

恩格斯,《法学家的社会主义》。《马克思恩格斯全集》,俄文版,第二十一卷,第495—498页(用于第三至五讲、二十二至二十六讲)。

恩格斯,《"爱尔兰史"的片断》。《马克思恩格斯全集》,俄文版,第十六卷,第524页。

列宁,《卡尔·马克思》。《列宁全集》,俄文版,第二十一卷(用于第十四至十七讲、二十七至二十九讲)。

列宁,《什么是"人民之友"以及他们如何攻击社会民主主义者?》。《列宁全集》,俄文版,第一卷,第121—123页。

列宁,《马克思主义的三个来源和三个组成部分》。《列宁全集》,俄文版,第十九卷(用于第十四至二十一讲、第二十七讲)。

列宁,《唯物主义和经验批判主义》。《列宁全集》,俄文版,第十四卷,第328页。

列宁,《民粹主义的经济内容及其在司徒卢威先生的书中受到的批评》。《列宁全集》,俄文版,第一卷,第380—381页。

列宁,《非批判的批判》。《列宁全集》,俄文版,第三卷,第559页。

列宁,《党的组织和党的文学》。《列宁全集》,俄文版,第十卷,第30页。

革命前和苏维埃时期马克思主义者的文献

普列汉诺夫,《论一元论历史观之发展》。《普列汉诺夫哲学选集》,俄文版,第一卷,国家政治书籍出版社,莫斯科,1956年(用于第十四至十七讲、二十二至二十九讲)。

瓦因什坦,《中世纪史学史》,社会经济书籍出版社,莫斯科—列宁格勒,1940年。

古特诺娃,《列宁的著作对深入研究中世纪史学史的意义》。《中世纪》集刊,第十八册,苏联科学院出版社,莫斯科,1960年。

达尼洛夫,《关于列宁的著作中对资产阶级史学史的批判问题》。《中世纪》集刊,第十八册,苏联科学院出版社,莫斯科,1960年。

达尼洛夫,《十九世纪末至二十世纪初德国史学史中早期中世纪土地史的问题》序言,苏联科学院出版社,莫斯科,1958年。

А. М. 德波林,《近现代的社会政治学说》,第一卷,苏联科学院出版社,莫斯科,1958年。

凯切江教授主编,《政治学说史》,国家法学书籍出版社,莫斯科,1960年。

М. А. 敦尼克等主编,《哲学史》,俄文版,第一至二卷,苏联科学院出版社,莫斯科,1957年。

资产阶级的文献(俄文的和外文的)

П. Г. 维诺格拉多夫,《中世纪史讲义》,莫斯科,1900年。

Р. Ю. 维彼尔,《十八和十九世纪的社会学说和历史理论》,伊凡诺沃—沃兹涅辛斯克,1925年。

Д. Н. 叶戈罗夫,《中世纪史学史和史料学》,依据女听众的笔记,第一和第二册,莫斯科,1912—1913年。

Н. А. 奥索钦,《中世纪史学史纲要》,喀山,1898年。

А. Н. 萨温,《十一至十三世纪的西欧史》,第一至二册,莫斯科,1913年。

А. Н. 萨温,《十四至十六世纪的西欧史》,第一至第二册,莫斯科,1912年。

Б. 奇切林,《政治学说史》,第一至三卷,莫斯科,1869—1902年。

巴恩斯(H. E. Barnes),《史学著作史》,俄克拉何马大学出版社,1937年。

菲特,《近代史学史》,慕尼黑—柏林,1911年;第三版,1936年;法文译本:《近代史学史》,巴黎,1914年。

古奇(P. Gooch),《十九世纪的历史和历史学家》,纽约,1913年;

—— 531

第二版,纽约,1952年。

拉什,《历史批评的产生与发展》,柏林,1887年。

里特尔,《从主要著作来考察史学的发展》,慕尼黑—柏林,1919年。

汤普逊(J. W. Thompson),《历史著作史》,第一至二卷,第六至第八部分,纽约,1942年。

第一至二讲[*]

马克思主义的经典著作

恩格斯,《德国农民战争》。《马克思恩格斯全集》,俄文版,第七卷,第360—364页。

恩格斯致考茨基的信(1895年5月21日)。《马克思恩格斯书信选集》,俄文版,第489—490页。

资料

弗列辛根的奥托,《两种国家的历史》,拉丁文版,汉诺威与莱比锡,1912年。

弗列辛根的奥托,《皇帝弗里德里希的功勋》,拉丁文版,汉诺威与莱比锡,1912年。

都尔的格利哥里,《法兰克教会史》十卷,拉丁文版,巴黎,1879年。

艾因哈德,《查理大帝传》,拉丁文版,1927年。艾因哈德,《查理大帝传》,载于 M. 斯塔秀列维奇著《中世纪著作家中以及现代学者研究中的中世纪史》当中,第二卷,莫斯科,1907年。

海尔莫尔德,《斯拉夫人编年史》,拉丁文版,汉诺威,1937年。

---

[*] 用于每讲和几讲的资料与文献目录是按下列原则编辑的;在"资料"部分提到的历史家的著作是按照它们在讲义中被分析的顺序;在"专著"部分首先提供对几讲都有用的著作,然后按照有关各历史家的俄文和外文著作的顺序。(编者注)

专　　著

M.巴斯钦,《天主教的理论家奥古斯丁》。《莫斯科历史、哲学与文学研究所丛刊》,第一卷,莫斯科,1937年。

诺让的吉贝尔,《上帝通过法兰克人建立的功勋》,拉丁文版,莱比锡,1890年。

诺让的吉贝尔,《自传》三卷,拉丁文版,巴黎,1907年。

Н.Н.究尔江,《论法国某些编年史的政治倾向》。《中世纪》集刊,第六册,苏联科学院出版社,莫斯科,1955年。

Н.А.奥索钦,《中世纪史学史纲要》,喀山,1898年。

М.斯塔秀列维奇,《在中世纪作家中和近代学者的研究中的中世纪史》,第一至三卷,莫斯科,1907年。

马利·舒尔茨(Marie Schulz),《在中世纪史著中历史方法的理论》,柏林,1909年。

马尔鲁(H.J.Marrou),《圣·奥古斯丁与古代文化的终结》,巴黎,1938年。

施米特(H.Smidt),《德国城市编年史》,格廷根,1958年。

第三至第五讲

马克思主义的经典著作

恩格斯,《自然辩证法·导言》,《马克思恩格斯全集》,俄文版,第二十卷,第345—355页。

马克思,《第179号科伦日报社论》。《马克思恩格斯全集》,俄文版,第一卷,第3页。

马克思,《维拉弗兰卡条约》。《马克思恩格斯全集》,俄文版,第十三卷,第444页。

资　　料

利奥那多·布鲁尼,《佛罗伦萨人民史》十二卷,拉丁文版,卡斯太洛城,1927年。

罗伦佐·瓦拉,《论君士坦丁赠礼言辞的不可信和虚构》,拉丁文版,莱比锡,1928年。

尼柯罗·马基雅维里,《佛罗伦萨史》、《君主论》、《论李维罗马史前十书》。《马基雅维里著作集》,济拉尔迪尼·朱塞佩选,第一、三、五卷,巴黎,1851年。马基雅维里,《卢卡的公爵卡斯特鲁丘·卡斯特拉卡尼的生平》。《马基雅维里全集》,俄译本,第一卷,莫斯科—列宁格勒,1934年。

弗·圭恰尔迪尼,《佛罗伦萨史(1378—1509)》,巴里,1931年。

弗·圭恰尔迪尼,《意大利史》,米兰,1899年。

弗·圭恰尔迪尼,《政治和民政札记》,都灵,1921年。

弗·圭恰尔迪尼,《政治和民政事务札记》,俄译本,莫斯科,1934年。

弗拉维奥·庇安多,《由罗马帝国倾覆起的历史》,拉丁文版,瑙姆堡,1881年。

专　　著

С.Д.斯卡兹金,《关于文艺复兴和人文主义历史方法论的问题》。《中世纪》集刊,第十一册,苏联科学院出版社,莫斯科,1958年。

雅·布克哈特,《意大利文艺复兴时期的文化》,第一卷,圣彼得堡,1904年。

М.М.科瓦列夫斯基,《从直接民权到代议制》,第一卷,第八至十章,莫斯科,1906年(也用于第六至八讲、十一至十二讲、十四至十七讲)。

白润翰(H. Baron),《意大利早期文艺复兴的危机》,纽约,1955年。

白润翰,《共和国的公民与君主论的作者》。《英国史学评论》,第七十六卷,1961年,第299期。

弗格森(W. R. Ferguson),《历史观念中的文艺复兴》,波士顿,1948年。

M. C. 卡列林,《意大利早期人文主义及其史学》,第四卷,第七章,圣彼得堡,1919年。

H. B. 列维亚基娜,《罗伦佐·瓦拉的论文关于虚假和伪造的君士坦丁赠礼的政治意义》。《莫斯科大学学报》,历史版,1961年,第4期。

渥尔夫(M. Wollf),《罗伦佐·瓦拉。他的生平和他的著作》,莱比锡,1893年。

盖塔(F. Gaeta),《罗伦佐·瓦拉:意大利人文主义的语言学和历史》,那不勒斯,1955年。

A. K. 吉维列戈夫,《尼科洛·马基雅维里》,在《马基雅维里文集》内,第一卷,科学院出版社,莫斯科,1934年。

吉维列戈夫,《弗朗切斯科·圭恰尔迪尼》,在《圭恰尔迪尼文集》内,第一卷,科学院出版在,莫斯科,1934年。

格尔维努斯(G. G. Gervinus),《到十六世纪的佛罗伦萨史学史。附马基雅维里的某种特点》,维也纳,1871年。

Л. 维拉里,《尼柯罗·马基雅维里及其时代》,圣彼得堡,1914年。

B. B. 萨马尔钦,《关于圭恰尔迪尼政治观点的形成问题》。《莫斯科大学学报》,历史版,1960年,第5期。

第六至八讲

马克思主义的经典著作

恩格斯,《德国的农民战争》。《马克思恩格斯全集》,俄文版,第七卷,第一至二章。

《马克思恩格斯文库》,俄文版,第七卷,第179页。

资　料

弗·培根,《国王亨利七世统治史》,剑桥,1889年。

腓·科曼,《国王路易十一统治时期包括发生的事件……编年和历史》,巴黎,1549年。

让·博丹,《历史研究的妙诀》,拉丁文版,阿姆斯特丹,1650年。

勒南(Beatus Rhenanus),《德国的实际》三卷,拉丁文版,巴塞尔,1531年。

塞·弗兰克,《由原始起到1531年的年代记、年鉴和历史典籍》,斯特拉斯堡,1531年。

专　著

莫诺(G. Monod),《十六世纪以来法国历史研究的进展》,《历史评论》,法文版,第一卷,第1876年。

奥塞(H. Hauser),《十六世纪法国历史资料》,第一至三卷,巴黎,1909—1912年。

珀蒂·朱尔维勒(Petit de Julleville),《法国语言与文学史》,第三卷,巴黎,1896年。

梯叶里,《历史研究十年》,巴黎,1834年。

A. E. 罗金斯卡娅,《科曼的历史观点》,《中世纪》集刊,第二册,苏联科学院出版社,莫斯科,1946年。

安诺德(W. Arnold),《腓·德·科曼的基本的伦理政治观点》,德文版,巴黎,1873年。

И. В. 卢奇茨基,《法国的封建贵族与加尔文派信徒》,基辅,1871年。

Ф. 特列伊曼,《反暴君战士》,圣彼得堡,1906年。

菲尔纳尔(E. Furnal),《孟德斯鸠的前驱者博当》,巴黎,1896年。

约阿希姆森(P. Joachimsen),《德国在人文主义影响下的历史观与历史著作》,莱比锡—柏林,1910年。

В. Г. 列文,《塞巴斯蒂安·弗兰克的哲学观点》。《哲学问题》,1958年,第10期。

列文,《塞巴斯蒂安·弗兰克论文中对人民起义的看法》。《梁赞国立师范学院学报》,第十六卷,1957年。

列文,《塞巴斯蒂安·弗兰克的历史观点》。《中世纪》集刊,第六册,苏联科学院出版社,莫斯科,1955年。

3. Ю. 科佩斯基,《塞巴斯蒂安·弗兰克是天主教会及教皇权的揭穿者》。《苏联科学院通报》,1955年,第1期。

第九至十讲

资　料

M. 布克,《高卢和法国历史家选集》,第一至二十四卷,巴黎,1738—1904年。

马比雍(J. Mabillon),《古代文献学资料》六卷,拉丁文版,巴黎,1681年。

D. 佩陶,《各时期的学术》,拉丁文版,第一至三卷,威尼斯,1757年。

专　著

А. Д. 柳勃林斯卡娅,《中世纪史料学》,国立列宁格勒大学出版社,1955年。

德利海(H. Delehaye),《三个世纪间(1615—1915)博朗派信徒的事业》,英译自法文,伦敦,1922年。

朗松(G. Lanson),《人和书》,巴黎,1895年,

梯叶里,《关于法国历史的书信》,巴黎,1827年。

朗松,《博绪埃》,巴黎,1891年。

第十一至十二讲

马克思主义的经典著作

马克思,《剩余价值理论附录》。《马克思恩格斯全集》,俄文版,第二十六卷,第一部分,第 368—371 页。

马克思和恩格斯,《神圣家族》。《马克思恩格斯全集》,俄文版,第二卷,第 140、142—144 页。

恩格斯,《反杜林论》。《马克思恩格斯全集》,俄文版,第二十卷,第 16—18、21 页。

资　料

雨果·格老秀斯,《战争与和平法》三卷,拉丁文版,伦敦,1922 年;雨果·格老秀斯,《战争与和平法》,俄译本,国家法律书籍出版社,莫斯科,1956 年。

托·霍布斯,《利维坦,或国家的实质和形式以及宗教的和民政的权力》,纽约,1958 年。托·霍布斯,《利维坦》,俄译本,社会经济书籍出版社,莫斯科,1936 年。

哈林顿,《大西岛的国家》,伦敦,1887 年。

约·洛克,《关于政府的两篇论文》,纽约,1947 年。洛克,《关于国家的统治》,俄译本。《洛克选集》,第二卷,社会经济书籍出版社,莫斯科,1960 年。

温斯坦利,《自由的法则》。《温斯坦利选集》,伦敦,1944 年。温斯坦利,《自由的法则》,俄译本。《温斯坦利抨击性文章选集》,苏联科学院出版社,莫斯科—列宁格勒,1950 年。

专　著

科斯敏斯基与 Я. A. 列维茨基主编,《十七世纪英国资产阶级革命》,第二卷,第二十四章,苏联科学院出版社,莫斯科,1954 年。

В. П. 沃尔金,《社会主义思想史》,第一部分,社会经济书籍出版社,莫斯科—列宁格勒,1928 年(也用于第十四至十七讲、二十七至二十九讲)。

К. А. 库兹涅佐夫,《试论十五至十七世纪英国政治思想史》,海参崴,1913 年。

爱伦(J. W. Allen),《1603—1660 年英国的政治思想》,第一卷,伦敦,1938 年。

波科克(G. A. Pocock),《古宪法与封建法。十七世纪英国历史思想研究》,剑桥,1957 年。

Л. А. 切斯奇斯,《托马斯·霍布斯》。《莫斯科工人》,莫斯科,1929 年。

И. С. 科恩,《约翰·弥尔顿的政治观点》。《沃洛格达师范学院学报》,历史版,第九卷,1951 年。

Ю. М. 萨普雷金,《论哈林顿政治观点的阶级实质》。《中世纪》集刊,第四至五册,苏联科学院出版社,莫斯科,1953—1954 年。

莫尔顿(A. L. Molton),《革命的理论家詹姆士·哈林顿》。《共产党人评论》,伦敦,1949 年 3 月,第 457—462 页。

史密斯(H. F. R. Smith),《哈林顿及其大西岛》,剑桥,1914 年。

К. В. 格列别涅夫,《约翰·洛克》。《莫斯科工人》,莫斯科—列宁格勒,1929 年。

第十三讲

马克思主义的经典著作

马克思和恩格斯,《神圣家族》。《马克思恩格斯全集》,俄文版,第二卷,第 141—142 页。

马克思致斐·拉萨尔的信(1862 年 4 月 28 日)。《马克思恩格斯全集》,俄文版,第二十五卷,第399页。

资　料

贝尔(P. Bayle),《历史和批评的辞典》,第一至十六卷,巴黎,1820—1824年。

维科(D. B. Vico),《关于各民族的共同性的新科学的一些原则》,都灵,1952年。维科,《关于各民族的共同性的新科学的一些原则》,俄译本,国家文艺书籍出版社,列宁格勒,1940年。

专　著

A. H. 维谢洛夫斯基,《皮埃尔·贝尔》。《对往事的意见》,1914年,第4册。

马丁(K. Martin),《十八世纪法国的自由主义思想。从贝尔到孔多塞的政治思想研究》,伦敦,1954年。

M. 利弗希茨,占巴蒂斯塔·维科(1668—1744)。载占·维科,《新科学的一些原则》,俄译本,国家文艺书籍出版社,列宁格勒,1940年。

贝里(Th. Berry),《占巴蒂斯塔·维科的历史理论》,华盛顿,1949年。

克罗齐(B. Croce),《占巴蒂斯塔·维科的哲学》,巴里,1933年。

第十四至十七讲

马克思主义—列宁主义的经典著作

马克思和恩格斯,《神圣家族》。《马克思恩格斯全集》,俄文版,第二卷,第140—141、144—147页。

恩格斯,《反杜林论》。《马克思恩格斯全集》,俄文版,第二十卷,第6—18、267—270页。

恩格斯,《自然辩证法·导言》。《马克思恩格斯全集》,俄文版,第二十卷,第350—351页。

列宁,《我们究竟拒绝什么遗产?》。《列宁全集》,俄文版,第二卷,第473页。

列宁,《论战斗唯物主义的意义》。《列宁全集》,俄文版,第三十三卷,第203—205页。

资　　料

伏尔泰,《试论各民族的风习和精神以及从查理大帝到路易十三世历史的主要事件》。《伏尔泰全集》,第十一至十三卷,巴黎,1878年。

伏尔泰,《路易十四时代》。《伏尔泰全集》,第十四卷,巴黎,1878年。

孟德斯鸠,《论法的精神》,巴黎,1927年。

马布利,《关于法国史的考虑》,新版并经基佐评论,第八卷,巴黎,无年代。

马布利,《论撰写历史的方法》。《马布利全集》,法文版,第十二卷,伦敦,1789年。

孔多塞,《人类理智进步的历史图景的画稿》,巴黎,1847年。孔多塞,《人类理智进步的历史图景的画稿》,俄译本,社会经济书籍出版社,莫斯科,1936年。

卢梭,《论社会契约或政治权利的原则》,俄译本,社会经济书籍出版社,莫斯科,1938年。

卢梭,《论人类不平等的起源和基础》,俄译本,圣彼得堡,1907年。

专　　著

М. А. 阿尔帕托夫,《十九世纪法国资产阶级史学的政治思想》,第一章,苏联科学院出版社,莫斯科—列宁格勒(也用于第二十七至二十九讲)。

В. П. 沃尔金,《十八世纪法国社会思想的发展》,苏联科学院出版社,莫斯科,1958年。

М. М. 科瓦列夫斯基,《现代民主政治的起源》,第二卷,莫斯科,1899年。

Ф. 罗肯,《十八世纪法国社会思想的进展》,圣彼得堡,1902年。

贝托(J. Berteaut),《十八世纪法国的文艺生活》,巴黎,1954年。

赫恩肖(F. J. Hearnshaw)编,《理性时代法国一些伟大思想家的社会的和政治的思想》,伦敦,1930年。

勒鲁瓦(M. Leroy),《法国社会思想史》,第一卷,巴黎,1954年。

莫尔内(D. Mornet),《十八世纪的法国思想》,巴黎,1951年。

塞伊(H. Sée),《十八世纪法国政治思想的发展》,巴黎,1925年。

隆巴尔(A. Lombard),《神父迪博是近代思想的首倡者》,巴黎,1913年。

В. П. 沃尔金院士主编,《伏尔泰的论文和资料集》,苏联科学院出版社,莫斯科—列宁格勒,1948年。

科斯敏斯基,《伏尔泰与历史科学》。《苏联科学院通报》,历史与哲学版,1945年,第1期。

А. 沙霍夫,《伏尔泰及其时代》,圣彼得堡,1907年。

Г. 朗松,《伏尔泰》,莫斯科,1911年。

Ж. 瓦尔洛,孟德斯鸠(为逝世二百周年而作)。《哲学问题》,1955年,第3期。

Н. Н. 拉祖莫维奇,《孟德斯鸠逝世二百周年》。《苏联科学院通报》,1955年,第5期。

С. Ф. 凯切江,《孟德斯鸠的政治的和法律的观点》。《苏维埃国家与法权》,1955年,第4期。

Ф. А. 科甘—别伦什坦,《孟德斯鸠的思想在十八世纪俄国的影响》。《历史问题》,1955年,第5期。

阿尔蒂塞(L. Althusser),《孟德斯鸠。政治观和历史观》,巴黎,1959年。

朗松,《孟德斯鸠》,巴黎,1932年。

马蒂埃(A. Matiez),《孟德斯鸠在十八世纪政治学说史中的地位》。《法国革命的历史年鉴》,1930年,第38期。

索勒尔(A. Sorel),《孟德斯鸠》,巴黎,1912年。

A. H. 卡扎林,《人文主义者和思想家马布利》。《世界文化史通报》,俄文版,1961年,第2期。

С. С. 萨弗罗诺夫,《马布利的政治思想和社会思想》。收入《社会—政治思想史》丛书内,苏联社会科学院出版社,莫斯科,1955年。

В. 格里叶,《神父马布利的政治理论》。《欧洲公报》,1887年,第1期。

米勒(G. Müller),《神父马布利的社会和国家学说及其对国民会议的工作的影响》,柏林,1932年。

Б. М. 别尔纳季涅尔,《卢梭的社会—政治的哲学》,沃龙涅什,1940年。

Г. В. 普列汉诺夫,《卢梭及其关于人类不平等的起源的学说》。《普列汉诺夫全集》,第十八卷,国家出版社,莫斯科—列宁格勒,1925年。

德拉泰(R. Derathé),《卢梭和他的时代的政治学》,巴黎,1950年。

夏皮罗(J. shapiro),《孔多塞与自由主义的兴起》,纽约,1939年。

第十八至十九讲

马克思主义—列宁主义的经典著作

恩格斯,《反杜林论》。《马克思恩格斯全集》,俄文版,第二十卷,第155、247—252页。

马克思,《政治经济学批判》。《马克思恩格斯全集》,俄文版,第十三卷,第45—46、148—149页。

恩格斯,《十八世纪英国状况》。《马克思恩格斯全集》,俄文版,第一卷。

马克思,《哲学的贫困》。《马克思恩格斯全集》,俄文版,第四卷,第145页。

列宁,《唯物主义和经验批判主义》。《列宁全集》,俄文版,第十四卷,第21—24页。

资　　料

吉本,《罗马帝国衰亡史》,第一至七卷,伦敦,1896—1900年。吉本,《罗马帝国衰亡史》,俄译本,第一至七卷,莫斯科,1883—1886年。

罗伯逊(W. Robertson),《皇帝查理五世统治史》,第一至二卷,伦敦,1854年。罗伯逊,《皇帝查理五世统治史》,俄译本,第一至二卷,莫斯科,1859年。

亚当·斯密,《国家财富的性质和原因的研究》,第一至二卷,伦敦,1904年。亚·斯密,《国家财富的性质和原因的研究》,俄译本,第一至二卷,社会经济书籍出版社,莫斯科,1931年。

赫德尔(J. G. Herder),《对人类历史哲学的想法》,柏林,1879年。见《赫德尔选集》,俄译本,莫斯科—列宁格勒,1959年。

专　　著

布莱克(J. B. Black),《历史的技巧》,伦敦,1927年。

毕尔德(Ch. Beard)及瓦格斯特(A. Vagst),《史学史中思想的趋势》。《美国史学评论》,1937年,第3期。

戈尔德斯坦(J. Goldstein),《休谟的经验主义的历史观》,柏林,1913年。

莫里森(J. C. Morison),《吉本》(收入《英国著作家》内),伦敦,1878年。

皮尔登(T. P. Peardon),《英国历史著作的过渡期,1760—1830》,纽约,1933年。

库尔顿(G. G. Coulton),《中世纪史学中一些问题》,伦敦,1932年。

韦格勒(F. Wegele),《德国史学史》,慕尼黑及莱比锡,1885年(也用于第二十至二十一讲)。

扬森(J. Jansen),《时代转变中历史的观点》。《历史年鉴》,德文版,第二十七卷,1906年。

海姆(R. Haym),《赫德尔》,第一至二卷,柏林,1958年。

贝洛夫(G. Below),《从解放战争到当前德国的历史著作》,第一至二章,莱比锡,1916年(也用于第二十二至二十六讲)。

H. 利亚托辛斯基,《奥古斯特·路德维希·施列泽尔及其历史批判》。《基辅大学学报》,第八卷,1884年。

渥尔夫(G. Wolf),《法国革命时期德国历史著作的民族目的》,柏林,1918年。

第二十至二十一讲

马克思主义—列宁主义的经典著作

马克思致恩格斯的信(1868年3月14日)。《马克思恩格斯全集》,俄文版,第二十四卷,第28页。

列宁,《又一次消灭社会主义》。《列宁全集》,俄文版,第二十卷,第183—184页。

资　　料

麦捷尔(J. Möser),《奥斯纳布律克史》。《麦捷尔全集》,第六至八卷,柏林,1843年。

专　　著

T. H. 格拉诺夫斯基,《论古代日耳曼人的氏族风俗》。《格拉诺夫斯基文集》,第二卷,圣彼得堡,1856年。

H. 彼特罗夫,《现代德国、英国和法国的民族史学》,哈尔科夫,1861 年。

海姆,《浪漫主义学派》,莫斯科,1891 年。

施塔德尔曼(R. Stadelmann),《从赫德尔到兰克中世纪观点的基本形式》,《德国文学与思想史》季刊,第九卷,1931 年(也用于第二十二至二十六讲)。

哈契希(O. Hatzig),《政治家和政论家尤斯图斯·麦捷尔》,柏林,1909 年。

克赖西希(J. Kreyssig),《尤斯图斯·麦捷尔》,柏林,1857 年。

珀蒂·朱尔维勒,《插图十九世纪法国文学史》,第十章,莫斯科,1907 年。

第二十二至二十六讲

马克思主义—列宁主义的经典著作

马克思,《法的历史学派的哲学宣言》。《马克思恩格斯全集》,俄文版,第一卷。

马克思,《黑格尔法哲学批判·序言》。《马克思恩格斯全集》,俄文版,第一卷,第 415—416 页。

马克思致恩格斯的信(1864 年 9 月 7 日)。《马克思恩格斯全集》,俄文版,第二十三卷,第 201—202 页。

马克思,《编年摘要(施洛塞尔的《世界历史》概要)》。《马克思恩格斯文库》,第五至八卷。

恩格斯,《德国农民战争第二版序言》。《马克思恩格斯全集》,俄文版,第十六卷,第 412—413 页。

列宁,《黑格尔历史哲学讲演录一书摘要》。《列宁全集》,俄文版,第三十八卷。

资　　料

萨文尼,《中世纪罗马法的历史》,第一至七卷,海德尔堡,1834—1851年。

艾希霍恩(K. F. Eichhorn),《德意志国家和法权史》,第一至四卷,格廷根,1834年。

尼布尔,《罗马克》,第一至三卷,柏林,1873—1874年。

黑格尔,《历史哲学》。《黑格尔全集》,第八卷,社会经济书籍出版社,莫斯科,1935年。

兰克,《十六和十七世纪罗马教皇、其教会及其国家》。《兰克全集》,第三十七至三十九卷,莱比锡,1875—1900年。

兰克,《十六至十七世纪罗马教皇、他们的教会和国家》,俄译本,第一至二卷,圣彼得堡,1869年。

兰克,《关于近代史诸时期》,莱比锡,1888年。兰克,《关于近代史诸时期》,俄译本,莫斯科,1898年。

兰克,《宗教改革时期的德国史》,柏林,1894年。

施洛塞尔,《互相连贯叙述的世界史》,第一至十九卷,柏林,1882年。施洛塞尔,《世界史》,第一至十八卷,圣彼得堡,1861—1869年。

齐美尔曼,《大农民战争史》,斯图加特,1856年。

齐美尔曼,《德国农民战争史》,第一至二卷,社会经济书籍出版社,莫斯科,1937年。

专　　著

彼特罗夫,《现代德国、英国和法国的民族史学》,哈尔科夫,1861年。

维格来,《德国史学史》,慕尼黑及莱比锡,1885年。

哈通(F. Hartung),《德国宪法史著的发展》,柏林,1956年。

Т. Н. 格拉诺夫斯基,《尼布尔》。《同时代人》,第十九卷,1850年。

坎托罗菲奇(H. Kantorovicz),《民族精神与法的历史学派》。《历史杂志》，德文版，第 108 册，1912 年。

兰茨贝格（E. Landsberg），《德国法学史》，第二卷，慕尼黑，1910 年。

П. 诺弗哥罗采夫，《法学家的历史学派》，莫斯科，1896 年。

М. Ф. 奥弗相尼科夫，《黑格尔的哲学》，社会经济书籍出版社，莫斯科，1959 年。

О. Л. 瓦因什坦，《利奥波尔德·冯·兰克与当代资产阶级史学》。收入《对现代资产阶级史学的批判》丛书内，苏联科学院出版社，莫斯科—列宁格勒，1961 年。

B. 布泽斯库尔，《利奥波尔德·冯·兰克》。收入《历史研究》丛书内，莫斯科，1911 年。

П. Г. 维诺格拉多夫，《西欧史学概要·兰克》。《国民教育部杂志》，1884 年，第 1 期。

古格利亚（E. Guglia），《利奥波尔德·冯·兰克。传记和著作》，莱比锡，1898 年。

马祖尔（G. Masur），《兰克的世界史的概念》，慕尼黑，1926 年。

科斯敏斯基，《马克思的编年摘要》。《无产阶级革命》，1939 年，第 1 期（总第 11 期）。

洛伦茨（O. Lorenz），《克里斯托夫·施洛塞尔论撰写历史的一些任务和原则》，维也纳，1878 年。

韦贝尔（G. Weber），《历史家施洛塞尔》，莱比锡，1876 年。

М. М. 斯米林，《托马斯·闵采尔的人民宗教改革与大农民战争》，苏联科学院出版社，莫斯科，1959 年，第 23—26 页。

第二十七至二十九讲

马克思主义—列宁主义的经典著作

恩格斯，《反杜林论》。《马克思恩格斯全集》，俄文版，第二十卷，第

267—270页。

马克思和恩格斯,《共产党宣言》。《马克思恩格斯全集》,俄文版,第四卷,第455—457页。

马克思,《评基佐英国革命为什么会成功》。《马克思恩格斯全集》,俄文版,第七卷。

马克思致恩格斯的信(1854年7月27日)。《马克思恩格斯全集》,俄文版,第二十八卷,第321—322页。

列宁,《国家与革命》。《列宁全集》,俄文版,第二十五卷,第383—384页(亦见总书目的有关部分)。

资　　料

K. A.圣西门,《对财产和法律的看法》。《K. A.圣西门选集》,第一卷,苏联科学院出版社,莫斯科,1948年。

梯叶里,《论第三等级形成和发展的历史》,巴黎,1886年。梯叶里,《论第三等级的起源和成功的历史》。《梯叶里选集》,社会经济书籍出版社,莫斯科,1937年。

梯叶里,《关于法国史的书信》,巴黎,1827年。

梯叶里,《憨人扎克本传》,巴黎,1820年;《憨人扎克本传》。《梯叶里选集》,社会经济书籍出版社,莫斯科,1937年。

基佐,《欧洲文明史》,巴黎,1854年。

基佐,《欧洲文明史》,俄译本,圣彼得堡,1892年。

基佐,《法国文明史》,第一至四卷,巴黎,1843年。基佐,《法国文明史》,俄译本,第一至四卷,莫斯科,1877—1881年。

基佐,《从查理一世即位至其死的英国革命史》,第一至四卷,巴黎,1855年。基佐,《英国革命史》,俄译本,第一至三卷,圣彼得堡,1860—1868年。

基佐,《英国的共和制与克伦威尔的历史》,第一至二卷,巴黎,1864年。

基佐,《理查·克伦威尔的摄政政府与斯图亚特朝复辟的历史》,第一至二卷,巴黎,1856年。

米什勒,《贞德的历史》,巴黎,1925年。米什勒,《贞德的历史》,俄译本,彼得格勒,1920年。

米什勒,《法国史》,巴黎,1869年。

米什勒,《十六世纪法国史——文艺复兴时期》,俄译本,圣彼得堡,1860年。

专　　著

Б. Г. 列伊佐夫,《法国的浪漫主义史学》,国立列宁格勒大学出版社,1956年。

普列汉诺夫,《阶级斗争学说的早期阶段》。《普列汉诺夫哲学著作选集》,第二卷,国家政治书籍出版社,莫斯科,1956年。

普列汉诺夫,《复辟时代的历史家们》。《普列汉诺夫选集》,第七卷,国家出版社,莫斯科,1923年。

朱利安(C. Jullian),《十九世纪法国史学家选粹》,巴黎,1908年。

阿尔方(L. Halphen),《法国近百年史》,巴黎,1914年。

施塔德勒(P. Stadler),《法国的历史撰写和史学思想,1789—1871》,苏黎世,1958年。

梅隆(S. Mellon),《历史的政治效益:法国复辟时期诸历史家研究》,斯坦福,1955年。

沃尔金,《圣西门和圣西门主义》,苏联科学院出版社,莫斯科,1961年。

瓦因什坦,《奥古斯坦·梯叶里》。载《奥·梯叶里选集》内,社会经济书籍出版社,莫斯科,1937年。

普列汉诺夫,《奥古斯坦·梯叶里和历史唯物论观点》。《普列汉诺夫全集》,第八卷,国家出版社,莫斯科,1925年。

维彼尔,《奥古斯坦·梯叶里与论第三等级的历史》,莫斯科,1899

年。

朱利安,《奥·梯叶里与复辟时期的历史运动》。《历史综合评论》,第十三卷,1906年。

车尔尼雪夫斯基,《评论基佐的著作欧洲文明史》。《车尔尼雪夫斯基全集》,第六卷,圣彼得堡,1906年。

莫诺,《米什勒的生平和思想》,第一至二卷,巴黎,1923年。

朗松,《法国的图景》。《献给M. M.维尔莫特的小说语言学和文学史论丛》,巴黎,1910年。

后　　记

郭守田先生(1910—1993)是我国老一代的历史学家和教育家,生前长期担任东北师范大学历史系教授。郭先生历经"反右"和"文革",受到极不公正的对待,切身体会到以言获罪的可怕,深自谦抑,恪守"述而不作"古训,不撰一文,故身后留下的文字多为译述。本书是他生前主持翻译的主要作品之一。

20世纪70年代末80年代初,我国正式恢复高考和研究生招生制度。我民族从十年"文革"人为浩劫造成的满目疮痍的困境中走出来,开始步履蹒跚地迈向改革开放之路。当时中国社会各个行业百废待兴,最急需的是人才。我国的高等教育,尤其是研究生教育所面临的人才培养任务异常艰巨。这一时期,培养历史学高级专门人才的使命,主要是由老一代历史学家所承担。东北师范大学建国以后一直是世界史教学和研究的重镇,作为这里的元老,郭守田和林志纯(日知)两位同庚的教授在精力已衰的晚年,却以世界史学科研究生的培养为起点,开始了最有作为的事业历程。

然而,在经历了一个秉持"知识越多越反动"政治理念、以愚民政策是尚、视文化为洪水猛兽的时代以后,高等教育上的许多宝贵的教学和研究资料或被毁或散失,除了此前十余年间被视为"圣经"的毛泽东著作和官方认可的马列著作外,可供学生和研究人员阅读参考的书籍资料极为缺乏。加之闭关锁国几十年,与国外的学术联系中断,对国际学术研究的动态完全不了解,国际学术界这一时期出现的重要成果的介绍和引进,更是无从谈起。世界史,特别是世界古代史的教学与研究,几乎没有必要的基础教材。当时学员们能够读到的,只有翻译过来的

后 记

为数不多的50年代的苏联教科书。我国学者的著作,主要是60年代初周一良、吴于廑主编的《世界通史》教材,以及林志纯和郭守田两位先生主编、作为配套参考教材使用的《世界通史资料选辑》(上古和中古部分)。就东北师范大学而言,历史系的小资料室内,还有一些历经磨难保存下来的30—40年代留洋学者如何柄松等人的作品及50—60年代进口的英文著作和杂志,这在当时已是不小的财富了。

80年代以后,国家教育部设置了外汇专款项目用于购置图书资料,服务于各重点大学文科研究生的培养,一些西方经典学术专著的最新版本,开始如涓涓细流注入各重点高校的图书馆和资料室。但在当时条件下,电脑与信息技术不发达,中国的图书进出口贸易也刚刚建立正规渠道,很多新书从签单预订到购买、运输到编目上架,至少需要6个月到1年半、乃至更长时间。而且,能够有机会订到、看到这些书籍的也仅限于一些部属重点高校。对于大多数高校的师生而言,基本参考书普遍缺乏,而世界史教学和研究基本资料的匮乏尤为严重。

鉴于这种情况,郭守田先生决心组织人力编译一套适合于研究生使用的参考书籍。苏联学者在中世纪史研究方面的重要成果成为他的选择目标。在郭先生的主持下,经过多方努力,科斯敏斯基的《中世纪史学史》和柳勃林斯卡娅的《中世纪史料学》的翻译和校阅,在几年艰苦工作后终告完成。柯斯敏斯基和柳勃林斯卡娅是苏联著名的历史学家,在我国建国之初"一边倒"学习苏联时期,他们的著作对中国学界曾有过重要影响。这两位作者的这两部作品代表了50年代苏联史学研究的最高水准,是公认的史学名著。这两部著作迻译完成后,很快作为内部教材发行到国内一些高校,成为当时世界史研究者,尤其是世界中世纪史研究者的重要参考书,在一定程度上缓解了教研人员和研究生在这个方面的需求。由于我国史学理论体系受苏联影响很深,对于当时我国读者的阅读习惯和理论水平而言,这两部著作较之纯西方学者的著作,无疑更具有适应性。

《中世纪史学史》(铅印本)和《中世纪史料学》(油印本)问世(1985

—— 553

年)至今二十余年过去了;郭先生本人于1993年过世至今也有十几年了。他曾为这两部著作的正式出版做过不断的努力,但当时出版问题上的巨大困难,不是他的力量所能克服。其他人如朱寰、孙义学等先生也曾关注出版事宜,但都无能为力,爱莫能助。郭先生生前未能见到这两部译著的正式出版,心中留下了深深的遗憾。他当时谈及此事流露的无奈之情,至今留在我们的印象中。这些年来一些同行不时问及这两部著作的下落,使我们常有一种愧对先师的感觉。而且,从今天学界的实际情况看,绝大多数研究世界史的学者熟悉英语和其他西方语言,通晓俄语者不多,这种情况不利于我国学界了解俄国学者的学术成就,包括50—60年代苏联学者的优秀成果。在这个意义上,我们感到,正式出版这两部优秀史学著作还有其不容忽视的积极意义。因此,几年前我们向北京大学"希腊研究中心"提出建议和申请,希望中心支持这两部著作的正式出版。这在我们而言,既是为了实现郭先生生前未能实现的愿望,同时也想为当今学术界提供一个了解苏联时期俄国学界中世纪研究成果的途径。这一建议和申请得到马克垚教授的赞许和大力支持,也得到该中心学术委员会的赞同,两书被列入"希腊研究中心"首批资助的出版项目,交由商务印书馆出版。作为郭先生的学生,我们对此感到莫大的欣慰,同时也对北京大学"希腊研究中心"和马克垚先生充满钦敬之情。

诚如许多人所能想见,当时的翻译工作是在极为简陋的学术环境中展开的。参加这两部著作翻译的译者主要是吉林大学、东北师范大学和复旦大学刚毕业的世界中世纪史方向的研究生,同时,上述三院校和南开大学等院校历史系的部分教师也参加了翻译和校对工作。作为译者和校对者,马建序、王松亭、白玉、卢增光、吕宁思、李春隆、李景云、吴泽义、尚祖琦、郭师稷、韩瑞常、陶松云(按姓氏笔画为序)等诸位先生已尽其所能,但限于当时的条件,翻译和校对乃至于印刷方面的错讹,可能还难以避免。现在正式出版,理应重新校对。遗憾的是,郭先生已辞世,不能亲自校订,我们二人不懂俄语,无法继续先生的工作。幸运

后　记

的是,东北师范大学俄语系教授胡敦伟先生应我们的邀请,慨然应允重校译稿,令我们十分感佩。胡先生于古稀之年不惮劳苦,字斟句酌,历几度寒暑,通校全稿,终使此书以现今的面目问世。

《中世纪史学史》译稿从原来的"内部发行"到今天正式出版已逾20多年。当年参与其事的年轻人也已步入中老年之境,其中一些人或改变工作,或退休离任,或旅居海外,已不再涉足历史学研究;亦有学者,如陶松云先生,已经仙逝。一部著作的翻译和出版见证了如此多的人事沧桑,想来不免令人唏嘘慨叹。

需要说明的是,本书交付商务印书馆之前,我们曾试图与所有参与其事的译校者建立联系,商讨出版事宜,但未能完全如愿。对于工作中的不周或疏漏之处,我们愿意在此向各位译校者表达歉意,希望相关人士见到本书后及时与我们联系。

徐家玲　东北师范大学历史文化学院
张绪山　清华大学人文学院历史学系

2007年12月

图书在版编目(CIP)数据

中世纪史学史/(俄罗斯)科斯敏斯基著;郭守田
等译.—北京:商务印书馆,2011
ISBN 978-7-100-05693-9

I.①中… II.①科…②郭… III.①史学史—西
欧—中世纪 IV.①K095.6

中国版本图书馆 CIP 数据核字(2007)第 187444 号

所有权利保留。
未经许可,不得以任何方式使用。

中世纪史学史
〔俄〕叶·阿·科斯敏斯基 著
郭守田 等 译
郭守田、胡敦伟 总校

商 务 印 书 馆 出 版
(北京王府井大街36号 邮政编码100710)
商 务 印 书 馆 发 行
北京市白帆印务有限公司印刷
ISBN 978-7-100-05693-9

2011年9月第1版 开本 787×960 1/16
2011年9月北京第1次印刷 印张 35¼
定价:65.00元